Florian P. Kühn

Sicherheit und Entwicklung in der Weltgesellschaft

Politik und Gesellschaft des Nahen Ostens

Die Herausgeber:

Dr. Martin Beck ist wissenschaftlicher Mitarbeiter am GIGA Institut für Nahost-Studien und Privatdozent am Institut für Politische Wissenschaft der Universität Hamburg

Dr. Cilja Harders ist Professorin für Politikwissenschaft und Leiterin der „Arbeitsstelle Politik des Vorderen Orients" am Otto-Suhr-Institut für Politikwissenschaft der Freien Universität Berlin

Dr. Annette Jünemann ist Professorin für Politikwissenschaft am Institut für Internationale Politik der Helmut-Schmidt-Universität Hamburg

Dr. Stephan Stetter ist Professor für Internationale Politik und Konfliktforschung an der Universität der Bundeswehr München

Die Reihe „Politik und Gesellschaft des Nahen Ostens" beschäftigt sich mit aktuellen Entwicklungen und Umbrüchen im Nahen Osten – einer Region, die von hoher globaler Bedeutung ist und deren Dynamiken insbesondere auch auf Europa ausstrahlen. Konflikt und Kooperation etwa im Rahmen der euro-mediterranen Partnerschaft, der Nahost-konflikt, energiepolitische Fragen, Umweltprobleme, Migration, Islam und Islamismus sowie Autoritarismus sind wichtige Stichworte. Der Schwerpunkt liegt auf politikwissenschaft-lichen Werken, die die gesamte theoretische Breite des Faches abdecken, berücksichtigt werden aber auch Beiträge aus anderen sozialwissenschaftlichen Disziplinen, die relevante politische Zusammenhänge behandeln.

Florian P. Kühn

Sicherheit und Entwicklung in der Weltgesellschaft

Liberales Paradigma und
Statebuilding in Afghanistan

VS VERLAG

Bibliografische Information der Deutschen Nationalbibliothek
Die Deutsche Nationalbibliothek verzeichnet diese Publikation in der
Deutschen Nationalbibliografie; detaillierte bibliografische Daten sind im Internet über
<http://dnb.d-nb.de> abrufbar.

Gedruckt mit Unterstützung der Helmut-Schmidt-Universität/Universität der Bundeswehr
Hamburg sowie des Vereins der Freunde und Förderer der Helmut-Schmidt-Universität.

Lektorat: Karina Schmidt

Zugl.: Helmut-Schmidt-Universität/Universität der Bundeswehr Hamburg, Diss., 2009

1. Auflage 2010

Alle Rechte vorbehalten
© VS Verlag für Sozialwissenschaften | GWV Fachverlage GmbH, Wiesbaden 2010

Lektorat: Frank Schindler

VS Verlag für Sozialwissenschaften ist Teil der Fachverlagsgruppe
Springer Science+Business Media.
www.vs-verlag.de

Umschlaggestaltung: KünkelLopka Medienentwicklung, Heidelberg
Gedruckt auf säurefreiem und chlorfrei gebleichtem Papier

ISBN 978-3-531-17254-5

Inhalt

Vorwort

Die gegenwärtige Berichterstattung über das Afghanistanengagement der westlichen Staatengemeinschaft ist von Ratlosigkeit geprägt. Ein Sieg über das international operierende Terrornetzwerk al Qaida ist ebenso wenig in Sicht wie eine vollständige Marginalisierung der Taliban. Auch die Bemühungen um den Aufbau eines demokratischen Staates zeitigen keine nachhaltigen Erfolge. Ganz im Gegenteil ist die Situation in Afghanistan von wachsender Instabilität und zunehmender Gewalt, auch und vor allem gegen die internationalen Einsatzkräfte, geprägt. Somit hat die Afghanistan-Mission bislang weder einen nennenswerten Zuwachs an *Sicherheit* gebracht noch an *Entwicklung*. In der öffentlichen und veröffentlichten Meinung der westlichen Entsendestaaten, aber auch im wissenschaftlichen Diskurs mehrt sich folglich die Kritik an diesem Einsatz. Die Reaktionen auf die scheinbar ausweglose Situation changieren zwischen der Forderung nach Truppenabzug auf der einen und der Forderung nach einer Aufstockung des Engagements auf der anderen Seite. Beide Lösungsansätze greifen jedoch zu kurz, weil sie die Antwort schuldig bleiben, was sie zur Lösung der Probleme vor Ort mitsamt ihren sicherheitspolitischen Implikationen für die westliche Staatengemeinschaft beitragen wollen. Geht es überhaupt um ein *Mehr* oder ein *Weniger* des bisherigen Engagements? Wo liegt der Kern der Problematik?

Diese Frage liegt dem vorliegenden Buch von Florian Kühn zugrunde. Das Erkenntnisinteresse geht jedoch über den ‚Fall Afghanistan' hinaus. Es ist grundsätzlicher Natur und zielt auf die *strukturellen Gründe* für die Defizite westlicher Interventionspolitik. Ausgehend von der These, dass die konzeptionellen Schwächen westlicher Interventionspolitik im Kern liberalen Denkens lägen, unterzieht Florian Kühn deren gedanklichen und theoretischen Grundlagen einer umfassenden Durchsicht. Seine These mutet radikal an, weil sie den normativen Konsens über die (Höher-)Wertigkeit des liberalen Weltbildes auf den Prüfstand stellt. Diese Radikalität folgt jedoch keinem antiaufklärerischen Reflex, sondern erweist sich als Voraussetzung, um aus den gängigen Denkschemata ausbrechen und die inneren Widersprüche liberaler Weltpolitik aufdecken zu können. Genau darin liegt der Mehrwert des Buches. Es zeigt dem öffentlichen, dem wissenschaftlichen und dem politischen Diskurs über die westliche Interventionspolitik im Allgemeinen und in Afghanistan im Besonderen neue Perspektiven auf.

Das Buch ist die Manifestation eines kritischen Wissenschaftsverständnisses, das den theoriegeleiteten Erkenntnisgewinn der praktischen Problemlösung überordnet. Indem es darlegt, dass die Wurzeln des Problems in der Hybris liberaler Weltpolitik liegen, verweist es gleichwohl – und geradezu als Nebenprodukt – auf notwendige Schritte zum Politikwandel; in Afghanistan und überall dort, wo liberaler Überschwang zu Verwerfungen führt, die liberalen Werten diametral entgegenstehen.

Durch die gelungene Zusammenführung von theoretischer Fundierung und empirischer Forschung vor Ort passt dieses Buch nach Ansicht der HerausgeberInnen hervorragend in die neue Reihe „Politik und Gesellschaft des Nahen Ostens". Denn alle in dieser Reihe erscheinenden Publikationen haben gemeinsam, dass sie die Regionalforschung mit Theorien der Politikwissenschaft, der Internationalen Beziehungen oder anderer sozialwissenschaftlicher Disziplinen verknüpfen. Mit diesem Konzept sollen sowohl theoriegeleitete Analysen politischer Prozesse und Phänomene der Region angeregt werden als auch weiterführende Beiträge zu den aktuellen Theoriedebatten. Das vorliegende Buch wird beiden Ansprüchen gerecht.

Annette Jünemann

1 Dank

Diese Arbeit wäre ohne den intellektuellen und sozialen Rückhalt vieler nicht denkbar. Großer Dank geht deshalb an alle, die mich mit motivierenden oder tröstenden Worten, immer aber mit Verständnis begleitet haben.

Hervorzuheben sind zuvorderst die Betreuer und Gutachter, vor allem Annette Jünemann, die den Forschungsprozess immer wohlwollend begleitet hat und mich ermutigt hat, wo ich gezögert hätte. Michael Brzoska vom Institut für Friedensforschung und Sicherheitspolitik Hamburg gebührt großer Dank für die Begutachtung und viele inhaltliche Anregungen. Claudia Fantapié Altobelli und Roland Lhotta danke ich für ihre Mitwirkung in der Prüfungskommission. Viele andere haben zum Gelingen beigetragen, wofür ich gleichfalls danken möchte: Durch Diskussion und Ratschlag Fehler und schieflagige Argumente geradezuziehen halfen besonders Martin Beck, Berit Bliesemann de Guevara, Eva und Heinz-Werner Höffken, Nora Prean, Delf Rothe, Joachim Krahnert sowie Jana Hönke. Karina Schmidt betreute das Schlusslektorat. Fehler und Irrtümer bleiben gleichwohl meine eigenen.

Auch Sabrina Zucca, Steffen Heinzelmann, Tatjana Reiber, Susanne Kirst, Susanne Fischer, Peter Dittrich, Andrea Riester sowie Hans-Joachim Gießmann haben mir auf verschiedene Weise geholfen. Kollegen und Freunde aus vielen Ländern ermöglichten mir, das Thema auf Tagungen und Workshops vorzustellen und zu diskutieren. Dies sind John D. Heathershaw, Daniel Lambach, David Chandler, Philip Cunliffe, Stephan Stetter, Mike Pugh, Conrad Schetter, Boris Wilke, Stephan Hensell, Klaus Schlichte, der Arbeitskreis ‚Gewaltordnungen‘ der DVPW, Gerry Woop, Tobias Debiel, Kevin Clement, Oliver Richmond, Hans-Georg Ehrhart, Margret Johannsen, Charles Pentland und Shahar Hameiri. Die Deutsche Forschungsgemeinschaft sowie der Verein der Freunde und Förderer der Helmut-Schmidt-Universität förderten einige Kongressreisen. Die Fakultät für Wirtschafts- und Sozialwissenschaften hat mich bei der Forschungsreise nach Afghanistan und zu Konferenzen unterstützt. Auch die Veröffentlichung wurde von der Fakultät wie vom Verein der Freunde und Förderer bezuschusst.

Der Forschungsaufenthalt in Afghanistan war dank Babak Khalatbari und der Konrad-Adenauer-Stiftung in Kabul eine sehr bereichernde Erfahrung. Viele lokale und internationale Gesprächspartner haben sich die Zeit genommen und die Mühe gemacht, für mich komplexe Sachverhalte zu entwirren. Weil sie mir oft auch heikle Informationen zukommen ließen, müssen sie jedoch anonym bleiben.

Meine Großmutter, Eltern und Geschwister haben mich immer rückhaltlos unterstützt. Ihnen und allen Genannten gebührt dafür mehr Dank, als ein einziges Vorwort ausdrücken kann.

Florian Kühn

2 Einleitung

2.1 Prolog

Am 29. Mai 2006 verliert ein Fahrer aus einem US-amerikanischen Militärkonvoi auf der abschüssigen Einfallstraße von Norden nach Kabul die Kontrolle über sein Fahrzeug. Der Lastwagen, dessen Bremsen versagt haben, rollt in einige Autos und als Verkaufsstände genutzte Holzbaracken, wobei fünf Passanten sterben und einige zum Teil schwer verletzt werden. In dem belebten Viertel bildet sich sofort eine Traube von Menschen, die versuchen, den Verletzten zu helfen, von der amerikanischen Eskorte aber daran gehindert werden, sich der Unfallstelle zu nähern. Die Soldaten haben strikte Anweisung, die Unfallstelle abzusichern, damit keine Attentäter die Gelegenheit eines stehenden Konvois für einen Angriff nutzen können. Da die Soldaten nicht effektiv helfen können, schaukelt sich der Ärger der Menge hoch, so dass bald erste Steine fliegen. Die Soldaten wissen sich schließlich nicht anders zu helfen, als eine Erstürmung der Unfallstelle mit Schüssen in die Luft zu verhindern[1] (A. Rashid 2008: 361).

In Kabul brechen daraufhin in über einem Dutzend Stadtviertel Unruhen aus, die heftiger sind als einige Monate zuvor die Proteste gegen die Desakralisierung des Korans in Guantánamo oder die gegen die Mohammed-Karikaturen in einigen dänischen Zeitungen. Innerhalb kürzester Zeit sind die Straßen voll mit Menschen, die wütend „Tod den USA! Tod Karzai!" skandieren. Sie greifen Polizeiposten an und brennen sie nieder. Sie attackieren im wohlsituierten Stadtteil Schahr-e Nou gelegene Büros internationaler Hilfsorganisationen und plündern sie, nachdem sie die afghanischen Wachposten verprügelt und verjagt oder diese von sich aus das Feld geräumt haben. Unter anderem brennt das Gebäude der britischen Organisation CARE International (CARE 2006), das gegenüber der Vertretung des Hohen Repräsentanten der Europäischen Union liegt, weitgehend aus (FAZ 2006). Auch die Räume eines als Bordell verschrienen chinesischen Restaurants werden gestürmt, die Frauen an den Haaren durch die Straßen gezerrt und verprügelt, weil sie als Prostituierte und damit Repräsentantinnen westlicher Gottlosigkeit betrachtet werden. Einige der Frauen retten sich durch die Fenster in die angrenzenden Räume der ‚Mediothek für Afghanistan'.

---

[1] Anderen Versionen des Verlaufs zufolge fallen Schüsse aus der Menge, so dass die Soldaten, die ohnehin unter Stress stehen, sich angesichts einer wütenden, stetig wachsenden Menschenmenge ‚under attack' wähnen. Sie erwidern das Feuer und verletzen oder töten mehrere der Umstehenden (FR 2006).

Schließlich beginnt die Menge, ungehindert von der Polizei, die Läden afghanischer Geschäftsleute zu plündern (C. Hodes/M. Sedra 2007: 62). Auf eine Mitarbeiterin des Bundesministeriums für wirtschaftliche Zusammenarbeit (BMZ) wird an einer Straßensperre geschossen, vermutlich von Polizisten. Das mit Botschaftskennzeichen und der deutschen Flagge versehene, aber ungepanzerte Fahrzeug wird mehrfach getroffen, der Fahrer durch einen Streifschuss an der Schläfe verletzt. Die BMZ-Mitarbeiterin kommt mit dem Schrecken davon.

Dass der Unfall der Militärkonvois zwar in einem überwiegend von der tajikischen Bevölkerungsgruppe bewohnten Viertel passierte, die Unruhen aber ohne nennenswerten Zeitverzug im gesamten Stadtgebiet ausbrachen, wird erst später erkennbar. Ein ranghoher Diplomat erklärt, alles deute darauf hin, dass die Unruhen geplant gewesen seien. Die Tajiken, die die führende Gruppe innerhalb der gegen die Taliban siegreichen sogenannten ‚Nordallianz' stellten, hätten ein politisches Signal aussenden wollen, dass ‚mit ihnen noch zu rechnen sei'[2]. Kurz vorher nämlich hatte Präsident Karzai sein Kabinett umgebildet und namhafte tajikische Minister der einflussreichen Panjiri-Gruppe abgelöst. Der Unfall sei nur der Auslöser für die Unruhen, die inszeniert gewesen seien und für deren Losbrechen lediglich ein Anlass gebraucht wurde. Einen solchen, sehr verständlichen Auslöser habe der Unfall dargestellt. Weniger günstig wirkte sich hingegen aus, dass weite Teile der Bevölkerung, auch wenn sie nicht der tajikischen Fraktion angehörten, den Anlass nutzten, um ihrem Unmut über das internationale Engagement Ausdruck zu verleihen. So bekamen die Unruhen eine Dynamik, die in der Plünderung von Geschäften gipfelte – bei allem Protest gegen die internationale Gemeinschaft ein verheerendes Signal, denn dadurch wurde der politische Gehalt des Protests entwertet und deutlich, dass sich die Proteste verselbstständigt hatten.

Insgesamt kamen mindestens 17 Menschen ums Leben, über hundert wurden verletzt (A. Rashid 2008: 362; Süddeutsche 2006). Einheiten der International Security Assistance Force (ISAF) waren in der Stadt nicht präsent, nach Auskunft des Einsatzführungskommandos in Potsdam waren sie „nicht von den Unruhen betroffen" (Spiegel online 2006). Die Vereinten Nationen behielten für einige Tage strenge Mobilitätsbegrenzungen für alle Mitarbeiter von UN-Organisationen bei, was einen Vorgeschmack auf die Evakuierung von UN-Personal 2009 bot. Die Regierung Karzai, der wegen seines geringen Einflusses auch als ‚Bürgermeister von Kabul'[3] verspottet wurde, erließ eine nächtliche Ausgangssperre. Eine gespannte Ruhe kehrte ein, die Ausgangssperre wurde eingehalten.

---

[2] Interview des Autors, Botschaftsmitarbeiter, 30. Mai 2006, Kabul.
[3] Als zugespitzte Variante dieses Spotts wurde er auch als ‚Hausmeister des Präsidentenpalastes' bezeichnet.

2.2 Afghanistans Aufbau auf dem Prüfstand

Das Jahr 2006 gilt gemeinhin als Wendepunkt für die Politik des Statebuilding in Afghanistan. Dies ist natürlich nicht allein an den Unruhen festzumachen, sondern beispielsweise daran zu erkennen, dass in diesem Jahr die Zahl der Anschläge und insbesondere von Selbstmordattentaten erkennbar zunahm: Im Vergleich zum Vorjahr 2005 versechsfachten sie sich auf mindestens 136 (HRW 2007: 71). Dennoch illustrierten die Unruhen grundlegende Probleme, die dem Staatsaufbau in staatsferner Gegend innewohnen. Zum einen zeigten sie, dass die Sicherheitslage trotz des mehrjährigen Stabilisierungseinsatzes weit davon entfernt war, stabil zu sein. Im fünften Jahr nach dem Fall der Taliban hatten weder die Regierung noch die internationalen Aufbauhelfer ein Gewaltmonopol. Zum anderen verweist der Rückgriff einer einflussreichen ethnischen Gruppe auf Unruhen als Mittel zur politischen Einflussnahme darauf, dass das Projekt des Wiederaufbaus im Kern depolitisiert war: Nicht das politische Programm, sondern die ethnische Affiliation ist entscheidend für die Mobilisierung der Bevölkerung. Aus diesem Grund erscheint es den ethnisierten Gruppierungen effektiver, durch inszenierte Unruhen die eigene Position im neuen Staat zu festigen, um den Zugang zu den Fleischtöpfen zu behalten. Der Rentencharakter des Staates verhindert die politische Auseinandersetzung, weil der Staat zur Ressourcenquelle wurde, ohne Plattform für die Policy-Formulierung zu sein.

Zudem zeigte sich die Verschmelzung von Entwicklung und Sicherheit daran, dass der Staat, der beides gewährleisten soll, ausgesprochen geringe Legitimität besaß. Präsident Karzai wurde rhetorisch als Marionette des Westens in Mithaftung für das militärische Gebaren des US-Militärs genommen. Damit ging einher, dass zwischen westlichem Militär und humanitären Organisationen, die vormals als unpolitisch galten, nicht unterschieden wurde. Im Zeitalter des Interventionismus erscheinen sie als Bestandteil dessen, was zunehmend als Besatzung betrachtet wird. Sie werden deshalb zum Ziel von Aggression – im Fall der Plünderungen im Mai 2006 in Kabul ebenso wie im Guerilakrieg der Taliban. Schließlich verweist der Stimmungswandel, in dem der herrschende Optimismus in dosierte Resignation umschlug, darauf, dass Gewalt als Mittel der Beeinflussung letztlich funktioniert – allen öffentlichen Beteuerungen der beteiligten Regierungen zum Trotz. Sowohl Hilfsorganisationen als auch Regierungen in den Geberländern, die die Intervention finanzieren, müssen ihre Ausgaben vor Publikum und Wählern rechtfertigen. Die Wirkung dessen, was aus Afghanistan berichtet wird, auf die Öffentlichkeit in den Geberländern ist deshalb für die Afghanistanpolitik mindestens so wichtig wie die Situation im Land selbst.

Trotz der erkennbar ausbleibenden Fortschritte verursachte der Stimmungswandel keinen Strategiewechsel der in Afghanistan engagierten westlichen Sicherheitsgemeinschaft. Die international beschlossenen Willenserklärungen und Strategiepapiere riefen zwar nach verbesserter Koordination, ohne jedoch die dem Statebuilding inhärenten Widersprüche aufzugreifen oder gar zu adressieren. Allerdings wurden die beteiligten Truppen aufgestockt und die Unterscheidung zwischen International Security Assistance Force (ISAF) und Operation Enduring Freedom (OEF), der Operation, die erklärtermaßen den Terrorismus bekämpfen sollte, *de facto* aufgehoben. Beide verschmolzen unter einheitlichem Kommando, ohne dass die strategische Schizophrenie der Kriegsführung gegen Terroristen und gleichzeitigem ‚Friedenseinsatz' zum Staatsaufbau behoben worden wäre. Ihn erinnere der militärische Einsatz der internationalen Gemeinschaft in Afghanistan an Brechts ‚guten Menschen von Sezuan', so ein deutscher Diplomat: Um seine gute Seite erhalten zu können, muss der gute Mensch eine schlechte Seite abspalten. Diese Konstellation finde sich in der Aufspaltung in Stabilisierungstruppe und Kampfeinsatz wieder[4].

Die Kampagne der sogenannten Taliban im Süden des Landes, die zwischenzeitlich über nennenswerte Bereiche des Landes die Kontrolle ausüben, hat sich ausgeweitet und droht Pakistan zu destabilisieren. Die Guerillakriegsführung können sie auch mit Finanzen aus dem – im doppelten Wortsinne – blühenden Handel von Opium und Haschisch finanzieren. Sie erhalten außerdem Spenden und besteuern die Bevölkerung in den Gebieten, die sie kontrollieren. Die Finanzierung des Staatsaufbaus und des militärischen Einsatzes ist gleichfalls aufschlussreich: Die militärische Intervention hat Schätzungen zufolge allein das US-Militär *jährlich* zwischen 20 und 37 Mrd. US-$ gekostet (A. Belasco 2008: 15). Für den Aufbau wurden von internationalen Gebern seit 2001 25 Mrd. US-$ zugesagt, aber nur 15 Mrd. US-$ tatsächlich aufgewendet. Die Aufbauhilfe beträgt demnach nur etwa 7% der militärischen Kosten (M. Waldman 2008: 5[5]). Obwohl die Ballungsräume am meisten Hilfe erhielten, müssen die Bewohner

---

[4] Interview des Autors, Botschaftsmitarbeiter, 30. Mai 2006, Kabul.
[5] Aufgrund unterschiedlicher Veröffentlichungsarten und disparater Buchungsmöglichkeiten für Militärausgaben, die über verschiedene Budgets abgerechnet werden, sind dies näherungsweise Zahlen. Vergleichbares gilt für die Aufbauhilfe, bei der beispielsweise private Spenden nicht eingerechnet werden können, die Geber gleichzeitig aber gern gebundene Gelder, erlassene Schulden und andere, eigentlich nicht aufbaurelevante Finanzen angeben. Schließlich gibt es Überlappungen, etwa wenn die Provincial Reconstruction Teams (PRTs) Entwicklungsprojekte betreiben oder wenn der Eigenschutz von NGO-Personal durch Militär oder Sicherheitsfirmen vom Hilfsbudget bezahlt werden muss. Hinzu kommt, dass aus Afghanistan 40% der Hilfsgelder in die Geberländer zurückfließt (M. Waldman 2008). Stiglitz und Bilmes zeigen, dass die Kostenberechnung obendrein durch den gleichzeitigen militärischen Einsatz im Irak kaum sinnvoll aufgeschlüsselt werden kann. Sie machen aber deutlich, dass die Kosten, die den intervenierenden Staaten entstehen, etwa durch traumatisierte Soldaten, enorm und wirtschaftlich komplex wirken. Zwar gibt es auch wirtschaftlich positive Effekte wie Arbeitsplätze in der Rüstungsindustrie, deren Ausmaß ist jedoch kaum quantifizierbar (J. Stiglitz/L. Bilmes 2008: 17).

Kabuls noch immer auf durchgängige Strom- oder Wasserversorgung verzichten. Auf dem Land sieht die Situation gar noch schlechter aus, insbesondere dort, wo die Gewalt andauert.

2.3 Aufbau und Fragestellung der Arbeit

Wie ist angesichts dieser Bilanz die massive Diskrepanz zwischen erklärten Zielen und erreichten Ergebnissen zu erklären? Wenn der Aufbau eines Staates so zentral für die internationale Sicherheit und die Entwicklung in Afghanistan ist, warum sind die Investitionen so disparat? Wieso weichen die nichtintendierten Effekte der Staatsformation so stark vom geplanten Statebuilding ab? Diese Arbeit stellt sich diesen Fragen, indem sie die gedanklichen und theoretischen Grundlagen einer kritischen Durchsicht unterzieht, auf denen der Interventionismus und in seiner spezifischen Form die Politik des Statebuilding fußt. Die These dazu lautet, dass die *konzeptionellen Schwächen des Statebuilding-Ansatzes im Kern westlicher Weltpolitik, also der internationalen Politik der liberal verfassten Staaten liegen.* Dass erklärte Ziele nicht erreicht werden, ist nicht auf Koordinationsmängel oder Abstimmungsprobleme zurückzuführen. Diese gibt es auch, und sie verstärken die grundsätzlichen Schwierigkeiten, vor denen Versuche externen *social engineerings* in der Weltgesellschaft stehen. Ursächlich sind jedoch gedankliche Konstrukte, die den europäischen Nationalstaat zur Referenz nehmen, um sich ein Bild von Herrschafts- und Sozialbeziehungen zu machen. Darüber vernachlässigen sie die Herrschaftsbeziehungen innewohnenden Dynamiken und Verflechtungen zwischen Herrschenden und Beherrschten. Sie unterbewerten damit die Gesellschaftlichkeit, die Politik ausmacht. Obendrein verbleibt die Rolle von Gewalt für die Konstitution dieser Beziehungen im liberalen Denken in einer konzeptionellen Grauzone. Im Versuch, Gewalt aus den Sozialbeziehungen zurückzudrängen, wird sie in westlichen Gesellschaften zum sozialen und intellektuellen Tabu. Diese Arbeit zielt darauf, die grundlegenden und handlungsleitenden Konzepte von Sicherheit und Entwicklung nachzuvollziehen und die Genese dieser beiden Konzepte und ihrer teilweisen Verschmelzung nachzuzeichnen. Dabei soll die Gewaltsamkeit des Prozesses der weltweiten Ausbreitung liberaler Herrschaft nicht negiert, sondern daraufhin untersucht werden, welche transformative Wirkung sie in Herrschaftszusammenhängen ausübt.

Die Grundlagen westlicher Politik zu hinterfragen, ist dabei kein antiaufklärerischer Reflex. Die Prävalenz von Staatlichkeit, Individualismus und rechtebasierten Sozialbeziehungen in Frage zu stellen, heißt nicht, diese Ideen und Konzepte zu verwerfen. Allerdings erinnert es daran, dass diese Werte und Normen,

die die Gesellschaften der westlichen Sicherheitsgemeinschaft prägen, im weltgesellschaftlichen Zusammenhang ungleich verwirklicht sind. Statebuilding, um
die konstitutiven Bedingungen westlicher Staatlichkeit zu schaffen, bedeutet
deswegen eine soziale Neuorientierung durchzusetzen, die traditionellen Vorstellungen zuwiderläuft. Entlang der Unterscheidung zwischen Tradition und Moderne, die als analytische Leitgröße dient, ohne dass dabei die Moderne normativ
höherwertig anzusiedeln ist, können diese Widersprüche aufgezeigt werden. In
den ersten beiden Hauptkapiteln werden zu diesem Zweck die Vorstellungen
hergeleitet, die politikleitend in den westlichen Staaten wirken, und im Kontext
ihrer Genese erläutert. Die Vorstellung von einem rechtebewehrten Bürger, dessen Eigentum zu schützen Aufgabe des Staates ist, ist dabei der Ausgangspunkt.
Die sozial konstituierte Vorstellung von Sicherheit basiert darauf. Damit korrespondiert der Fortschrittsgedanke, der nicht als kontingenter Faktor begriffen,
sondern als Ablauf vorgegebener Entwicklungsschritte gefasst wird. So kann
Entwicklungspolitik begründet werden, die darauf zielt, den Ablauf eines Ent-
wicklungspfads entlang kapitalistischer Vergesellschaftung zu beschleunigen
und dazu bestehende Hindernisse auszuräumen. Liberales Denken kann in diesem Prozess unterschiedliche Arten von Politik bedingen. So sind konservative
und progressive Strömungen möglich, die unterschiedliche Aspekte des liberalen
Weltbildes verschieden stark gewichten. Deshalb kann die Betrachtung liberalen
Denkens, das wirtschaftliche und gesellschaftliche Überlegungen mindestens
ebenso prominent enthält wie solche zur Außenpolitik, für diese Arbeit knapp
bleiben. Liberales Denken ist also in seiner Auswirkung auf internationale Politik zu untersuchen und darin von liberaler Weltpolitik zu unterscheiden.

2.3.1 Die Kapitel zu Sicherheit und Entwicklung

Im Kapitel zur Sicherheit steht die Bedeutung im Mittelpunkt, die Sicherheit für
das Nachdenken über Politik hat. Schon lang ehe die Politikwissenschaft, im
angelsächsischen Raum die Lehre von den *International Relations*, etabliert war
und theoretische Überlegungen zur Sicherheit anzustellen begann, haben sich
Machthaber und Philosophen mit der Frage beschäftigt, wie ein Gemeinwesen
auf Dauer zu stellen ist. Die Frage, welcher Art von Politik es bedarf, in der
Interaktion mit anderen Gemeinwesen vor Eroberung, Unterwerfung oder Vernichtung *sicher* sein zu können, ist dabei von besonderer Bedeutung. Von defini-
torischer Relevanz sind die jeweiligen Setzungen, ohne die Überlegungen hinsichtlich der Sicherheit nicht auskommen. Das heißt, dass Sicherheit ein Referenzobjekt braucht, welches sicher sein soll. Die Frage, welcher Wert als zu
schützende Referenz gilt, ist ausschlaggebend für die resultierende Sicherheits-

politik. Die Diskussion um diese Werte ist der Grund, warum Sicherheit sozial konstituiert und deshalb stets wandelbar ist. Dummerweise ist die Referenz in den seltensten Fällen wirklich explizit; wertebezogene Rhetorik und eigentliche Politik klaffen häufig auseinander. So kann es sein, dass sich im Verlauf sicherheitspolitischen Handelns das Referenzobjekt, also die Wertestruktur der Gesellschaft selbst, verändert.

In Abgrenzung zu Theorien, die die Überzeitlichkeit und Statik von ‚Sicherheit' vertreten, ist es das Ziel des Kapitels, den Wandel nachzuzeichnen, der sich unter dem ‚Umweltfaktor' Kalter Krieg vollzog. Nach dem Kalten Krieg wurde mehr und mehr das Individuum zum Referenzobjekt von Sicherheit. Paradoxerweise verlor der Staat damit aber nicht an Bedeutung, sondern wurde aufgewertet. Statt das staatliche Überleben zu sichern, dient in der liberalen Konzeption der Staat als oberster Dienstleister dazu, das Überleben des Einzelnen zu gewährleisten. Letztlich erscheint Sicherheit demnach nicht ohne den Staat – dessen Aufgabenspektrum und Legitimation dabei allerdings vielfältig ist – denkbar. Die Ebenen internationales System, Staat und personale Ebene hängen also enger zusammen als die analytische Trennung suggeriert, wie sie insbesondere in den Internationalen Beziehungen praktiziert wird (D. Singer 1961). Der Staat, so ist zu folgern, ist nicht eine von mehreren Ebenen, sondern erfüllt eine Scharnierfunktion zwischen dem Gesellschaftlichen und dem Internationalen. Wie dieses Scharnier aussieht, ist allerdings ausschlaggebend für die Funktion, die es erfüllt: Sowohl die Verflechtung des Staates und ‚seiner' Gesellschaft als auch die Art der Einbindung des Staates in die politische Ökonomie der Welt prägen jeden Staat in eigener Weise.

Mit einer ähnlichen Fragestellung beginnt das vierte Kapitel: Was ist Entwicklung? Wie wird sie in der theoretischen Debatte, wie in der Umsetzung begriffen? Welche Gesellschafts- und Herrschaftsformation wird als Voraussetzung für welche Art von Entwicklung verstanden? Es zeichnet dazu zunächst den Verlauf der entwicklungstheoretischen Diskussionen nach. Diese, so zeigt sich, erfassen Entwicklung vor allem als wirtschaftliches Wachstum. Unterentwicklung entsteht dabei erst durch die Vorstellung, dass es einen vorgezeichneten Weg gebe, auf dem Gesellschaften unterschiedlich weit gekommen seien. Die westliche Welt, die mit rationaler Herrschaft die Voraussetzungen für die Industrialisierung geschaffen hat, gilt dieser Sichtweise als Maßstab. Ausgehend von einem wissenschaftlich begründeten Fortschrittsgedanken werden so Programme planbar, durch die der Ablauf des Entwicklungswegs beschleunigt werden soll. Die Vorstellung von Modernisierung als Ausdruck von Entwicklung war dabei im Westen wie in den kommunistischen Doktrinen dominierend. Mit dem Wegfall des Kommunismus als ideologischer Variante der Modernisierung wurde diese als marktbasierte Modernisierung virulent, ohne dabei deren disruptive

Effekte zu berücksichtigen. Unter dem Stichwort des ‚Washington Consensus‘ wurde (neo-) liberale Strukturpolitik zum Entwicklungsmaßstab, der häufig die Entwicklungsbemühungen in den ‚Empfängerländern‘ delegitimierte. Die Staatsskepsis dieser marktradikalen Strömung ist dabei eher ideologisch als substanziell begründet, weshalb ein durch den Sicherheitsdiskurs ideell aufgewerteter Staat durchaus gedanklich kompatibel mit Marktreformen und Liberalisierung ist.

Denn auch Entwicklung wird kaum ohne den Staat gedacht. Selbst auf das Individuum bezogene Entwicklungsprojekte sind letztlich vom Staat hergeleitet, obwohl sie ihm tendenziell misstrauen. Dabei bleiben die Bereitstellung von Risikovorsorge durch Ressourcenverwaltung einerseits und kleinteilige wirtschaftliche Selbsterhaltungsstrategien andererseits in einem grundlegenden Widerspruch gefangen: Sollen staatliche oder gesellschaftliche Arrangements die Wohlfahrt der Bevölkerung gewährleisten helfen? Der grundlegende liberale Misstrauensreflex gegenüber dem Staat verhindert, so die These, dass dem Staat diese Aufgabe zugesprochen wird. Die in westlichen Staaten bestehenden Existenzsicherungssysteme gelten deshalb nicht als probates Mittel, in Entwicklungsgesellschaften zu einer Verbesserung der Lebensbedingungen beizutragen. Wenn ‚Entwicklung als Freiheit‘ (A. Sen 2005) verstanden wird, ist deshalb immer ein Staat mitgedacht, der die Bedingungen schafft, Freiheit zu verwirklichen. Entwicklungsprogramme gehen damit theoretisch den zweiten Schritt vor dem ersten, weil sie den Staat schon voraussetzen – darin sind sie mit den Sicherheitskonzeptionen vergleichbar.

Am Ende des vierten Kapitels wird daher eine nicht normative, sondern funktionale Analyse entworfen. Sie schlägt vor, *Entwicklung als sukzessive Reduktion existenzieller Risiken* zu begreifen, was insbesondere die zeitliche Komponente zu erfassen erlaubt. In dieser Konzeption kann der Staat seinen Platz finden, seine Aufgaben können aber je nach Kontext sehr verschieden aussehen. Auch erlaubt dieser Ansatz, die Wachstumsfixiertheit zu überwinden. Ein weiterer Vorteil dieses Konzepts ist die übergreifende Analysierbarkeit weltwirtschaftlicher, staatlicher und kulturell-sozialer Zusammenhänge hinsichtlich der Risikoauswirkungen auf den Einzelnen. Mit dem aus der Europaforschung entlehnten Begriff der ‚Mehrebenen‘-Politik können mit diesem funktionalen Ansatz die Zusammenhänge beleuchtet werden.

Die Kapitel 3 und 4 gleichen sich im Aufbau: Einem die wissenschaftliche Auseinandersetzung mit den Problemen Sicherheit und Entwicklung kritisch betrachtenden Teil folgt ein dreigegliederter Part. Dieser erfasst die Ebenen internationales System, Staat und die personale Ebene in Hinblick auf ihre Bedeutung für Sicherheit und Entwicklung. Er folgt der Frage, welche Einflüsse zu berücksichtigen sind, um die Funktion des Staates zu beschreiben. Die Anknüpfungspunkte werden skizziert und in ihren wechselseitigen Einflüssen dargestellt. Das Erkenntnisinteresse liegt dabei auf den Widersprüchen, die auftreten, wenn liberale Weltpolitik auf eine Situation trifft, in der die Voraussetzungen liberaler Gesellschaftskonstitution nicht vorhanden sind.

Kapitel 5 betrachtet die Verschmelzung von Sicherheit und Entwicklung, die als gegenseitig konstitutiv gelten. Anders als in den beiden vorangegangenen Kapiteln ist die Reflexion gängiger Konzepte nachrangig gegenüber dem Entwurf eines Konzeptes, mit dem gegenwärtige Sicherheits- und Entwicklungspolitik, insbesondere in ihrer Ausprägung als Statebuilding-Projekt, untersucht werden kann. Dieses Konzept enthält die sich um die Staatlichkeit rankenden wesentlichen Elemente, Hindernisse und Widersprüche internationaler Statebuilding-Politik und erschließt sie einer zusammenhängenden Analyse.

2.3.2 Das Konzept der Synthese von Sicherheits- und Entwicklungspolitik

Sicherheit und Entwicklung bedingen einander. Diese einfache Feststellung hat den Status einer Binsenweisheit. Als solche braucht sie in der öffentlichen Vermittlung von Politik nicht erläutert zu werden. Aus wissenschaftlicher Sicht hingegen stellen sich einige Fragen, denen in der vorliegenden Arbeit nachgegangen wird. Die zentrale Frage ist also: *Wie* hängen Sicherheit und Entwicklung zusammen? Für beide Konzepte gilt, so die in den vorhergegangenen Kapiteln ausgearbeitete These, dass sie sozial konstituiert sind. Sie werden in der politischen Auseinandersetzung, dem öffentlichen Diskurs, erst begrifflich gefasst. Sie bestimmen den Lebensmodus politischer Gemeinwesen und definieren so deren Charakter. Gleichzeitig wandeln sich die Konzepte ständig. Sie entsprechen jeweils unterschiedlichen zeithistorischen Umständen und verändern sich in der Dynamik gesellschaftlicher Formationen mit. Im Kapitel zur Synthese wird deshalb ein Konzept entworfen, mit dem erfasst werden kann, wie die vorher beschriebenen Vorstellungen in Politik umgesetzt werden.

Die These dazu lautet, dass die Vorstellung von Staatlichkeit als Modus sozialer Beziehungen den Kern der Konzepte Sicherheit und Entwicklung vorgibt. Zunächst wird deshalb gefragt, welche Rolle der Staat in der Weltgesellschaft spielt. Der Staat ist darin tragender Bestandteil einer sich ausbreitenden Modernisierungsdynamik, die die sozialen Verhältnisse in traditionalen Gesellschaften umwälzt. Die Sozialbeziehungen sind deshalb immer sowohl internationalisiert als auch lokalisiert: Internationalisiert sind sie aufgrund prägender Kommunikationsbeziehungen, ökonomischer Verflechtungen und durch extern übernommene Aufgaben, die von anderen als staatlichen Institutionen ausgefüllt werden, beispielsweise von Hilfsorganisationen, die Schulen oder Hospitäler bauen. Lokalisiert sind sie deshalb, weil das Normgefüge überkommene Aspekte aufweist, Eliten gesellschaftliche Deutungsansprüche vertreten oder ökonomische Modi der Reproduktion feudalen Logiken näherkommen als kapitalistischen. Wie sich diese Einflüsse vermischen, ist kontingent: Externe Einflüsse verändern die internen Dynamiken, verursachen dabei aber unintendierte Effekte, so dass sie die ‚Entwicklungsrichtung' letztlich nicht bestimmen können. Die lokalen Formen der sozialen Beziehungen verbinden sich aufgrund eigener Logiken mit den externen Einflüssen und formen so neue Modi der wirtschaftlichen, politischen oder militärischen Interaktion. Die Form dieser ‚Legierung' ist nicht vorgezeichnet, sondern kann aufgrund der vieldimensionalen Einflüsse sehr verschieden sein. Auch die zeitliche Dimension folgt entgegen entwicklungstheoretischer Annahmen keinem linearen Verlauf des ‚Fortschritts', sondern kann beschleunigte und retardierende Phasen aufweisen.

Am deutlichsten internationalisiert es die Politik, wenn externe Akteure Steuerungsfunktionen übernehmen. Politischer Effekt externer Eingriffe ist dann die Transformation von Souveränität. Zu fragen ist dann, welchen Einfluss diese ‚reduzierte' Souveränität des Staates auf die Herrschaftsbeziehungen zwischen Staat und gesellschaftlichen Subjekten hat. Zugleich ist davon auszugehen, dass das Wesen des Interventen Einfluss darauf ausübt, wie sich Herrschaftslogiken miteinander vermengen – die politische Formierung der Interventen ist also nicht egal. Bezogen auf aktuelle Fälle von Statebuilding-Ansätzen, die man als Post-Kalter-Krieg-Interventionen bezeichnen könnte, sind die Interventen als Gruppe westlicher, kapitalistisch vergesellschafteter Staaten erkennbar, die eine vergleichsweise hohe zivilgesellschaftliche Beteiligung an der Durchführung aufweisen.

Die handelnden Staaten werden als Sicherheitsgemeinschaft (K. Deutsch et al. 1957) konzipiert, deren Merkmal ist, dass ihre Mitglieder untereinander auf Gewalt als politisches Mittel verzichten. Daraus ergibt sich eine Unterscheidung zwischen innen und außen, so dass das Verhältnis von innerer Logik und externem Handeln erfassbar wird. Ein Merkmal der Sicherheitsgemeinschaft ist ihre hohe wirtschaftliche und kommunikative Interaktionsdichte, die einer einheitlichen Deutung der Welt außerhalb der Sicherheitsgemeinschaft dienlich sein kann. Die Sicht auf die Welt außerhalb der Sicherheitsgemeinschaft beinhaltet dabei eine Komponente der Bedrohung, die die innere Kohäsion stärkt. Innere Logik und Außenpolitik hängen über Prozesse von Versicherheitlichung (Securitization) und ‚Developmentalisierung' zusammen (O. Wæver 1995): Durch Securitization wird ein Gegenstand zum Sicherheitsproblem. Seine Beschreibung als die Sicherheit gefährdend erlaubt, mit außergewöhnlichen Mitteln zu reagieren. Diese Mittel sind in der Regel in staatlicher Hand, so dass Securitization als von (staatlichen) Eliten angeführtes Phänomen gelten kann, das sich meist innerhalb staatlicher Kategorien abspielt. Sicherheitsprobleme gelten also gemeinhin als staatliche Probleme.

Im Verhältnis zu politischen Gemeinwesen außerhalb der Sicherheitsgemeinschaft heißt das, dass auf der Basis des staatszentrierten Denkens Statebuilding zum Mittel wird, multiplen Sicherheitsproblemen zu begegnen. Ist legale Staatlichkeit etabliert, werden im aktuellen *Framing* (E. Goffman 1980) die funktionalen Defizite als Sicherheitsproblem gefasst, das durch beschleunigte gesellschaftliche und sukzessive staatliche Entwicklung behoben werden kann. Dadurch werden Sicherheit und Entwicklung zu sich gegenseitig konstituierenden und damit bedingenden Faktoren. Der zentrale Widerspruch dabei ist, dass die Unterscheidung zwischen Ziel und Prozess verschwimmt. Anders formuliert: Statebuilding ist eine *Policy*, die eine *Polity* und deren *Politics* herzustellen anstrebt, aus der sie eigentlich hervorgehen sollte. Die Politik in der intervenierten Gesellschaft ist also vom Ergebnis vorgegeben, die Offenheit des politischen Prozesses zumindest eingeschränkt. Schlimmstenfalls kann es so weit kommen, dass der Gesellschaft im Statebuilding die Freiheit, die eigenen herrschaftlichen Verkehrsformen selbst zu bestimmen, nicht zugestanden wird. Damit jedoch bedingt die Unterscheidung zwischen entwickelten und ‚unterentwickelten' Herrschaftsformationen die Akzeptanz ungleicher Rechte. Sie wohnt dem Liberalismus inne, verschwindet aber aus dem Selbstbild, das westliche Staaten und Gesellschaften von sich pflegen. Für die außenpolitische Praxis bedeutet das jedoch, dass Staaten erst auf liberale Gleichbehandlung hoffen können, wenn ihr Entwicklungsgang erfolgreich absolviert wurde.

Das Kernmerkmal entwickelter Staatlichkeit ist dabei die Monopolisierung von Gewalt. Im Kontext von Statebuilding hat die Sicherheitssektorreform deshalb einen hohen Stellenwert, gilt der Sicherheitssektor doch als der Bereich, mit dem alle anderen Bereiche unausweichlich verflochten sind. Diese Perspektive hat den Staat in den letzten Jahren aufgewertet, der nunmehr als Garant von Sicherheit gilt, während das Gefährdungspotenzial, das vom Staat für die Bürger ausgeht, eher vernachlässigt wird. Die militärische Unterstützung, die im Rahmen einer Intervention zum Statebuilding geleistet wird und hohe Kosten verursacht, trägt dazu bei, dass selbsttragende Sicherheitsinstitutionen als Priorität gelten. Die politische Praxis der Interventen prägt also ihre politische Zielsetzung. Der Staat, der den Sicherheitssektor steuern soll (*Security Sector Governance*), dient deshalb der Kontrolle von Gewaltpotenzialen, die der parallel verlaufende Modernisierungsprozess freisetzt. Gleichzeitig ist der Staat anfällig, so dass sich einzelne Gruppen staatliche Institutionen aneignen können. Dadurch können sie partikulare Interessen verfolgen und damit andere Bevölkerungsteile benachteiligen, was nicht selten gewaltsamen Widerstand zur Folge hat.

In jedem Fall – auch wenn der Staat idealiter als neutraler Verhandler von Interessen auftritt und allen Parteien Sicherheit gewähren kann – muss überwunden werden, was man als Sicherheitsdilemma (J. Herz 1950) beschreiben kann. Sozialformationen, beispielsweise angeführt von charismatischen Ältesten, aber auch Gewaltunternehmern, also jegliche Formen substaatlicher Herrschaftsarrangements befinden sich demnach untereinander in einem Zustand von Unsicherheit: Einerseits besteht Unsicherheit über das jeweilige Verhalten und die Ziele der anderen, andererseits befinden sie sich in Unsicherheit, weil keine Instanz besteht, die die Einhaltung grundlegender Regeln überwachen und sanktionieren könnte. Dieses Konzept, in dem der Mangel an Erwartungssicherheit gegenüber potenziellen Gegnern problematisiert wird, kann für die Analyse von Nachkriegssituationen erschlossen werden. Die Intervention zielt zwar darauf, dieses Sicherheitsdilemma zu überwinden, zumindest jedoch darauf, es abzuschwächen. Sie wird aber Teil der Unsicherheitskonstellation für die lokalen Herrschaftsverbände, weil über ihre Intentionen und Verweildauer Unklarheit herrscht. Die Grundkonstellation einer Wahl zwischen Gruppen, mit denen die Interventen kooperieren, und jenen, die sie als Gegner begreifen, verhindert unparteiische Politik. Die Intervention ist also anfällig für Manipulation und ihrerseits informationell *unsicher*, weil sie nicht wissen kann, welche Informationen sie wie bewerten soll.

Die Gewaltakteure, die mitunter als quasi-staatliche Herrschaftsverbände auftreten, sind häufig wirtschaftlich relevante Gruppen. Ihre kommunikativen Verbindungen und ökonomische Verflechtungen zu untersuchen ist der nächste Schritt. Denn die gegenseitige Abhängigkeit, die in der Verflechtung ihren Ausdruck findet, kann zum Ausgangspunkt für den Abbau von Misstrauen führen. Gleichzeitig können diese Verknüpfungen dazu beitragen, das Statebuilding zu unterstützen: Wenn die substaatlichen Einheiten eine Art interner Sicherheitsgemeinschaft zu bilden beginnen, können sie sich zu einem Staat *amalgamieren*, wie dies Deutsch et al. (1957) für frühere Staatsbildungsprozesse beschrieben haben. Dafür ist allerdings relevant, in welchem Verhältnis das wirtschaftliche Interesse der einzelnen Gewaltunternehmer zur Verbesserung der Lebensbedingungen der Bevölkerung steht. Den Aspekt der Wohlfahrtsdimension müssen Statebuilding-Ansätze berücksichtigen, wenn der neu aufzubauende Staat über die Verfahrensseite, insbesondere über Wahlen, hinausgehende Legitimation genießen soll.

Das Problem der Legitimität hängt, wie dann gezeigt wird, zentral von der Art der Finanzierung des Staates ab. Mit Rentierstheorien kann plausibilisiert werden, warum eine Steuerfinanzierung des Staates seine Position gegenüber der Bevölkerung stärkt. Einerseits bedingt die Abgabe von Steuern eine bessere Kontrolle staatlichen Handelns durch die Steuerzahler. Wichtiger ist jedoch andererseits, dass der Staat selbst, sofern er sich überwiegend aus externen Geldern finanziert, zur Quelle von Wohlstand wird, was klientelistische Strukturen begünstigt. Kontrolle durch die externen Geber hingegen ist kaum zu gewährleisten, wenn Sicherheitsüberlegungen eine Konditionalisierung der Gelder erschweren beziehungsweise wenn eine Evaluation vor Ort durch fragmentierte Projekte und Zielvorgaben sowie eine prekäre Sicherheitssituation erschwert oder verhindert werden.

Der hier entworfene Ansatz geht dabei über bisherige Rentierstheorien hinaus, die allgemein als staatszentriert gelten können, da sie die Staatsklasse (H. Elsenhans 1974) in den Mittelpunkt ihrer Analyse stellen. Hier wird die Rentiersanalyse erweitert und auch auf den nichtstaatlichen Bereich ausgeweitet. So können Gruppen mitbeachtet werden, die ökonomische Renten aus Drogenhandel oder Schmuggel erlösen. Die Effekte, die eine konzentrierte Rentenfinanzierung auf die Empfänger hat, sind vergleichbar, unabhängig davon, ob sie sich im Staat oder jenseits seiner Strukturen befinden. Rentiersgruppen teilen Interessen, die im breiten Konzept des Rent-seeking erfasst werden können. Wie sich zeigt, sind Renten und ihr Erwerb nicht ohne die soziale Umwelt zu erklären, so dass der Zusammenhang staatlicher und nichtstaatlicher Rentiers berücksichtigt werden muss. Die Konvergenz von Rentiers kann so als zentrales Problem des Staatsaufbaus erfasst werden, da den Rentiersgruppen die Erhaltung ihrer Rentenquellen wichtiger ist als ein politischer Prozess oder der Aufbau eines kapitalistischen Wirtschaftskreislaufs. Die Rente und ihre Funktionslogik stellen also ein weiteres Problem dar, das die Ziele des Staatsaufbaus im Prozess verformt. Zugleich geht diese Analyse einen wichtigen Schritt aus dem in der Rentierstheorie entworfenen Analyserahmen hinaus, der eng auf Staatlichkeit bezogen ist. Damit verweist sie auf Fragen, die rentierstheoretisch erst erfasst werden müssen, und macht einen Anfang, die Rolle nichtstaatlicher Rentiers im Staatsaufbau zu konzeptionalisieren.

Den Abschluss der Synthese theoretischer Konzepte zum Statebuilding bildet die Rückbindung der Vorstellung von Staatlichkeit an die Hemmnisse ihres Aufbaus. Wenn die beschriebene Reduktion existenzieller Risiken das Merkmal von Entwicklung ist, so stellt Statebuilding zunächst zumindest einen Anstieg dieser Risiken dar. Denn der externe Eingriff, mit dem in verschiedenen Bereichen der neue Staat unterstützt werden soll, verfügt über zu wenig Mechanismen, die gestiegenen Risiken auszugleichen. Weil es der Intervention an einer hinreichenden Wohlfahrtskomponente mangelt, die sich zeitgleich mit dem Anstieg der Risiken materialisiert, bleibt die ‚Friedensdividende‘ aus. Das untergräbt jedoch die Legitimität, die das neue Herrschaftssystem so dringend benötigt. Aber auch in den Geberländern verliert die Intervention an Legitimität, weil ihr Nutzen für die Gesellschaften der Sicherheitsgemeinschaft kaum vermittelbar und noch weniger für Wahlentscheidungen popularisierbar ist. Nur über eine Politik der Versicherheitlichung kann die Aufmerksamkeit aufrechterhalten werden, die nötig ist, dauerhafte Unterstützung für Statebuilding zu mobilisieren[6].

Das Engagement der fragmentierten Sicherheitsgemeinschaft ist also abhängig von innenpolitischen Prozessen, die vom Statebuilding selbst entkoppelt sind. Die internationalisierten Eliten, organisatorische Eigeninteressen von Sicherheitsinstitutionen und weltweit agierenden Hilfsorganisationen und ihre konkrete Politik können auf dieser Basis als organisierte Verantwortungslosigkeit begriffen werden, weil die politische Verantwortung nicht zu verorten ist. Innerhalb der Sicherheitsgemeinschaft schieben sich die Staaten und anderen Akteure zunächst die Verantwortung zu, wenn die selbstgesteckten Ziele außer Reichweite bleiben. Letzten Endes kann es sein, dass die Staaten, die durch Intervention aufgebaut werden sollen, für ihr Scheitern selbst verantwortlich gemacht werden. Die ‚hohle Hegemonie', wie Chandler (2009) dies nennt, erlaubt diese Abkoppelung von politischem Handeln und den davon Betroffenen. Um die Sicherheit der Gesellschaften der Sicherheitsgemeinschaft zu gewährleisten, wird die Sicherheit der Bevölkerung in Staaten, die als zerfallend und folglich als Sicherheitsrisiko angesehen werden, nachrangig behandelt. Die liberale Weltpolitik untergräbt so ihre eigenen Prinzipien.

Für den Staatsaufbau bedeutet die Verknüpfung von Sicherheit und Entwicklung eine gegenläufige Tendenz von Politisierung und Depolitisierung: Einerseits werden Entwicklungsmaßnahmen politisiert, indem sie als intrinsisch mit dem Staat verwoben verstanden und vormals unparteiische Entwicklungsakteure in dieses überwölbende Projekt eingegliedert werden. Andererseits wird der Staatsaufbauprozess depolitisiert, dessen Endpunkt liberaler Staatlichkeit bereits zu Beginn des Engagements feststeht, weil keine politische Auseinandersetzung darüber stattfinden kann, nach welcher Art das Gemeinwesen herrschaftlich organisiert wird. Beide Prozesse, so lautet die These, verstärken Gewalt eher als sie einzudämmen, sie fördern eher die Entropie der Gewalt als ihre Monopolisierung. Da die Intervention die Gewalt zumindest teilweise mitverursacht, entpuppt sich die Begründung für die Intervention, nämlich als *der Sicherheit* dienend, als falsch. Sie dient der Sicherheitsgemeinschaft und weniger den Gesellschaften, die Gegenstand der Intervention sind. Sie sind einer teleologisch begründeten sozialen Umorganisation unterworfen, damit sie – ausgeprägte Merk-

---

[6] Dazu gehört, die Sicherheitsrisiken der Intervention selbst zu verschweigen, wie dies im Fall des Einsatzes in Afghanistan, aber auch bei anderen militärischen Einsätzen zunächst der Fall war. Die Zielsetzungen und erreichten Erfolge werden demgegenüber übertrieben dargestellt, die globalen Sicherheitsrisiken mantrahaft wiederholt und die eigenen (militärischen) Kosten einschließlich der Tatsache, dass die Gesellschaften der Sicherheitsgemeinschaft mit traumatisierten Rückkehrern umzugehen lernen müssen, verschleiert.

male liberaler Staatlichkeit vorausgesetzt – zukünftig selbst Teil der Sicherheitsgemeinschaft werden können.

Abschließend werden die zentralen Dilemmata der Intervention als vier Widersprüche formuliert. Zunächst die Gleichheit: Sie gehört zum Grundverständnis des Liberalismus, aber ihre politischen Auswirkungen sind höchst unterschiedlich. Auf der Ebene des Einzelnen scheint die Frage nach seiner *Fähigkeit zu Rechten primär vom Eigentum* abzuhängen. Menschen besitzen demnach Rechte also nicht aus sich selbst heraus, sondern verwirklichen sie erst im Staat, für den sie sich aber nur auf der Basis als Eigentümer, die zu schützen staatliche Aufgabe ist, als Vertragspartner qualifizieren. Es zeigt sich obendrein, dass der Interventionismus zwischen der ‚Entwicklungsstufe‘ der betroffenen Staaten unterscheidet. So kann *politische Selbstbestimmung*, eigentlich Grundkonstante liberalen Denkens, *auf Zeit suspendiert* werden, um eine liberale Staatsform durchzusetzen. Damit wird die freie Wahl des Systems, über das Herrschaft ausgeübt werden soll, jedoch durch eine Vorgabe ersetzt, die in illiberaler Weise von außen kommt. Zwar versuchen Interventionen, den äußeren Eingriff möglichst gering zu halten, indem sie schnell partizipative Verfahren einführen, die die nötige Verfahrenslegitimität schaffen sollen. Die prozedurale Seite von Demokratie wird dabei aber gegenüber der Output-Legitimität überbewertet, welche sich in Wohlfahrtsleistungen und einer affektiven Haltung gegenüber dem Staat ausdrückt. Da die liberale Intervention alles verabscheut, was nach ‚Umverteilung‘ riecht, schließt sie aber aus, diese wohlfahrtsstaatliche Komponente auszubauen. Die affektive Seite des Staates verschwindet hingegen in der abstrakten Verfahrensfixierung der Statebuilding-Ziele.

Das Bedürfnis der Bevölkerung nach Gerechtigkeit, das sich auch materiell ausdrückt, wird dabei nur unzureichend adressiert und nicht befriedigt. Das Versprechen, dass *Demokratie einen Wohlfahrtsanstieg mit sich bringt*, bleibt uneingelöst. Die zentrale Funktion von Staatlichkeit, nämlich die Monopolisierung des legitimen Gewaltgebrauchs, bleibt ebenfalls aus. Externes Militär soll in einem prekären Frieden die gewaltsam getrennten Kriegsparteien auseinanderhalten, setzt also gewissermaßen einen Deckel auf die ursächlichen Konflikte. Diese in Politik zu überführen, ist das Ziel des Institutionenaufbaus. Im Übergang zu legitimer Gewaltsamkeit des Staates tritt eine externe Gewaltinstitution an dessen Stelle – lässt damit aber dem Staat kaum Chancen, eine eigene Legitimität hinsichtlich der Gewalt zu entwickeln, weil nicht klar ist, wie lange die Übergangsphase anhält. Obendrein werden die externen Gewaltakteure zum Teil der Konflikte, die ja nicht statisch verharren, sondern sich in ihrer inneren Dynamik fortentwickeln – häufig ohne dass die Interventen diese Dynamik verstehen. Der Staat steht also in paradoxer Konkurrenz zu den externen Gewaltakteuren, deren *Präsenz die volle Ausprägung von Staatlichkeit verhindert.*

2.3.3 Fallstudie Afghanistan

Ähnlich aufgebaut wie das Kapitel zur Synthese sicherheits- und entwicklungspolitischer Konzepte ist das Kapitel zum konkreten Staatsaufbauprojekt in Afghanistan. Es dient der Prüfung, ob das entworfene Konzept auf einen gegenwärtigen Fall westlicher Intervention anwendbar ist. Afghanistan darf dabei als pro-
totypisch gelten, was einen Mangel an Staatlichkeit und sozio-politische ‚Unterentwicklung' betrifft. Auch die langjährige Persistenz gewalttätigen Konfliktaustrags macht Afghanistan zum Extremfall des ‚Nachkriegs'-Statebuilding. Entgegen weitverbreiteter Vorstellungen hat diese lange Kriegsphase jedoch nicht alle
Sozialbeziehungen zerstört, sondern einige Entwicklungen beschleunigt, andere
verlangsamt. Viele der als sicherheitskritisch verstandenen Merkmale haben
deshalb eine lange historische Genese aufzuweisen, wurden aber häufig in ihrer
Gewichtung durch den Krieg verschoben und transformiert.

Die Geschichte Afghanistans ist geprägt von der Dichotomie interner
Staatsformierung und externer Einflussnahme auf politische Prozesse. Nur wenige Staaten verdanken ihre Existenz dem Desinteresse ihrer Nachbarn – stattdessen waren sie Gegenstand von Kriegen, die interne Kohäsion zur Abwehr externer Übernahmeversuche förderten. In Afghanistan war die externe Intervention
nie auf Übernahme des Staates ausgerichtet, sondern galt der Aufwertung einer
Gruppe im Staat im Verhältnis zu einer anderen. Die wichtigste Rolle spielte
dabei das Britische Weltreich, das Afghanistan als Puffer gegen eine Expansion
des zaristischen Russland in seinen Einflussbereich im Indischen Ozean ansah.
Diese Rolle übernahm nach seiner Gründung 1947 Pakistan, um sich Afghanistan als strategischen ‚Hinterhof' zu erhalten, sollte es zu einer Konfrontation mit
Indien kommen. Der Iran und die Sowjetunion unterstützten verschiedene
Volksgruppen, und verfolgten damit ebenfalls eigene politische Ziele. Diese
führten zur militärischen Einmischung der Sowjetunion an der Seite der afghanischen Kommunisten. Der Untergang der Sowjetunion wird von vielen dem an-
haltenden Widerstand der Mujaheddin zugeschrieben, die ihrerseits im Krieg von
1979 bis zum Abzug der Sowjetarmee im Februar 1989 von den USA unterstützt
wurden. Im sich anschließenden Mujaheddin-Krieg wurde die Erschließung von
Finanzquellen noch mehr zum Kriterium militärischen Erfolgs. Die Herrschaft
der Taliban ist gleichfalls nicht ohne externe Geldgeber in Pakistan und anderen
muslimischen Staaten denkbar. Charakteristisch für den Staat war also immer
seine externe Finanzierung. Sie half eine Rentierskultur zu schaffen, die die
disruptiven Prozesse der Kriege seit 1979 besser überstanden hat als andere soziale Strukturen.

Die Form des Staates war nicht geeignet, die Gesellschaft zu durchdringen.
Die jeweils Herrschenden versuchten deshalb stets, die verschiedenen Einfluss-

gruppen und Clans zu isolieren und sie persönlich abhängig zu machen. Sie verschafften ihnen punktuellen Einfluss in staatlichen Institutionen, gewährten aber nie formalisierten Zugang zum Staat. So versuchten sie ihren Herrschaftsanspruch zu festigen, den sie gleichzeitig durch externe Finanzierung absichern mussten. Dadurch waren sie verhältnismäßig schwach, um sich einer externen Einflussnahme zu erwehren, weil sie auf die Mittel angewiesen waren. Gleichzeitig waren sie paradoxerweise stark, weil sie von der beherrschten Gesellschaft autonom blieben – die Herrschaftsstrukturen also meist gewaltbasiert und wenig von einem Verständnis von Staatlichkeit getragen waren. Die Aneignung staatlicher Führungsämter erfolgte demgemäß nicht selten ebenfalls mittels Gewalt.

Staat und Gesellschaft wiesen nur wenig Verflechtungen auf, so dass der Staat regional unterschiedlich stark ‚stattfand'. Dieser Zustand hielt auch nach dem Ende der Talibanherrschaft an, weil der Krieg die gesellschaftliche Stellung von Kriegsherren im Verhältnis zu Ältesten oder dem Klerus gestärkt hatte. Es hatten sich in dieser Zeit quasistaatliche Einheiten herausgebildet, die zwar ebenfalls auf Gewalt gründeten, aber eben auch durch Bereitstellung rudimentärer Sicherheitsdienstleistungen, Rechtsprechung und Wohlfahrt eine gewisse Legitimität genossen und soziale Funktionen übernahmen. Gleichzeitig waren sie vom Staat geschieden, weil sie diesem keine Funktionen zubilligten – Ziel des internen Krieges war meist zu verhindern, dass andere Gruppen sich den Staat aneigneten. Keine der Mujaheddin-Gruppen hatte ein nennenswertes politisches Programm, gleichwohl strebte keine nach einer Ablösung vom Staat. Das Ziel war maximale Autonomie bei gleichzeitiger Existenz eines Staates, der möglichst wenig Einfluss ausüben sollte.

Aus der Zeit vor dem Krieg stammt zudem eine Islamisierung der Politik, die sich durch den Krieg selbst noch erheblich verstärkt hat. Dabei waren es die islamistischen Mujaheddin, die dem forcierten Modernisierungsprojekt der afghanischen Kommunisten entgegentraten, an deren Seite sich die Sowjetunion stellte. Die Überwindung antistaatlicher Widerstände war also bereits das Ziel des sowjetischen Eingreifens. Die Kluft zwischen Bevölkerungsgruppen, die den Staat befürworteten, und jenen, die ihn ablehnten, verlief dabei im Wesentlichen zwischen Stadt und Land. Die urbanisierten Eliten betrieben Rechts- und Sozialreformen, die dem Herrschaftsanspruch lokaler Eliten zuwiderlief und deshalb auf gewaltsamen Widerstand traf. Man kann Afghanistan also als segmentierte Gesellschaft beschreiben (B. Rubin 2002). Die Segmente stehen sich dabei in politisch kaum überwindbarer Opposition gegenüber: Stadt und Land bilden ebenso wie Klerus gegen säkulare Eliten Gegensatzpaare, die kaum in einem Staatsbildungsprojekt integriert werden können, ohne dass eine Seite ihre Ziele ‚aufgeben' oder zumindest verändern muss. Staatsbildung ist also ein Projekt zur Veränderung der Identität mancher Gruppen. Der Staat erlangt so nicht die Qualität einer Plattform, auf der politische Differenzen ausgetragen werden können. Vielmehr ist der Staat die Instanz, die es sich anzueignen gilt, *um* die eigenen Ziele durchzusetzen.

Das Eingreifen der westlichen Sicherheitsgemeinschaft nach den Anschlägen des 11. September 2001 veränderte die zwischenzeitlich entstandene Konstellation einer *De-facto*-Kontrolle Afghanistans durch die Taliban, die vier Fünftel des Landes kontrollierten. Dabei unterließen sie aber die meisten Tätigkeiten, die Staatlichkeit ausmachen. Sie begriffen die Scharia als gegebenes Gesetz, dem keine weiteren Gesetze hinzugefügt werden könnten. Indem sie ihre religiöse Doktrin im Staat zur Geltung brachten, konnten sie zwar weite Teile des Landes befrieden, schufen aber keinen legitimen Staat. Stattdessen war ihre Gewaltherrschaft, insbesondere aufgrund ihrer rigiden Regelungen gegenüber Frauen, aber auch ihre Gastfreundschaft gegenüber Osama Bin Laden die Basis, auf der sie als global relevantes Problem ,versicherheitlicht' wurden. Ihre Herrschaft wurde mit Sanktionen der Vereinten Nationen belegt, was das militärische Vorgehen gegen sie begünstigte und vorbereitete. Schließlich gaben sie unter dem Druck des Bombardements ihre Herrschaft auf und verschmolzen mit der Bevölkerung oder zogen sich in ruhige Bereiche im Westen Pakistans zurück. Dort konnten sie sich neu gruppieren und begannen, ab 2003 wieder mit Gewalt auf den Staat Einfluss zu nehmen. Die Nordallianz genannte Gruppe ehemaliger Mujaheddin dominierte indes das Staatsaufbauprojekt. Im Petersberg-Prozess, mit dem die Einführung einer staatlichen Ordnung skizziert wurde, waren sie die maßgeblichen Akteure, während die Taliban nicht an den Verhandlungen zur Nachkriegsordnung und dieser selbst beteiligt waren.

Der Legitimitätsmangel des Staates war darin schon angelegt. Die Entscheidung, einen zentralisierten Staat aufzubauen, bedeutete einen sozialen Eingriff, der sehr viel tiefer reicht als die westliche Vorstellung von Zentralität und Hierarchie ermessen kann: Da die soziale Ordnung entlang lokaler und regionaler Strukturen erfolgt, bedeutet das, diese Einheiten zu unitarisieren, was deren erprobte Verfahren zur Schaffung von Sicherheit ersetzen würde. Da der Staat das entstandene Vakuum aber nicht füllen konnte, erlangten alte Autoritäten schnell wieder ihre alte Bedeutung. Auch die Taliban konnten sich so ihren prominenten Platz in der Sozialstruktur insbesondere des Südens zurückholen. Von Gewaltmonopolisierung kann demgegenüber nicht die Rede sein. Denn neben die von Kriegsherren dominierten staatlichen Gewaltapparate traten die Truppen der Interventen, die das politische Ziel ihrem Sicherheitsimperativ der Bekämpfung von vermeintlichen Terroristen weit unterordneten. Dazu gehört, dass sie nur wenig Aufwand betrieben, Milizen zu entwaffnen, die dem Staat mit ihrer militärischen Option jederzeit die Zustimmung verweigern oder Widerstand leisten können. Das taktische Ziel, diese Milizen im Kampf gegen Taliban und al Qaida-

Kämpfer einsetzen zu können, übertrumpfte das strategische Ziel, sie relativ zum Staat zu schwächen und letztlich zu integrieren.

Zur Hybridisierung des Staates gehört, dass die Nordallianz-Kriegsherren stets versuchten, ihre Position innerhalb des Sicherheitssektors zu verbessern. Der Mangel an Erwartungssicherheit, namentlich die Frage, wie lange die Intervention andauern würde, hielt bis dato das Sicherheitsdilemma aufrecht, in dem sich die einzelnen Gruppen untereinander befanden. Es ist ein substaatliches Konkurrenzverhältnis, bei dem existenzielle Fragen die Politik dominieren. Nur so lange, wie die externen Militärkräfte die internen Disbalancen überwogen, konnten die Gruppen sicher sein, nicht in Konfrontation mit den anderen Warlords und ihren Milizen zu geraten. Zunächst wirkte die Anwesenheit externen Militärs also tatsächlich als Aufhebung der Anarchie zwischen den Gruppen, weil eine Sanktionsinstanz vorhanden war. Schnell stellte aber die Kooperation westlichen Militärs mit manchen Milizen das Sicherheitsdilemma wieder her: Die Milizen hatten (und nutzten) dadurch den Vorteil, die militärische Stärke der Interventen zu ihren Gunsten einsetzen zu können. So ließen sie interne Fehden durch Bombardements austragen, indem sie die USA davon überzeugten, dass ihre Gegner Taliban oder al Qaida-Kämpfer seien. Dadurch verschob sich natürlich die Rolle der Intervention, die nicht mehr übergeordnete Instanz war, sondern auf einer Seite parteiisch eingriff. Unter dem Gesichtspunkt des Sicherheitsdilemmas integriert sich die eingreifende Sicherheitsgemeinschaft also in den Gewaltkonflikt und verliert so den übergeordneten Status als Friedenstruppe.

Die Gefahr, einseitig involviert zu sein, konnte für den militärischen Einsatz nicht gebannt werden. Das Design des institutionellen Aufbaus staatlicher Sicherheitsdienste hinsichtlich deren Ausbildung zeigt jedoch, dass die Gefahr bekannt war. Die USA, die den Aufbau der afghanischen Nationalarmee (ANA) als Führungsnation übernahmen, folgten der Zielstellung, professionelle, nicht ethnisierte Einheiten auszuheben. Dies erschien als die einzige Möglichkeit, die Armee davor zu bewahren, dass einzelne Gruppen sich die militärische Gewalt aneignen, um ihre politischen Ziele zu verfolgen. Oft genug war die Armee in der Vergangenheit in Putsche verwickelt. Nach sieben Jahren Ausbildung genießt die Armee zwischenzeitlich den Ruf der verlässlichsten Institution im Land, der auch von ihren militärischen Kooperationspartnern eine hohe Kampffähigkeit zugeschrieben wird. Dass die Zurückdrängung partikularer Affiliierung in staatlichen Organisationen eigentlich nur im Militär gelang, verweist wiederum auf den militärischen Fokus des Statebuilding-Programms.

Über die Polizei lässt sich nicht sagen, dass sie neutral wäre oder dazu beitrüge, die Legitimität von Staatlichkeit zu stärken. An ihr wird hingegen die organisierte Verantwortungslosigkeit der westlichen Intervention deutlich. Deutschland, ursprünglich beauftragt, die Polizeireform zu betreuen und voranzutreiben, hat diese Aufgabe mittlerweile an die Europäische Union abgegeben. Die Zahl der Ausbilder und der finanzielle Aufwand blieben deutlich unter dem, was nötig gewesen wäre, um einen gesellschaftlich bemerkbaren Polizeiapparat mit rechtsstaatlicher Orientierung aufzubauen. Die föderale Struktur der Polizei in Deutschland erlaubte schlicht nicht, genügend Ausbilder zu mobilisieren, die in Afghanistan ausreichende Zahlen von Polizeianwärtern durch die Lehrgänge hätten bringen können. Auch hier zeigen sich die Auswirkungen zwischen inneren und äußeren politischen Gegebenheiten und Zwängen.

Mit der Übertragung der Polizeiausbildung an die EU wurde das Problem allerdings nicht gelöst: Nach wie vor verweisen die Mitgliedsstaaten gern auf andere Mitgliedsstaaten, die ebenfalls zu wenig Personal bereitstellen. Ein weiterer Aspekt, der darauf verweist, wie die innere Fragmentierung die konkrete politische Umsetzung hemmt, ist die Ausbildung unterer Dienstgrade der Polizei, die seit 2003 von den USA übernommen wurde. Dadurch mangelt es an einer einheitlichen Organisationsstruktur, obendrein führte die Ausbildung durch private Sicherheitsunternehmen zu fragmentierten Trainingsprogrammen, so dass unklar ist, was einzelne Polizeieinheiten eigentlich können sollen. Andere Führungsnationen, die in der Nachkriegsplanung zur Sicherheitssektorreform (SSR) Aufgaben wie Opiumbekämpfung (Großbritannien), Demobilisierung (Japan) und Justizreform (Italien) übernahmen, haben diese mittlerweile gleichfalls weitgehend internationalisiert und damit Verantwortung an Konglomerate politischer Akteure abgegeben, in denen die Verantwortung kaum zu orten ist.

Beide Bereiche der Sicherheitssektorreform verweisen auf das prekäre Verhältnis zwischen abstrakter Policy-Planung und fragmentierter Umsetzung in Afghanistan. Die externe Politik kämpft erkennbar damit, dass die Implementierung ihrer Programme auf Gegebenheiten vor Ort stößt, die eine Anpassung der Ziele erfordert. Die Umsetzung entwickelt eine Dynamik, die kaum zu kontrollieren ist, und erzielt dann widersprüchliche Ergebnisse. Häufig ist aber auch der umgekehrte Fall, in dem Anpassung kaum erfolgt, weil sie eine Evaluation und die Bereitschaft voraussetzen würde, Fehlentwicklungen zu erkennen und zu beheben. In Bezug auf die Diskrepanz zwischen politischer Zielsetzung und ihrer Umsetzung könnte man deshalb in Anlehnung an Clausewitz von den ‚Nebeln der Friedenskonsolidierung' sprechen.

Ein weiteres grundlegendes Problem ist die Finanzierung des Staates Afghanistan. Die externe Finanzierung über politische Renten entkoppelt Bevölkerung und regierende Eliten. Neben den wirtschaftlichen Fehlwirkungen von Renten, zu denen mikroökonomisch ein Mangel an Investivkapital und makroökonomisch die Aufwertung der Währung gehören, sind vor allem die politischen Folgen relevant. Da im Rentierstaat der Staat die Bevölkerung alimentiert statt dass die Bevölkerung durch Steuern den Staat finanziert, werden Klientelbeziehungen begünstigt. Dies zieht beinah automatisch eine bevorzugte Behandlung von Bevölkerungsgruppen nach sich, die mit der Regierung in Kontakt stehen, während periphere Gebiete oder schwache Gesellschaftsschichten wenig vom Staat zu erwarten haben. Die Farce, die die verschobene Präsidentschaftswahl darstellte, illustrierte dies anschaulich. Das Interesse der Staatsklasse liegt indes in der Rentenfinanzierung: Der Staat als Quelle von Wohlstand bietet schlicht keinen Anreiz, *nicht* den persönlichen Profit über das Gemeinwohl zu stellen. Die klassische, staatszentrierte Rentierstheorie wird in der Fallstudie darüber hinaus erweitert, um die Klasse der Drogenrentiers zu erfassen. Deren Bemühungen, Rentenzuflüsse auch zukünftig zu gewährleisten, führen zu Kooperation mit staatlichen Stellen, die von unteren Polizeieinheiten bis in hohe Regierungskreise reicht. Die Drogenrentiers brauchen den Staat, weil er ihr geschäftliches Umfeld beeinflussen kann (also Konkurrenten behindert, Grenzen schützt, Einfluss auf die Bekämpfung des Mohnanbaus nehmen kann – oder eben nicht), während der Staat durch diese Kooperation neben der politischen Rente auch Teile der ökonomischen Rente erschließen kann.

Für die Intervention zeigt sich, dass diese Binnendynamik als nichtintendierter Effekt des Staatsaufbaus gilt, der kaum zu beeinflussen ist, obwohl er von ihr mitverursacht wird. Die Gewalt, die das Modernisierungsprojekt mit sich bringt, die Enteignung lokaler politischer Strukturen und ihr Ersatz durch rationale Agenturen, führt politisch seitens der Interventen zu einer Umdeutung der Strategie. Sie wird nicht verändert, aber die Eingriffstiefe wird größer: Wenn der ‚light footprint' nicht wirkt, wird an verschiedenen Stellen nachgesteuert, so dass am Ende ein ‚heavy footprint' steht, der die Gewalt jedoch eher anheizt (A. Suhrke 2008). Hinzu kommt, dass die ‚rationalen Agenturen' hybriden Charakter haben, also traditionelle und modernisierte Herrschaftsformen vermischen und in der Folge eine eigene Funktionslogik entwickeln. So sind Kooptationsstrategien Präsident Karzais zu erklären, der politische Gegner in die Regierung einbinden muss, statt seine politischen Programme einer möglicherweise konfrontativen inhaltlichen Abstimmung auszusetzen. Eine Isolation der Regierung ist die Folge, da ihr Handeln nicht kontrolliert werden kann und sie gleichzeitig nicht rezeptiv für die Belange der Bevölkerung ist. Sie wird von weiten Teilen der Bevölkerung abgelehnt und von einer Minderheit militärisch bekämpft, was die Abhängigkeit von externen Geldern stabilisiert (B. Khalatbari 2009). Da die *Anti-Government Forces* sicherheitspolitisch relevant sind und pauschal als Taliban der vorangegangenen Securitization subsumiert werden können, kann die Regierung mit Verweis auf das Risiko terroristischer Folgen weitere Gelder einwerben und so ihre eigene Finanzierung sichern.

Die Dilemmata liberaler Sicherheitspolitik, so zeigt sich, lassen sich nicht auflösen. Der Annahme, mit Finanzen und Anreizen lasse sich ein vorgezeichneter politischer Ablauf erzwingen, steht die Kontingenz politischer Entwicklungen vor Ort gegenüber. Das Menschenbild eines Bürgers als Vertragspartner eines Staates erweist sich bestenfalls als Ausschnitt der sozialen Wirklichkeit. Mangelnde Kapazitäten des Staates zur Einwerbung eigener Gelder stehen dem Erfordernis zum Aufbau einer Marktwirtschaft gegenüber, die ausreichend Wachstum aufweist, um den Staat zu finanzieren. Die Gewaltmonopolisierung steht vor dem Problem, dass die Akteure im Sicherheitssektor nicht neutral sind, und auch die ersatzweise agierenden externen Truppen sind nicht unparteiisch, sondern manipulierbar. Zudem sind sie von der öffentlichen Meinung in ihren Herkunftsländern abhängig, weil sich deren Regierungen Wahlen stellen müssen. Die Widersprüche der liberalen Weltpolitik werden deshalb meist unterschlagen, die aus ihnen entstehenden Probleme externalisiert, also anderen Urhebern zugeschrieben. Dadurch kommen neue Securitization-Zyklen in Gang, die ein Festhalten an der Strategie bewirken. Gleichzeitig gewinnt das Stabilitätsinteresse die Überhand gegenüber Demokratisierungsbemühungen. In letzter Konsequenz beschädigt die schleichende Aushöhlung des Statebuilding-Projekts das normative Gewicht der damit in Verbindung stehenden liberalen Werte: Autokratische Strukturen werden ‚demokratisch‘ durch Wahlen legitimiert, Marktwirtschaft nutzt einer Minderheit, während die Mehrheit auf eine ‚Friedens‘-Dividende warten muss. Das Gewaltrisiko für die Bevölkerung ist gleichwohl seit dem Fall des Talibanregimes nicht gesunken.

2.4 Erkenntnisinteresse und Wissenschaftsverständnis

Diese Arbeit ist in der Folge einer Auseinandersetzung mit dem Modell eines ‚Krieges gegen den Terrorismus‘ (‚War on terror‘) entstanden, den die US-Regierung George W. Bushs nach den Anschlägen am 11. September 2001 ausrief. Die damals gestellte Frage, ob Terroristen (nicht Terrorismus) mit militärischen Kräften bekämpft werden könne, konnte mit einem zögerlichen ‚Ja‘ beantwortet werden, dem ein einschränkendes ‚aber nicht so wie in Afghanistan‘ folgte (F. Kühn 2005a). Gleichzeitig wurde klar, dass eine Auseinandersetzung mit der Afghanistanpolitik des Westens tiefer ansetzen musste, nämlich an den gedanklichen Grundlagen, nach denen sie formuliert wird. Diese Auseinandersetzung lehnt sich an die *Critical Security Studies* an, die sich aufklärerischen Idealen verpflichtet sehen[7]. Sie vertritt einen holistischen Ansatz, der die Ebenen

---

[7] Dies ist eine grobe Einordnung, die ein breites Spektrum konstruktivistischer und postpositivistischer Ansätze umfasst. Dabei ist das Ziel nicht, die *Critical Security Studies* als disziplinären Ansatz *voranzubringen*, sondern lediglich, an ihre Erkenntnisse anzuknüpfen (K. Booth 2005c: 260).

des internationalen Systems, des Staates und die personale Ebene verknüpft und zunächst die Aspekte identifiziert, an denen die Erklärungskraft gängiger Theorien der Internationalen Beziehungen endet (K. Booth 2005c). Auch wenn die Darstellung der Widersprüche aufklärerischer Ideen, wie sie in liberalen Ansätzen enthalten sind, mitunter in die Nähe von Argumenten der Gegenaufklärung geraten mag, geschieht dies doch mit dem Ziel der Aufklärung selbst: Durch Kritik das Verständnis verbessern zu helfen, durch Diskussion unterschiedliche Betrachtungsweisen anzuregen und offenzulegen, was aus unterschiedlichen Gründen verschlossen bleibt. Die Grenze dieses ‚Räsonnierens' (I. Kant) verläuft dort, wo eine Dekonstruktion gedanklicher Modelle dazu führt, dass man am Ende mit leeren Händen dasteht. Ein Beispiel dafür sind die Post-Developmentalisten, die in ihrer (berechtigten) Kritik an Vorstellungen von Entwicklung letztlich ohne einen Begriff davon dastehen, was Entwicklung sein könnte. Demgegenüber versteht sich die kritische Herangehensweise als emanzipatorisches Projekt und durchaus einer aufklärerischem Denken innewohnenden Idee des Fortschritts, also der Verbesserungsfähigkeit sozialer Interaktion verpflichtet. Sie sucht nach dem „unfulfilled potential already existing in society" (K. Booth 2005b: 11).

Ein holistischer Ansatz ist naturgemäß sperriger zu bearbeiten als ein reduktionistischer Ansatz. Dieser hat den Vorteil, dass er klare und mit experimentellen Mitteln eindeutig überprüfbare Hypothesen entwickeln kann. Holistisch nähert sich die Argumentation hingegen dem Problem der ‚Sicherheit' und dem Problem der ‚Entwicklung' in den Kapiteln 3 und 4 von verschiedenen Seiten, um so einzelne Aspekte zu beleuchten. Epistemologische und ontologische Fragen spielen dabei ebenso eine Rolle wie Überlegungen zur Nutzbarkeit einzelner theoretischer Aspekte für die Analyse von Weltpolitik im 21. Jahrhundert. Im Kernteil der Arbeit (Kapitel 5) werden diese Aspekte in ein Verhältnis zueinander gesetzt. Dabei werden Ideen ‚geplündert' (K. Booth 2007: 3), die sich in sozialen Konstellationen wie dem Statebuilding anwenden lassen. Ausgangspunkt ist ein Modell der Weltgesellschaft, wie es der sogenannte ‚Hamburger Ansatz' vertritt. Die Scharnierfunktion, die der Staat in diesem Modell zwischen internationalem System und dem Einzelnen einnimmt, kann sodann unter Rückgriff auf Karl Deutschs Ansatz der Sicherheitsgemeinschaft in einen sicherheitspolitischen Kontext gestellt werden. Das schon bei Kants Entwurf zum ‚Ewigen Frieden' aufscheinende problematische Verhältnis zwischen innen und außen, zwischen pazifiziertem Friedensbund und *ungeregelter* Welt außerhalb, wird dabei als Spannungsfeld zwischen Souveränität und externen Eingriffen gefasst[8].

---

[8] Sowohl in Deutsch et al. (1957) als auch in späteren Arbeiten zur Sicherheitsgemeinschaft (E. Adler/M. Barnett 1998) standen die internen Prozesse im Mittelpunkt, die zum Aufbau und zur Erhaltung einer Sicherheitsgemeinschaft führen können. Bellamy bezieht in sein Analyseraster

Unter Zuhilfenahme des Kopenhagener Konzepts der Securitization wird ein Erklärungsansatz dafür entworfen, wie die Sicherheitsgemeinschaft ihre Bedrohungen und Risiken erkennt und bearbeitet. Auf der Basis der für Staaten des Nahen Ostens entwickelten Rentierstheorien werden daraufhin Hindernisse identifiziert, die dem Statebuilding als Konzept zur Schaffung von Sicherheit im internationalen System und für die lokale Bevölkerung entgegenstehen. Schließlich wird argumentiert, dass die theoretischen Setzungen, auf denen die Politik des Statebuilding beruht, nicht genügend Platz lassen für die Dynamik des Übergangs, um den es sich beim Statebuilding notwendigerweise handelt.

Die Wirkung liberaler Denkmodelle im Wechselspiel zwischen westlichem Interventionismus und lokalen Figurationen ist das Erkenntnisinteresse der Arbeit. Sie grenzt sich dabei vom theoretischen Anspruch überzeitlicher Gültigkeit ab, und sie entwirft ein Konzept, das – wie alle aufgezeigten Denk- und Argumentationsmuster – seine Zeit und seinen Ort hat. Seine Zeit hat es im historischen Kontext liberalen Überschwangs nach dem Ende des Kalten Krieges. Die Hybris westlichen Selbstverständnisses als universales Modell für das 'gute Leben' hat sich in dieser Phase mit einer Militarisierung der Außenpolitik verbunden. Die treibende Kraft einer Expansion kapitalistischer Vergesellschaftung, die vormoderne Lebensweisen transformiert, liegt in der Logik der liberalen Weltsicht – ihre konkrete Ausprägung als militärische Intervention jedoch nicht. Auch wenn in der Fallstudie zuvorderst die Dynamik des Statebuilding während der Amtszeit George W. Bushs behandelt wird, so verweist doch die Herleitung der Ideen auf eine Kontinuität, die erwarten lässt, dass sich seit Amtsantritt Barack Obamas keine substanzielle Veränderung eingestellt hat. Der Ton und die Mitwirkungsmöglichkeiten innerhalb der Sicherheitsgemeinschaft mögen sich verändert haben, die Politik bleibt im Kern die gleiche. Die Absicht, mehr Truppen nach Afghanistan zu schicken, obwohl die Legitimität der Regierung Karzai niedrig und der Einsatz deshalb nicht mehr mit Zielen wie Demokratisierung und politischer Modernisierung begründet werden kann, weisen darauf hin. Seinen Ort hat dieser Ansatz deshalb in den Zirkeln der politischen Eliten in westlichen Hauptstädten, nicht in unmittelbarer Relevanz für die respektable Arbeit motivierter Helfer in den Ländern der Intervention.

Diese Argumentation unterscheidet sich von wissenschaftlichen Ansätzen, die liberale Diskurse eher reproduzieren als sie zu hinterfragen. Sie zielt darauf, die Bedingungen von Wissenschaft zu reflektieren und dabei die Beeinflussung

---

zumindest die Beziehungen zwischen innen und außen ein (2004: 62), konzipiert diese Differenz aber entlang staatlicher Grenzen und beraubt sich damit der Analysemöglichkeit des Problems von Staatlichkeit selbst. Diese Lücke im konzeptionellen Umgang mit der Sicherheitsgemeinschaft füllt diese Arbeit.

und Beeinflussbarkeit von Erkenntnissen durch Wahrnehmungen und Interessen
zu berücksichtigen. Ein kritischer Ansatz

> „calls into question existing institutions and social power relations by enquiring into
> their origins and how and whether they might be in the process of changing. In rela-
> tion to peace operations, a critical approach seeks to investigate who benefits from
> certain types of practices, what linkages exist between local actors and global struc-
> tures, and why certain voices and experiences are marginalized in policy debates"
> (A. Bellamy/P. Williams 2004: 6).

Es geht also um die „Offenlegung der impliziten Grundannahmen zeitgenössi-
scher internationaler Politik (...) als notwendige[m] ersten Schritt für grundlegende Reformmöglichkeiten (...)". Da dieser Ansatz eine Analyse und ein Ver-
stehenskonzept verfolgt, handelt er sich – wie andere kritische Ansätze – das
Problem ein, „dass sie über diesen Schritt bisher weder politisch noch analytisch
hinausgekommen sind, also in ihrer Kritik verharren, ohne Alternativen vorzule-
gen" (B. Bliesemann de Guevara 2008: 31).

Zur Kritik am gegenwärtigen Statebuilding-Diskurs gehört, dass die internen Widersprüche des liberalen Paradigmas ausgespart werden. Stattdessen werden die Widersprüche externalisiert, also in einer Herabwürdigung des ‚Anderen‘
verortet: Dann sind die Defizite von Interventionen bei den Gesellschaften zu
suchen, die Gegenstand der Intervention sind. Jenseits der Frage nach *double
standards* wirft das ein Rechtfertigungsproblem auf, denn die Probleme, welche
die westliche Sicherheitsgemeinschaft selbst beheben oder zumindest adressieren
könnte, bleiben bestehen, während von der anderen Seite eine umfassende gesellschaftliche Transformation verlangt wird[9]. Die Arbeit verfolgt deshalb das
Ziel, empirisch informiert die Gegebenheiten in Afghanistan in ein Verhältnis zu
den Grundlagen des Interventionismus zu setzen und dabei die Logik zu verdeutlichen, mit der just diese Gegebenheiten nur nachrangig in die Politikplanung
einfließen. Wichtiger scheinen dabei die Überlegungen, Interessen, Kalküle und
Idiosynkratien des Westens als die Situation der Bevölkerung vor Ort. Diese
Priorisierung von Normen zu veranschaulichen ist die Aufgabe dieser Arbeit. Sie
bewegt sich damit im Zentrum dessen, was als *Politische* Wissenschaft verstanden werden kann, indem sie auf der Basis theoretischer Ansätze eine Bewertung
politischen Handelns vornimmt.

Hinsichtlich der verwendeten theoretischen Standpunkte vertritt sie einen
Theoriepluralismus, der Theorien erkenntnisleitend kombiniert, wo sie sachadäquat fruchtbar gemacht werden können (B. Buzan/R. Little 2001; A. Moravcsik

---

[9] Ein Beispiel aus dem Themenkreis dieser Arbeit ist diesbezüglich die Frage, warum der Drogenanbau in Afghanistan bekämpft wird, statt die Nachfrage in den westlichen Staaten zu senken.

2003). Der Schwerpunkt liegt dabei darauf, die Theorien so anzuwenden, dass sie eine schlüssige, in sich konsistente Anwendung auf Interventionen und Statebuilding-Projekte erlauben. Ihre Gewichtung ist dabei dem Untersuchungsgegenstand Afghanistan geschuldet. Die bei Beginn der Forschung zu diesem Thema bestehende Frage, ob umfassende empirische Forschungen möglich sein würden, oder ob eine Rückkehr der Gewalt so schnell erfolgen würde, dass empirische Erhebungen erschwert oder verhindert würden, beeinflusste die Entscheidung zugunsten von ‚mehr Theorie'. Und in der Tat erlaubte die sich verschlechternde Sicherheitssituation keinen weiteren Forschungsaufenthalt. Deshalb musste es bei den Interviews und Hintergrundgesprächen bleiben, die ich bei einem Forschungsaufenthalt zwischen April und Juni 2006 führen konnte. Ziel der Gespräche war dabei insbesondere herauszufinden, welche Vorstellungen von Staatlichkeit und der Vernetzung zwischen Gesellschaft und Staat bei Vertretern internationaler Agenturen vorherrschten[10]. Darüber hinaus war wichtig, Reflexionen auf die Arbeit dieser Agenturen und im weitesten Sinne die Wirkungen der Intervention abzufragen. Ein spezielles Augenmerk lag darauf, wie die Befragten die politischen Folgen externer Finanzierung des Statebuilding durch Renten bewerteten.

2.5 Stand der Literatur zu Afghanistan

Im Zentrum der Untersuchung steht die Politik *westlicher* Staaten und Institutionen. So können die internen Prozesse der Interventengruppe mit der gesellschaftlichen Formierung in Afghanistan in ein Verhältnis gesetzt werden. Viele dafür relevante Informationen, wie auch ökonomische, politische und historische Beobachtungen, kommen aus der Auswertung der vor 2001 spärlichen, nach 2001 weitläufigeren Literatur zu Afghanistan. Dabei werden Arbeiten aus vielerlei Disziplinen, etwa der Geographie (C. Schetter 2003, 2004) oder der Anthropologie/Ethnologie (L. Dupree 1997; A. Olesen 1995) einbezogen. Diese Arbeiten beleuchten Aspekte gesellschaftlicher Phänomene, deren Einordnung in den sicherheitspolitischen Kontext jedoch bisher vorwiegend durch die Brille des Ost-West-Konflikts erfolgte.

---

[10] Aufgrund von internen Überlegungen, Sicherheitsfragen und unterschiedlichen Regelungen der jeweiligen Organisation im Umgang mit der Öffentlichkeit waren die Hintergrundgespräche beinah durchgehend nicht zur Veröffentlichung autorisiert. Sie wurden nicht mitgeschnitten, um eine offene Gesprächsatmosphäre zu gewährleisten, sondern werden aufgrund von Notizen wiedergegeben. Da die meisten Informationen für die Aussage dieser Arbeit eher illustrativ als konstitutiv sind, war eine stärkere Systematisierung dieser Interviews methodisch nicht erforderlich.

Dupree und Olesen beschreiben und analysieren die gesellschaftliche Formierung, ihre kulturelle Verflechtung und die Herrschaftsmodi im wechselnden Spiel externer Einflussnahme, ohne diese selbst in den Mittelpunkt zu stellen. Sie konkretisieren so die nichtwestlichen Formen von Herrschaft, die in Afghanistan vorherrschten und zeigen die Hybridisierung auf, die phasenweise durch den Import von Modernisierungsideologien eintrat. Eine theoretische Einordnung der Verbindung zwischen Staat und Gesellschaft unter externem Einfluss bleibt jedoch kursorisch. Der externe Faktor wird erst in neueren Arbeiten zur Politik der Sowjetunion und insbesondere ihres Eingreifens an der Seite der afghanischen Kommunisten thematisiert (G. Feifer 2009). Darin werden die internen Probleme und Fehlkalkulationen des Sowjetsystems und -militärs deutlich. Die zugrunde liegende Modernisierungsideologie ist westlicher Politik in mancher Hinsicht ähnlich, und so verwundert es nicht, dass das Scheitern des militärischen Einsatzes zwischen 1979 und 1989 heute herangezogen wird, um zu begründen, warum eine militärische Niederlage prognostiziert wird. Ein Vergleich der sowjetischen und der westlichen Politik in Afghanistan ist historisch sicher aufschlussreich, wäre aber gleichfalls zu sehr auf Afghanistan bezogen, um die inhärente Logik liberaler Weltpolitik aufzuzeigen. Dass die Sowjetunion als hegemoniale Macht des Warschauer Pakts politisch einheitlicher handeln konnte als die fragmentierte, pluralistische westliche Sicherheitsgemeinschaft ist dabei nur ein Aspekt, der die Vergleichbarkeit einschränkt. Auch die Position des Militärs im Sowjetstaat war offensichtlich eine andere als die des westlichen Militärs der 38 derzeit in Afghanistan beteiligten Entsendestaaten, so dass umso klärungsbedürftiger ist, welcher Logik der Einsatz von Militär mit Entwicklungszielen folgt.

Es reicht dafür also nicht aus, die Geschichte Afghanistans im Spiegel seiner Kriege für die Untersuchung heranzuziehen. Auf die Erkenntnisse der zum Teil ausgezeichneten Literatur zu diesem Aspekt wird hier natürlich nicht verzichtet. Hervorzuheben sind insbesondere die Beiträge zur Geschichte der Kriege und ihrer Auswirkungen auf die afghanische Bevölkerung und Politik von Roy (1986, 1991, 1995), Maley (2002, 2006), Rubin (insb. 2002), Schetter (2003) Johnson/Leslie (2004), Saikal (2004), Dorronsoro (2005), Gannon (2005), Kolhatkar/Ingalls (2006), Suhrke (2006), Giustozzi (2007a) und Rashid (2001, 2008). In Roys Arbeiten kristallisiert sich ein Interesse an der Islamisierung der Konfliktparteien heraus, das erklären helfen kann, welche Mobilisierungsmechanismen neben ethnischen Kategorien den Konflikt verstärkten und neu auftretende Konfliktlagen eskalieren ließen, nachdem sie in dieses Denksystem eingeordnet wurden. Schetters akribische Untersuchung (2003) linguistischer Kriterien zur Konstruktion von Ethnizität und zur dynamischen Ethnisierung von Konflikten in Afghanistan verfolgt nicht das Ziel, die Konflikte selbst zu erklären. Im

Mittelpunkt steht die politische Mobilisierung mittels ethnischer Kategorien als ein Faktor unter vielen, weshalb „den Afghanistankonflikt allein als einen ‚ethnischen Konflikt' zu charakterisieren" (C. Schetter 2003: 548) falsch wäre.

Maley arbeitet aufbauend auf eigenen Arbeiten seit den frühen 1980er Jahren heraus, welche längerfristigen Tendenzen die jeweiligen Kriege – Sowjetkrieg, Mujaheddinkrieg, Anti-Terrorismus-Krieg – für darauffolgende historische Phasen hinterließen. Vor allem der letzte seiner wesentlichen Schlüsse (komplexes Verhältnis zwischen Religion und Politik, Eigendynamik revolutionärer Prozesse und ausschlaggebendes Verhältnis zwischen Staat und Gesellschaft) verweist darauf, wie wichtig eine kritische Durchsicht der Grundannahmen westlicher Weltpolitik ist.

Rubins Untersuchung (2002) über die Rentenfinanzierung des Staates und deren politischen Folgen insbesondere für die interne Fragmentierung hat einen theoretischen Überbau, der zu verstehen hilft, welche Dynamiken die externe Finanzierung intern hervorruft. Damit knüpft er die Analyse afghanischer Politik an die politökonomische Seite externer Einflussversuche und führt die Rentenfinanzierung politischer Eliten im Land als konfliktverschärfenden Faktor ein. Die Interaktion Afghanistans mit dem modernen Staatensystem hatte gesellschaftliche Logiken miteinander vermischt, die nicht ohne Weiteres kompatibel waren – die Modernisierung war also für sich genommen konfliktträchtiger Faktor in der Herausbildung der gegenwärtigen Konfliktkonstellation.

Rashid ist einer der profundesten Kenner der Region, und seine Arbeiten behandeln die Rolle des Islam in der Staatsformierung in Zentralasien nach dem Zusammenbruch des Sowjetsystems, eine Analyse der Taliban in ihrer ideologischen Ausrichtung und Genese sowie ihrer sozio-kulturellen Merkmale. Zuletzt hat er eine Untersuchung veröffentlicht, die die Auswirkungen der Intervention nicht nur auf Afghanistan, sondern insbesondere auf islamistische Gruppen in Pakistan, aber auch in den ehemals sowjetischen Staaten Zentralasiens hat.

Ein weiterer wichtiger Beitrag sind Giustozzis Arbeiten, der die Re-Formierung der Taliban nach 2001 beschreibt und zu dem Ergebnis kommt, dass ihre Stärke vor allem die Schwäche des durch die Intervention geschaffenen Staates und seiner Eliten ist.

Saikal behandelt die charakteristischen Merkmale der Eliteninteraktion in Afghanistan und stellt die Bedeutung persönlicher Beziehungen und den darüber wachsenden Extremismus heraus. Insbesondere die Rivalitäten verschiedener dynastischer Zweige, wie sie in aller Vielfalt durch ein polygames Herrscherhaus hervorgebracht werden, stellen für ihn einen wichtigen Erklärungsfaktor afghanischer Politik und Einfallstor für externe Versuche zur Einflussnahme dar.

Dorronsoro beleuchtet die wechselnden Kooperationen und Konfrontationen zwischen Klerus und Bildungsschicht einerseits, aber auch zwischen Land und politischem Zentrum andererseits. Dabei bezieht er die internationalen Akteure zwar mit ein, lässt jedoch die gegenseitige Wahrnehmung außer Acht.

Die häufig eher erzählend vorgehenden Arbeiten, die seit der Intervention von 2001 entstanden sind, vertreten indes verschiedene Thesen, die häufig die USA als leitende Nation der Intervention im Mittelpunkt haben. Demnach verfolgten die USA eigene Ziele, der internationalen Intervention fehlte es an Koordination oder an Einblick in die komplexe Situation im Land (S. Kolhatkar/J. Ingalls 2006; C. Johnson/J. Leslie 2004 oder K. Gannon 2005). All dies ist richtig, fokussiert aber die treibenden Kräfte des Wechselspiels zwischen westlichen und afghanischen Eliten, welche sozialen Wirkungen mit der Expansion westlich-kapitalistischer Modernisierung einhergehen oder wieso viele westliche Beobachter mit Unverständnis reagieren, wenn diskutiert wird, warum ein Staat nicht *per se* die Lösung aller Probleme zu sein verspricht, zu wenig. All diese Beiträge sind sich bewusst, dass der Austrag von Konflikten nicht innerhalb territorialer, geistiger oder ökonomischer Grenzen verbleiben, sondern über diese – sofern sie über die Vorstellung hinaus existieren – hinausgehen.

Viele zusätzliche Journal- oder Zeitungsbeiträge ergänzen diese Literatur mit spezifischen Untersuchungen. Gleichwohl reflektieren jene Teile dieser Arbeit, die eigene Anschauung einbeziehen, die Diskurse des westlichen Sicherheitsgemeinschaft mit. Sie füllt eine wissenschaftliche Lücke, indem aus der Afghanistanliteratur geschöpft wird und die daraus gewonnenen Erkenntnisse mit kritischen Ansätzen zur Sicherheitspolitik verknüpft werden. Ihr Augenmerk liegt auf der westlichen Politik und ihren Grundannahmen, um zeigen zu können, wie diese auf kategorial verschiedene Phänomene trifft. So kann es sein, dass unterschiedliche Akteure zwar die gleiche Sprache sprechen und dieselben Begriffe verwenden, die aber in der lebensweltlichen Wirklichkeit fundamental verschiedene Dinge bedeuten. Ziel dieser Verknüpfung von theoretischem Ansatz und empirischer 'Erdung' ist es also, die Intervention seit 2001 theoretisch rückzubinden und sie ideengeschichtlich erklärbar zu machen. Mit dem Konzept zur Analyse westlicher Intervention bietet diese Arbeit ein Erklärungsmodell, das aus westlicher Sicht nicht nur analysieren hilft, welche komplexen Wechselwirkungen bei einer Intervention vor Ort auftreten können, sondern diese mit der Politik der intervenierenden Akteure in ein Verhältnis setzt. Beide Aspekte müssen in ihrem wechselseitigen Einfluss in den Blick genommen werden, wenn man Politik in der Weltgesellschaft zu verstehen beginnen will.

3 Sicherheitspolitik

Im Zentrum dieses Kapitels stehen die zentralen Kategorien von Sicherheit und Sicherheitspolitik. Zunächst fokussiert es den Begriff der ‚Sicherheit', darauf folgt eine Darstellung seiner Genese und des konzeptionellen *Framings* (E. Goffman 1980)[11] für die konkrete Policy-Gestaltung. Die Betrachtung berücksichtigt besonders den historischen Kontext, statt den vielen, häufig ohnehin umstrittenen Definitionen eine weitere hinzuzufügen, um so Sicherheit auch in ihrem Bedeutungswandel erfassen zu können. Die Historizität des Gegenstands ist einer der wesentlichen Ausgangspunkte. Der Gegenstand Sicherheit selbst ist sozial konstituiert und wird diskursiv verhandelt. Deshalb ist der Diskurs über die Sicherheit auch für die politikwissenschaftliche Diskussion prägend. Für beide, Politik und Wissenschaft, wird ein wechselseitiger Einfluss zugrunde gelegt, demzufolge Wissenschaft ihren Gegenstand nicht untersuchen kann, ohne ihn zu beeinflussen. Umgekehrt ist Wissenschaft nicht unabhängig von ihrer sozialen Einbettung, die ihrerseits Einfluss auf Methoden, Untersuchungsrichtungen und Themen von Forschungsprogrammen hat. Die vergleichsweise junge Lehre von den Internationalen Beziehungen hatte beispielsweise ihre Boomphase während des Kalten Krieges, was ihre konzeptionelle Ausrichtung zweifelsfrei beeinflusst hat.

Sicherheit als Konzept zu verstehen bedeutet deshalb, auch die Normen zu untersuchen, die sich in der Sicherheits*politik* niederschlagen, also aktivem Handeln, dessen Zielrichtung im Verhältnis zu aufgewendeten Mitteln begründet werden muss. Auf diese Normen haben Politik, Medien, militärische oder wissenschaftliche Eliten Einfluss, die einige Grundannahmen vom Wesen der Welt teilen, während andere umstritten sind. Es ist die Auseinandersetzung über diese Normen selbst, die Sicherheit als Konzept ausmacht.

Eine dieser Normen ist Staatlichkeit. Sie ist so fest verankert, dass sie in vielen Theorieansätzen als gleichsam überzeitlich Gegebenes wirkt. Dabei kann

---

[11] Unter einem Frame oder *Rahmen* versteht Goffman ein Deutungssystem; er unterscheidet natürliche und soziale Rahmen. Diese „liefern einen Verständnishintergrund für Ereignisse, an denen Wille, Ziel und steuerndes Eingreifen einer Intelligenz, eines Lebewesens, in erster Linie des Menschen, beteiligt sind. Ein solches Wesen ist alles andere als unerbittlich; man kann ihm gut zureden, schmeicheln, trotzen, drohen. Sein Tun kann man als ‚orientiert' bezeichnen: der Handelnde ist ‚Maßstäben' unterworfen, sozialer Beurteilung seiner Handlung auf Grund ihrer Aufrichtigkeit, Wirksamkeit, Sparsamkeit, Ungefährlichkeit, Eleganz, ihres Takts, guten Geschmacks usw. (…) Es liegen hier also Handlungen vor, keine bloßen Ereignisse" (E. Goffman 1980: 32).

sie nicht für sich beanspruchen, für die Sicherheit in der Weltgesellschaft *das* zentrale Merkmal zu sein. Aus der Annahme der staatlichen Verfasstheit institutionalisierter Herrschaftsbeziehungen leiten sich jedoch Überlegungen her, die die Interaktion der staatlichen Einheiten betreffen. Diese starre Systemfixierung auf Staaten zu überwinden ist das Ziel dieses Kapitels. Die von westlicher Wissenschafts- und Denktradition geprägte Unterscheidung der Analyseebenen internationales System, Staat und die Ebene des Individuums (K. Waltz 2001: 12, 1979: 18) wird zu diesem Zweck strukturell aufgegriffen, ihre wechselseitige Bedingtheit herausgearbeitet. Dies bildet die Basis dafür, Sicherheit später ebenenübergreifend zusammenzuführen. In dieser Synthese steht der Staat zwar nach wie vor gewissermaßen im Mittelpunkt, jedoch nicht als ‚black box' oder abgrenzbare Analyseeinheit, sondern als Machtfeld, in dem sich Normkonstruktion ebenso wie Wahrnehmungsänderungen abspielen, auf das Machtvorstellungen projiziert werden und das seinerseits auf Machtvorstellungen im weltgesellschaftlichen Zusammenhang rückwirkt.

Wenn der Staat und das System nicht die Größen sind, die für Sicherheit ausschlaggebend sind, ist jedoch die Frage, welche Faktoren zu berücksichtigen sind. Um sie zu beantworten, wird auf ein Konzept zurückgegriffen, das seinen Ursprung zwar ebenfalls in der Zeit des Kalten Krieges hat, aber doch deutlich über ihn hinausweist. Die von Deutsch und Kollegen (1957) skizzierte Sicherheitsgemeinschaft, die als nicht eindeutig abgrenzbare, durch gemeinsame Interaktions- und Kommunikationsbeziehungen charakterisierte Akteursgruppe verstanden werden kann, dient als gedanklicher ‚Ort', an dem Sicherheit verhandelt und konstruiert wird. Dadurch wird erfassbar, dass die Akteure in der Sicherheitsgemeinschaft in ihrem sozialen Zusammenhang Sicherheit und auf sie bezogene Politik so behandeln, als ob die *Norm* objektivierbar wäre und ihr so zu Wirklichkeit verhelfen. Dies ermöglicht, den Wandel der Gegenstände von Sicherheit über die Zeit zu beobachten und die normative Basis zu erfassen, die ihre Basis darstellt. Das Konzept der Weltgesellschaft stellt dafür den größeren Rahmen dar, in den die Zusammenhänge des sozialen Lebens, die nicht als mit Staaten deckungsgleiche Einzelgesellschaften beschrieben werden können, eingebettet sind.

Dieser Ansatz grenzt sich explizit von der Aufteilung in Ebenen ab, denn der den meisten Theorien zugrunde liegende Positivismus, die „Annahme einer beobachtungsunabhängigen Realität" (K. Schlichte 2005a: 29) sowie eine verbreitete eurozentristische Sicht und damit globale Empirieferne (D. Jung 2000: 142f.) führt dazu, viele für die Sicherheit relevante Phänomene einfach auszuklammern. So können die Interdependenzen, die für den wirtschaftlichen Bereich unter dem Rubrum „Globalisierung" umfassend (U. Beck 1998; M. Zürn 1998; K. Müller 2002; kritischer J. Stiglitz 2002a; für kulturelle Aspekte J. Bayart

2005) untersucht und theoretisch gefasst wurden, in ein Verhältnis zueinander gesetzt und damit erklärbar gemacht werden (B. Buzan/R. Little 2001: 21-22). Nicht geleugnet wird dabei die wichtige Rolle, die trotzdem der Staat spielt. Die komplexe Verflechtung zwischen Staat und Gesellschaft gilt es aber zu thematisieren.

In der Abgrenzung von einflussreichen Theorien wird zunächst wissenschaftsimmanent ein kritisches Bild dessen aufgeworfen, was Sicherheit wissenschaftlich und politisch bestimmt hat. Der Tendenz zur Ausweitung von Sicherheit wird ein Vorschlag entgegengesetzt, Sicherheit als Freiheit von tödlicher Gewalt, Verstümmelung und Folter (A. Etzioni 2007: 1) zu fassen. Dadurch können die normativen Zielsetzungen von Sicherheitspolitik herausgearbeitet werden. Die Ebenen, auf denen Sicherheit traditionell untersucht wurde, werden dann zwar aufgegriffen, was letztlich aber der Verdeutlichung dient, wie sie miteinander verwoben sind.

3.1 Der Sicherheitsbegriff

Sicherheit ist ein sozialer Begriff. Er birgt verschiedene Aspekte wie Akteure, Instrumente, Zielvorstellungen und Referenzobjekte. Er hat dabei eine objektive Seite, also beispielsweise eine erkennbare Bedrohung, die sich in der Bewaffnung und Doktrin eines anderen Staates manifestieren kann, sowie eine subjektive, die in engem Zusammenhang mit der Wahrnehmung des Potenzials eines objektiven Sicherheitsrisikos steht. Dies kann beispielsweise die Erwartung sein, dass ein anderer Staat auch tatsächlich bereit ist, vorhandene Waffen einzusetzen. Beide Aspekte fließen in Krells die Sicherheit abschätzende Frage „Wer schützt mit welchen Mitteln welche Werte vor welchen Gefahren?" (G. Krell 1980: 35) ein.

Der Begriff umfasst also eine normative Komponente: Die Definition des Stellenwerts zu schützender Gegenstände ist nämlich ausschlaggebend dafür, welche und in welchem Ausmaß Mittel zu diesem Schutz eingesetzt werden. Auch die Feststellung einer Bedrohung oder eines Risikos hängt von diesen Werten ab: Wenn die liberal-kapitalistische Gesellschaftsform als Wert angesehen wird, kann die ideologische Zielsetzung des Kommunismus, dieses gesellschaftliche System zu ändern, als Sicherheitsbedrohung gelten. Da Werte aber wandelbar sind, kann es einerseits keine im besten Sinne *wertfreie*, objektiv richtige oder falsche Sicherheitspolitik geben. Sie ist immer unter dem Gesichtspunkt einer Ziel-Mittel-Relation zu beurteilen, also danach, ob die Werte geschützt oder gefährdet werden und ob der Schutz effektiv und effizient ist. Im extremsten Fall ist es möglich, dass die Werte, die geschützt werden sollen, sich im Prozess des ‚Schützens' unwiederbringlich verändern bzw. verloren gehen. Der Verlust von demokratischen Partizipations- und Kontrollrechten zum Schutz des Staates vor Terroristen ist ein solcher, sehr realer und gegenwärtiger Fall. Die Feststellung der Wandelbarkeit von Werten redet deshalb keinem Werterelativismus das Wort. Es geht auch nicht darum, eine universelle Gültigkeit außenpolitischer Zielsetzungen zu postulieren. Politik als normativ indifferent zu betrachten, würde neben der ‚gleichen Gültigkeit' die Gleichgültigkeit rechtfertigen. Hier geht es jedoch um die Erkenntnis der Beweggründe von Politik, die ihren Antrieb neben Werten auch aus Interessen, Kalkülen oder Wahrnehmungen schöpft (R. Lebow 2006). Dass diese gern als Werte dargestellt werden, erleichtert ihre Analyse nicht. Statt die Beliebigkeit zu akzeptieren, mit der sicherheitspolitisches Handeln mitunter begründet wird, gilt es also, funktionale Zusammenhänge aufzuzeigen, deren Wirkmacht die Politik maßgeblich beeinflussen. In den Worten von Czempiel:

> „Die Mittel und ihre Verbindung zu Strategien also entscheiden darüber, ob eine Politik auf den Frieden gerichtet ist und dabei auch erfolgreich sein wird. Sie geben Aufschluß darüber, ob der Friede das Ziel der Politik wirklich darstellt oder nur deklariert" (E. Czempiel 1998: 19)[12].

Da Sicherheit eine sozialer Begriff ist, gehört die soziale Interaktion, innerhalb derer sein konzeptionelles Verständnis verortet werden muss, zum Kern der Analyse.

Zur sozialen Interaktion gehört selbstverständlich, aber nicht exklusiv, der politische Diskurs über Sicherheit, der sowohl die objektive wie auch die subjektive Seite des Begriffes umfasst (F. Lyotard 1994: 93-95). Beide Aspekte bedingen sich gegenseitig und treten dabei in unterschiedlicher Gewichtung auf. Die Verständigung darüber, ob objektive oder subjektive Teile einer sicherheitspolitischen Aussage überwiegen, sind also unausweichlich Teil des Diskurses, ja bestimmen diesen sogar häufig (R. Holmes 2006: 152[13]). Es ist deshalb Aufgabe einer politikwissenschaftlichen Analyse, im weiteren Sinne auch ihrer Theoriebildung, die Entstehungsbedingungen von Politik zu reflektieren. Insbesondere

---

[12] Dass sich Czempiel hier auf den Frieden bezieht, verweist auf die enge Verknüpfung des Friedensbegriffes mit dem der Sicherheit. Hier wird aus Gründen, die im Kapitel 2.1.1 behandelt werden, ausschließlich der Begriff der Sicherheit behandelt und verwendet. Gleichwohl liegt dieser Verwendung – dem Vorwurf der Naivität ausgesetzt – die Annahme zugrunde, dass Sicherheitspolitik im Kern Friedenspolitik ist und sein sollte.

[13] Holmes vertritt die Auffassung, dass im Diskurs um die sogenannte Humanitäre Intervention pazifistische Argumente umgedeutet wurden, weg vom ‚kollektiven Egoismus der Verteidigung' und hin zu einer Definition des Krieges, der als ‚gerecht' gilt, wenn er zugunsten von anderen stattfindet. Das im Krieg unausweichliche Blutvergießen verschwindet so aus der Debatte, während die ‚Nöte der Unschuldigen, die der Krieg mildern soll' im Mittelpunkt stehen (R. Holmes 2006: 152).

im Bereich der internationalen Beziehungen wird dies durch unterschiedlich ausgeprägte Informationsdichte und die mitunter begrenzte Verfügbarkeit von Daten erschwert. Das Reden über Sicherheit, einschließlich ihrer wissenschaftlichen Untersuchung, verändert oder stabilisiert selbst deren Bewertungsmaßstäbe. Dass Sicherheit wertebezogen ist und diese Werte wandelbar sind, heißt mit Sheehan, Sicherheit habe „a specific meaning only within a particular social context. Its received meaning is therefore subject to change as a result of material charges in the external environment and changes in the ways in which we think about issues" (2005: 43). Sie ist also immer im Kontext des historischen Ablaufs zu sehen. Die Historizität gilt jedoch nicht nur – wie die Veränderung von Forschungsrichtungen, beispielsweise die Diskussion um ‚zerfallende‘, ‚fragile‘ oder ‚gescheiterte‘ Staaten (U. Schneckener 2006b) zeigt – für die Sicherheit und ihre Wahrnehmung als Gegenstand sicherheitspolitischer Theorie, sondern auch für die Theorie selbst, die ihrerseits Teil des diskursiven sicherheitspolitischen Felds ist. Dass die Sicherheitspolitik Teil der im Wesentlichen staatlichen ‚Außenpolitik' ist, ist dabei ebenso zeitgeschichtlich zu erklären und inhaltlich nicht zwangsläufig, wie schon das Verhältnis von ‚innen' und ‚außen' an ein staatlich gefasstes Gemeinwesen geknüpft ist (E. Krippendorff 2000a, 2000b).

3.1.1 Kritik der Internationalen Beziehungen[14]

Den Aspekt der gesellschaftlichen Konstitution von Staatlichkeit vernachlässigen die meisten Theorien der Internationalen Beziehungen (J. Nettl 1968[15]; K. Schlichte 2004: 150). Stattdessen formulieren sie den Spezialfall als Regelfall: In „quite breathtaking Eurocentric audacity" (B. Buzan/R. Little 1999: 90) setzen sie das Modell ‚westfälischer' Staatlichkeit als weltumspannend und systembe-

---

[14] In der üblichen Weise wird auch hier zwischen den Internationalen Beziehungen als der Lehre von Politik zwischen Staaten und über deren Grenzen hinweg gesprochen, während mit internationalen Beziehungen oder internationaler Politik diese selbst gemeint sind. Für beide Verwendungen gilt jedoch eine unorthodoxe Breite, die die Probleme einer konzeptionellen Engführung auf staatliche Interaktion zu vermeiden sucht. Gattungsbegriffe, deren linguistisches Genus maskulin ist, meinen darüber hinaus Frauen selbstverständlich immer mit.

[15] Nettl unterscheidet zwischen ‚statehood', also der Hülle staatlicher Institutionen und ‚stateness', seinen funktionalen Ausprägungen und der kulturell-gedanklichen Verankerung des Staates in der Gesellschaft (1968: 566, 577-579). Mit dem letzten Aspekt kommt er Foucaults Vorstellung von der ‚governmentality' (M. Foucault 1991: 102-104) beziehungsweise Bourdieus Überlegung, der Staat habe eine ideelle Komponente, existiere also „in den Köpfen" (P. Bourdieu 1998: 99) sehr nahe. Allerdings beschränkt er sich in seinen Beispielen auf Staaten, die hier als westliche Staaten mit ‚entwickelter' Staatlichkeit begriffen werden. Gleichwohl können diese Überlegungen für die Analyse genutzt werden.

stimmend. In dem Bestreben, die Theoriegerüste gegen den Vorwurf zu immunisieren, sie beleuchteten schlaglichtartig die Gegenwartspolitik, verfolgen sie
meist einen historisch statischen Ansatz. Auch wenn beispielsweise Morgenthau
postuliert, eine Theorie müsse „mit den Tatsachen in Einklang" (H. Morgenthau
1963: 48) stehen, also empirisch verifizierbar und damit offen für die Wahrnehmung des Wandels und der Dynamik sein, kommt er als Konstante der Betrachtung dennoch nicht ohne anthropologische Annahmen und das ,Interesse' hinter
dem Wandel aus. Das konstitutive Verhältnis von Macht und Interesse bleibt
aber ungeklärt (A. Wendt 1999: 96/97). Wendt zeigt, dass die unterschiedlichen
Denkschulen die Aspekte Macht und Interesse theoretisierten. Neoliberale hätten
in den 1980ern Institutionen als ,materiale' Faktoren in die Diskussion eingeb-
racht und so das essenziell ,realistische' Modell erweitert. Den materialen Faktoren stellte in der Folge ein neu aufkommender Idealismus den Faktor der ,Idee'
hinzu; aus den materialen Faktoren leiten sich die Ideen ab. Sozialkonstruktivis-
tische Ansätze fragen hingegen, ob nicht die Ideen die materialen Faktoren erst
konstituieren. Das ,Materiale' an Faktoren ist dann lediglich, wie sie sich niederschlagen, nämlich in der Existenz der menschlichen Natur, der physischen Umwelt oder der Technik. Ein wesentlicher Teil der Debatte kreist also um die Frage
des Verhältnisses von Macht, Interesse, Institutionen und Ideen (A. Wendt 1999:
92-138). Die soziale Konstitution internationaler Politik findet also implizit in
der theoretischen Auseinandersetzung nach und nach ihren Platz, da die genannten Faktoren ja ihre Herkunft in der sozialen Wirklichkeit haben, diese wird
jedoch kaum theoretisch einbezogen.

3.1.1.1 Realistische Ansätze

Die scheinbare Zeitlosigkeit der Macht als Einflussgröße der Sicherheit wird
innerhalb ,realistisch' inspirierter Argumentation gern durch eine Tradition belegt, die von Thucydides über Machiavelli und Hobbes mitunter bis zu den US-
amerikanischen Neokonservativen reicht (beispielsweise R. Kagan 2003: 7-15)[16].
Macht ist dabei das Mittel, das dem Zweck der Überlebenssicherung zu dienen
hat. Das kann einschließen, expansive Politik zu begrenzen, um der systemisch
vorgezeichneten Gegenmachtbildung zuvorzukommen. Ausgangspunkt ist die
Verteilung der materiellen Fähigkeiten der Akteure. Sie entscheiden über ,Er-

---

[16] Dass das Sendungsbewusstsein der neokonservativen Denkschule mit der in realistischen Theorien
verankerten Selbstbeschränkung der Macht wenig übereinstimmt, ist jedoch offenkundig (H. Müller
2003: 134-139). Die Tragik, die der klassische Realismus in der Verwechslung bzw. Gleichsetzung
von Macht und Einfluss sieht, beschreibt Lebow: „the United States proves itself to be its own worst
enemy" (2003: 311).

folg' oder ‚Misserfolg' im Überlebenskampf (K. Waltz 1979). Die Rolle von Ideen und Normen, bestenfalls fälschlicherweise als ‚weicher' Faktor begriffen, bleibt außen vor. Deshalb spielt auch die Frage nach der Herkunft der Bedrohungswahrnehmung keine Rolle: Warum die Staaten „immer und überall um ihr Überleben fürchten und in jedem anderen Staat eine potenzielle Bedrohung sehen, bleibt unbeantwortet" (H. Müller/N. Schörnig 2006: 222). Die Macht als Bezugsgröße ist theoretisch immer mit dem Staat verknüpft, der aber empirisch keine überzeitliche Erscheinung ist; die Staatsräson, die sein Handeln nach außen bestimmt, besitzt „keine transhistorische Logik des Politischen, zu der der Realismus sie hypostasiert" (K. Schlichte 2005a: 23). Und tatsächlich ist das staatsbasierte Systemdenken auch in realistischen Denkansätzen nicht durchgängig feststellbar: Wie Lebow zeigt, ist etwa das außenpolitische Handeln der griechischen Stadtstaaten immer mit Entwicklungen der politischen Gemeinschaft im Innern zu erklären, eine klare Trennung von Innen- und Außenpolitik also nicht möglich. In Abkehr von der staatenfixierten Blickrichtung, die den Realismus im Allgemeinen kennzeichnet, schreibt Lebow deshalb: „Thucydides might with some justification be considered the original 'second image reversed' theorist" (R. Lebow 2003: 260-261). Das Waltz'sche ‚second image'[17] ist demzufolge für die Außenbeziehungen nicht so unerheblich, wie er uns glauben machen will.

Letztlich ist die Anarchie, die lediglich als Abwesenheit einer übergeordneten, regulierenden Instanz verstanden wird, Teil des Problems, wenn sich aus ihr staatliches Handeln erklären lassen soll: Denn weder ist Anarchie durch die Abwesenheit von Ordnung charakterisiert, noch fehlen regulierende Mechanismen der Regeldurchsetzung. Wenn eine hierarchisch übergeordneten Regierungsinstanz ‚fehlt', dann wäre doch zu fragen, welche Funktionen sie äquivalent erfüllen müsste. Innerstaatlich sind nämlich beispielsweise die wenigsten Staaten fähig und willens, ein Gewaltmonopol durchgängig zu verwirklichen[18]. Wenn man obendrein Politik nicht auf Interessensdurchsetzung mit Gewalt reduziert, sondern die Bereitstellung von Gütern, Institutionen und Normen einbezieht, also eine identitätsstiftende Rolle des Gemeinwesens annimmt, wird der Zusammenhang zwischen innerstaatlicher und internationaler Politik zusätzlich deutlich (H. Milner 1993). Der Staat als Ausgangs- und Bezugspunkt ist also „in den internationalen Beziehungen kein strukturelles Naturgesetz, sondern der Ausdruck einer politischen Praxis, die einer bestimmten historischen Vergesellschaftungsform

---

[17] Mit ‚second image' meint Waltz die politische Ebene des Staates und seiner inneren Dynamiken, die er aus der Analyse der internationalen Politik konsequent herauszurechnen trachtet.
[18] Auch wenn sie es ideell begründen, also legitimieren können (A. Wendt 1999: 204-206). Max Webers Betonung des Gewaltmonopols prägt hier die Vorstellung von Staatlichkeit entscheidend, wobei der Zusammenhang historisch zumindest kontingent ist.

entspricht" (C. Daase 1999: 49). Die Anarchie ist folglich als Strukturmerkmal nicht hinreichend, um internationale oder transnationale Politik zu untersuchen.

3.1.1.2 Liberale und institutionalistische Ansätze

Theoretiker des Liberalismus und Institutionalismus argumentieren insofern ähnlich, als sie eine fest gefügte, rationale Interessenstruktur annehmen, die ein strategisch zielgerichtetes Handeln zur Folge hat (D. Panke/T. Risse 2007: 92; B. Zangl/M. Zürn 1994; A. Moravcsik 2009: 712). Ungeachtet der Fragen, ob staatliche Präferenzbildung überhaupt identifizierbar ist und wie die Beziehungen zwischen Staat und Gesellschaft von multiplen, möglicherweise konfliktiven, jedenfalls aber konkurrierenden Präferenzen gekennzeichnet sein könnten, setzt dieser Theorieansatz eine in den Staat eingebettete Gesellschaft voraus (A. Moravcsik 1997: 517). Zwar wird der Verflechtung von Gesellschaften, etwa durch Handelsbeziehungen, zugeschrieben, dass sie Kommunikation erzwingen und damit Erwartungssicherheit erzeugen, die wiederum sicherheitsbildend in der Staatenwelt wirken kann[19]. Über die Staatenwelt als Ansammlung von ‚Gefäßen' der Gesellschaften führt das jedoch nicht hinaus. Die materialen Annahmen über Macht, Interessen und Institutionen beziehen implizit den ideellen Kontext mit ein, verzichten aber darauf, diesen als Einflussfaktor zu thematisieren (A. Wendt 1999: 135-136). Dabei hätten sie mit der Verknüpfung zwischen Staat und Gesellschaften eine Kategorie, beispielsweise substaatliche Kriege mitzuerfassen. Denn eine „strong preference for the issue at stake can compensate for a deficiency in capabilities" (Morrow 1988 in A. Moravcsik 1997: 524), was beispielsweise Konflikte mit substaatlichen Akteuren analytisch einzubeziehen erlaubte.

So klammern sie die Sicherheitsfunktion unterhalb der Staatenebene systematisch aus: Die Kooperationsgewinne, die sich primär auf der Ebene der (staatlichen) Gesellschaften manifestieren (zum Beispiel in ihrer Rückwirkung auf die Stabilität von Staaten), bleiben trotzdem auf die Staatenwelt als ‚oberste' Ebene ausgerichtet. So gelten die liberalen Überlegungen zum Demokratischen Frieden weithin als härtestes Theorem der Internationalen Beziehungen (kritisch dazu u.a. G. Krell 2004: 71; L. Brock/A. Geis/H. Müller 2006: 3; N. Rengger 2006: 124-126), das seine Relevanz aus der Bedeutung der inneren Verfasstheit von Staaten für deren außenpolitisches Konfliktverhalten ableitet. Unter der Maßgabe rationalistisch-utilitaristischer Abwägungen, so ihr an Kant angelehnter Gedanke, führt die Partizipation der die Lasten tragenden Bürger am politischen Ent-

---

[19] In institutionalistischen Ansätzen gilt dafür die Verfügbarkeit von Information, in liberalen Ansätzen der rationale Anreiz zur Vorteilsmaximierung als ausschlaggebend.

scheidungsprozess zur Begrenzung kostspieliger, potenziell selbstzerstörerischer Außenpolitik (G. Krell 2004: 70). Der empirische ‚Doppelbefund', dass Demokratien zwar untereinander keine Kriege führen, weil sie im Gegenüber sich selbst erkennen und deshalb Vertrauen haben und kooperationsbereit sind, sehr wohl aber eine aggressive Außenpolitik gegen Nichtdemokratien vertreten, steht dazu in einem verzerrten Verhältnis (M. Dembinski et al. 2007; A. Hasenclever/W. Wagner 2004; A. Hasenclever 2002). Der Versuch, das rigide Verhalten von Demokratien in Konflikten mit Nichtdemokratien mit der perzipierten Bedrohung, die von Nichtdemokratien ausgeht, zu erklären, zeigt schon eine große Nähe zu den Denkstrukturen des Realismus (G. Krell 2004: 71). Hinzu kommt, dass die Neigung, eigene Opfer zu vermeiden, zu einer Inkaufnahme hoher Opferzahlen beim Gegner führt. Diese Unterscheidung zwischen Menschen in demokratischen und solchen in nichtdemokratischen Staaten widerspricht aber dem liberalen Postulat, alle Menschen seien gleich und hätten die gleichen Rechte. Das Verhältnis zwischen der demokratisch verfassten ‚westlichen' Welt[20] und den Staaten und Gesellschaften des globalen Südens lässt sich so nicht erklären

---

[20] Im sicherheitspolitischen Bereich ist überwiegend die Rede vom Westen, was auf die Institutionalisierung und Vergesellschaftung der Sicherheitsgemeinschaft in den kapitalistisch-demokratisch verfassten Ländern des NATO-Raumes hindeutet; die Unterscheidung im wirtschaftlich-gesellschaftlichen Bereich verläuft zwischen Süden und Norden, was auf die OECD als Referenzgröße hinweist. Beide Konzeptualisierungen verdanken sich einer weltpolitischen Situation, die durch den Ost-West-Konflikt geprägt war, in dessen Folge auch die Dritte Welt als Begriff entstand. Wenngleich diese Epoche Geschichte ist und die Einteilung in diese Staatengruppen angesichts großer Unterschiede der einzelnen Staaten immer schon grob simplizistisch und deshalb analytisch ohnehin nicht brauchbar war, wirken diese Verhältnisse in der gegenwärtigen Wahrnehmung von internationaler Politik noch immer nach. In dieser Arbeit wird deshalb im Bewusstsein seiner Ambivalenz der Begriff Dritte Welt verwendet, weil die Heterogenität der Kategorie *gerade* durch eine Bezeichnung als ‚ehemalige' oder ‚sogenannte' Dritte Welt eingeebnet würde und eine gedankliche Vereinheitlichung dadurch zumindest implizit erfolgt. In seiner Heterogenität ist der Begriff dem des ‚globalen Südens' bzw. ‚Nordens' vergleichbar. Dies sind relationale Begriffe, die sich aus dem Verhältnis zwischen den verschiedenen Gesellschaftsformationen ergeben; in den zugespitzten und polemischen Worten Bauers: „(...) the Third World is in practice the aggregate of countries whose governments demand and receive Western aid. In all other ways the unity or uniformity is pure fiction" (1981: 87). Die Unterscheidung zwischen Norden und Süden sei im 21. Jahrhundert zwar noch immer geographisch festzumachen, erstrecke sich aber mittlerweile neben territorialer Ausbreitung auch auf soziale Modalitäten, argumentiert darüber hinaus Duffield. So sei das Pro-Kopf-Einkommen zwischen Norden und Süden kontinuierlich auseinandergedriftet; dies gelte aber gleichermaßen zwischen Reichen und Armen *innerhalb* der Gesellschaften des Nordens. Deshalb handle es sich bei der Nord-Süd-Unterscheidung neben einer historisch gewachsenen auch um eine qualitative: „...within the networks and flows of the global economy, the North now has a 'variable geometry' of pockets of impoverishment, redundant skills and social exclusion, just as within 'the enduring architecture' of the South even the poorest countries usually have small sections of the workforce connected to high-value global networks" (M. Duffield 2001: 6). Dieser Zusammenhang lässt sich mit der Analyse polit-ökonomischer Zusammenhänge mittels eines Weltgesellschaftsansatzes beleuchten (D. Jung 1998, 2001; B. Bliesemann de Guevara 2008: 35-39).

(B. Bliesemann de Guevara 2008: 38). Denn Phänomene wie substaatliche Organisationen – sofern sie nicht auf die Staaten Einfluss nehmen – oder Flüchtlings- und andere Migrationsbewegungen bleiben ebenso unerfassbar wie der Transfer von Ideen innerhalb weltgesellschaftlicher Zusammenhänge. Erkennbar ist jedoch eine theorieimmanente epistemologische Nähe zwischen Realismus und Liberalismus (K. Schlichte 2005a: 24; D. Baldwin 1993).

Liberale Basisannahme ist, dass sich die Staaten in einer anarchisch strukturierten Welt befinden, in der jedoch zumindest einige gemeinsame Interessen und Regeln gelten, die Staaten anerkennen und befolgen. Die Souveränität der Staaten, etabliert nicht aus der Natur der Staaten selbst, sondern durch gegenseitige Zuerkennung, ist demnach eine der wichtigsten Institutionen der internationalen Beziehungen. Zusammen mit Völkerrecht, Diplomatie und übergreifenden Ordnungsfunktionen der großen Mächte bildet sie ein überwölbendes Netz verlässlicher Handlungsmuster – ‚Makroinstitutionen‘, die den Rahmen für die internationalen Beziehungen von Staaten bilden (H. Bull 1977; G. Krell 2004: 66). Die Staaten erklären diese Regeln nicht nur explizit als handlungsleitend, sondern etablieren sie auch implizit, indem sie sie praktizieren[21]. Die Staaten bilden also durch ihre Interaktion, deren Stetigkeit ein Minimum an Erwartungssicherheit stiftet, eine ‚international society‘. Das bedeutet, zwischen System und Gesellschaft zu unterscheiden: Ein internationales System kann ohne eine internationale Gesellschaft bestehen, es stellt lediglich die Voraussetzung für die Gesellschaft dar, indem es einen Zusammenhang begründet. Eine internationale Gesellschaft existiert hingegen erst, wenn hinreichend miteinander verflochtene Staaten diese Verflechtung als von geteilten Werten und Regeln geprägt wahrnehmen und die Regeln als solche praktizieren (H. Bull 1977: 13). Sie akzeptieren sich gegenseitig als unabhängig, halten sich an Vereinbarungen und restringieren den Einsatz von Gewalt. Sie stellen ihr Handeln als rational und interessengeleitet dar, anstatt sich auf Regeln zu berufen, die *per se* nicht durchsetzbar, häufig sogar nicht kodifiziert sind. Für diese Gesellschaft können jedoch „soziale Normen und Regeln, die das Verhalten von Staaten prägen, besser beschrieben und erklärt werden" (C. Daase 2003: 233) – ein analytisch weiter fortgeschrittener Ansatz als die Annahme regelloser Anarchie. So kann internationale Politik *jenseits* des Naturzustands (als eines Krieges aller gegen alle) begriffen werden.

---

[21] In sublimen Worten grenzt Bull diese Theorie kommunikationspraktisch von der Interessenfixierung rationalistischer Denkschulen ab: Die Staaten „also *communicate* the rules through their actions, when they behave in such a way as to indicate that they accept or do not accept that a particular rule is valid. Because the communication of the rules is in the hands of states themselves, and not of an authority independent of them, the advertisement of the rules is *commonly distorted in favour of the interests* of particular states" (1977: 71-72, eigene Hervorhebung). J. Hobson (2000: 89) stellt diese Abgrenzung vom Rationalismus in Abrede, indem er Bull und Wight als ‚English school rationalism‘ dem ‚state-centric liberalism‘ zuordnet.

Frieden ist darin nicht die Ausnahme, sondern kann die meiste Zeit innerhalb des internationalen Systems herrschen.

Gleichwohl sind auch institutionalistische Theorien (hier auf das Beispiel der ‚Englische Schule' genannten Strömung um Bull, Wight u.a. reduziert) der die Regeln prägenden Funktion der Staaten verhaftet. Insbesondere Bulls Vorstellungen vom Mächtegleichgewicht (das sich allerdings nicht gleichsam automatisch ergibt, sondern willentlich herbeigeführt und aufrechterhalten wird) ordnen dem Staat eine Rolle zu, die seiner (neo-)realistischen Konzeption bei Morgenthau und Waltz nahekommt. Insbesondere die Annahme, dass die außenpolitische Bedrohung letztlich konstitutiv für Staaten und ihre Etablierung sei, scheint schwer zu widerlegen zu sein. Um zu illustrieren, warum es nicht damit getan ist, die durch realistische Ansätze sicherheitspolitischer Konzeptionen *nicht* zu erklärenden Phänomene zu benennen, sei hier Hobson ausführlich zitiert:

> „One might set out to produce a non-realist theory of state formation and for argument's sake write a 600-page book, with the first 599 pages detailing specific and myriad changes at the state-society (second-tier) level. But if on the last page, the author were to claim that these internal developments occurred as the state sought to adapt or conform to international military competition and warfare, the theory would be unequivocally neorealist. The real challenge for developing a non-realist theory is *not* simply to produce a theory that details domestic changes, but to explain such developments *through a number of causal variables that cannot be reduced to the international structure*" (J. Hobson 2000: 192, Hervorhebung im Original).

Bevor ein analytischer Ansatz, der auf der Annahme einer Weltgesellschaft basierend politische Zusammenhänge jenseits von etablierter Staatlichkeit zu erfassen erlaubt, erläutert wird, soll zunächst die Frage des Zusammenhangs von Sicherheit und des transzendent gefärbten Friedens näher erläutert werden.

3.1.2   Verhältnis von Sicherheit und Frieden

Es erscheint geboten, das Verhältnis zwischen Sicherheit und Frieden auszuloten. Die Hauptfrage dieser Arbeit ist die nach der gegenseitigen Bedingtheit von Sicherheit und Entwicklung. Die historisch damit eng verknüpfte und oft ideologisierte Diskussion (D. Lutz 2004) um den Friedensbegriff soll hier zumindest angerissen werden.

Die weitestreichende Debatte um den Frieden beherrschte die politische Öffentlichkeit während des Kalten Krieges. Die potenzielle Vernichtung der Welt durch Nuklearwaffen verlieh der Frage nach dem Frieden eine neue Dimension, die sich als gesellschaftliche Strömung in der Friedensbewegung organisierte, sich aber auch in der Friedensforschung niederschlug. Die Einrichtung dieser Forschungsrichtung innerhalb der deutschen Politikwissenschaft erst in den 1970er Jahren verweist darauf, dass im Westen zunächst nichtkonfrontative, gar pazifistische Politikentwürfe diffamiert, in keinem Fall aber gefördert wurden (D. Lutz 2004: 32; H. Mühleisen 2004: 49; E. Krippendorff 1970). Der politischen Situation entsprechend waren die Forschungen zu diesem Thema überwiegend der nuklearen Bedrohung gewidmet. Kritisiert wurde das Paradoxon, dass die nukleare Bewaffnung dazu dienen sollte, ihren Einsatz überhaupt zu verhüten und damit „ihre Bestimmung zu desavouieren" (D. Sternberger 1984: 5). Die MAD-Doktrin der sicheren gegenseitigen Vernichtung (*mutually assured destruction*) sollte den Atomkrieg verhüten, expansive Tendenzen eindämmen und so die Entfaltung der jeweiligen Wirtschafts- und Denksysteme ermöglichen.[22]

Unterhalb der Schwelle der Vernichtung herrschte keine Einigkeit darüber, was unter ‚Friede' zu verstehen sei. Grundkonsens dabei ist die Negativdefinition, derzufolge Frieden die Abwesenheit von Gewalt ist. Gewalt ist immer Teil des Krieges, aber nicht jede Gewalt ist kriegerisch. Die Definition des Krieges, sofern er nicht exklusiv als Staatenkrieg gefasst wird, ist also kaum eindeutig und beinah zwangsläufig umstritten.[23] Die Negativdefinition des Friedens als Abwesenheit von Gewalt entspricht der alltäglichen Bedeutung des Wortes und „defines a peaceful social order not as a point but as a region – as the vast region of social orders from which violence is absent" (J. Galtung 1969: 168).

Gewalt ist, so Galtung, dann gegenwärtig, wenn menschliche Wesen so beeinflusst werden, dass ihre körperliche oder geistige Selbstverwirklichung hinter ihrer potenziellen Selbstverwirklichung zurückbleibt. Die Gewalt sei also in der Differenz zwischen dem Eigentlichen und dem Potenziellen zu erkennen (J. Galtung 1969: 168; aus anderer Sicht A. Sen 2005). Beeinflussung kann entweder physisch oder psychisch erfolgen, wobei letztere „lies, brainwashing, indoctrination of various kinds, threats etc. that serve to decrease mental potentialities" einschließe (J. Galtung 1969: 169). Es bleibt jedoch die Frage der Urheberschaft der Gewalt. Wo Menschen direkt Gewalt ausüben, könne man von *personaler* oder *direkter* Gewalt sprechen. Sofern eine Gewalt ausübende Person nicht er-

---

[22] Bereits in der Anfangszeit des Kalten Krieges wurden jedoch ausgefeiltere Gedankenspiele betrieben, beispielsweise vom jungen Henry Kissinger. Sie entfernten sich von der ‚primitiven' Abschreckung und nahmen erkennbare taktische Züge an, mit der Begründung, begrenzte Kriege seien auch atomar gewinnbar. Eisenhower selbst verhinderte weitere solcher Planungen, weil nur die Planung des totalen nuklearen Kriegs diesen zuverlässig verhindern könne, während die Überschreitung der nuklearen Grenze zu unkalkulierbarer Eskalation führen konnte (J. Gaddis 2007: 86-89).

[23] Vgl. die Kriegsdefinitionen der Arbeitsgemeinschaft Kriegsursachenforschung (AKUF 2009), des Internationalen Friedensforschungsinstituts Stockholm (SIPRI 2008: 73; 84-85) sowie des ‚Correlates of War'-Projekts (CoW 1979: 240; M. Small/D. Singer 1982: 31-61).

kennbar ist, sei das als *strukturelle* oder *indirekte* Gewalt zu begreifen. Dazu gehören Faktoren wie ungleiche Ressourcenverteilung, die, verglichen mit dem Gewaltbegriff weniger ideologisch aufgeladen, als *soziale Ungerechtigkeit*[24] bezeichnet werden könne. Damit ist eine Verknüpfung mit Entwicklungstheorien impliziert (J. Galtung 1969: 183), deren Ausprägung letztlich synoptisch zwischen Sicherheit und Entwicklung erfasst werden muss. Für die Frage nach der Sicherheit reicht eine enge Definition aus, die auf Abwesenheit von personaler Gewalt auf der individuellen Ebene, aber auch von manifester Gewalt auf der gesellschaftlichen und internationalen Ebene basiert.

Im Themenfeld der Sicherheits*politik* und ihrer Praxis des Interventionismus, durch die Sicherheit unter Einsatz von Gewalt hergestellt werden soll, müssen sowohl Frieden als auch Sicherheit als teleologische Begriffe gelten, die erst erreicht werden sollen (O. Richmond 2005: 189). Als rein defensives Konzept kann diese Sichtweise, derzufolge das Erreichte gegen Aggression verteidigt werden darf, die Institution des ‚Krieges‘ aber zukünftig überwunden werden kann, als „Pazifizismus" bezeichnet werden (A. Alexandra 2006). In den Internationalen Beziehungen wird Sicherheit zum primären Staatszweck erklärt. Während sich aus dieser Sicherheitsfunktion des Staates die überstaatliche Struktur, in der sich die Staaten finden, ableiten lässt, tauchen normative Fragen nach dieser Struktur erst in zweiter Linie auf. Der Frieden ist dabei ein Reizbegriff geworden, verweist er doch auf das nicht eingelöste Versprechen globaler Gerechtigkeit. Die ideologische Frage antagonistischer Systeme ist einer liberalen Hegemonie gewichen. Diese ermöglicht wachsende Wohlstandsungleichheit und zeigt sich gleichzeitig als ökologische und ökonomische Krise, verursacht durch das energiezentrierte Wohlstandssystem des Westens. Die Lebensrisiken derjenigen, die für diese am wenigsten gewappnet sind, steigen dadurch an. Paradoxerweise sieht der Westen dennoch die unterentwickelten Staaten zunehmend als Sicherheitsrisiko, also als Bedrohung der eigenen Gesellschaftssysteme an: Der Süden „wurde zur Brutstätte sozialer und ökologischer Turbulenzen. (...) Als eine Folge wird der Süden nicht mehr mit Hoffnung, sondern mit Argwohn betrachtet; die Entwicklungsländer sind zu Risikozonen geworden" (W. Sachs 2002: 80-81).

---

[24] Während heute der Begriff der *sozialen Ungerechtigkeit* eher politisiert ist, jedenfalls aber eine ideologische Aufladung trägt, fungiert *ungleiche Ressourcenverteilung* heute als wertfreier, scheinbar objektive Besitz- und Verfügungsverhältnisse bezeichnender Terminus. Die begriffliche Belegung scheint zum Zeitpunkt von Galtungs Überlegungen eine andere gewesen zu sein.

3.1.3 Bezugspunkte von Sicherheit und die Internationalen Beziehungen

Für den Zusammenhang zwischen Sicherheit und Entwicklung ist die Art der Staatsformierung interessant. Gesellschaftliche Zusammenhänge sind nicht auf (die historisch jungen) Nationalstaaten begrenzt, sondern bilden ein weltgesellschaftliches Netzwerk politischer, wirtschaftlicher, ideeller (etwa religiöser, ideologischer oder epistemischer), im weitesten Sinn kommunikativer Zusammenhänge (S. Stetter 2007b & c: 43-47). Sicherheitspolitik muss deshalb in ihren historischen und gedanklichen Grundlagen thematisiert werden. Wenn auch die Staaten in diesen komplexen Zusammenhängen nicht die einzige Rolle spielen, so sind sie doch die einflussreichsten, wenn auch ambivalente Akteure: Sie sind Referenzobjekt und Akteur von Sicherheitspolitik zugleich. Die Durchsetzung von Staatlichkeit als gesellschaftliches Organisationsprinzip kann im Ergebnis eine pazifizierende Wirkung haben, die zu Entwicklung und Wohlstand führt. Gewalt als soziales Phänomen wird dann zwar nicht beendet, der legitime Gewaltgebrauch aber im Staat monopolisiert.

Staaten handeln jedoch nicht einheitlich, sondern sind durch verschiedene Akteure konstituiert und in ihren Handlungen beeinflusst. Dies gilt unabhängig davon, ob die Bevölkerung – wie in Demokratien – an den Praktiken des Staates beteiligt ist oder ob diese einer exklusiven Elite – wie in autokratischen Herrschaftssystemen – vorbehalten sind. Die Staaten haben aufgrund ihrer privilegierten Position, Ressourcen zu allozieren, das Potenzial zum massenhaften Einsatz organisierter Gewalt und damit den sicherheitspolitisch weitesten ‚Wirkungskreis'. Ob die Ressourcenallokation aus der eigenen Bevölkerung (Steuern) oder aus externen Zuflüssen (Renten) stammt, hat Einfluss auf die Legitimität, mit der die Gewaltmonopolisierung durchgesetzt werden kann. Nicht jeder Personenverband, dessen Handeln Sicherheitsinteressen prägen, ist indes als Staat konstituiert. So ist Sicherheitspolitik zu verstehen als *politisches Handeln unter Einsatz von Ressourcen mit dem Ziel, eine wahrgenommene Gefährdung abzuwenden oder einzudämmen, Risiken zu minimieren oder zu kontrollieren.*

3.1.3.1 Die Erhaltung des Staates und des Systems

Generell versuchen Staaten, Veränderungen ihrer Verfasstheit oder des Staatensystems als Ganzes zu verhindern. Systemverändernden Dynamiken, etwa dem Wegfall einzelner Einheiten durch Staatszerfall, muss aus Sicht staatlicher Sicherheitspolitik daher entgegengewirkt werden. Sicherheitspolitik kann demnach nicht ohne Ansehen der sicherheitspolitischen Situation im System und der Funktion der Staatlichkeit darin formuliert werden. Zwar besteht hier ein Bezug zum systemischen Zusammenhang von internationaler Politik, gleichwohl widerspricht dieses Argument klassischen Sicherheitstheorien, in denen einzelne Staaten unabhängig von ihrer Umwelt für ihre eigene Sicherheit sorgen müssen, die also keine Einbettung vorsehen.

Sicherheitspolitik geht insofern über reine Verteidigungspolitik hinaus: Während jene primär den Staat (und die als ihn konstituierend verstandene Gesellschaft) und sein Territorium zum Gegenstand hat, das es gegen physische Angriffe zu verteidigen gilt, umfasst diese auch andere Risiken. Sicherheitspolitik ist also semantisch offener, nicht mehr eng verknüpft mit den klassischen Urhebern internationaler Unsicherheit, den Staaten. Die Bezugsebene von Sicherheit wird das internationale System und seine Bestandssicherung. Auf den Nationalstaat bezogen wies bereits Verteidigungspolitik mehr Facetten auf als passives Abwarten auf eigenem Territorium, denn „[g]egen einen Angriff (oder einen Gegenschlag) mit Nuklearwaffen kann das nationalstaatliche Territorium nicht mehr wirksam durch Verteidigung geschützt werden" (G. Krell 1980: 38). Damit ist Sicherheitspolitik umfassender und bedeutungsreicher als Verteidigungspolitik und beinhaltet mehr *Gestaltung* als die Verteidigung mit ihrer semantisch enthaltenen *Abwehr*. Unter der Bedingung der nuklearisierten Blockkonfrontation würde auch einem konventionell begonnenen Krieg eine potenziell fatale Eskalationsdynamik innewohnen. Jedenfalls bestehe eine Rüstungsdynamik, die sich daraus ergebe, dass „nur eine glaubwürdige Verteidigung Abschreckung sichert" (G. Krell 1980: 40). Verteidigung ist also die konkrete Bezugsgröße, anhand derer Sicherheitspolitik wahrnehmbar wird, sie reicht jedoch nicht hin, um Sicherheitspolitik zu betrachten.[25] Dass die Sicherheitspolitik prävalent wird, ist dabei nicht zuletzt Ergebnis der Ausbreitung von technologischen Potenzialen, etwa an nichtstaatliche Akteure. Konsequent zu Ende gedacht können

---

[25] Aus sprechakttheoretischer Sicht wird dieses Verhältnis im Beispiel „[b]y saying 'defense' (…), one has also implicitly said security and priority" (B. Buzan/O. Weaver/J. de Wilde 1998: 27) deutlich. Etwas zu sagen entspricht darin einer Handlung. Mit anderen Worten konstituiert sich Sicherheit, indem ein Problem benannt und als sicherheitsrelevant identifiziert wird. Dies rührt gleichzeitig an die epistemologische Frage, woher das Wissen um Sicherheitsrisiken kommt: Die Versicherheitlichung (Securitization) ist darauf angewiesen, dass die Erklärung von den Hörern nachvollzogen wird und so zu „shared understanding" führt. Der Begriff Verteidigung verweist sehr präzise auf das Feld der Sicherheit und verleiht einem Thema ein Minimum an Dringlichkeit (B. Buzan/O. Weaver/J. de Wilde 1998: 27). Deshalb wird der Begriff der Sicherheit hier immer in Bezug auf die Verteidigung und dem sich daraus ergebenden Spannungsfeld verwendet, ohne der Logik einer sprechakttheoretischen Außenpolitikanalyse vorzugreifen (vgl. Kap. 5). Die Annahme, dass einem sicherheitspolitischen Diskurs eine Intention, also eine Absicht des Sprechers zugrunde liegt, wird jedoch geteilt; der „lingusitic turn" (K. Fierke 2007: 173; K. Howe 2003: 87) in den Sozialwissenschaften, demzufolge die Wahrnehmung der Realität immer durch (sprachliche) Zeichen vermittelt ist, wirkt hier doppelt konstitutiv: Sowohl *dass* etwas unter dem sicherheitspolitischen Rubrum, als auch *wie* es verhandelt wird, konstituiert damit seinen Realitätsgehalt.

auch diese das Staatensystem als Referenzrahmen für Sicherheitspolitik in Frage stellen. In jedem Fall – damit greift Krell dem „constructivist turn" (K. Howe 2003: 83; J. Checkel 1998; P. Katzenstein 1996a; M. Finnemore 1996a, b; A. Wendt 1992) der 1990er Jahre vor – basiere eine Abschreckungslogik immer auf der Annahme, politische Akteure handelten rational[26] (auch K. Schwarz/W. Van Claeve 1978: 132/133). Da dies aber in der Realität nicht der Fall sei (Krell spricht süffisant davon, dass sich die Akteure nicht so verhielten, wie „die Theorie dies verlangt", 1980: 40), müsse Sicherheitspolitik in Abhängigkeit von anderen konzipiert und analysiert werden. Wenn Sicherheitspolitik aber über die Verteidigung hinausgeht, muss sie auch offen für kooperative, vertrauensbildende und deeskalierende Strategien sein. Trotzdem stehe die „Entspannungspolitik (…) unter Leistungszwang", während die Verteidigungspolitik dadurch legitimiert sei, dass „dem Gleichgewicht der Kräfte (…) eine fast zwangsläufige Stabilisierungswirkung zugeschrieben" (G. Krell 1980: 41) werde. Seit dem Ende des Ost-West-Gegensatzes, dem eine eskalationsmindernde Wirkung zugebilligt wurde (K. Waltz 1979: 172-173; R. Gilpin 1981: 88-96; R. Axelrod 1984: 187; K. Oye 1986; J. Gaddis 1992: 142-144; zu den Stabilitätsmythen des Kalten Krieges R. McNamara 1989: 191-193; P. Rogers 2002: 28-34), wurden substaatliche Akteure ebenso wie Migrationsbewegungen, Umweltrisiken, Drogenhandel und andere mafiöse Wirtschaftsstrukturen und ihr Gewaltpotenzial ‚versicherheitlicht' (B. Buzan/O. Wæver/J. de Wilde 1998). Die Bedeutung von Sicherheitspolitik wurde dadurch zwar ‚erweitert' – der erweiterte Sicherheitsbegriff umfasst nichtmilitärische Risiken ebenso wie klassisch verteidigungspolitische Überlegungen –, letztlich aber im Spektrum potenzieller politischer Strategien zunehmend auf militärisches Eingreifen verengt. Die engere Definition der Intervention als „forcible interference, short of declaring war" (M. Wight 1978: 191) verschwindet hingegen zunehmend (A. Talentino 2004a; F. Kühn 2007a; D. Chandler 2006, 2009; M. Duffield 2001, 2002, 2007; O. Richmond 2005, D. Keen 2006, R. Paris 2004).

---

[26] Eines der epistemologischen Probleme rationalistischer Ansätze ist die fehlende Verbindung zwischen Vernunft und empirischer Erfahrung: Howe führt Zenos paradoxes Beispiel des Achilles an, der, um ein Stadion zu durchqueren, zunächst die Hälfte der Strecke zurücklegen muss. Danach muss er wiederum die Hälfte der verbleibenden Strecke, sodann die Hälfte der noch verbleibenden Strecke überwinden und so fort. Achilles kommt also, rationalistisch argumentiert, nie am anderen Ende des Stadions an, da immer ein Rest der Strecke verbleibt; „[v]iewed from the other end of the sequence, Achilles not only cannot cross the stadium, he cannot move at all. Zeno, the rationalist, took this as a victory. For, in his view, it shows that experience cannot be trusted" (K. Howe 2003: 83).

3.1.3.2 Werte und ihre Referenzen

Die Wertvorstellungen, welche die Gestaltung der Sicherheitspolitik mitbestimmen, unterliegen einem Wandel: Indem im politischen Diskurs einzelne Probleme als sicherheitsrelevant markiert werden, werden sie zum Gegenstand von Sicherheitspolitik. Die Definition „becomes problematic, when the *referent object* of security itself is ill-defined or changing" (R. Lipschutz 1995b: 6-7, Hervorhebung im Original). Diese Frage, was ‚sicher' sein oder ‚gesichert' werden soll, ist Gegenstand dieses Kapitels. Unter Bezugnahme auf die *images* und damit verbundenen *units of analysis,* die Kenneth Waltz bereits 1959 (2001: 12) definiert hat, soll eben diese Ebenenunterscheidung überwunden und ihr Zusammenhang und ihre Wechselwirkung dargestellt werden. Waltz' Überlegungen einer analytischen Trennung sind nach wie vor wirkmächtig und strukturierten die Zuordnung zu unterschiedlichen Wissenschaftsdisziplinen: War die individuelle Ebene überwiegend anthropologischen und psychologischen Untersuchungen vorbehalten, wurden die beiden anderen, der Staat und das internationale System, zentral von den Internationalen Beziehungen behandelt (C. Daase 1999: 30). David Singer postulierte bezüglich dieser Einteilung, dass kausale Zusammenhänge nur dort nachzuvollziehen seien, wo sie strikt auf einer Ebene bestünden. Obwohl alle Ebenen gleich wichtig seien, dürfe ja könne innerhalb eines Forschungsdesigns die Ebene nicht gewechselt werden (D. Singer 1961: 90; C. Daase 1999: 30).

Galtung hingegen plädiert dafür, „Ergebnisse und Perspektiven zu einem zusammenhängenden System zu verbinden, damit weiter darüber nachgedacht und geforscht werden kann, und das wird nicht einfach sein" (J. Galtung 1970: 528). Denn Analysen blenden, wenn sie sich an die streng getrennte Trichotomie halten, die Interaktion und Interdependenz der internationalen Beziehungen aus. Um beispielsweise Phänomene wie substaatliche Kriege und ihre grenzüberschreitenden Auswirkungen zu erfassen, bedarf es einer theoretischen Begründung des Zusammenhangs der Ebenen – so mühsam diese sein mag, so unerlässlich ist sie, um nicht einzelne Bereiche des Sicherheitskomplexes der Reduktion zu opfern. Ein solcher Ansatz, der die Verknüpfung zwischen Staat und Gesellschaft an die Stelle des ‚Trilemmas' aus internationalem System, Staat/Gesellschaft und Individuum setzt, bietet das Konzept der Weltgesellschaft. Wie im Folgenden gezeigt wird, verwirft es die starre Aufteilung der Ebenen und erfasst „sowohl die globale Totalität des Sozialen als auch den historischen Prozeß globaler Vergesellschaftung" (D. Jung/K. Schlichte/J. Siegelberg 2003: 19).

Wenn die Analyseebenen in ein Verhältnis zueinander gesetzt werden, wird auch deutlich, dass die in den Sicherheitspolitiktheorien vorausgesetzten Kernmerkmale des internationalen Systems nicht durchweg verwirklicht sind. Für eine systemische Analyse ist etwa die Annahme konstituierend, dass die Welt durchgängig durchstaatlicht ist. Deshalb herrscht eine „Verallgemeinerung der staatlichen Form in der Weltgesellschaft" vor: „Die europäische Expansion und die Institutionalisierung von Machtbeziehungen im kolonialen Staat haben die nachkolonialen Gesellschaften als Staaten hinterlassen. Politisch erscheint die Welt heute als eine Welt der Staaten" (K. Schlichte 2005a: 23). Für die Analyse-ansätze des internationalen Systems ist eine solche Annahme gängig: „Like units", so Waltz (1979: 93, 95-96, 2001: 173), seien die Staaten deshalb, weil sie souverän und keiner übergeordneten Gewaltinstanz unterworfen sind. Aus die-sem Prinzip der Anarchie leitet der Waltz'sche Neorealismus das systemische Zurückgeworfensein auf eigene Fähigkeiten, die Selbsterhaltung zu organisieren, ab. Dort, wo ein Gemeinwesen dazu nicht in der Lage ist, müsste ein anderer Staat expandieren, so dass dieser in einem neuen Gemeinwesen aufginge. Daraus folgt, dass eine Anzahl von Staaten >1 nur durch ein Gleichgewicht der Macht, die ja das Instrument zur Erhaltung der Staatlichkeit ist, gewährleistet ist. An-dernfalls wäre, sofern die Gegenmachtbildung ausbleibt, die Waltz als systemi-sche Reaktion gegen eine alles sich einverleibende Hegemonialmacht annimmt, ein Weltstaat die Folge.

Demnach erlaubt das System gleichfalls nicht, dass sich irgendwo *kein* Staat ausbildet. Eine Landkarte, auf der ein weißer Fleck auftauchen würde, ist ebenso wenig vollständig wie ein internationales Staatensystem, wenn Teile des Globus nicht von einem verfassten, institutionalisierten Akteur, der regelnd in die Sozi-albeziehungen eingreift, kontrolliert werden. Da dies jedoch empirisch der Fall ist, ist die Forderung an die Theorie, einen Modus zu formulieren, mittels dessen die devianten Fälle analysiert und in einen Zusammenhang eingeordnet werden können.

3.1.3.3 Historizität und Geltung

Theorien der Sicherheitspolitik sind ebenso wie ihr Gegenstand immer histo-risch. Versuche, Theorien gegen ihre Geschichtlichkeit zu immunisieren, stehen vor dem Problem, dass sie entweder die Stabilität und überzeitliche Gegebenheit beispielsweise des Staatensystems als Setzung annehmen oder die Faktoren des Wandels als vorübergehende Phänomene begreifen. Diese Grundannahmen sind jedoch der Disziplin der Internationalen Beziehungen wichtiger als der Realität; die Setzungen strukturieren den Erkenntnisprozess vor. Während sie die System-elemente, die Stabilität und das Gleichgewicht überbetonen, vernachlässigen sie den Prozess (C. Daase 1999: 16; R. Cox 1986: 207). Die Wissenschaft von den

Internationalen Beziehungen ist also nicht voraussetzungslos, hingegen ist „[d]ie *Geschichtlichkeit* der Wissenschaft selbst (…) undiskutiert geblieben" (K. Schlichte 2005a: 25, Hervorhebung im Original). Es ist aber nicht nur die Disziplin, die sich ihrer eigenen Geschichte nicht bewusst ist – oder sie zumindest nicht zum Gegenstand ihrer Reflexion macht. Auch ihren Gegenstand hat sie verkürzt, indem sie ihn auf den Staat als einzigen, zumindest aber als Hauptakteur fokussiert hat. Im Außenverhältnis war die *nationale* Sicherheit der zentrale Gegenstand von Sicherheitspolitik. Dies bedeutet vor allem Schutz der territorialen Integrität und damit verbunden die Erhaltung der Souveränität. Im Inneren stand die Forschung über den verfassten Anstaltsstaat auf dem Programm: Neben seinen äußeren Aufgaben strebte der Staat an, „die Mittel physischer Gewaltsamkeit in seinem Innern [zu] monopolisieren" (D. Jung 2000: 140) – es waren also auch im Inneren wesentlich Sicherheitsaufgaben, die das Verständnis für die Entwicklung europäischer Staatlichkeit geprägt haben. Die daraus resultierende ‚Weltstaatenordnung', die mit dem Westfälischen Frieden strukturbestimmend wurde, fungierte lange Zeit als (verkürzte) Referenz für die Internationalen Beziehungen.

Die Vereinheitlichung von staatlicher Herrschaft nach innen und die daraus resultierende Fähigkeit zu kohärenter Außenpolitik ist noch heute der strukturierende Verständnisrahmen internationaler Beziehungen. Nur innerhalb einer Logik, die einem Staat die Fähigkeit zur Kontrolle ‚seines' Territoriums und ‚seiner' Bevölkerung (in noch stärker überzeichneter Form wurde der Staat mit seinem ‚Volk' in eins gesetzt) unausweichlich zuschreibt, ist es beispielsweise möglich, Staaten für terroristische Akte substaatlicher Gruppen verantwortlich zu machen. Auch Abkommen, die als internationale Regime vereinbart werden, ergeben nur dann Sinn, wenn die Staaten in der Lage sind, die Einhaltung der gesetzten Regeln zu überwachen und durchzusetzen. Für internationale Organisationen gilt analog, dass ihre Kongruenz wesentlich davon abhängt, wie verbindlich die Mitgliedsstaaten dafür sorgen, dass Normen und Regeln umgesetzt werden (J. Schwarze/P. Müller-Graff 1998). Der Herrschafts*anspruch* des Staates muss also von einer Herrschafts*fähigkeit* flankiert werden, auch wenn beide nicht jederzeit und in allen gesellschaftlichen Feldern vorhanden sein müssen, um Gültigkeit zu haben.[27]

Das Weltbild kohärenter Herrschaft löste die religiöse Determination des Daseins im Mittelalter ab, unterhalb derer familiäre Beziehungen und personale

---

[27] So gilt die Missachtung von Verkehrsregeln als Kavaliersdelikt, während Eigentumsdelikte normalerweise vom Staat nicht geduldet werden können. Allerdings gibt es auch hier eine Unterscheidung, wobei Kapitalverbrechen schon ihrer Wortbedeutung nach als ‚Haupt'-Verbrechen wirken. Wenn dem Staat daran liegt, seiner Definitionsmacht für Gesetze Geltung zu verschaffen, kann er Kapitalverbrechen nicht folgenlos geschehen lassen.

Abhängigkeit die untrennbar miteinander verbundenen ökonomischen und politischen Herrschaftsverhältnisse dominierten (J. Siegelberg 2000: 13). Da die Träger von Feudalrechten und Privilegien innerhalb eigener Rechtslogiken handelten und ihre Ansprüche gegenüber ihren Lehensherren geltend machen mussten, andererseits die Träger weltlicher Macht um diese mit Kirchenvertretern konkurrieren mussten, blieb Herrschaft immer fragmentiert (K. van der Pijl 2004: 32). Die segmentelle Verteilung von Herrschaftsaufgaben verhinderte eine organisatorische Bündelung, die zur Herausbildung von Staatlichkeit hätte führen können. Beginnend mit dem Ausscheren der italienischen Stadtstaaten aus der feudalen Ordnung, in denen die Urbanisierung eine stringente Herrschaftsinstitutionalisierung ermöglichte, setzte sich ein kultureller Wandel zur Marktgesellschaft durch, deren Organisationsprinzipien auf die soziale Formierung übertragen wurden. So wurden Rationalisierung und Verrechtlichung, Institutionalisierung (also Wiederholbarkeit anstaltlichen Handelns) und Entpersonalisierung zu den Merkmalen von Staatsbildung in Europa (J. Nettl 1968: 575).

3.1.3.4 Politökonomischer Primas: Der Staat und die Gewalt

Basierend auf der europäischen Erfahrung beschreibt Charles Tilly die Entstehung des Staates als sich gegenseitig bedingenden Konsolidierungsprozess aus Gewaltmonopolisierung, dafür erforderlichem Sicherheitsapparat und, um diesen zu verwalten, einem bürokratischen Apparat. Besteuerung sei für die Herausbildung des modernen Staates zentral. Tillys These lautet, dass der Staat sich als Schutzgelderpresser betätigte, indem er vor Gewalt schütze, die er selbst auszuüben androht. Der ‚Schutz‘ ist ein schillerndes Angebot, dessen Legitimität jedoch nicht ausschlaggebend sei, weil auch nicht legitime Herrschaft Gewalt zu monopolisieren anstrebt (C. Tilly 1985: 171). Die Machtausübung über die Subjekte ist jedenfalls weniger wichtig als die Anerkennung durch andere Machthaber. Die Bekämpfung von Machtrivalen, anderen Gewaltakteuren wie Fürsten und lokalen Magnaten, auf die Flächenherrschaft einerseits angewiesen war, stellte andererseits die Hauptleistung staatlicher Zentralisierung dar (C. Tilly 1985: 175, 1992: 67-95).

Der Schlüssel zu einer stabilen – und Demokratie begünstigenden – Konstellation ist das Verhältnis zwischen dem Tribut, der an die Schutzmacht gezahlt werden muss, und der von Tilly sogenannten ‚Schutzrente‘ (protection rent), die den Beschützten erlaubt, im Schutz der Herrschaft Geschäfte zu machen. Je mehr die Bevölkerung staatliches Handeln kontrolliert, desto größer ihr Anreiz, „to minimize protection costs and tribute, thus maximizing protection rent" (C. Tilly 1985: 176). Die Hauptaufgabe der Staaten umfasst folgende vier Aspekte: Einerseits halten die Staaten Rivalen von außerhalb ihres Herrschaftsanspruchs ab – in der Regel von ihrem Territorium. Andererseits kontrollieren sie die internen Machtkonkurrenten. Außerdem kontrollieren und bekämpfen sie ggf. die Feinde und Widersacher ihrer Klienten. Schließlich benötigen sie genügend organisatorische Fähigkeiten, um die Extraktion zu organisieren, die notwendig ist, um die ersten drei Aufgaben finanzieren zu können:

> „War making yielded armies, navies, and supporting services. State making produces durable instruments of surveillance and control within the territory. Protection relied on the organization of war making and state making but added to it an apparatus by which the protected called forth the protection that was their due, notably through courts and representative assemblies. Extraction brought fiscal and accounting structures into being" (C.Tilly 1985: 181).

Der Staatenkrieg kommt erst später ins Spiel: Erst nachdem größere Organisationen und Territorien konsolidierter Herrschaft unterworfen waren, wurden interne und externe Gegner unterscheidbar. Die Rolle des Staates nach außen gewinnt an Bedeutung, indem die äußere Politik die internen Erfordernisse beeinflusst und Verträge, Abkommen und die schiere Interaktion auf der ‚internationalen Bühne' den Staat in seinem Daseinsanspruch festigt.

Die äußere Bestätigung von Staatlichkeit und Garantie von Grenzen führte aber im außereuropäischen Bereich dazu, dass die Balance zwischen Protektion und Tribut, zwischen staatlichem Handeln und dessen Kontrolle, im engeren Sinne also das Verhältnis zwischen Herrschern und Beherrschten, nicht ausgewogen, sondern von außen vorgeprägt war. Dadurch gewinne die Verfügung über Gewaltmittel im Verhältnis zu anderen gesellschaftlichen Organisationen an Gewicht, die politische Macht wird durch Gewalt zugänglich (C. Tilly 1985: 186, 1992: 181-183). Tilly lässt zwar Raum für andere Aspekte der Staatsformation, misst aber zentrale Bedeutung der organisatorischen Ausdifferenzierung bei, die durch die Aufstellung und Unterhaltung von Sicherheitsapparaten notwendig wird. Und es wird im Umkehrschluss klar, dass die externe Finanzierung staatlicher Aufgaben deren Einhegung im politischen Prozess erschwert. Die Handlungsfreiheit von Sicherheitsapparaten ist erkennbar größer, wenn sie keinen Kontrollmechanismen unterliegt, wie sie über die Finanzierung der Gewalt, also Steuern und deren Verwaltung und im Gegenzug entstehende Mitwirkungsrechte, entstehen. Gleichwohl enthält die Dynamik der Staatsformation neben der Gewaltfunktion wirtschaftliche, politische und nicht zuletzt ideologische Aspekte, die mit Tillys Ansatz zwar illustriert, aber nicht unbedingt erklärt werden können (K. Booth 2007: 78). Der Staat, so viel ist klar, befindet sich schlicht in der besseren Position, auf Dauer die Gewalt flächendeckend und politisch nutzbar zu organisieren als seine substaatlichen Rivalen, sofern er über ausreichende

Extraktionsfähigkeit verfügt. Zwar konnten diese mitunter Regierungen, also herrschende Eliten stürzen, jedoch nur, um selbst die Schlüsselstellen im Staat zu besetzen, und nicht, um den Staat als Organisationsform selbst zu beseitigen.

3.1.3.5 Ausweitung der Sicherheit

Neben die staatliche Sicherheit tritt in einer späteren Entwicklung, also in der ersten Hälfte des 20. Jahrhunderts, die soziale Sicherheit. Sie ist mit wirtschaftlicher Sicherheit untrennbar verbunden und gewinnt ihre Bedeutung aus der bereits erfolgten Formierung einer kapitalistischen Bürgergesellschaft:

> „Denn der Kern der sozialen Sicherheit ist die wirtschaftliche Sicherheit, das heißt eine Garantie ausreichender Kaufkraft, um angemessen leben zu können. Aber soziale Sicherheit meint auch Recht auf Arbeit, auf Erholung und Freizeit, auf Bildung, Gesundheitsfürsorge und -vorsorge, Schutz der Kinder, der Alten, der Kranken, der Armen" (G. Krell 1980: 36).

Wie die ‚Sicherheit' eines Staates bedarf die ‚soziale Sicherheit' einer Arbeitsgesellschaft und ist also nicht voraussetzungslos. Zunehmend gehört zum Diskurs um wirtschaftliche Sicherheit heute obendrein die Erwähnung von Energiesicherheit, weil die Wirtschaftssysteme und der Lebensstil im kapitalistischen Westen im Kern von der verlässlichen und preisgünstigen Lieferung von Energie abhängen. Auch wirtschaftliche Sicherheit bezieht sich also auf ein spezifisches System, das historisch nicht zwangsläufig ist.

Dass zum Kernverständnis von Souveränität die Beibehaltung einer bestimmten Lebensweise gehört, illustriert den im Wesentlichen konservativen Charakter des Nachdenkens über Sicherheitspolitik. Wenn man die Entwicklung westlicher Sozialstaatlichkeit betrachtet, hat diese von Beginn an darauf gezielt, innere Unruhen zu vermeiden, die durch soziale Härten hervorgerufen werden könnten:

> „Erst als die sozialen Probleme der Industriegesellschaft durch das Massenwahlrecht politisiert wurden und sich der häufig als Bedrohung empfundene Druck der organisierten Arbeiterbewegung bemerkbar machte, während auf der anderen Seite die administrativen Kapazitäten und finanziellen Ressourcen der Staaten eine beträchtliche Steigerung erfuhren, kam es zur entscheidenden Wende, zur ‚Social Security' für die Massen im ‚Welfare State', auf Deutsch ‚Wohlfahrtsstaat' oder besser ‚Sozialstaat'" (W. Reinhard 1999a: 462).

Die damit verbundene weitgehende Durchdringung der Gesellschaft mit staatlichen Strukturen auf der Basis sozialer Regulierung mit Zwangscharakter ist eines der Kennzeichen moderner Staatlichkeit. Der Sicherheit ist also begrifflich wie analytisch, staatlich wie im weltgesellschaftlichen Maßstab nicht mit der Beschränkung auf eine Theorie beizukommen. Abweichend von Studien mit begrenzter Fallauswahl und matrizenhafter Problemstellung muss deshalb auf verschiedene Theorieansätze zurückgegriffen werden, um die relevanten Aspekte erfassen zu können. Dies ist kein Makel: Die Vorschläge, die einzelne Theorien und Konzepte für die Analyse des Sicherheitsfeldes machen, sind jenseits der Großtheorien kompatibel (B. Buzan/R. Little 2001: 34-35). Häufig erhellen gerade die Widersprüche die Probleme und helfen deutlich zu machen, wo die Grenzen der Theorien liegen – und wo die realen Probleme mit einem wirklichkeitsfernen Ansatz adressiert werden, weil das Verständnis für die Zusammenhänge fehlt, denen Politik unterliegt. Sooft der Politikwissenschaft und den Internationalen Beziehungen vorgeworfen wird, wenig Brauchbares für die ‚Praxis' feilzuhalten, sowenig kann geleugnet werden, dass die Denkschemata, die sie produziert und reproduziert, prägend sind für Politiker und Diplomaten, Journalisten und Lehrer sowie für Entwicklungshelfer und Militär. Im Folgenden wird also im besten Sinne des Wortes ein Theoriepluralismus vertreten, dessen Vorteil darin besteht, die Dynamik der Sicherheit in der Weltgesellschaft deutlich machen zu können, weil er keine Überzeitlichkeit der eigenen Annahmen postuliert. Stattdessen legt er die Konstellation von bestehender und nur in Teilen verwirklichter Staatlichkeit, von der Kooperation der Staaten des Westens im *Framing* von und in konkreter Politik gegen Sicherheitsprobleme dar, um die Dynamik zu beschreiben, die dieser Interaktion innewohnt.

3.2 Ebenen von Sicherheitspolitik

Nachdem die Schwierigkeiten der theoretischen Ansätze zur Sicherheitspolitik ausgeführt und die Fixierung auf Staaten, die Ahistorizität und die artifizielle Aufteilung in drei Ebenen kritisiert wurden, stehen im folgenden Kapitel die Verbindungen zwischen diesen Ebenen im Mittelpunkt. Indem alle drei Ebenen, internationale, staatliche und personale, nacheinander auf ihre Anknüpfungspunkte untersucht werden, wird ein Konzept entworfen, das einen zusammenhängenden Blick auf Sicherheitspolitik erlaubt. Auf dieser Basis wird in Kapitel 5 eine Anknüpfung zwischen den Konzepten der Sicherheit und der Entwicklung möglich.

3.2.1 Sicherheit und das internationale System

Wie die Wissenschaft von den Internationalen Beziehungen sind auch die internationalen Beziehungen als systemisch zusammenhängendes, politisches Handeln ein historisch vergleichsweise neues Phänomen. Aufgrund der Industriellen Revolution ergab sich erst die Möglichkeit globaler Zusammenhänge, die die Rede von einem wahrhaft ‚internationalen' System erlauben. So ist die „Weltindustrieproduktion pro Kopf in den letzten hundert Jahren um das fünfzehn- bis zwanzigfache gestiegen", ein Wert der bei Berücksichtigung der angewachsenen Weltbevölkerung noch höher liege (E. Krippendorff 1986: 64-65). Die Beschleunigung des weltweiten Verkehrs zunächst durch schnelle Segelschiffe, dann durch Dampfschiffe, die Erfindung von Eisenbahn und Automobil sowie schließlich die Eroberung der Lüfte mittels hoch leistungsfähiger Flugzeuge habe eine internationale Verflechtung geschaffen, wie sie in keiner vorangegangenen Epoche bestanden habe. Schließlich sei die militärische Zerstörungskraft über die Jahre so angewachsen, dass zwischen 1820 und 1863 2 Millionen, zwischen 1865 und 1907 4,5 Millionen, in den darauffolgenden Jahren aber über 40 Millionen Kriegstote zu beklagen seien (E. Krippendorff 1986: 67). Obwohl die Anzahl der Kriege nicht zugenommen habe, seien in diesen Kriegen die Menschen effektiver getötet worden. Dabei sind die Innovationen und Fortschritte der elektronischen Revolution seit Krippendorffs Analyse noch nicht einmal berücksichtigt: Die Informationsbeziehungen verdichteten sich seitdem erheblich. Allerdings gilt für die Informations- ebenso wie für die Handelsverflechtungen, dass sie wesentlich zwischen den industrialisierten Ländern des kapitalistischen Westens und einigen wenigen Metropolen der Peripherie bestehen (U. Beck 1998: 200). Gleichwohl hat die technische Rationalisierung durch Computertechnik zur ‚Revolution in Military Affairs' beigetragen (dazu E. Sloan 2002; kritisch H. Müller/N. Schörnig 2006: 97-121; G. Neuneck/C. Alwardt 2008), die es den technisch enteilten Staaten, insbesondere den USA, aber auch den meisten NATO-Staaten heute hypothetisch ermöglichen würde, einen Staatenkrieg ohne nennenswerte eigene Verluste zu führen (N. Schörnig 2007 sowie Beiträge in A. Geis/L. Brock/H. Müller 2006 und M. Brown/S. Lynn-Jones/S. Miller 1996).

Unterhalb der Schwelle der nuklearisierten Abschreckung zwischen den Atomstaaten[28] hat sich zweierlei entwickelt: Erstens führte die nukleare Bewaffnung nicht dazu, dass Kriege von vornherein vermieden worden wären. Die

---

[28] Die Nuklearstaaten, die im Nichtverbreitungsvertrag (NPT) geführt werden, sind die USA, Großbritannien, Frankreich, Russland, China; als De-facto-Nuklearstaaten gelten Israel, Indien und Pakistan; Staaten mit eigenen Atomprogrammen bzw. -waffen: Nordkorea, Iran, Syrien; eingestellt: Südafrika, Irak, Libyen, Brasilien, Argentinien, Südkorea und Taiwan; Waffen abgegeben: Weißrussland, Kasachstan, Ukraine (Arms Control Association 2008).

nukleare Komponente kann also nicht als kriegsmindernd gelten, denn auch Atommächte führen konventionelle Kriege, wie der wiederholt aufflammende Konflikt Pakistans und Indiens um Kaschmir zeigt. Dieses Beispiel verweist auf eine zweite Tendenz: Substaatliche Gewaltakteure gewinnen an Bedeutung für die internationale Politik, wenn beispielsweise versucht wird, über Gewalt in anderen Staaten deren Politik zu beeinflussen. Die Bedeutung des „Kleiner Krieg" (C. Daase 1999) genannten Phänomens wuchs, durch das nichtstaatliche Akteure auf der sicherheitspolitischen Ebene neben die Staaten treten – freilich ohne über deren Potenzial zum Einsatz organisierter Massengewalt zu verfügen, gleichwohl mit nennenswertem Einfluss auf staatliche Politik.

Der „Kleine Krieg" bezeichnet ein Aufeinandertreffen von regulären und irregulären Truppen. Diese Form des Konfliktaustrags unterscheidet sich vom klassischen „Großen Krieg", der Hauptgegenstand der oben ,klassisch' genannten Theorien von Sicherheit ist. Der zwischenstaatliche Krieg entsteht aus Sicht des Neorealismus innerhalb des Staatensystems aus strukturell gleichartigen Einheiten, wenn sich deren Machtbalance verschiebt. Diese Sichtweise ist jedoch widersprüchlich, als sie Kriege als „im Kontext strukturellen Wandels geführt" (W. Thompson 1990: 184, so zitiert in C. Daase 1999: 92) betrachtet. Das Ergebnis des strukturellen Wandels sei also eine Neuverteilung der Macht innerhalb des Systems. Die Funktion ,Neujustierung von Machtverhältnissen' innerhalb des internationalen Systems wird aber als Ergebnis kriegerischer Auseinandersetzungen in der Theorie bereits als Charaktermerkmal des Systems postuliert. Eine Systemveränderung findet also gar nicht statt, ist implizit sogar ausgeschlossen. So wird es unmöglich, eine Veränderung innerhalb des Systems überhaupt zu untersuchen (J. Levy 1985: 360, zitiert in C. Daase 1999: 92). Neorealistisch argumentierende Theorien isolieren so das System selbst kategorial gegen wissenschaftliche Untersuchung, da die Machtverteilung ja *innerhalb* des Systems erfolgt. Der strukturelle Realismus nimmt die Struktur, die er als Untersuchungsgegenstand anzusehen vorgibt, als Setzung, das System selbst als unveränderlich an. Kleine Kriege als diejenigen zu definieren, die keine Systemveränderung bewirken, ist also ein eskapistisches Argument ohne Erkenntnisgewinn, da auch der Große Krieg nicht das System selbst, sondern lediglich die Stellung der Akteure darin verändern kann. Internationale Sicherheit innerhalb eines statischen Staatensystems zu definieren, bedeutet zudem, einen wesentlichen Bestandteil des empirischen Kriegsgeschehens auf der Welt auszuklammern (K. Gantzel/T. Schwinghammer 1995).

Der Kleine Krieg als Analysegegenstand gewinnt an Bedeutung, wenn man den Blick von der Struktur auf die Akteure und ihre Verfasstheit lenkt. Es handelt sich dann um eine Konfrontation ungleicher Gegner, wobei die

„Ungleichheit nicht nur eine Frage militärischer Macht ist, sondern eine Frage politischer Organisation. Sofern eine Organisationsform der Konfliktakteure gleich oder ähnlich ist, stimmt ihre Interessensdefinition und ihre Präferenz hinsichtlich der Konfliktaustragung überein. Daraus ergibt sich eine symmetrische Konfliktstruktur. Sofern ihre Organisationsformen voneinander abweichen, ergeben sich unterschiedliche Interessensdefinitionen und unterschiedliche Präferenzen hinsichtlich des Konfliktaustragungsmodus. Daraus folgt eine asymmetrische Konfliktstruktur" (C. Daase 1999: 93).

Da die „staatliche Organisationsform (...) auf eine bestimmte Art der Kriegsführung festgelegt" ist (C. Daase 1999: 93) – sei es durch die Möglichkeiten zur Ressourcenallokation und in der Folge die Finanzierung großer Militärapparate einerseits oder die Einhaltung rechtlicher und moralischer Schranken in der Kriegsführung andererseits – stoßen in einer asymmetrischen Konfrontation kategorial verschiedene Arten des Krieges aufeinander. Das führt zu einer Vermischung von Staatenkriegen und solchen, an denen substaatliche Akteure maßgeblich beteiligt sind.

In den Theorien, die Staatlichkeit der Akteure als gegeben annehmen und die in der Folge ein System sehen, in dem für die Akteure strukturelle Gleichheit herrscht, ergibt sich das größte Sicherheitsrisiko aus der fehlenden Regelungsinstanz. Eine solche Regelung kann auch durch Organisationen wie die Vereinten Nationen nicht geleistet werden, da diesen die Machtressourcen fehlen, im Zweifelsfalle gegen einen Akteur im System vorzugehen. So bleibt das Völkerrecht ohne Durchsetzungskraft, solange die einer ‚Exekutive' vergleichbare Instanz fehlt. Dieser Erkenntnis fehlt in der internationalen Politik – im Unterschied zu Konzepten wie Sicherheit und Entwicklung – allerdings jeder teleologische Gehalt, da die Einsetzung einer Weltregierung von keinem Staat verfolgt würde. Kants im Legitimationsdefizit einer solchen Instanz wurzelnde Vorbehalte, die ihn veranlassen, dem ein Konstrukt eines friedensorientierten Bundes freier Völker (foedus pacificum; 1970: 211) gegenüberzustellen, sind nicht ausgeräumt: Eine Weltrepublik, in der sich die Staaten einer Weltregierung unterwerfen, verwirft Kant mit dem Hinweis auf das Repräsentationsproblem. Denn ein Weltstaat kann nur dann legitim sein, wenn er von allen Staaten konstituiert wird. Um einen aus der Reihe der konstituierenden Staaten zu disziplinieren, müsste dann der Weltstaat diesen aus seiner Mitte heraus bekämpfen? Müsste nicht dieser Staat gleichsam gegen sich selbst vorgehen, stünde seine Politik im Widerspruch zum ‚ewigen Frieden'? Just aufgrund dieses Dilemmas scheint Kant die Föderation die einzig verwirklichbare Option einer über den Staaten stehenden Instanz: Unter Beibehaltung der Staatenstruktur entsteht ein zunehmend verrechtlichter Regelungsmechanismus für Konflikte.

3.2.1.1 Strukturanalytische Diagnose: Anarchie

Die Konstellation eines Systems gleicher Staaten wird als Anarchie beschrieben. Die Abwesenheit einer übergeordneten Regelungsinstanz gilt als Grundlage dafür, dass sich die Staaten gegen Angriffe von außen wappnen müssen. Das Sicherheitsdilemma, demzufolge eine Bedrohung allein aus fehlendem Wissen über die Intention eines anderen Staates wahrgenommen wird und zur bewaffneten Konfrontation führen kann, um einer späteren Machtunterlegenheit zu entgehen, ist demnach ein unausräumbares Hindernis stabiler, friedfertiger internationaler Politik (J. Herz 1950).

Was aber ist ‚Anarchie'? Souveräne Staaten bilden einen systemischen Zusammenhang, in dem sie keine höhere Autorität anerkennen. Dies ergibt sich aus ihrem Charakter als souveräne Akteure, den sie durch Unterordnung verlieren würden. Indem sie sich gegen Einschränkungen ihrer Souveränität wehren, stabilisieren sie dieses System, das die Handlungsmaximen Selbsthilfe, Gleichgewichtspolitik und das Sicherheitsdilemma vorgibt (B. Buzan 1991: 147). Dies bedeutet jedoch keine Unordnung, so dass Anarchie nicht mit Chaos gleichgesetzt werden kann: Die Persistenzbedingung der Staaten diktiert ihnen ihr Verhalten im System (K. Waltz 2001: 205). Was aber fehlt ohne ‚übergeordnete Autorität'? Wenn keine ‚Regierung' existiert, heißt das, dass niemand die Einhaltung von Regeln überwacht bzw. Verstöße gegen diese sanktioniert. Wenn mit der Regierung eine *governance*-Funktion der Rechtssetzung gemeint ist, ist aber weniger der Einsatz von Gewalt zur Durchsetzung von Regeln das Problem, sondern die Etablierung von Regeln, also die Autorität, Verhaltensmaximen und Institutionen zur Überwachung und Verifikation festzusetzen. Ebensowenig kann ein Gewaltmonopol daraus abgeleitet werden, denn den Staaten steht mindestens ein Selbstverteidigungsrecht zu (T. Hobbes 1970: 126; H. Milner 1993: 149).

Staatliche Gewaltmonopole variieren in ihrer Legitimität, deren Anerkennung zu nennenswertem Teil von symbolischen, prozeduralen und affektiven Bedingungen abhängig ist (M. Foucault 1991). Die Frage nach der Legitimität der Gewaltanwendung sei deshalb zentral, wenngleich nicht leicht zu beantworten. Gewaltapparate in den Staaten der Dritten Welt handeln häufig nach einer Logik „lokaler Interessen" und sind meist keiner systematischen öffentlichen Kontrolle unterworfen. Dadurch stellen sie eher einen Unsicherheitsfaktor dar als eine Rolle als Sicherheitsproduzent auszufüllen. Dies unterläuft das Gewaltmonopol – indem es partikularisiert wird – und hat damit „die Legitimität staatlicher Herrschaft nachhaltig geschwächt" (K. Schlichte 2005a: 278). Für die Legitimität gälten aber auch Normen und Werte als handlungsleitend, die ohne zentralisierte oder institutionalisierte Regierungsinstanz existierten (H. Milner 1993: 150). Zudem herrschten hinsichtlich der Ausdifferenzierung staatlicher Organisation, die weit über Gewaltanwendung oder deren Androhung hinausgehe, große Unterschiede vor, die der formalen Gleichheit der Staaten widersprechen. Die Staaten unterscheiden sich also in der Einbindung gesellschaftlicher Prozesse in ihr Handeln, was auf ihre Legitimität und das Durchsetzungspotenzial staatlicher Herrschaft rückwirkt. Deshalb dominieren auf der internationalen Ebene die ausdifferenzierten Staaten die Wertedefinition und damit die Regelsetzung und überwachen das Verhalten der Staaten im System (Easton 1965: 137-38, zitiert in H. Milner 1993: 151).

So bekommt die Anarchie eine voluntaristische Note: Die mächtigen Staaten *wollen* auf die Regelsetzung nicht verzichten, die schwächeren können sich der Regelsetzung nicht *bemächtigen*. Allerdings üben Institutionen eine Bindungswirkung aus, die sich überwiegend aus ihrer Legitimität speist. Während sich die Annahme, dass Staaten mit größerem Potenzial mehr Einfluss innerhalb des Systems ausüben können, bestätigt, zeigt sich gleichzeitig, dass diese Fähigkeit nicht aus dem Charakter der Anarchie im internationalen System ableitbar ist (B. Bliesemann de Guevara/F. Kühn 2009b). Sie gereicht aber einer Politik zur Rechtfertigung, die die Anarchie zur normativen Grundlage macht. Aufgrund ungleicher Verteilung der Fähigkeiten sind internationale Normen dann so gestaltbar, dass ethische Normbindung nicht als ‚Wettbewerbsnachteil' in den internationalen Beziehungen wirkt (für eine apodiktische Darstellung von Machtpolitik R. Kaplan 2002). Dieser machtbasierte Gedankenstrang beschriftet die internationale Politik als Abschreckungsarena, in der die Demonstration aggressiven Verhaltens nachgerade zum Desiderat wird: „It makes it a dog-eat-dog world in which states must convince others that they will behave like pit bulls if challenged" (R. Lebow 2003: 15). Die Anarchie wird so zur Apologie der Barbarei.

Welche Konsequenzen hat die Annahme formaler Gleichheit, wenn faktische Unterschiede hinsichtlich des Organisationsgrades staatlicher Institutionen, politisch-ökonomischer Allokationsfähigkeiten und Interdependenzen sowie gradueller Integration souveräner Einheiten bestehen? Waltz unterscheidet zwischen internationaler und nationaler politischer Organisation nach der organisatorischen Fokussierung von Macht. Demnach sind Staaten zentral organisiert, während international mehrere Machtzentren parallel bestehen (K. Waltz 1979: 81[29]; P. Katzenstein 1996b: 12). Im Staat erstrecken sich demnach vom Zentrum aus hierarchische Machtbeziehungen bis auf die lebensweltliche Ebene der Individuen. Weder in den europäischen Staaten, in denen die Machtbeziehungen am formalisiertesten sind, noch in den weniger verfassten staatlich-gesellschaftlichen Wechselbeziehungen des globalen Südens sind jedoch solche

---

[29] In seiner Arbeit von 1959 treibt ihn die Frage nach der internen Kohäsion der staatlichen *Units* noch um (K. Waltz 2001: 174-176).

Hierarchisierungen *als staatliches Phänomen* durchgängig empirisch nachweisbar. Sie gehen vielmehr in komplexen Geflechten nicht eindeutig hierarchisierbarer Einflussfelder auf, die in Staaten, in denen deklamatorisch Gewaltenteilung herrscht, auch in Gewaltenkonkurrenz oder in wechselnden Formationen von Gewaltenverschränkung stehen. Eine durchgängige und nachvollziehbare Hierarchisierung ist mithin ein idealtypisches Denkmodell und dem Ideal von Staatlichkeit zuzurechen. Sein Einfluss als Referenzgröße für Politik ist groß, aber in keinem Gemeinwesen ist es durchgängig verwirklicht (J. Migdal 1988: 19-20; A. Kohli/V. Shue 1994: 308-308; J. Migdal 2001: 50-53; K. Schlichte/J. Migdal 2005: 14-19). Gleichwohl geht der Neorealismus davon aus, dass die Staaten sowohl einheitliche Akteure als auch funktional undifferenziert seien, also jeder Staat die gleichen Fähigkeiten entwickle. Die Verteilung der Fähigkeiten gibt vor, wie das System funktional charakterisiert sei, also etwa als bipolares oder multipolares System, worin sich die Politik der Machtbalance jeweils spezifisch unterscheide (K. Waltz 1979: 93, 97-99).

Mit zunehmender Integration in das globalisierte, wirtschaftliche Weltsystem wurden jedoch im Verlauf des Kalten Krieges die militärischen Fähigkeiten als Machtindikator und damit die Annahme, dass staatliches Überleben vorwiegend eine militärische Angelegenheit sei, zunehmend obsolet (J. Gaddis 2007: 327). Dies erscheint paradox, und in jedem Fall widerspricht es dem Ewigkeitsanspruch der neorealistischen Theorie. Da aber wirtschaftliche mit militärischer Macht konvergiert, verdeckt der militärische Aspekt, welche Zugkräfte durch Anreize und antizipierte Nachteile wirken. Im Gegenzug nimmt die militärische Projektionsfähigkeit ab. Sie beruht, ähnlich der Legitimität und dem Staat, auf Anerkennung: Nicht nur deshalb ist militärische Macht dort am wirksamsten, wo sie nicht eingesetzt werden muss. Wo sie leichtfertig eingesetzt wird, insbesondere gegen nichtstaatliche Akteure, ist sie schnell desavouiert (C. Daase 1999). Militärische Macht kann also auch dazu beitragen, eine vorher *angenommene* Macht zu relativieren.

Für die internationale Politik kommt hinzu, dass eine auf reiner Machtprojektion basierende Position zwar andere behindern, selbst aber nicht gestalten kann (R. Jervis 1986). Der wirtschaftliche Aspekt der Macht verspricht also ordnungspolitisch höhere Gestaltungsfähigkeit. Welche Rolle die Anarchie hinsichtlich wirtschaftlicher Interaktion – die ja immer eines Mindestmaßes an Kooperation bedarf – spielt, bleibt jedoch unklar. Falls Macht nicht nur auf militärischen Fähigkeiten (realen oder vermuteten) beruht, sondern beispielsweise ökonomischem Einfluss entspringt, wäre die wirtschaftliche Verfasstheit eines Staates von Bedeutung. Spätestens auf diesem Wege käme dem *second image* erklärende Bedeutung zu. Insbesondere im liberalen Westen ist der staatliche Gestaltungsauftrag für die gesellschaftlichen Verhältnisse umstritten; eher sollen

Individuen im freien Umgang den Modus ihres Zusammenlebens selbst aushandeln. Demgegenüber folgt die internationale Politik eher Mustern, die unter dem Paradigma kapitalistischer Vergesellschaftung auf eine weitere Ausbreitung und Reproduktion ihrer selbst abzielt (P. Katzenstein 2000: 358).

Das wäre für die Annahme von Anarchie nicht problematisch, wenn die Konflikte damit zwischen kapitalistischen und nichtkapitalistischen *Staaten* auftreten würden. Die Dekolonisierung hat auf der gedanklichen Oberfläche genau diese Situation geschaffen – dass kriegerische Konflikte immer mit dem territorialen Herrschaftsanspruch von Staaten in Verbindung stehen. Der Wegfall der europäischen Imperien im Zuge der Entkolonialisierung, durchschlagender Erfolg des Nationalismus als legitimierender Ideologie für *den* Nationalstaat und der damit verbundene Gleichheitsanspruch souveräner Einzelstaaten waren Voraussetzung für dieses Denkmodell: Die Durchstaatlichung der Welt führt demnach zur unausweichlichen Universalisierung des Staatenkrieges (C. Tilly 1992: 69-70; J. Siegelberg 1994: 67-68; C. Daase 1999: 241; D. Jung/K. Schlichte/J. Siegelberg 2003: 38-55).

Dass diese Analyse schon zu Zeiten des Kalten Krieges nicht den empirischen Tatsachen entsprach, zeigt sich am Kriegsgeschehen seit dem Zweiten Weltkrieg (K. Gantzel/T. Schwinghammer 1995: 117-129). Zwei Drittel der Kriege im Zeitraum zwischen 1945 und 1992 waren innerstaatliche Kriege. Zwischen 1992 und 2007 dominiert der Kriegstyp „innerer Krieg" weiterhin (AKUF 2007). Die Debatte um die sogenannten ‚Neuen Kriege' (M. van Creveld 1998; M. Kaldor 2000; H. Münkler 2002) zeigt, dass eine empirienahe Diskussion um die Sicherheit während weiter Teile des 20. Jahrhunderts zugunsten eines ideologisch aufgeladenen Realismus', zumindest jedoch einer an die realistische Theorieschule angelehnte ‚Realpolitik', weitgehend unterblieb:

> „During World War II and the Cold War, the evident militarization of international politics and the domestic disciplining of the frontiers of debate that accompanied it ensured that realist security discourse exercised a hegemonic role in the practise and analysis of international relations" (M. Sheehan 2005: 23).

Wie sich nämlich bei genauem Hinsehen zeigt, waren diese Kriege historisch so neu nicht (K. Gantzel/T. Schwinghammer 1995). Gantzel hat darauf hingewiesen, dass die *Securitization* des vermeintlich Neuen an diesen Konflikten eine potenziell demokratiegefährdende Sicherheitspolitik ermöglicht (K. Gantzel 2002: 16). Das Neue an den ‚neuen' Kriegen war die Erkenntnis, dass das gedankliche Konstrukt einer durchstaatlichten Welt brüchig ist. Dass die Staatenwelt historisch zugleich jung und kontingent ist, blieb dennoch unbeachtet.

3.2.1.2 Die Sicherheitsgemeinschaft

Aus der Annahme, dass die Welt durchstaatlicht sei – auch wenn sich diese Annahme als teleologisch erweist – folgt erst die Strukturdiagnose der Anarchie.
Dass die separate, souveräne Staatlichkeit in allen Theorien Ausgangspunkt, für
manche sogar für die Analyse ausschlaggebend ist, hat sich als übertriebene
Engführung erwiesen:

> „[T]he central limitation with systemic theory is that it denies the agency of the
> state; states are viewed as *Träger* – as passive receptors of an international structure
> – such that they have no choice but to adapt and conform to its constraining logic"
> (J. Hobson 2000: 9, Hervorhebung im Original).

Die Frage, ob die Natur von Staaten deren internationales Verhalten beeinflusse,
wurde in der „second state debate"[30] erörtert. Für die Internationalen Beziehungen zeigte jedoch schon Karl W. Deutsch mit der Einführung der Kategorie der
Sicherheitsgemeinschaft (auch A. Etzioni 1965), dass sowohl interne als auch
externe Faktoren die Sicherheitspolitik formen. Deutsch und Kollegen (1957)
verbinden darin die elementaren Annahmen des Realismus (autonome Staaten[31])
mit denen des Institutionalismus (Kooperation) beziehungsweise Liberalismus
(‚demokratischer' Friede). Lange bevor der Konstruktivismus an Bedeutung in
den Internationalen Beziehungen gewann, bezogen sie das Selbstverständnis der
Akteure (‚self-image' und ‚role identity') in ihren Analyserahmen ein. Die Idee
der Sicherheitsgemeinschaft ähnelt darin einem kommunikationstheoretischen
Ansatz, wie ihn Habermas vertritt; dieser Diskursansatz verlangt nach einem
Rahmen, in dem Kommunikation überhaupt stattfinden kann (K. Booth 2007:
144-145). Durch politische Kommunikation entfaltet sich ein integrativer Prozess, in dem sich Erwartungssicherheit der Akteure herausbilden kann. Ziele der
Integration sind die Erhaltung des Friedens und vielfältiger Handlungsfähigkeit
(‚multipurpose capabilities'), spezifische Ziele zu erreichen sowie neue Selbst-
bilder und Rollenidentitäten auszuprägen (K. Deutsch 1968: 192). Diese Aspekte

---

[30] In der ‚ersten Staatsdebatte' stand die Frage der Autonomie des Staates von gesellschaftlichen
Einflüssen im Mittelpunkt. Sie war nicht aufzulösen, weil die gesamte Debatte auf einer ‚ausschließlichen und binären Logik basierte': „either the autonomous state or not-the-state. The notion that both
strong states and strong non-state actors could reside together within global or domestic space was
not considered" (J. Hobson 2000: 223). Die Lösung der zweiten Staatsdebatte, eine Art ‚sowohl als
auch'-Lösung, basiert auf zwei Annahmen: „that states are purposeful agents that shape and determine the international system within which they reside but that, conversely, the international system
comprises all manner of relationships which shape and determine states" (J. Hobson 2000: 224).
[31] Deutsch und Kollegen verwerfen die Annahme, dass dies zu einer Machtbalance führt, stellen aber
fest, dass sich Sicherheitsgemeinschaften am ehesten um Machtzentren herum ausprägen können
(1957: 28).

sind jeweils einzeln überprüfbar, ebenso die Voraussetzungen ihres Zustandekommens: gegenseitige Relevanz der Einheiten, also ihre Interaktionsdichte; Nutzenerhöhung für die beteiligten Akteure; Responsivität, also die Fähigkeit, die Ressourcen und die Steuerungsmöglichkeiten sachadäquat zu kommunizieren; schließlich ein Minimum an Loyalität, die aus der Wahrnehmung gemeinsamer Interessen (in beiden Sinnrichtungen: Aufmerksamkeit für die Interessen der anderen und Verfolgung von gemeinsamen Zielen) und der Anerkennung übereinstimmender Normen und Werte besteht.

Integrierte Sicherheitsgemeinschaften können nach dem Grad der Vereinheitlichung von Herrschaftsmechanismen (‚amalgamation') unterschieden werden. Im einfachsten Fall bilden diese vorher geschiedenen Einheiten einen neuen Staat, der in der Folge die Verantwortung für die Sicherheit der beteiligten Untereinheiten übernimmt. Beispiele dafür wären die Gründung des deutschen Reichs, die Integration von Wales, Schottland und Nordirland ins Vereinigte Königreich, die Schweiz oder die USA. Aufgrund ihrer Durchdringungsdichte und daraus folgender Fähigkeit, Frieden zu halten, öffentliche Güter bereitzustellen und Identität zu stiften, seien diese ‚verschmolzenen' Sicherheitsgemeinschaften die zunächst erfolgversprechenderen; gleichwohl ist ihr Manko, dass sie nur sehr schwer herzustellen sind. Die Kosten für die Vereinheitlichung sind höher als die vergleichsweise lose Integration in eine pluralistische Sicherheitsgemeinschaft, deren Merkmal „increasing unattractiveness and improbability of war among the political units concerned" (K. Deutsch et al. 1957: 115) ist. Das bedeutet, dass solche Sicherheitsgemeinschaften leichter entstehen können. Einzelne Mitglieder einer pluralistischen Sicherheitsgemeinschaft können defektieren, ohne damit den Bestand der Gemeinschaft als Ganzes zu gefährden (B. Buzan 1991: 218/219[32]). Die Wahrscheinlichkeit des Zerfalls einer Sicherheitsgemeinschaft steigt, wenn einzelne Teile aus einer verschmolzenen (und nicht notwendigerweise integrierten) Sicherheitsgemeinschaft aufgrund steigender ökonomischer oder militärischer Kosten, politischer Mobilisierung, gesellschaftlicher Ausdifferenzierung, nachlassender Leistungsfähigkeit der Regierung, der Durchlässigkeit von Eliten oder ihrer Reformunfähigkeit (K. Deutsch 1968: 195f.) wegbrechen.[33]

Sowohl für verschmolzene wie auch für pluralistische Sicherheitsgemeinschaften ist es notwendig, vergleichbare Normvorstellungen zu besitzen. Wäh-

---

[32] Buzan nutzt den Begriff der Sicherheitsgemeinschaft in seiner Untersuchung regionaler Sicherheitskomplexe, ohne ihn jedoch auf Deutsch et al. zurückzuführen.

[33] Für diesen Effekt wäre der Zerfall des Warschauer Paktes ein illustrierendes Beispiel. Einzuwenden wäre jedoch, dass dem Warschauer Pakt aufgrund seines Zustandekommens auf Basis militärischen Drucks ohnehin die Freiwilligkeit abging. Diese Frage würde aber zu weit führen – zu ihrer Beantwortung wäre zu klären, wie freiwillig die kommunistischen Eliten in den Satellitenstaaten gehandelt haben.

rend hinsichtlich der Regierungsform Demokratie keine Abweichungen denkbar sind, seien unterschiedliche Wirtschaftssysteme durchaus in einer pluralistischen Sicherheitsgemeinschaft integrierbar. Allerdings dürfe keines der beteiligten Gemeinwesen eine „militant missionary attitude" zugunsten ihres Wirtschaftssystems entwickeln. Auch Religionen seien depolitisierbar, wie die Integration Deutschlands oder der Schweiz, aber auch der Niederlande, der USA oder Kanadas gezeigt habe (K. Deutsch et al. 1957: 125). Die Integration hat jedoch Prozesscharakter, weshalb Westeuropa von Deutsch (noch) nicht als Sicherheitsgemeinschaft bezeichnet wird, weil es zu früh sei festzustellen, ob „Western Germany has become a reliable member of the democratic camp" (K. Deutsch et al. 1957: 126) – diese Bedingung hat sich zwischenzeitlich erwiesen.

Auch die gegenseitige Ansprechbarkeit (‚responsiveness'), also ein Wir-Gefühl, Empathie sowie Vertrauen und Erwartungssicherheit hinsichtlich des politischen Verhaltens – jeweils resultierend aus stetiger Kommunikation – ist eine notwendige Bedingung für Sicherheitsgemeinschaften. Auch wenn keine Übereinstimmung in den politischen Zielen bestehe, so seien dann die Gründe für diese Anliegen nachvollziehbar (K. Deutsch et al. 1957: 129). Auch wenn Mitte der 1950er Jahre die *responsiveness* im nordatlantischen Raum noch als schwach galt, ist sie zwischenzeitlich mit zunehmender militärischer Verflechtung, politischer Integration in Westeuropa, kulturellem Austausch, informationeller Verdichtung und wirtschaftlichem Machtzuwachs des ‚Westens' so gewachsen, dass mangelnde *Responsivität* den Zusammenhalt der Sicherheitsgemeinschaft nicht gefährdet.[34] Etzioni (1965: 74-77) weist darauf hin, dass Responsivität, also die Fähigkeit, Informationen zu erhalten und zu verarbeiten, von kritischer Bedeutung sind, um die politische Steuerung zu effektivieren und (Macht-)Ressourcen zielführend einzusetzen.

Wichtig ist zudem die Verflechtung und Vernetzung einzelner Sozialnormen zu Wertekomplexen[35] sowie die Existenz von Institutionen zu deren Umsetzung: Einer der Aspekte sei die Art des Wirtschaftens, das wiederum von anderen gesellschaftlichen Organisationsmodi abhänge und in den Staaten der nordatlantischen Sicherheitsgemeinschaft zumindest vergleichbare Wohlstandniveaus,

---

[34] Dass allerdings die Responsivität innerhalb einer Sicherheitsgemeinschaft nicht nur wächst, berichtet Roger Cohen. Die Politik George W. Bushs, die die Welt in ‚entweder für uns oder gegen uns' einordnete, untergrabe den Austausch. José Luis Zapatero habe berichtet, dass der US-Präsident nach Zapateros Wahlsieg und dessen Ankündigung, die spanischen Truppen aus dem Irak abzuziehen, dessen Beweggründe nicht nachvollziehen wollte oder konnte: „his [Zapateros] campaign promise had been getting the troops out. Bush, as the leader of another democratic country, should understand this. 'But Bush was very cold. He said, 'O.K., all right, goodbye.'' (...) That was about it for Spanish-American relations in the last half-decade" (R. Cohen 2008).

[35] Diese Bedingung sei für verschmolzene Sicherheitsgemeinschaften unverzichtbar, für pluralistische zwar verzichtbar, jedoch nützlich.

Wohlfahrtsstaatlichkeit, individuelle Freiheiten und Bürgerrechte erzeugt habe. Diese kombinierten Werte konstituierten den

> „'Western' way of life which is so often felt and referred to but which seems so hard to define. The long Western tradition of rational and scientific thought is closely related to this complex. Western levels of income, welfare, and material equipment have provided more widely diffused opportunities for rational and scientific effort. Western traditions of divided authority and of widespread individual freedom have offered more opportunities for the questioning attitude of mind and for the assertion of both individual faith and reason against mere power" (K. Deutsch et al. 1957: 134).

Während also die institutionelle Kapazität der Sicherheitsgemeinschaft eine wichtige Rolle spielt, ist ein Mächtegleichgewicht vernachlässigbar. Integration kommt am ehesten dort in Gang, wo die Steuerungsfähigkeit der politischen Einheiten vergleichbar ist, während ihre Machtressourcen durchaus divergieren können. Dieser Aspekt ist für die Form der Staatlichkeit relevant: Staaten, die funktional und ideell nach dem europäischen Staatlichkeitsmodell gegliedert sind, haben offenbar ein höheres Integrationspotenzial als post-koloniale, traditionale, im weiteren Sinne informale, präkäre oder hybride Staaten (B. Badie 2000: 210; K. Schlichte 2005a).

Vergleichbare Werte sind wichtig, Machtasymmetrie zwischen Eliten/*leadern* und den *followers* jedoch begünstigt die Herausbildung einer Sicherheitsgemeinschaft: „the elite of a union invests more utilitarian assets in unification than any other member and derives from it more prestige and other symbolic gratification than any other member" (A. Etzioni 1965: 315[36]). Der mächtige Kern, um den herum sich die schwächeren Mitglieder der Sicherheitsgemeinschaft gruppierten, müsse zudem ein erkennbares Wirtschaftswachstum aufweisen, das wiederum den Lebensstandard erhöhe. Die Aussicht auf wirtschaftliche Zuwächse befördere die Verschmelzung einer Sicherheitsgemeinschaft. Weitere Interaktion, etwa Konsumption von Literatur, wirkt unterstützend; Zugangsmöglichkeiten zu politischen, wirtschaftlichen und gesellschaftlichen Eliten, Kommunikationskanäle zwischen den Ländern sowie der Grad der Mobilität der Bürger (K. Deutsch et al. 1957: 138-154) kommen hinzu.

---

[36] Mit Union meint Etzioni im Wesentlichen das, was Deutsch et al. als Political Communities beschreiben, die durch ihren Gewaltverzicht zu Sicherheitsgemeinschaften werden. Die Aussage zum Verhältnis zwischen Eliten (also einzelnen Führungsstaaten – *elite-units*) und anderen Mitgliedern der Gemeinschaft beschreibt allerdings nur eine Tendenz, denn das symbolische Kapital (etwa politisches Prestige) könne nicht mit Wirtschaftshilfen, Sicherheitsgewinnen und dergl. verrechnet werden (A. Etzioni 1965: 315).

In dem Maße, wie sich Interaktions- und Kommunikationsbeziehungen innerhalb der kapitalistisch vergesellschafteten westlichen Welt in den letzten 50 Jahren verdichtet haben (unter Hinzunahme asiatischer kapitalistischer Staaten die sogenannte Triadisierung; U. Beck 1998: 199ff.), ist auch eine Verfestigung und Verstetigung der pluralistischen Sicherheitsgemeinschaft zu konstatieren (M. Zürn 1998: 95-120). Die politischen Effekte der Globalisierung, die ja im engeren Sinn eine dichtere Verflechtung der industrialisierten Gesellschaften und einiger weniger Zentren der Entwicklungsgesellschaften erfasst hat, kann man mit dem Konzept der Weltgesellschaft analysieren.

3.2.1.3 Die Gesellschaftlichkeit der Sicherheit

Basierend auf dem Begriff der International Society, wie er von der Englischen Schule geprägt wurde (H. Bull 1977; auch M. Wight 1991), der die Normorientierung der im internationalen System zusammenhängenden Staaten beschreibt, kann man mit der Forschungsgruppe Weltgesellschaft (FWG) darüber und darunter liegende normative Annäherungen erkennen (FGW 1996). Der Begriff der Weltgesellschaft geht also über den Gesellschaftsbegriff der Englischen Schule hinaus, indem er dessen normative Bindung der Staaten untereinander um die Gruppen ergänzt, die innerhalb der Staaten agieren. Das bedeutet nicht, dass der Staat als handlungsmächtiger Akteur, staatliche Normen wie das Völkerrecht oder institutionalisierte staatliche Beziehungen an Bedeutung verlören. Sie sind aber ihrerseits durch staatliche und gesellschaftsübergreifende Diskurse determiniert. So spielen beispielsweise Wahlen oder einflussreiche Lobbygruppen eine Rolle bei der Policygestaltung. Umgekehrt zeigen Tendenzen, problematische Fragen aufzuschieben, bis staatliche Akteure durch Wahlen wechseln oder sich neue Legitimität für ihre Position verschaffen können, dass staatliche Eliten gesellschaftliche Einflüsse einzuschränken versuchen. Es sind also unterschiedliche Vektoren zu erfassen, über die Politikgestaltung aus verschiedenen Richtungen und von divergenten Akteuren beeinflusst werden kann, ohne dabei einen vergleichbaren, formalisierten Organisationsgrad zu besitzen. Das Konzept der Weltgesellschaft „fokussiert (…) auf die Wechselbeziehungen zwischen den verschiedenen Akteursgruppen, die an grenzüberschreitenden Beziehungen partizipieren" (I. Take 2003: 262) oder diese mittelbar beeinflussen.[37]
    Die Forschungsgruppe Weltgesellschaft unterscheidet mit Weber zwischen Vergesellschaftung und Vergemeinschaftung, um die identitäts- und gemeinschaftsstiftenden Bindungen innerhalb des sozialen Zusammenhangs analytisch

---

[37] Eine Darstellung verschiedener Ansätze der ‚Weltgesellschaft' und ein Entwurf für einen kommunikationspraktischen Analyseansatz finden sich bei S. Stetter (2007b).

zu isolieren (FGW 1996: 13). Vergemeinschaftung basiert dabei auf einem „Zusammengehörigkeitsgefühl (…), das sich nicht auf Interessen oder Nutzenkalküle stützt" (FWG 1996: 19) und von nichtstaatlichen wie staatlichen Akteuren ausgeht. Vergesellschaftung hingegen – in Anlehnung an die International Society der Englischen Schule – wäre in der eher formalisierten und in ihren Regeln konsolidierten Institutionenwelt zu verorten und zeigt sich in einer Verflechtung und Intensivierung zweckrationaler und nutzenorientierter Austauschbeziehungen. Ein Nachteil dieser Konzeption ist, dass schon die Idealtypen schwer abzugrenzen sind, zumal Vergemeinschaftungsprozesse in dieser Lesart immer auch Abgrenzungstendenzen wie Nationalismus oder Fundamentalismus enthalten können (FWG 1996: 20). So würde die Vergemeinschaftung die weitere Vergesellschaftung in der Weltgesellschaft verhindern, weil sie durch Kultur, Identität, Solidarität und Zuneigung bedingt ist. Diese Verwebung von unklaren Begriffen schränkt die Anwendbarkeit der Weltgesellschaftsbegriffes, wie ihn die FWG entwirft, in seiner analytischen Brauchbarkeit ein (D. Jung 2001: 451). Deshalb folgt Gewalt beispielsweise substaatlicher Gruppen, die dazu dient, Vergesellschaftungstendenzen abzuwehren, sie zu verlangsamen oder in jedem Fall an lokale Verhältnisse anzupassen, der historischen Logik westlich-kapitalistischer Vergesellschaftung. Wenn sich in Clanstrukturen organisierte Akteure gegen Einflussnahme von außen wehren und so ihre Identität stärken, sich also vergemeinschaften, heißt das nicht, dass sie damit die Vergesellschaftung, also die Herstellung staaten- und räumeübergreifender Zusammenhänge, zurückdrängen können. Der Weltgesellschaftsbegriff der FWG ist demgegenüber mit einem Minimum an verstetigter Sozialbeziehung beladen, der sich aus diesem Gesellschaftsbegriff nicht ergibt.

Wenn Gesellschaft die Beziehungen zwischen Menschen umfasst, so beinhaltet sie neben reproduktiven (also reproduzierten und reproduzierenden) Verhaltensmustern der Individuen auch immer ein hohes Maß an Wandel, der sich beispielsweise aus Neu- und Umkonstituierungen von Gruppen ergibt (K. Schlichte 2005a: 42). Diese Veränderungen gehören zur gesellschaftlichen Dynamik. Der Gesellschaftsbegriff darf deshalb nicht auf ‚Wechselbeziehungen' beschränkt werden, sondern muss die transformative Kraft dieser Beziehungen berücksichtigen. Die Menschen verhalten sich demnach entsprechend bekannter Muster, sind aber zur Anpassung gezwungen, wenn nichterprobte Situationen entstehen. So können neue Muster entstehen und alte ergänzt, transformiert oder verworfen werden.

Zum Verständnis der Gesellschaft als dynamischem Prozess gehören die zwei Komponenten Totalität und System (K. Schlichte 2005a: 42). Gesellschaft umfasst dabei alle, die mit ihr in Verbindung stehen – selbst wenn von ‚nationaler' Gesellschaft die Rede ist, sind damit doch immer alle erfasst, die ihr funktional zugerechnet werden (S. Stetter 2007c: 43). Auch innerhalb von Gesellschaft kann es Gruppen mit abweichenden Normen, Identitäten oder politischer Affiliierung geben, die dennoch Teil der Gesellschaft sind, weil sie in Relation zu ihr existieren. All diese Bestandteile sind ihrerseits eingebettet in globale Zusammenhänge: „Deshalb", schreibt Schlichte, „kann von Gesellschaft nur noch als von Weltgesellschaft gesprochen werden" (2005a: 42). Der systemische Zusammenhang impliziert, dass in diesem Begriffsverständnis Gesellschaft nicht als Wertegemeinschaft konzipiert ist. Deshalb kann die Annahme einer Gesellschaft, die ‚nach innen' konfliktfrei zu einer Erkenntnis und Formulierung ‚ihrer' Interessen gelangt, verworfen werden. Stattdessen zeigt sich bei der Betrachtung der historischen Ausformung als bürgerliche Gesellschaft, dass diese konfliktträchtige Normwidersprüche birgt. Diese zu moderieren und die Konflikte, die die kapitalistische Vergesellschaftung mit sich bringt, auszutarieren ist die hervorstechende Eigenschaft des Staates als Organisationsform (J. Siegelberg 2000).

Allerdings prägen Prozesse von Identitätsbildung auch die Sicherheitsgemeinschaft, die hier als analytische Kategorie für westliche Sicherheitspolitik entworfen wird. Die Identität ist allerdings nicht statisch, sondern strukturiert die Interaktion, die ihrerseits die Identität formt. Ausgehend von einer politischen Soziologie sind diese Prozesse eher als „Gleichzeitigkeit des Ungleichzeitigen" (D. Jung 2001: 456 mit Verweis auf Bloch) zu beschreiben, für die der Weltgesellschaftsbegriff des sogenannten ‚Hamburger Ansatzes'[38] nutzbar gemacht werden kann. Die Weltgesellschaft als Kategorie kann als analytische Grundlage für die Synthese der Ebene internationaler, staatlicher und personaler Beziehungen dienen, ohne dabei den gemeinschaftsstiftenden Prozessen der Ausprägung von politischen Gemeinschaften, im engeren Sinne von Sicherheitsgemeinschaften, zuwiderzulaufen. Auf die Gestaltung der internationalen Politik, die ihrerseits in weltgesellschaftliche Zusammenhänge eingebettet ist, übt allerdings die Gemeinschaft als identitäre Kategorie richtungsweisenden Einfluss aus, wie Deutsch nahelegt. Die durch diese identitäre Komponente erzeugte politische Kohäsion muss also wesentlicher Bestandteil sicherheitspolitischer Analysen sein. Mit anderen Worten: Die Bindungswirkung politischer Gemeinschaften, im engeren Sinne pluralistischer Sicherheitsgemeinschaften, beeinflusst die Sicherheitspolitik, indem sich die inneren Dynamiken – beispielsweise Bündniserwägungen – auf die Konzeption des Handelns nach außen auswirken. Vergesellschaftung und Vergemeinschaftung sind also keine dichotomischen Konzepte, die sich in einem Nullsummenspiel balancieren, sondern verwobene und ihrerseits integrierte Prozesse.

---

[38] Die Arbeiten, aus denen sich der theoretische Kern des ‚Hamburger Ansatzes' ergibt, sind J. Siegelberg (1994), D. Jung (1995) und K. Schlichte (1996).

3.2.1.4 Normen, Werte, Ideen – und die Sicherheit im Staat

Wie sich gezeigt hat, kann man mit der Annahme der Anarchie zwar erklären, warum es zu (zwischenstaatlichen) Konflikten, nicht aber, warum es zu *keinen* Konflikten kommt. Zudem ist die Fixierung auf den Staat als außenpolitischen Akteur nicht hinreichend. Kolodziej schreibt dazu: „For Realists, a theory of state behaviour in their inter-relations with each other *is* international relations theory" (E. Kolodziej 2005: 128, Hervorhebung im Original). Es sind aber nicht allein Realisten, für die der Staat die zentrale Referenz der internationalen (also *zwischen Nationen* stattfindenden) Politik ist. Vielversprechender sind Analysemodelle, die die Vorstellungswelt von *like units* verlassen. So können sie in Rechnung stellen, dass es Staaten gibt, die Regelungsmechanismen durch Verflechtung etc. gefunden haben und dass dies Ergebnis willentlicher Politik ist. Dadurch bleiben sie offen für gesellschaftliche Prozesse und Dynamiken, die auf die Gestaltung der internationalen Beziehungen einwirken. Gleichzeitig können sie so die Wirkung institutionalisierter politischer Beziehungen erfassen, die im weitesten Sinn die Anerkennung von Normen und Werten sein kann (wie etwa die Diplomatie bei Bull), aber auch zu Integration führen kann. Die Europäische Union ist in dieser Hinsicht gleichzeitig Paradefall und Ausnahme, als sich in ihr zwar Nationalstaaten zu einer neuen politischen Entität integriert, gleichzeitig aber ihre Souveränität beibehalten haben (D. Chryssochoou 2001: 104-112; A. Wiener/T. Diez 2004).

Ein analytischer Ansatz, der die Mechanismen der Vergemeinschaftung und Integration (im Sinne Deutschs) in Rechnung stellt, darf es dabei allerdings nicht bewenden lassen. Denn auch eine (pluralistische) Sicherheitsgemeinschaft existiert nicht im politischen Vakuum, sondern innerhalb komplexer Dynamiken der Weltgesellschaft. Daraus ergibt sich, dass die engen Beziehungen innerhalb der Sicherheitsgemeinschaft, im engeren Sinne also ‚Bündnispolitik', ebenso berücksichtigt werden müssen wie die im Außenverhältnis gepflegte Konstruktion von Bedrohungen und Risiken (B. Buzan 1991: 134-142; C. Daase/S. Feske/I. Peters 2002).[39]

Nicht nur deswegen muss der Fokus auf den Staat und seine innere Verfasstheit, im weiteren Sinne auf die Verwebung zwischen Staat und Gesellschaft,

---

[39] Dass diese Bedrohungsperzeption innerhalb von Bündnissen divergieren kann, hat der Zerfall der Gefolgschaft der USA im Zusammenhang mit den Kriegsvorbereitungen 2002/2003 gezeigt. Andererseits kann sie durchaus Kohäsion stiften, wie das Beispiel des Kalten Krieges gezeigt hat. Seit dessen Ende divergieren die Wahrnehmung von Bedrohungen und Risiken einerseits, vor allem aber gehen die Vorstellungen darüber, wie diesen zu begegnen sei, von Fall zu Fall deutlich auseinander. Die NATO ist hier ein sehr illustrativer Fall, um zu zeigen, wie die Voraussetzungen, Zusammenhänge und Folgen geplanter Erweiterungen diskutiert werden (H. Gießmann 2004; A. Pradetto 2004; F. Schimmelfennig 2003)

die wiederum den Nationalstaat transzendiert, erweitert werden. Es ist gezeigt
worden, warum die angenommene Anarchie des internationalen Systems fragile
Staatlichkeit als ein Problem der Sicherheitspolitik betrachtet: Da ein Staat, der
seinen konstituierenden Aufgaben nicht gerecht werden kann, das System gefährdet, gefährdet er auch die Sicherheit der anderen Staaten im System. Der
Diskurs über die Sicherheit verbleibt also treu im System, das sich aus den theoretischen Konstrukten des (Neo-)Realismus und des liberalen Institutionalismus
ableitet. Diese Annahmen werden, hier für realistische Ansätze, auch als Ideologie bezeichnet: „[I]n many ways realism is not really a theory at all, but rather an
ideology or worldview based upon a set of interlocking assumptions about the
nature of social reality" (M. Sheehan 2005: 25). Die vermeintliche Überzeitlichkeit soll deren Geltung universalisieren und gegen Einwände immunisieren.

   Demzufolge sind die sicherheitspolitischen Debatten um *Statebuilding*[40] vor
allem einer Systemvorstellung verhaftet. Staatliche Statebuilding-Politik ist darin
der Versuch, einen Systemglauben zu restaurieren, in dem die Staaten die entscheidende Rolle spielen, ein zugewiesenes Set an Aufgaben erfüllen und durch
ihre Existenz zur Reproduktion des Systems als Ganzem beitragen. Dass diese
auf den Staat als Herrschaftsorganisation projizierten Anforderungen im Wesentlichen auf liberalen und neoliberalen Vorstellungen basieren (J. Saurin 1995),
wird im folgenden Kapitel über den Staat und seine Rolle nach innen und nach
außen gezeigt.

3.2.2 Sicherheit als Aufgabe des Staates

Die Auseinandersetzungen mit der ‚Sicherheit' beruft sich überwiegend – implizit oder explizit – auf realistische Grundideen. Die Annahme, dass Sicherheit
durch Macht herzustellen sei, sich also aus der Macht ableite, bedarf eines
Raums, in dem diese Macht anzusiedeln wäre. Dieser *Raum*, so wird angenommen, würde durch den Staat gefüllt: Um den Zustand eines Krieges aller gegen
alle zu beenden, der klassisch von Thomas Hobbes als Naturzustand beschrieben
und damit als Ausgangspunkt jeglicher sozialen Organisation gesetzt wird, greift
sich der Staat einen Teil der Freiheit des Einzelnen (zur Diskussion des Naturzu-

---

[40] In einer die Kontingenz historischer Entwicklungen leugnenden Variante wird auch der Begriff des
nation-building verwendet. Das Problem dieses Begriffs ist, dass er zwar die Durchstaatlichung der
Welt anzweifelt, diese Durchstaatlichung jedoch nur mittels eines europäischen Modells verwirklichen kann. Darin fallen Nation und Staat in eins, Staatlichkeit kann so betrachtet nur in Form eines
Nationalstaats aufgebaut werden. Dass zwischen Nation und Staat häufig nur analytisch unzureichend unterschieden wird, zeigt im Übrigen der Name ‚Vereinte Nationen', die in Wirklichkeit eine
Staatenorganisation sind. Dem liegt ein begrifflicher Unterschied zwischen englischem ‚nation' und
dem deutschen Begriff der ‚Nation' zugrunde.

stands B. Jahn 2000). In der Folge wird der Staat zum Instrument, das Leben und Besitz des Einzelnen schützen soll, über das letztlich auch weitere Absicherungen geleistet werden sollen (B. Buzan 1991: 38). Der Raum wird hier als sozialer Raum verstanden (J. Heathershaw/D. Lambach 2008b), auch wenn im Verlauf der Ausprägung moderner Staatlichkeit das Territorium eine zentrale Komponente der Definition von Staatlichkeit wird. Territorialität gilt gemeinhin als konstitutiv für die materielle wie politische Reproduktion staatlicher Institutionen und Agenturen (C. Tilly 1985: 178, 182). Da im globalen Maßstab der territoriale Aspekt aber häufig umstritten ist, Grenzverläufe ungeklärt sind oder Staatlichkeit auf einem gegebenen Territorium schlicht nicht stattfindet (F. Kühn 2008a: 316), reicht diese Geofixierung nicht aus, um soziale Zusammenhänge zu erfassen. Zu den sozialen Zusammenhängen gehört auch, dass sich Staaten gegenseitig konstituieren. Sie entstehen nicht im luftleeren, staatslosen Raum, sondern als Mimikry vorhandener Staatlichkeit (D. Isachenko 2008, 2009), aber auch aufgrund der politischen Ökonomie des Westfälischen Modells, das eine Tendenz zur Expansion birgt (J. Hobson 2007: 93)[41].

3.2.2.1 Die Begründung des Staates als Sicherheitsakteur nach innen

Der Staat nimmt im Sicherheitsdiskurs die zentrale Rolle sozialer Organisation ein. Da er das Schutzbedürfnis der Untertanen verhandelt und adressiert, gruppieren sich die Sozialbeziehungen um ihn und seine Institutionen herum. Ihnen bleibt nur die Möglichkeit, sich in Relation zum Staat zu konstituieren, denn ohne ihn würde ihnen die Voraussetzung zur Existenz abgehen: Sicherheit. Dadurch wird der Staat aber zur einzigen Möglichkeit sozialer Organisation, zum ausschließlichen Potenzial. Dieses Denken dominiert naturgemäß die staatliche Sicherheitspolitik, da es gleichzeitig ihre eigene Legitimation mitbringt: Nur dort, wo ein Staat existiert, besteht die Bedingung zur Möglichkeit von Sicherheit. Wo es keinen Staat gibt, herrscht deshalb zwangsläufig Unsicherheit. Auf

---

[41] Diese Tendenz ergibt sich aus einer eurozentristischen und diesen Eurozentrismus absolut setzenden rassistischen Sichtweise, wie Hobson (2007) nicht nur an klassischen, sondern auch an den sogenannten Critical IR bemängelt. Sie litten nicht nur an der Begrenzung auf Beziehungen zwischen souveränen Staaten, sondern sähen diese im Kern europäischen Akteure als naturgegeben die Weltpolitik bestimmend an: „(…) the West self-generates through its own endogenous 'logic of immanence', before projecting its global will-to-power outwards through a one-way diffusionism so as to remake the world in its own image." Diese Liebe zum westlichen Modell von Staatlichkeit und die Interpretation zwischenstaatlicher Beziehungen nennt Hobson (2007: 93) *Westphilian narrative* in Ergänzung des *Westphalian straitjacket*, das Buzan und Little kritisiert haben: „the strong tendency to assume that the model established in seventeenth century Europe should define what the international system is for all times and places" (2001: 25).

diesem Modell basieren Staatstheorien, aus denen sich die Notwendigkeit, im Außenverhältnis Frieden zu halten, erst in zweiter Linie ergibt[42]. Demnach sind stabile politische Verhältnisse die Voraussetzung und Bedingung für Außenpolitik. In der griechischen Philosophie blieb Politik als philosophisches Konzept auf den in sich abgeschlossenen (Klein-)Staat beschränkt – Außenpolitik fand nicht statt. Sicherheitsbedrohungen von außen schienen weniger gefährlich als interne Fragmentierung (P. Pouncey 1980: 37, 51).

Hinter die Existenz eines Staates kann aufgrund der Annahme, der Staat sei für die Existenz von Sicherheit eine *conditio sine qua non*, keine Politikanalyse zurückfallen: „On this logic, the state is irreversible. There is no real option of going back, and therefore the security of individuals is inseparably entangled with that of the state" (B. Buzan 1991: 39)[43]. Das Problem der Verteidigung ist zunächst identitätsstiftendes Merkmal der Kleingruppe: „Zugehörigkeit produziert Zuneigung und stiftet dadurch Identität. Das Fremde draußen, die Alterität, hingegen ist mit Angst besetzt, einer Angst, die sich zur Feindseligkeit steigern kann" (W. Reinhard 2004: 267). Im modernen Staat wird die Sicherheit von der Kleingruppe auf die Ebene des Staates gehoben, die Kleingruppe dadurch partiell enteignet. Wo der Staat verschwindet oder keine Sicherheitsleistungen erbringen kann, befinden sich die kleinsten Einheiten innerhalb einer Konstellation, die dem Nullsummenspiel des Realismus nahekommt: Clans und Familien sind gezwungen, ihr Überleben in Selbsthilfe zu organisieren (R. Lipschutz 1995b: 7; B. Buzan 1991: 65). In prämodernen Sozialverbänden fehlte der Staat als Bezugspunkt für die Individuen:

> „[E]rst im modernen Staat sind alle Staatsangehörigen staatsunmittelbar geworden, während sie vorher wie eh und je in ihrer Primärgruppe, Familie, Lineage, ihrem Dorf, ihrer Zunft, allenfalls ihrer Stadt verwurzelt blieben und die Zentralgewalt, wenn überhaupt, dann sehr entfernt und nur in Gestalt einzelner Vertreter wahrnahmen" (W. Reinhard 2004: 267).

Wo der Staat die Aufgaben der Sicherheit ergreift, begeht er also einen Akt der Selbstlegitimierung – wo Sicherheit die zentrale Aufgabe der Kleingruppe ist,

---

[42] Allerdings ist die Gewalt im Außenverhältnis zwecks innerer Legitimationsfähigkeit unverzichtbar. Die Gewaltsamkeit wird zwar nach innen verschleiert, wirkt aber über den Umweg des Außenverhältnisses in die Gesellschaften hinein. Die Gewaltsamkeit folgt also immer auch einer inneren und innenpolitischen Logik.

[43] Vertragstheoretisch, etwa bei Hobbes, kann dieser Zusammenhang ergänzt werden durch das Gebot, Verträge unbedingt einzuhalten: „Dieses Gebot gilt insbesondere für den staatsbegründenden Vertrag, der die Bedingung zur Möglichkeit aller übrigen vertraglich begründeten Rechtsverhältnisse darstellt" (D. Hüning 2000: 147). Auch hier gibt es also keine Möglichkeit der Regression in vorstaatliche Zeiten.

fehlt ihm diese. Wenn ein moderner Staat besteht, fällt ihm auch die identitäts-stiftende Wirkung der gemeinsamen Abwehr zu. Die Ideologie der Staatlichkeit (K. Booth 2007: 34-36; K. Schlichte 2004) diktiert die Wahrnehmung der Welt als durchstaatlicht. Nicht nur die organisatorische Struktur ist hier zu nennen, die für die Staaten den Beitritt zu den UN unter Anerkennung deren vertraglicher Vereinbarungen und Regeln obligat macht oder deren Anerkennung durch etablierte Staaten politisch notwendig ist (die Beispiele der Anerkennung des Kosovo durch USA und europäische Staaten, aber auch von Abchasien und Süd-Ossetien durch Russland wären illustrierend zu nennen). Auch die mediale Repräsentation der Welt als von Staaten bedeckter Landkarte transportiert dieses Verständnis und reproduziert den Faktor Territorialität als zentrales Merkmal staatlicher Souveränität (S. Krasner 2004: 87-88). Diese Staaten werden als unitarisch agierende Einheiten betrachtet (J. Heathershaw/D. Lambach 2008b: 285). Auf diese Weltwahrnehmung ist die Prominenz des Staatsaufbaus als Zielvorgabe interventionistischer Politik zurückzuführen: Weltpolitik verfügt erst über einen Abschluss, wenn die Welt durchgehend staatlich organisiert ist. Diese Durchstaatlichung wird jedoch nicht als historischer, nichtlinearer Prozess begriffen, sie wird bereits als vollendet angenommen.

Die Komplexitätsreduktion verschiedener sozialer Ordnungen, die den Staat universalisiert und seine Einrichtung auf Vernunft zurückführt, stellt den Staat über alle anderen Denksysteme (B. Badie 2000: 49). Die Desintegration dieses Staatensystems, etwa durch zerfallende Staaten, wird so bereits zur Sicherheitsbedrohung (O. Wæver 1995: 74). Tatsächlich aber sind viele Staaten bestenfalls als Potemkin'sche Staaten[44] anzusehen, die zwar Sitz und Stimme bei den Vereinten Nationen haben, für die jedoch keine Herrschaft implizierende Staatlichkeit im Weber'schen Sinne gelten kann. Interventionistischer Staatsaufbau dient dann dazu, die zwischen dem stilbildenden Ideal europäischer Staatlichkeit und der vielfältig abweichenden Praxis liegenden offenkundigen Diskrepanzen aus-

---

[44] Der Begriff der Potemkin'schen Staatlichkeit bezieht sich auf die Rolle, die ein Staat in der internationalen Politik spielt. Chandler nennt diese Form „phantom state" und weist darauf hin, dass dieser zwar über extern generierte Gesetze verfügt, diese aber nicht befolgt werden, weil sie keine soziale Legitimität besitzen (2006: 171). Insgesamt würden Gesetze und Verfahren von den internationalen Intervenen überbewertet, während die normenschaffende Qualität des politischen *Prozesses* als gefährlich und damit nicht erstrebenswert gälte, weshalb in „phantom states the political process which does exist is a hollow one, either subordinate to decisions made elsewhere or bypassing representative institutions and feeding directly into internationally managed policy processes through participatory consultative civil society forums" (D. Chandler 2006: 192). Diese Form der Staatlichkeit ist also hochgradig internationalisiert. Die Fassaden- und Kulissenhaftigkeit der Politik, die auch erlaubt, die externen Akteure zu täuschen, kommt m.E. im Begriff des ‚Potemkin'schen Staates' besser zum Ausdruck.

zuräumen[45]: Staaten sollen am Ende der Transformation das können, was westliche Staaten können. Dass das Verhältnis von Staat und Gesellschaft hinsichtlich Gewalt, Besteuerung, Partizipation und Pluralität, religiöser und kultureller Praxis, aber auch wohlfahrtsstaatlicher Legitimation keineswegs schablonenartig vorgegeben ist, sondern in jedem westlichen Staat in langen Entwicklungszyklen ausgehandelt und austariert wurde, verschleiert jede klare Zielvorgabe für nachholenden Staatsaufbau. In jedem Fall ergibt sich aus der Vorstellung einer durchstaatlichten Welt die Wahrnehmung mangelnder Staatlichkeit als Sicherheitsrisiko: Stehen in der Anarchie des Realismus die Staaten zwar in einem kriegsähnlichen Naturzustand zueinander, sind ,Nichtstaaten' in ihren Intentionen und Kapazitäten nicht einzuschätzen: Sie können schlicht keine ,Interessen' besitzen. Auch deshalb sind sie, sich klassischer Logik der Sicherheitspolitik widersetzend, nicht abschreckbar.

Die Sicherheitsfunktion von Staatlichkeit auf internationaler Ebene korrespondiert nicht mit der internen Sicherheitsfunktion des Staates. Mit ,mehr Staat' geht also nicht automatisch mehr Sicherheit einher (R. Rummel 2003: 20). Denn die Existenz eines Staates ist für die Sicherheit des Individuums eine notwendige, aber keine hinreichende Bedingung. Um die Sicherheit des Einzelnen zu gewährleisten, bedarf es staatlicher Organisation; diese kann aber auch in die entgegengesetzte Richtung wirken. In solchen Fällen wird der eigene Staat zur größten Gefahr für das Individuum. Rummel beispielsweise weist nach, dass von allen Kriegs- und Demozidtoten[46] weniger als ein Fünftel auf Kriegstote entfällt, während über vier Fünftel von den jeweils eigenen Regierungen umgebracht wurden. Das bedeutet aber, dass das Risiko, das für das Individuum vom Staat ausgeht, statistisch betrachtet um ein Vielfaches höher ist als das Risiko, Opfer eines internationalen oder asymmetrischen innerstaatlichen Krieges oder bewaffneten Konflikts zu werden (zur Unterscheidung Krieg – bewaffneter Konflikt AKUF 2009). So betrachtet fokussiert die staatenorientierte Sicherheitspolitik im internationalen Maßstab ein Randproblem, insbesondere in ihrer Fixierung auf

---

[45] Insbesondere sollen die ,Nichtstaaten' so weit gebracht werden, dass sie die für die ,Staaten' sicherheitsrelevanten Aufgaben selbst übernehmen können, insbesondere Massenmigration zu verhindern und polizeiliche Kontrolle des Gewaltmonopols zu etablieren; implizit meint dies neben der Wahrung des westlichen Wohlstands insbesondere seit 9/11 die Unterdrückung dissidenter Gewaltgruppen (F. Fukuyama 2004).

[46] Demozid nennt Rummel „Genozid und Massenmord durch Staatsgewalt" (R. Rummel 2003: 1), wobei die Staatsgewalt im Original mit „Power" beschrieben wird. Dieser Begriff beinhaltet sowohl den Gewaltaspekt als auch die im Staat gebündelte Macht (ibid., FN 3). Hier soll Macht aber mit Herrschaft, also auf Dauer gestellte Machtbeziehungen, in Beziehung gesetzt werden (K. Schlichte 2005a) – wobei der Demozid durchaus zum Instrument von Herrschaft werden kann, wenn oppositionelle Gruppen den Machthabern vermeintlich nicht anders unterworfen werden können.

den substaatlichen Terrorismus[47] (J. Sluka 2000; J. Mueller 2005; D. Gardner 2008).
Der Staat ist in solchen Fällen nur das Mittel zum mörderischen Zweck. Zwar ist richtig, dass die innere Verfasstheit der Staaten eine ausschlaggebende Rolle für die Gefährdung spielt, die der Staat für die Bevölkerung darstellt. Weil aber Staaten, die ihre Bevölkerung unterdrücken und schlimmstenfalls umbringen, nicht notwendigerweise die Sicherheit im internationalen Maßstab gefährden, bleibt es unerlässlich, die jeweilige Staatsform in eine sicherheitspolitische Untersuchung konzeptionell einzubeziehen. Die einzelnen Staaten unterscheiden sich, erstens, nach ihrer Herrschaftsform als Demokratien oder Diktaturen, die ihrerseits jeweils hoch differenziert sind. Zweitens ergeben sich aus der Interaktion und Dynamik der internationalen Politik neue Merkmale, die es zu berücksichtigen gilt, wie beispielsweise ökonomische Verflechtung, kulturelle Gemeinsamkeiten und Unterschiede, gemeinsame oder divergierende Interessen. Ein dritter Aspekt ist die Tatsache, dass für die internationale Politik die Staaten zwar als die zentralen Akteure angesehen wurden, diese Perspektive aber nur dieses Segment im Blick hat und nichtstaatliche, supranationale Institutionen und Organisationen ausklammert.[48] Viertens schließlich würde eine solche Unterscheidung suggerieren, dass sich Demozid und Krieg analytisch trennen ließen. Häufig findet aber Demozid gerade in einem Kontext von Krieg statt, als „ein Austarieren der Kräfte, in dem die Macht als solche bestimmend ist" (R. Rummel 2003: 21). Der Begriff der Macht deutet an dieser Stelle darauf hin, dass diese eben nicht Recht ist, sondern in ihrem Einsatz ungezügelt auftreten kann.

Dem Begriff der Macht ist nicht inhärent, von wem sie ausgeht: Zwar ist der Staat die idealtypische Ausprägung gebündelter Macht, aber nicht die einzige. Staatliche Macht kann nur gezügelt werden, indem sie rechtlich eingehegt wird, wobei das Recht seinerseits einer kritischen Masse an Macht bedarf, um durchgesetzt werden und damit kontrollfähig wirken zu können. Um diesen Mechanismus auf Dauer zu stellen und nachvollziehbar zu machen, müssen aber Macht- und Rechtsbeziehungen institutionalisiert werden. Die institutionalisierte

---

[47] Seit 2001 verwischt die sinnvolle Unterscheidung zwischen *Terrorismus* als substaatlicher Gewalt oder ihrer Androhung zum Zwecke der politischen Einflussnahme und *Terror* als vom Staat oder seinen Agenten gegen die eigene Bevölkerung ausgeführte Gewalt. Der diskursive Zweck dieser Begriffsverschmelzung dient der Darstellung der gegnerischen Gruppen als ernstzunehmendem Gegner (vgl. Kap. 5.3 zur ‚Securitization'), dessen Bekämpfung außergewöhnliche Maßnahmen erforderlich macht. Außerdem werden die ‚Taten' eindeutig den nichtstaatlichen Akteuren zugeordnet – was im Umkehrschluss bedeutet, dass Staaten zum ‚Terror' per definitionem nicht mehr *fähig* sind (P. Wilkinson 2003; M. Buckley/R. Fawn 2003b; F. Kühn 2006; frühere Arbeiten kennen die diskursiven Effekte des ‚promisken' Begriffs hingegen nicht: B. Jenkins 1975; G. Bouthoul 1975; zumindest implizit beschreibt sie A. Thackrah 2004: 264-265).
[48] Dazu beispielsweise C. Daase 1999: 31-32.

Macht, die sich als Herrschaft zeigt, wird so zum zentralen analytischen Ausgangspunkt (K. Schlichte 2005a: 61, 66), von dem aus nichtinstitutionalisierte
Machteinflüsse untersucht werden können.

Man kann den Staat so zu den individuellen Rechten und Interessen seiner
Bürger in Bezug setzen. Ungeachtet der Möglichkeit, dass der Staat zur Bedrohung für seine Bürger wird, betrachten ihn realistische Sicherheitsanalysen als
zentralen Gegenstand von Sicherheit. Sicherheit wird so als Sicherheit des Staates vor anderen Staaten festgelegt, und sein Handeln dient seiner Überlebenssicherung. Seine Existenz, sosehr sie im Innern von der Fähigkeit zur Selbstrepro-
duktion abhängig ist, wird so betrachtet zunächst Selbstzweck. Erst in zweiter
Linie enthält diese Argumentation eine Anknüpfung an die innenpolitische, gesellschaftliche und individuelle Ebene: Nur der Staat sei fähig, einer Gesellschaft
und den darin lebenden Individuen Sicherheit gegen äußere Bedrohungen zu
verschaffen. In diesem Argumentationsstrang wird der Staat zur Voraussetzung
von Gesellschaftlichkeit, während die Gesellschaftlichkeit der den Staat konstituierenden Menschen, die im besten Falle Bürger sind, also unveräußerliche
Rechte besitzen, negiert wird. Jenseits historischer Erfahrungen bleibt so das
Wechselspiel zwischen, ja sogar die gegenseitige Bedingtheit von Staat und
Gesellschaft, unbemerkt (C. Tilly 1992: 96-126).

Folgt man dieser Argumentation, wird klar, warum der Staatsfixiertheit in
Politik und Wissenschaft kaum zu entrinnen ist und sicherheitspolitische Betrachtungsweisen auf Thomas Hobbes' Überlegungen aufbauen[49]: Dem Staat
werden im Außenverhältnis, also im Verhältnis zu anderen Staaten und weniger
seine Fähigkeit betreffend, im inneren Sicherheit zu gewährleisten, analog zur

---

[49] Dass Staaten außer sich vorwiegend andere Staaten wahrnehmen, Außenpolitik also beinah unwei-
gerlich zwischen staatlichen Agenturen wie beispielsweise diplomatischen Vertretungen stattfindet,
leuchtet ein. Für diese Agenturen ist es hochproblematisch, wenn keine Ansprechpartner auf gleicher
Augenhöhe in anderen Ländern vorhanden oder identifizierbar sind. Illustrativ ist hier das Henry
Kissinger zugeschriebene Bonmot, dass niemand wisse, welche Telefonnummer Europa habe; die
Gleichsetzung Europas als außenpolitisch Handelnder mit einem Staat wird hier offenbar. Dieses
Denken führt zu einer Tendenz der institutionellen Angleichung der modernen Staaten, wobei in der
europäischen Entwicklung die Staaten mit weniger entwickelten diplomatischen Vertretungen den
anderen nachzogen (W. Reinhard 1999a: 372), die Anzahl diplomatischer Vertretungen in der Folge
seit dem 16. Jhd. anstieg. Noch heute ist diese Tendenz festzustellen, wenn mit dem *Statebuilding* ein
Institutionbuilding, aber auch die Förderung von gesellschaftlich vergleichbaren *zivilgesellschaftli-*
chen Strukturen verbunden wird, durch das anknüpfungsfähige Resonanzstrukturen für kooperative
(Sicherheits-)Politik ermöglicht werden sollen (A. Jünemann/M. Knodt 2007b: 24, 2007c: 360-361).
Auch hier gibt es Einflussvektoren, die in beide Richtungen laufen: Das Ideal von Staatlichkeit wird
nachgeahmt und dient als Referenzpunkt, während externe Einflussnahme Informalisierungstenden-
zen und Hybridisierung von Herrschaft zur Folge haben können (K. Schlichte 2005a: 285; W. Reinhard 1999c: 321). Programme zur Verankerung staatlicher Institutionen reproduzieren andererseits
tendenziell in ihrer Form die Strukturen der sie finanzierenden Herkunftsländer (F. Kühn 2007a:
154).

Charakterbeschreibung des Menschen einige konfliktträchtige Eigenschaften zugeschrieben. Im Leviathan beschreibt Hobbes, warum die Gewaltneigung der Menschen nur durch eine regelnde Instanz, den Leviathan[50], eingedämmt werden kann. Grundlegend ist ihm dabei die Feststellung, dass die Menschen gleich seien. Der Schwächste verfüge über „strength enough to kill the strongest, either by secret machination, or by confederacy with others" (EW3: 110). Konkurrenz, Misstrauen und Ruhmsucht als menschliche Eigenschaften dominierten das menschliche Verhalten im Naturzustand, bevor eine übergeordnete Herrschaft gegründet und ihre Form gefunden ist: „during the time men live without a common power to keep them all in awe, they are in that condition which is called war; and such war, as is of every man, against every man" (EW3: 112f.).

Um nun der Furcht zu entrinnen, zu jedem Moment unterworfen und beraubt werden zu können, muss der Mensch sich also wappnen. Selbst wenn er nicht selbst raubt und unterwirft, muss er dies, weil es unter den anderen Menschen einige gibt, die danach trachten. In der Konsequenz bedeutet dies: Selbst wenn es unter den Menschen nur einen gibt, der durch aggressives Verhalten die Sicherheit in Frage stellt, sind alle anderen gezwungen, sich auf Verteidigung vorzubereiten. Das Gleiche gilt für Staaten, so Hobbes, wenngleich er diese personifiziert:

> „(…) in all times, kings, and persons of sovereign authority, because of their independency, are in continual jealousies, and in the state and posture of gladiators; having their weapons pointing, and their eyes fixed on one another; that is, their forts, garrisons, and guns upon the frontiers of their kingdoms; and continual spies upon their neighbours; which is a posture of war" (EW3: 115).

Sie leben demnach in steter Feindschaft zueinander und bedrohten sich ständig mit ihren Streitkräften. Dieser Zustand erscheint Hobbes wie Krieg zu sein, auch wenn sich die Leiden des Naturzustands in diesem Zustand aufgrund des Fleißes der Untertanen nicht ausprägen. Es muss dabei nicht zu dauerhaften Kampfhandlungen kommen. Für Hobbes befindet sich ein Staat, sofern einmal durch Vertrag ins Dasein gekommen, in einer dem Naturzustand vergleichbaren Situation im Verhältnis zu anderen Souveränen. Es ist die fehlende hierarchische Struktur, die

---

[50] Der Leviathan ist eine mythische Gestalt aus dem Buch Hiob; er ist ein „schreckenerregendes Seeungeheuer mit unvorstellbarer Macht und Gewalt" (D. Herz 2008: 216) und steht metaphorisch für den ordnenden Souverän. Behemoth, ein Landtier mit gleichfalls großer Macht, steht im gegenüber und repräsentiert „Irrationalität, Triebhaftigkeit und das Chaos" (ibid.): „Beide Metaphern verkörpern für Hobbes also die Idee großer Macht und Stärke; aber die Richtung der Macht ist verschieden" (ibid.). Das heißt, dass der potenziell die Individuen gefährdende Staat durchaus erkannt war; Hobbes Abhandlung bezog sich indes auf die Dynamik zwischen Friedensstiftung und Ordnung gegenüber der Unordnung und Anarchie.

ihm die Analogie des auf internationaler Ebene herrschenden Naturzustands aufdrängt, nicht zwangsläufig die Kriegsneigung der Staaten (D. Hüning 2000: 143). Hobbes' Naturzustand ist ein Konstrukt, das zur Begründung von Herrschaft innerhalb eines kontraktualistischen Ansatzes dient. Ob dieses Konstrukt für weiterführende Theorien der Internationalen Beziehungen überhaupt trägt, ist zweifelhaft (B. Jahn 2000). Zumindest die verkürzte Deutung, die das Konstrukt behandelt als sei sie die *tatsächliche* Struktur der internationalen Politik, scheint theoretisch nicht weiterführend zu sein.

Obendrein vermag Hobbes das Problem der Sicherheit auf internationaler Ebene letztlich nicht zu lösen. Während er die Überwindung des Krieges aller gegen alle in der Errichtung eines Staates sieht, fehlt ihm eine Idee für die Friedensfähigkeit der Staaten auf internationaler Ebene. Nur innerhalb staatlicher Herrschaft kann Politik stattfinden, so dass ‚Außenpolitik' seiner Begründung nach letztlich keine Politik sein kann. Dies entspricht der Gedankenschule der Aristoteliker, für die die Außenbeziehungen eines Gemeinwesens gleichfalls keine Politik waren. Daase weist darauf hin, dass Hobbes, weil er die Verfasstheit und die Rolle der Gesellschaft innerhalb eines Staates im Blick hat, nicht jedoch deren politische Umgebung, nicht als „Entdecker des internationalen Staatensystems" (C. Daase 1999: 33) gelten kann. Welcher der Staaten denn der Aggressor ist und welche Staaten – und aus welchen Gründen – sich als friedfertig und friedensfähig erweisen, bleibt offen.

Mit der Errichtung des Staates geht bei Hobbes letztlich die Zivilisation einher, worauf ausgerechnet Leo Strauss hinweist. Indem er die Eckpunkte Verteidigung, innerer Friede, gemeinschaftsverträgliches Wachstum und „Genuß unschädlicher Freiheit" (L. Strauss 2001: 224) als Staatsziele definiert, fordere Hobbes vernunftgesteuerte Sozialbeziehungen: „Er ist eben damit der Begründer des Liberalismus" (L. Strauss 2001: 224). Das Recht auf Leben ist dem Staat vorgeschaltet, woraus sich ein „Fortgang zu dem ganzen System der Menschenrechte im Sinn des Liberalismus" (L. Strauss 2001: 224-225) ergibt. Zwar dient ihm der Naturzustand dazu, zu illustrieren, dass Kultur und Zivilisation gegen die Natur des Menschen erst durchgesetzt werden müssen. Strauss' Kritik an den ‚späteren Liberalen', insbesondere ihrer Hybris, die Geschichte besser zu verstehen und das Wesen des Menschen auszublenden, erlaubt ihm dennoch, den Grund dafür zu liefern: „[J]enes Erträumen und dieses Vergessen sind zuletzt nur die Folge der Negation des Naturzustandes, der Position der Zivilisation, die von Hobbes eingeleitet worden ist" (L. Strauss 2001: 225).

Strauss, von Carl Schmitt gefördert, vertritt die Möglichkeit einer Ausbreitung liberaler Staaten eigentlich nicht. Die nachkontraktualen Rechte ebenso hoch einzuschätzen wie die Geisteshaltung, die sie überhaupt erst konstituieren hilft – man könnte auch von Tugend sprechen – hält er für einen Grundfehler liberalen Denkens, nämlich

„dass man die Freiheit über die Tugend stellt. Diese moderne Doktrin des Naturrechts definiere die Politik als ein Konfliktfeld, auf dem jede Sache genauso gut und wichtig sei wie alle anderen, solange nur irgendjemand sie anstrebe. Das Endergebnis des Liberalismus sei ein Nihilismus, der den Liberalismus selbst untergrabe" (J. Gray 2009: 201).

Strauss hält die politisch-praktische Weltsicht des Liberalismus also nicht für falsch, aber für ursprungsvergessen: „Der Liberalismus, geborgen und befangen in einer Welt der Kultur, vergißt das Fundament der Kultur, den Naturzustand, d.h. die menschliche Natur in ihrer Gefährlichkeit und Gefährdetheit". Hobbes' Vorstellung vom Naturzustand dient demnach dazu, „in einer illiberalen Welt die Grundlegung des Liberalismus" (2001: 225) zu vollziehen.

Folgt man Strauss' Argument, dass die Herleitung vom Individuum Kennzeichen liberaler Theorie ist, dann kann Hobbes zwar im Staat die Gewaltverteilung liberal begründen, nicht jedoch die Außenbeziehungen der Staaten. Die Sicherung des Staatswesens ist bei Hobbes zwar als Aufgabe formuliert, der aber eine Vorgabe fehlt, wie sie umzusetzen wäre. Expliziter ist in dieser Hinsicht Locke, dessen Konzeption deshalb auch prominent als liberale Theorie gilt.

Mit der Trennung von exekutiver und föderativer Kraft, die in einer Regierung zwar meist vereint, analytisch jedoch zu unterscheiden sei, führt hingegen Locke das Außenverhältnis eines Staates in die politische Theorie ein. Ein staatlich verfasstes Gemeinwesen bildet „der übrigen Menschheit gegenüber einen einzigen Körper, der sich, wie zuvor jedes seiner Glieder, weiterhin der übrigen Menschheit gegenüber im Naturzustand befindet" (J. Locke 1974: 112). Lockes Naturzustand ist ein

„Zustand vollkommener Freiheit, innerhalb der Grenzen des Naturgesetzes seine Handlungen zu lenken und über seinen Besitz und seine Person zu verfügen, wie es einem am besten erscheint – ohne jemandes Erlaubnis einzuholen und ohne von dem Willen eines anderen abhängig zu sein" (J. Locke 1974: 5).

Der Staat hat dafür im Außenverhältnis die Interessen seiner Bürger zu schützen. Im Einzelnen sei dies für die Föderative kaum präskriptiv zu beschreiben, „kann sie doch sehr viel weniger leicht durch im voraus gefasste, stehende, positive Gesetze geleitet werden als die Exekutive" (J. Locke 1974: 113). Locke räumt also ein, dass es keine Gesetze für den Umgang mit anderen Staaten gebe, erläutert aber, warum dies weder Struktur noch Handlungen im internationalen System präjudiziert. Zwar lägen die außenpolitischen Geschicke in den Händen der

Regierung, wie diese Politik aber zu gestalten sei, folge aus dem politischen Verhalten der anderen:

„wie man sich aber Fremden gegenüber zu verhalten hat, hängt zum großen Teil von deren Handlungen ab und von der Mannigfaltigkeit ihrer Absichten und Interessen. Es bleibt deshalb weitgehend der Klugheit derjenigen überlassen, welchen diese Gewalt übertragen wurde, sie nach dem besten Vermögen zum Wohl des Staates zu gebrauchen" (J. Locke 1974: 113).

Friedlicher Umgang miteinander, etwa im Sinne einer ‚anarchical society', wie sie später Bull entwirft, ist also durchaus möglich (A. Wendt 1999: 252-253). Außenpolitische Selbstbescheidung wäre das Kennzeichen staatlicher Klugheit, weil sie zur reziproken Reaktion führt (K. Booth 2007: 223). Da jeder Staat dem anderen ein ‚Fremder' ist, so ist sein außenpolitisches Verhalten konstitutiv für des anderen Reaktion, kann also immer nur im Zusammenhang gedacht werden. Zudem wächst dem Staat mit dieser nun explizit formulierten Aufgabe auch externe Souveränität zu, was ihm weitere Legitimität verschafft (C. Daase 1999: 34).

Da ist er wieder, unausweichlich, der Staat: Eigentlich findet er Daseinszweck und -berechtigung in der Pazifizierung der innerstaatlichen Verhältnisse. Nun beginnt er sich vom Bürger weg und hin zur Ausfüllung seiner Position im internationalen System zu entwickeln. Durch diese Komponente erreicht das Denken über den Staat jenen Punkt, von dem aus kein Weg mehr ‚hinter den Staat zurück' führt. Zugleich konstituiert der Staat damit die Minimalbedingung für eine Beschäftigung mit dem internationalen System: Ohne Staaten kann es jenes nicht geben, da sie es als Bestandteile erst konstituieren. Allerdings konstituieren sie es in dieser Lesart aktiv, also durch Politik, über deren Art und Mittel sie selbst entscheiden und verfügen.

3.2.2.2 Innere und äußere Sicherheit

Dieses Konstitutionsproblem ist in den meisten Theorien der Internationalen Beziehungen und den etwas jüngeren Security Studies (B. Buzan/O. Wæver/J. de Wilde 1998; E. Kolodziej 2005: 17) nur unzureichend thematisiert worden. Die Existenz eines internationalen Systems gilt meist nicht nur als gegeben, wobei seine Entstehung und damit seine Historizität ausgeklammert werden. Auch seine Charakteristika werden als unveränderlich und festgelegt begriffen. Zwar haben sich mit schwindender Erklärungskraft der sogenannten Großtheorien

Realismus und Liberalismus in der Folge des Endes der Systemkonfrontation[51] mit Konstruktivismus, (neo-)marxistischen und historisch-soziologischen Ansätzen einige Strömungen entwickelt, die den Wandel im Blick haben (J. Hobson 2000). Die Historizität als Frage nach Ursprung und Genese des internationalen Systems klammern jedoch auch sie aus[52]. Fragen nach der Sicherheit fallen damit ebenso unter den Tisch, wenn sie sich auf ‚Wandlungen' und ‚Veränderungen' der konstitutiven Bestandteile des Systems (also insbesondere der Formen von Staatlichkeit) beziehen.

Sicherheit, sowohl in einem klassisch staatszentrierten als auch einem erweiterten Sicherheitsbegriff, ist jedoch unüberwindbar mit dem Staat verknüpft. Der zentrale Widerspruch – dass der Staat zwar eine herausgehobene Rolle spielt, die Untersuchung von Sicherheitspolitik jedoch nicht auf ihn allein bezogen werden kann – muss also geklärt werden. Die Erläuterung der sicherheitspolitischen Auswirkungen von starken Staaten und schwachen Staaten und die Herleitung des Staates als Ergebnis eines historisch kontingenten Prozesses dienen diesem Zweck.

Starker Staat – schwacher Staat

Der Begriff des Staates ist ambivalent. Man kann ihn als autonome, territorial organisierte politische Einheit mit Regierungsinstitutionen definieren, die „in some sense recognizably separate from the organization of society" ist (B. Buzan 1995: 187). Das „in some sense" birgt dabei jedoch die Crux der Definition: Wie Buzan gleich einräumt, verbirgt sich dahinter eine breite Masse möglicher Ausprägungen von Staatlichkeit. Das Zusammenspiel von Gesellschaft, Regierung und Territorium hänge maßgeblich von überkommenen sozialen und materiellen ‚Technologien' sowie von den Beziehungen zwischen durchsetzungsfähigen Machthabern und Kapitaleignern ab. Die konkreten Form (oder Nicht-Form) des Staates präge die Art der Außenbeziehungen einschließlich der Rolle, die Bedrohungen und ihre Wahrnehmung in der Politik spielen (B. Buzan 1995: 188).

Die Diskussion um den starken und schwachen Staat soll den Begriff gegen herkömmliche Verwendungen in den Internationalen Beziehungen abgrenzen.

---

[51] Die Tatsache, dass neue theoretische Strömungen ihren Aufstieg im Fahrwasser des Zusammenbruchs des Ost-West-Konflikts genommen haben, spricht für sich genommen schon eindrucksvoll für die Historizität der Disziplin.

[52] „[D]ie für den Gegenstand der Internationalen Beziehungen als Wissenschaft eigentlich konstitutiven Fragen, nämlich die nach den Ursprüngen und Wandlungen des internationalen Systems, nach den Veränderungen des Verhältnisses zwischen ökonomischen, politischen und kulturellen Strukturen, sind aus diesen theoretischen Perspektiven bisher nicht behandelt worden" (K. Schlichte 2005a: 33).

M. Beck (2002: 96-98) schlüsselt die Verwendungen in drei Varianten auf. Eine begreift den Staat als gesellschaftlich-organisatorische Einheit, die im Verhältnis zu anderen Staaten einzuordnen ist. Der Staat wird in diesem „neo-marxistischen Weltsystem-Ansatz" über verfügbare Machtpotenziale klassifiziert. Dabei gelten die im Zentrum der kapitalistischen Akkumulation liegenden als starke Staaten, ihr technologischer Fortschritt erlaubt ihnen größere Eingriffe, etwa durch Schutz von Monopolstrukturen. Schwache Staaten der Peripherie haben hingegen wenig Einfluss auf die ihnen arbeitsteilig zukommenden Arten der Produktion, in der Regel sind das Primärgüter. Indem schwache Staaten den starken die wirtschaftliche Expansion ermöglichen und ihre staatlichen Eliten im Gegenzug Legitimation und Protektion erhalten, stehen sie in einem Verhältnis gegenseitiger Vorteilsnahme (Wallerstein 2004: 29, 55). Unklar bleibt dabei, *wie* der Staat die Potenziale wirklich politisch nutzbar machen kann beziehungsweise welche Dynamiken das System verändern.

Ikenberrys Variante ist ebenfalls eine international orientierte, derzufolge sich Stärke als Anpassungsfähigkeit an internationale Entwicklungen zeigt. Ausschlaggebend dabei sei aber nicht die Zentralisierung eines Staates und eine Vielzahl politischer Handlungsoptionen. Wenn der Staat stark eingreife, untergrabe er nämlich mitunter das gesetzte Ziel, es könne also auch ein Rückzug und damit die Stärkung eines Marktmechanismus' Ausdruck staatlicher Stärke sein (J. Ikenberry 1986: 135). Die darin enthaltene sozio-ökonomische Komponente, derzufolge Staaten wirtschaftliche Diversifikation auf der Basis ihrer bereits bestehenden Strukturen staatlich-gesellschaftlicher Interaktion steuern oder nicht steuern können, unterschlägt allerdings die Dynamiken globaler wirtschaftlicher Verflechtung, durch die staatliche Einflussnahme begrenzt wird. Dadurch bleibt sie weitgehend aussagelos für die internationalisierte politische Ökonomie.

Die letzte Variante unterteilt Beck in zwei, für die Untersuchung sicherheitspolitischen Handelns interessante Untervarianten: Krasner definiert Stärke als „the ability of central decision-makers to change the behavior of private groups within their own society" (1978: 18). Das bedeutet, dass der Staat gegenüber gesellschaftlichen Gruppen Politik durchsetzen kann, ohne deren Interessen zu berücksichtigen. Konsequenterweise sieht er die USA als schwachen Staat, weil dort (wie in den meisten pluralistisch-demokratischen Systemen) ausreichend Ansatzpunkte für Einflussnahme durch Lobby- und Öffentlichkeitsarbeit im politischen System vorhanden seien. Krasner kritisiert alternative Untersuchungsansätze, die den Staat als ‚Summe privater Wünsche' (S. Krasner 1978: 6) definierten. Staatliches Handeln und gesellschaftliche Bedürfnisse seien analytisch strikt zu trennen und so das spezifisch staatliche Interesse herauszuarbeiten. Ein solcher staatszentrierter Ansatzes reicht für sicherheitspolitische

Fragen jedoch kaum aus, da *Securitization*-Effekte[53] innerhalb eines solchen Systems nur politischen, ja sogar nur staatlichen Eliten zugeschrieben werden könnten. Da aber die sicherheitspolitische Definitionsmacht bei den Regierungsapparaten liegt, die über konkurrenzlos gute Chancen zur Durchsetzung von Sicherheitspolitik verfügen (F. Kühn 2008a, 2008b), eignet er sich als Ausgangspunkt einer Analyse.

Migdals (1988) Kriterium der zielgerichteten Aneignung und Verwendung von Ressourcen nennt Beck den *technokratischen* Ansatz. Der Staat ist dabei in Anlehnung an Weber idealtypisch eine Organisation, die aus vielen Agenturen besteht und von einer exekutiven Autorität geführt wird. Diese kann bindende Regeln erlassen, durchsetzen und Rahmenbedingungen für andere Organisationen auf einem gegebenen Territorium schaffen – nötigenfalls unter Einsatz von Gewalt (J. Migdal 1988: 19). Demgegenüber ist die Gesellschaft ein Ressourcenpool, den anzuzapfen vor allem von den technischen Fähigkeiten der regierenden Elite abhängt[54].

Verantwortliche im Staat stehen also zwischen externen und internen Erfordernissen: Externe Einflüsse wie Kontakte zu anderen Staaten, internationalen Konzernen und Organisationen und deren Interessen und Einflussnahme wirken auf den Staat ebenso ein wie die Gesellschaft, die der Staat regieren will. Die ökonomischen Verflechtungen einer Gesellschaft mit der Welt außerhalb des Staates begrenzen beziehungsweise strukturieren die staatliche Handlungsfähigkeit und verweben gesellschaftliche und internationale Ebene (J. Migdal 2001: 62). Die Interessen von politischen und wirtschaftlichen Eliten – oftmals in Personalunion – entstehen also aus zweierlei Vektoren: Die Herkunftsgesellschaften mit ihren sozialen Mikrostrukturen, ihrer wirtschaftlichen Prägung von ruralen Verbänden bis zu hochindustrialisierten Sektoren, kulturelle und religiöse Prägungen setzen die Erwartungen an den Staat. Die Fähigkeit, diese zu erfüllen, bestimmt die Legitimität staatlicher Herrschaft. Nach außen wird der Staat durch eine Reihe normativer Erwartungen konstituiert: Er soll Schulen unterhalten, Gesundheitsversorgung organisieren, die Umwelt schützen, den Arbeitsmarkt regulieren, seinen Platz in internationalen Organisation einnehmen etc. Diese internationalen Normen transzendieren den Staat und zwingen ihn, organisatorische Einheiten einzuführen, die diese Aufgaben erfüllen sollen – ob dies gelingt,

---

[53] Für eine ausführliche Erörterung des Securitization-Ansatzes vgl. Kap. 5.3
[54] Diese Lesart ist dem Capacity-Building inhärent. Gesellschaftliche Ressourcen gilt es darin mittels Verwaltungsschulungen und Mentoring-Programmen zu erschließen. So sollen die staatlichen Fähigkeiten, insbesondere effektiv zu verwalten, gestärkt werden. Dies entspringt immer einer wahrgenommenen Abweichung zwischen dem konstruierten Idealtypus europäischer Provenienz und empirischer Staatlichkeit. Unbemerkt bleibt dabei, dass die Bevölkerung dadurch allein instrumentell als ,human capital' (G. Hayfa 2007: 42) betrachtet wird und gemeinschaftsstiftende Aspekte von Staatlichkeit vernachlässigt werden (A. Talentino 2004b: 568).

ist offen. Gleichwohl ähneln sich staatliche Institutionen weltweit in frappanter Weise (J. Migdal 2001: 141).

Der Staat ist also eine in die Gesellschaft eingebundene organisatorische Einheit. Die Gesellschaft ist ihrerseits in weltgesellschaftliche Zusammenhänge eingebunden. Soziale Gruppen konkurrieren innerhalb dieses Gefüges um Ressourcen und Einfluss, wobei weder die Mittel noch das Ziel, also weder Ressourcen und Einfluss noch die Strategien, diese zu erlangen, auf das Ökonomische begrenzt werden dürfen. Ebenso wichtig sind symbolische Ordnungen, legitimatorische Traditionen (etwa Zugehörigkeit zu einflussreichen Familien oder Kasten) oder Charisma, aber auch Gewalt. Insbesondere dieser Aspekt weist den Staat aus: Nicht nur konkurrieren staatliche Eliten mit anderen informellen und formellen Organisationen um Einfluss, der Staat versucht durch Regelsetzung die Vorherrschaft über die Sozialbeziehungen zu erreichen. Die Regeln umfassen dabei Gesetze, Verordnungen und anderes offizielles staatliches Handeln ebenso wie Einhaltung vertraglicher Verpflichtungen, von Verkehrsregeln oder Eigentumsrechten (J. Migdal 2001: 63).

> „[A] simple trade takes place: individuals submit to the control of their personal behaviour by paying dues, undertaking tasks, and taking orders (all of which act to keep the organization together) in exchange for access to resources, such as personal security, admission to the health club, and wages" (J. Migdal 2001: 144).

Wo diese Bedingungen nicht erfüllt sind, eignet sich der Staat jedoch nur beschränkt als zentrale Analysekategorie. Seine Stärke oder Schwäche ergibt sich dann aus der Frage, in welchem Verhältnis staatliche Eliten und gesellschaftliche Kräfte stehen. Der Staat ist so gesehen der Intermediär, der innergesellschaftliche Interessen verhandelt und die Teilnahme an den auswärtigen Beziehungen sicherstellt. Seine Aufgabe befindet sich also zwischen internationalen Akteuren und sozialen Agenturen – gewissermaßen als Scharnier zwischen diesen beiden Ebenen[55]. So kann die eher wissenschaftstraditionelle Aufgliederung in internationales System – Staat – Individuum zugunsten einer gegenstandslogischen Herangehensweise nachgeordnet stehen und die konstitutiven Aspekte staatlicher Herrschaft in ihren Auswirkungen auf Sicherheit untersucht und gegen nichtstaatliche Vergesellschaftungsmechanismen abgegrenzt werden (J. Siegelberg 1994: 178; D. Jung/K. Schlichte/J. Siegelberg 2003: 21).

---

[55] Der Begriff der Ebenen bezieht sich in diesem Fall nicht auf ein Verhältnis hierarchischer Über- oder Unterordnung. Wie zu zeigen ist, ist es gerade der unklare Umgang mit Hierarchie, die die Analyse internationaler Sicherheitspolitik eher erschwert.

Das Denken des modernen Staates

Der Naturzustand, wie er in vielen politischen Theorien zum Ausgangspunkt genommen wird, ist ein Konstrukt. Seinen Ursprung als philosophische Figur hat er in der Entdeckung Amerikas. Während Europa sozial und kulturell rückständig war, hatten sich außerhalb Europas im Mittelalter fortgeschrittene Zivilisationen gebildet (China, islamische Welt), von deren Wissen das Abendland profitierte. Deren Bewohner galten zwar als religiös irregeleitet, kulturell jedoch als überlegen (B. Jahn 2000: 38-45). Die Entdeckung eines gänzlich neuen Kontinents einschließlich der dort lebenden Bevölkerung, die nie mit dem Christentum in Berührung gekommen war und folglich auch nicht Häresie begangen haben konnte, stellte die christlichen Lehren in Frage. Die Vorstellung von Menschen ohne Herrschaftsordnung, ähnlich der Vorstellung des Paradieses der christlichen Mythologie (R. Porter 1991: 33), warf die Frage nach der Legitimation von Herrschaft auf: Die Bezugnahme auf den Naturzustand erlaubte, die in Europa bestehenden Verhältnisse unter Rückgriff auf dieses Konstrukt zu kritisieren, zumindest jedoch, ihre universelle Richtigkeit in Frage zu stellen (B. Jahn 2000: 95). Die Vertreibung aus dem Garten Eden besaß „the meaning and justification of social institutions like government and property as punishment for original sin" (B. Jahn 2000: 115). In der Folge wurde die christliche und mittelalterliche Weltanschauung mehr und mehr verworfen – der Naturzustand, der eine vorsoziale Ordnung repräsentiert, ersetzte den Urzustand des Paradieses. So schienen die Ureinwohner Amerikas, da sie ohne Herrschaft und Hierarchie lebten, auf einer embryonalen Stufe der sozialen Entwicklung zu stehen. Dies bedeutet nichts weniger als die Einführung der Geschichte als linearer Ablauf des weltlichen Geschehens zwischen zwei identifizierbaren Zuständen auf dieser Linie. Diese Linie über diese Punkte hinaus in die Zukunft oder Vergangenheit hinein zu verlängern, macht planbare Politik erst möglich (B. Jahn 2000: 119; B. Badie 2000: 49)[56].

Im Naturzustand, so wie ihn die Theoretiker – wie Jahn zeigt, die gesamte europäische Wissenschaftskonzeption – begreifen, herrscht Knappheit und Konkurrenz zwischen den Einzelnen. Um in dieser Situation Frieden zu schaffen, wird der Staat unerlässlich, weil nur in einem herrschaftlichen Subordinationsverhältnis Gewalt eingedämmt werden kann. In einer vertragstheoretischen Konstruktion ist dabei das Eigentum zwingend, um Rechte zu konstituieren, die der Staat schützt und so Legitimität gewinnt. Der Staat selbst wird zum Eigentum, insoweit seine Grenzen eine klare Definition, also *Abgrenzung* zu anderen

---

[56] Daraus ergab sich beispielsweise für die Philosophen der schottischen Aufklärung, dass Geschichte der Ausgangspunkt jeder sozialwissenschaftlichen Analyse sein sollte, denn „historical studies disclose the inner dynamic of a society" (A. Broadie 2007: 57).

Gemeinwesen erlauben. Lockes Konzept der Aneignung durch Arbeit schließlich bedarf des Geldes, weil Güter in Geld umzusetzen überhaupt erst Akkumulation und damit wachsende Produktion ermöglichen, die angesichts wachsender Bevölkerungszahlen nötig ist (B. Jahn 2000: 120). Damit sind die Eckpunkte für moderne Staatlichkeit festgelegt: Eine historische Logik, in der Staatlichkeit anderen Sozialordnungen hierarchisch übergeordnet ist, weil sie als historisch später, mithin *weiter entwickelt* angesehen wird. Dieser Entwicklungsstand trägt eine staatliche Ordnung, die das Individuum und sein Eigentum schützt. Staat, Individuum und Eigentum konstituieren sich dabei gegenseitig: Der Staat besteht aus einem vernunftgemäßen Zusammenschluss freier Individuen, deren Individualität ihren Ausdruck im Eigentum findet[57] – dieses Eigentum bedarf aber der hütenden Hand des Staates, weil es sonst in der Konkurrenz der ungebundenen Individuen seinen Stellenwert als Rechtskonstituent (und damit Individualitätsausdruck) verlieren würde. Im Streben nach Ausweitung seines Eigentums wird der Mensch also erst zum Bürger.

In diesem Problemfeld bewegt sich nicht nur die später als realistisch bezeichnete Denkschule. Ihre Vertreter setzen jedoch in dieser Hinsicht den Staat am deutlichsten mit dem Menschen gleich (C. Chwaszcza 2008; H. Morgenthau 1963: 49). Die Analogie des Staates als machtgierig und streitsüchtig schreibt ihm eine Eigenschaft zu, die er, anders als der Mensch, der sie zumindest theoretisch als generische Eigenschaft von Geburt an besitzen kann, überhaupt erst erwerben muss. Diesen Schritt überspringt beispielsweise Morgenthau und unterschlägt so, dass ein soziales System, wie es ein Staat darstellt, gesellschaftlichen Voraussetzungen unterliegt, die seine Gestalt prägen. Wenn die Menschen machtgierig und streitsüchtig sind, so ist durchaus möglich, dass ein Staat sich gegenüber anderen Gemeinwesen machtgierig und streitsüchtig verhalten muss. Gleichzeitig ist diese anthropologische Analogie nicht zwingend, ein gewissermaßen menschliches Verhalten von Staaten also keine notwendige und schon gar keine hinreichende Bedingung[58]. Sie also vorauszusetzen ist eine Beschränkung der Möglichkeiten auf eine einzige und damit der bewusste Verzicht, potenzielle andere Ausprägungen von Staatlichkeit überhaupt in die Analyse internationaler

---

[57] In einer Gesellschaft, in der allen alles gehört, wäre die Individualität als Identifizierungsmerkmal unerheblich.

[58] Die Möglichkeit, dass ein Staat „selbst für ein Volk von Teufeln (wenn sie nur Verstand haben)" errichtet werden kann, beschreibt Kant (1970: 224); er erläutert, dass der Wille jedes Einzelnen, die Regeln zu übertreten, just diese Übertretung verhindert. Selbst Gemeinwesen, die über keine sittlich begründeten Gesetze verfügten, näherten sich einem Zustand an, der einer Unterwerfung unter allgemeine Gesetze ähnele. Gesetze müssten sich also nur die dem kategorischen Imperativ innewohnende Neigung der Vernunft zu eigen machen und könnten so inneren wie äußeren Frieden etablieren.

Politik einzubeziehen. Die Vernunft des Einzelnen, die ja konstituierend ist, geht auf dem Weg zum Staat gewissermaßen verloren.

Auch die dynamische Rückwirkung sozialer Interaktion auf das Wesen des Menschen geht so verloren: Die Gesellschaftlichkeit von Politik und ihre identitätsstiftende Funktion werden durch diese Setzung bewusst ausgeblendet. Damit verschwindet aber die Prozesshaftigkeit der Politik und des Staates, der Staat wird *statisch*. Einmal konstituiert, bleibt der Staat unveränderlich in seiner Gestalt und seinem Verhältnis zu den Bürgern. Nur so lässt sich begründen, warum dem Gesellschaftsvertrag nicht von jedem Bürger neu zugestimmt werden muss. Der Staat bleibt bestehen, überzeitlich, überkulturell, übersozial.

Er wird dadurch nicht nur aus dem Verlauf der Geschichte herausgehoben, die ihn erst ermöglicht, sondern auch universalisiert. Obwohl in Staatstheorie und Politikwissenschaft häufig und illustrativ auf die Entwicklung der griechischen Polis zurückgegriffen wurde, die sich aus individuellen, identitätsbestimmenden Gruppen zusammensetzte und obwohl sich Monarchien aufgrund der partikularen Existenz der herrschenden Familie konstituieren, Imperien im Rahmen einer spezifischen Kultur (W. Reinhard 1999a: 25; M. Stahl 2003: 98-103), wurde der Staat als neue Herrschaftsform gefasst, die aller dieser Aspekte ledig ist. Das Universale des Staates ist fiktiv; indem der Staat sich auf die Vernunft beruft, beansprucht er allgemeine Gültigkeit. Die Staatsraison, dieser „bedingungslose Imperativ staatlicher Selbsterhaltung", macht den „Staat zu seiner eigenen ‚Raison d'être'" (H. Münkler 1987: 49). Sein *modus operandi* der Abgrenzung erlaubt anderen Gemeinwesen nicht, sich anders als staatlich zu verfassen. Die Autonomie des Staates von der Gesellschaft, das Eigengewicht, das diese Idee in sich trägt, wird zur selbstreferenziellen Bestätigung, indem sie sich von der partikularen Existenz seiner Bestandteile absetzt. Die Abweichung sozialer Ordnungen vom Staat kann dann – in Einklang mit der Logik historischer Entwicklung – als regressiv oder nicht voll entwickelt klassifiziert werden.

So geht die Durchstaatlichung der Welt[59] mit einer Durchstaatlichung der Gesellschaft Hand in Hand. Soziale Formationen, die in ihrer Funktion wie in

---

[59] Anders als Reinhards Begriff von der „Verstaatlichung der Welt" (1999b, 1999c) ist der Terminus der Durchstaatlichung m.E. besser geeignet, das Paradigma des modernen Staates zu beschreiben. Während Verstaatlichung zwar richtigerweise den Eigentumsaspekt betont, reflektiert Durchstaatlichung die durchgängige Staatlichkeit der Welt, derzufolge es – legalistisch argumentiert – (mit Ausnahme der Antarktis – dieses Verständnis erodiert jedoch angesichts dort zu hebender Bodenschätze) keinen Flecken auf der Erde gibt, der nicht zu einem Staat gehört. Die Territorialität des Staates korrespondiert mit einem Landkartenverständnis der Welt. So wird der Staat zur dominanten Referenz, während die eminent lokale Partikularität ebenso wie die internationalisierte politische Ökonomie aus dem Wahrnehmungsraster herausfallen. Im Begriff der Durchstaatlichung ist also die territoriale wie politische Ordnung gemeint, die vorausgesetzt wird, ebenso wie die Durchstaatlichung des Nachdenkens über die soziale Dynamik von Herrschaft.

ihrer Legitimation ohne den Staat auskommen, gelten deswegen als unterentwickelt. Eine kapitalistische Wachstumslogik gehört dazu ebenso wie eine klare Individualisierung, die sich im Eigentümer-Bürger niederschlägt. Wo es kein Eigentum gibt, so die Ableitung von Lockes Annahme, müsse Elend herrschen, denn ohne Eigentum gebe es keinen Mehrwert; das bedeutet, dass „die primitiven Gesellschaften, wenn sie keinen Mehrwert produzieren, dazu unfähig sind, da ausschließlich damit beschäftigt, das zum Überleben, zur Subsistenz notwendige Minimum zu produzieren" (P. Clastres 1976: 180). Untersuchungen wie die des Ethnologen Clastres zeigen aber, dass die Arbeitszeit der Mitglieder der ‚primitiven' Gesellschaften deutlich unter der von Mitgliedern der ‚entwickelten' Staaten liegt:

> „Wir können nun zur Bezeichnung der wirtschaftlichen Organisation dieser Gesellschaften den Ausdruck Subsistenzwirtschaft akzeptieren, wenn man darunter nicht die Notwendigkeit eines *Mangels*, einer dieser Art von Gesellschaften und ihrer Technologie innewohnenden Unfähigkeit versteht, sondern im Gegenteil die Verweigerung eines unnötigen *Überschusses*, den Willen, die produktive Tätigkeit der Befriedigung der Bedürfnisse anzupassen. Und nichts weiter" (P. Clastres 1976: 185, Hervorhebung im Original).

Die Bedingung von Herrschaft und Staatlichkeit ist aus dieser Sicht die entfremdete Arbeit, also das Mit-Arbeiten für andere, nicht nur für die eigenen Bedürfnisse, sondern im nichtegalitären Tauschverhältnis. Der Staat als spezifische soziale Organisationsform von Herrschaft (K. Schlichte 2005a: 58-61) ist also nicht universell, auch wenn die Logik seines Konstrukts genau dies insinuiert. Die Herrschaft selbst ist Folge einer kontingenten Gesellschaftsformation. Staatliche Herrschaft ist Ergebnis einer bestimmten politischen Ökonomie, in der ein produzierter Mehrwert Ungleichheit hervorbringt, die es zu organisieren gilt. Gleichwohl ist politische Herrschaft real, und es ist sinnvoll, die Herausbildung moderner Staatlichkeit nachzuzeichnen, um die Prävalenz des europäischen Modells und die Ausbreitungsdynamik dieser Trias aus Territorialität, Rechtskonzeption und damit einhergehend die Verbreitung internationaler Verhaltensnormen (B. Badie 2000: 57) deutlich zu machen.

Die Evolution des modernen Staates

Die mittelalterlichen politischen Einheiten waren nicht selbstständig oder verfügten über Zwangsmittel in ihrem Machtbereich. Im Ständestaat nahmen unterschiedliche Gruppen die Aufgaben des Staates wahr. Jede dieser Gruppen verfügte über eigene Rechte und Pflichten, die sich gegenseitig ausschlossen, in ihrer Gesamtheit aber durch eine göttliche Legitimation zusammengehalten und gleichzeitig in Frage gestellt wurden. Ausgehend von den italienischen Stadtstaaten setzte sich moderne Staatlichkeit in einem diskontinuierlichen Prozess bis ins späte 18. Jahrhundert durch, was eine Umwälzung der Lebenswelten bedeutete:

> „Renaissance und Humanismus leiteten einen Gesellschafts- und Kulturwandel ein, der mit der Loslösung aus der mittelalterlichen Eingebundenheit in die kirchliche und feudale Ordnung einherging und in dem alles Weltliche zunehmend als sachlicher und naturgesetzlicher Zusammenhang gesehen wurde. Durch den aufblühenden Handel und die beginnende Formierung der Marktgesellschaft hatten überdies auch nüchterne Interessensabwägung, kalkulierende Planung und rechenhafte Wirtschaftsführung Einzug in des Denken und Handeln gefunden und standen nun Pate für eine rational kalkulierende Interessen- und Machtpolitik der sich konstituierenden Staaten" (J. Siegelberg 2000: 14).

Aus der Erfahrung konfessioneller Kriege, die verheerende Folgen für die soziale Formation hatten, entstand die Idee des „Monopol[s] legitimer physischer Gewaltsamkeit" (M. Weber 1994: 36). Indem sich mehrere Staaten konstituierten, wurde ihr Rechtscharakter deutlich, der die Herausbildung der Souveränität begünstigte (B. Badie 2002: 80-107; C. Bickerton et al. 2007). Dass dies in Abgrenzung zu anderen Staaten geschieht, ja dass jene im Bestreben, in einem stabilen Umfeld reziproke Anerkennung zu finden, ‚die Entscheidungen einer gegebenen Autorität anerkennen', weist auf die sich entfaltende ‚internationale' Dimension der für den Staat zentralen Unterscheidung zwischen legitimer und illegitimer Herrschaft hin (C. Tilly 1985: 171-173).

Im Inneren führte die wachsende Rolle des Kapitalismus zu einer zunehmenden Rationalisierung, die letztlich keinen Platz mehr für Gottesgnadentum und dynastische Prinzipien ließ. Die ältere Idee der zwei Körper des Fürsten vollzog der wachsende Verwaltungsstaat und löste das Amt in seiner Bedeutung von ihrem Inhaber: „Die im Begriff der Souveränität bereits angelegte Möglichkeit, daß sich der Staat auch gegenüber seinem Repräsentanten verselbständigt" (J. Siegelberg 2000: 22) entpersonalisierte die Herrschaft und trennte so Öffentliches und Privates – sowohl im Besitz als auch in Fragen des politischen Einflusses. Die Gewaltverhältnisse wurden unter den individualisierten Freiheits- und Menschenrechten beurteilt und bewertet, was sich in der großen Umwälzung der beiden Revolutionen des ‚langen' 19. Jahrhunderts (1789-1914) ausdrückte (J. Siegelberg 2000: 23).

Die Umwälzungen der französischen Revolution schufen die Grundlagen für einen Konstitutionalismus, der in Europa als Widerhall der Unabhängigkeit der amerikanischen Kolonien wirkte. Damit beanspruchte der Staat direkten Zugriff auf jeden einzelnen Untertan, Intermediäre, also Adelsherrschaft oder kommunale Autonomie entfielen (W. Reinhard 1999a: 407). Die Fragmentierung der politischen Gemeinwesen nahm ab, die Kriege der napoleonischen Zeit erzwangen eine staatliche Neustrukturierung, an deren Ende viele Herrschaftsverbände verschwunden waren. Das Recht wurde zur Leitidee des Staates, was Hegels Diktum vom Staat als der „Wirklichkeit der sittlichen Idee" (G.W.F. Hegel 1955: 207) ausdrückt. Er widmet in seiner Rechtsphilosophie das Verständnis vom Naturrecht von einem Gegebenen zu einem in freiem Willen Bestimmten um (A. Baruzzi 1987: 167).

Mit dem Aufstieg des Industriebürgertums, das seinen gewachsenen wirtschaftlichen in politischen Einfluss umzumünzen strebte, wurde die „Bevölkerung allmählich vom Objekt und Adressaten von Herrschaft zu deren Subjekt" (J. Siegelberg 2000: 24). Es entstand der liberale Staat, in dem die Freiheit des Einzelnen gegenüber dem Staat betont wurde (U. Bermbach 1986: 323; W. Euchner 1987: 13/14). So dynamisierend die sich herausbildende Klassengesellschaft für die Enteignung der aristokratischen Vorherrschaft war, so problematisch waren die sozialen Verwerfungen, die die industrielle Revolution mit sich brachte, für den gesellschaftlichen Zusammenhalt. Diesen zu stiften fiel dem Nationalismus zu, der zunächst eine Ideologie der Emanzipation bürgerlicher Schichten war. Die Idee des Nationalstaats, also die vorgestellte Gemeinschaft deckungsgleich mit ihrer staatlichen Verwaltung, setzte sich durch und blieb bis heute prägend (E. Gellner 1995: 13-17, 67-75).

Die französische wie die industrielle Revolution sind dabei als europäische Revolutionen zu denken. Sie sind nicht ohne den Kontext des europäischen Staatensystems möglich, dessen informationelle und wirtschaftliche Verflechtung die Voraussetzung für die politische Dynamik sind. Ausdifferenzierte staatliche Funktionen, etwa die Trennung von innerer und äußerer Sicherheit und die Herausbildung einer entmilitarisierten Polizei[60], prägten den modernen Staat. Die Entmilitarisierung des Gewaltmonopols nahm dem Staat ein Herrschaftsinstrument und reduzierte ihn auf seine Funktion als Ordnungsmacht. Sie kam erst im 20. Jahrhundert voll zum Tragen, als „sich das Verhältnis von Konsens und Gewalt schließlich so weit verändert hat, daß der Konsens die Gewalt nicht nur bei weitem übersteigt, sondern die Staatsgewalt, wo sie dennoch ausgeübt wird, weitgehend auf Konsens basiert" (J. Siegelberg 2002: 28). Die unitarisierte Staatsgewalt konnte obendrein tiefer in die Gesellschaft hineinwirken (J. Migdal 2001: 145). Der ‚Durchstaatlichung der Gesellschaft' entspricht eine ‚Vergesell-

---

[60] Die Polizei hatte den Vorteil, dass sie direkt der zentralen Herrschaft und nicht intermediären Machthabern unterstellt war, die der Zentrale gefährlich werden konnten. Hinzu kam, dass die Polizei kommunal orientiert war und über keine Kriegsführungskompetenzen verfügte, weshalb sie Gegnern der Regierung – etwa im Falle eines Putsches – nicht nutzte, also weitgehend entpolitisiert war (C. Tilly 1985: 175).

schaftung des Staates', also eine Unterwerfung staatlicher Funktionen unter öffentliche Aufsicht und Kontrolle. Die Entkoppelung des Staates von Partikularinteressen, staatliches Handeln in wertfreies Verwaltungshandeln zu überführen, ist die Voraussetzung für eine demokratische Rechtsverfassung, wie sie sich in Europa – wenngleich unterschiedlich weit reichend – entwickelte. Gleichwohl blieb der Umgang mit außereuropäischen Gemeinwesen den alten Regeln verhaftet. Durch die europäische Expansion verbreitete sich die Vorstellung von zentralisierter Territorialherrschaft im weltweiten Maßstab (W. Reinhard 1999a: 480-491).

Die vollendete Durchstaatlichung der Welt und das Einreißen von Handelsschranken, die die alten kolonialen Einflusssphären darstellten, schuf die Grundlage für eine Phase des Wohlstandsbooms in den Demokratien. Zwar erlebten auch die gerade unabhängigen Staaten der Dritten Welt eine Wachstumsphase, die Output-Legitimation des Staates in Form von sozialer und politischer Integration der Bevölkerung blieb jedoch hinter der gesellschaftlichen Beteiligung am wirtschaftlichen Erfolg in den Demokratien weit zurück. So konnte der postkoloniale Staat die Legitimität nicht fortschreiben, die ihm durch das Ende kolonialer Herrschaft zugewachsen war (J. Siegelberg 2002: 43).

So ist also zwischen außereuropäischer und europäischer Staatlichkeit zu unterscheiden: Traditionelle und moderne (oder auch: kapitalistisch vergesellschaftete) Herrschaftsformen prägen die Form des Konfliktaustrages (D. Jung/K. Schlichte/J. Siegelberg 2003: 28). Dies erlaubt aber keine Einordnung in zwei Gruppen, denn die Komponenten von Staatlichkeit in ihrem Verhältnis zueinander, die Form ihrer Finanzierung und Legitimation, ihre gesellschaftliche Eingriffstiefe und ihre rechtliche Verankerung sind von Staat zu Staat *je unterschiedlich*. Einheitlichkeit besteht schon deshalb nicht, weil die Staaten nicht voraussetzungslos dem (ideellen oder gewaltsamen) Export europäischer Staatlichkeit ausgesetzt waren. Für Japan, China oder die islamische Welt galten aufgrund vorangegangener quasistaatlicher Herrschaft andere Bedingungen als beispielsweise für Afrika (W. Reinhard 1999a: 491-501[61]). Die spezifische Situation der entkolonialisierten Staaten erlaubt zwar, aufgrund dieser Entstehung weiterhin von ‚Staaten der Dritten Welt' zu sprechen, weil ihre konkrete Formation durch die Struktur des Ost-West-Konflikts maßgeblich geprägt wurde; dies

---

[61] Reinhard beschreibt exemplarisch am Beispiel des Iran, wie fundamentalistische Bewegungen den westlichen Staat als „politische Transplantate nachträglich ab[zu]stoßen" (1999a: 496) versuchen, indem sie religiöse Herrschaftsbegründungen zur Staatsdoktrin erhoben. Dem ließe sich entgegenhalten, dass gerade im Iran weitreichende Funktionen in staatlicher Hand sind, die Aneignung der Herrschaft durch religiöse Gruppen oder Parteien also keineswegs zum Verlust von Staatlichkeit führt. Allein die Einbettung in das internationale System mit seinen Normen der ‚Internationalen Gemeinschaft' steht dem entgegen (M. Beck/J. Gerschewski 2009).

geschieht im Bewusstsein, dass sich Generalisierungen hinsichtlich der Staatlichkeit verbieten.

3.2.3 Die personale Ebene

Der Fokus von Sicherheit hat sich in den letzten beiden Jahrzehnten auf das
Individuum gerichtet. Dies ist die logische Folge einer liberalen Hegemonie des
politischen Denkens, in dem alles politische Handeln vom Individuum her begründet wird. Die Vorstellung von Sicherheit als Sicherheit der Staaten, wie sie
exklusiv in den bisher beschriebenen Denkmodellen vorherrscht, ist damit zwar
nicht verschwunden. Sie wurde aber ergänzt um das Referenzobjekt Mensch,
was sich beispielsweise im Begriff der *human security* zeigt. Dadurch verändert
sich der

> „Sicherheitsbegriff, dessen Indikatoren den Schwerpunkt von der ‚nationalen Si-
> cherheit' auf das Wohlergehen des Individuums verlagerten. Diese Umdeutung [hat]
> den Vorteil, den Fokus auf den einzelnen Menschen als normative Letztbegründung
> politischen Handelns zu legen" (D. Lambach/F. Kühn/U. Terlinden 2003: 4).

So kann man ein Recht auf Sicherheit des Einzelnen begründen, das nicht nur ein
negatives Recht – im Sinne des Schutzes vor Eingriffen – darstellt, sondern es
als positives Recht auf Schutz vor externen, aber auch staatlichen Übergriffen
formulieren (W. Benedek 2008).

3.2.3.1 Personen im Staat

Die Konflikte, die sich aus Freiheitsrechten ergeben, sind idealtypisch abgebildet
in Hobbes' Annahme, Freiheit werde gegen Sicherheit an den Leviathan abgegeben beziehungsweise in Lockes Idee gegenseitiger Zusicherung von Sicherheit,
indem Freiheiten vertraglich eingeschränkt werden. Dies verweist auf den konstitutiven sozialen Zusammenhang von Sicherheit und Freiheit: Während die
Freiheit als vorsoziales Recht gilt, ergebe sich das Recht auf Sicherheit aus der
Notwendigkeit der gesellschaftlichen Kooperation. Gleichwohl sei grundlegende
Sicherheit die Voraussetzung für die Ausübung von Freiheitsrechten (S. Fredman 2007: 309). Problematisch ist dann die Eingrenzung des notwendigen Mi-
nimums: Aus einem solchen Recht ließen sich nämlich juristisch einklagbare
Ansprüche auf Gesundheitsversorgung, Schutz vor Armut oder Umweltschäden
ableiten. Sicherheit verkommt dann zum transzendenten, weil im Hier und Jetzt
nicht erreichbaren Zustand.

Brauchbarer, wenngleich selbst nicht unproblematisch, scheint eine Engführung des individuellen Sicherheitsbegriffs zu sein, um analytische Schärfe zurückzugewinnen. Wie bereits oben der Sicherheitsbegriff in der Diskussion um den Frieden auf die Überlebensdimension eingegrenzt wurde, so scheint dies auch hier geboten. So kann auf dieser Basis Sicherheit für das Individuum als „freedom from deadly violence, maiming, and torture" (A. Etzioni 2007: 1) definiert werden. Vollständig auszublenden sind Gesundheit, sozialer Status, Wohlstand oder Freiheitsrechte jedoch nicht (B. Buzan 1991: 36), sondern müssen als relationale Begriffe zur individuellen Sicherheit betrachtet werden. Sie verweisen auf Umgebungsbedingungen, die im sozialen Zusammenhang bestehen müssen und eng mit der Leistungsfähigkeit eines Gemeinwesens verwoben sind. So ist ein Gesundheitssystem Voraussetzung für breiten Zugang zu moderner Medizin; deren Leistungen bezahlen zu können hängt vom sozialen Status und Wohlstand ab, den zu erwerben oder auszubauen mit Freiheitsrechten verbunden ist etc. Es handelt sich also um ein Geflecht von Kontextbedingungen, die individuelle Sicherheit ermöglichen.

Die hier beschriebenen Bezüge verweisen auf die Organisation menschlichen Lebens innerhalb sozialer Verbände. Deswegen ist in vielen Untersuchungen von gesellschaftlicher Sicherheit die Rede (M. Sheehan 2005: 83ff.; B. Buzan/O. Wæver/J. de Wilde 1998: 119), Sicherheit also nicht unbedingt mit dem Staat deckungsgleich. Zwar gehen Sicherheitsrisiken häufig vom Staat aus, insbesondere wenn Homogenitätsvorstellungen Teile der Bevölkerung gefährden. Gesellschaftliche Sicherheit kann sich dann auf Segmente der Bevölkerung beziehen, die Buzan, Wæver und de Wilde über Identitätsmerkmale abgrenzen. Gesellschaftliche Unsicherheit bestehe dann, wenn eine Bedrohung für den Fortbestand dieser Identität wahrgenommen wird (B. Buzan/O. Wæver/J. de Wilde 1998: 123). Dieser Rekurs auf das ‚Wir' einer Gruppe geht jedoch von einer hohen Übereinstimmung und Kohärenz dieser Gruppe aus und hat wenig Raum, multiple Identitäten zu erfassen.

Identitätsdefinitionen können selbst kleine Sozialverbände wie Familien durchkreuzen, da Familienzugehörigkeit nicht das einzige Merkmal einer Selbstzuordnung ist, sondern Wohnort, Religion und andere Faktoren für diese konstitutiv sind. Zudem ist Identität innerhalb einer sozialen Formation kaum analytisch erfassbar (M. Sheehan 2005: 87). Das bedeutet aber, dass individuelle Sicherheitsrisiken auch von kleinsten Sozialformationen ausgehen können – ein Befund, der empirisch valide ist, wenn man Zahlen zu häuslicher Gewalt, zum Verkauf von Kindern und Frauen ebenso wie deren systematischen Ausschluss vom ‚gesellschaftlichen' Leben betrachtet. Dies verweist auf die globale Verteilung der Sicherheitsrisiken, denn die genannten Phänomene betreffen den globalen Süden wie den globalen Norden gleichermaßen (K. Booth 2007: 13).

Sicherheit auf das Individuum zu beziehen ist ein liberales Konzept. In der Locke'schen Theorie ist der Einzelne auch vorstaatlich Eigentümer seiner selbst. Deshalb gehören ihm die Früchte seiner Arbeit – er kann deshalb Eigentümer von Sachen sein (B. Jahn 2007a: 90). Innerhalb sozialer Verbände sind Eigentumsbeziehungen zwischen Menschen jedoch ausgeschlossen. In der sozialen Realität der Weltgesellschaft leben jedoch geschätzte 12 Millionen Menschen in Sklaverei – wobei diese Zahl aufgrund der hohen Dunkelziffer erhebliche Unsicherheit nach oben aufweist (J. Voß 2007: 59; Deutsches Institut für Menschenrechte 2007). Auch historisch ist die Freiheit des Menschen, also die Tatsache, dass er außerhalb von Besitzverhältnissen steht und nicht deren Objekt ist, kaum zu belegen (B. Jahn 2000: 124; konträr P. Clastres 1976).

3.2.3.2 Individuelle Sicherheit als internationale Aufgabe

Aus der Freiheit und dem ‚Selbsteigentum' des Menschen ergibt sich jedoch der Anspruch auf körperliche Unversehrtheit. Der identitätsstiftende Aspekt, die westliche Lebensart gegen die Unfreiheit des Kommunismus zu schützen, fiel mit dem Ende der Sowjetunion weg. Die am Individuum orientierte liberale, insbesondere an Markterfordernissen als Voraussetzung für Entwicklung (vgl. Kapitel 4) geschulte Denkart, schlug deshalb für neue Sicherheitserwägungen nach dem Kalten Krieg voll durch. 1991 verabschiedete die NATO ein neues Strategiekonzept, das einen ‚breiten Ansatz für Sicherheit' vertritt (NATO 1991), ohne sie auf das Individuum zurückzuführen. Folgende Analyse der gewandelten strategischen Situation wurde zur Basis einer breiteren Sicherheitsdefinition:

> „In contrast with the predominant threat of the past, the risks to Allied security that remain are *multi-faceted* in nature and *multi-directional*, which makes them hard to predict and assess. NATO must be capable of responding to such risks if stability in Europe and the security of Alliance members are to be preserved. These risks can arise in various ways" (NATO 1991: §8, eigene Hervorhebung).

Indem die NATO die breiteren Aspekte wie ‚Proliferation von Massenvernichtungswaffen, Störungen der vitalen Ressourcenflüsse und Akte wie Terrorismus und Sabotage' (NATO 1991: §12) zu primär politischen, aber dennoch im Rahmen der NATO zu adressierenden Probleme erklärte und sich damit Verantwortung zusprach, versuchte sie, ihre Obsoleszenz im internationalen System (K. Waltz 1979: 164-173[62]) abzuwenden.

---

[62] Waltz beschreibt allerdings auch den dem Balancieren gegenüberstehenden Effekt des ‚bandwaggonings', bei dem sich Parteikoalitionen bilden, wobei sich zwei Starke gegenseitig intern zu kontrol-

Der Report des Generalsekretärs der Vereinten Nationen mit dem Titel „An Agenda for Peace" (UN 1992) befasst sich gleichfalls mit der neuen Konstellation der Staatenwelt. Auch er benennt substaatliche Risiken als Bedrohung der internationalen Sicherheit, insbesondere der *Stabilität*, die bereits mit dem Individuum zusammenhängt: Die verschwindenden Strukturen des Kalten Krieges machten Platz für die Verbreitung konventioneller Waffen; Technologien und neue Kommunikationskanäle hätten die Welt näher zueinandergebracht. Dennoch bärge die neue Situation „new risks for stability: ecological damage, disruption of family and community life, greater intrusion into the lives and rights of individuals" (UN 1992: §12). Mit Blick auf die Folgen für die Individuen werden die Instrumente für internationales Vorgehen gegen diese Instabilität formuliert:

„- *Preventive diplomacy* is action to prevent disputes from arising between parties, to prevent existing disputes from escalating into conflicts and to limit the spread of the latter when they occur.
- *Peacemaking* is action to bring hostile parties to agreement, essentially through such peaceful means as those foreseen in Chapter VI of the Charter of the United Nations.
- *Peace-keeping* is the deployment of a United Nations presence in the field, hitherto with the consent of all the parties concerned, normally involving United Nations military and/or police personnel and frequently civilians as well. Peace-keeping is a technique that expands the possibilities for both the prevention of conflict and the making of peace" (UN 1992: §20).

Während diese Ideen seither breite Zustimmung bekommen haben, lässt ihre Adaption – vorsichtig formuliert – Mängel erkennen. Einzelinteressen behindern kohärentes Handeln zu ihrer Umsetzung (M. Brzoska 2006). So halten sich die Staaten der westlichen Sicherheitsgemeinschaft für berufen, die multilaterale Politik der UN zu führen oder verhindern sie, indem sie ihre Teilnahme verzögern oder gänzlich verweigern. Die konkrete Umsetzung verfügt oft nur über eingeschränkte Legitimität, obwohl sie durch UN-Resolution und/oder ‚Geberkonferenzen' mandatiert ist. In der Regel weicht die Wahrnehmung legitimen Handelns seitens der Intervenen von den Intervenierten ab (M. Finnemore 1996b: 180-183). Militärische Einheiten bewirken zudem oft eine Verlagerung von Gewalt weg von offener Konfrontation hin zu Guerillataktiken und Urbanisierung der Gewalt – nachgerade die logische Folge der militärisch-

---

lieren suchen. Für die internaionale Politik verwirft er diesen Prozess – damit ist eine intern ausgerichtete Politik wie die der Sicherheitsgemeinschaft (vgl. Kap. 5.2) in seinem Modell nicht theoretisch abgedeckt (Waltz 1979: 126).

technologischen Überlegenheit der Interventen innerhalb einer asymmetrischen Konfliktkonstellation.

Bezeichnenderweise war es 1994 der *Human Development Report* des UNDP (United Nations Development Programme), der das Konzept der menschlichen Sicherheit in Abgrenzung von territorialer Staatensicherheit prominent machte (UNDP 1994). Entgegen vorherigen Ansätzen setzt er einen Schwerpunkt auf die ‚Sorgen der einfachen Leute auf der Suche nach Sicherheit im täglichen Leben' (UNDP 1994: 22). Während dieser Befund richtig und die Kritik am staatsfixierten Sicherheitsverständnis berechtigt ist (s.o.), sind die als Alternative beschriebenen Verständniserweiterungen vage und damit analytisch wie präskriptiv unbrauchbar (M. McDonald 2002; R. Paris 2001: 89). Das bewusst breit gehaltene Spektrum sicherheitsrelevanter Politikfelder, auf denen explizit ohne Gewalt vorzugehen sei – wirtschaftliche, Nahrungs-, gesundheitliche, Umwelt-, persönliche, Gemeinschafts- und politische Sicherheit[63] –, hat indes zu divergenten Strategien geführt: Manche Staaten schränkten es ein, wie etwa Kanada mit seiner Konzentration auf Bedrohung persönlicher Rechte, Sicherheit und Leben, während andere, wie etwa Japan, bei einer möglichst breiten Konzeption bleiben. Unklar bleibt, wie die unterschiedlichen Aspekte zu priorisieren und hierarchisieren wären, Politikziele zu formulieren wird dadurch erschwert oder gänzlich verhindert (R. Paris 2001: 94).

Sicherheit aufzurufen eröffnet vormals militärische Sphären für zivile Gruppen wie NGOs und staatliche humanitäre Hilfsorganisationen. Damit beginnt eine Konkurrenz um Mittel. Insofern ist Vagheit des Begriffs nützlich, als es verschiedenen Fälle sind, in denen ein Notfall menschlicher Sicherheit deklariert werden kann (U. Häußler 2007: 7). Mit anderen Worten: Je weniger das Konzept definiert ist, desto leichter fällt es, Maßnahmen zu begründen und zu finanzieren. Die Gruppen, die davon profitieren, haben deshalb ein Interesse, den Begriff weit zu verbreiten; „moreover, the members of this coalition are able to minimize their individual differences, thereby accommodating as wide a variety of members and interests in their network as possible" (R. Paris 2001: 96). Gleichzeitig passt es in den liberalen Mainstream, Sicherheit am Individuum, nicht etwa an der Familie, dem Dorf oder sonstigen identitären Referenten menschlichen Befindens zu orientieren (M. McDonald 2002: 281). Jenseits der analytischen Funktion des Begriffs hat er also eine eminent politische Funktion: Das Interesse von Regierungen, internationalen Organisationen und NGOs an einer

---

[63] Eine breite Definition von Anwendungsfällen ist im Übrigen auch für Entwicklungskonzepte, etwa ‚sustainable development' zu erkennen und scheint deren Attraktivität zu steigern: „this lack of clarity was the reason for its success. (…) it is a mobilizing concept of governance that (…) encouraged different and largely unconnected actors to interact and forge new, overlapping and hybridized assemblages of knowledge and power" (Duffield 2007: 67/68).

Individualisierung von Sicherheit hat dazu beigetragen, eine ‚aid industry' (A. Talentino 2004a: 35-36; A. de Haan 2009) herauszubilden.

Politisch wurde Human Security zum Leitkriterium, indem Kanada, Norwegen und andere Staaten[64] im sogenannten Lysøen-Prozess ihre Vorstellung von ‚progressiver Außenpolitik' in der Weltpolitik etablieren wollten. Dies diente der Profilierung der beteiligten Mittelmächte (A. Suhrke 1999: 266). Traditionelle Sicherheitserwägungen bestanden aber weiter, insbesondere durch die politische Persistenz von Sicherheitsorganisationen wie der NATO, aber auch große militärische Apparate mit all ihren Eigeninteressen, so dass viele Regierungen die menschliche Sicherheit einfach an traditionelle Sicherheitsarrangements angliederten, statt diese substanziell zu verändern. Die Human-Security-Koalition hat dabei stets darauf hingewiesen, dass keine außenpolitische Doktrin aus der Beschreibung der Faktoren abzuleiten sei; dadurch können Fragen nach der politischen Umsetzung ausgeblendet bleiben (McDonald 2002: 281-282):

> „*Who* is going to provide the security? Specifically, what are the limits of humanitarian intervention? *How* is security to be provided? Specifically, how can assistance or sanctions be operationalized so as to minimize rather than increase human suffering? When objectives conflict, *which* interests are to be served? Those of states promoting the idea, or those of the presumed individual beneficiaries?" (A. Suhrke 1999: 270).

Wenn man Human Security nicht als Politikziel begreift, sondern als Referenzpunkt, um Sicherheitspolitik in eine breitere weltgesellschaftliche Perspektive zu setzen, entstehen hingegen andere Probleme. Zwar sind Risiken besser von Bedrohungen abzugrenzen, weil damit das Nichtwissen um identifizierbare Gegner, ihre Intention und Fähigkeiten konzeptionell mitbedacht wird (C. Daase/O. Kessler 2007: 423). Zudem können theoretisch die Kontextbedingungen für individuelle Risiken mitbedacht und ihre Sicherheitsrelevanz über im Kern *entwicklungsorientierte* Aspekte – es ist kein Zufall, dass das Konzept der Human Security im Human *Development* Report entworfen wurde – analysiert werden. In Ländern mit extremer Armut und damit Verletzlichkeit (die Kategorie ‚vulnerability' schlägt Suhrke als Ausgangspunkt einer Engführung des Human-Security-Begriffs vor; 1999: 175) ist eine Dürreperiode und folgende Hungersnot ein echtes Sicherheitsrisiko für die dort lebenden Personen; Human Security verleiht dann dem Notfall Dringlichkeit. Dem folgt eine Securitization (O. Wæver 1995) von Entwicklungsproblemen, die Entwicklung depolitisiert.

---

[64] Darunter Chile, Irland, Jordanien, die Niederlande, Österreich, Slowenien, Südafrika, die Schweiz und Thailand.

Das heißt, dass Fragen der Politik aus dem Bereich normaler Deliberation herausgehoben werden. Die Dringlichkeit begrenzt den Diskurs über Ursachen und mögliche Folgen des Handelns. Die Optionen, die für Handeln zur Verfügung stehen, ergeben sich jedoch aus bereits existierenden Verständnisrahmen (E. Goffman 1980). Hergebrachte sicherheitspolitische ‚Kultur' und Identität, etwa eine Vorstellung davon, welche Rolle ein Staat in der internationalen Sicherheitspolitik spielt oder spielen sollte, ebenso wie die Einflussnahme von Interessengruppen, strukturieren also sicherheitspolitisches Handeln vor (R. Lipschutz 1995b: 9). Der Bezug auf das Individuum erweitert dabei die Liste möglicher Sicherheitsprobleme, so dass die Einflussmöglichkeiten wachsen, Einzelthemen im politischen Diskurs zu positionieren. Wenn diese Probleme *versicherheitlicht* werden, der *securitization move* also erfolgreich ist, sind sie jedoch der Diskussion enthoben, ob sie tatsächlich als sicherheitsrelevant gelten können und sollen. Sicherheitsfragen können so absolut gesetzt werden und verstellen den Blick auf die normative Wahrnehmung der Sicherheit. McDonald weist darauf hin, dass die Anschläge vom 11. September 2001 vollständig jenseits jeglicher traditionellen Sicherheitskonzeption gelegen hätten, da die Ausführenden nichtstaatliche Akteure, die Ziele Zivilisten waren und keine konventionellen Waffen benutzt wurden. Für den Staat selbst habe nie Gefahr bestanden, aber das individualisierte Sicherheitsverständnis (aufgrund eines Wandels der Norm) habe erfordert, ‚Sicherheit' wieder in traditionelle Bahnen zurückzuführen: „The Bush administration sought to re-capture traditional security at the very moment when the idea of the provision of security through military protection of the nation state should have appeared vacuous" (M. McDonald 2002: 290).

3.2.3.3 Konsequenzen für die personale Ebene von Sicherheit

Wieder ist der Staat zentral. Im Binnenverhältnis der Sicherheitsgemeinschaft lassen sich Probleme *securitisieren*, die in der Folge mit staatlicher Sicherheitspolitik adressiert werden. Die Verknüpfung von Sicherheit mit dem Individuum hat zu einer Neuorientierung der normativen Grundlagen von Sicherheit geführt. Die Diskussion um eine *Responsibility to Protect* (R2P), wie sie die UN in ihrer Sicherheitsratsresolution 1674 beschlossen haben, zeigt dies: Wiederum von Kanada vorangetrieben, besagt das Konzept, dass die Souveränität von Staaten eingeschränkt werden könne, wenn sie nicht in der Lage oder willens seien, ihre Bürger zu beschützen und grundlegende Güter bereitzustellen. Unter solchen Bedingungen seien (humanitäre) Interventionen möglich, wenn nicht sogar geboten (S. Krasner 2004: 95-96; kritisch S. Woodward 2001). Viele Länder sehen diese Norm deshalb als ‚Trojanisches Pferd', über das direkte Einflussnahme auf vormals eigenständige Regierungen legitimierbar sei (A. Bellamy 2008: 617). Andererseits kann R2P auch als Messlatte für die Ansprüche von Individuen gegenüber ihren eigenen Regierungen angesehen werden. Das wäre eine erweiterte und vom Individuum her legitimierte Form präventiver Diplomatie, von Peacekeeping oder Peacemaking, die schon 1992 in der *Agenda for Peace* aufgerufen wurden.

Damit ist man wieder beim Staat angekommen: Wo der Staat schwach, *failing* oder *failed* ist, geht seine ursächliche Aufgabe, Schutz der Bürger, auf die internationale Gemeinschaft über. Dabei blieben konzeptionelle Probleme weitgehend unberücksichtigt, etwa „building multifaceted engagement strategies that reduced the tendency to focus exclusively on military solutions, and developing the doctrine and capacity needed to enable peacekeepers to protect civilians better" (A. Bellamy 2008: 639). Um Sicherheit zu schaffen, muss also die Gesellschaft entwickelt werden, so dass sie selbst für Sicherheit sorgen kann. Ein Staat, der diese Aufgabe zu erfüllen geeignet ist, sähe definitionsgemäß dem westlichen Staatlichkeitsmodell gleich. Die Subjekte erscheinen in diesem Verständnisrahmen als Bürger und Individuen, die in einer Gesellschaft vergleichbare Interessen hegen und deshalb kooperationsfähig und -willig sind. Wo insbesondere die Sicherheitsfunktion des Staates kaum ausgeprägt, sondern von kleineren sozialen Verbänden, in dörflichen und regionalen Arrangements von nichtstaatlichen Akteuren übernommen wird, muss Staatlichkeit erst geschaffen werden.

Individuelle Sicherheit ist in diesem Denkmodell nur im Staat zu erreichen. Der Staat ist nur durch Individuen zu konstituieren, die sich als Bürger politisch konstituieren. Konzepte zur Verwirklichung individueller Sicherheit sind demgemäß immer Konzepte zur Durchsetzung staatlicher Gesellschaftsorganisation. Statebuilding und die dazugehörende Intervention werden so zum über das Individuum legitimierten Sicherheitsinstrument. Gesellschaftliche Modernisierung soll diesem Zweck dienen. Wie diese befördert werden kann, beschreiben Konzepte der Entwicklungspolitik, die Gegenstand des folgenden Kapitels sind.

3.3 Zusammenfassung

In diesem Kapitel ist eine Annäherung an die Sicherheit als politisches Konzept erfolgt. Anstatt verschiedenen Definitionen, deren Gültigkeit ohnehin strittig ist, eine weitere hinzuzufügen, wurde Sicherheit in ihrer sozialen Determiniertheit beschrieben. Gemäß Wittgensteins Annahme „[d]ie Bedeutung eines Wortes ist sein Gebrauch in der Sprache" (L. Wittgenstein 1977: 41) wurde beschrieben, dass und wie sich die Referenzobjekte der Sicherheit wandeln. Damit kommen Normen zum Ausdruck, die zu einem gegebenen Zeitpunkt bestehen, selbst aber einem Wandel unterliegen. Sie führen dazu, dass die Priorität von sicherheitspolitischem Handeln ebenfalls variabel ist.

Dass die Bedeutung von Sicherheit damit jedoch nicht beliebig ist, ergibt sich hingegen daraus, dass ihre Konstruktion kontextabhängig ist. Im Wechselspiel von politischen und militärischen Eliten, Medien und Wissenschaft entstehen Legitimationsdiskurse, die zentral für die Normsetzung sind. Der Fortschritt in der Zunahme des Wissens führt zum Anspruch von Universalität (F. Lyotard 1994: 93-94). Dabei bleiben allerdings manche Deutungsmöglichkeiten unbeachtet und geraten in Vergessenheit. So gilt das Staatensystem, das historisch entstanden ist und sich entwickelt hat, als Gegebenes, das einer eigenen Funktionslogik unterliegt – dabei wird die Dynamik, die Formation und Regression des Systems unterliegt, schlicht unterschlagen. Vergleichbares gilt für den Staat: Er wird als Faktum genommen, das überzeitliche Gültigkeit besitzt. Zudem wird die abstrakte Form europäischer Staatlichkeit zur diachron vergleichbaren Einheit hypostasiert.

Aus diesen Annahmen folgen weitere, die die Interaktion der Einheiten im System betreffen. Statt dieser wissenschafts- und zeithistorisch kontingenten Sichtweise zu folgen, wurde auf der Basis von Deutschs Überlegungen die Sicherheitsgemeinschaft als Analyseeinheit entwickelt. Sie setzt sich aus empirisch und ideell vergleichbaren Einheiten und den in ihnen verfassten Personenverbänden zusammen, die im kommunikativen Umgang miteinander Sicherheit mit normativem und praktischem Inhalt füllen. Sie verschaffen der Norm Gültigkeit, indem politisches Handeln erfolgt, als ob die Norm *objektiv* existieren würde.

Die Sicherheitsgemeinschaft verschafft sich in der Konstruktion der Welt einen Referenzrahmen, innerhalb dessen die Möglichkeiten von Politik abgewogen werden können. Mit der geschichtlichen Entwicklung unterliegt der Rahmen aber einem Wandel: Neben dem Staatlichkeitsideal spielen auch Ideologien eine Rolle, die wiederum eine Sicherheitskonstellation objektiv erscheinen lassen. So hat der Kalte Krieg die Wahrnehmung von Sicherheitsproblemen stark geprägt. Erst mit Verspätung wurde deshalb in den 1990er Jahren eine Umwidmung des Sicherheitsbegriffs möglich, der neben staatlicher Sicherheit (und der damit implizierten Erhaltung des Systems) nunmehr auch das Überleben des Einzelnen zu umfassen begann. Damit geriet die Priorisierung der Normen aus dem hergebrachten Lot – neue Sicherheitsdiskurse, teilweise interessengeleitet, teilweise basierend auf Normen und Ideen, verhandeln den relativen Stellenwert, den individuelles Wohlbefinden innerhalb der sozialen Umwelt staatlicher und nichtstaatlicher Organisation einerseits und die Eigenlogiken staatlicher Politik andererseits besitzen.

Es wurde argumentiert, dass aus analytischer Sicht sinnvoll ist, Sicherheit als Vorrangstellung des Lebens vor allen anderen Werten zu betrachten. Mit dieser negativ gefassten Freiheit von tödlicher Gewalt, Verstümmelung und Folter (A. Etzioni 2007: 1) ist ein enger Rahmen umrissen, innerhalb dessen vorausgesetzte Annahmen weitgehend aus der Analyse herausfallen können: Weder ist Staatlichkeit Voraussetzung (wenngleich allein die *Idee* einer durchstaatlichten Welt zumindest eine Form von Staatlichkeit geradezu fordert) für Sicherheit, noch sind zerfallende Staaten eine Bedrohung für das System der internationalen Beziehungen. Gleichwohl spielen diese Vorstellungen eine Rolle in der Konstruktion von Sicherheit. Indem sie aus der gedanklichen Basis von Sicherheit herausgenommen werden, können sie analysiert werden.

Alle weiteren Formen der Sicherheit, insbesondere solche, die sich auf wirtschaftliche, politische, ökologische, identitär-kulturelle Aspekte beziehen, werden in dieser Konzeption nicht zur Sicherheit gezählt, sondern fallen in die Konzeption von Entwicklung. Wie im folgenden Kapitel gezeigt wird, sind darin die aus europäischer Staatlichkeit abgeleiteten Idealtypen gleichermaßen stil- und ideenprägend. Der Staat als universelle Idee, die sich durch moderne Verwaltungsstrukturen, Gewaltmonopolisierung, territoriale Kontrolle und Herrschaftsdurchsetzung auszeichnet, trifft dabei in einem dynamischen Zusammenspiel auf überlieferte, von diesem Ideal abweichende Herrschaftsstrukturen und Legitimationsmuster. Der Staat, also institutionalisierte Organisation mit konkreten Vertretern und politischen Praktiken, ist als Machtfeld zu betrachten, auf dem die Interessen verschiedener, im Zusammenhang weltgesellschaftlicher Interdependenzen stehender sozialer Akteure ausgehandelt werden. Welche ideellen Anforderungen dabei an den Staat gestellt werden, der sich an der Schnittstelle zwischen internationalen und lokalen Zusammenhängen befindet, wird im Folgenden Thema sein. Die Minimalkonzeption von Entwicklung als sukzessiver Reduktion existenzieller Risiken dient dabei als Ausgangspunkt und gleichzeitig als Anknüpfungspunkt für den Komplex der Sicherheit.

4 Entwicklungspolitik

4.1 ‚Development as Freedom'?

Für den Begriff der Entwicklung gilt wie für den der Sicherheit, dass er ein sozialer Begriff ist. Auch die konzeptionelle Nähe zum ‚Frieden' hat er mit der Sicherheit gemein. Auch er verweist auf einen sozialwissenschaftlichen wie politischen Kontext, in dem er ein Selbstverständnis derer widerspiegelt, die ihn verwenden. Und auch die weltpolitische Situation nach dem Zweiten Weltkrieg, in der die Supermächte USA und UdSSR um geopolitischen Einfluss rangen und die Einflusssphären der Kolonialmächte zunehmend erodierten, formte das Verständnis von Entwicklung. In diesem von Konkurrenz geprägten Umfeld prägte Entwicklung als ideologisiertes Konzept die Beziehungen zwischen globalem Süden und industrialisiertem Norden. Zwar gibt es gute Gründe, den Beginn der Karriere des Konzepts Entwicklung am Ende des Zweiten Weltkrieges zu sehen, die strukturellen Rahmenbedingungen datieren jedoch viel weiter zurück.

4.1.1 Entwicklung als wissenschaftliches Projekt

Einerseits galt Entwicklung als Mittel zur Eindämmung kommunistischer Hegemoniebestrebungen und beruhte dabei auf einem Marx'schen Begriff, der „als notwendiger Ablauf, wie ein Naturgesetz" (Esteva 1993: 94) erscheint; andererseits zementiert das Konzept der Entwicklung gleichzeitig die westlich-liberale Vorherrschaft, indem diese Wirtschafts- und Vergesellschaftungsform als Endpunkt eines historischen Ablaufprozesses gesetzt wurde. Abweichungen waren somit als Defizit gekennzeichnet, die betroffenen ‚nationalen' Gesellschaften als unterlegen markiert. Entwicklung wird so zum Herrschaftsinstrument – diese zentrale These der post-developmentalistischen Schule, die M. Cowen und R. Shenton (1996) herleiten, die prominent vor allem jedoch von W. Sachs (1993) und A. Escobar (1995) vertreten wird, dient hier als eine der Leitideen des Kapitels, das auch ‚Kritik an Entwicklungstheorie(n)' genannt werden könnte. Von der Fortschrittsidee bis hin zu individueller Freiheit reichen die hier diskutierten Ideen. A. Sens Entwurf, dessen entwicklungstheoretisches Programm den Titel „Development as Freedom" trägt, ist dabei der Endpunkt, der mit individualisierten Akteuren arbeitet. Verschiedene Ansätze werden zunächst diskutiert, wobei die Post-Developmentalisten in ihrer herrschaftstheoretischen Kritik häufig zu

Wort kommen, aber auch die Defizite post-developmentalistischer Argumente thematisiert werden. Namentlich sind das ein ausgeprägter Werterelativismus und die Vermischung von Kategorien wie Entwicklung, Globalisierung und wirtschaftsliberaler Ideologie (J. Rapley 2007: 187; D. Plehwe/B. Walpen 2004: 82-83). Auch die Kritik an westlichen Akteuren, sie betrieben neoimperialistische Politik, muss hinterfragt werden. Wie westliche Hegemonie mit Philosophie und Wissenschaft zusammenhängen, ist deshalb zunächst die Ausgangsfrage der konzeptionellen Annäherung.

4.1.1.1 Die Entfaltung des Individuums

Entwicklung als zwangsläufigen historischen Ablauf zu betrachten trägt Merkmale historisch-materialistischen Denkens. In der Annahme, Entwicklung vollzöge sich als unausweichlicher, vorgegebener Ablauf, kehrte der Begriff damit zu seinen Ursprüngen zurück. Denn bis ins frühe 19. Jahrhundert bezeichnete er eine Abfolge sich wiederholender Sequenzen nach einem festen Fahrplan, wie er in der biologistischen Verwendung noch heute anklingt: Nach dem Aufbrechen der Knospe *entwickelt* sich die Blüte zu ihrer vorbestimmten Form, determiniert durch den Bauplan, der ihr von Gott (in einer späteren Lesart: von den Genen) vorgegeben wird. Dieses Verständnis hat keinen Platz für des Menschen Vernunft und Fähigkeit, einzugreifen.

Wenn etwas ausschließlich durch etwas anderes verursacht werde, also jeder Entfaltungsschritt aus dem vorangegangenen erklärbar sei, könne es keine Freiheit geben, argumentiert nämlich Kant.[65] Durch die menschliche Vernunft und aus ihr hervorgehenden Handlungen kämen Phänomene („Erscheinungen")

---

[65] „[S]ind Erscheinungen Dinge an sich selbst, so ist Freiheit nicht zu retten. Alsdenn die Natur die vollständige und an sich hinreichend bestimmende Ursache jeder Begebenheit, und die Bedingung derselben ist jederzeit nur in der Reihe der Erscheinungen enthalten, die, samt ihrer Wirkung, unter dem Naturgesetz notwendig sind. Wenn dagegen Erscheinungen für nichts mehr gelten, als sie in der Tat sind, nämlich nicht Dinge an sich, sondern bloße Vorstellungen, die nach empirischen Gesetzen zusammenhängen, so müssen sie selbst noch Gründe haben, die nicht Erscheinungen sind" (I. Kant 1956: 491). Phänomene seien also ‚in der Sinnenwelt' erkennbar, deren Ursprünge außerhalb lägen und erst durch menschlichen Verstand, also nicht ‚natürlich' in Gang gesetzt werden: „so sind alle Handlungen des Menschen in der Erscheinung aus seinem empirischen Charakter und den mitwirkenden anderen Ursachen nach der Ordnung der Natur bestimmt, und wenn wir alle Erscheinungen seiner Willkür bis auf den Grund erforschen könnten, so würde es keine einzige menschlichen Handlung geben, die wir nicht mit Gewißheit voraussagen und aus ihren vorhergehenden Bedingungen als notwendig erkennen könnten" (I. Kant 1956: 500). Kant unterscheidet also die Ursachen in der materiellen Welt von jenen der geistigen, vernunftbasierten Welt. Aus diesem Grund könnten auch nur Handlungen, nicht aber deren Beweggründe unter Gesichtspunkten der Moralität beurteilt werden.

in die Welt, die ihre Ursache nicht allein in natürlichen Abfolgen hätten. Natür-
lich-kausale und individuell-willentlich[66] verursachte Phänomene bedeuten dabei
keinen logischen Widerspruch:

> „So würde denn Freiheit und Natur, jedes in seiner vollständigen Bedeutung, bei
> eben denselben Handlungen, nachdem man sie mit ihrer intelligibelen oder sensibe-
> len Ursache vergleicht, zugleich und ohne allen Widerstreit angetroffen werden" (I.
> Kant 1956: 494[67]).

Vorgegebene und individuelle Ursachen von Phänomenen schließen einander
also keineswegs aus. Die Freiheit, die sich bei Kant auch im Begriff der Willkür,
also einem geistigen Potenzial, äußert, muss dabei individuell sein, so wie jede
Vernunft individuell verankert ist (I. Kant 1956: 503, 371[68]). Mit der Aufklärung
kommt damit die Vorstellung der Individualität und der freien Entscheidung ins
Spiel, die deterministische Annahmen in Frage stellt. Ein Entwicklungsbegriff,
der nur exekutiert, was längst angelegt ist, erscheint der Entdeckung des freien
Individuums nicht gerecht zu werden. Auch Kants Annahme, dass Erkenntnis
durch Vernunft zu erlangen sei, ist „a fundamental departure from the ideas that
man attains knowledge of an independent reality through the grace of god. In
Kant's view humankind shapes reality in accordance with reason" (T. Parfitt
2002: 18).

Die Wirklichkeit ist also zuvorderst Repräsentation der Wirklichkeit, vermittelt durch die Vernunft. Sie dient als Referenzgröße, die allen weiteren Aussagen zugrunde liegt. Dieser Maßstab ermöglicht und erfordert beinah das Aufkommen moderner Wissenschaft, die – historisch betrachtet – Erkenntnisse ins
Spiel brachte, welche die Aussagen der Bibel in Frage stellten. Dies erlaubte in
einem nächsten Schritt, Gott aus der Einheit der Welt herauszunehmen, ihn gewissermaßen ‚herauszurechnen‘. Die Natur wird so zum Objekt, das nicht Ausdruck von Göttlichkeit ist, sondern von Gott unabhängig analysiert und genutzt
werden kann. Die „Entzauberung der Welt" (M. Weber 1994: 9[69]) geht dabei so

---

[66] Kant beschreibt diese willentliche Steuerung als Willkür, was keineswegs die neuere Bedeutung
von ‚Beliebigkeit‘ in sich trägt.
[67] *Intelligibel* heißt dabei ein gedanklich erkennbares Phänomen, während *sensibel* bedeutet, dass ein
Phänomen beobachtbar, also mit den Sinnen erfassbar sei (Kant 1956: 492).
[68] Einzuwenden wäre hiergegen, dass damit nur vernunftbasiertes Handeln wirklich frei sein könne.
[69] Die „Entzauberung der Welt" ist eines der Kernmerkmale der Moderne. Weber beschreibt sie
folgendermaßen: „Wer von uns auf der Straßenbahn fährt, hat – wenn er nicht Fachphysiker ist –
keine Ahnung, wie sie das macht, sich in Bewegung zu setzen. Er braucht auch nichts davon zu
wissen. Es genügt ihm, daß er auf das Verhalten des Straßenbahnwagens ‚rechnen‘ kann, er orientiert
sein Verhalten daran; aber wie man eine Trambahn so herstellt, daß sie sich bewegt, davon weiß er
nichts. Der Wilde weiß das von seinem Werkzeug ungleich besser. Wenn wir heute Geld ausgeben,
so wette ich, daß, sogar wenn nationalökonomische Fachkollegen im Saale sind, fast jeder eine

weit, dass Wissenschaft zum Religionsersatz werden kann: Zwar leistet sie keine Sinnstiftung, kann aber die Bedingungen des Lebens im Hier und Jetzt verbessern helfen, statt auf Erlösung in einem späteren Leben zu hoffen (T. Parfitt 2002: 19). Charakteristikum der Moderne ist deshalb, dass die Menschen zwar nicht gottlos sind, aber in der Begründung der Welt ohne Gott und transzendentale Referenzen auskommen – ein gravierender Unterschied zu vormodernen Sichtweisen (S. Whimster 1987: 264-265). Für die Politik bedeutet dies, dass das Bestehende nicht Ausdruck göttlichen Willens und natürlicher Sinnhaftigkeit ist, sondern dass Faktum und Norm auseinanderzuhalten sind (H. Münkler 1987: 136-143).

4.1.1.2 Wissenschaft als Maßstab für intendierte Entwicklung

An der Entzauberung der Welt wirkt auch die Wirtschaftswissenschaft mit, die das Problem wirtschaftlicher Knappheit aus der prinzipiell unstillbaren Bedürfnishaltung der Menschen erklärt. Wie diese Güternachfrage befriedigt wird – also nach markt- oder planwirtschaftlichen Verfahren – ist dabei nachrangig für die vorherrschende „Vorstellung universeller Gültigkeit des Knappheitsgesetzes" (G. Esteva 1993: 110). Daraus ergibt sich Wachstum als Wirtschaftsprimat für das, was als Entwicklung gilt. So richtig diese Diagnose der arbeitsteilig wirtschaftenden, mehrwertorientierten Gesellschaft, insbesondere für die Sichtweise der ‚entwickelten' Länder auf ‚Unterentwicklung' sein mag, so wenig zwingend sind die daraus zu ziehenden Schlüsse. Estevas Entwurf beispielsweise idealisiert die Situation der um ihre Existenz kämpfenden Menschen offensichtlich, wenn er meint, dass „die einfachen Leute, die Bewohner der peripheren Gebiete, sich eine andere Logik, ein anderes System von Regeln bewahrt haben. Im Unterschied zur Ökonomie ist diese Logik sozial gewachsen und verwurzelt" (G. Esteva 1993: 115). Der lebensweltlichen Wirklichkeit entspricht dies nicht – weder in sogenannten ‚Entwicklungsländern' noch in Industriestaaten.

Dies verweist auf ein Erkenntnisproblem der Wissenschaft: Zwar ist der post-developmentalistische Hinweis auf die Knappheit als Konstrukt richtig,

---

andere Antwort bereit halten wird auf die Frage: Wie macht das Geld es, daß man dafür etwas – bald viel, bald wenig – kaufen kann? Wie der Wilde es macht, um zu seiner täglichen Nahrung zu kommen, und welche Institutionen ihm dabei dienen, das weiß er. Die zunehmende Intellektualisierung und Rationalisierung bedeutet also *nicht* eine zunehmende allgemeine Kenntnis der Lebensbedingungen, unter denen man steht. Sondern sie bedeutet etwas anderes: das Wissen davon oder den Glauben daran: daß man, wenn man *nur wollte*, es jederzeit erfahren *könnte*, daß es also prinzipiell keine geheimnisvollen unberechenbaren Mächte gebe, die da hineinspielen, daß man vielmehr alle Dinge – im Prinzip – durch *Berechnen beherrschen* könne. Das aber bedeutet: die Entzauberung der Welt." (M. Weber 1994: 9, Hervorhebungen im Original) wenn auch nicht neu (P. Clastres 1976). Daraus eine von Interdependenzen aller Art und Wirkungstiefe unbeeinflusste Welt kooperativer und fairer Sozialbeziehungen abzuleiten, führt jedoch zu weit: Während er auf die prekäre Situation einer wachsenden Gruppe von bedrohten Individuen hinweisen kann, übersieht er die empirische Situation, die auch ohne das Ausgreifen kapitalistischer Weltmarkteinbindung von brutaler Ausbeutung, Menschenhandel, Prostitution, Kinderarbeit, Arbeit ohne Schutz vor gesundheitlichem Schaden oder Schmuggel geprägt ist. Gleichzeitig ist die theoretisch insinuierte Rückkehr zum vormodernen Ideal eine Schimäre, da die vorkapitalistische Subsistenzwirtschaft keineswegs egalitär, gewaltlos und von sicherer Existenz geprägt war (J. Rapley 2007: 197). Und auch die Herrschaftsbeziehungen verlaufen im informellen Sektor tendenziell gewaltgesättigter, so dass Widerstand gegen eine Einbindung in den staatlichen Herrschaftszusammenhang einschließlich Besteuerung und sozialer Kontrolle nicht notwendigerweise ‚gut', weil gegen westliche Modelle gerichtet ist: „the political horizon of post-developmentalism is one of resistance rather than emancipation" (J. Nederveen Pieterse 2001: 109).

Die totale Ablehnung von Entwicklungspolitik ist deshalb nicht zu halten. Und in der Tat sprechen auch die Verknüpfungen der Weltgesellschaft, wie sich beispielsweise in Migrationsrenten zeigt, für eine analytische Herangehensweise, die nicht das Rad der Geschichte zurückzudrehen trachtet. Die Probleme des Entwicklungsbegriffs im Spannungsfeld zwischen Individuum und gesellschaftlichem Zusammenhang bleiben jedoch bestehen. Einer der Schwachpunkte der Post-Developmentalisten ist also ihr Rückzug auf eine Ablehnung wissenschaftlicher Kategorien[70], die es hingegen fruchtbar zu machen gilt für ein Verständnis der Gesellschaftlichkeit von Entwicklung, wie Riddell bereits 1987 (277) als Desiderat für entwicklungstheoretische Ansätze gefordert hat.

4.1.1.3 Gesellschaftlichkeit und Entwicklung: historisch-materialistische Teleologie

Marx', an Hegels Geschichtsphilosophie[71] angelehnter, Entwicklungsbegriff bezieht sich anders als der Kants nicht auf das Individuum, sondern auf dessen

---

[70] Paradoxerweise übersehen sie dabei, dass sie eigene Aussagen mittels westlich geprägter Wissenschaftskultur herleiten; insbesondere die Betonung der ‚Subjektivität' entspringt westlicher Wissenschaftstradition (Rapley 2007: 190).

[71] Die Dialektik, die der ‚ursprünglichen Einheit' der ‚absoluten Idee' bei Hegel innewohnt und in der zunächst Widersprüche ausgeformt und dann in der Negation der Negation aufgehoben werden, ist im historischen Materialismus lediglich als schwache Form gesellschaftlicher Widersprüche vorzufinden. Der projizierte Verlauf der Geschichte, wie er von den Marxisten beschrieben wird, hat also

gesellschaftliche Einbettung (F. Fukuyama 1992: 96-106). Die Kontingenz der vernunftbasierten, aber letztlich nicht gesetzmäßigen Entscheidungen des Individuums erlaubt es Kant zufolge nicht, einen Verlauf der Geschichte zu prognostizieren[72]. Für den Verlauf der Geschichte postuliert hingegen Marx, dass sich die Menschheit ‚entwickelt'; mit Umwegen und Irrwegen, mit regredierenden und beschleunigten Phasen zwar, gewissermaßen jedoch zwangsläufig auf einen Zustand zu:

> „In der gesellschaftlichen Produktion ihres Lebens gehen die Menschen bestimmte, notwendige, von ihrem Willen unabhängige Verhältnisse ein, Produktionsverhältnisse, die einer bestimmten Entwicklungsstufe ihrer materiellen Produktivkräfte entsprechen. Die Gesamtheit dieser Produktionsverhältnisse bildet die ökonomische Struktur der Gesellschaft, die reale Basis, worauf sich ein juristischer und politischer Überbau erhebt, und welcher bestimmte gesellschaftliche Bewußtseinsformen entsprechen. Die Produktionsweise des materiellen Lebens bedingt den sozialen, politischen und geistigen Lebensprozeß überhaupt. Es ist nicht das Bewußtsein der Menschen, das ihr Sein, sondern umgekehrt ihr gesellschaftliches Sein, das ihr Bewußtsein bestimmt" (MEW 13: 8-9).

In der gesellschaftlichen Entwicklungsformation finden sich also die Parameter, auf denen die juristische und politische Formation aufbaut. Die Grundlage aller sozialen Organisationsformen ist folglich die politische Ökonomie, so Marx und Engels in der „Deutschen Ideologie":

> „Diese Geschichtsauffassung beruht also darauf, den wirklichen Produktionsprozeß, und zwar von der materiellen Produktion des unmittelbaren Lebens ausgehend, zu entwickeln und die mit dieser Produktionsweise zusammenhängende und von ihr erzeugte Verkehrsform, also die bürgerliche Gesellschaft in ihren verschiedenen Stufen, als Grundlage der ganzen Geschichte aufzufassen und sie sowohl in ihrer Aktion als Staat darzustellen, wie die sämtlichen verschiedenen Erzeugnisse und Formen des Bewußtseins, Religion, Philosophie, Moral etc. etc., aus ihr zu erklären und ihren Entstehungsprozeß aus ihnen zu verfolgen, wo dann natürlich auch die Sache in ihrer Totalität (und darum auch die Wechselwirkung dieser verschiedenen Seiten aufeinander) dargestellt werden kann" (MEW 3: 37-38).

Die Gesamtheit von materieller Reproduktion und kulturellen und sozialen Verkehrsformen der Gesellschaft ist also für die Analyse der Entwicklungsstufen

---

mitnichten die transzendentale Bedeutung einer Verwirklichung der ‚absoluten Idee', sondern bleibt hoch spekulativ (A. Callinicos 2004: 55).

[72] Einschränkend ist zu bemerken, dass die außerhalb der ‚Sinnenwelt' entspringenden Phänomene auch bei Kant nicht umfassend kontingent sind, sonst würden sie dem Charakter der Vernunft zuwiderlaufen und deren Existenz in Frage stellen (vgl. FN 65).

maßgeblich. Im historischen Ablauf bedingen sich ökonomische und ideelle Veränderungen, so dass die Herausbildung neuer, ältere Formen ablösender, reproduktiver Interaktionen immer mit sozialer Bewusstseinsveränderung einhergeht[73].

Indem er den historischen Materialismus als naturgesetzlichen Ablauf von der kommunistischen Urgesellschaft über Sklavenwirtschaft, Feudalismus, Kapitalismus zum Sozialismus und Kommunismus darzustellen versucht, stellt die Beschreibung eine teleologische, weil auf ein Ziel unausweichlich hinführende Annahme über den Geschichtsverlauf dar[74]. Dem stellt Habermas ein Modell gegenüber, das zwar durchaus die logischen Voraussetzungen der biologischen Entwicklung anerkennt (also etwa Ausdifferenzierung der Reproduktionsweise von Sozialverbänden), darüber hinaus aber Raum lässt für die Zufälle, die *innerhalb* dieses strukturellen Rahmens wirken (J. Habermas 1995: 155). Die Vorstellung einer unilinearen, unumkehrbaren und kontinuierlichen menschlichen Evolution verwirft Habermas mit dem Hinweis, die Menge der evolutionären Einheiten (also die Vielzahl sozialer Verbände), zufällige oder erzwungene Konstellationen und Regressionen lasse sie, zumal diese Faktoren untereinander kombiniert werden müssten, als Regel ausgesprochen unwahrscheinlich werden (J. Habermas 1995: 155).

Wiederum besteht eine deutliche gedankliche Verankerung im Verlauf der europäischen Entwicklung. Erkenntnisinteresse der Wissenschaften – Ökonomie, politische Wissenschaft, Soziologie – ist lange Zeit der Nationalstaat gewesen. Das westliche Weltbild ist noch heute „– nach 1989 noch stärker als davor – an einer anderen Aufteilung zwischen der modernen und der sich entwickelnden Welt" (H. Kaelble 1999: 38) orientiert. Analytisch weiterführend und historisch glaubwürdig kann hingegen nur sein, die implizite Vorstellung der Überlegenheit aufzugeben. Dabei gilt es, zu fokussieren auf

„die Transfers und die wechselseitigen Bilder zwischen einzelnen Zivilisationen, wobei sich die grundsätzliche Frage stellt, ob solche Transfers und wechselseitigen Bilder primär bilateralen Charakter haben oder ob sie nicht die Entstehung einer

---

[73] Unklar ist allerdings, woher bei Marx und Engels die Produktionsverhältnisse stammen; zugespitzt ließe sich formulieren, dass nicht klar ist, ob die Maschine vor ihrer Erfindung existiert habe. Sämtliche lebensweltlichen Normen entstünden demnach in Abhängigkeit zur Maschinisierung.

[74] Marx' und Engels Bewunderung für die Thesen Darwins in der „Entstehung der Arten", die ja eine dezidiert nichtteleologische Theorie darstellen, und ihre Selbstbeschreibung, derzufolge sie teleologische Tendenzen negieren, haben zu tiefen Kontroversen geführt. Da hier aber die ökonomische Theorie und nicht die Evaluation der politischen Folgen durch die Anwendung der kommunistischen Ideologie bedeutsam ist, kann diese Diskussion ausgespart werden (P. Blackledge/G. Kirkpatrick 2002).

Weltwirtschaft, einer Weltgesellschaft, einer Weltöffentlichkeit erschließen" (H. Kaelble 1999: 42[75]).

Eine Analyse von Entwicklung in der Weltgesellschaft als gesellschaftstheoretischer Ansatz muss also die Referenz der europäischen Staatlichkeit und Nationenbildung berücksichtigen, gleichzeitig aber die diese überwölbenden Tendenzen, widersprüchliche Herrschaftsformationen und Hybridbildung sowie ihre polit-ökonomischen Konsequenzen einbeziehen.

4.1.1.4 Wissenschaftsglaube und Entwicklungsprognostik

Für entwicklungstheoretische Diskurse ist die Annahme eines teleologischen Geschichtsverlaufs keineswegs auf die Zwangsläufigkeit kapitalistischer Produktionsweise beschränkt. Vielmehr muss er als wissenschaftsimmanent gelten: Der Wissenschaftsglaube, der der Aufklärung entspringt, bedarf einer Legitimation, die er in einer überwölbenden Großtheorie findet. Ein Charakteristikum der Moderne ist, dass Wissenschaft ihre Interpretation der Welt durch Metatheorie verankern muss (F. Lyotard 1994: 13, v.a. Kapitel 8 und 9: 87-111). Das bedeutet, dass ein geschichtlicher Ablauf skizziert wird, innerhalb dessen einzelne zu erklärende Phänomene verortet werden. Dies ist nicht notwendigerweise teleologisch, wird es aber, wenn zum Zwecke der Immunisierung gegen wissenschaftliche Kritik die Kontingenz der sozialen Dialektik vernachlässigt oder ausgeklammert wird.

Stattdessen werden intellektuelle Konstrukte, die sich der erfahrbaren Welt entziehen oder die nicht klar abgegrenzt werden können, zur Richtschnur. Lyotard weist darauf hin, dass Kant sich der Gefahr dieser Absolutierung bewusst war, wenn er schreibt, dass die Französische Revolution daran gekrankt habe, dass die Gleichsetzung der ‚freien Menschheit' und des ‚öffentlichen Wohls' mit den Interessen einer bestimmten Gruppe der Bevölkerung (den Revolutionären) zum post-revolutionären *Terreur* geführt habe (F. Lyotard 1989: 24; zum *terreur* P. Waldmann 1998: 41). Er warnt davor, konzeptionelle Beschreibungen mit empirischen Phänomenen, beispielsweise mit existierenden Gruppen, gleichzusetzen, da diese Konzepte ‚Ideas of Reason' sind (F. Lyotard 1989: 23). Lyotard setzt an die Stelle der großen Rahmenerzählungen ein pluralistisches Nebeneinander von Partikularerzählungen, da die Vereinheitlichung der Legitimation von Wissenschaft (und der damit verbundenen politischen Implikationen) ge-

---

[75] Kaelbles Zivilisationsbegriff ist ein im Wesentlichen kulturbezogener, er verfolgt dabei allerdings keine Abgrenzung der Sphären Kultur, Wirtschaft, Politik etc., sondern bezieht diese Aspekte explizit in die Modellierung der Zivilisation ein (H. Kaelble 1999: 33, FN 6).

scheitert sei. Vernunftbasierte Ideen können nämlich nur innerhalb eines diese Art der Vernunft als Rahmen anerkennenden Diskurses funktionieren. Außerhalb dieses Rahmens muss die Verständigung scheitern, daher muss Wissenschaft zumindest die Existenz verschiedener Rahmenerzählungen berücksichtigen.

Die Gefahr der Absolutierung, die in der Differenz von Subjekt und Objekt wurzelt, ist damit jedoch noch nicht ausgeräumt. Wenn in den Diskursen Macht verhandelt wird, was beinhaltet, dass die Rahmenerzählung durch Macht definiert werden kann, so wären pluralistische Erzählungen lediglich Ausdruck relativer Machtgleichheit. Schließlich ist nicht davon auszugehen, dass Macht ihre Diskurshoheit widerstandslos zu teilen bereit wäre. So bleiben im Verhältnis Subjekt-Objekt, das die Individualisierung mit sich bringt, immer Ressourcen beim Subjekt, sich als handelnd und systembestimmend zu erklären. Das Subjekt oder eine als zusammengehörig beschriebene Subjektgruppe schreibt sich in der Folge die Fähigkeit zu handeln, also *agency*, zu. Fähig, seine Umwelt nach eigenen Vorstellungen zu formen, ergreift das Subjekt die nötigen Maßnahmen, seine gesetzten Ziele zu erreichen und wertet sich somit auf:

> „The subject is all-important, or over-determined, whilst the object may take the role of bystander in this process, or that of a resource to be used in the achievement of the destiny of the subject. Apartheid in South Africa might be taken as an example, in which the white population, cast as the subject, exploited the other races cast as object, a resource to be used in the achievement and maintenance of 'white civilization'. A slightly different example might see big capital as subject exploiting the natural environment as object [for profit]. Both of these examples reflect the connotation of an over-powerful subject that maltreats and exploits the object for its own ends" (T. Parfitt 2002: 23).

4.1.2 Liberaler Fundamentalismus

Das liberale Individuum, dessen vernunftbasiertes Argument für sich Wahrheit reklamiert, tendiert dazu, zum imperialistischen, seine Werte gegen die Werte anderer durchsetzenden Akteur zu werden. Die Verankerung aller Begründungen in der Vernunft schließt andere als rationale Argumente – und damit diejenigen, die sie vertreten – aus. Ein Problem der Moderne ist also der ‚Foundationalism', eine Form des Fundamentalismus, der die Art und Weise, wie man zu Erkenntnis gelangt, fest vorgibt. Abweichungen vom (wissenschaftlichen) Standard werden als nicht normgerecht demarkiert. Die Werteorientierung, die das politische Handeln prägt, ist deshalb problematisch, weil die Herkunft der Werte selbst unklar ist, sofern sie nicht abgeleitet werden. Sie lässt sich zwar ideengeschichtlich erfassen, die Werte lassen sich jedoch nicht universalistisch herleiten, wie die Kritiker der Entwicklungsideologie von Nisbet (1970) bis Escobar (1995) und Addo (1996) kritisieren. Das bedeutet, dass die Setzung des rationalen Individuums ein aufklärerisches Ideal und weniger eine empirische ‚Realität' in der Weltgesellschaft ist (L. Dupré 1993). Die Macht, die den Diskurs determiniert, bestimmt also auch die Kriterien, nach denen Unterentwicklung diagnostiziert wird. Unterentwicklung wird konstruiert, indem die mächtigen Staaten (!) und ihre staatlich verfassten ‚Gesellschaften' als Referenz genommen, Abweichungen festgestellt und so für die als abweichend begriffenen ‚Objekte' nachholende Strategien entworfen werden.

Für den begrenzten Kontext staatlicher Verfasstheit waren die Überlegungen zur Übereinstimmung sozialer und staatlicher Ordnung besonders relevant. Staatlichkeit als Doktrin, wie sie staatstheoretisch von Hobbes und Locke begründet worden und von Smith der Analyse staatlicher Entwicklung zugrundegelegt worden war (A. Smith 2001; E. Kolodziej 2005: 194-195), wurde gesetzt. Innerhalb des Staates und aufbauend auf dessen Legitimation entwarfen die ökonomischen Theoretiker, zeitlich beeinflusst durch die Industrielle Revolution, eine Abfolge von Entwicklungsstufen, durch die sich der Fortschritt unweigerlich Bahn brechen würde: Gesellschaften reproduzierten sich demnach zunächst durch die Jagd, dann folgten nomadische, später sesshafte Landwirtschaft, darauf Handel und Industrieproduktion/Massenkonsumption (A. Smith 2001: 587ff.; W. Rostow 1971: 4-16).

Das Menschenbild des *homo oeconomicus* beschreibt ein aller Affekte enthobenes rationales Individuum, das die Aufklärung zum Ideal hat (R. Manstetten 2000: 237ff.). Das bedeutet zwar nicht, dass das Individuum sein Tun nicht in ein Verhältnis zur Allgemeinheit setzt, also durchaus ein Verständnis für Fairness im Wettbewerb und damit ein Minimum an gesellschaftlichem Konsens wahrt. Dennoch steht ihm eine Abwägung von Vorteilen und Nachteilen zu, die dazu führt, „dass die *meisten Menschen* (...) in der Vergrößerung ihres Vermögens einen Weg [sehen], um ihr Los zu verbessern" (A. Smith 2001: 282, eigene Hervorhebung; auch R. Manstetten 2000: 254). Wenngleich es also kein Naturgesetz ist, dass die Individuen den eigenen Vorteil zur Maxime ihres Handelns machen (wie sich angelehnt an Kant sagen ließe), ist es doch der von der Mehrheit eingeschlagene und damit für das Wirtschaften des Sozialverbandes bestimmende Verhaltensmodus.

Bedeutsam ist, dass die Abfolge der Stufen gesellschaftlicher Reproduktionsformen zunächst als Fortschritt und nicht als Entwicklung verstanden wurde (M. Cowen/R. Shenton 1996: 13)[76]. Mit der Durchsetzung „unilinearer Entwick-

---

[76] Entwicklung mit dem definitorischen Aspekt der Veränderung wurde zunächst als zyklischer Prozess verstanden: Wie in der Natur ist der Aufbau immer nur der Vorlauf zum Zerfall. Eine staatliche Ordnung zu etablieren ist so betrachtet nur der erste Schritt zu deren Zerfall, welcher seinerseits

lungsmodelle ist zunächst nur ein Verhältnis des Fortgeschrittenseins oder Zurückbleibens denkbar" (R. Kößler 1998: 91). Die Differenz zwischen entwickelten und unterentwickelten Staaten zeigt sich dabei an drei verschiedenen Aspekten:

„- dem Grad der kapitalistischen Durchdringung nationaler Ökonomien, der sich in messbarer Industrialisierung, Technologisierung und Außenhandel, also Einbindung ins kapitalistische System zeigt;
- dem Grad der Modernisierung und kultureller Anpassung, insbesondere Rationalisierung und Abkehr von traditionellen Legitimationsmustern, Individualisierung, Erschließung von Arbeitsmarktpotenzialen und dergleichen;
- der Institutionalisierung von Entwicklungsprogrammen, auf internationaler Ebene etwa der Weltbank, die sich in der Einrichtung nationaler Agenturen, etwa Ministerien niederschlägt. Dieser Faktor begünstigt die Durchstaatlichung der Welt und ermöglicht eine Denkweise ‚nationaler Ökonomien', staatlicher Entwicklungsprogramme oder die Messung von Entwicklungsgraden durch Statistik überhaupt erst" (T. Parfitt 2002: 29).

Eine Erkenntnis der kritischen Herangehensweise der Post-Developmentalisten ist also der Faktor der Macht, der die Beziehungen zwischen den industrialisierten Ländern des Nordens und dem globalen Süden prägt. Demnach ist die Bestimmung der Modi, nach denen zwischen ‚Entwicklung' und ‚Unterentwicklung' unterschieden wird, von den westlichen Demokratien geprägt. In ihrem gegen diese Entwicklungskonzeption gerichteten Furor übersehen post-developmentalistische Autoren dabei aber, dass alternative Modelle von Entwicklung mitunter auf strukturelle Anpassungsprogramme und ihren urbanen Fokus verzichten, die sicherlich in den 1980er Jahren prominent waren; sie können also nicht mit Entwicklung als Gesamtkonzept gleichgesetzt werden[77]. Gleichzeitig ignorieren die Post-Developmentalisten die im Einzelnen erzielten Erfolge von

---

Potenziale zum erneuten Aufbau freisetzt. Dies widerspricht einem Fortschrittsbegriff, der nicht zyklisch verläuft, sondern linear (wenngleich stufenweise) zu einer steten Verbesserung führt. Beide Konzepte, Fortschritt und Entwicklung, widersprachen sich also ursprünglich. Der Fortschrittsgedanke korrelierte erst mit breiter Akzeptanz (hegelianischer) geschichtsphilosophischer Überlegungen (M. Cowen/R. Shenton 1996: 14-15; A. Smith 2001: XLIII), durch die das teleologische Verständnis ‚nachholender' Entwicklung begrifflich erst möglich wurde.

[77] Auch hier zeigt sich die Geschichtlichkeit der Wissenschaft, denn die zeitliche Übereinstimmung mit neoklassischen Reformen, durchgesetzt durch Weltbank und Internationalen Währungsfonds, und der Kritik an einem diese Bevormundung ermöglichenden Entwicklungsdiskurs ist kein Zufall. Für die Post-Developmentalisten wurde just das Bild von Entwicklung, das sich ihnen darbot, zum Maßstab ihrer kritischen Anmerkungen. Im Übrigen weist Nederveen Pieterse (2001: 106) darauf hin, dass die Verdammung von ‚Entwicklung' impliziere, eine eindeutige Identifikation und Definition sei möglich; dadurch werde ‚Entwicklung' als homogene und konsistente Politik präsentiert und damit „essenzialisiert": Die Kritik am Konzept verkomme so zum Sprachspiel.

Entwicklungsprogrammen; das Kriterium des ‚Erfolgs' ist selbst nicht ohne Schwierigkeiten operationalisierbar – fehlender Erfolg bedeutet nicht notwendigerweise Scheitern (R. Riddell 1987: 203-206) – soll hier aber vorläufig als Verbesserung von Lebensbedingungen, beispielsweise erweiterten Bildungs- und Erwerbschancen, verstanden werden.

Aus der diskursanalytischen Sicht der Post-Developmentalisten ließe sich argumentieren, dass diese Erfolge erst durch die zugeschriebene Unterentwicklung und den Vergleichsrahmen der Industriestaaten konstruiert werden. Dieses Argument lässt den normativen Relativismus, der dem Post-Developmentalismus innewohnt, deutlich zu Tage treten. Indem die Post-Developmentalisten die epistemologische Unfähigkeit der aufklärerischen und positivistischen Theorieansätze, universale Werte zu begründen, zur Grundlage ihrer Kritik machen, bleibt ihnen lediglich dieser normative Relativismus, der nur noch die Macht zu kritisieren zulässt. Der Urzustand einer Welt, in der keine Interdependenzen bestehen und in der Politik makellos bleibt, weil sie nicht interagiert, ist nicht herstellbar. Diese Romantisierung vorindustrieller Sozialverbände ist zudem empirisch zweifelhaft:

„Zumindest für die Angehörigen der Unterkasten, die Unberührbaren, die eigentumslosen Landarbeiter, die Frauen ist das Leben in den abgeschiedenen Dorfgemeinschaften Bihars oder Madhya Pradeshs eher die Hölle als ein Paradies der wahren menschlichen Werte – und dies nicht erst seit heute. (…) Ebenso ist es (…) für die meisten derjenigen die Hölle, die nicht über Maschinengewehre, Drogen, Geld und Gefolgsleute verfügen" (Hauck 2004: 46, so zitiert in F. Nuscheler 2005: 129).

Eine Politik, die diesen romantisierten Urzustand nicht herstellen kann, ist aus dieser Perspektive immer und unausweichlich gescheitert. Dass die Post-Developmentalisten die Misserfolge von Entwicklungspolitik als Scheitern begreifen, während sie sinkende Kindersterblichkeit, zunehmende Schulbildung und dergleichen nicht wahrzunehmen scheinen, zeigt, dass Werterelativismus keine Analysegrundlage bietet. Zudem wird daran deutlich, dass sie implizit durchaus Werte zugrunde legen, hier so etwas wie *wenigst mögliche Einmischung*. Sie sind im Endeffekt gegen Entwicklung statt deutlich zu machen, dass sie die Entwicklungsprogramme, die sie als dominierend erachten, durch alternative Modelle zu ergänzen oder zu verbessern trachten. So entwerten sie letztlich die berechtigte Kritik an technokratischen, durchkapitalisierten und staatsorientierten Entwicklungsansätzen (J. Nederveen Pieterse 2001: 104).

4.1.3 Wachstum als Indikator für Entwicklung

4.1.3.1 „Stages of Growth" – Rostows Entwicklungsentwurf

Marx' Vorstellung eines Zusammenhangs von wirtschaftlichem Fortschritt und gesellschaftlicher Evolution klingt in allen späteren Theorien an[78]. Damit gelangt der Faktor ‚Wirtschaft' unversehens in das definitorische Zentrum von Entwicklungstheorien. Paradoxerweise ist es gerade die Truman-Doktrin, die das Wachstum zum Schlüssel für friedliche internationale Politik – vulgo: für die Eindämmung des Marxismus – macht: „Greater production is the key to prosperity and peace. And the key to greater production is a wider and more vigorous application of modern scientific and technical knowledge" (H. Truman [1949] 1964, so zitiert in A. Escobar 1995: 3). Dies basiert zwar auf einer vereinfachenden Lesart von Marx' Theorie, die sich auf die geschichtliche Wirkung der produktiven und reproduktiven Aspekte des Lebens konzentriert. Aber so, wie Marx die Stadien der wirtschaftlichen Entwicklung modelliert und seiner Stufentheorie zugrunde legt, gehen spätere Theoretiker in ihren Modellen von den Erfahrungen der Industrialisierung und des kapitalistischen Wirtschaftens im europäischen Bereich aus.

Dies gilt beispielsweise für einen der prominentesten Vertreter der Modernisierungstheorie: In einer Art ‚Marxismus ohne Marx' (G. Rist 2002: 101, insb. FN 30) entwirft Rostow eine evolutionäre Theorie, in der alle Gesellschaften insofern gleich sind, als sie in ein Schema von fünf Entwicklungsstufen eingeordnet werden können (W. Rostow 1971). Ausgehend von traditionellen Gesellschaften[79], beschreibt er, unter welchen Umständen (Take-Off) diese einen Pfad der Evolution zu beschreiten beginnen, der immer mehr ökonomische Sektoren umfasst und zu Massenkonsumption führt. Diese Evolution fußt auf wachsender Kapitalaggregation, die zu verbesserten landwirtschaftlichen Anbaumethoden führt und die betroffenen Gesellschaften aus der ‚Malthusianischen Falle'[80] entkommen lässt. Damit umschreibt man den Zusammenhang, dass bis ins

---

[78] Marx orientiert sich seinerseits an der Stufentheorie Smiths (2001), der bereits auf die Art der politischen Formation, also den Zusammenhang zwischen Wirtschaften und Herrschaft sowie auf die Funktion des Eigentums für die politische Mitsprache hinweist.
[79] Diese sind Marx' Feudalgesellschaft ähnlich, aber weiter gefasst, weil Rostow zufolge nicht alle traditionellen Gesellschaften Herrschaftssysteme ausprägen, die auf landbesitzendem Adel basieren (W. Rostow 1971: 146, FN*).
[80] Thomas Malthus beschrieb 1798, 1803² und 1826³ in seinem „Essay über die Prinzipien der Bevölkerung" den Zusammenhang zwischen Bevölkerungswachstum und Produktivität. Seiner Annahme nach trägt die Menschheit eine Tendenz zur Vermehrung in sich, die nur durch die begrenzten Mittel, diesen Zuwachs zu ernähren, beschränkt wird. Wo immer also die landwirtschaftliche Produktion gesteigert wird, geht dieser Überschuss durch wachsende Nachfrage wieder verloren: „The ultimate check to population appears then to be a want of food, arising necessarily from the different ratios

späte 18. Jahrhundert Produktivitätsfortschritte immer durch Bevölkerungswachstum ‚aufgefressen' wurden (G. Clark 2007).

Damit Investitionen in zusätzlicher Produktivität wirksam werden können, so Rostow, müssen sie höher als das korrespondierende Anwachsen der Bevölkerung sein. Dieser Zusammenhang bilde eines der elementaren Hindernisse, da Gesellschaften, die in der Phase ihres take-offs stärker wüchsen als die europäischen, dieses Wachstum durch *noch mehr* Investitionen kompensieren müssten, um den gleichen wirtschaftlichen (namentlich kapitalistisch-akkumulativen) und in der Folge technologischen Effekt zu erzielen. Hinzu kommt die Gefahr hoher Arbeitslosigkeit, die insbesondere in urbanisierten Bereichen politisch brisant sei, „since the populations of these areas (…) live in a setting of international communications which makes their frustration, perhaps, more strongly felt that in comparable situations in the past" (W. Rostow 1971: 141).

Rostow leitet seine Wachstumsstufen aus den Industrialisierungsschritten Westeuropas, der USA und Japans ab und kann so verschiedene Phasen der Entfaltung *industrialisierter* Wirtschaftssysteme identifizieren. Er kritisiert Marx, da dieser zwar Hegelianische Geschichtsphilosophie mit einer ‚verallgemeinernden Version der Profitmaximierung' (W. Rostow 1971: 157) verbunden, diese aber historisch alleine aus der britischen Industriellen Revolution abgeleitet habe. Den Transfer von Ideen wie den reaktiven Nationalismus, der die westeuropäischen Staaten zur Nachahmung angeregt habe, sowie das Problem, ein politisch-ökonomisches System wählen zu müssen, habe Marx auf dieser Basis nicht berücksichtigen können. Er habe deswegen nicht damit rechnen können, dass der Anstieg industrieller Löhne auch dazu führen könne, dass die Arbeiter, statt den blutigen Umsturz der Besitzverhältnisse zu suchen, ihre graduelle Beteiligung am produzierten Mehrwert akzeptierten (W. Rostow 1971: 158).

So scharf Rostow die Tragik der Marx-Engels'schen Lehre in ihrer Ableitung der gesellschaftlichen Konsequenzen beobachtet (und verurteilt), so wenig versteht er deren grundsätzlichen Fehler zu vermeiden, wirtschaftliche Abläufe teleologisch auf ein Ziel hin zu projizieren, in seinem Fall den (in Abgrenzung zum Marxismus glorifizierten) demokratisch verfassten Kapitalismus. Er folgt der Logik einer Prophezeiung und eines Versprechens kapitalistisch induzierten

---

according to which population and food increase. But this ultimate check is never the immediate check, except in cases of actual famine" – die unmittelbare ‚Grenze des Wachstums' seien die Gebräuche, die das Wachstum gesellschaftlich regulierten und die auf der vernunftmäßigen Planungsbegabung des Menschen beruhten (T. Malthus 1986: 12). In der neueren Debatte, etwa um die Konfliktträchtigkeit von Ressourcenfragen prägt diese Theorie einen Argumentationsstrang, zu dem auch der berühmte Bericht des ‚Club of Rome' über die Grenzen des Wachstums zu zählen ist (D. Meadows et al. 1983). Demgegenüber stehen die ‚Cornucupianer' (von *cornu copiae:* das Füllhorn), die das Problem der Knappheit durch technologische Fortschritte für bewältigbar, die Menschheit also nicht für exogen wachstumsbegrenzt halten.

Wachstums, das unabhängig vom konkreten sozialen Kontext einer staatlich gedachten Gesellschaft zu exakt den gleichen Entwicklungspfaden – wenngleich er unterschiedliche Zeitskalen zugesteht – führen *muss*. Das bedeutet eine Sichtweise der Welt, die keinen Zustand *vor* der Unterentwicklung kennt (A. Frank 1969: 40). Die als Wachstumsschritte konzipierten ‚stages of growth', die der historische Materialismus als Zusammenhang quantitativer und qualitativer Veränderungen der Produktionsweisen im historischen Ablauf fasst (A. Callinicos 2004: 42-47[81]), bedeuten notwendigerweise, dass die ‚abgeschlossene' Evolution noch laufenden Evolutionsprozessen voraus ist. Da diese Evolution aber einer Modernisierung, wirtschaftlich gesehen einer Durchkapitalisierung gesellschaftlicher Reproduktion gleichkommt, ist es immer die westliche Staats- und Wirtschaftsform, zu der ‚unterentwickelte' Gesellschaften ‚aufschauen'.

Unstrittig sei immerhin, schreibt Rist, ein massiver Demonstrationseffekt, der nichtwestlichen Gesellschaften ihren ‚Rückstand' aufzeigt und die Notwendigkeit verdeutlicht, den Rückstand aufzuholen. Die Gleichzeitigkeit des Ungleichzeitigen – also die in der sozialen Wirklichkeit nicht lineare Abfolge der Modernisierung, gepaart mit einer räumlich nicht einheitlichen Verteilung dieses Wandels – führt jedoch zu einer ‚Hybridisierung der Entwicklung' (G. Rist 2001: 102). Moderne Formen des Wirtschaftens verbinden sich mit vormodernen/traditionellen Formen, ohne dass eine Form dominiert. Dies wirkt auf die polit-ökonomisch bestimmten Herrschaftsbeziehungen zurück. Hohe Konsumption geht so beispielsweise problemlos mit niedriger Produktivität einher, die Gesellschaften können modernisiert sein (in ihrem Lebensstil), ohne modern zu sein (in der Art ihrer Reproduktion).

Rostows Glaubenssatz, der sich auf *Wachstum* kapriziert, reproduziere damit ein Narrativ, das im Fortschrittsdenken der Moderne verankert ist. Entwicklungshilfe ist deshalb zu rechtfertigen, weil sie eine Beschleunigung der notwendigerweise zu durchlaufenden Stadien darstellt. Dieser Glaube an das Wachstum ist bis heute, unabhängig von der politischen Provenienz, bei Neoliberalen wie Kommunisten, erhalten geblieben:

> „Today people are raising questions about the generalizability of the stages-of-growth model, the schedule keeps being pushed back, and its effects on the envi-

---

[81] „(...) relations of production are constituted by this distribution of the means of production, which determines who controls not simply the means themselves, but also labour-power itself (this is partly what is meant by Marx's treating as a consequence of the distribution of the means of production the 'subsumption of the individuals under specific relations of production'"(A. Callinicos 2004: 47). Wenn sich also die Produktionsverhältnisse ändern, ändern sich automatisch die sozialen Beziehungen, die Macht konstituieren. Die Produktionsbeziehungen sind dabei von den rechtlich kodifizierten Eigentumsverhältnissen zu unterscheiden, da die reale Verfügungsmacht ausschlaggebend ist. Staatseigentum ist also nicht die Lösung des dialektischen Widerspruches (ibid.).

ronment are a source of concern. But essentially everyone acts as if it were true –
that is, as if it were desirable, possible and achievable" (G. Rist 2001: 103).

4.1.3.2 Wachstum und Dependenz

Wachstumsglaube lag auch Dependenztheorien zugrunde. Das Ziel ‚Entwicklung' werde durch Kapitaltransfers, Rohstoffexporte und die durch die wirtschaftliche Außenposition zu erzielenden komparativen Vorteile[82] (niedrige
Löhne, mehr Arbeitskräfte, mehr Marktanteile) erreicht – so zumindest sah das
die gängige ökonomische Theorie. Die Wirtschaftsdaten deuteten aber in eine
andere Richtung: Der Freihandel wirkte zugunsten der industrialisierten Länder,
da insbesondere deren Kapitalstruktur zu ungleichem Austausch führte. Diese
Unterscheidung zwischen Zentrum und Peripherie wurde zur bestimmenden
Unterscheidung (G. Rist 2001: 115; S. Amin 1975: 196-233). Die Einbindung
der Peripherie in den Weltmarkt sollte, so die Entwicklungsziele, nicht durch
Spezialisierung als Rohstoffproduzenten erfolgen, sondern gegebenenfalls in
Kooperation mit regionalen Partnern importsubstituierende Wirtschaftszweige
aufgebaut werden. Dem Staat käme darin eine zentrale Rolle bei der Steuerung
des Aufbaus, wenn nicht gar die der ‚ausführenden Agentur' zu (J. Nederveen
Pieterse 2001: 24). So könne und solle er zwischen der unterentwickelten Gesellschaft und dem Weltmarkt vermitteln, da die Schwäche abhängigen Wirtschaftens der Mangel an verfügbarem Produktivkapital sei.

Die Tendenz der Ausbreitung des kapitalistischen Systems wird so zur
Hauptursache von Unterentwicklung. Sofern sich die Zentren entwickelten,
prosperiere der Exportsektor primärer Güter – Profiteure sind die Empfänger
ökonomischer Renten. Deren Konsumption (aber auch – mit Abstand – die der
Bauern) führe zu Importen, die die Handelsbilanz der Länder der Peripherie
verschlechtern. Umgekehrt sänken bei sinkenden Exporten die Preise mit, etwa
wenn die Konjunktur in den Industrieländern lahme, was sinkende Renten und
Importe bedeute. Im Ergebnis bleibe die Handelsbilanz immer ausgeglichen. Da
die Einnahmen in unterentwickelten Ökonomien weit überwiegend über Renten
erzielt würden, könne von eigenständigen Konjunkturzyklen, die über Veränderungen der Handelsbilanzen vermittelt würden, also nicht die Rede sein (S. Amin
1975: 223-225).

Die Entwicklungspfade unterentwickelter Nationalökonomien werden also
mit denen der europäischen Entstehung des Kapitalismus verglichen. Das Wech-

---

[82] Die Vorstellung der komparativen Vorteile von Ökonomien an der Peripherie des Weltmarktes
geht davon aus, dass die zumindest teilweise Integration in den Weltmarkt den Staaten zu gewinnma-
ximierender Spezialisierung verhilft (G. Rist 2001: 113/114, FN 13).

selverhältnis mit dem kapitalistischen Zentrum bleibt außen vor, zu dem sich die ‚nachholenden' Ökonomien aber verhalten müssen: „Economic development in the South cannot be autonomous of the North as long as capitalism is the engine of development" (M. Cowen/R. Shenton 1996: 62). Nationalökonomien können nicht aus sich selbst heraus kapitalistisches Wirtschaften entwickeln und damit expandieren, wie dies dem europäischen Kapitalismus durch Kolonialisierung gelang. Stattdessen muss eine adäquate Entwicklungstheorie die Vorgeschichte der ökonomischen Formation einbeziehen (A. Frank 1995).

Frank nimmt in seiner an Südamerika geschulten Analyse an, in der er die Unterteilung in fortgeschrittene Metropolen und rückständiges Hinterland in Frage stellt, dass innerhalb von Staaten eine strukturell vergleichbare Unterteilung zwischen Zentrum und Peripherie wie im Weltmaßstab zugrundegelegt werden müsse. Hauptstädte in Entwicklungsländern werden aus dieser Sicht zu Satelliten im durchkapitalisierten weltwirtschaftlichen System, die ihrerseits Provinzstädte zu Satelliten im nationalen Gefüge werden ließen, um die sich dann lokale Machtkonstellationen fügten. Insofern könne von ländlichen Regionen, die nicht vom kapitalistischen Wirtschaften beeinflusst seien, nicht die Rede sein; eine ganze ‚Kette' von Abhängigkeitsverhältnissen verbinde noch den letzten Flecken mit den kapitalistischen Zentren (A. Frank 1995: 29). Die Peripherien würden in Exportwirtschaften verwandelt, verschwänden aber aus dem Interesse des Marktes, sobald ihr kompetitiver Vorteil abgeschöpft sei. Selbst wenn – hervorgerufen etwa durch den Zweiten Weltkrieg – eingeschränkter Handel aufgrund zeitweise fehlender Konkurrenz zu nationaler oder regionaler Kapitalakkumulation und damit zu steigenden Investitionen führt (S. Amin 1975: 221), reicht die damit vorangetriebene Industrialisierung einzelner Landesteile nicht aus, um die Abhängigkeitsstrukturen als Ganzes in Frage zu stellen. Die industrialisierten Zentren würden lediglich zu Kapitalmagneten neuer Satelliten, die auch die verarmten Bevölkerungsschichten in die Vorstädte lockten. Die Einbindung in den Weltkapitalismus beschränke indes die Entwicklungschancen der intermediären Zentren/Satelliten[83].

Die Trennung von Arbeit und Produktionsmitteln in der europäischen Industrialisierung, die jedoch die Arbeiter als Lohnarbeiter in den kapitalistischen Produktionsprozess reintegrierte, konnte aus sich selbst heraus einen tragfähigen Zyklus generieren. Wo dieser ursprüngliche Prozess, wie er in der Frühindustrialisierung abgelaufen sein mag, fehlte, sollte staatliche Intervention als aktives Vorantreiben wirtschaftlicher Produktionsmodi an die Stelle des gleichsam ‚naturgemäßen' kapitalistischen Prozesses treten (M. Cowen/R. Shenton 1996: 61).

---

[83] In Franks Satellitenmodell sind urbanisierte Gegenden in Entwicklungsländern beides: Sie sind Satelliten im weltkapitalistischen Maßstab, gleichzeitig sind sie (Sub-)Zentren gegenüber ihren Provinzen.

Denn im globalen Süden erfolgte weder die Reintegration der Arbeiterklasse, noch gelang dem Staat, eine ‚Vergesellschaftung' der wirtschaftlichen Produktion. Für Frank ist dies das Charakteristikum der Unterentwicklung: Die Ablösung kann nur simultan mit der Reintegration erfolgen, nicht konsekutiv. So betrachtet ist nachholende Entwicklung nicht möglich. Nichtintegration ins kapitalistische System ist also die einzige Möglichkeit, *wirkliche* Entwicklung zu erreichen. Da die Zeitläufte nicht beeinflussbar sind, die zufällig durch Krieg die Verbindungen zwischen kapitalistischem Zentrum und der Peripherie kappen und diese so zu selbstbezogener Entwicklung anleiten, ist nur Selbstisolation als Mittel denkbar. Das bedeutet entweder Entkoppelung vom kapitalistischen System, also mit Sozialismus als treibender Kraft hinter der Entwicklung (M. Cowen/R. Shenton 1996: 63) oder Selbstisolation, wie sie in Japan herrschte (A. Frank 1995: 33).

Entkoppelung vom weltkapitalistischen Prozess muss keine vollständige Isolation bedeuten. Vielmehr ist damit gemeint, dass mit der wirtschaftlichen Modernisierung eine eigenständige gesellschaftliche Anpassung einhergeht, die nicht einfach westliche Muster reproduziert, sondern zu einer eigenständigen Ausdifferenzierung der politischen Herrschaftsverhältnisse führen kann. Auch wenn die vermeintliche Einheitlichkeit der politischen Systeme europäischer Staaten den Blick darauf verstellt, zeigt sich doch, dass die sehr verschiedenen Macht- und Verfahrensbalancen historisch verschiedenen Entstehungsbedingungen und -abläufen geschuldet sind. Neben der Gesellschaftlichkeit und Historizität von Herrschaftsbeziehungen zeigt sich also, wie prägend internationale Einflüsse sind, wobei die Einflüsse auf lokale Gegebenheiten unterschiedlich tief einwirken und mit wechselnder Wucht auf die lokalen sozialen Formationen treffen. Nicht zuletzt spielt der Zeitraum eine Rolle, in dem Anpassungen erfolgen können. Entwicklung heißt aus der Sicht der Dependenztheorie also selbstbestimmtes Wirtschaften, ohne dass die Strukturen dieser Wirtschaft durch die Einbindung in das weltökonomische, kapitalistische System vorgegeben sind. Diese Selbstbestimmung erlaubt, ein politisch-soziales Habitat zu entwickeln, das den historischen und kulturellen Gegebenheiten gerecht wird und nicht notwendigerweise den kristallinen Charakteristika rationaler Verfahren, Besteuerung und zentralisierter Gewaltmonopolisierung folgen muss. Das heißt außerdem, dass die Dependenztheoretiker – aller sozialistischen Rhetorik zum Trotze – letztlich auch gegen aus sich selbst heraus entwickeltes kapitalistisches Wirtschaften nichts einwenden, sofern die gesellschaftlichen Zusammenhänge nicht von außen oktroyiert sind.

Der Aspekt, dass Unterentwicklung durch die spezifische Position im Weltmarkt als Quelle von Werttransfers in die durchkapitalisierten Zentren hervorgerufen wird, statt – wie dies die Modernisierungstheoretiker annehmen – in binnengesellschaftlichen Hindernissen ihren Grund hat, zeigt, dass der Widerspruch zwischen beiden Theorieschulen eigentlich konstruiert ist. In ihrer Analyse sind beide Ansätze komplementär, lediglich die „entwicklungsstrategischen Folgerungen" weichen voneinander ab. Die ‚Zielbestimmung' beider war jedoch praktisch gleich: „die Angleichung der produktiven Strukturen, der Konsummuster und Lebensformen an die bereits entwickelten Gesellschaften" (R. Kößler 1998: 114-115). Auch die prominenten Entwicklungstheorien sehen also Wachstum und wirtschaftliche Produktivität als primäre Mechanismen der Entwicklung an. Die Entwicklungstheorien verfolg(t)en letztlich keinen analytischen Zweck, sondern flankieren die Entwicklungspolitik präskriptiv[84]. Wachstum wird so zum Basisziel von Entwicklung, die immer von außen induziertes Wachstum meint. Dabei bleibt die Differenz zwischen Entwicklung aus sich heraus (‚immanente Entwicklung') und intendierter Wirkung externer Entwicklungsprogramme unüberbrückbar.

4.1.4 Staatlichkeit und Entwicklung

4.1.4.1 Immanente und exogene Modernisierung

Immanente Entwicklung beinhaltet immer die Zerstörung alter Strukturen und Zusammenhänge, während diese Destruktion im Konzept externer Entwicklung keinen Platz findet (M. Cowen/R. Shenton 1996: 438). Der destruktive Aspekt immanenter Entwicklung verdeutlicht die Kontingenz, mit der Vorhandenes verworfen und ersetzt wird (oder eben nicht), was der intentionalen Politik externer Entwicklung zuwiderläuft. Die Politik der Entwicklung muss, wenn sie intentional ist, ein Ziel vor Augen haben und folgt auf diese Weise unausweichlich einer historischen Logik mit allen beschriebenen geschichtsphilosophischen Problemen. Die Richtschnur ist der wirtschaftliche Fortschritt der europäischen, später westlichen Staaten mit ihrer vorausgesetzten, zufällig vorhandenen oder erzwungenen Übereinstimmung von gesellschaftlichen, politischen und wirtschaftlichen Lebensbereichen. Dabei erfolgte kein Schritt der Herausbildung der entsprechenden Gesellschaftsformationen bruchlos oder konfliktfrei. Theorien der Entwicklung nehmen dennoch an, die Voraussetzung „of development is that 'the state of mind' is literally that of the mind of the state. Development goals are state goals and development values are what state goals for development should be" (M. Cowen/R. Shenton 1996: 442).

---

[84] Eine bemerkenswerte Parallele besteht zu (realistischen) Sicherheitstheorien, die sich analytisch gaben, aber letztlich präskriptiv, ja sogar prognostisch zu sein beanspruchten. Wissenschaftlich zu streiten wäre über die Frage, ob es zur Existenzrechtfertigung beider Theoriestränge gehört, ihre eigene Zielsetzung nicht erreichen zu können.

Die Rolle des Staates in der Entwicklung kann also nicht vernachlässigt werden. Dabei ist die Frage eher eine funktionale, ob der Staat die Entwicklung in die Hand nehmen soll oder ihr eher im Wege steht, wie (wirtschafts-)liberale Kritiker angemerkt haben. Dies führte zum notorischen Washington Consensus und ‚structural adjustment'-Programmen (J. Degnbol-Martinussen/P. Engberg-Pedersen 2003: 47-53; J. Rapley 2007: 155-159), die den Staat zu ‚verschlanken' trachteten. Auf einer anderen Ebene steht die Frage, ob der Staat „in den Köpfen" (P. Bourdieu 1998: 99) verankert ist, also das Verhältnis, in dem Staat und Gesellschaft stehen. Die Vorstellung eines Staates, der nur punktuell ins Leben der Bürger eingreift, beruht bereits auf der Vorstellung der Bürger von sich als Bürger im Staat. Das impliziert wiederum ein nennenswertes Maß an Individualisierung, das es erlaubt, individuelle Rechte gegenüber dem Staat zu etablieren, zuzuordnen und durchzusetzen. Und sie verweist auf die (Welt-)Gesellschaftlichkeit des Staates und die Staatlichkeit der Gesellschaft, die als Voraussetzung von Entwicklung gilt, statt sie im Zentrum der Analyse zu führen. Ein erhellender Blick auf Entwicklung gelingt dennoch, wenn sie zwar zusammenhängend mit, jedoch nicht dem wirtschaftlichen Wachstum ursächlich entspringend betrachtet wird. So kann auch die Asymmetrie zwischen ‚entwickelten' und ‚unterentwickelten' Ländern, also der gesamte oben beschriebene Problemkomplex des Gefälles zwischen ‚reichen' und ‚armen' Ländern umgangen werden, denn über eine zeitliche Komponente kann Entwicklung im historischen Verhältnis zu sich selbst betrachtet werden. Diesen Ansatz vertritt einflussreich Amartya Sen in seinem Entwurf „Development as freedom" (A. Sen 2005), in dem er die Erkenntnisse vieler Jahre entwicklungsökonomischen Forschens zusammenfasst (A. Sen 1980, 1982, 2000 sowie A. Sen/M. Nussbaum 1993).

4.1.4.2 Märkte als Ausdruck der Freiheit

Sen zufolge ist auch „das soziale Gefälle innerhalb der reichen Länder ein wichtiger Aspekt für das Verständnis von Entwicklung und Unterentwicklung" (2005: 16). Er verwirft die Wachstumseffekte von Märkten als legitimatorische Begründung für die Marktwirtschaft, weil er sie für sekundäre Effekte hält. Der primäre Grund, warum Märkte zu befürworten seien, sei hingegen, dass Märkte Ausdruck der Freiheit des Menschen zur Interaktion seien. Dadurch verliert der Markt seine verengte ökonomistische Rolle, dessen ausschließliches Ziel es ist, Wachstum zu erzeugen, ohne dass klar ist, wie die daraus resultierenden Wohlfahrtsgewinne zu verteilen wären. So kann Sen die Defizite herausarbeiten – beispielsweise fehlender Zugang zum Arbeitsmarkt als Ausdruck wirtschaftlicher Ungleichheit – und Mechanismen benennen, wie diese zu beheben seien.

Auch hier ist der Staat vorausgesetzt, aber auf seine funktionalen Aufgaben beschränkt und nicht in seiner mentalen Verankerung im Habitus der Bürger vorgegeben. Entwicklung, so Sen, bestehe also im „Prozeß der Ausweitung substantieller, miteinander verknüpfter Freiheiten" , die an den Kriterien „(1) politische Freiheiten, (2) ökonomische Vorteile, (3) soziale Chancen, (4) Garantien für Transparenz und (5) soziale Sicherheit" (A. Sen 2005: 19/21) zu messen seien.

Politische Freiheiten beziehen sich dabei auf die Möglichkeiten, an der Wahl der Art und Besetzung politischer Ämter teilhaben zu können. Dazu gehört der freie Austausch von Ideen und politischen Programmen – gemeint sind im Wesentlichen die in den liberalen Demokratien verbreiteten Rechte. Die ökonomischen Vorteile müssten auch Verteilungsmöglichkeiten einschließen. Damit ist sein Ansatz nicht auf wirtschaftliches Wachstum *per se* gemünzt (die einseitige Fokussierung auf nationales Bruttowachstum ist zentraler Gegenstand seiner Kritik). Wachstum kann nämlich ungleich verteilt und mit wachsender Arbeitslosigkeit, Mangel an verfügbarem Investivkapital, schwacher sozialer Absicherung, Verschlechterung der Ernährungslage usf. verbunden sein (F. Stewart/S. Deneulin 2002: 62). Wohlstand muss entsprechend verteilt werden, um allen vergleichbare Zugangsmöglichkeiten zum ökonomischen Austauschprozess einzuräumen. Soziale Chancen hängen von den Möglichkeiten ab, Bildung zu erlangen oder in einem Gesundheitssystem Hilfe gegen vermeidbare Krankheiten zu finden. Gesellschaften benötigen zudem ein Mindestmaß an Vertrauen und Erwartungssicherheit, Offenheit und Durchsichtigkeit, das durch Transparenzgarantien entsteht. Schließlich muss ein Gemeinwesen soziale Sicherheit bereitstellen, um die Gefahr des Einzelnen zu lindern, durch Krankheit, Alter, Behinderung oder wegfallende Wirtschaftszweige in lebensbedrohliche Not zu geraten (A. Sen 2005: 52-54).

Diese fünf Punkte sind, wie unschwer zu erkennen ist, nah am funktionalen Ideal des liberalen Rechtsstaats. Die Rechte verwirklichen sich komplementär im Zusammenspiel, so dass die staatliche Einbettung etwa für Aspekte wie niedrige Korruption innerhalb eines Apparates Voraussetzung ist. Der Staat ist also für Sen eine *conditio sine qua non*, und seine demokratische Verfasstheit ist die beste Garantie gegen Hunger und Unterernährung. Wo die Mitwirkungsrechte der Bevölkerung verwirklicht seien, Regierungen sich also Wahlen stellen müssten, seien die Anreize hoch, vorsorgend gegen Katastrophen tätig zu werden (A. Sen 2005: 27). Empirisch seien Demokratien nie von Hungersnöten betroffen gewesen, daraus abzuleiten, demokratische Regierungen würden prinzipiell eine Antiarmutspolitik vertreten, ist jedoch wenig überzeugend. Dies gilt weder für wirtschaftlich schwache Staaten der Dritten Welt noch für die etablierten Industriestaaten, die in den letzten Jahrzehnten einen kontinuierlichen Anstieg von

Armut verzeichnen[85]. Sowohl im Verhältnis zwischen Staaten des kapitalistischen Kerns und der Peripherie als auch innerhalb der Staaten ist der Abstand zwischen Arm und Reich kontinuierlich gewachsen (A. Hoogvelt 1997:84-89; UNDP 1996: 12-13; M. Duffield 2001). Politischer Einfluss wirtschaftlich starker Gruppen, die Struktur der politischen Ökonomie und Konkurrenzkämpfe um Ressourcenzugriff scheinen in seiner Konzeption der Demokratie zu fehlen (F. Stewart/S. Deneulin 2002: 64). Damit befindet er sich in der guten wirtschaftstheoretischen Gesellschaft eines Adam Smith, über dessen Theorie „ein sonniger Zug von Optimismus" liegt (G. Myrdal 1976: 103).

4.1.4.3 Pazifizierte Ausgleichsmechanismen freier Individuen?

Sens Hauptverdienst, das Augenmerk der Entwicklungspolitik und -theorien von nationalgesellschaftlichem Wachstum weg auf die Auswirkungen auf den Einzelnen zu lenken, stellen diese Kritikpunkte nicht in Frage. Vielmehr weisen sie auf Aspekte hin, bei denen Sens Entwurf eher Ausgangs- denn Endpunkt einer Analyse sein muss, insbesondere, wenn Sicherheit und Entwicklung als miteinander in Zusammenhang stehend vermutet werden. Freiheiten als ‚Fähigkeiten zu' („capabilities") zu verstehen verfolgt keine Marktideologie, in der Eingriffe in das Marktgeschehen gefälligst zu unterbleiben haben. Staat und Gesellschaft müssen sich also in einem idealerweise demokratischen Verfahren darüber verständigen, welche Maßnahmen zum Schutze des Einzelnen beziehungsweise als Basis breiter Freiheiten und ‚Fähigkeiten zu' dienen sollen. Dass dabei interessengeleitete Positionen bestimmend werden können, indem Akteure im Staat versuchen, ihre eigene Position zuungunsten von anderen zu verbessern, wurde bereits erwähnt. Ein weiter gehendes Problem tut sich aber mit Sens Grundannahme auf.

    Obwohl Sen die individuelle Freiheit dort begrenzt sieht, wo sie anderen schadet, schreibt Evans, „Sen continues to be a good Manchester liberal. Classic

---

[85] Armut ist in diesem Zusammenhang definiert als Zusammenspiel von Lebenserwartung, (Zugang zu) Wissen und Lebensstandard (Human Poverty Index, HPI-1). Für die ‚entwickelten' OECD-Länder kommt soziale Exklusion als Kriterium hinzu (HPI-2). Die Definition „Human poverty is primarily a deprivation of choices and opportunities for living a life *one has reason to value*" im HPI (HDI 2008, eigene Hervorhebung) ist dabei stark an Sens Verknüpfung von Entwicklung und Freiheit angelehnt, wenn er schreibt: „Entwicklung hat sich stärker damit zu beschäftigen, Freiheiten, die wir genießen, und das Leben, das wir führen, zu intensivieren. Eine Entfaltung der Freiheiten, *die zu schätzen wir Grund haben*, bereichert nicht allein unser Leben und befreit es von Fesseln, es ermöglicht uns darüber hinaus, intensiver am sozialen Leben teilzunehmen, unseren eigenen Willen durchzusetzen, mit der Welt, in der wir leben, in Wechselwirkung zu treten und sie zu beeinflussen" (A. Sen 2005: 26, eigene Hervorhebung).

liberal exaltation of the individual and an implicit acceptance of individual (as opposed to social) preferences as exogenous still characterize his work" (P. Evans 2002: 56). Als geistiges Konstrukt legt er nämlich ein Individuum zugrunde, das auf sich selbst zurückgeworfen ist. Um als Referenz überhaupt in Frage kommen zu können – und gegebenenfalls im öffentlichen Diskurs die Stimme in eigener Sache erheben zu können –, muss es zunächst über ein Verständnis seiner selbst als Individuum verfügen. Wo sich das Individuum nicht als solches begreift, wirken alle deliberativen Mechanismen nicht in Sens Sinne: zur Stärkung der „Agency" eines Menschen. Dabei dient „Agency"

> „als Bezeichnung für jemanden, der tätig ist und Veränderungen bewirkt und dessen Leistungen in Bezug auf seine eigenen Werte und Ziele zu bewerten sind, unabhängig davon, ob wir sie auch noch hinsichtlich irgendwelcher äußeren Kriterien beurteilen" (A. Sen 2005: 30-31; für einen differenzierten Agency-Begriff A. Callinicos 2004).

4.1.4.4 Konstruktion von Normen und Werten

Die determinierende Kraft der sozialen Umwelt bleibt dabei auf der Strecke. Wenn soziale Normen und Praktiken instrumentell hinsichtlich ihres Beitrags zum individuellen Befinden gewertet werden, gelten sie nur als Kapital, das eingesetzt wird, um etwas anderes herzustellen (F. Stewart/S. Deneulin 2002: 66). Das Individuum als Referenz ist eine Scheinalternative zum gesellschaftlichen Sein, und es birgt die Vorstellung eines Lebens ohne und außerhalb der Gesellschaft, als atomisierter Mensch jenseits sozialer Kontakte oder Anbindung. Individuelle „Agency", argumentieren deshalb Stewart und Deneulin,

> „is not a tabula rasa; it is influenced by and develops according to particular structures of living together, so we need a way to distinguish the type of structures that help promote individual agency and determine which objectives people value" (2002: 67).

Das Individuum in dieser Art vorauszusetzen ist zumindest analytisch zweifelhaft, weil die Ziele, die Menschen wertschätzen, nicht näher bestimmt sind. Sind es rein individualistische Werte, so wird auch die Entscheidung, als Milizionär im Kampf gegen vermeintlich feindliche Gruppen sein Auskommen zu finden, als gelungener Entwicklungsschritt zu bewerten sein. Sen selbst verwahrt sich gegen diese Kritik des methodologischen Individualismus', kann aber die Messmarke seiner Werte letztlich nicht erhellen. So wie Freiheiten bei ihm gleichzeitig Mittel und Ziel von Entwicklung sind, so sind die Werte, Gedanken und das

Handeln der Individuen konstitutive Elemente der Gesellschaft, in der sie leben (A. Sen 2002: 81).

Auch wenn man dieses Wechselspiel anerkennt, bleibt doch die Frage, woher die Werte kommen, die jemand ‚Grund hat zu schätzen'. In vorkapitalistischen Wirtschaftsstrukturen sind die negativen Folgen für den Einzelnen als Arbeiter ohne Rechte und Schutz, als Sklaven oder Produzenten ohne direkten Marktzugang offensichtlich in ihrer Einschränkung der „capabilities" (P. Evans 2002: 57). Sens Kritik an utilitaristischen Wahlfreiheitsmodellen, da die Wahlfreiheit „leicht durch psychische Konditionierung und Anpassung [zu] beeinflussen" (Sen 2005: 80) sei, fällt in einer ausgewachsenen Konsumwirtschaft mittelbar auf ihn selbst zurück. Die Konsumentenfreiheit erweist sich selbst dann als eingeschränkt, wenn man einen durch und durch rationalen und obendrein informierten Konsumenten vorauszusetzen bereit ist. Dort, wo in der politischen Ökonomie mit wirtschaftlicher Potenz der Zugang zur Öffentlichkeit verbessert und durch Werbung, aber auch durch Finanzierung politisch zuträglicher Positionen genutzt werden kann, werden die Werte ebenfalls geformt und sind kaum als intrinsische Neigungen deklarierbar. Sen nimmt an, dass staatliche Eingriffe in den wirtschaftlichen Austausch statthaft seien, wo sie dem Ausgleich schwerer sozialer Verwerfungen dienen. Das Problem dabei ist, dass diese prinzipielle Überlegung beispielsweise Versuche, Konkurrenten vom Markt zu halten, indem Produzenten beim Staat Einfluss für Zölle oder Quotierungen durchsetzen, als Einschränkung der Freiheit dieser Anbieter wie auch der Konsumenten eigentlich nicht berücksichtigen kann. Dafür fehlt dem Ansatz trotz der Bedeutung, die er der Information einräumt (A. Sen 2005: 71-77) ein Instrument, die Konkurrenz um Deutungen empirisch zu erfassen – übrigens bereits Smiths Problem (E. Kolodziej 2005: 187).

Seitens der Produzenten von Massenware beispielsweise ist eine Vereinheitlichung der Werte und damit der Nachfrage vorteilhaft. Normierung und stabile Nachfrage stellen aber kaum eine ursprünglich vorhandene Wertestruktur dar. Sie sind viel eher konkreter Ausdruck von „essentially rich country consumption standards [diffused] throughout the globe". Wenn der Zugang zu Gütern aber als relative Größenordnung für Armut bzw. Entwicklung herangezogen wird, bedeutet das, dass durch diese Standards „all but the most affluent citizens of the South become 'relatively poor in a rich community' – much poorer than they would need to be if they had the ability to shape consumption standards based on their own experience and standards" (P. Evans 2002: 58). So wird das im HPI-2 erfasste Kriterium (vgl. FN 85) der sozialen Exklusion innerhalb einer Gesellschaft wahrhaft globalisiert.

4.1.5   Zusammenfassung: Reduktion existenzieller Risiken

Machtstrukturen müssen also berücksichtigt werden, wenn Entwicklung untersucht wird. Entwicklungspolitik unterliegt dem Anfangsverdacht, die Ausbreitung marktwirtschaftlicher Strukturen voranzutreiben, über die sich Machtungleichheiten stark auswirken können. Die Einschränkungen der Freiheit, die in traditionellen sozialen Formationen wirksam sind, werden so potenziell lediglich durch andere Formen von Unfreiheit und Fremdbestimmung ersetzt. Während Sen die eindimensionale Wachstumsdimension und die Fixierung auf das Bruttosozialprodukt überwindet, bleibt er dennoch einem Paradigma gesellschaftlicher Modernisierung verhaftet, das die angestrebte Ausbreitung der Freiheit konterkariert. Im weltgesellschaftlichen Maßstab birgt das wirtschafts- und damit wachstumsorientierte Sicht das Problem, dass diejenigen, die nicht wachsen (können oder wollen), als rückständig erscheinen.

Ein alternativer Ansatz, der hier entworfen wird, versteht Entwicklung als Abnahme von Risiken. Demnach wäre Entwicklung als *sukzessive Verringerung existenzieller Risiken* zu fassen. Damit gelingt es, den Zeitfaktor ebenso wie die gesellschaftliche Dynamik einzuschließen, die im Wechselspiel immanenter Faktoren und exogener Einflüsse zu kontingenten Entwicklungspfaden führt. Während dieser Ansatz eine einseitige Wirtschaftsorientierung verwirft und den Entwicklungsbegriff am Wohl des Einzelnen ausrichtet, der in seinem sozialen Zusammenhang begriffen werden muss, ist er jedoch für alternative Formen sozialer Organisation offener als Sens Entwurf. Die Abnahme von Risiken reicht hingegen nicht hin: Definierend für die Verknüpfung mit Entwicklung ist die Bedingung, dass es *existenzielle* Risiken sind, die zunehmend kontrolliert werden. Risiken gänzlich auszuschließen wäre ein gegen die Freiheit gerichtetes Konzept (B. Buzan/R. Little 1999: 98), andererseits wäre ein Lebensentwurf oder eine Wirtschaftsweise, die existenzielle Risiken, also die Gefahr der Vernichtung des Subjekts enthält, ethisch nicht vertretbar. In den folgenden Unterkapiteln soll Entwicklung unter dem Gesichtspunkt des Risikos betrachtet werden. Dabei fallen die Schnittstellen zur Sicherheitspolitik auf. Dieser Ansatz wird dann ausgearbeitet, um ihn analytisch brauchbar zu machen. Schließlich folgt eine Würdigung der Grenzen, die ein solcher Ansatz aufweist.

Wenn man Entwicklung nicht vollständig verwirft, ist es notwendig, die theoretischen und praktischen Diskursverläufe zu betrachten (R. Riddell 1987: 167-178). Prominent sind dabei die widerstreitenden Ansätze der Modernisierungs- und der Dependenztheorien. Dabei zeigt sich jedoch, dass beide die oben skizzierten und von den Post-Developmentalisten kritisierten Annahmen von Modernität zugrunde legen und sich zumindest in dieser Hinsicht nicht widersprechen. Beide gehen von Staatlichkeit als Organisationsmodell aus, wenn sie auch die Rolle des Staates in der Entwicklung unterschiedlich gewichten. In jedem Fall hängt Entwicklung von Wachstum ab. Dieser einfache und vielfach kritisierte Zusammenhang kann mit einer Risikokonzeption von Entwicklung jedoch umgangen werden. Geschichtlich ist die Entwicklungsforschung und -politik eng mit der politischen Konstellation nach dem Zweiten Weltkrieg verbunden. Die Systemkonkurrenz der beiden ideologischen Blöcke ist ebenso konstitutiv wie die Durchsetzung souveräner Staatlichkeit in der Dritten Welt im Zuge der Dekolonialisierung. Welche Folgen und politischen Interdependenzen dies konstituiert, soll im Folgenden analog der Aufteilung im Kapitel zur Sicherheit (Kapitel 3) in internationale, staatliche und personale Ebene aufgeschlüsselt werden.

4.2 Ebenen von Entwicklung

Wie die Sicherheit kann auch Entwicklung nur hinsichtlich ihrer konzeptionellen Geschichtlichkeit betrachtet werden. Während die Erfahrung des Ost-West-Konflikts klassischen Machtbalancetheorien zur Vorherrschaft in den angelsächsisch geprägten Internationalen Beziehungen verhalf, zeigt sich der geschichtliche Kontext für die Entwicklung schon an vielen der Begriffe. Die Einteilung der Welt in die industrialisierte, westliche *1. Welt*, eine kommunistische, zwar durchaus teilindustrialisierte, aber nicht freie *2. Welt* sowie die mit ‚Unterentwicklung‘, Hunger und Gewalt assoziierte *3. Welt* ergibt ohne den Hintergrund sich ideologisch antagonistisch gegenüberstehender politischer Blöcke keinerlei Sinn (vgl. FN 20).

Das Ende des Zweiten Weltkrieges markiert den Beginn einer Entwicklung, die bereits als Durchstaatlichung der Welt beschrieben worden ist. Diese Entwicklung führt dazu, dass ‚Entwicklung‘ als politischer Faktor der Weltpolitik relevant wird. Dass die Staaten und ‚nationalen Gesellschaften‘, die zum Gegenstand von ‚Entwicklungspolitik‘ wurden, eine Geschichte haben, ist damit nicht ausgeschlossen. Die geistesgeschichtliche Genese der Vorstellung von ‚Entwicklung‘ wurde im vorangegangenen Kapitel thematisiert und kritisch befragt. In diesem Abschnitt steht hingegen die im Zuge der Durchstaatlichung der Welt verfolgte Politik der Entwicklung im Mittelpunkt, wobei davon ausgegangen wird, dass Entwicklung nur als Ganzes, also nicht auf einzelne, irreführenderweise als ‚nationale Gesellschaften‘ gefasste Einheiten bezogen werden kann. Stattdessen soll das Verhältnis zwischen den (ihrerseits längst nicht homogenen!) industrialisierten Staaten des Nordens und denjenigen des ‚unterentwickelten‘ Südens in seinen Wechselwirkungen untersucht werden, das von ökonomischer Inklusion, aber abhängigen Zugangschancen, asymmetrischen Auswirkungen wirtschaftlicher Entscheidungen und disparater struktureller Integration geprägt ist. Gleichzeitig müssen die sozialen Auswirkungen dieses Hineinwirkens in lokale Zusammenhänge betrachtet werden. Die Ausbreitung der Moderne, die sich u.a. in der Durchsetzung von Staatlichkeit, kapitalistischem, in jedem Fall wachstumsorientierten Wirtschaften, der Ablösung religiöser Seinsbegründungen (und ihr Ersatz durch wissenschaftliche Erklärungsansätze) zeigt, ist dabei der Vektor, an dem sich Messungen und Wahrnehmung von Entwicklung und Unterentwicklung orientieren. Dieser dynamische Prozess ist nicht abgeschlossen, sondern dauert an. Konzepte wie ‚nachholende Entwicklung', ‚Unterentwicklung' oder gar ‚Entwicklungsreggression' sind demgegenüber nur mit einem Verständnis unilinearer Entfaltung der im globalen Norden gesetzten ‚Standards' anwendbar: Sie setzen den sozialen Zustand westlicher Vergesellschaftung als Endpunkt und klammern aus, dass damit jeder *Zeit*punkt der Geschichte als dieser Endpunkt gelten könnte. ‚Entwicklung', Transformation und Genese westlicher Sozialbeziehungen bleiben außen vor. Dabei haben diese – insbesondere im technischen Bereich – tiefgreifende Veränderungen erfahren, die die sozialen Zusammenhänge umwälzten und nicht selten zu gewalttätigen, zum Teil noch andauernden Klassen- und Modernisierungskonflikten geführt haben[86]. Der Vergleich mit der neolithischen Revolution – die sich über einige Jahrtausende hinzog, bis die sesshafte Landwirtschaft sich als überlegene Wirtschaftsform durchgesetzt hatte – ist immer wieder bemüht worden, um das Ausmaß der sozialen Umwälzungen der letzten 150 Jahre zu skizzieren (P. Clastres 1976: 190; I. Wallerstein 1986: 13; R. Kößler 1998: 12; G. Clark 2007: 186-189). Die Maschinisierung ist dabei eine der historischen Neuerungen, die mit der Loslösung von Wohnung und Arbeitsstätte soziale Auswirkungen ungekannten Ausmaßes hervorrief.

Damit ging eine wirtschaftliche wie geistesgeschichtliche Individualisierung einher, die den im Mittelalter noch einheitlichen Lebenszusammenhang von wirtschaftlicher Reproduktion und politischer Macht, religiöser Sinngebung und familiären, dörflichen und regionalen Beziehungen aufbrach (J. Siegelberg 2000: 13). Das Individuum, losgelöst aus dem sozialen Verband, gewann ein nie gekanntes Maß an Freiheit, musste aber gleichzeitig existenzielle Risiken gewärtigen, die vormals vom Sozialverband getragen wurden. Sozialstaatlichkeit, so erkämpft durch die Arbeiter sie auch gewesen sein mag, ist also auch eine Reak-

---

[86] Ein Beispiel hierfür ist der Separationskonflikt der baskischen Nationalisten, die sich vom spanischen Nationalstaat abzuspalten streben. Erheblich beinflusste der Zuzug auswärtiger Arbeiter in das vergleichsweise stark industrialisierte Gebiet die Konfliktformation. Gleichzeitig wurde der erwirtschaftete Wohlstand von der Francodiktatur in andere Landesteile kanalisiert, um dort Industrialisierungsmaßnahmen zu finanzieren. Die Mittelschichten waren dadurch in zweierlei Hinsicht unter Druck, so dass der Nationalismus mit einer sozialradikalen Ideologie verschmelzen und zu einer besonderen Persistenz kommen konnte (P. Waldmann 1989: 242-247; F. Kühn 2001: 48-52).

tion darauf, dass kein Verlass mehr darauf war, dass aus dem Reproduktionsprozess herausgefallene Individuen sozial aufgefangen würden. Dass dies eine Systematisierung von Vorsorgemechanismen bedeutete, stärkte den Staat in seinen administrativen Fähigkeiten und trug umgekehrt zu seiner Verwissenschaftlichung bei:

> „Die institutionalisierte Versicherung einschließlich der Leben und Tod kalkulierenden Versicherungsmathematik trat an die Stelle früherer Reziprozitätsbeziehungen als Versuch, sich gegen absehbare Lebensrisiken zu schützen. Zukunft wurde so zum Gegenstand systematisierter und rationalisierter (...) Sicherungsstrategien" (R. Kößler 1998: 12).

Tatsächlich machten aber auch die industrialisierten Länder erst nach dem Zweiten Weltkrieg einen erheblichen Entwicklungsschub durch, denn vorher waren gemischte Einkommen aus kleiner Landwirtschaft, intrafamiliärer Umverteilung und Lohnarbeit üblich. Erst in den 1950er Jahren nahm die Bedeutung von formaler Erwerbstätigkeit überhand und damit auch die Sozialleistungsquote zu. Das verhalf der bis ins späte 19. Jahrhundert untergeordneten Geldwirtschaft zum Durchbruch – Löhne wurden vorher oft in Naturalien vergolten. Erwerbsarbeit und ihre Wechselwirkung mit staatlicher Regelung, also rechtliche Fragen, aber auch Sozialleistungen, schließlich die Einführung der Schulpflicht und die daraus resultierenden „biographischen Distinktionen" zwischen Kindheit, Erwerbstätigkeit und Alter (G. Vobruba 2000: 15-32, Zitat 24) krempelten die Lebensumstände der erwerbsabhängigen Schichten komplett um.

Die kapitalistische Wirtschaftsweise mit ihrem inhärenten Zwang zur stets wiederholten Akkumulation verweist in linearer Sicht auf die Zukunft als kontinuierlichem Fortschritt. Dies formte die aus vergangenen Phasen des Fortschritts extrapolierte Erwartung stetiger Verbesserung der Lebensbedingungen – und damit verbunden die Annahme, dass soziale Ordnung herstellbar und beizubehalten ist (M. Cowen/R. Shenton 1996: 446). Innerhalb dieser Ordnung befinden sich deshalb Entwicklungsziele, die sich auf die Bereitstellung grundlegender Bedürfnisse, personale Selbstbestimmung und Freiheit von Knechtschaft beziehen. Zentral rangiert die kategoriale Unterscheidung von grundlegenden Bedürfnissen, die relativ zur sozialen Umwelt bestehen, und Freiheits- und Selbstbestimmungswerten, die absolut (wenngleich von der sozialen Umwelt strukturiert) für eine Person gelten. Cowen und Shenton (1996: 447) weisen darauf hin, wie sich die Werte von ihrer Bindung an eine Person zur administrativen Aufgabe staatlicher Politik gegenüber Kollektiven wandeln. Hinsichtlich der Grundbedürfnisse, die es zu befriedigen gelte, der Ausbildung und Arbeit, die Selbstwertgefühle zu entwickeln hülfen und Wahlfreiheiten zu erweitern, die Abhängigkeit Einzelner oder der Nation verhinderten, gerate der Staat in die Pflicht.

Die Werte der Entwicklung überwölben den wachstumsorientierten Fortschritt und inkorporieren ihn; frühere Entwicklungsschritte würden zum Zukunftsplan für Entwicklung: „The future remains firmly trapped in the past" (M. Cowen/R. Shenton 1996: 447).

Eben weil diese Grenzdefinitionen so instrumentell sind, sind sie leicht kritisierbar, weil aus ihnen ein indefinit in die Zukunft projiziertes Konsumentenrecht abgeleitet wird, das erkennbar mit kapitalistischem Wirtschaften zusammenhängt. Wenn die Entwicklungsziele in ihrer instrumentellen Natur anerkannt werden, kann man Entwicklung als sukzessive Verringerung existenzieller Risiken fassen. Vor diesem Hintergrund folgt eine Darstellung des Konzepts der Entwicklung und daraus folgender Entwicklungspolitik auf internationaler, staatlicher und personaler Ebene, auf die dann in der Synthese sicherheits- und entwicklungspolitischer Konzepte zurückgegriffen werden kann.

4.2.1 Internationale Entwicklung

Im Zusammenspiel von sich entfaltendem Kalten Krieg und zerfallenden Kolonialreichen wurde Entwicklungspolitik zum wichtigen Bestandteil internationaler Beziehungen. Die Phase nach dem Zweiten Weltkrieg sah vorher nie gekanntes Wachstum, das wesentlich von der wirtschaftlichen und politischen Vormachtstellung der USA ausging. Die Konstellation ideeller Fürsprecherschaft, eines dynamischen Wirtschaftssystems, sich öffnender politische Spielräume und der Verfügbarkeit von Kapital, um die Politik zu finanzieren, beschleunigte die Karriere von ‚Entwicklung' als außenpolitischem Konzept.

4.2.1.1 Wirtschaftsboom nach 1945 als beschleunigender Faktor der ‚westlichen Entwicklung'

Der Zweite Weltkrieg katapultierte die USA an die wirtschaftliche und politische Weltspitze. Wirtschaftlich beherrschten sie durch eine nach dem Krieg gesteigerte Nachfrage und gleichzeitigen Wegfall europäischer Produktionskapazitäten die Welt. Im Jahr 1945 verantworteten sie ein Drittel der weltweiten Industrieproduktion (J. Rapley 2007: 43). Sie führten internationale Abkommen wie das GATT (General Agreement on Tariffs and Trade) an, gründeten den Internationalen Währungsfond und die Internationale Bank für Wiederaufbau und Entwicklung (später: Weltbank) und setzten damit die freie Konvertibilität des Dollars durch. Da die kriegsgeschädigten Volkswirtschaften im Vergleich zu den „hyperproduktiven Vereinigten Staaten" im freien Wettbewerb nicht mithalten konnten, legten die USA im Marshallplan ein Programm zum Wiederaufbau der europäischen und japanischen Wirtschaft auf (P. Kennedy 1989: 537). Dass sie Geld für den Wiederaufbau bereitstellten, erlaubte ihnen, auf die wirtschaftlichen Rahmenbedingungen – also kapitalistische Wirtschaft – Einfluss zu nehmen. Dahinter stand die Befürchtung, dass Bevölkerungen aus „Hunger, Armut und Verzweiflung (...) ihre eigenen Kommunisten an die Regierung (...) wählen" (J. Gaddis 2007: 47; vgl. R. Jervis 2001: 48) würden. Obwohl aus der Wahrnehmung einer expansionistischen Gefahr geboren, bezogen die USA auch die Staaten, die schon unter dem Einfluss der Sowjetregierung standen, in ihr Hilfsangebot ein. Mit dem Marshallplan meinten sie,

> „dass amerikanische Wirtschaftshilfe augenblicklich psychologische und später auch materielle Wirkungen zeitigen würde, die den Kommunismus sogar zurückdrängen würden; dass die Sowjetunion selbst diese Hilfe nicht in Anspruch nehmen und auch ihren Satelliten nicht erlauben würde, dies zu tun, und dadurch das Verhältnis zu ihnen belasten würde; und dass die USA dann im beginnenden Kalten Krieg sowohl die geopolitische als auch die moralische Initiative ergreifen könnten" (J. Gaddis 2007: 47).

Wirtschaftlich hatte sich die Sowjetunion im Krieg zu einseitig auf die Rüstung konzentriert, um sich schnell zu erholen und ihrerseits umfassende Aufbauhilfe leisten zu können: Die Bevölkerung war durch den Krieg stark dezimiert, nachdem zwischen 6 und 8 Millionen Zivilisten und 7,5 Millionen Soldaten ihr Leben gelassen hatten. Diese demographische Delle schwächte die Produktivität erheblich (P. Kennedy 1989: 539/540), die Sowjetunion konnte den USA deshalb wirtschaftlich wenig entgegensetzen. Eine Mischung aus sicherheitspolitischen, wirtschaftlichen und ideellen Motiven war also die Grundlage für die Politik der USA: Eindämmung des Einflusses der Kommunisten[87], Erschließung beziehungsweise Wiederaufbau wettbewerbs- und konsumfähiger Märkte in Westeuropa und die Aufrechterhaltung der Freiheit, wie sie im liberalen angelsächsischen Denken konzipiert war. Tatsächlich bereiteten die USA auf der Basis ihres wirtschaftlichen Vorsprungs Stalin arge Probleme: Insbesondere tschechische Bemühungen um amerikanische Hilfen verbot er, und er war gezwungen, den Einfluss der Kommunisten auf die Regierungen der Satellitenstaaten zu straffen. Titos Ausscheren aus der Reihe der kommunistischen Regierungen belohnten die USA mit Wirtschaftshilfe, und in der Blockade Berlins zeigten sie, dass es ihnen

---

[87] Dieses ‚Containment' bezog sich in der Theorie George Kennans, des Vaters des Containment-Gedankens, zunächst auf die „ideological-political" Bedrohung durch die Lehren des Kommunismus und nicht auf eine damals nachrangige militärische Bedrohung (X 1947: 575; R. McNamara 1989: 38). Sein anonymer Beitrag in Foreign Affairs wurde als der „X"-Artikel bekannt (G. Kennan 1957).

ernst war mit der gemeinsamen Verteidigung[88]. Dass Berlin über eine Luftbrücke versorgt werden musste, überzeugte die Westeuropäer, den Nordatlantikpakt zu schließen und die NATO als dessen Organisation mitzugründen. Stalin konnte auch nicht verhindern, sondern bestärkte die Westmächte darin, die Gründung der Bundesrepublik Deutschland voranzubringen (J. Gaddis 2007: 48-50; R. Powaski 1998: 72-75).

4.2.1.2 Der Kalte Krieg und politisch motivierte Hilfe zur Entwicklung

Der Marshallplan basierte auf der Truman-Doktrin, derzufolge es Aufgabe der USA sei, Staaten zu unterstützen, die sich der Unterwerfung widersetzten und sich um ihre Freiheit bemühten[89]. Dies sei Teil eines weltweiten Kampfes zwischen unterschiedlichen ‚ways of life' – fielen einzelne Staaten an die Kommunisten, würden andere Staaten folgen:

> „Adversaries would then be encouraged to press harder and allies would lose faith, which would make attacks against American interests more likely and their defense more difficult. This implied that all challenges had to be met and that every 'free' country had to be protected" (R. Jervis 2001: 54[90]).

---

[88] Im Rahmen einer bipolaren Abschreckungskonstellation kann es sinnvoll sein, außenpolitisch irrational zu handeln; da die Kosten einer direkten Konfrontation unglaublich hoch gewesen wären, war es zentral und gleichzeitig schwierig, den Gegner auf andere Weise davon zu überzeugen, dass man bereit wäre, das Risiko eines direkten Krieges wirklich einzugehen. Es galt der Abschreckungstheorie deswegen als nützlich, sich gleichermaßen unvorhersehbar wie erkennbar jenseits strikter Kosten-Nutzen-Analysen zu verhalten – womit die kostenträchtige Luftbrücke erklärbar würde (R. Jervis 2001: 54). Zwar waren die USA nuklear überlegen, da die Sowjetunion ihre erste Atombombe erst am 29. August 1949 zündete, also erst nach dem Ende der Berlinblockade, und auch die wirtschaftliche Situation wirkte wie beschrieben zugunsten der USA. Wenn man aber die Berlinblockade als Test Stalins versteht, wie weit die Amerikaner zu gehen bereit wären, scheint eine Demonstration der Entschlossenheit höher zu rangieren als die nukleare Abschreckung selbst.

[89] Im konkreten Fall waren das im März 1947 Griechenland und die Türkei (J. Gaddis 1992: 50). Jervis (2001: 45) weist darauf hin, dass diese Wahrnehmung von den Fakten nicht gedeckt war: Stalin habe von den sich bietenden Chancen in Griechenland keinen Gebrauch gemacht und in der Türkei lediglich die Südgrenzen des Zarenreichs wiederherzustellen versucht, sich also nicht expansiv verhalten.

[90] Jervis gibt Kritik an der Dominotheorie wider; die Kritiker hielten diese für so unplausibel, dass sie annahmen, sie sei ein Scheinargument, um die Dritte Welt zu dominieren und auszubeuten. Die Kosten, die die USA dafür aufzubringen bereit waren, stehen jedoch in keinem Verhältnis zum wirtschaftlichen Nutzen dieses Engagements. Jervis weist darauf hin, dass diese Theorie mit der Begründung, sie diene nur der Erhaltung amerikanischer Macht, zu verwerfen, bedeutet, implizit exakt den Kern der Dominotheorie selbst zu vertreten (R. Jervis 2001: 55, FN 44).

Damit ideologisierten und simplifizierten die USA die Konfrontation mit der Sowjetunion in einer Art binärer ‚Mit uns oder gegen uns'-Dichotomie, die Kooperation erschwerte, wenn nicht verhinderte. Die Rhetorik, durch die die Kommunisten als in Kampfeswillen gegen die ‚freie Welt' vereinter Block dargestellt wurden, hielt bis zum Ende des Vietnamkrieges an und heizte die Rüstungsspirale in gefährlicher Weise an. In profunder Kaltkriegsparanoia befürchtete die US-Administration nämlich intern, dass Verhandlungen die heimische und alliierte Unterstützung für das Containment erodieren ließen. Die Politik der Nichteinmischung, die zunächst handlungsleitend war, wurde so abgelöst durch direktere Einflussnahme. Und auch die Zweifel schwanden, ob es richtig sei, im Dienste der Eindämmung des Kommunismus Diktatoren zu unterstützen (J. Gaddis 1992: 51-60). Die Einflussnahme beschränkte sich nicht auf autoritäre Regime, sondern schloss die demokratischen Staaten in Europa ein. Ein illustratives Beispiel für Antastbarkeit innerer Angelegenheiten war die verdeckte Unterstützung bürgerlicher Parteien in Italien 1948 gegen die von Moskau offen unterstützten Kommunisten. Bis in die 1980er Jahre verhinderten die Folgen dieser Politik (Ausschluss der Kommunisten von Machtchancen) eine außenpolitische Emanzipation Italiens von den USA (A. Jünemann 1993: 45-49). Letztlich, so wurde dies gerechtfertigt, sei jede Einmischung der USA besser als im anderen Fall der Verlust von Selbstbestimmungsrechten. Die folgenden Jahrzehnte jedenfalls waren von moralischem Relativismus geprägt. In den Worten Eisenhowers, 1955 in einem privaten Brief ausgeführt:

„...[o]ur traditional ideas of international sportsmanship are scarcely applicable in the morass in which the world now flounders....Truth, honor, justice, consideration for others, liberty for all–the problem is how to preserve them, nurture them and keep the peace–if this last is possible–when we are opposed by people who scorn to give any validity whatsoever to these values" (D. Eisenhower 1955, so zitiert in J. Gaddis 1992: 55).

Aus der ideologischen Fürsprecherschaft wurde also mit Entfaltung des – durch die nukleare Konfrontation noch verschärften – Blockgegensatzes ein Selbstläufer, dessen militärwirtschaftliche Interessen die Anwaltschaft der Freiheit in den Hintergrund drängte. Begünstigt wurde diese Politik durch Veränderungen im internationalen System im Zuge der Dekolonisierung. Dabei ist die weltpolitische Führungsrolle der USA nach dem Zweiten Weltkrieg selbst Ergebnis einer erfolgreichen Dekolonisierung: Als sie sich von der Kolonialmacht England emanzipierte, konnte die Zivilgesellschaft in den USA auf Erfahrungen mit weit entwickelter Staatlichkeit aufbauen, durch die die Bürger wussten, welche Mechanismen des sozialen Ausgleichs anwendbar waren. Da es kein überkommenes staatliches Gemeinwesen gegeben hatte, sondern alle Bürger zugewandert waren, stellte die Unabhängigkeitserklärung von 1776 und die Verfassung 1787 einen Akt wirklicher Vertragskonstitution dar, der in der politischen Philosophie, etwa bei Rousseau, sonst nur als Konstrukt bestand: Schließlich hatten politische Gemeinwesen immer andere, vorangegangene abgelöst. Einen Bundesstaat – statt eines Staatenbundes wie in der Schweiz – zu schaffen, in dem feste Regeln die unterschiedlichen Organe in ein gegenseitiges Verhältnis setzen, war zudem eine Innovation, die später in vielen Dekolonisierungsprozessen nachgeahmt wurde (W. Reinhard 1999c: 329; B. Anderson 1998: 165).

4.2.1.3 Dekolonisierung

Im weltweiten Maßstab der Kolonisierung galt, dass sie auf bestehende soziale Ordnungen traf. Mit der europäischen Expansion wurden die Ideen von Staatlichkeit verbreitet, die aber schon aus pragmatischen Gründen nicht durchgesetzt werden konnten, sondern sich mit existierenden Herrschaftsordnungen verbanden und sich diese zunutze machten. Wo weitgehend einheitliche Herrschaft bestand, wurden die Herrscher in das Kolonialsystem integriert, wie zum Beispiel im islamischen Staat im Norden des späteren Nigeria. Andernorts, etwa im Süden des späteren Vietnam, begrub die koloniale Wirtschaft die politischen und sozialen Beziehungen vollkommen (K. Schlichte 2000a: 264). Wichtiger als die Art der exportierten Herrschaftsform waren dafür die wirtschaftlichen Folgen der jeweils produzierten Güter und korrespondierend die Art der Weltmarktintegration. Die Verwaltungsstrukturen der post-kolonialen Staaten tragen also Züge europäischer Staatlichkeit, integrieren aber vorher bestehende Herrschaftsstrukturen. Die konkrete Form dieser Hybridisierung des Staates ist sehr unterschiedlich, da die Formen der vorkolonialen Herrschaft von Fall zu Fall sehr verschieden sind und deshalb auch die Hybride unterschiedliche Formen annahmen. Generell gilt jedoch, dass

> „[p]ersonale Loyalitäten und partikulare Interessen, die Praxis der Reziprozität und materiales Recht (...) deshalb im Gefüge auch der staatlichen Herrschaft der Dritten Welt bis heute eine ungleich größere Rolle [spielen] als in den Staaten der OECD, deren formal-rationaler Betriebscharakter weit ausgeprägter ist" (K. Schlichte 2000a: 263).

Die Entkolonialisierung der USA ist demnach ein Sonderfall, weil die politische Herrschaft nicht hybridisiert war. Schon in den Unabhängigkeitsbestrebungen der lateinamerikanischen Kolonien spielte zudem der aufkommende Nationalismus eine Rolle für die Mobilisierung. Hier hatten die kreolischen Verwaltungsschichten die Avantgarde gebildet, die, da ihr sozialer Aufstieg im Kolonialreich ebenso wie Zugang zur Herrschaft verwehrt war, die Unabhängigkeitsbewegungen anführten (B. Anderson 1998: 59[91]). Dem stand ein gesteigertes Misstrauen der Kolonialmächte gegenüber, die aus den Fehlern der Briten gegenüber den USA lernen wollten und autoritär herrschten, sofern sie dies angesichts europäischer Kriege überhaupt konnten. Ideologisch wurde strikter Ausschluss der Nichtweißen vom politischen Geschehen ohnehin rassistisch begründet, was zumindest in den nordamerikanischen Kolonien nicht ging, weil Kolonialisten und Kolonisierte Weiße waren (W. Reinhard 1999c: 331-334). Gleichwohl diente die gelungene Unabhängigkeit als Präzedenzfall und wurde in anderen Fällen als Ausdruck einer natürlichen Ordnung gesehen. Die „invented tradition" (E. Gellner 1995: 87) hatte plötzlich tatsächlich einen historischen Vorläufer, der ihr zu Plausibilität verhalf. Schon die europäischen Nationalismen waren inspiriert von Amerika, denn es setzte ein „Prozeß ein, den Nationalismus *genealogisch* zu lesen – als Ausdruck einer historischen Tradition von serieller Kontinuität" (B. Anderson 1998: 167, Hervorhebung im Original).

In den ‚farbigen' Kolonien dominierte indes indirekte Herrschaft, bei der ein Stellvertreter der Krone sich auf lokale Fürsten stützte. Das bedeutet jedoch nicht, dass diese politischen Verbände die Form für die nachkolonialen Staaten vorgegeben hätten. Im Gegenteil wurden Verwaltungseinheiten geschaffen, die zum Teil konkurrierende Herrschaftsverbände zusammenfassten, also mit den sozialen Zusammenhängen wenig zu tun hatten. Zwar griffen nachkoloniale Ideologien mitunter auf idealisierte, glorreiche Zeiten alter Königreiche zurück, um die neue Staatlichkeit zu legitimieren. Während aber die Sprachen der ehemaligen Kolonisten meist überlebten, blieb insbesondere in Afrika aufgrund der vergleichsweise kurzen Kolonialphase zu wenig Zeit, das Staatswesen ‚in den Köpfen' zu verankern. Zudem beschränkten sich die gemachten Erfahrungen nicht auf moderne Rechtsstaatlichkeit, sondern im Gegenteil auf schwache und autoritäre Herrschaft (W. Reinhard 1999c: 347-351). Die Hochphase der Entkolonialisierung fällt also mit der endgültigen Durchstaatlichung der Welt zusammen. Wenngleich Staatlichkeit nicht mit UN-Mitgliedschaft gleichzusetzen ist, zeigt doch die von 51 Gründungsmitgliedern der UN auf heute 192 souveräne Staaten angewachsene Mitgliederzahl, dass die Norm, politische Herrschaft mit

---

[91] Anderson weist allerdings darauf hin, dass die Verflechtung der Gesellschaften, also Handelbeziehungen oder Informationsmedien, von grundlegender Bedeutung für die Reichweite der Nationalismen ist. Geographisch überschaubare, wirtschaftlich integrierte Staaten hatten es leichter, durch klare Abgrenzung ‚ihren' Nationalismus herauszubilden. Kapitalistische Strukturen begünstigten also die Entwicklung des Nationalismus. In den spanischen Kolonien Lateinamerikas war der Kapitalismus nicht flächendeckend ausgeprägt, so dass sich kein den Kontinent umfassender Nationalismus herausbilden konnte (B. Anderson 1998: 60).

Staatlichkeit gleichzusetzen, die dominierende Vorstellung ist (P. Alter 1985: 124)[92].

Die rassistische Trennung der Welt in einen zentralen, weißen, *zivilisierten* Teil und einen ausgegrenzten peripheren, wirtschaftlicher Erschließung unterliegenden, farbigen und unterlegenen Teil der Menschheit entsprang dem Begründungszusammenhang wirtschaftlicher und politischer Machtasymmetrie. Einmal in der Welt, diente sie unter vielen anderen der Begründung des Mandatssystems des Völkerbundes, der Internierung von Japanern im Zweiten Weltkrieg oder dem Apartheid-System in Südafrika als Legitimationsgrundlage. Die Strukturen, auf denen diese Politik beruhte, stabilisieren – mit Ausnahme der aufgrund wirtschaftlichen Fortschritts später ‚zugelassenen' Staaten Japan und China (G. Gong 1984: 130-200) – die Dominanz der westlich kontrollierten Wirtschafts- und Währungsstrukturen sowie des Sicherheitsrates in ihrer „function to maintain racial stratification in the international system as had existed in the domestic colonial situation" (T. Le Melle 2009: 82).

4.2.1.4 Wirtschaftliche Integration

Die internationale Entwicklung in der Nachkriegszeit bestand in der wirtschaftlichen Boomphase vor allem in einem beschleunigten Prozess der politischen Verflechtung. Dieser Prozess ist bis heute nicht abgeschlossen, sondern setzt sich in den Institutionen, Regimen und Organisationen fort, die genuin den Belangen der industrialisierten Staaten entstammen. Dazu gehören die OECD ebenso wie die EU, die NATO ebenso wie (eingeschränkt) die OSZE. Hinzu kommen auf sich intensivierende Informations- und Kommunikationsbeziehungen, wissenschaftliche Vereinheitlichung von Standards und dergl., die diese Verflechtung begünstigen. All diese Organisationen und Institutionen haben sich seit dem Zweiten Weltkrieg mit dem Ziel der Integration der beteiligten Staaten entfaltet und dabei ein Eigengewicht bekommen, das seinerseits zunehmende Integration begünstigt hat. Die Integration dieser starken Staaten – die im Migdal'schen Sinne ihrer wirtschaftlichen Leistungsfähigkeit gemäße politische Macht herausbilden – wirkt über den globalen Norden hinaus, indem sie im gleichfalls nach dem Zweiten Weltkrieg stark entwickelten völkerrechtlichen System der UN ihre Normen verankern konnten (J. Migdal 1988: 269-277). Diese Normen besitzen globale Gültigkeit, wenngleich ihre Durchsetzung und Gewichtung variieren. Die Stärke der ‚entwickelten' Staaten würde also auch innerhalb eines Weltsystemansatzes oder des Konzeptes der hegemonialen Stabilität anerkannt (M. Beck

---

[92] Vgl. die Aufstellung zur steigenden Mitgliederzahl der UN bei Alter (1985: 120-121) und unter http://www.un.org/members/growth.shtml (14.01.2009).

2002: 96-97; I. Wallerstein 1986, 2004; C. Chase-Dunn/R. Rubinson 1979: 279; R. Keohane 1984/2005: 31-39). Die Position der industrialisierten Staaten erlaubte ihnen unter der Führung der USA, eine Politik der Entwicklung zu betreiben. Indem die Unterentwicklung relational als abweichend festgestellt war, wie dies Harry S. Truman erklärte (H. Truman 1949), wurde es möglich, ,Entwickeltheit' als Endstadium des Fortschritts festzulegen. Das bedeutete, dass quer zur internationalen Struktur nominell gleicher Staaten die Existenz ungleich entwickelter Staaten lag. Die transitive Bedeutung ,etwas entwickeln' kam zur reflexiven ,sich entwickeln' hinzu. Auch wenn die Beziehung zwischen Kolonialisten und Kolonisierten nominell beendet war, die Menschenrechte als universalistische Norm im Völkerrecht verankert und offen rassistische Politik damit unmöglich geworden war, blieb eine Unterordnung bestehen. Allerdings waren sie nun abstrakt betrachtet Mitglieder der gleichen Familie, die gezwungen waren, sich an die Regeln zu halten, wollten sie den Status der führenden Staaten erreichen (G. Rist 2002: 73-74). Die bereits beschriebene Teleologie der Entwicklung bricht sich in diesem Sprechakt[93] ihren Bann und klammert die Historizität des Konzepts ,Entwicklung' als Paradigma internationaler Politik aus:

> „The historical conditions that would explain the 'lead' of some countries over others cannot enter into the argument, since the 'laws of development' are supposedly the same for all (...); it (...) presents things as if the existence of industrial countries did not radically alter the context in which candidates for industrialization have to operate" (G. Rist 2002: 74-75).

Der historische Weg hin zur Konstellation der 1950er Jahre ist es jedoch, der diese quasi-religiöse Hinwendung zur Entwicklung prägt. Die vorgezeichnete Industrialisierung, die mit Entwicklungshilfe ,unterstützt' wurde, schränkte die wirtschaftlichen Wahlmöglichkeiten der frisch dekolonisierten Staaten ein[94]. Aus der Sicht des hegemonialen Westens folgt diese Umwidmung bereits früher praktizierter Bevormundung einer historischen Logik, die sich der Ideologie staatlicher Unabhängigkeit in der Dritten Welt anpasst. War die Epoche der Kolonien als Durchsetzung kapitalistischer Produktions- und Reproduktionsweise wirksam, verhalf die Entkolonialisierung dem Weltmarkt zum endgültigen Durchbruch. Denn die Einflussbereiche der Kolonialstaaten waren gegeneinander abgeschottet, verhalfen so zwar dem ,Mutterland' zu Reichtum und Kapital-

---

[93] Die Grundlegung der Sprechakttheorie, die einen Vorläufer in Wittgensteins Sprachphilosophie hat, entwickelte Austin 1962 (2007), eine leicht abgewandelte, jedoch systematischere und letztlich für die Linguistik einflussreichere Form veröffentlichte Searle 1969 (2007).

[94] Wären Staaten unitarisch handelnde Individuen, müsste man diese Politik mit Sen als entwicklungshemmend betrachten, weil sie der Ausweitung individueller Wahlfreiheit entgegenwirkt.

akkumulation, behinderten aber den gegenseitigen Zugang zu Märkten und damit die freie Ausbreitung kapitalistischer Wirtschaftsstrukturen (J. Siegelberg 2000: 41/42). So konnten die USA ihre hegemoniale Position am besten über die Durchsetzung gleicher marktwirtschaftlicher Strukturen festigen und sichern. Keohanes beschreibt die Bedingungen für die Hegemonialisierung:

> „To be considered hegemonic in the world political economy, (…) a country must have access to crucial raw materials, control major sources of capital, maintain a large market for imports, and hold comparative advantages in goods with high value added, yielding relatively high wages and profits" (R. Keohane 1984/2005: 33-34).

All diese Bedingungen treffen für die USA nach dem Zweiten Weltkrieg zu: Der nachlassende Einfluss der Briten im Nahen Osten ermöglichte leichten Zugriff zum Öl; selbst ein rohstoffreiches Land, waren die USA – verglichen mit den europäischen Staaten – ohnehin in einer bevorzugten Position. Die Kapitalakkumulation war in den USA am weitesten fortgeschritten, nachdem Beschränkungen des Kapitalflusses zwischen den Bundesstaaten aufgehoben worden waren und damit Kredite leichter zu erhalten waren (G. Clark 2007: 332-333). Die USA produzierten bis in die 1950er Jahre alleine knapp die Hälfte des weltweiten Sozialproduktes, hatten technische Fortschritte erzielt und besaßen breite Konsumentenschichten, die aufgrund gestiegener Produktivität und entsprechend guter Entlohnung die technischen Errungenschaften kaufen konnten (P. Kennedy 1989: 549-550). Der relativ große Markt, den die USA darstellen, begrenzte ihre Abhängigkeit vom Außenhandel. Anders als im Fall des britischen Empire waren diejenigen Partner, mit denen die USA nennenswerten Handel trieben, gleichzeitig ihre militärischen Verbündeten.

Sofern man Keohanes Argument ein wenig weiter zu folgen bereit ist, besteht die militärische Stärke des Hegemons nicht darin, überall militärisch dominant zu sein, sondern wenn er ernsthaften Störungen seiner wirtschaftlichen Tätigkeit entgegentreten kann (1984/2005: 40). Unter diesem Gesichtspunkt ließe sich die Securitization des Terrorismus analysieren, dessen Auswirkungen keine Bestandsbedrohung des Staates, durchaus aber eine Behinderung seiner Wirtschaftsform darstellt. Unter Rückgriff auf Gramscis Ansatz (B. Russett/J. Oneal 2001: 191-192) führt Keohane Hegemonie nicht allein auf Macht oder gar Gewaltanwendung zurück, sondern verankert sie in der Legitimität, mit der Hegemonie ausgeübt wird. Der Hegemon überwacht eher als zu dominieren; die Eliten in den Staaten seiner Einflusssphäre verstehen, dass die Hegemonie zu ihren Gunsten wirkt, während der Hegemon selbst auf kurzfristige Gewinne verzichtet und die Stabilität des Systems politisch fördert. Auch wenn Keohane zu Recht auf die Schwächen der Theorie der ‚hegemonialen Stabilität' hinweist, etwa in der Frage, ob Hegemonie notwendige und hinreichende Bedingung internationaler Ordnung und Kooperation ist, bieten diese Aspekte doch wichtige Erklärungsansätze, wie Entwicklungshilfe der Staaten des euro-atlantischen Raums ihre Form annahm. Die ideologische Komponente spielt darin eine wesentliche Rolle und hilft zu erklären, wieso die Staaten, die man als ,den Westen' zusammenfassen kann, sich im Wesentlichen die liberalen Werte der USA zu eigen gemacht haben.

Bedeutsam ist jedoch der Zusammenhang von vergleichbarer Staatlichkeit, einem strukturell gleichen Wirtschaftssystem und politischer Verflechtung, die die Koordination außenpolitischen Handelns erlaubt. Darin ist die weltpolitische Rolle westlicher Staaten mit Deutschs Sicherheitsgemeinschaft vergleichbar. Eine Übertragung einzelner Aufgaben an internationale Organisationen ist dabei hilfreich, aber nicht notwendig, damit diese Staaten kooperieren oder sich zumindest ähnlich verhalten. Auch können sich einzelne Staaten verstetigten Kooperationsformen anschließen, ohne deswegen solchen Organisationen oder Regimen dauerhaft beitreten zu müssen. Dieser Annahme widerspricht Degnbol-Martinussens und Engberg-Pedersens Argument nicht, dass sich entwicklungspolitisches Handeln im Einzelnen nach sicherheitspolitischer Ausrichtung (USA), wirtschaftlichen Interessen (Japan) oder nach überkommenen Beziehungen zu ehemaligen Kolonien (Frankreich/Großbritannien) unterscheide. Auch die ideologische Ausrichtung nationaler Regierungen spiele für die Höhe von Entwicklungshilfe eine ausschlaggebende Rolle: sozialistische Regierungen scheinen zu höheren Summen zu tendieren als marktradikale. Schließlich habe die Globalisierung der 1990er Jahre eine Entkopplung von sicherheitspolitischen Überlegungen gebracht, so dass die Summen leichter gekürzt weil als weniger relevant angesehen wurden (J. Degnbol-Martinussen/P. Engberg-Pedersen 2003: 92/93). Diese These aus dem Jahr 1999[95] scheint jedoch mit der Securitizationswelle nach dem 11. September 2001 an Bedeutung verloren zu haben. Gleichwohl sind die genannten Staaten allesamt Demokratien marktwirtschaftlicher Prägung, deren Position innerhalb sich wandelnder ideologischer Strömungen durch hohe Interaktionsdichte synchronisiert wird.

4.2.1.5 Diachrone Betrachtung von Entwicklung

Man kann internationale Entwicklung also diachron betrachten und dabei darauf verzichten, den Entwicklungsstand westlicher Staaten als Endpunkt von Entwicklung anzusehen (D. Singer 1970/71: 198). Gleichwohl hatte die Entwicklung der ,führenden' Staaten auch Einfluss auf die ,nachholende' Entwicklung.

---

[95] Der Band erschien 1999 im dänischen Original *Bistand: Ufvikling eller afvikling*, København.

Eine diachrone Betrachtung legt nahe, dass sich die westlichen Staaten in ihrer wirtschaftlichen Verflechtung, ihrer politischen und kulturellen Vereinheitlichung seit dem Zweiten Weltkrieg erheblich weiterentwickelt haben. Von der Gründung der UNO und der Entfaltung völkerrechtlicher Normen über Bretton Woods und die Regelung internationaler Wirtschaftsbeziehungen in der WTO, von sicherheitspolitisch inspirierten, aber auch in anderen Politikbereichen kooperierenden Organisationen wie der NATO oder der KSZE/OSZE bis hin zur wohl weitestfortgeschrittenen Integration zwischenstaatlicher Beziehungen in der EU haben Interdependenz und Zusammenarbeit bedeutend zugenommen. Die Wirtschaftskrise der Jahre 2008/2009 zeigt zudem, wie die Staaten versuchen, zu kooperieren, um die Folgen einer solchen Krise einzudämmen. Trotzdem ist innerhalb dieses Zusammenhangs einer pluralistischen Sicherheitsgemeinschaft Platz für einzelstaatliche Reflexe, die oft nationalistisch codiert sind.

Die sicherheitspolitische Kooperation begünstigte die wirtschaftliche Zusammenarbeit und Formalisierung der demokratischen Marktwirtschaften. Zugleich wirkte der Systemgegensatz zwischen liberalen Demokratien und sozialistischen Autokratien auf die Beziehungen zur Dritten Welt und die Konstituierung von Hilfs- und Abhängigkeitsbeziehungen ein. Gerade dass viele Unabhängigkeitsbewegungen sozialistischen Idealen folgten, die sie mit dem Ende von Fremdherrschaft gleichsetzten, machte aus Sicht der Supermächte unerlässlich, durch finanzielle Hilfen Einfluss zu nehmen (H. Cleaver 1993: 347). Finanzhilfen wurden jedoch nicht nur aus eigenem Antrieb *gewährt*, sondern auch von staatlichen Eliten der Dritten Welt *angefordert*. Mit dem Wegfall der Sowjetunion als Geldgeber, blieb als hegemoniale Ideologie die freie Marktwirtschaft übrig. Dass das Ende des Ost-West-Konflikts mit einer marktradikalen Strömung im Westen zusammenfiel, verstärkte deren politische Auswirkungen. Zudem wurden in den 1990er Jahren Interventionen auch völkerrechtlich zunehmend mit Menschenrechten, humanitären Notsituationen, mit Demokratisierung, Wahlbeobachtung und der Begleitung von Transitionsprozessen gerechtfertigt. Der dahinterstehende, auf Fukuyamas These vom ‚Ende der Geschichte' (1989, 1992) zurückgehende ‚liberale Triumphalismus' (B. Buzan/R. Little 1999: 97) wurde als naiver Glaube an die friedens- und entwicklungsstiftende Funktion des Rechts abgetan, während das neokonservative Argument auf die Durchsetzung dieser Ziele mittels staatlicher Macht setzt. Beide Argumente schwächeln jedoch in ihrer binären Dichotomie zwischen Individuum und Gemeinschaft oder zwischen Vernunft und Begierde. Damit dreht sich die Diskussion immer um die Legitimation der bestehenden Institutionen und Organisationen, weniger um die gedanklichen Grundlagen, auf der Legitimität beruht (J. Gathii 2000: 2010-13). Alternativen zum westlichen Modell wurden nie substanziell in Betracht gezogen.

Der ‚Norden' als wirtschaftlich und informational zusammenhängendes regionales Subsystem etablierte sich endgültig, wobei die Interdependenzen innerhalb des ‚Nordens' symmetrisch gegenüber asymmetrischen Interdependenzen zwischen Norden und Süden zu unterscheiden sind. Entgegen der Annahme einer gleichmäßigen Globalisierung habe sich die ökonomische Exklusion des Südens verfestigt, abzulesen etwa am geringen Investitionsvolumen in afrikanischen Ländern oder der Abschottung des Nordens gegen Immigranten und Flüchtlinge (M. Duffield 2001: 5; für Europa J. de Wilde 2004 und A. Pradetto 2008: 38-41). Das bedeutet aber nicht nur eine territoriale Abschottung, sondern auch soziale Distanz.

Die verwischenden Grenzen zwischen innerer und äußerer Sicherheit zeigen dies. Die Aufregung um den internationalen Terrorismus in Folge der Anschläge vom September 2001 diente dazu, ihre Aufhebung zu propagieren. Weder waren die Anschläge eine Gefahr für die Staatlichkeit des angegriffenen Gemeinwesens, noch stellten sie die Existenz des internationalen Staatensystems in Frage. Aber die integrierte Gemeinschaft des Nordens sah ihre soziale Konstitution gefährdet, Regierungen sahen ihre staatliche Legitimation bedroht. Denn die Pazifizierung des demokratischen „Friedensbunds" nach *innen*, wie ihn Kant entworfen hat, schien gefährdet, was auf dessen Außenbeziehungen verweist: Ein zentraler Aspekt in Kants Entwurf „Zum ewigen Frieden" (1795) ist die Expansivität des Friedensbunds. Er beschränkt sich nämlich nicht auf die Pazifizierung nach innen, sondern strebt nach Ausdehnung, also danach, außerhalb der Zone des Friedens liegende Gemeinwesen zu integrieren: „Die Ausführbarkeit (objektive Realität) dieser Idee der Föderalität, die sich *allmählich über alle Staaten erstrecken soll*, und so zum ewigen Frieden hinführt, läßt sich darstellen" (I. Kant 1970, eigene Hervorhebung). Merkmal internationaler Entwicklung ist so betrachtet die zunehmende Integration des Friedensbunds, *innerhalb* dessen aufgrund bestehender Machtasymmetrien und schwacher Legitimation der außerhalb des *foedus pacificum* stehenden Staaten die Anwendung von Gewalt zur Ausbreitung der Friedenszone probat erscheint (L. Brock 2007: 65). Dass der Friedensbund dabei nicht allein auf der demokratischen (respektive Kants *republikanischer*, also durch Gewaltenteilung gekennzeichneter) Verfassung basiert, sondern zudem deren ökonomische Interdependenz und die Organisation ihrer Beziehungen untereinander als dynamisches System erscheint, verstärkt die Sicht auf die Differenz zwischen innen und außen (L. Brock 2006: 95; B. Russett/J. Oneal 2001). Indem diese Differenz überbrückt wird, dringt die Bedrohung des Friedensbunds von außen ins Innere vor – ein konzeptionelles Problem, dem nur mit vormals Innenpolitik genanntem Handeln begegnet werden kann. So scheinen beide Sphären, das Innen und das Außen, zu verschmelzen.

4.2.1.6 Politisches Imperium?

Susan Strange konzipiert den Westen als wirtschaftlich integrierte Zone, die sie als „nichtterritoriales Empire" bezeichnet (S. Strange 1989: 35; S. Schirm 2007: 43). Zwar geben die Staaten den Rahmen für wirtschaftliches Handeln vor, transnationale Unternehmen hätten jedoch einen großen Einfluss auf die Machtverhältnisse in der Welt – sie sind zwar einzelnen Staaten zuzuordnen, handeln aber nicht kohärent im Sinne dieses Staates. Trotzdem ergebe sich aus der Ansammlung transnationaler Unternehmen im globalen Norden eine strukturelle Macht, die sich über internationale Organisationen wie den IMF oder die Weltbank, aber auch in Handelsregimen niederschlägt. Denn es seien vier Bedürfnisse, die moderne Gesellschaften befriedigen müssen: Sicherheit, Wissen, Produktion und Kredite – wer über diese verfügen kann, besitzt strukturelle Macht (S. Strange 1989: 30). Strange hält fest, dass die weniger mächtigen Staaten nicht aufgrund von Zwang und Sanktionsdrohungen ‚mitspielen‘, sondern Kosten-Nutzen-Erwägungen in ihre Entscheidungen einbeziehen und also im Bewusstsein ihres eigenen Vorteils handeln. Dies entspricht durchaus der Annahme Deutschs für die Sicherheitsgemeinschaft. Allerdings, abgeleitet aus den Finanzkrisen der 1980er und 1990er Jahre, gefährdet das unkontrollierte Walten der Finanzmärkte nicht nur die Stabilität des wirtschaftlichen Systems als solches, sondern auch den Staat selbst. Als Entwicklungsziel – konsistent mit der hier vorgeschlagenen Reduktion existenzieller Risiken – schlägt sie also vor, durch Regime diese Risiken von weltwirtschaftlicher Bedeutung[96] einzudämmen (S. Strange 1989: 41-42; 1998: 29-42; auch U. Beck 2008: 356-359).

Das Platzen der Immobilienblase 2008 illustriert die zunehmende Verflechtung der internationalen Ökonomie. Dabei sind seit dem Zweiten Weltkrieg, insbesondere jedoch seit den späten 1970er Jahren zwei widerstreitende Entwicklungen zu verzeichnen. *Einerseits* fand mit struktureller Anpassungspolitik, fortschreitender Industrialisierung in Ländern der Dritten Welt, aber insbesondere im globalen Norden durch Marktliberalisierungen und aufgehobene Handelsschranken eine Ausweitung von Direktinvestitionen statt. Im Vergleich zu nationalen Ökonomien sind ausländische Direktinvestitionen erheblich angestiegen – ein Großteil (etwa 2/3) dieser Gelder floss jedoch zwischen den Industrieländern (S. Schirm 2007: 83). Für die Zeit zwischen 1970 und 1990 liegt der anteilige Unterschied eher höher (D. Colman/F. Nixson 1994: 354-365). Aber auch die Kreditgewährung hat zugenommen, so dass Kapitalflüsse das Handelsvolumen hinter sich gelassen haben. Beide sind jedoch in relativen wie in absoluten Zah-

---

[96] Nicht zuletzt ist darauf zu verweisen, dass Kriege in der Moderne häufig mit wirtschaftlichen Krisen ursächlich in Verbindung standen. Die Eindämmung wirtschaftlicher Risiken ist also auch ein sicherheitspolitischer Imperativ.

len angestiegen (G. Sørensen 1996: 372). Die Ausweitung der Kapitalflüsse durch Erschließung neuer Märkte durch Standortpolitik, höhere Produktivität und Wettbewerbsvorteile durch „Economies of Scale" verstärkt sich insofern selbst, als Konkurrenzunternehmen dadurch einem Druck zur Internationalisierung ausgesetzt werden (S. Schirm 2007: 84). Demgegenüber bleiben Ökonomien mit geringerem Investitionsvolumen relativ hinter der beschleunigten Integration zurück. Die intensivierten, aber im Wesentlichen auf Gegenseitigkeit beschränkten Investitionen der Industrieländer untereinander führten also dazu, dass im Kern der globale Norden sich selbst entwickelt – sofern Entwicklung im Kern als Wachstum verstanden wird.

Andererseits führte das Nachlassen staatlicher Steuerungsfähigkeit dazu, dass insbesondere die Handelspolitik in internationalen Regimen geregelt wurde. Die verschiedenen Verhandlungsrunden des bereits erwähnten GATT, das 1993 in die Welthandelsorganisation WTO überging, integrierten die Handelspolitik der Mitgliedsstaaten, zielten jedoch im Wesentlichen darauf ab, Handelshemmnisse zu beseitigen. Diese Regime folgen alle der Idee wirtschaftlicher Liberalisierung, die tendenziell die Funktion des Staates zurückdrängt. Die Politik der sie aushandelnden Regierungen trug so „maßgeblich dazu bei, anti-protektionistisch und marktliberal orientierte Interessengruppen zu stärken" (S. Schirm 2007: 93) und so in einem zirkulär sich verstärkenden Prozess die Liberalisierung zu beschleunigen. Politik und Wirtschaft sind also eng miteinander verknüpft, und Regierungen haben die Ausweitung internationaler Märkte betrieben. So wollten sie Risiken diversifizieren und Wachstum und Wohlstand eher durch internationale ökonomische Verflechtungen erzielen als sich auf heimische Produktion zu verlassen (S. Schirm 2007: 114). Während also ein steigendes Bewusstsein für ökonomische Zusammenhänge internationaler Politik zu verzeichnen ist, ist Stranges These, die Ökonomie entglitte dem Staat, zu weit gegriffen; eher hat der Staat der Wirtschaft eine lange Leine gelassen, war dabei aber immer bereit, diese zu straffen. Staatliche Regulierung, etwa durch Kartellbehörden, gab die Entwicklungsrichtung der wirtschaftlichen Integration in den Staaten des globalen Nordens immer vor.

4.2.1.7 Dynamische Entwicklung im Weltmaßstab

Im weltwirtschaftlichen Maßstab vollzog sich also eine dynamische Entwicklung, die mit dem immerwährenden Wachstumsdrang kapitalistischen Wirtschaftens assoziiert ist. Diese Dynamik wurde angestoßen durch die sich industrialisierenden Ökonomien und eine dadurch mögliche Kapitalsättigung. In der Folge, begünstigt durch die Kolonialreiche, die erstmals einen Weltmarkt schufen (J.

Siegelberg 2000: 41), verbreitete sich diese Wirtschaftsform über die Welt – ein Prozess, der nicht abgeschlossen ist. Unterschiedliche Kapitalisierungsgrade beeinflussten aber von Beginn an die Art der Wirtschaft, so dass die am weitesten wirtschaftlich integrierten Staaten von diesen Strukturen mehr profitieren als diejenigen der Peripherie, um einen Begriff der Dependenztheorie zu entlehnen (A. Frank 1969: 48). Eine Analyse von Entwicklung – sofern sie sich an wirtschaftlichen Kriterien orientiert, ohne jedoch auf Wachstum beschränkt sein zu müssen – muss also die internationale Dimension einbeziehen, um nicht der tautologischen neoklassischen Begründung, die Armen seien arm, weil sie arm sind, aufzusitzen. Die (volks-)wirtschaftstheoretische Fixierung auf ‚nationale' Wirtschaftsräume klammert in stark verkürzender Weise die internationale Dimension globalen Wirtschaftens aus. Ohne sich die dependenztheoretische Vorstellung von segmentellen Wirtschaftsbereichen anzueignen, die abgekoppelt vom Weltmarkt blühen könnten, gilt es dennoch, die Dynamik der wirtschaftlichen Asymmetrie zu berücksichtigen. Als Anknüpfungspunkt zur Sicherheitspolitik wird so unter anderem die strukturelle Konstellation erkennbar, in der auch kriegerische Gewalt eine ‚historische Logik' bekommt, wenn man sie in den gesellschaftstheoretischen Blick der historischen Entwicklung von kapitalistischer Gesellschaft, moderner Staatlichkeit und der Durchstaatlichung der Welt einordnet (D. Jung/K. Schlichte/J. Siegelberg 2003)[97].

Es ergibt sich ein Spektrum zwischen starken Staaten, die sich an Veränderungen ihrer ‚Umweltbedingungen' leichter anpassen können und jenen schwachen Staaten, die den wirtschaftlichen, ökologischen und politischen Wandlungen keine Gestaltungsmacht entgegensetzen können. Die Stärke der starken Staaten ergibt sich aus ihrer Fähigkeit zur Anpassung, indem sie durch finanzintensive Programme Strukturanpassungen vornehmen, sowie ihrer Fähigkeit, aufgrund größerer Integration die Veränderungen, an die sie sich anpassen, selbst hervorzurufen. Dies geschieht durch Absprachen, Regelungen, etwa im Bereich der WTO oder in Umweltfragen, durch die Vorgabe ideologisch gefärbten ‚structural adjustment' über Weltbank und Internationalen Währungsfonds (‚Washington

---

[97] Der Zusammenhang zwischen lokalen Reproduktionsverhältnissen und der Einbindung in die Weltwirtschaft zeigt sich überdies in der Verbindung von Schattenwirtschaft und Produktion illegaler Güter. Sie veranschaulichen die Schnittstelle zur Sicherheitspolitik, indem die ‚coping economies' (J. Goodhand 2004a: 157) für die integrierten Zentren kein Problem darstellen. Die ausgreifenden Ökonomien jedoch, die als Kriegswirtschaft und gewinnorientierte Gewaltbewirtschaftung erscheint und sich in Schmuggel, Drogen- und Waffenhandel, aber auch anderer Güter wie Diamanten, (Edel-)Hölzern, Coltan und dergleichen ausdrücken, sind intrinsisch mit westlichen Abnehmern verknüpft, in deren Gemeinwesen aber Auslöser für sicherheitspolitischen Handlungsdruck (dazu C. Friesendorf 2007).

Consensus‚[98]), sowie durch unintendierte Folgen (wirtschafts-)politischen Handelns. Auch wenn diese Programme in vielen Ländern sogar zu Aufständen führten und mitunter politisch destabilisierend wirkten, weil sie das Verteilungsproblem zwischen reichen und armen Schichten nicht berücksichtigten (J. Rapley 2007: 115-118[99]), tradieren und verfestigen sie Wirtschaftsbeziehungen, aber auch die kulturelle Repräsentation von Legitimität (J. Gathii 2000).

Vergleichbares gilt für Internationales Recht, wobei der Ost-West-Konflikt eine weitgehende Verrechtlichung der internationalen Beziehungen und subsequente Streitbeilegung in schiedsgerichtlichen Verfahren verhinderte, weil die meisten Staaten fürchteten, rechtliche Regelungen könnten ihren Interessen schaden (P. Schneider 1999, 2003: 86-95). Im Wirtschaftsrecht, das Eigentums- und Handelsbeziehungen regelt, gibt es hingegen eine Tendenz zu zunehmender, wenngleich anpassungsfähiger Verrechtlichung, die sich auf höheren Rechtebenen fortsetzt, „indem niedrige Verrechtlichungsstufen evolutionär an die Grenzen ihrer Regelungskapazität kommen und durch weitergehende Regelungskonzepte ergänzt, nicht verdrängt werden" (J. Bellers 1993: 144). Diese Verrechtlichung entspricht im Wesentlichen dem höheren Integrationsgrad der untereinander Handel treibenden Staaten. Und auch in anderen Bereichen dominieren die

---

[98] Gathiis Beschreibung des ‚Consensus' und der neoliberalen Weltsicht ist es wert, ausführlich wiedergegeben zu werden: „The Bretton Woods institutions are the World Bank, otherwise referred to as the International Bank for Reconstruction and Development, and the International Monetary Fund. Both were created after the Second World War, the former to give member countries multiyear loans for a variety of development projects, and the latter to lend member countries for shorter periods with a view to facilitating their currency transactions and enabling them to meet short-term deficits in foreign exchange. Policy-based lending, or what has been referred to as conditionality, is an important part of the lending functions of these institutions. These conditionalities include: national economic integration into the international economy through liberalization and deregulation; currency devaluations to spark export-oriented growth; and a reduction of government spending, particularly to control fiscal deficits, among other reforms" (J. Gathii 2000: 1999, FN 10).

[99] Die interessante Frage „Development for whom?" wurde von den Vertretern struktureller Anpassung, neoklassischen Wirtschaftstheoretikern, lapidar damit beantwortet, Entwicklung sei für zukünftige Generationen. Diese Antwort hebelt ihre eigene Annahme aus, die Menschen handelten aus Eigeninteresse – denn warum sollten die Heutigen auf Vorteile verzichten, die potenziell erst in einigen Jahrzehnten Früchte tragen würden? Zudem bleibt offen, ob das Versprechen einer besseren Zukunft wirklich eingelöst werden kann (J. Rapley 2007: 116). In jedem Fall erzwangen diese Programme einen Rückzug des Staates, den heute in vielen Teilen der Welt wieder als unverzichtbar gilt – auch die wirtschaftswissenschaftliche Modellierung unterliegt also Zyklen, während sie dazu neigt, ihre Historizität zu verleugnen. Die self-reliance von Familien, Clans oder Dörfern, die an die Stelle staatlicher Steuerung trat, wirkt zudem der Reduktion existenzieller Risiken entgegen, weil sie die Risiken auf kleinere Einheiten verlagert, deren Anpassungsfähigkeit (‚maneuverability') relativ gering ist – deshalb galt sie auch lang als Indikator dafür, dass die soziale Ordnung überhaupt zusammengebrochen war. Seit der Industrialisierung wurde self-reliance in liberalen Konzeptionen als Korrektiv für die Härten gesehen, denen aus feudaler Einbettung freigesetzte Bevölkerungsschichten ausgesetzt waren (M. Cowen/R. Shenton 1996: 56-59; G. Rist 2002: 136-139).

Demokratien die Rechtsinstitutionen sowohl in der Zahl der internationalen Organisationen, die sie unterhalten, als auch in der Tiefe der rechtlichen Regelungen, denen sie sich unterwerfen (H. Müller 1993: 62) – mit der interessanten Ausnahme der Sozialgesetzgebung (beispielsweise der EU), die hinter der wirtschaftpolitischen Integration zurückbleibt[100]. Während Sozialgesetze in den Industrieländern kaum vereinheitlicht sind, gehen Eingriffe in die Staaten der Dritten Welt tiefer:

> „Das ILO-Weltbeschäftigungsprogramm, das eine Förderung der Beschäftigung in Entwicklungsländern anstrebt, geht implizit von einer bestimmten Weltmarkttheorie aus, die dazu führt, in die staatlichen Maßnahmen von Entwicklungsländern offensiv, in die von Industrieländern kaum einzugreifen" (W. Zaschke/K. Tudyka 1993: 171).

Diese Befunde bestehen auch ein Jahrzehnt später noch. Am weitesten ausdifferenziert und am tiefgreifendsten sind die Regelungen der Handelsbeziehungen; weniger durchgreifend geregelt sind Umwelt- und Sozialstandards, während die Sicherheitspolitik den Nationalstaaten vorbehalten bleibt. Dies ist auf die Verflechtungsdichte und -komplexität zurückzuführen, die es erschwert, klare Regelverstöße überhaupt zu erkennen, weshalb im Wettbewerbsbereich verrechtlichte Verfahren dazu dienen können, die Sachverhalte problemadäquat abzuwägen. Bei Regelungsbedarf der Folgen globalisierter Markteffekte bestehen hingegen Deliberationsrechte für betroffene Bevölkerungsteile, etwa in der Umweltpolitik (B. Zangl/M. Zürn 2004b: 259) – dass dieser Befund auf eurozentrischer Sicht für Umweltprobleme schlimmstenfalls regionaler Reichweite beruht, ist offensichtlich, denn im globalen Maßstab müsste andernfalls das Skandalon des Klimawandels mit seinen ganze Gemeinwesen bedrohenden Umweltfolgen längst weitgehend verregelt sein. Im Sicherheitsbereich führen Zangl und Zürn (2004b: 259) die nachholende Verrechtlichung auf die späte Globalisierung der Sicherheit durch Phänomene wie Terrorismus und Staatszerfall zurück.

Dem generellen Rückstand bei der Verrechtlichung stehen jedoch einzelne, stark kodifizierte Bereiche wie der Internationale Strafgerichtshof gegenüber. Auch hier ließe sich jedoch einwenden, dass sich die bis dato eingerichteten Sondertribunale auf die Fiktion territorialer Staatlichkeit bezogen, abgekoppelt von konfliktursächlichen weltgesellschaftlichen Zusammenhängen. Das erlaubte, die Sondertribunale auf einzelne Staaten zu beschränken. Beispiele hierfür sind die vom UN-Sicherheitsrat eingesetzten Sondertribunale für Jugoslawien (Inter-

---

[100] Gleichwohl entsteht durch Kapitalinteressen ein Handlungsdruck zur Vereinheitlichung der Systeme, wie sich an der Prominenz kapitalgedeckter Altervorsorge zeigt.

national Criminal Tribunal for the former Yugoslavia – ICTY[101]) und Ruanda (International Criminal Tribunal for Rwanda – ICTR[102]). Und auch die Fälle, die der Internationale Strafgerichtshof selbst behandelt oder deren Behandlung er erwägt, beziehen sich allesamt auf nichtwestliche Staaten[103]. Insgesamt ist im Internationalen Recht eine Tendenz zur institutionalistischen Betrachtung zu erkennen. Soziale Bewegungen, die den Staat in Frage stellen, gelten als illegitim und als Sicherheitsbedrohung. Widerstand gegen internationale Arrangements gilt als jenseits der normativen Ordnung, da er sich gegen die Eckpunkte der internationalen Rechtsarchitektur richtet: den Nationalstaat und Entwicklung. Zwei Strömungen, einerseits ein pragmatischer Ansatz, der sich in internationalen Institutionen umsetzt, und andererseits ein liberaler, individualistischer Ansatz, der sich in Menschenrechtsdiskursen und -politik niederschlägt, sind identifizierbar (B. Rajagopal 2003). Internationales Recht kann der vorherrschenden Zivilgesellschaftsrhetorik zum Trotze wenig mit sozialen Bewegungen anfangen, weil diese sich politisch außerinstitutionell und außerparteilich, ökonomisch lokal und rechtlich in kulturell bestimmten, pluralistischen Rechtsauffassungen artikulieren:

> „Liberal internationalism runs contrary to all of these: its notion of politics remains highly institutionalized and monoculturally western; its notion of economy is built on the overpowering of place-based survival strategies by space-based efficiency notions; and its understanding of law is almost ethnocentrically narrow and is built on significant exclusions of categories of marginalized peoples" (B. Rajagopal 2003: 293).

Die rechtliche Grundlage der Souveränität hat die koloniale Abhängigkeit der Dritten Welt zwar legal abgelöst. Die zivilisatorische Mission, mit der der Imperialismus begründet wurde, setzt sich jedoch in Modellen wie ‚good governance' fort (A. Anghie 2005: 247-254). Obwohl das internationale Recht Universalität für sich reklamiert, braucht es doch die dichotomische Abweichung, die Demarkation des Unterschieds, die Konstruktion des Anderen: Erst die Devianz erlaubt die Ausdehnung des universellen Rechts. Vergleichbar verhalten sich staatliche Eliten intern, wenn sie die Abweichung von Minderheiten als gegen den Staat begreifen und durch Repression ihren Staat zu vereinheitlichen trachten. Es ist also nicht die westliche Dominanz, die die Abweichung definiert, sondern es sind im Recht widergespiegelte Brüche der Selbstdefinition, die berücksichtigt werden müssen. Anghie weist auf die identitätsbildenden Erfahrungen der USA

---

[101] http://www.icty.org/ (10.02.2009)
[102] http://69.94.11.53/default.htm (10.02.2009)
[103] Das sind Uganda, die Demokratische Republik Kongo, Darfur/Sudan sowie die Zentralafrikanische Republik; http://www.icc-cpi.int/Menus/ICC/Situations+and+Cases/ (10.02.2009)

hin, deren vorherrschende Rolle in der Welt durch die Geschichte der Sklaverei, die Beziehungen der europäischen Siedler und der eingeborenen indianischen Bevölkerung, aber auch durch den eigenen antikolonialen Kampf und die Expansion im 20. Jahrhundert beeinflusst werde: „the 'other' is not external to the self, but within" (A. Anghie 2005: 319).

Das deutet auf den weltgesellschaftlichen Zusammenhang hin, in dem sich auch das internationale Recht befindet. Es ist nicht überzeitlich gegeben, sondern hat sich und wurde entwickelt. Es birgt das Verständnis der jeweils Handelnden und Handlungsfähigen. Und es unterscheidet zwischen Zivilisation und Barbarei, zwischen innerrechtlich und außerrechtlich und ermöglicht so eine Politik der Exklusion (G. Gong 1984: 242-246). Souveräne Staatlichkeit erlaubt, die Gleichheit der Staaten im Recht umzusetzen – allerdings nicht ohne gegenläufige Tendenz, Souveränität umzudeuten und so Eingriffe in anderen Staaten zu ermöglichen. Hier zeigt sich eine Verknüpfung von Sicherheit und Entwicklung: Interventionen, die der rechtlichen Doktrin der Nichteinmischung zuwiderlaufen, entspringen entweder dem erweiterten Entwicklungsdiskurs, wenn sie humanitär begründet werden. Entwicklungsdefizite, die sich in mangelnder Staatlichkeit, unterentwickelter ‚Rule of Law' oder fehlendem Minderheitenschutz zeigen, werden dann zu Gründen, die ein Eingreifen erfordern. Andererseits wirkten Sicherheitsprobleme als Auslöser für Interventionen. So hat die US-Regierung die Anschläge des 11. September als kriegerischen Akt gedeutet, der den Gegenangriff auf der Basis des Rechts zur Selbstverteidigung ermöglicht hat[104]. Präemptives Handeln, das die Nationale Sicherheitsstrategie der USA vorsieht, weitet das daraus abgeleitete Recht erheblich aus (A. Anghie 2005: 274-279) und ermöglicht, auch militärisch offensive Maßnahmen mit Kategorien des internationalen Rechts zu begründen.

Geprägt durch die historische Konstellation der Ost-West-Konfrontation, forcierten die westlichen Staaten ihre Integration. Aus Sicht der Sowjetunion war die Ausbreitung des Kommunismus kein Ziel, das sie mit militärischen Mitteln betrieb, sondern ein ‚Selbstläufer' auf der Basis einer „scientific analysis of social development" (U.S. Department of State 1961-1963: 174-174, so zitiert in R. Jervis 2001: 49), dem historischen Materialismus. Die Sowjetunion ging – entsprechend ihrer teleologischen Geschichtsphilosophie – davon aus, dass sich der Kommunismus aufgrund seiner sozialen Überlegenheit und der selbstzerstöreri-

---

[104] Anghie weist auf die prekäre Verbindung zwischen dem „War against Terrorism" und der rechtsphilosophischen Figur des „gerechten Krieges" hin. Letztere sei ja in den Kriegen des christlichen Abendlandes gegen den muslimischen Weltteil entwickelt worden: „The sense that we are now moving back, in some curious fashion, to pre-modern times is also suggested by the fact that the terrorist bears important resemblances to the peoples of the Muslim world that have, for centuries, been the enemy against whom this theory has been applied" (A. Anghie 2005: 275).

schen Charakteristika des Kapitalismus durchsetzen würde. Für die USA war eine Ausbreitung des Kommunismus ein Sicherheitsproblem, weil ihre Sicherheitsdefinition die Erhaltung der liberal-kapitalistischen Vergesellschaftungsform beinhaltete – für die Sowjetunion hingegen war es nur eine Entwicklungsfrage, wann sich andere Staaten frei entscheiden würden, kommunistisch zu werden – dazu könne man sie militärisch ohnehin nicht zwingen, sie seien aber auch nicht daran zu hindern. Jervis konstatiert denn auch, dass die Sowjetunion eher unterstützend eingegriffen habe, wo sich Gelegenheiten ergeben hätten, ‚progressive' Akteure zu unterstützen (R. Jervis 2001: 50). Für die USA waren Entwicklung und Sicherheit schon deshalb miteinander verknüpft, weil die UdSSR den Wandel zum Kommunismus als unausweichliche Entwicklung betrachtete.

Aus dieser defensiven Motivation entwickelte sich eine zunehmende Integration. Interaktion zwischen den Staaten des globalen Nordens festigte ihre vorteilhafte Stellung in der Weltwirtschaft, aus der sich ein Sicherheitsvorteil zugunsten der Sicherheitsgemeinschaft ableitete. Damit ging allerdings auch eine Vorherrschaft über weite Teile der Dritten Welt einher, die als Spielfeld der Systemkonkurrenz galt. Die Möglichkeiten, auf diesem Spielfeld Einfluss zu nehmen, waren aber ihrerseits wirtschaftlich und ideell determiniert, so dass die defensive Politik des Westens zu einer entwicklungspolitischen Dominanz des Nordens führte. Seitens der Entwicklungstheorien wurden Entwicklungsprobleme als unpolitisch und multi-kausal und damit als weitgehend unveränderlich betrachtet (M. Duffield 2001: 86). Signifikant ist dabei, dass die Kriegsursachenforschung entwicklungstheoretische Annahmen berücksichtigt und reflektiert hat (J. Siegelberg 1994; K. Gantzel/T. Schwinghammer 1995: 93-116), die Entwicklungsforschung aber Konflikte bis in die 1980er Jahre als exogene Faktoren begriff (R. Riddell 1987: 104, 146; J. Degnbol-Martinussen/P. Engberg-Pedersen 2003: 214).

Indem gewaltsame Konflikte in den 1990er Jahren Teil der Entwicklungsproblematik wurden, fand auch Entwicklung ihren Weg in die Sicherheitspolitik. Gewaltausbrüche, also auch interne Kriege und Unruhen, führten zu Flüchtlingsströmen, die ihrerseits zum ‚Rahmen' der Sicherheitsprobleme hinzukamen. Unkontrollierte Migration wurde mit kriminellen Netzwerken, Drogen- und Waffenschmuggel in Verbindung gebracht. Schon in den 1980er Jahren waren Nationalismus und Modernisierungsprozesse von tribal-feudalistischen zu modernen Staaten auf der Basis früherer Kolonialstaaten, Freiheitskämpfe, die Verfügbarkeit von Waffen, aber auch Bevölkerungswachstum und ungesteuerte Urbanisierung, fehlende wirtschaftliche Chancen und Umweltdegradation als Ursachen von Flüchtlingsströmen identifiziert worden (M. Duffield 2001: 27). All diese Ursachen waren vormals als Probleme der Unterentwicklung gefasst worden, rutschten aber nun in den ‚Frame' sicherheitspolitischer Analyse, weil aus ihnen sicherheitsrelevante Konstellationen resultieren konnten.

Die den Konflikten zugrunde liegenden Ursachen, die mit der politisch-ökonomischen Ungleichheit und Ausbeutung zusammenhängen und die schon früh von Kritikern der Entwicklungspolitik angesprochen worden waren (A. Frank 1969; C. Chase-Dunn 1979:149; S. Amin/G. Arrighi/A. Frank/I. Wallerstein 1982[105]), blieben so außerhalb des Diskurses:

> „In redefining development as dangerous, from its position of dominance liberal discourse has suppressed those aspects (…) that argued the existence of inequalities within the global system and, importantly, that the way in which wealth is created has a direct bearing in the extent and nature of poverty. The new logic of exclusion is reflected in the relativisation and internalisation of the causes of conflict and political instability within the South. At the same time, the main burden of responsebility for solving these problems has been placed on Southern actors" (M. Duffield 2001: 28).

Der Wandel hin zu einer marktorientierten Entwicklungspolitik in den frühen 1980er Jahren führte dazu, dass selbst kleine Projekte danach beurteilt wurden, ob ein unbeeinflusster, kompetitiver und funktionierender Markt existiere. Verteilungsfragen, die staatliche Intervention oder Redistribution von Gewinnen betrafen, waren für die Planer irrelevant, Privatisierung und der Abbau von Handels- und Investitionsbarrieren hatten Priorität (A. Escobar 1995: 93; O. Richmond 2009). Es folgte eine Periode neoliberalen Mainstreamings[106], dessen Misstrauen gegenüber staatlichen Organen alternative Entwicklungsansätze pauschal verwarf. Dabei wurde allerdings übersehen, dass der Staat, gleichgesetzt mit Missmanagement und Ineffizienz, nicht allein aus Organisationen besteht, sondern den sozialen Raum entscheidend beeinflusst, innerhalb dessen sich Entwicklung abspielen soll (J. Heathershaw/D. Lambach 2008b). Sowohl in der entwicklungswirtschaftlichen als auch in der zwischenzeitlich fest im Entwick-

---

[105] Dabei gingen sie aber zumindest implizit von einem *inklusiven* Weltsystem aus, innerhalb dessen die Verteilung von Produktion und Wohlstand voneinander abhänge. Duffield vertritt hingegen die Auffassung, dass die Dritte Welt zwar vom formalen kapitalistischen Wirtschaften ausgeschlossen und ‚strukturell irrelevant' (Castells 1996: 135, so zitiert in M. Duffield 2001: 5) sei, sich aber durch parallele Schattenglobalisierung in das liberale Weltsystem reintegriert habe: „This represents the site of new and expansive forms of local-global networking and innovative patterns of extra-legal and non-formal North-South integration" (M. Duffield 2001: 5).

[106] Neoliberales Mainstreaming bezieht sich auf eine hegemoniale Wissensproduktion, die neoliberale Kriterien vertritt und auch nach dem Washington Consensus keineswegs an Einfluss verloren hat: „Ein solider Machtblock der neoliberalen Hegemoniekonstellation ist weltweit in vielen Bereichen der zivilen ebenso wie der politischen Gesellschaft tief verwurzelt, fähig zu beinah jedem Thema von Interesse zu arbeiten und darüber hinaus in der Lage, strategische Kompetenzen bei Bedarf neu zu entwickeln" (D. Plehwe/B. Walpen 2004: 82).

lungsdiskurs etablierten sicherheitspolitischen Sicht bekam der Staat so eine neue Prominenz, die die Dichotomie Staat oder Markt auflöste. Ein starker Staat schien einen Teil seiner Stärke seiner Verflechtung mit einem freien Markt zu verdanken. Der ‚gute Staat' und ‚good governance', als ideologische Größe auch im Westen umstritten (C. Leggewie 1997: 16), sollte diese Verknüpfung leisten, ohne die Wirtschaft zu behindern. Er ist folglich auf technokratische Aspekte fokussiert, dabei jedoch im globalen Maßstab nicht weniger ideologisch (J. Rapley 2007: 119).

4.2.2 Staatliche Entwicklung

Man kann den Staat, wie gezeigt wurde, aus seiner Sicherheitsfunktion herleiten. Dies entspricht der Logik, derzufolge der Schutz des Individuums vor Übergriffen vornehmste Aufgabe des Staates ist. Demgegenüber steht eine Begründung des Staates als wirtschaftlicher Faktor, in dem der funktionale Aspekt der Staatsfinanzen im Zentrum steht. Dass beide zusammenhängen, ist gezeigt worden: Tillys (1985, 1992) Beschreibung für den europäischen Staatsbildungsprozess, der ausgehend von der Kriegsführung, der Extraktion von dafür erforderlichen Mitteln aus dem kontrollierten Territorium und den dort lebenden Menschen und den diesbezüglich erforderlichen Repressionsmechanismen die Formierung eines ausdifferenzierten Staates ableitet, macht diese intrinsischen Verbindungen deutlich: „Successful extraction is dependent upon the ability to repress rivals. And the capacity to extract and repress creates military, financial, and administrative structures, that is, a state" (B. Taylor/R. Botea 2008: 29).

4.2.2.1 Ideal und Praktiken des Staates und gesellschaftlicher Akteure

Ein wichtiges Kriterium westlicher Staatlichkeit ist geschichtlich erklärbar die doppelte „Verstaatlichung der Gesellschaft" und die „Vergesellschaftung des Staates". Mit diesen Kategorien kann die Institutionalisierungsdynamik von Staatlichkeit (J. Nettl 1968: 580-582) nach staatsstärkenden und staatsschwächenden Einflüssen unterschieden werden (B. Bliesemann de Guevara 2008: 72). Referenz dafür ist das Ideal des Staates, das aus organisatorischer Kapazität, Regelsetzungsfähigkeit, Souveränität und territorialer Kontrolle besteht. Unterhalb des Staates befinden sich in dieser Logik

> „Gesellschaften als Objekte, die entwickelt, kontrolliert, unterstützt oder bewahrt werden müssen. Auch außerhalb Europas haben sich solche, der europäischen Gou-

vernementalität vergleichbaren Vorstellungen verallgemeinert, etwa in der Idee des Entwicklungsstaats" (K. Schlichte 2005a: 106-107).

Die Verstaatlichung der Gesellschaft besteht also in einer tiefen Eingriffsfähigkeit des Staates in alle sozialen Bereiche. Umgekehrt prägt die Interaktion mit sozialen Normen und moralischen Ordnungen, die konfliktiv oder in gegenseitiger Anpassung verlaufen können, den Staat selbst. So werden gesellschaftliche Interessen Teil staatlicher Handlungslogiken – der Staat wird vergesellschaftet. Der Staat ist also

> „not a fixed ideological entity. Rather, it embodies an ongoing dynamic, a changing set of goals, as it engages other social groups. This sort of engagement can come through direct contact with formal representatives, often legislators, or, more commonly, through political parties closely allied with the state" (J. Migdal 1994: 12).

Das Ideal des Staates unterscheidet sich jedoch von den Praktiken des Staates. Der Staat wird nicht nur von seinen Vertretern ‚praktiziert', sondern auch von nichtstaatlichen Akteuren. Indem sie ihr Verhalten an staatliche Versuche, Macht auszubauen und Herrschaft zu etablieren, anpassen, versuchen, deren Folgen zu vermeiden, in offenen Widerstand treten oder sich den Staat zum eigenen Nutzen aneignen, wirken sie auf die Realität des Staates ein (K. Schlichte 2005a: 108). Das bedeutet, dass territoriales Ausgreifen staatlicher Herrschaft begrenzt, dass die organisatorische Kohärenz staatlichen Handelns fragmentiert, dass die Autonomie staatlicher Organe von externen Akteuren transzendiert sein kann. Die Versuche, staatliche Herrschaft zu verstetigen und zu institutionalisieren, kollidieren aber mit anderen Norminstanzen, die häufig ihre Normsetzungsfähigkeit mit Gewalt verteidigen. Um dem Staat zur aus dem Westen bekannten Prominenz zu verhelfen, derzufolge er als moderner Anstaltsstaat bürgerlichen Individuen gegenübersteht, ist nichts weniger als eine gesellschaftliche Modernisierung notwendig. Dem Entwicklungsstaat wird die Neuordnung der gesellschaftlichen Textur aufgebürdet, während die Gesellschaft wenig Möglichkeiten hat, auf den Staat und seine Form Einfluss zu nehmen. Aus der Sicht der Entwicklungspolitik ist das Ideal des Staates, der indes „nicht Teil breiter historischer Prozesse und auch nicht Objekt der Interessen sozialer Gruppen" (K. Schlichte 2005a: 109) ist, maßgeblich für die Gestaltung von Hilfsprogrammen.

Nun existieren Staaten bisweilen nur in Form ‚Potemkin'scher Staatlichkeit' (vgl. FN 44). Auf dem Territorium, insbesondere jenseits der Hauptstadt, findet Staatlichkeit jedoch oft so gut wie nicht statt. Dann wird eine Entwicklungsstrategie notwendig, die sowohl dem Staat die erforderlichen Kapazitäten verschafft als auch die sozialen Schichten neu ordnet (M. Duffield 2002: 1050). Im internationalisierten Kontext von Entwicklung wird der Staat so zum Gegenstand unterschiedlich weit reichender Intervention. Von Beratern in einzelnen Ministerien bis hin zur Entsendung von Militär zur externen Bereitstellung eines Gewaltmonopols reicht die Breite der Strategien. Damit korreliert ein Entwicklungsverständnis, das Gewalt als Ausdruck sozialer Regression statt als Ausdruck sozialer Transformation betrachtet.

Dabei bestehen auch ohne umfassende staatliche Organisation quasi-staatliche Ordnungen, zu denen Staatsaufbau in Konkurrenz tritt. Warlordfigurationen üben herrschaftsähnliche Macht aus, auch wenn sie selten über klar abgegrenzte territoriale Machtfelder verfügen. Gleichwohl gelingt es ihnen, durch Rekurs auf symbolische Ressourcen wie Religion, Ethnie oder dergl. über erkennbare Tendenzen zur Gewaltmonopolisierung, durch Rechtsprechung und Streitschlichtung und nicht zuletzt durch distributives und re-distributives Handeln Güter bereitzustellen, die durch staatliche Eingriffe zu verdrängen zunächst einen Verlust bedeutet: Indem der Staat sich Aufgaben aneignet, verdrängt er auch die Leistungen substaatlicher, funktional aber quasi-staatlicher Akteure. Sie begegnen dem Staat als Konkurrenten auf dem Feld der internationalen, man könnte auch sagen: globalisierten politischen Ökonomie. Die Rolle des Staates hat diesbezüglich einige Wandlungen durchlaufen, die eng mit der Genese des Entwicklungsbegriffs seit seinem ‚take-off‘ (Rostow) zusammenhängen.

4.2.2.2 Die Position des Staates in der internationalen politischen Ökonomie

Wie beschrieben etablierte sich die Praxis der Durchstaatlichung der Welt im nationalistisch-emanzipativ gefärbten Dekolonisationsprozess. Zunächst profitierten die Staaten der Dritten Welt von der Nachkriegshausse, die sich in steigender Nachfrage nach Rohstoffen auswirkte. Der Zufluss an Kapital und die Aufbruchsstimmung im Zuge der Unabhängigkeit konnten jedoch Versprechen zügiger und weitreichender Modernisierung nicht einlösen (M. Duffield 2001: 47; K. Schlichte 2005a: 111). Mit der Politik der importsubstituierenden Industrialisierung versuchten sich die neuen Herren der unabhängigen Staaten von den früheren Kolonialreichen unabhängig zu machen. Misstrauen gegen externe Kapitalinvestitionen und die Privatwirtschaft führten zu Planungswirtschaft und Verstaatlichung[107]. Die mehr oder weniger wettbewerbsgeschützten Volkswirtschaften konnten bis in die frühen 1970er Jahre hohe Wachstumsraten verbuchen, die vor allem auf Kosten des tertiären Sektors erzielt wurden. Die negativen Folgen dieser Politik blieben aber überschaubar, denn die sogenannte Grüne

---

[107] Aus der beschriebenen Perspektive des Ost-West-Konflikts und der Prominenz der Dominotheorie waren dies in der Tat Anzeichen für ein mittelbares sicherheitspolitisches Problem.

Revolution[108] half durch hochertragreiche Getreidesorten und effektive Dünge-mittel die Produktion landwirtschaftlicher Güter zu steigern (J. Rapley 2007: 42). Der Staat spielte in dieser Phase zwar eine wichtige Rolle bei der Steuerung wirtschaftlicher Prozesse. Durch Umwidmung staatlicher Gelder wurde die Mo-dernisierung, insbesondere Industrialisierung, aber auch Individualisierung und Urbanisierung vorangetrieben. Gleichwohl entsprang das Wachstum primär der weltwirtschaftlichen Boomphase – Wachstum war gewissermaßen unvermeidbar (J. Rapley 2007: 43).

Gestiegene Produktivität, steigende Löhne und eine aufgeblähte Geldmen-ge, um die steigenden Kosten des Vietnamkrieges zu finanzieren, führten jedoch zu Inflation in den USA und später zum Verfall des Goldstandards. Damit gerie-ten die Staaten der Dritten Welt noch mehr in die Abhängigkeit von internationa-len Wirtschaftentwicklungen und vom Wert des Dollars. Hatten die westlichen Staaten die Boomphase der fünfziger Jahre genutzt, um ihre Wohlfahrtsstaaten auszubauen und damit Risiken zu sozialisieren, war diese Strategie mit der In-dustrialisierungsorientierung in der Dritten Welt weitgehend unbekannt. Die Staatsquote der Staaten in der Dritten Welt lag mit um 20% deutlich unter der westlicher Staaten (ca. 50%). Bei allen Zweifeln, die an der Erhebung dieser Daten bestehen dürfen, ist interessant, dass sich die Staatsquote nicht nennens-wert über die Zeit verändert hat: „Nur in wenigen Fällen finden sich Schwan-kungen der Staatsquote; die wenigen Zunahmen werden jedoch durch eine Viel-zahl von Rückgängen mehr als ausgeglichen" (K. Schlichte 2005a: 193). Die wirtschaftliche Verflechtung des Staats reichte nicht aus, gesellschaftlich rele-vante Sicherungssysteme einzuführen oder zu finanzieren.

Nach einer Phase abnehmender Profite aufgrund stagnierender westlicher Importe kam mit der Ölkrise der lange Nachkriegsboom zu seinem Ende, ohne dass in den Ländern der Dritten Welt die sozialen Risiken nennenswert diversi-fiziert worden wären. Zwar verzeichnete die politische Stimmung neue Hoffnung für die Staaten der Dritten Welt, die sich aus der emanzipatorischen Rhetorik der 1968er-Bewegung, aber auch aus dem verloren gehenden Krieg in Vietnam speiste. Überlegungen hinsichtlich der Begrenzung von Wachstum (D. Meadows et al. 1983; Südkommission 1991) und daraus resultierenden Umweltschäden kamen auf. Die Ölkrise 1973 zeigte, dass die westlichen Staaten an einer strate-gischen Stelle verwundbar waren – ein scheinbarer Machtzuwachs für die Staa-ten der Dritten Welt, die „first half of the seventies seemed to mark the end of

---

[108] Kritisch zur Grünen Revolution und ihren Effekten auf landlose Arbeiter, die unterkompetitiv wurden, weil große Ländereien bevorzugt an Saatgut, Dünger etc. herankamen und über Kapital verfügten, den Kleinbauern ihr Land abzukaufen, Rogers, Jalal und Boyd (2008: 74). So wurde zwar mehr Nahrung produziert, die Gewinne jedoch in den Händen großer Bauern konzentriert und gleich-zeitig Kleinbauern aus ihrer Produktionsform freigesetzt.

Western hegemony over the South" (G. Rist 2002: 143). Allerdings waren es nur ein paar wenige Staaten, die von der Kartellisierung in der OPEC[109] profitieren konnten, namentlich die OPEC-Staaten selbst, während die anderen die Härte gestiegener Energiepreise zu spüren bekamen. Außerdem traf sie die sich ausbreitende Rezession der Weltkonjunktur, die zu rückläufigem Rohstoffhandel führte: „The first world had sneezed; much of the third world caught pneumonia" (J. Rapley 2007: 45).

Dies hatte eine Ausdifferenzierung des Aufgabenspektrums der Staaten zur Folge: Die arabischen Staaten nationalisierten ihre Ölsektoren, etablierten autoritäre Systeme und feste rentierstaatliche Strukturen. Gleichzeitig wurden sie selbst zur Quelle von politischen Renten (H. Beblawi 1987: 59-61; S. Makdisi 1990: 334; N. Ayubi 1990). Das Geld, das die hohen Ölpreise in ihre Kassen spülte, bremste jedoch die anderen, ebenfalls von Energiezufuhr abhängigen Staaten. Die Banken verliehen nämlich zu zunächst niedrigen Zinsen an die Dritte Welt, allerdings auch für Projekte von zweifelhafter zukünftiger Profitabilität. Die Wachstumsraten kehrten nicht zum Niveau vor dem Ölpreisschock zurück, weshalb die geförderten Projekte nicht die erwarteten Profite ablieferten; obendrein begegneten die westlichen Regierungen der rezessionsbedingten Inflation mit Monetärpolitik, weshalb viele Staaten in eine Schuldenkrise stürzten, weil sie die bisher ungekannt hohen Darlehenszinsen kaum mehr bedienen konnten (S. Amin/G. Arrighi/A. Frank/I. Wallerstein 1982: 136-137). Investitionen in Industrialisierung, aber auch in soziale Dienste und Risikoreduktion blieben so finanziell unterentwickelt oder völlig außer Reichweite. Der hohen Zinsen wegen flossen die Finanzströme auf dem Weltkapitalmarkt in Richtung Dollar, was diesen im Wert steigen ließ und „because most third-world debt was denoted in dollars, the value of the debts of developing countries was effectively hiked" (J. Rapley 2007: 46). Der Schuldenstaat in der Dritten Welt war aufgrund dieser weltwirtschaftlichen Zusammenhänge vom Entwicklungsmotor zum Entwicklungshindernis geworden. Die Rettungsstrategien des Internationalen Währungsfonds aber waren ideologisch so gefärbt, dass ihm keine Chance zur Erholung blieb.

Dies ist seinerseits auf die konservative Revolution Reagans und Thatchers zurückzuführen, die die dominierende Rolle der USA im IWF nutzten, dessen Arbeitshypothese komplett umzukrempeln. Auch innerhalb der Weltbank kam es zu ‚politischen Säuberungen', die gegen das ‚alte' Denken der Marktkorrektur

---

[109] Zu den Erklärungsproblemen insbesondere der Verstetigung der Kooperation zum Zwecke der Preisbeeinflussung M. Beck 1997: 235-239.

innerhalb der dortigen Forschungsabteilung gerichtet waren (J. Stiglitz 2002a: 13[110]).

Anne Krueger, Handelsexpertin und ausgewiesene Rent-seeking-Spezialistin (A. Krueger 1974) wurde zur Chefökonomin ernannt. In ihrer wissenschaftlichen Arbeit identifiziert sie nicht nur Importschranken als Rent-seeking-Strategie, sondern auch Regierungseingriffe wie Mindestlöhne, Zinsdeckelung oder die Vorgabe von Taxitarifen, was die Standzeiten der Taxen verlängere (A. Krueger 1974: 302). So richtig ihre Hinweise auf die politisch problematischen Folgen von Rentiersstrukturen sind, so entwicklungspolitisch weitreichend ist die implizite Folgerung: Da es die Regierungen sind, die Rent-seeking durch entsprechende Regelungen fördern, gelte es, den Einfluss der Regierungen zurückzudrängen, um der unternehmerischen „suspicion of the market mechanism so frequently voiced in some developing countries" zu begegnen. Mit anderen Worten: Wo Märkte weitgehend ungeregelt bleiben, trauen sich Unternehmer zu investieren. Folglich stimmten IWF und Weltbank ihre Politik gegenüber den kreditsuchenden Ländern ab, um deren verschwenderische und schädliche Regierungen zu Reformen zu zwingen:

> „In the 1980s, the Bank went beyond just lending for projects (like roads and dams) to providing broad-based support, in the form of *structural adjustment loans*; but it did this only when the IMF gave its approval–and with that approval came IMF-imposed conditions on the country. The IMF was supposed to focus on crises; but developing countries were always in need of help, so the IMF became a permanent part of life in most of the developing world" (J. Stiglitz 2002a: 14, Hervorhebung im Original).

Damit wurde nicht nur die strukturelle Unterordnung der Staaten der Dritten Welt im weltwirtschaftlichen Zusammenhang zementiert, sondern auch der Grundstein für den permanenten „State of Emergency" gelegt, der den Interventionismus begründen half. Indem multikausale politische Instabilität als Ergebnis von Unterentwicklung begriffen wird, treten die politischen Gründe in den Hintergrund. Im depolitisierten Entwicklungsdiskurs erscheinen die Kriegführenden und ihre Motive als nachgeordnet, während wirtschaftlicher Fortschritt und damit zukünftige Stabilität mittels zum Teil massiver Eingriffe zu fördern ist (M. Duffield 2007: 84-85; O. Richmond 2005: 77). Dass es sich dabei um über Kon-

---

[110] Stiglitz schreibt dazu: „In the early 1980s, a *purge* [Säuberungsaktion] occured inside the World Bank, in its research department, which guided the Bank's thinking and direction" (2002a: 13). In der von der Bundeszentrale für politische Bildung herausgegebenen und vom Siedler Verlag lizenzierten deutschen Ausgabe desselben Jahres wird dieser Satz hingegen verharmlosend so übersetzt: „Anfang der achtziger Jahre kam es in der Forschungsabteilung der Weltbank, die die konzeptionellen Grundlagen und die Strategie der Bank erarbeitet, *zu Veränderungen*" (2002b: 27, eigene Hervorhebungen).

ditionalität vermittelte Eingriffe in die staatliche Souveränität handelt, versteht sich, gilt aber bisweilen nicht als problematisch (S. Krasner 2004: 99). In vielen Fällen führten die Programme des Währungsfonds das herbei, was sie bekämpfen sollten (etwa durch verfrühte Kapitalmarktliberalisierung, die zu rapiden Kapitalfluktuationen führten): dysfunktionale Staatlichkeit. Dies illustriert zweierlei: *Einerseits* veranschaulicht es die ausschließliche und empirieblinde wachstumsorientierte Programmatik, die die Grundlage finanzinstitutionellen Handelns bildete. *Andererseits* bildet die vermachtete Architektur des Finanzsystems die anhaltende Dominanz des euro-atlantischen Raums ab, denn der Vorsitz in beiden Organisationen wird nach wie vor zwischen Europa (Weltbank) und den USA (Währungsfond) aufgeteilt.

Mangelnde Handlungskapazität von Staaten wurde Gegenstand der Debatten in der Phase nach dem Kalten Krieg. Die Souveränität wurde zunehmend ,entflochten' und verlor ihren Status als Recht und Grundstruktur der internationalen Beziehungen. Stattdessen könne man innere Souveränität (Herrschaft innerhalb eines Staates), Westfälische Souveränität (politische Autonomie eines Staates) und internationale rechtliche Souveränität, also formalrechtliche Unabhängigkeit, unterscheiden (S. Krasner 2004: 87-88). Indem die politische Autonomie zur isolierten Kategorie wird, können Interventionen gerechtfertigt werden, wenn Staaten ihren Aufgaben zuungunsten der Individuen nicht nachkommen. Es besteht demnach kein Souveränitätskonflikt, wenn externe Akteure in einen Staat eingreifen, denn *wenn* diese Souveränität bestünde, würden Menschenrechtsverletzungen nicht stattfinden. Menschenrechtsverletzungen, etwa in Form von gewaltsamen Übergriffen, aber auch Versagen bei der grundlegenden Versorgung mit Lebensmitteln, werden so zum Anzeichen für fehlende Souveränität des Staates, was ein Eingreifen rechtfertigt, ja nachgerade verlangt (D. Chandler 2006: 34; S. Woodward 2001: 343). Nach einer Phase der breiten Akzeptanz der Souveränität, indem sie „durch den Kalten Krieg gerettet [wurde] oder (…) durch ihn eine Galgenfrist [bekam]" (B. Badie 2002: 260), wurde staatliche Souveränität seit den 1990er Jahren zunehmend in Frage gestellt. Gleichzeitig gewann der Ausbau seiner Kapazitäten an Bedeutung.

Denn mit der wachsenden Rolle funktionaler Aspekte bei der Definition von Souveränität anstelle politischer und rechtlicher Gleichheit wird eine hierarchische Machtordnung legitimiert[111]. Intervention kann so als Unterstützung der

---

[111] Bis zur vollständigen Übernahme interner Aufgaben durch die Bundesrepublik behielten sich die Besatzungsmächte nach 1945 vor, selbst weitgehende Hoheitsrechte auszuüben. Dies zieht Krasner als Beleg dafür heran, dass Vormundschaft (,trusteeship') erfolgreich sein könne (2004: 111). Allerdings bleiben die Tatsache, dass in Deutschland Staatlichkeit verwirklicht war, ebenso wie die moralische Dimension des verlorenen Zweiten Weltkrieges und der zivilisatorischen Katastrophe des Holocaust dabei als Faktor unberücksichtigt. Im Übrigen übernahm die Bundesrepublik auf der Basis ihrer Verwaltungskapazitäten schnell Verantwortung für interne Angelegenheiten, was zusammen

Souveränität beschrieben werden, während sie die Rechte von Staaten auf politische Autonomie und Selbstregierung untergräbt:

„sovereignty is no longer conceived of as a right to self-government. Sovereignty is merely a capacity which can be enhanced or, presumably, weakened. The therapeutic conflation of external intervention for the purpose of capacity-building with enhancing state sovereignty and independence is central to the state-building discourse" (D. Chandler 2006: 36).

Unter der Beschreibung als *Partnerschaft* öffnen sich nunmehr politische Räume für Einflussnahme von außen. Post-konditionale Arrangements binden staatliche und externe Institutionen aneinander, so dass die Einflussnahme Teil des Staates wird statt als „strong external force" aufzutreten (G. Harrison 2001: 669, so zitiert in D. Chandler 2006: 39). Der Staat wird also zu einem internationalisierten Machtfeld, dessen regulative Mechanismen stark von Gebern und Organisationen beeinflusst sind. An der Formulierung von Zielen sind die Empfängerländer zwar nominell beteiligt, sie sollen ‚Ownership' für die ausgegebenen Entwicklungsziele übernehmen. Diese orientieren sich jedoch an aus der Modernisierungstheorie hinlänglich bekannten Vorgaben, wie sie beispielsweise das UN Millennium Project beschreibt:

„The primary responsibility for development lies with countries themselves. As an indispensable condition for defeating poverty, each country must recommit to pursuing the national institutions and policies conducive to dynamic and sustainable economic growth. But many low-income countries, including many fairly well governed ones, cannot afford the public investments in basic infrastructure, human capital, and public administration that are foundations for private sector growth and economic development. Many Least Developed Countries, especially in Sub-Saharan Africa, are stuck with low or negative growth. Why? Because their saving rates are too low to offset population growth and depreciation, and they are unable to attract the needed investments from abroad" (UNMP 2005: 50).

Der Erfolg der asiatischen ‚Tigerstaaten' in den 1990er Jahren dient dabei paradoxerweise als Vorbild. Dort hatten zwar die Staaten die industrielle Entwicklung gefördert und Märkte geschaffen, die hohe Wachstumsraten produzierten. Die Staaten waren intrusiv, belegten Firmen mit Entwicklungsplänen, auswärtige Waren mit Zöllen und subventionierten die einheimische Produktion, ihnen gehörten die Banken, die all dies finanzierten. Sie wurden zum Modell des Entwicklungsstaats, dessen Agenturen anfangs die Industrialisierung, marktadäquate

---

mit wachsendem Wohlstand, der seinerseits auf vorhandener kapitalistischer Vergesellschaftung basierte, zu hoher Binnenlegitimität führte.

Anpassungen und Investitionen steuern. Wo sich Opposition regt, greift der Staat ein, weshalb für dieses Modell ein zumindest semi-autoritärer Staat hilfreich ist: „the state insulates itself against society, giving a highly skilled, technocratic bureaucracy the autonomy it needs from societal interest groups to impose discipline, at times harsh, on the private sector" (J. Rapley 2007: 140). Staatliche Bildungsoffensiven sollen qualifizierte Arbeitskräfte für den modernisierten Industriemarkt schaffen. Die ideologische Neuerung an dieser Politik ist, dass Bildung nicht mehr solventen Bevölkerungsschichten vorbehalten ist, sondern der breiten Masse zugute kommt. Außerdem investiert der Staat Kapitalmengen, die er über Steuern, Kredite oder primäre Exportgüter finanzieren kann, die einem Unternehmermarkt in diesem Umfang nicht zur Verfügung ständen. Er macht also von seiner überlegenen Akkumulationsfähigkeit Gebrauch. Diese Art der ‚geschützten Entwicklung' (J. Rapley 2007: 142) wurde in vielen Industrialisierungsbestrebungen zum Instrument, das politisch gestaltet und exportorientiert ist. Dadurch gewinnt diese Strategie mehr Legitimität, die insbesondere durch eine möglichst breite Streuung der Modernisierungsgewinne auf die unterschiedlichen Bevölkerungsschichten verstärkt wird.

Über die zwischenzeitlich liberalisierten Kapitalmärkte, gut gefüllt mit Investivkapital, wurde allerdings über die Maßen investiert, was zu verschiedenen Blasen, etwa einer Immobilienblase in Thailand führte. Die durch die Blase aufgewertete Währung verhalf dem Land zu großen Wohlstandszuwächsen. Allerdings wurden damit Exporte teurer, was zukünftige Gewinne gefährdete – weshalb die Investmentfonds das Kapital wieder abzogen, um zu lukrativeren Märkten weiterzuziehen. Um in einer verfallenden Währung zu retten, was zu retten gewesen wäre, folgten andere Investoren, was zu einer sich selbst verstärkenden wirtschaftlichen Abwärtsspirale führte und so die südostasiatischen Ökonomien ab 1997 in eine tiefe Krise stürzte. Schließlich sahen sich auch die westlichen Notenbanken gezwungen, Zinsen zu senken, um Investitionen zu stimulieren (J. Rapley 2007: 145). Eine Weltwirtschaftskrise konnte so abgewendet werden, und da das Kapital, das zur Stabilisierung nach Südostasien geleitet wurde, aus der neoklassisch geprägten und damit als Modell legitimierten US-amerikanischen Wirtschaft stammte, wurde diese staatsinterventionistische Episode beendet. Mehr Liberalisierung der Wirtschaft sollte also das Problem beheben, das durch liberalisierte Kapitalmärkte verursacht worden war.

In den am stärksten betroffenen Ländern gewann eine kulturell motivierte, sich gegen die alles homogenisierende Ökonomisierung wendende, ‚Anti-Globalisierungs'-Bewegung an Rückhalt, so dass die neoklassischen Reformen fragmentarisch blieben. Manche der südostasiatischen Staaten konnten ihre staatlich geführten Systeme restaurieren, während China durchgängig einer staatsgeführten Wirtschaft anhing (J. Rapley 2007: 147). Angesichts einbrechender

Wachstumsraten in der Folge der geplatzten Immobilienblase 2008, die ihrerseits ein Produkt der ökonomischen Krise der Jahrtausendwende war, scheint die frei-kapitalistische Demokratie als Erfolgsmodell an Glaubwürdigkeit einzubüßen. Das letzte Wort über den Entwicklungsstaat ist insofern noch nicht gesprochen, zumal sich dessen Art und Form je nach Staat unterscheidet: In Staaten, deren Organisationsfähigkeit ausreicht, um selbst Kapital in ausreichendem Maße einzusetzen, um wirtschaftliches Wachstum zu stimulieren, könnten staatswirt-schaftliche Strategien an Bedeutung zurückgewinnen. In Staaten, deren Besteue-rungsfähigkeit gering ist und deren Tätigkeit sich hauptsächlich auf die Überle-bensfähigkeit der Bevölkerung richtet (und darin von internationalen Hilfsorga-nisationen wesentlich beeinflusst ist), sind diese Modelle hingegen kaum umzu-setzen.

Die Rolle des Staates ist hinsichtlich seines Organisationsgrades differen-ziert zu beurteilen. Wo der Staat in die Gesellschaft hineinwirken und zu diesem Zweck Kapital mobilisieren kann, ist er auch in der Lage, Wachstum zu generie-ren. Dafür kann er wirtschaftliche Segmente abschotten, fördern und vor interna-tionalen Einflüssen schützen. Gleichwohl benötigt er eine hinreichende Einbin-dung in weltwirtschaftliche Zusammenhänge, was beispielsweise den Aufbau exportorientierter Industriezweige betrifft. Nur wo Absatzmärkte erschlossen werden können, ist der segmentelle Ausbau von Produktion erfolgversprechend. Je weniger regulierungsfähig Staaten sind, desto weniger stehen ihnen die Mittel zur Marktsteuerung zur Verfügung. Dann verfügen sie weder über ausreichend Kapital, um in die Struktur volkswirtschaftlicher Produktion einzugreifen, noch reicht ihre Regelungskompetenz und -kapazität weit genug, um ihre Ziele gesell-schaftlich durchsetzen zu können.

Es zeigt sich also zweierlei: Erstens sind autokratische und semiautokrati-sche Regime eher in der Lage, wachstumsorientierte Entwicklung anzuführen. Während Demokratie und niedrige Regelungsdichte günstig für Märkte wirken mögen, die bereits über eine stabile Basis an Wirtschafts-, Arbeits- und Sozial-beziehungen innerhalb einer rechtsstaatlichen Sphäre verfügen, scheint eine Situation, in der diese Beziehungen manipulierbar sind, eher wachstumshindernd zu sein. Zweitens scheint, wenn man den Mangel an Regulierung in sogenannten ‚schwachen‘ Staaten, häufig verschärft durch die Folgen von Konflikten betrach-tet, eher *zu viel* Markt das Problem zu sein. Waffen-, Drogen- und sonstige kommodifizierte Waren, aber auch Menschenhandel beziehungsweise deren marktförmige Verwertung als (Kinder-)Soldaten deuten darauf hin, dass Sozial-beziehungen von Marktmechanismen bestimmt und weniger durch die rechtliche Einhegung von Machtbeziehungen überformt werden. Darauf deutet die Tatsa-che hin, dass ausgesprochen viele Menschen in ihrer materiellen Reproduktion nicht von der regulären Wirtschaft, sondern von Märkten der Schattenwirtschaft

abhängen, die wiederum in Zusammenhänge der Schattenglobalisierung eingebunden sind (C. Nordstrom 2005: 50-54, 103-118; K. Booth 2007). Dies spielt
eine entscheidende Rolle für die Möglichkeiten der personalen Entwicklung.

4.2.3 Personale Entwicklung

Zwei Themenbereiche, die bereits angesprochen wurden, sind für die Frage nach
der personalen Entwicklung relevant. Zum einen beeinflusst die Konzeption des
Verhältnisses zwischen Individuum und seiner sozialen Umwelt die Frage, wie
personale Entwicklung aussehen kann. Zunächst ist also die Frage, ob Individuen
als Individuen verstanden werden beziehungsweise ob sie sich selbst als Individuen verstehen. Denn das Individuum als Referenzobjekt ist ein Konstrukt der
europäischen Aufklärung und eignet sich damit nur bedingt als Referenzmaßstab
im globalen Kontext. Man muss also beachten, welcher Bezug gewählt wird,
wenn von Entwicklung des Menschen oder auch ‚human development' die Rede
ist.

Ein zweiter Gesichtspunkt ist die Frage danach, wie ‚Entwickeltheit' und
‚Unterentwicklung' zueinander stehen. Wenn die ‚entwickelten' Staaten ihre
Entwicklungspolitik im Rahmen des ‚etwas entwickeln' konzipieren, bilden sie
damit die globalen Machtverhältnisse ab. In der Regel führt das dazu, dass ein
westliches Verständnis von Individualismus, Rationalität und Gewinnorientie-
rung zugrunde gelegt wird. Gleichzeitig basiert diese Annahme auf einem westlichen Wissenssystem, das alles, was ihm nicht entspricht, als rückständig und
ineffizient diffamiert (C. Alvares 1993: 455-457). So wird Unterentwicklung
definiert, nicht notwendigerweise in ihrer Substanz *erkannt*. Unterentwicklung
zu adressieren wird folglich zur Frage technologischen Wissens. Gleichzeitig ist
darin aber auch eine Manifestation des unterentwickelten Individuums kodifiziert, denn das zu entwickelnde Objekt muss erst durch die Entwicklung zum
Subjekt werden. Es muss erst nachweisen, dass es für sich selbst sorgen kann,
andernfalls es aus humanitären Gründen in Vormundschaft (trusteeship) fällt.
Dieser Gesichtspunkt erweist sich an der häufig fehlenden Unterscheidung zwischen Entwicklung und Nothilfe.

4.2.3.1 Entwicklung und Nothilfe

Entwicklungspolitische Motive lassen sich als Spektrum mit verschiedenen Polen darstellen. Moralische/humanitäre und ökologische Motive stehen sich dabei
gegenüber. In ihrer Gewichtung unterscheiden sie sich, und es ist schwer, Rheto-

rik und Interessen zu trennen. Degnbol-Martinussen und Engberg-Pedersen legen nahe, dass die moralischen Argumente und ökologischen Überlegungen im Entwicklungshilfediskurs übertrieben werden, während ökonomische und sicherheitspolitische Interessen heruntergespielt werden (2003: 17). Wenn man Entwicklungsmaßnahmen und Nothilfe unterscheidet, dann sind Nothilfeunterneh-

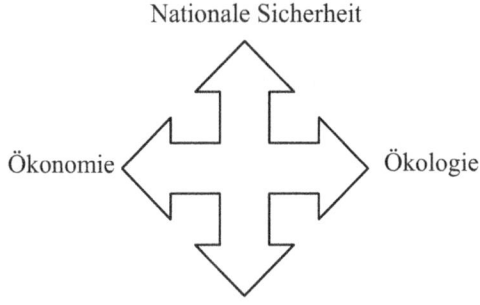

Nationale Sicherheit

Ökonomie   Ökologie

Moral/Humanitarismus

Motive und Interessen für Entwicklungspolitik nach J. Degnbol-Martinussen/P. Engberg-Pedersen 2003: 17.

mungen diejenigen, die öffentlich am sichtbarsten sind. Gleichzeitig ist der Nothilfeanteil an offiziellen ‚Entwicklungshilfe'-Budgets kontinuierlich gewachsen (J. Ross/S. Maxwell/M. Buchanan-Smith 1994: 3). Zudem entfallen Spenden aus privaten Quellen fast ausschließlich auf Nothilfemaßnahmen, während Entwicklungsmaßnahmen aus öffentlichen Kassen finanziert werden. Ursprünglich waren NGOs die Träger von Nothilfe, häufig auf der Basis religiöser Überzeugungen und dem impliziten Wunsch, Zugang zu missionsfähigen Bevölkerungsschichten in ‚armen' Ländern zu erlangen (J. Degnbol-Martinussen/P. Engberg-Pedersen 2003: 144; J. Goodhand 2006). Nothilfe wird für gewöhnlich in Folge humanitärer Ausnahmefälle wie Krieg, Naturkatastrophen und Hungersnöten organisiert und folgt einem Zusammenbruch von Ordnung und Stabilität:

> „Humanitarian relief is usually described as denoting impartial, externally directed, short-term emergency measures geared to saving life. Development, however, (…) is regarded as longer-term help to improve social resilience through strengthening community organization and self-reliance" (M. Duffield 2007: 33).

Humanitäre Hilfe ist in dieser Sicht die selbstloseste Form externen Eingreifens. Jedoch können sich durch Nothilfe Abhängigkeitsstrukturen bilden, so dass funktionierende Märkte beispielsweise durch kostenlose Nahrungsmittel ge- oder zerstört werden können oder Kriege verlängert werden, wenn Hilfsgüter in die Hände von Kriegsparteien gelangen (M. Anderson 1999). Auch wachstumsorientierte Programme sind nicht für sich genommen hilfreich, weil die Art des Wachstums ausschlaggebend für soziale Parameter ist (A. Suhrke/J. Buckmaster 2006: 354-355).

Für Duffields Argument ist die self-reliance, also Eigenständigkeit und -verantwortung zentral, denn diese ist der definierende Zustand, über den ein Eingreifen zu legitimieren ist: „self-reliance is mainly practised when the political, or military, situation makes it necessary to do so. Although it cannot be established by government decree (...) *it becomes necessary when survival requires it*" (G. Rist 2002: 136, Hervorhebung im Original). Das bedeutet, dass die ‚coping economy' (J. Goodhand 2004a: 157, 2004b) für einen großen Teil der Weltbevölkerung zum Standard wird. Ihr Alltag ist, zu „survive on a pittance and be congratulated for its complete self-reliance" (G. Rist 2002: 137). Ursprünglich war self-reliance als Abkoppelung von Weltmarktstrukturen konzipiert, indem in einer Art subsidiärer Produktion nah am Ort des Konsums und von den Konsumenten Nahrung hergestellt werden sollte. Industrieproduktion sollte in der Region oder im Land, falls dies nicht möglich sei, in einem nahen oder Nachbarland gleichen Entwicklungsgrads angesiedelt sein, „und erst ganz zum Schluß empfiehlt sich die Möglichkeit, Handel mit den Industrienationen zu treiben!" (J. Galtung 1983: 28). Dadurch sollte das kostenträchtige ‚processing gap', also der Import fertiger und teurer Güter überwunden werden. Durch wirtschaftliche Autarkie sollten so ganze Volkswirtschaften Fähigkeiten insbesondere zur Selbstversorgung ausprägen, die dann durchaus Handel und Technologietransfer erlauben würden.

Zwischen beiden Lesarten steht eine für die zeitgenössische Rolle der self-reliance zentrale Unterscheidung: Galtung schwebt ein Entwicklungskonzept vor, über das sich staatliche Ökonomien aus der Abhängigkeit globaler Wirtschaftszusammenhänge mit ihren ungleichen Tauschverhältnissen ausklinken können (J. Galtung 1983: 110-113). Zwar ist er selbst skeptisch, ob sich dies durchsetzen lasse. Gerade deswegen schwebt ihm ein emanzipatives Projekt vor, in dem die selbstverantwortlichen Einzelnen ‚agency' entwickeln, also ihre Abhängigkeit von Eliten ablegen. In der Folge würden sich auf der Basis lokaler Selbstverantwortung auch nationale Modi entwickeln, dieses Prinzip umzusetzen. Andererseits argumentiert Rist, self-reliance sei eher „linked to *war economy* and shortages, it could be imposed on people no longer able even to dream of enjoying the prosperity promised by the market" (2002: 139, eigene Hervorhebung). Dann verliert self-reliance ihren emanzipatorischen Aspekt der Autonomie. Stattdessen wird sie zur Strategie ohne Alternative. Die Menschen, die darauf angewiesen sind, befinden sich in einem permanenten Ausnahmezustand, in dem – statt sie zu ermächtigen – über sie bestimmt werden kann. Self-reliance wurde in dieser Art zum Sprungbrett für die internationale Hilfsindustrie der NGOs, die die Regierungen betroffener Länder umgehen konnten, denen vormals Entwicklungsunterstützung direkt zuging (M. Duffield 2007: 56). Global definierte Programme entwarfen ein Bild davon, was die Einzelnen zum Überleben brauchen und wie dies am besten herzustellen sei.

4.2.3.2 Nachhaltige Entwicklung und ‚needs-based aid'

‚Sustainable development' ist die Zauberformel für Entwicklung, die nicht durch Modernisierung und industrieinduziertes Wachstum erfolgen soll. Die Überlegungen, dass der Planet eine Ausweitung des westlichen, energiebasierten Wohlstandssystems nicht verkraften würde, begannen in den 1970er Jahren. Der nach ihrem Vorsitzenden Brundtland-Report genannte Bericht der World Commission on Environment and Development (WCED) (Hauff 1987) und in dessen Folge der Bericht der Südkommission stellen die Umweltbelastungen durch Entwicklungsstrategien in den Vordergrund:

> „(…) ökologische Kosten sollten sich in den nationalen Bilanzen niederschlagen. Die Gesellschaft muß zugunsten eines Lebensstils mobilisiert werden, der keinen übermäßigen Druck auf natürliche Ressourcen ausübt. Strategien für die Nutzung von Boden und Wasser müssen deren Überbeanspruchung vermeiden. Der Energieverbrauch muß in vernünftigen Grenzen gehalten werden" (Südkommission 1991: 398-399).

Grundsätzlich sollen nicht mehr Ressourcen verbraucht werden, als die Natur regenerieren kann. Wirtschaftlich gesprochen kommt die Ausbeutung natürlicher Ressourcen ohne deren Regeneration einem Kredit gleich, den nachfolgende Generationen nicht werden zurückzahlen können, weil sich die Währung geändert haben wird.

Die Probleme staatlicher Koordination und Kapazität, Umweltgesetze zu erlassen und diese oder internationale Standards auch umzusetzen, bleuchteten schnell die Tatsache, dass die wesentlichen Vorstellungen über Umweltschutz aus dem Westen stammten (P. Rogers/K. Jalal/J. Boyd 2008: 159). Aber die Vorstellung von Nachhaltigkeit beinhaltet neben ökologischen auch ökonomische und politisch-soziale Komponenten. Diese lassen sich auch nach der Art des Konsums, der Produktion und Verteilung von Gütern unterteilen (P. Rogers/K. Jalal/J. Boyd 2008: 65). Für alle drei Bereiche lässt sich feststellen, dass die industrialisierten Staaten nicht nachhaltig wirtschaften: Insbesondere Nahrungs-

überkonsumption, die sich in niedriger Produktivität aufgrund von ernährungs-
bedingten Krankheiten ausdrücken kann, steht Unter- und Mangelernährung
gegenüber, die gleichfalls dazu führt, dass die Betroffenen ihre Fähigkeiten nicht
einsetzen können. Globale Produktionsmuster zeigen, dass die industrialisierten
Staaten umweltgerechter produzieren, indem sie Ressourcen effizienter nutzen –
gleichwohl handeln sie mit Waren, die billig herzustellen just auf der Untererfüllung der Standards an außerhalb der OECD-Welt liegenden Produktionsstätten
beruht.

Es ist an verschiedenen Stellen schon angeklungen, dass die Höhe des wirtschaftlichen Wachstums für viele Entwicklungskonzepte als weniger entscheidend gilt als die Verteilung des Mehrwertes. Ungleichheit in der Einkommens-
verteilung, also eine auseinanderklaffende Schere zwischen Arm und Reich behindert im Effekt das Wachstum selbst[112]. Außerdem bedeuten signifikante Ein-
kommensunterschiede auch soziale Exklusion, beispielsweise indem der Zugang
zu Trinkwasser, Gesundheitsversorgung, Schulen und Ausbildung, Krediten und
Versicherungen oder Arbeitsplätzen eingeschränkt ist. Für große Teile der armen
Bevölkerung steigt auch das Risiko, Opfer von Gewalt zu werden. Mangel an
grundlegenden Mitteln erhöht die Verletzlichkeit, weil auf neu auftretende Probleme nicht angemessen reagiert werden kann (P. Rogers/K. Jalal/J. Boyd 2008:
76). Selbst wenn für eine Reaktion – beispielsweise für Behandlungskosten bei
Krankheiten, für die Flucht im Falle von Kriegen oder Dürre, für Bestechung im
Fall staatlicher Übergriffe – genügend Geld vorhanden ist, handelt es sich immer
nur um reaktive Strategien. Nachhaltige Entwicklung bedeutet hingegen, aktive
Strategien zu entwickeln, wie Risiken eingehegt werden können. Dieser Aufgabe
stellen sich aber die Ausformulierungen des Konzepts kaum, die inhärenten
„schwer überwindbare[n] Gegensätze" (R. Kößler 1998: 179) bleiben unbewäl-
tigt. Die „Entwicklungsländer als ‚Externalisierungsopfer' in der globalen Um-
weltzerstörung" sind den Risiken globaler Ressourcenausbeutung primär ausgesetzt (K. Bruckmaier 1994: 174-175). In den westlichen Ländern sind zu deren
Management Versicherungen üblich (wenn auch nicht durchgängig inklusiv);
über einen staatlichen Mechanismus werden so Risiken kommunalisiert. In der
romantisierenden Entwicklungslogik der self-reliance spielt eine solche Verteilung existenzieller Risiken auf mehrere Schultern jedoch eine untergeordnete
Rolle. ‚Needs-based'-Hilfsstrategien wie die Millennium Development Goals
(MDG) nähern sich diesem Problem – allerdings wird diese Hilfe *gewährt*,

---

[112] Selbstverständlich gilt dies in ‚entwickelten' wie ‚unterentwickelten' Staaten. In Staaten, wo die
Finanzwirtschaft die treibende Wirtschaftskraft ist, wird die Kapitalsättigung großer Unternehmen
zum Problem von kleineren Unternehmen, die bedeutend benachteiligt sind, wenn es um Zugänge zu
Krediten geht. Gleiches gilt in internationalem Maßstab (S. Strange 1998: 97-122, 182).

kommt also von oben herab, statt als auf Solidarität beruhendes Recht konzipiert zu sein (N. Cooper 2006: 326).

Erarbeitet von den Vereinten Nationen und einigen ihrer Unterorganisationen repräsentieren die MDG einen breiten Ansatz, Entwicklung als globale Strategie zur Verringerung der Armut zu konzipieren[113]. Die Hälfte der gegenwärtig unter der absoluten Armutsgrenze von einem US-Dollar/Tag lebenden Menschen sollen bis 2015 aus diesem Zustand befreit werden[114]. Die folgenden acht Problemfelder umreißen den Maßnahmenkatalog: Extreme Armut und Hunger beseitigen; universellen Zugang zu grundlegender Schulbildung ermöglichen; Geschlechtergleichheit herstellen; Kindersterblichkeit senken; Gesundheit von Müttern verbessern; Krankheiten wie HIV/Aids, Malaria etc. bekämpfen; ökologische Nachhaltigkeit sichern; globale Partnerschaft für Entwicklung knüpfen (A. Sumner/M. Tribe 2008: 24). In einer positiven Bewertung der MDG beschreiben Rogers, Jalal und Boyd (2008: 182) die Ziele als quantitative Indikatoren, die auf die nicht erfüllten Zusagen verweisen. Allerdings fehlt verlässliches Wissen über kausale Zusammenhänge von Ursache und Wirkung: „There is little point in setting targets if we do not know through what actions the outcomes can be influenced" (A. Saith 2006: 1178).

4.2.3.3 Freiheit zur Entwicklung

Die relative Armut, also die Verteilung von Wohlstand innerhalb der Weltgesellschaft bleibt aus den offiziellen Programmen ausgeschlossen. Indem die Staaten mit den MDG die Zielsetzung von Entwicklung einem ‚Mainstreaming' unterzogen haben, bleibt wenig Raum für alternative Entwicklungskonzepte[115]. Die

---

[113] Der MDG Report 2005 bietet ein illustratives Beispiel für die rhetorische Verknüpfung von Sicherheit und Entwicklung, indem UN-Generalsekretär Kofi Annan argumentiert: „We will not enjoy development without security, we will not enjoy security without development, and we will not enjoy either without respect for human rights. Unless all these causes are advanced, none will succeed" (MDGR 2005: 3). Diese Versicherheitlichung fehlt im MDG Report 2008 unter dem neuen Generalsekretär Ban Ki-Moon weitgehend (MDGR 2008).

[114] Die Definition der 1-$-Grenze ist insbesondere in Hinblick auf die *relative* Verteilung von Armut problematisch. Auch sagt diese Grenze nichts über die wirklichen Bedürfnisse der Menschen aus und wendet eine unklare Kaufkraftäquivalenz an. Da die Verfügbarkeit von 1$/Tag kaum valide zu prüfen ist, sind Aussagen über rückläufige/zunehmende Armut zudem unsicher und „likely systematically to distort estimates of the level and trend of global income poverty. There is some reason to think that the distortion is in the direction of understating the extent of income poverty" (S. Reddy/T. Pogge 2005: 37).

[115] Der konzeptionelle Fehler der Post-Developmentalisten, keine alternative Entwicklung, sondern nur *keine Entwicklung* anbieten zu können, scheint sich auf der staatsprogrammatischen Ebene zu spiegeln: Statt alternativer Entwicklung stehen nur noch über einen Entwicklungshilfemarkt vermittelte, kommodifizierte Konzepte zur Verfügung, deren gedankliche Grundlagen Individualismus,

Entwicklungskonzepte entsprechen im Kern einer Modernisierung der Sozialbeziehungen (N. Cooper 2006: 320, 332). Demokratisierung, Kommodifizierung menschlicher Arbeit über Geldverhältnisse und die Durchsetzung von Eigentumsrechten als konstitutiven Bürgerrechten werden zum Maßstab politischer Entwicklung und verstärken die wirtschaftliche Modernisierung. Diese Ausprägung einer besitzenden Klasse, die Demokratie ausübt, schließt die Nichtbesitzenden jedoch aus: „Accordingly, modernization is essentially social engineering from above and an operation of political containment rather than democratization" (J. Nederveen Pieterse 2001: 22). Freiheit zur Entwicklung, wie sie beispielsweise von Sen (2005) entworfen wurde, dessen Ideen und Sprachduktus sich in den meisten offiziellen Entwicklungsprogrammen wiederfinden, basiert auf Locke'schen Freiheitsideen, die sich zunächst als Freiheit im Staate darstellen. Der Staat ist also für die Entwicklung unabdingbar; Marktwirtschaft und einvernehmliche Herrschaft bedingen einander, indem der Mensch Eigentümer seiner selbst und dessen, was er erwirtschaftet, ist. Um sein Eigentum (einschließlich seiner selbst) zu schützen, etabliert er Herrschaft, die das Eigentum zu schützen zur Aufgabe hat (B. Jahn 2007a: 91).

Ob Human Security/Human Development oder Millennium Development Goals, alle offiziellen Entwicklungsprogramme setzen diese liberalen Grundannahmen gleichzeitig als zu erreichendes Ziel und als Mittel, dieses Ziel zu erreichen. Dabei vernachlässigen sie den Prozess, in dem soziale Umwälzungen stattfinden, und vermeiden, die überkommenen Macht- und Herrschaftsverhältnisse zu berücksichtigen, die sich häufig genug bereits als Eigentümerverhältnisse zeigen. Eigentum ist also nicht das zentrale Kriterium für Entwicklung, sondern die sich daraus ergebende Herrschaftsformation. In deren liberaler Ausformung geben die Eigentümer die Organisation ihrer Sicherheit aus der Hand und übertragen sie der Allgemeinheit in vertraglich abgestimmter Ausprägung. Dies entspricht einer wirtschaftlichen Logik, indem Ressourcen produktiv werden können, die andernfalls für die Verteidigung des Eigentums der Besitzenden konsumiert würden. Die Allgemeinheit unterstützt die wirtschaftlichen Interessen der Besitzenden, indem sie einen pazifizierten Markt und Rechtbeziehungen schaffen hilft (A. Smith 2001).

Ungelöst bleibt jedoch die paradoxe Situation derjenigen, die nichts besitzen. Sie sollen eine Mittelklasse, eine bürgerliche Schicht bilden, die ihre Rechte im Staat organisiert und ihre Interessen umsetzt. Was aber passiert, wenn eine stetig akkumulierende Eigentümerklasse nicht existiert? Kann sie zuerst einen

---

über Geldwirtschaft vermittelte Arbeitsleistung, Erfolg durch Innovation und Konkurrenzfähigkeit sind. Die propagierten Freiheiten wie Marktzugang, aber auch Partizipationsrechte, Demokratie, Ownership entpuppen sich als Freiheiten derjenigen, die sich die Teilnahme und Teilhabe am politischen Prozess auch *leisten* können.

Gesellschaftsvertrag schließen, der die Herausbildung einer Eigentümerklasse begünstigt, wenn diese doch die Voraussetzung für den Gesellschaftsvertrag selbst ist? Die liberale Konzeption des Statebuilding als Vertragskonstitution ohne Subjekte setzt Prozess und Ergebnis in eins, Transformationskonflikte werden konzeptionell ausgeklammert. Die gegenseitige Bedingtheit von wirtschaftlichen, politischen, Bildungs- oder Sicherheitsbereich, derzufolge Fortschritte in einem Bereich zu Entwicklung im anderen Bereich führen, erlaubt es, zunächst einzelne Bereiche von externer Entwicklungspolitik zu betonen, die sodann zu weiterer Ausbreitung der angestrebten Ziele führen soll. Falls dies scheitert, kann eine Dynamik der Eskalation liberaler Strategien entstehen, die konsekutiv mehrere Politikfelder einbeziehen, weil das Scheitern in einem Bereich auf Problemen im anderen beruht (B. Jahn 2007a: 94).

4.2.3.4 Reduktion existenzieller Risiken

Wenn man sich das Narrativ von der Freiheit zur Entwicklung nicht zu eigen macht, weil die Konzeption der Freiheit in oben beschriebener Weise eine westlich-liberale Eigentümerfreiheit meint, so wird die Frage nach der epistemischen Form von Entwicklung wieder interessant. Indem man sie nicht mit der Freiheit beantwortet, wird Entwicklung frei, um sie vom Einzelnen in seiner sozialen Einbettung her zu denken. Wenn man, wie schon an verschiedenen Stellen angedeutet, Entwicklung als Reduktion existenzieller Risiken fasst, richtet sich der Blick auf die soziale Organisation des Risikos. Wie gehen Kollektive damit um, dass jedes einzelne ihrer Mitglieder, aber auch sie als Ganzes, Risiken ausgesetzt sind? Risiken sind eminent soziale Phänomene, die eine definitorische wie eine normative Seite beinhalten, die politisch in Einklang gebracht werden müssen. Es lohnt sich, an dieser Stelle Beck ausführlich zu zitieren, der seine These von der Risikogesellschaft (1986) zur These von der Weltrisikogesellschaft (2008) ausgearbeitet hat:

> „In Risikogesellschaften werden mit der Geschwindigkeit und der Radikalität von Modernisierungsprozessen die Folgen der Erfolge von Modernisierung zum Thema. Es entsteht eine neue Riskantheit des Risikos, weil die Bedingungen seiner Kalkulation und institutionellen Verarbeitung teilweise versagen. Unter solchen Umständen entwickelt sich ein neues moralisches Klima der Politik, in dem kulturelle, also von Land zu Land verschiedene Wertungen eine zentrale Rolle spielen und das Pro und Kontra möglicher Folgen technischer und ökonomischer Entscheidungen öffentlich ausgetragen wird" (U. Beck 2008: 24).

Das Risiko ist individuell, wird aber sozial hervorgebracht und ist gleichzeitig sozial vermittelt: Sowohl die durch Modernisierung hervorgebrachten Umwälzungen, etwa der Druck, am Arbeitsmarkt teilzunehmen, gleichzeitig jedoch das Risiko, vom Arbeitsmarkt ausgeschlossen zu bleiben, als auch die Frage, wie diese Risiken kommuniziert werden, verweisen auf die Gesellschaft und ihre Verfasstheit. Dabei ist die Wahrnehmung des Risikos von den jeweiligen Kommunikationsbeziehungen abhängig, sie kann also auch durch eine Inszenierung des Risikos (U. Beck 2008: 30) beeinflusst werden. Die Wahrnehmung von Risiken beeinflusst die Akzeptanz von modernisierender Entwicklung erheblich. In Sozialverbänden, die nur von prekären Staatsgebilden überwölbt werden, werden alltägliche Risiken wie Krankheit, Hunger oder Gewalt dadurch verstärkt, dass Instrumente zum kollektiven Risikomanagement fehlen. In die staatliche Rahmenerzählung eingebettet, werden Zuwanderung und Kriminalität in durchstaatlichten Sozialverbänden zu Risiken.

Im Ergebnis werden ‚entwickelte‘ und ‚unterentwickelte‘ Staaten gegenseitig zur Gefahr: Die ‚entwickelten‘ Staaten nehmen Staatszerfall, vermittelt über Flüchtlingsströme oder Terrorismus als Risiko wahr. So ist zu begründen, dass staatliche Vorsorge auch expansive Politik erfordern kann, die militärische Einsätze in Krisenländern nicht nur begünstigt, sondern unerlässlich erscheinen lässt. Für die Sozialverbände, deren Risikomechanismen nicht staatlich organisiert sind und die zum Objekt westlicher, staatlicher Risikopolitik werden, kommt hingegen das Risiko der Intervention hinzu (A. Pradetto 2008: 10-11). Die Intervention kann von der wirtschaftlichen Reproduktion bis hin zu den politischen Herrschaftsmechanismen alles transformieren. Das bedeutet, dass das Risikomanagement, das über Verwandtschafts- oder Clanbeziehungen, im dörflichen oder regionalen Zusammenhang vermittelt war, mitunter mit Gewalt von außen verworfen wird, ohne dass Risikokontrollmechanismen an seine Stelle träten.

Entwicklung muss also als Kategorie betrachtet werden, die – anders als in den gängigen Konzepten – weder wachstumszentriert (weil Wachstum neue Risiken der relativen Verschlechterung der Lebensbedingungen bedeuten kann) noch freiheitsfixiert ist (weil die Frage der Art der Freiheit, die vertreten wird, unterschiedlich beantwortet werden kann und weil fehlende Einhegung der Freiheit zum Risiko für andere werden kann). Sowohl Freiheit als auch Wachstum, aber auch Bildung, Eigentum, Gewaltmonopolisierung und andere mit Modernisierung in Verbindung stehende Konzepte finden innerhalb der Entwicklung ihren Platz, wenn ihr Zusammenhang über das Konzept des Risikos erfasst wird.

Das Risiko als Kategorie erlaubt die Sichtweisen zu erfassen, auf deren Basis sich Sozialverbände einander nähern. Der weltgesellschaftliche Zusammenhang ist dafür notwendige Voraussetzung eines Weltrisikos. Kennzeichnend für diesen Zusammenhang sind verschwimmende Grenzen zwischen Normal- und Ausnahmezustand. Nichtintendierte und intendierte Katastrophen sind dafür eine Schlüsselkategorie: Nichtintendierte Ereignisse, wie etwa der Klimawandel, sind eine Kombination von Nutzen und Chancen einerseits und „mehr oder weniger wahrscheinlichen Schäden und Zerstörungen" andererseits, die ein „ineinander und gegeneinander sozial ungleich verteilter Hoffnungen und Befürchtungen" implizieren (U. Beck 2008: 146-147). Im Falle intendierter Katastrophen, wie beispielsweise terroristischen Anschlägen, fällt diese Ungewissheit weg: „Der vielleicht geringen Wahrscheinlichkeit von Terrorattentaten steht kein Nutzentrost gegenüber." Die Unterscheidung zu früheren sozialen Modi, die er ‚erste Moderne' nennt, ist die Überschreitung von definitorischen Grenzen, etwa zwischen „Krieg und Frieden, Militär und Zivil, Feind und Verbrecher", Innen- und Außenpolitik und dergl. (U. Beck 2008: 147). Der Ausnahmezustand wird damit in territorialer, sozialer und temporaler Hinsicht entgrenzt: Territorial bezieht der Ausnahmezustand auch Gegenden ein, die auf der Basis von Souveränitätsdoktrin und staatlichem Herrschaftsprimat sakrosankt wären. Machtbeziehungen werden so zu Herrschaftsbeziehungen, etwa im Konzept der ‚global governance', indem die Modi sozialer Selbstorganisation extern geformt werden. Sozial entgrenzt wird der Ausnahmezustand, weil etwa Gewaltakteure Sozialverbänden den Ausnahmezustand aufzwingen können – gleichzeitig können kommunikativ vernetzte Akteure andere Risiken popularisieren, um deren Bearbeitung zu priorisieren. Die Öffentlichkeitsarbeit von NGOs im Bereich der internationalen Nothilfe ist hierfür ein Beispiel. Schließlich wird der Ausnahmezustand temporal entgrenzt, indem kein definierter Endpunkt existiert, an dem Risikomanagementpolitik erfüllt wäre. Für die Terrorismuspolitik gilt dies im als indefinit erklärten ‚Krieg gegen den Terrorismus' – eine der ersten Maßnahmen der Regierung Barack Obamas war deshalb, diesen für beendet zu erklären und so eine Repolitisierung des Terrorismusdiskurses zu ermöglichen.

Entwicklung kann also in Verbindung mit dem Risiko erfasst werden. Dies weist gleichzeitig auf die Sicherheit hin: Um beide unter dem Gesichtspunkt eines liberalen Staatlichkeitsparadigmas zusammenführen zu können, wird im folgenden Kapitel ein Ansatz entworfen, mit dem erklärbar wird, wie in der Weltgesellschaft kollektive Akteure interagieren. Dass die vormals getrennten, aber nie vollständig voneinander geschiedenen Felder der Sicherheit und der Entwicklung in der jüngeren Vergangenheit zunehmend als zusammengehörig verstanden wurden, ist so aufzuschlüsseln. Zunächst werden jedoch die zentralen Aussagen des Kapitels zur Entwicklung in ihrem Zusammenhang rekapituliert. Weil auch die Entwicklung wie die Sicherheit die ‚images' international, staatlich und personal übergreift, entlehne ich zu dieser Beschreibung den aus der europäischen Integration stammenden Begriff der ‚Mehrebenen'-Politik, um darauf hinzuweisen, dass in der Weltgesellschaft sowohl die Auswirkungen politischer (aber auch ökonomischer, militärischer usf.) Handlungen als auch die Risikoperzeption miteinander in Verbindung stehen.

4.3 ‚Mehrebenen'-Politik und Risikoreduktion

Entwicklung als Konzept basiert auf grundlegenden Annahmen, die im Kern der Aufklärung und dem liberalen Paradigma entspringen. Dass der Mensch gedanklich als sich seiner selbst bewusstes Individuum gefasst wird, ist die Voraussetzung dafür, dass seine soziale Einbettung von Gott losgelöst werden kann. Erst dadurch, dass der Mensch als erkenntnisfähig und damit für sich selbst verantwortlich erscheint, obliegt ihm die Gestaltung seiner Sozialbeziehungen. Damit verschwindet aber unglücklicherweise die Gewissheit, die eine göttliche Ordnung mit sich bringt. Die Wissenschaft erfüllt in der Entzauberung der Welt (M. Weber 1994) also eine Doppelrolle: Nicht nur stürzt sie Gott als Daseinsbegründung für soziale Beziehungen vom Sockel, sie setzt sich selbst an seine Stelle. Denn durch den Wegfall göttlicher Sinnzusammenhänge wird es notwendig, den Unterschied zwischen Faktum und Norm zu erklären und gegebenenfalls zu legitimieren. Damit bekommt das Wissen einen neuen Stellenwert, weil es inhaltlich begründen muss, was es für wahr hält.[116]

Der Wissenschaft wächst also großer Einfluss für die Produktion politischer Zielsetzungen zu. Zunächst ist die Wissenschaft nur eine Institution zur organisierten Wissensproduktion. Historisch betrachtet erfüllte sie diese Aufgabe, indem sie Herrschaft legitimiert hat, von der sie gleichzeitig abhängig war. Abendländisches philosophisches Denken beschäftigt sich zu großen Teilen mit der Herrschaftslegitimation. In diesem Zusammenhang ist die liberale Konzeption eines Vertragsstaats vorherrschend, die auf der historisch mit der Entdeckung Amerikas zu erklärenden Konstruktion eines Naturzustandes basiert (B. Jahn 2000). Darin wird die Verwaltung von Knappheit zum Herrschaftsgegenstand. Knappheit impliziert jedoch Mechanismen, Wachstum zu schaffen – mit der paradoxen Konsequenz, dass das Wachstum selbst zum Imperativ wird und seine Rückbindung an die Knappheit verliert.

Indem Wachstum und Herrschaft miteinander verknüpft werden, kann ein aus dem Wachstumspfad abgeleiteter politisch-gesellschaftlicher Entwicklungspfad hergeleitet werden. Dieser sich von Hegel über Marx bis Rostow erstreckende Gedankenstrang wurde bestimmend für Entwicklung als Konzept (W.

---

[116] Damit ist nicht gesagt, dass Wissen nicht schon in voraufklärerischer Zeit ein Machtfaktor war. Allerdings könnte sich das Wissen auf die Kenntnis von Riten und Beschwörungsformeln beschränkt haben, ohne auf Begründungszusammenhänge angewiesen zu sein.

Rostow 1992); eine Engführung bis hin zur Gleichsetzung von Fortschritt und Entwicklung ist dafür ausschlaggebend. Abgeleitet aus der europäischen Staatsbildung und der Industrialisierung mit ihrer beschleunigten kapitalistischen Vergesellschaftung gerät diese konkrete, wenngleich kontingente Form zur Vorlage für Entwicklungsentwürfe. Die Entfaltung der Entwicklung bekommt den Status eines naturgesetzmäßigen Ablaufs. Daraus lässt sich anhand verschiedener Parameter eine Differenz konstruieren, beispielsweise Durchkapitalisierung von Sozialbeziehungen, Rationalisierung politischen Handelns oder Individualisierung. Zwischen ‚entwickelten‘, also diese Kriterien erfüllenden ‚Gesellschaften‘ und ‚unterentwickelten Gesellschaften‘, die an diese Parameter in ‚geringerem‘ Maßstab heranreichen, kommt es zu einer Dichotomie, durch die sich Herrschaftsbeziehungen rechtfertigen lassen. Die Entwicklung der Unterentwicklung (A. Frank 1995) ist also ein Herrschaftsmechanismus, der sich in der rechtlichen, ökonomischen und politischen Regelung internationaler Beziehungen niederschlägt.

Damit wird postuliert, dass es keinen Zustand *vor* der Unterentwicklung gegeben habe (A. Frank 1969: 40). Um den Anschluss an die ‚entwickelten‘ Länder zu schaffen, ist Wachstum das instrumentelle Werkzeug – dabei ist die Frage, wo Wachstumshindernisse verortet werden, zwar bestimmend für die Überlegungen, wie diese zu überwinden seien. Den prinzipiellen Wachstumsglauben stellen jedoch weder Modernisierungstheorien mit ihrer politisch-ökonomischen, noch Dependenztheorien mit ihrer kapitalistisch-systemischen Erklärung von Entwicklungshindernissen in Frage. Für alle Theorien ist Staatlichkeit und deren Fähigkeit, legale Märkte bereitzustellen und zu regulieren, von zentraler Bedeutung. Exogene (im Gegensatz zu immanenter) Entwicklung zielt also darauf ab, Märkte zu eröffnen, über die Wachstum geschaffen werden soll. In jüngerer Zeit werden Märkte dann aber umgedeutet als Ausdruck individueller Freiheiten (A. Sen 2005). Dadurch bekommt die Möglichkeit zur Teilnahme an Märkten einen konstitutiven Aspekt von Freiheit. Diese Freiheit ist hinsichtlich ihrer Bindung an die Werte, die jemand in Freiheit verfolgen kann, nicht voraussetzungslos. Die Gesellschaftlichkeit von Entwicklung bedingt immer auch die Frage, welche Werte Entwicklung etablieren soll – damit ist das Problem verbunden, dass Entwicklungsunterstützung einer teleologischen Projektion von gesellschaftlicher Evolution folgt, ohne zu wissen, ob die darin verankerten Werte mit den Werten des adressierten Sozialverbands übereinstimmen oder überhaupt vereinbar sind.

International wirkt Entwicklung also insbesondere in einem asymmetrischen Verhältnis alter, europäischer Staaten und später, etwa durch Dekolonisation hinzugekommenen Herrschaftsverbänden. Die grundlegenden Bedingungen der Herausbildung souveräner Staatlichkeit unterscheiden sich in beiden Fällen erheblich. Die Formation von Staaten, indem Besteuerung und Verwaltung,

Kriegführung und Schutzaufgaben zusammenwirkten, grenzt europäische Staatlichkeit von den hybriden Staatsgebilden ab, in denen sich die idealtypischen Staatsmerkmale mit traditionalen, patrimonialen, feudalen und anderen Konstellationen vermischen und verbinden. Das bezieht sich auf die Formen der gesellschaftlichen Reproduktion, in der die Ablösung von Arbeits- und Wohnstätte eine Form der Individualisierung begünstigt, die ihrerseits eine Konsumgesellschaft kommodifizierter Güter hervorgebracht hat. Die Ausbreitung eines Weltmarktes, dessen Kapitalinteressen lokale Marktzusammenhänge zu eröffnen trachten, ist dabei eines der Haupthindernisse für den Aufbau eines Steuerstaates. Die kapitalistische Weltmarktdynamik hemmt auf diese Weise die Ausprägung regelungsfähiger Staatlichkeit, die sie selbst voraussetzt.

Historisch wurde Entwicklung vor allem von der Konstellation des Gegensatzes gesellschaftlich-ökonomischer Modelle im Ost-West-Konflikt geformt. Diese Konstellation hat die Integration westlicher Strukturen vorangetrieben und damit ihr wirtschaftliches und politisches Gewicht erhöht. Mit dem Wegfall des Ostblocks wurde das liberale Modell zur hegemonialen Ideologie. Diese Entwicklung der ‚entwickelten‘ Länder muss berücksichtigt werden, verdeutlicht sie doch, dass auch die als Ziel von Entwicklung angenommene Gesellschaftsformation nicht statisch ist. Selbst staatlich gefasste Gesellschaften, die aufholen, bleiben also noch hinter den westlichen Staaten zurück, weil diese über Zeit neue soziale Modi ausgeprägt haben, über die Inklusion und Exklusion vermittelt sind. Handels- und Kommunikationsbeziehungen zwischen integrierten Staaten sind enger und stabiler, was ihre weitere Integration begünstigt – nicht oder weniger integrierten Staaten erschwert oder verhindert sie der Mangel an Interaktionsdichte relativ dazu. Dieses Verhältnis einer Interaktionsasymmetrie prägt auch die politische Steuerung, die sich beispielsweise in Regimen oder der Normsetzung im internationalen Recht niederschlägt. Gleichzeitig sind die ‚entwickelten‘ Staaten adaptiver, also eher fähig, auf sich verändernde Umwelt- und Kontextbedingungen zu reagieren und sich oder diese anzupassen. Damit steht der Befund in Einklang, dass die Standards der westlichen Staaten auf Rechtskulturen außerhalb des euroatlantischen Kulturkreises transformierend einwirken.

Daraus ergibt sich eine Form hegemonialer Governance, die aus einer gesellschaftliche Ziele verteidigenden, defensiven Sicht entstand, zunehmend aber expansiv wirkt. Indem innergesellschaftliche Konflikte als Teil defizitärer Entwicklung gefasst wurden, geriet Entwicklung als Transformation sozialer Beziehungen in die Nähe sicherheitspolitischer Strategien. Konflikte werden darin ursächlich den Gesellschaften zugeschrieben, in denen sie stattfinden, während eine weltgesellschaftliche Ursachenanalyse unterbleibt (M. Duffield 2001). So können Divergenzen zwischen staatlichem Ideal und lokaler Praxis als Ursache verstanden werden, die es durch entwicklungspolitische Maßnahmen aufzuheben gilt: Statebuilding wird zum Entwicklungsprogramm. Der Staat wird darin als vergesellschafteter Staat in einer verstaatlichten Gesellschaft begriffen, indem sich beide Aspekte durchdringen: Die Gesellschaft eignet sich den Staat an, indem sie Ämter besetzt und an der Entscheidungsfindung partizipieren kann und indem der Staat die Gewalt monopolisiert und sie gleichzeitig veröffentlicht, sie Kontrolle und Normen unterwirft. Umgekehrt eignet sich der Staat die Gesellschaft an, indem er ihren wirtschaftlichen Modus steuert und besteuert, indem er die Sozialbeziehungen bis hin zu innerfamiliärem Verhalten regelt und konstitutive Rechte, wie Leben und Eigentum, garantiert.

Abhängig von regionalen Faktoren, der konkreten Form der ökonomischen Bedingungen und ihrer Einbindung in weltwirtschaftliche Strukturen sehen die konkreten Praktiken jedoch sehr verschieden aus. Die Rolle des Staates im Verhältnis zur Gesellschaft und die gegenseitige Einflussmöglichkeit hinsichtlich entwicklungspolitischer Ziele gleichen sich in keinen zwei Fällen. Auch deshalb treffen die homogenisierenden Tendenzen kapitalistischer Durchdringung soziopolitischer Verhältnisse auf unterschiedliche Reaktionen. Damit verbunden, wenn auch nicht ursächlich dafür, geriet in den vergangenen beiden Jahrzehnten das Individuum in den Fokus der Begründung und Evaluation von Entwicklung. Ausgehend von der vormals von Entwicklung geschiedenen Nothilfe, die darauf abzielte, Leben zu retten und die schwierigsten Existenzbedrohungen lindern zu helfen, wurde der Bezug auf den Einzelnen zum zentralen Gegenstand von Entwicklungspolitik.

Bezeichnenderweise kann so die staatlich finanzierte, westlich dominierte NGO-Einsatzarmee an den jeweiligen Regierungen vorbei ihre Form der Governance anwenden. Indem Selbstverantwortung als Entwicklungsziel propagiert wird, geraten ganze Bevölkerungsschichten in den Blick der auswärtigen Helfer. Die von Galtung noch propagierte emanzipative Funktion der Selbstverantwortung, die insbesondere wirtschaftliche Autarkie und Autonomie und damit sequenziell verschwindende Abhängigkeit von Industriegütern bedeutete, wird auf diese Weise zum Instrument, das externe Formen liberaler Governance anzuwenden erlaubt. Da formalisierte Risikovorsorge fehlt, steigt die Verletzlichkeit, weil es gleichzeitig an Mitteln mangelt, auf Krisen zu reagieren. Damit wird aber eine reaktive Lebensgestaltung prolongiert, die weitere Eingriffe ermöglicht und erforderlich macht.

Die entwicklungspolitisch ,gemainstreamte' Orientierung am Individuum, auf denen Konzepte wie Human Security und Human Development, aber auch die Millennium Development Goals basieren, lässt entscheidende Fragen außer Acht: Einerseits ist die Definition der Armutsgrenze ambivalent, weil sie nicht an den ,wirklichen' Bedürfnissen orientiert ist und sein kann, da die sozialen Bedingungen von Bedürfnissen lokal sehr verschieden sind. Zudem sagen die

Ziele nichts über die Verteilung und damit die relative Position von Armut innerhalb eines sozialen Zusammenhangs aus. Im Übrigen betreibt die einseitige Bindung der Armut an die 1-$-Grenze eine Kommodifizierung des Lebens, die konkrete Lebensumstände in Geld messbar macht. Das ist die von Duffield in Anlehnung an Foucault sogenannte Biopolitik (2007): Demnach verlieren territoriale Kriterien an Bedeutung für staatliche Politik. Sie werden ergänzt um die Verfügung über Leben, die entterritorialisiert stattfinden kann. In globalisierten Zusammenhängen müssen die ‚guten' Kreisläufe (Finanzen, Investitionen, Handel, Informationen, ausgebildete Arbeitskräfte und Tourismus) von den ‚schlechten' Kreisläufen, die mit ‚Unterentwicklung' in Verbindung gebracht werden (Flüchtlinge, Asylbewerber, nicht ausgebildete Migranten, Drogen-, Menschen- und Waffenschmuggel), getrennt werden (M. Duffield 2007: 30). Entwicklung ist so an Sicherheitstechniken angeschlossen und verliert ihren endogenen und emanzipativen Aspekt.

Um diesen analytisch erhalten zu können, wurde schließlich die Kategorie des Risikos eingeführt, um auf dieser Basis Entwicklung als sukzessive Reduktion existenzieller Risiken analysieren zu können. Das birgt den Vorteil, dass zwar der Einzelne in seiner personalen Umgebung als Mitglied einer Familie und einem lokalen Sozialverband Referenz der Entwicklung bleibt, gleichzeitig aber auch die übergreifende Organisation, die zwischen Clans und Staat alle Formen annehmen kann, analysiert werden kann. Gleichzeitig werden identitäre Kriterien erfassbar, denn deren Infragestellung erlaubt häufig eine politische Mobilisierung und Gewalt (O. Wæver 1995: 66-71; B. Buzan/O. Wæver/J. de Wilde 1998: 141-154). Mit der Risikoreduktion gilt es also auch die Risikowahrnehmung in sozialen Gruppen zu berücksichtigen. Diese multiplen Ebenen als ‚Mehrebenen'- Politik zu betrachten, verweist auf die Vielzahl von Akteuren, deren jeweilige Risikoreduktionspolitik meist nicht konvergiert, sondern konfligiert; häufig stehen sie sich antagonistisch gegenüber. Diese Gruppen können auch staatenübergreifend meinungsprägend sein, was in die Analyse einbezogen werden kann, wenn man das Risiko als diskursiv etablierte Größe begreift, das zwar materiellen Zusammenhängen entspringt, seine politische Bedeutung aber aus der sozialen Interaktion erhält. So kann die starr auf die Staatenwelt fixierte Sicht der Internationalen Beziehungen transzendiert und um die grenzüberschreitenden Einflüsse von substaatlichen Akteuren und ihre Ideen erweitert werden. Andererseits bleibt so die entwicklungs- und sicherheitspolitische Kooperation von Staaten im Blick, die mitunter verschärfend oder schwächend auf die Konstruktion des Risikos einwirken. Das Konzept des Risikos erlaubt also auch, die innere Dynamik von integrierten Sozialverbänden zu betrachten, etwa, inwieweit die westlichen Staaten, getrieben von einer Ideologie des Wachstums, das Risiko wirtschaftlicher, sich lawinenartig ausbreitender Krisen, die die politische Stabilität gefährden können, bedacht und einzudämmen versucht haben (S. Strange 1989: 41, 1998: 29-42).

Im folgenden Kapitel werden die Sicherheitsgemeinschaft und ihre Wahrnehmung äußerer Chancen und Bedrohungen in sicherheitspolitischer und wirtschaftlicher Hinsicht thematisiert. Die beschriebenen handlungsleitenden Annahmen von Entwicklung werden mit der Risikosituation derjenigen, die zu Objekten von Entwicklung werden, abgeglichen und in ihrem Wechselverhältnis bewertet. Die Synthese der Sicherheitspolitik der Sicherheitsgemeinschaft mit ihren Entwicklungsentwürfen, in ein Verhältnis gesetzt mit der Politik des Statebuilding in ‚unterentwickelten' Gemeinwesen, dient einer theoriepluralistischen Konzeption globaler Politik der Sicherheitsgemeinschaft. Dabei ist sie auf das asymmetrische Verhältnis zwischen integrierter, staatlicher Gemeinschaft und äußerer, hybrider Sozialformation, anders formuliert: auf das Verhältnis zwischen Zentrum und Peripherie fokussiert und kann deshalb keinen Anspruch auf theoretische Übertragbarkeit reklamieren. Gleichwohl sind manche Merkmale vergleichbar, so dass dieser Entwurf als Ausgangspunkt einer weiteren Konzeption des Risikos als Sicherheits- und Entwicklungsfaktor dienen könnte.

5 Liberales Paradigma und Statebuilding: Sicherheits- und entwicklungspolitische Synthese

In diesem Kapitel werden die Fäden der beiden konzeptionellen Ausarbeitungen zur Sicherheit und zur Entwicklung zusammengeführt. Es ist gezeigt worden, dass beide Begriffe und Konzepte und die Politik, die daraus resultiert, historisch bedingt sind, entwicklungs- und sicherheitspolitische Zielstellungen also von historischen Umständen abhängen. Sicherheit und Entwicklung hingen darin zusammen, dass Staaten und ihr politisches System als Sicherheitsproblem verstanden wurden und in der Folge entwicklungspolitisch unterstützt wurden, um ihre politische Haltung zu beeinflussen. Gleichzeitig repräsentierten und reproduzierten diese Beziehungen Abhängigkeiten, die historisch weiter zurückreichen. Die Strukturen des Kolonialismus schlugen sich in internationalem Recht, Handels- und Wirtschaftsbeziehungen nieder. Die skizzierten Vorstellungen übertragen die Idealtypen auf die Welt, so dass Staatlichkeit zur Doktrin wurde. Die idealtypisierten Merkmale territorialer Kontrolle und Gewaltmonopol als Ausdruck rationaler, verstetigter Herrschaftsbeziehungen gelten als Richtmarke, an der die Abweichung und damit die Schwäche von Staatlichkeit abzulesen ist. Sowohl entwicklungs- als auch sicherheitsbezogene Überlegungen beziehen sich also letztlich auf den Staat. In diesem Staat kann Entwicklung letztlich nur durch Fortschritt verwirklicht werden, der als Wachstum verstanden wird. Selbst dort, wo *self-reliance* als Ziel von Entwicklung gilt, dient der Staat immer noch als Kontrollinstanz, deren Aufgabe die Einhegung menschlichen Tuns ist (N. Cooper 2006: 330).

In dieser liberalen Konstruktion verschmelzen geopolitische und biopolitische Zielsetzungen. Seit den 1990er Jahren bezogen sich sowohl der Sicherheitsbegriff als auch der Entwicklungsbegriff auf den individualisierten Menschen. Dies erlaubt eine Biopolitik, die ihren Gegenstand gerade nicht in territorialer Kontrolle hat, sondern in der Kontrolle und Eindämmung des menschlichen Faktors findet. Politische Räume sind also nicht mehr staatliche oder nationale, die den Kategorien Souveränität und Autonomie entsprechen, sondern sind insbesondere in Postkonflikt-Konstellationen stark internationalisiert. Unterschiedliche Akteure wie staatliche Organisationen und Regierungsinstitutionen, NGOs, religiöse und tribale Autoritäten, Terroristen und Aufständische, aber auch Interventionstruppen, lokale und politische Eliten interagieren in diesem Raum hochkomplexer Dynamiken. Dabei sind diese Akteure in den wenigsten Fällen unitaristisch, handeln nicht einheitlich oder kohärent, sondern haben multiple Identitäten, die sich überschneiden und ineinander übergehen. Die Zuschreibung von festen Kategorien, denen zufolge politische Akteure sortiert werden können, werden dem Geschehen im politischen Raum oder ‚Machtfeld' des internationalisierten Staates nicht gerecht (J. Heathershaw/D. Lambach 2008b). Der ‚unterentwickelte' Staat gewinnt also an Bedeutung, weil seine Charakteristika dem Ideal nicht entsprechen. Er dient als institutionelle Plattform, auf der die sozialen Beziehungen der Individuen nach westlichem Vorbild gestaltet werden können. Indem Armut und Unterentwicklung von einer humanen Katastrophe zu einem bedrohlichen Sicherheitsproblem umgedeutet wurden, lässt sich dies innerhalb eines liberalen Paradigmas begründen und erklären. Die Widersprüche jedoch, die darin enthalten sind, bleiben häufig unbeachtet oder werden der simplen Tatsache zugeschrieben, dass die sozialen Beziehungen, die adressiert werden, außerhalb der liberalen Weltsicht liegen.

Im Folgenden steht also die Synthese von Sicherheit und Entwicklung im 21. Jahrhundert im Zentrum. Auf der Basis eines soziologischen Ansatzes der Weltgesellschaft werden die verschiedenen Aspekte von Staatlichkeit für die Herrschaftskonzeption zusammengeführt. Im aufzubauenden Staat stoßen externe und interne Wahrnehmung ebenso aufeinander wie divergente ökonomische Logiken, die zu Widersprüchen des Staatsaufbauprojekts werden können. Das Wechselspiel zwischen lokalen und internationalen Modi, das sich im Machtfeld Staat abspielt und diesen prägt und verformt, gilt es dabei holistisch zusammenzuführen.

5.1 Weltgesellschaft und liberale Ansätze

Das Konzept der Weltgesellschaft, wie es dem ‚Hamburger Ansatz' der Kriegsursachenforschung zugrunde liegt, dient hier als Basis der Analyse. Es vereinigt die historische Nachzeichnung gesellschaftlicher Dynamiken mit einer soziologischen Analyse bestehender Gesellschaftsformationen. Der ‚Hamburger Ansatz' ist also kein überzeitlicher, sondern eine epochengeschichtlicher Theorieansatz, der die konkrete Formation gesellschaftlicher Modernisierung und die Konflikte erfassen kann, die diesen innewohnen (J. Siegelberg 1994: 38). Der Idealtypus der modernen Gesellschaft dient dafür als Referenz und macht verstehbar, wie umfassend wirtschaftliche, politische und symbolische Reproduktion in der Weltgesellschaft zusammenhängen. Als Leitdifferenz für die Analyse wird zwischen kapitalistisch-bürgerlichen und traditionellen Vergesellschaftungsformen unterschieden (D. Jung/K. Schlichte/J. Siegelberg 2003: 28). Dabei ist es wichtig, die empirischen Mischformen nicht zu übersehen beziehungsweise sie von den Idealtypen zu unterscheiden.

Eine weltgesellschaftliche Sicht fokussiert das dynamische Verhältnis sich ausbreitender Modernisierung und damit verbundener Umwälzung der sozialen Verhältnisse in traditionalen Gesellschaften. Diese Dynamik ist am besten zu erfassen als „Gleichzeitigkeit des Ungleichzeitigen": Die transformative Dynamik der Modernisierung erfasst in ihrer jeweiligen Ausprägung nicht alle sozialen Räume gleichermaßen, sondern erfolgt zeitlich und räumlich ungleich und fragmentiert. Diese räumliche und zeitliche Ungleichverteilung erfasst den makrosoziologischen Bereich, indem eine ausdifferenzierte Gewaltkontrolle entsteht, während sich im personalen Bereich Bewusstseinsveränderungen und sozialer Habitus an die Moderne anpassen (D. Jung 2001: 455). Diese Ausdifferenzierungen folgen jedoch keinem linearen Verlauf, ihr Wechselspiel ist kontingent und erlaubt Regressionen oder dynamisierte Beschleunigung. Teleologisch prognostizierbar ist die Modernisierung also nicht, da es keine Zeitachse mit bestimmbarem Entwicklungsziel gibt. Der Prozess als abstrakte Tendenz, der sich aus dem Systemzusammenhang der Weltgesellschaft ableiten lässt, kann jedoch idealtypisch als „‚globale Vergesellschaftung'[,] die sukzessive, weltumfassende Ausbreitung von politischen, ökonomischen und kulturellen Momenten der Moderne" (B. Bliesemann de Guevara 2008: 36) verstanden werden.

Indem traditionale Zusammenhänge in den weltwirtschaftlichen Kontext der Modernisierung funktional eingegliedert werden, während die symbolischen Aspekte rationaler Herrschaft noch nicht verbreitet sind, bleibt die Legitimität von Herrschaft prekär. Der unabgeschlossene Prozess kapitalistischer Modernisierung und die damit verbundene Verdrängung vorkapitalistischer Lebensverhältnisse kann so als strukturelle Ursache kriegerischer Gewalt gefasst werden:

> „Da der Prozeß kapitalistischer Vergesellschaftung (…) nach und nach die Gesamtheit alle Lebensverhältnisse erfaßt, also keineswegs nur als eine Veränderung der ökonomischen Lebensgrundlagen verstanden werden darf, sondern über die Veränderung der Herrschafts- und Legitimationsformen bis hin zur Veränderung des Denkens, der Wertvorstellungen und Gefühle reicht, betrifft dieser konfliktive Wandlungsprozeß auch alle Ebenen sozialen Lebens und artikuliert sich entsprechend in den unterschiedlichsten Formen ökonomischer, sozialer, politischer, ethnischer, religiöser oder kultureller Auseinandersetzungen und Konflikte" (J. Siegelberg 1994: 41).

Die in Europa entwickelte Staatlichkeit als Norm und Ideal des internationalen Systems hat sich durchgesetzt und eine formale Durchstaatlichung der Welt stattgefunden. Mit dieser Staatsform verbinden sich nun andere gesellschaftliche

Logiken, so dass der Staat zum Machtfeld wird, um das und auf dem diese Konflikte ausgetragen und vermittelt werden.

Der Staat ist gesellschaftlich konstituiert und unterliegt internen und externen Transformationseinflüssen: Intern hängt seine Legitimation von Ideen und normativen Vorstellungen ab, die lokale Sitten und Traditionen und deren Gültigkeit in Frage stellen, verstärken oder schwächen und sie über die Zeit transformieren. Diese Ideen entstammen Kommunikationsbeziehungen, die ihrerseits global sind. In die Gesellschaft ist also gewissermaßen bereits eine globale Komponente normativer Ausrichtung ‚eingewoben‘. Extern ist die Legitimität von der Existenzfähigkeit abhängig, die über die minimalen Anforderungen Potemkin'scher Staatlichkeit hinausgeht. Weltmarkteinbindung und Währungsbeziehungen, Kredite und Investitionen, aber auch politisch gesteuerte Kapitaltransfers zwingen den Staat, seine Form anzupassen. Seine Kompetenzen sind also fragmentiert und verwischt, indem äußere Agenturen Einfluss ausüben oder selbst Aufgaben wahrnehmen, die andernorts staatliche wären. Gleichzeitig übernehmen gesellschaftliche Organisationen Tätigkeitsfelder vom Staat, etwa im Sicherheitsbereich in Form privater Militärfirmen.

Indem sich im Modernisierungsprozess moderne und vormoderne Aspekte von Herrschaft verbinden, entstehen hybride Machtformationen, die beispielsweise charismatische Herrschaft und rationalen Anstaltsstaat vermischen – eine Staatsform, der Weber auch für die Staaten des Westens nicht abgeneigt war. Der Transfer von Ideen der bürgerlichen Gesellschaft und ihrer Umsetzung in sozialen Zusammenhängen folgt einer „abstract rationale of an unplanned, long-term social process, in which societal structures are shaped and sustained by the unintended outcomes of the intended acts of social actors" (D. Jung 2001: 455; auch A. Talentino 2004a: 53-54). Zur Modernisierung gehört aber neben der Rationalisierung von Herrschaft eine Inwertsetzung sozialer Beziehungen vermittelt über Geld. Diese bedeutet eine rationale Umrechnung, die Kriterien wie Ehre, Pflicht oder Sitten außer Acht lässt (K. Schlichte 2005a: 52). Fluides Kapital, das durch die beschriebenen Liberalisierungs- und Deregulierungstendenzen wahrhaft globalisiert ist und das in weltumspannenden Zusammenhängen zirkuliert, wird so zum Hebel, über den Modernisierung vermittelt ist. Indem es aber mühelos Grenzen überschreiten kann, stellt es die Extraktionsfähigkeit des Staates in Frage, der seine eigene Reproduktion nicht durch territoriale Kontrolle und darüber vermittelte Besteuerung gewährleisten kann.

Nicht nur in der Art seiner Finanzierung steht der hybride Staat vor Problemen. Denn die Gewaltmonopolisierung ist nicht nur teuer, sondern bedarf auch einer Legitimation, die der Staat nicht voraussetzungslos besitzt, sondern erwerben muss. Während der Markt diese Legitimität besitzt, weil in ihm über den Tauschwert vermittelt wird, bleibt der Staat als Machtfeld verantwortlich für die

Produktion von Normen und Werten. Die muss er kommunikativ vermitteln, wofür er kulturelle Symbole als Ressourcen nutzen oder auf distributive und redistributive, gleichwohl wiederum geldvermittelte und damit instrumentell rationale Tätigkeiten zurückgreifen kann. Diese normative Integration, die dem Staat im besten Falle glückt, unterscheidet den klassischen Gesellschaftsbegriff hingegen von einem Verständnis der Weltgesellschaft, wie es hier vertreten wird: Es sind nicht gemeinsame Normen und Werte, Regeln und Identitäten, die Gesellschaft ausmachen. Die Weltgesellschaft muss verstanden werden als Gesamtheit der sozialen Reproduktion. Damit enthält sie theoretisch die Elemente, die empirisch als Aufgaben der sozialen Organisation bestehen: Gewaltkontrolle, materielle Mittel und die Herstellung und Erhaltung symbolischer Ordnungen zur gesellschaftlichen Orientierung (N. Elias 1983: 32; D. Jung 2001: 452).

Macht, die im Idealtypus in staatliche Herrschaft überführt wird, die von rationalem Anstaltshandeln und Gewaltmonopol geprägt UND ideell von Habitus und affektiven Identitäten getragen wird, tritt aber auch jenseits dieser Ordnungen auf (A. Talentino 2004b: 563-564). Wenn Macht mit Weber als Potenzial verstanden wird, den eigenen Willen auch gegen Widerstände durchzusetzen, ist Herrschaft die Fähigkeit, dieses Potenzial zu institutionalisieren und wiederholbar zu machen. Macht ist ubiquitär und deshalb als Analysekategorie kaum brauchbar, während Herrschaft erkennbar und so operationalisierbar ist (K. Schlichte 2005a: 65-70). Die prominenteste Form von Herrschaft ist die oben beschriebene im rationalen Anstaltsstaat. Empirisch zeigt sich aber verschiedentlich, dass die im Idealtypus konstruierten Vorgaben kaum oder mit unintendierten Effekten ‚erfüllt' werden: Polizei und Militär geben beispielsweise gesellschaftlicher Organisation die Form von Gewaltbeziehungen, ohne dass dies notwendigerweise *legitimer* Gewaltgebrauch ist: Sie können privaten wirtschaftlichen und/oder Sicherheitsinteressen dienen. Die Fragmentierung von Sicherheit, indem sie kommodifiziert wird und als Wirtschaftsgut handelbar wird, befördert gerade nicht ihre Einhegung. Dies liegt auch – aber nicht nur – an den begrenzten Möglichkeiten, den Staat finanziell durch Besteuerung zu stärken. Herrschende Eliten, die den Zugang zu Wohlstand beherrschen, eigenen sich den Staat entweder an, weil er Zuwächse verspricht, oder verhindern sein Ausgreifen politisch, um ihre Vormachtstellung zu sichern. Nicht kontrollierte Schattenmärkte, die mitunter die ‚regulären' Wirtschaftskreisläufe im Umfang übertreffen, verstärken diese Interessen und vermindern die fiskalischen Möglichkeiten des Staaten zusätzlich (K. Schlichte 2005a: 277-280; C. Nordstrom 2005).

Die Weltgesellschaft erlaubt als analytischer Ausgangspunkt, die Dynamik zwischen Weltmarktausbreitung, der Fluidität politischer Ideen und ihrem lokalen gesellschaftlichen Niederschlag in den Blick zu nehmen. Der Staat ist darin nicht die Referenz, welche die Theorien des 20. Jahrhunderts kennzeichnete.

Stattdessen wird er als Machtfeld verstanden, als sozialer Raum, der von der Gesellschaft geformt wird und diese seinerseits prägen kann; dabei wird er von internationalen Tendenzen beeinflusst und bis in die Details der sozialen Ordnung hinein durchwirkt. Dieses Wechselspiel zu erfassen ist Gegenstand dieses Abschnitts. Eine an Idealtypen geschulte Vorstellung von Staatlichkeit und Herrschaft führt in die Irre, indem sie einen klaren Maßstab suggeriert und Abweichungen konstruiert. So können Werte hypostasiert werden, indem sie in einen globalen Zusammenhang eingeordnet werden, der jedoch artifiziell ist. Diese Konstruktion von Globalität, in die ein Problem diskursiv eingeordnet wird, kann dazu dienen, Verantwortung von der staatlichen auf eine überstaatliche, gleichwohl politisch schwer kontrollierbare Ebene zu heben (D. Chandler 2009: 19-20). Dort, wo Regierungen auf übernationaler Ebene politisch tätig werden, also beispielsweise in Postkonflikt-Situationen, treffen die Vorstellungen von staatlicher Herrschaft auf konkrete, gesellschaftliche Ordnungen, die beinahe zwangsläufig widersprüchlich sind. Rhetorisch zu reklamieren, was politisch zu tun sei, dürfe nicht davon ablenken, was im Kontext internationalisierter Politik eigentlich gemacht werde, argumentiert Chandler. Anders formuliert: Die häufig bemühte Vermengung von Werten, Normen und Interessen darf nicht darüber hinwegtäuschen, dass internationale Politik auch Verantwortung für die selbst hervorgerufenen, wenngleich mitunter nichtintendierten Ergebnisse trägt. Da dies nur im lokalen und regionalen Kontext zu analysieren ist, in dem aber nach wie vor Staatlichkeitsdiskurse eine wesentliche Rolle spielen, können letztlich ‚westfälische' Kategorien wie Autonomie und Souveränität nicht verworfen werden.

Diese Kategorien sind in die Weltgesellschaft durch liberale Politik sich ausbreitender Modernisierung eingewebt. Jahn hat darauf hingewiesen, dass die liberale Weltsicht Marktdemokratien als höchstentwickelte Staatsform ansieht, der autoritäre Staaten und illiberale Gesellschaften gegenüberstehen[117]. Die liberale Politik folgt der Annahme, dass Letztere transformierbar seien und schließlich auch zu liberalen Gemeinwesen werden könnten (B. Jahn 2007a: 92). Locke konzipierte ein Modell, demzufolge der Mensch[118] sich unveräußerlich selbst

---

[117] Dies ist ein normatives Argument, denn für von Hayek sind beispielsweise autoritäre Staaten und marktwirtschaftliches Handeln durchaus funktional kompatibel. Demokratisches Prinzip, das sich der Frage widmet, wer den Staat lenken solle, und Liberalismus, der die Aufgaben des Staates und seine Machtbeschränkung zum Gegenstand hat, seien nicht notwendigerweise kongruent: „Der Liberalismus fordert, alle Macht, also auch die der Mehrheit, zu begrenzen. Die demokratische Theorie führte dazu, die Meinung der jeweiligen Mehrheit als einziges Kriterium für die Rechtmäßigkeit der Regierungsgewalt zu betrachten. Die Verschiedenheit der beiden Prinzipien wird am klarsten, wenn wir jeweils das Gegenteil suchen: bei Demokratie ist es eine autoritäre Regierung, beim Liberalismus aber der Totalitarismus. Keines der beiden Systeme schließt das Gegenteil des anderen aus: eine Demokratie könnte durchaus totalitäre Gewalt ausüben, und es ist zumindest vorstellbar, daß eine autoritäre Regierung liberale Grundsätze befolgt" (F. von Hayek 2002: 110).

[118] In Lockes Fall bedeutet „man" nicht nur Mensch, sondern vor allem „Mann".

gehört, weil er mit Vernunft ausgestattet ist. Durch Arbeit und Umformung natürlich vorhandener Güter kann er sich diese aneignen (J. Locke 1993: 22-23). Dass er damit Güter aus dem öffentlichen Bereich in privates Eigentum überführt, ist Locke zufolge damit zu rechtfertigen, dass der private Besitz mittelbar zu Wachstum des Gesamtwohlstands führt. Da die Güter reinvestiert werden, wird weiteres Wachstum begünstigt, was der Mehrheit der Menschen nutzt, da der Gesamtwohlstand durch die Investitionen über das hinausgeht, was an natürlichen Gaben gesammelt werden könnte. Diese grundlegende Theorie eines Mehrwertes kommt der Grundlegung kapitalistischer Akkumulation nahe, wie sie Marx entworfen hat (MEW 23: 591, 605f.). Aus freiem Willen gehen Individuen einen Herrschaftsvertrag ein, durch den eine Regierung eingesetzt wird, deren Aufgabe es ist, das Eigentum zu schützen. Im Gegenzug erhalten sie politische Beteiligungsrechte. Der utilitaristische Zug dieser Konzeption beschränkt die Rechte allerdings auf eine Klasse von Besitzenden, die an der Gesetzgebung teilnehmen dürfen, während Frauen, Kinder und Sklaven von der Politik ausgeschlossen bleiben. Auf derselben Basis akzeptieren Staaten, die diese Voraussetzung erfüllen, andere Staaten nicht als Gleiche, wenn diese Herrschaft nicht aus ihrer Aufgabe der Eigentumssicherung ableiten (B. Jahn 2007a: 92; F. Kühn 2008b).

Liberale Außenpolitik in der Weltgesellschaft ist deshalb nicht widerspruchsfrei. Wenn nämlich alle Völker frei sind, sich ihre Regierungsform selbst zu geben, stehen liberale Demokratien vor der Wahl: Sie können entweder diese Staaten ihre politische Organisationsform selbst wählen lassen und riskieren, dass illiberale Regime an die Macht kommen, oder sie verhalten sich illiberal, indem sie liberale Regierungen einzusetzen helfen, dabei aber gegen die Prinzipien der Selbstregierung und der Selbstbestimmung verstoßen. Kapitalistische Strukturen und liberale Regierungsform hängen zusammen, so dass Gefährdungen des Eigentums Einzelner schnell zu Sicherheitsproblemen für den Staat werden. Aufgrund der Wachstumsbedingung kapitalistischen Wirtschaftens werden obendrein geschlossene Märkte oder unstete Energieversorgung zum Problem, das durch Sicherheitspolitik abgewehrt werden muss. In ähnlicher Weise bedürfen liberale politische Systeme der Ausbreitung, da die Verbreitung zur Selbstlegitimation gehört, Regression hingegen das gesamte Modell in Frage stellen würde. Eine fehlende Unterscheidung zwischen nationalen und universalen Zielsetzungen verschafft der liberalen Staatlichkeit einen Heilsbringerstatus: Wirtschaftlich nutzt er der Welt durch Produktivität, politisch als Vorbild für illiberale Regime. Damit verwischen aber offensive und defensive Politikformulierungen, weil der Schutz des Eigenen und die Transformation des Anderen in eins fallen (B. Jahn 2007a: 93).

Es sind also liberale Ideen, die die globale Politik in der Weltgesellschaft prägen. Die universalistischen Annahmen wirken auf die von der Vorstellung von Staatlichkeit geprägte Politik ein, die die ‚entwickelten' Staaten gegenüber abweichenden Gesellschaftsformationen und Herrschaftssystemen betreiben. Indem liberale Teleologie Politik und Wirtschaft, Erziehung und Militär als System kommunizierender Röhren begreift, wobei Fortschritt in einem Bereich Fortschritt im anderen bewirkt, wohnt ihr eine sich selbst verstärkende ideologische Dynamik inne:

> „The temptation (…) to move from a failed attempt to establish economic liberalism straight on to attempts to establish political liberalism which in turn may lead to attempts to change the target culture right up to the reconstruction of every individual in society, is great" (B. Jahn 2007a: 94).

Indem Sicherheit und Entwicklung so verbunden werden, können Eingriffe in nichtliberalen Staaten gerechtfertigt werden, ohne dass die immanenten Widersprüche oder die Verstöße gegen internationale Prinzipien zu Tage treten.

5.2 Externe Eingriffe und Souveränität

Wenn das Individuum in den Mittelpunkt der Überlegungen zur Sicherheit und Entwicklung rückt, können bezüglich des Staates unterschiedliche Lesarten der Souveränität bestimmend sein: einerseits die innere Souveränität, die sich auf die Begründung interner politischer Autorität bezieht, andererseits die Souveränität, in interdependenten Beziehungen autonom zu handeln, also durch äußere Einflüsse nicht in der Handlungsfähigkeit eingeschränkt zu sein. Die legale Komponente einer völkerrechtlichen Anerkennung als gleich, basierend auf einer Rechtskonstruktion analog zum Individuum in seiner konstituierenden Rolle für den Staat, prägt die Sicht der territorial bestimmten und von externer Einflussnahme freier Souveränität, die Krasner ‚westfälisch' nennt. Diese Sichtweisen seien untereinander nicht logisch verkoppelt oder träten in gegenseitiger Bedingtheit auf (S. Krasner 1999: 9-25).

Im Verlauf der europäischen Staatsbildung war die Souveränität, die vor allem darauf bezogen war, externe Einmischung mit religiöser Begründung zu verhindern, insbesondere auf ihre westfälische Variante zugeschnitten. Dies begünstigte den Staatsbildungsprozess, weil eine universelle Reklamation religiöser Werte verhindert und in der Folge eine weitgehende Säkularisierung, jedenfalls aber eine nominelle Trennung von Staat und Kirche möglich wurde. Transzendentale Herrschaftsbegründungen verloren an Erklärungswert, der Anspruch auf Herrschaft bedurfte einer anderen Legitimation. In ihrer Berufung auf das

Individuum und einem Rückgriff auf das Konstrukt des Naturzustands konnte die Legitimation durch kontraktualistische Annahmen hergeleitet werden. Aus diesem Vertrag ergeben sich die Rechte, die dem Individuum zustehen. Die Tatsache, dass Frauen oder Sklaven diese Rechte ursprünglich nicht besitzen, weist darauf hin, dass liberale Rechte auch unter Verzicht auf ihre natürliche und universelle Herkunft begründbar sind: Sie entstehen erst, indem sie im Staate etabliert werden. Sie leiten sich aus dem Selbsteigentum des Menschen und seiner Appropriationsfähigkeit her und können nur in vertraglich geregelten Sozial- und Herrschaftsbeziehungen verwirklicht werden. Anders formuliert: Erst innerhalb von Herrschaftsbeziehungen wird das Individuum zum politischen Subjekt.

Insofern stellt sich die Frage, welche Rechte Individuen haben können, wenn sie diese nicht im Raum staatlich verfasster Herrschaft verwirklichen können. Können Individuen einen Vertrag eingehen und damit einen aus eigener Kraft begründeten souveränen Staat etablieren, wenn dessen Souveränität permanent durch Intervention untergraben wird? Es ist wie mit der Frage nach der Henne und dem Ei: War da zuerst die Souveränität, aus der individuelle Rechte entstehen, oder waren es die individuellen Rechte, die die Grundlage für den souveränen Staat darstellten? Eigentlich ist klar, dass das ‚frühere', also konstitutive Element die individuellen Rechte sind, da der Staat erst durch Vertrag begründet werden muss, um in der Folge souverän handlungsfähig zu werden. Demgegenüber steht aber eine Universalisierung von Werten, die bar jeder Herleitung aus der politischen Gemeinschaft behauptet werden. Das Individuum bleibt so letztlich auf sich selbst zurückgeworfen.

Indem liberales Denken in den 1990er Jahren den Menschen in den Mittelpunkt seines Denkens und der Rechtskonstrukte gestellt hat, hat es den Bürger aus seinem Fokus verloren. Es hat, indem es durch die Behauptung, alles sei global verwoben und deshalb politisch nicht mehr von einzelnen Staaten zu bearbeiten, die internationalen Beziehungen depolitisiert, wie Chandler (2009) argumentiert. Bevor auf die Auswirkungen dieser Entwicklung in den nächsten vier Unterkapiteln eingegangen werden soll, bedarf diese These einer kurzen Erörterung. Chandler zufolge hat seit den 1990er Jahren eine Globalisierung der Weltpolitik stattgefunden, die unhinterfragt auf der Annahme basiert, dass Politik nicht mehr im Raum verfasster Sozialbeziehungen stattfinde, sondern zwangsläufig und unbeeinflussbar darüber hinausgehe. Politik werde dadurch entterritorialisiert und beziehe sich zunehmend auf gedachte Gemeinschaften, die innerhalb gedachter sozialer Räume interagierten. Indem diese Gemeinschaften mal inklusiv, mal exklusiv seien, verliere die Politik ihr Subjekt, den rechtebewehrten Bürger. Die Machtverhältnisse, die auszutarieren ja Aufgabe von Politik sei, würden dadurch aus dem Blick verschwinden. Er kritisiert, dass das gängige Verständnis globaler Zusammenhänge naturalisiert wird, also als exogen gege-

ben erscheint. Für die subjektiven Aspekte, die die Wahrnehmung von Politik
ebenso prägten, sei in dieser Analyse kein Platz. Er hält dem eine ‚alternative
Perspektive' entgegen,

> „which understands our conceptions of politics and views of individual and social
> agency as socially and historically mediated through our experience of political en-
> gagement and social struggle. From this perspective, the implosion of political col-
> lectivities and the weakness of government capacities which drive our conception of
> the global are contingent factors, rather than inevitable consequences of products of
> 'globalisation'" (D. Chandler 2009: 3-4).

Wenn Politik als global verstanden wird, verändert sich auch die Herangehensweise an Probleme. Mit anderen Worten: Es ist die Herangehensweise, die neu
ist, nicht die Globalisierung. Chandler zieht daraus den Schluss, dass die Entkoppelung von Politik und dem politischen Raum, der Sozialbeziehungen strukturiert, dazu führt, dass internationale Politik an strategischer Ausrichtung verliert und irrationale Komponenten enthält. Auf der Basis einer *Vorstellung*, dass
wir in einer globalisierten Welt leben, wird als unausweichlich angenommen,
dass auch Politik globalisiert stattfinde. Globalisierte Sozialbeziehungen würden
essenzialisiert und als unausweichlich dargestellt (D. Chandler 2009: 6). Diese
prinzipielle Kritik an den Internationalen Beziehungen und der Art, wie auch
darüber hinaus über die internationalen Beziehungen geredet und gedacht wird,
ist nicht unberechtigt. Seit den 1980er Jahren prägen (I)NGOs, aber auch internationale Organisationen zusammen mit Mediennetzwerken die Wahrnehmung
sozialer Konflikte. Sie werden dem Publikum meist als existenzbedrohend nahe-
gebracht, was sich auf die Wahrnehmung von Kriegen und Gewalt als Abweichung von der als ‚normal' hypostasierten Ordnung auswirkt. Die Frage sei nun,
welche Anpassung internationale Politik leisten könne. Allerdings müsse die
Globalität von Politik nicht unhinterfragt als gegeben akzeptiert werden, so
Chandler, sondern in einen Kontext sozialwissenschaftlicher Analyse eingeordnet werden, der die Macht- und Herrschaftsbeziehungen, die im lokalen Bereich
bestehen, berücksichtigt (2009: 10-15).

Diesem Kritikpunkt entgeht der Ansatz der Weltgesellschaft, auch wenn er
seine Analyse globaler Zusammenhänge anders herleitet als Chandler. Er dient
nicht dazu, zu begründen, dass alles ‚irgendwie' mit allem zusammenhänge,
sondern bietet eine Möglichkeit, die Interaktion zwischen dem Lokalen und dem
Internationalen, sei es in Form der Migration von Ideen oder in konkreter Verwebung von Machtstrukturen und -praktiken, zu erfassen. Damit ist er auch in
der Lage, die Dynamik der politischen Wahrnehmung zu erfassen. So hat seit
den 1990er Jahren das Konzept der Souveränität eine Wandlung durchlaufen.
Diese ursprünglich als Recht gefasste Zuschreibung zu Staaten wurde aufge-

weicht und – vor allem – zersplittert. Krasner teilt die Souveränität in die oben genannten Bestandteile auf, ohne deren Verhältnis zueinander zu klären. Für die politische Praxis folgt für ihn – und für Konzepte wie beispielsweise R2P –, dass in gescheiterten oder scheiternden Staaten die Souveränität suspendiert werden müsse, um dort „decent governance" (S. Krasner 2004: 89) zu sichern. Diese Suspension kann von geteilter Souveränität in einzelnen Politikbereichen bis zur Einrichtung eines Protektorats und damit verbundener Pflichten reichen.

Dies basiert auf der Annahme, dass die Subjekte außerhalb von Staatlichkeit nicht die gleichen politischen Selbstvertretungsfähigkeiten hätten wie innerhalb: „Instead the contemporary subject of rights under human rights discourse takes the form of a pre-political frail, vulnerable victim who must be protected through therapeutic intervention" (V. Pupavac 2001: 360). Pupavac argumentiert, dass die Welt des Kalten Krieges mit ihrer *de jure*-Gleichheit und einem daraus abgeleiteten Prinzip der Nichteinmischung von einer Nachkaltkriegsära der *De-facto*-Ungleichheit abgelöst wurde. Die *De-facto*-Ungleichheit der Einheiten erlaubt beschränkte Souveränität und Intervention, indem die zu Opfern stilisierten Subjekte der Führung, Erziehung und Besserung bedürfen.

Indem Gewaltkonflikte so zur sozialpsychologischen Diagnose ‚gesellschaftliche Dysfunktion' führen, sind Eingriffe zu rechtfertigen oder erscheinen geboten. Kodifiziert in internationalen Abkommen trägt der nichtwestliche Staat die Verantwortung für die psychosoziale Funktionalität der in ihm lebenden Menschen. Wo er dieser Aufgabe nicht gerecht wird oder werden kann, verliert der Staat seine Bedeutung im internationalen System. Dieses Risikomanagement weicht von hergebrachten Vorstellungen ab, die Entwicklung als modernisierenden Ausgleich von Fortschritt und Ordnung begriffen. Gegenwärtige Vorstellungen geben die Komponente von sozialer Entwicklung auf und stellen das Management sozialer Ungleichheit und von Konflikten in den Mittelpunkt, statt diese zu lösen oder als Ausdruck zu verhandelnder Sozialbeziehungen und Machtfragen zu verstehen (V. Pupavac 2001: 360; M. Duffield 2001). Diese Politik ist das, was Rogers als ‚liddism', also als bloße Deckelung von Konflikten beschreibt, ohne diese in eine soziale Ordnung überführen zu können. Diese Politik birgt obendrein die Gefahr, dass die unter dem ‚Deckel' verborgene Konfliktdynamik ein unerkanntes Eigengewicht entwickelt, wodurch die Interventen zum Teil des Konflikts selbst werden (P. Rogers 2002: 116-118; auch M. Brzoska 2006: 27). Auch hier zeigt sich ein Faktor der Ungleichheit, indem sich Staaten als beauftragt sehen, Ordnung zu schaffen und soziale Beziehungen zu gestalten. Die liberale Sicht auf die Gleichheit von Menschen und Staaten setzt sich also nicht in ihren praktischen Auswirkungen um.

5.2.1 Das Subjekt: Die Sicherheitsgemeinschaft

Für die Konzeption der Beziehungen zwischen Staaten in der Weltgesellschaft ist also nicht hinreichend, die *internationalen*, rein zwischenstaatlichen Beziehungen zu betrachten. Sie werden ergänzt durch nichtstaatliche Akteure, die in der Wahrnehmung der Politik als globaler Politik an Bedeutung gewonnen haben. Das können Hilfsorganisationen ebenso sein wie Forschungsinstitutionen, die als Teile einer epistemischen Gemeinschaft in ihrer Rolle als ‚Denkfabriken‘ einen wichtigen Beitrag zur politischen Meinungsbildung und Politikgestaltung leisten (dazu B. Bliesemann de Guevara 2007). Neben diese jedoch eher informellen Einflussfaktoren tritt die zunehmende Valenz internationaler Organisationen, die in ihrem jeweiligen Politikbereich als relevant erachtete Probleme identifizieren. In diese Funktion bringen sie ein organisatorisches Eigengewicht ein, so dass die Analyse organisationsimmanente Überlegungen von exogenen Problemen trennen muss.

Für den Bereich internationaler Sicherheit und Entwicklung, insbesondere für die Verschmelzung beider Bereiche im Diskursfeld zerfallender Staatlichkeit, spielen sie eine maßgebliche Rolle. Dabei wirkt ihr Einfluss in zwei Richtungen: Einerseits ist die bloße Existenz dieser Organisationen Ausdruck weit fortgeschrittener Integration der Mitgliedsstaaten. Diese arbeiten in Organisationen in politisch eingegrenzten Gebieten zusammen und formalisieren diese Zusammenarbeit, indem sie Regime und Verträge aushandeln, die Erwartungssicherheit für die internationalen Beziehungen produzieren. Beispiele dafür sind – in unterschiedlichem Grad festgeschrieben, tendenziell aber gleichartig wirkend – OSZE (aus der losen KSZE entstanden) und OECD (die aus der Marshallplanbehörde hervorgegangen ist), Europarat sowie die verschiedenen Sekretariate, die die Umsetzung von Verträgen und Regimen unterstützen. Zwar gibt es weitere Organisationen wie die Afrikanische Union, ASEAN oder die Shanghai Cooperation Organisation, die die Kommunikation zu kooperativer Politik verstetigen sollen. Kein Zufall ist aber, dass sowohl die Anzahl an Organisationen im euroatlantischen Bereich als auch deren Integrationstiefe weit über die in anderen Bereichen der Welt hinausgeht. Sie wirken darin sicherheits- und stabilitätsbildend, indem sie verlässliche staatliche Interaktion begünstigen. Nach außen sieht ihre Funktion zumindest zwiespältig aus: Aus der Perspektive realistischer Argumentation, die aus Machtpotenzialen Gefährdungen ableitet, sind beispielsweise Verteidigungsbündnisse wie die NATO nicht *per se* als friedfertig einzustufen. Dies gilt insbesondere dann, wenn ihre politische wie militärische Strategie externe Einflussnahme, etwa durch *Out-of-area*-Einsätze, vorsieht.

Das hauptsächliche Charaktermerkmal der Sicherheitsgemeinschaft ist die Erwartungssicherheit, dass kein anderer Staat *innerhalb* der Sicherheitsgemeinschaft von Gewalt Gebrauch machen würde, um seine politischen Ziele zu verfolgen. Die Amalgamierung in Militärbündnisse ist jedoch nicht hinreichend, um dies zu gewährleisten (K. Deutsch et al. 1957: 202). Stattdessen beruht eine Sicherheitsgemeinschaft auf politikfeldübergreifenden Institutionen, die ihrerseits von einer heranreifenden Sicherheitsgemeinschaft geschaffen werden können:

> „[T]he proliferation of overlapping institutions produced by the maturing of the security community has actually helped to blur the distinction between insider and outsider because many of those institutions (OSCE, Partnership for Peace, European Council) extend beyond the core of the security community" (A. Bellamy 2004: 179).

Das bedeutet, dass es nicht allein die Zusammenarbeit im militärischen Bereich ist, sondern dass die Gemeinsamkeit andere Beziehungen umfasst. Dies ist, was Deutsch ‚responsiveness‘ nennt, also die Fähigkeit, die politischen Bedürfnisse anderer Mitglieder der Sicherheitsgemeinschaft wahrzunehmen und nachvollziehen zu können, darauf politisch reagieren zu können und gleichzeitig über sozial ausdifferenzierte Akteure zu verfügen, die gegenseitig in stetiger Kommunikation stehen. Dies schließt die Bewegung von Personen im betroffenen Staatenkreis ein (K. Deutsch et al. 1957: 200-201). Just diese Kooperation in verschiedenen Bereichen führt dazu, dass einzelne Staaten in Kooperationsbeziehungen einbezogen werden, die an anderen nicht beteiligt sind. Das aber führt zu einer Transzendierung der Grenzen, weswegen sich pluralistische Sicherheitsgemeinschaften nicht abschotten, sondern weniger integrierte Staaten in ihre Kooperation eingliedern.

Verschiedene, sich inhaltlich und hinsichtlich ihres Formalisierungsgrades überlappende Gemeinschaften, bilden zusammen eine pluralistische Sicherheitsgemeinschaft. Die Eingliederung in einzelnen Bereichen prägt die und ist abhängig von der Wahrnehmung der Nachbarn durch die Sicherheitsgemeinschaft, aber auch die Sicht der Nachbarn auf die Sicherheitsgemeinschaft: Erscheint es ihnen politisch nutzbringend, ist ihre Neigung zu kooperieren höher, im anderen Fall sind Abgrenzungstendenzen zu erwarten (A. Bellamy 2004: 180-181). Die Sicherheitsgemeinschaft besteht aus einem integrierten Kern, der über eine Aura verfügt, die abhängig vom Politikfeld und den jeweiligen Nachbarstaaten unterschiedlich weit reicht. Innerhalb der Aura unterscheiden sich die Staaten nicht funktional, jedoch bei der Policygestaltung und der zugrundeliegenden politischen Sozialisation. Mitspracherechte für diese Staaten jenseits des Kerns sind begrenzt. Im Verlauf der Zeit kann sich dies ändern, Beitrittsforderungen und -angebote, zunehmende Verrechtlichung und Institutionalisierung gleichen die Asymmetrien an. Die Transformation der Gemeinwesen der Aura ist dabei größer als derjenigen des Kerns, es findet als eine größere Anpassung der nach Integration Strebenden statt. Anders formuliert: Sie *integrieren sich* – gewollt oder genötigt – in die Sicherheitsgemeinschaft.

Die Sicherheitsgemeinschaft ist also Struktur, aber auch Prozess, in dem es Rückschritte und Phasen der Transformation geben kann. Ihre Form kann sich von pluralistischer zu amalgamierter Sicherheitsgemeinschaft und zurück verändern. Die Reihenfolge verschiedener Integrationsschritte ist nicht vorgegeben, sondern beliebig. Sie hängt von Kosten-Nutzen-Kalkülen ab, die für die Interaktion und ihre Bewertung prägend sein können, sofern sie einem gemeinsamen ideologischen Grundverständnis entspringen. Dafür bedarf es Gruppen, die sie vertreten, populär machen und für sie mobilisieren können. Wirtschaftliche Interdependenz, die über Handel Wohlstand zu generieren verspricht, ist so ein weitverbreiteter Glaubenssatz in den westlichen Staaten. Dies beinhaltet einen Wechsel von negativer Sicherheit zu positiver Sicherheit, ersetzt also Machtbalancen und Kriege mit Sicherheitskooperation und beeinflusst so die Zielstellung der Staaten selbst (B. Buzan/R. Little 1999: 91). Die friedfertige Annahme, die dahinter steht, beruht auf der transformativen Kraft eines sich ausbreitenden Kapitalismus', der in der Folge autoritäre Staaten demokratisieren hülfe. Innerhalb der Sicherheitsgemeinschaft würden Grenzen durchlässiger und Souveränität nehme ab, würde durch durchlässige Grenzen, mehrschichtige Souveränität und gemeinsame internationale und transnationale Räume („spaces") ersetzt (B. Buzan/R. Little 1991: 94). Gemeinsame Sicherheitsüberlegungen drängen militärische Überlegungen zugunsten einer sozial dynamischen und ökonomisch expansiven Politik zurück.

Es gibt also zwei globale Sphären, die jedoch nicht eindeutig gegeneinander abgegrenzt werden können, wie Buzan und Little schreiben:

> „There is universalism in the general acceptance of sovereign equality and the framework of international law and diplomacy based on that. And there is Western imperialism both in the projection of some contested values (human rights, democracy), and in the fact that the Western core and its immediate circle of Westernistic associates have developed a much thicker version of international society among themselves than they share with the rest" (1999: 99).

Man müsse sich von der Vorstellung von ‚einer Welt' verabschieden, die als polit-strategisches Ganzes begriffen werde. Stattdessen sei die Zone des Friedens, die im Wesentlichen die postmodernen, kapitalistisch vergesellschafteten Demokratien umfasst, für die Krieg keine Rolle spielt, abzugrenzen von der Zone des Konflikts, in der sich vormoderne und auch noch moderne Staaten befänden. Deren für die Zone des Friedens – oder Sicherheitsgemeinschaft – wichtigstes Merkmal sei, dass ihre interne Herrschaft nicht gesichert sei, sondern auch gewaltsam in Frage gestellt werde (B. Buzan/R. Little 1999: 101; A. Hasenclever/W. Wagner 2004).

Eine andere Unterscheidung, die implizit Bezug auf die Sicherheitsgemeinschaft nimmt, ist van der Pijls Unterscheidung Locke'scher und Hobbes'scher Staatlichkeit. Mit Locke'sch meint er die liberale Staatsverfassung, deren Ziele des Schutzes von Eigentum und damit verbundenen politischen Rechten ihren Ursprung in der Entpersonalisierung von Herrschaft im England des 17. Jahrhunderts hat. Es entwickelt sich eine Zivilgesellschaft, in der eine besitzende Klasse den Staat konstituiert. Der Staat hat sich als aktiver und intervenierender Staat aus der Gesellschaft zurückgezogen, nachdem er als eingreifende Instanz bleibende Institutionen geschaffen hat. Der Rückzug des Staates aus dem wirtschaftlichen Leben hinterlässt Eigentumsgarantien und vertragliche Herrschaftsstrukturen, die über die bestehenden Institutionen rechtlich verankert werden und so die Gewalt langfristig aus den Sozialbeziehungen verdrängen können (K. van der Pijl 2008: 20). Die selbstregulierenden Sozialbeziehungen, die Locke entworfen hat, sind in den angelsächsischen Ländern immer wieder gegen staatliche, monarchische oder kirchliche Zugriffsversuche verteidigt worden und deshalb am längsten und tiefgehendsten etabliert.

Der Staat, der aus dieser liberalen Grundvorstellung entsteht, ist darin mit der Gesellschaft verwoben und deshalb in einem Migdal'schen Sinne stark (J. Migdal 2001) – ihm und nur ihm wird zugebilligt, die Rahmenbedingungen von Recht und öffentlicher Ordnung aufrechterhalten zu können. Vom Kernland (‚heartland') der Locke'schen Organisation breitete sich diese Vorstellung mit dem Kapitalismus aus: Die durch Kapitalströme verbundenen Zivilgesellschaften sozialisierten sich in Regeln und Institutionen, die Aufgaben von den Staaten selbst übernahmen. Damit verdrängten sie Eliten in anderen Staaten, indem die internationalisierten arbeitsteiligen Politikinstitutionen Aufgaben für sich reklamierten. Sie produzierten Konflikte, wenn diese Eliten ihre Stellung innerhalb ihres Staates nicht widerstandslos preisgaben.

> „The growth of a Lockean heartland accordingly involves, in addition to a transnationalisation of civil society, the restructuring of state power along two axes: one of international socialisation of state functions, the other of a struggle for primacy between the states between which these functions are to be shared" (K. van der Pijl 2008: 23).

Zunächst war das Britische Weltreich in dieser Funktion gefordert und wurde später von den USA abgelöst, die den Kern der Locke'schen Staaten bilden[119].

---

[119] Auch Deutsch et al. verwenden die Bezeichnung ‚core', um den herum sich die Sicherheitsgemeinschaft auspräge (1957: 37-39).

Im angelsächsischen Bereich bildete sich ein Staat heraus, dem seine genuine Verflechtung mit einer besitzenden Kapitalklasse Vorteile verschaffte: Da die Regierung nicht mehr lediglich den Prinzen repräsentierte, sondern die gesamte Produktionskapazität des Staates hinter sich hatte, wurde sie auch kreditwürdig. Auch in dem Sinne, dass ‚Sicherheiten' die Absicherung von Risikokapital bedeuteten können, war der Locke'sche Staat also produktiv überlegen. Insofern nimmt es nicht Wunder, dass diese Staaten sich der Geldwirtschaft selbst annahmen, um durch Zentralbanken die Stabilität von Währungen beeinflussen zu können und so das Kapital an den Staat zu binden. Die in den beteiligten Staaten organisierten privaten Interessen, die zu schützen staatliche Doktrin war und ist, führten zu kapitalistischer Ausweitung. Gleichzeitig steuerten und beeinflussten die Staaten des Locke'schen Kernlands die internationale Interaktion: Indem sie entweder Entscheidungen internationaler Organisationen und Institutionen mit vorbereiteten oder parallele Strukturen gründeten, wenn ihre Vorstellungen nicht verwirklicht wurden[120]. Im Verlauf der Zeit wurden in einem überaus kriegerischen Prozess zunächst das Bonapartistische Frankreich, später Preußen und das Deutsche Reich, endgültig jedoch erst nach der Niederlage der Achsenmächte und zuletzt der Sowjetblock[121] in den Kern eingebunden (dazu auch B. Russett 1996: 60-64).

Im Locke'schen Kernland unterscheiden sich die Vorstellungen von Staatlichkeit von der der rivalisierenden Hobbes'schen Staaten[122]. Die Krasner'sche Variante (1978) eines starken Staates kommt dem Hobbes'schen Staat nahe, dessen administrative Strukturen gegen gesellschaftliche Einflussnahme gefestigt sind. Der Staat strebt intern nach Dominanz und sucht seine territoriale Integrität zu konsolidieren. Damit steht er im Widerstreit mit den längst liberalisierten internationalen Strukturen und globalisierten Finanzströmen. Die hermetisierten Eliten können als Staatsklasse analog zu anderen sozialen Klassen beschrieben werden. Politökonomisch ist dies deshalb ausschlaggebend, weil Staatsklassen die Produktionsweise beeinflussen: Entweder sie beherrschen die Wirtschafts-

---

[120] Ein Beispiel hierfür ist die G-7-Gruppe. Auch die Gründung der NATO kann so erklärt werden. Sie wurde zwischen dem angelsächsischen Kern vereinbart, und erst später wurden andere Staaten zugelassen. Weitere illustrative Fälle sind die Bretton-Woods-Institutionen, jetzt Weltbank und Internationaler Währungsfond, die nach Absprachen der angelsächsischen Länder gegründet wurden und ihre Tätigkeit, damit aber auch ihr Verständnis von Finanzwirtschaft – wie für den Washington Consensus bereits angedeutet – in die Welt trugen (K. van der Pijl 2008: 28-30).

[121] Aus dieser Sicht scheint tatsächlich der Kalte Krieg der abweichende Fall zu sein, dessen Abweichung mit der durch die nuklearisierte Konfrontation erzwungenen Maßgabe, nahezu ‚unter allen Umständen' eine kriegerische Eskalation zu vermeiden (M. Shaw 2006: 152), erklärt werden kann.

[122] Die Bezeichnung als ‚Contender'-Staaten ist mit ‚rivalisierend' nur unzureichend übersetzbar. Zwar stehen sich Hobbes'sche und Locke'sche Staaten in ihrem Verständnis von Staatlichkeit gegenüber, allerdings bestehen weitreichende Mischformen, die eine Rivalität nicht ursächlich aus dem Staatsverständnis abzuleiten erlauben.

strukturen in einer Wettbewerb behindernden Art und Weise – etwa indem sie durch Lizenzen und Abgaben die Preise beeinflussen – oder sie sind aufgrund externer Finanzierung durch Renten ohnehin von der ökonomischen Reproduktion des Staates unabhängig (H. Elsenhans 1974, 2005). Dies kann zwar weiterhin private Extraktionsversuche bedeuten, die sich patrimoniale Strukturen zunutze machen, führt aber mittelfristig zur Informalisierung wirtschaftlichen Handelns in meist transnational vernetzten Schattenökonomien. Als grenzüberschreitende Prozesse laufen sie aber der Abschottung des Staates zuwider, so dass Spannungen auftreten, die im Staat nicht verarbeitet werden können: „the capacity of the Hobbesian state to digest social tensions in a flexible way is severely constrained by its confiscation of the social sphere, benevolent or not" (K. van der Pijl 2008: 34, auch 2002: 813).

Neben diese idealtypisch erfasste Aufteilung der Staaten nach ihrer gesellschaftlichen Konstituierung, treten jedoch Staaten, deren Form von Staatlichkeit keine Trennung von Gesellschaft und Staat erlaubt. Autorität beruht dann auf kommunalen Arrangements und Gewaltordnungen, die sich überlappen und überschneiden. Der Staat kämpft politisch, ökonomisch und militärisch darum, sich zu etablieren. Dies geschieht beinah zwangsläufig mit externer Hilfe, da die Reproduktionsfähigkeit von Herrschaftsmechanismen in Abwesenheit politökonomischer Verflechtungen niedrig bis nicht vorhanden ist. Diese Protostaaten[123] können zwar Gewaltmittel einsetzen, durchdringen die Gesellschaft ansonsten aber kaum, was zu einer Koexistenz staatlicher und außerstaatlicher Institutionen und Autoritäten führt. Bevor diese Staaten in den näheren Blick gerückt werden, soll hier jedoch noch überleitend auf die weltgesellschaftliche Verknüpfung zwischen Sicherheitsgemeinschaft und Potemkin'schen Staaten eingegangen werden.

Buzan und Little haben die Unterscheidung zwischen Friedenszone und Konfliktzone beschrieben. Sie lieferten damit eine Diagnose, dass die Vorstellung realistischer Staatenkonkurrenz abgelöst wurde von Vorstellungen der Welt als einerseits zunehmend in ihren wirtschaftlichen und kulturellen Zusammenhängen verwoben, andererseits als fragmentiert und wenig steuerungsfähig. Innerhalb der integrierten Sicherheitsgemeinschaft entstand ein Verständnis, das den chaotischen und unzivilisierten Organisationszustand anderer Gesellschaften

---

[123] „The protostate can extract tribute but lacks the capability or incentive to reshape society, and society is neither strong enough nor coherent enough either to manage itself or to fashion a state in its own image. In economic terms, the national market does not contain sufficient effective demand to become dynamic force, and the existence of an excess supply of labor gives no incentive to stimulate greater efficiency on the part of investors. In political terms, the power holders in the state apparatus can gain enough credit and enough arms from external sponsors not to have to mobilize society so that it will produce a surplus under state auspices. The protostate is symptomatic for an impasse in the relationship of state to society" (R. Cox 1987: 230-231).

als Sicherheitsrisiko erfasst. Indem sie ihre zivilisatorische Mission in diesen
Kontext stellt, betreibt sie keine imperiale Politik, sondern erfüllt eine humanitär
begründete, also auf das Individuum bezogene Schutzaufgabe, die keine Extrak-
tionsziele verfolgt: Während in den alten Kolonialreichen die wirtschaftlichen
Vorteile für die Kolonisierer im Mittelpunkt standen, wendet die Sicherheitsgemeinschaft heute hohe und dauerhaft anfallende Kosten für ihr Projekt auf (B.
Buzan/R. Little 1999: 103).

Während also innerhalb der Sicherheitsgemeinschaft ein banger Blick nach
‚draußen' vorherrscht, kommt ein Ruf nach Steuerung des sozialen Geschehens
im Rahmen der *Global Governance* auf. Indem individuelle Rechte zum Maßstab und ihre Verletzung zum kosmopolitischen Risiko aller werden, wird die
westfälische Ordnung nicht nur ökonomisch durchlässig (wie unter dem Schlag-
wort der – vorwiegend wirtschaftlichen – Globalisierung zusammengefasst),
sondern auch rechtlich. Jung weist darauf hin, dass die Sprache des Rechts ein
Ausdruck der Modernisierung von Sozialbeziehungen in den Zonen des Konflikts ist, indem sich Institutionen und Individuen zunehmend auf eine Wertra-
tionalität verständigen, wie sie dem modernen Staat eigen ist (D. Jung 2001:
467). Zwischen der Sicherheitsgemeinschaft und der Konfliktzone herrschen also
Austauschbeziehungen, die sich nicht auf die Ausbreitung der Reproduktions-
verhältnisse reduzieren lassen. Gleichwohl sind Mittelschichten diejenigen Ko-
operationspartner, über die eine Ausbreitung der Sicherheitsgemeinschaft organisiert wird: Liberale Legitimitätsmuster sind als Eigentums- und Schutzrelatio-
nen am besten zu erfassen (K. van der Pijl 2002: 804). Ein wichtiger Aspekt
dieser Argumentation ist die Selbstdarstellung der Sicherheitsgemeinschaft als
zivilisiert und wohlwollend, während die Konfliktzone als irrational und barbarisch gilt:

> „Unter den Bedingungen transnationaler kapitalistischer Expansion muss die Mytho-
> logie politischer Autorität (...) das systematische außenpolitische Engagement mit
> umfassen und erklären, dass es außerdem für den Schutz des transnationalen Kapi-
> talkreislaufs und der darin involvierten Kapitalfraktionen notwendig ist" (K. van der
> Pijl 2002: 803).

Außenpolitik innerhalb der Sicherheitsgemeinschaft ist deswegen immer zugleich Bündnispolitik, während Außenpolitik zwischen den Staaten der Sicherheitsgemeinschaft und der Konfliktzone zur Weltinnenpolitik wird. Unterschei-
dungsmerkmal dafür ist die Dichotomie zwischen Barbarei und Zivilisation,
zwischen traditioneller und moderner Gesellschaftsform.

5.2.2 Das Objekt: Fragile Staaten

Seit den 1990er Jahren wurde die Vorstellung einer Staatenwelt zunehmend abgelöst von einer Unterscheidung von leistungsfähigen und zerfallenden/zerfallenen Staaten. Damit war eine Individualisierung von Rechten verbunden, die unabhängig von ihrer Verwirklichung in einem politischen Gemeinwesen begriffen, also dekontextualisiert wurden. Die nominelle Souveränität der Staaten erodierte, indem die soziale Organisation als barbarisch gekennzeichnet wurde und gleichzeitig die Führer politischer Bewegungen – unabhängig von ihrer Machtposition – als in kriminelle Machenschaften verwickelt dargestellt und damit delegitimiert wurden. Der erste Aspekt der ‚neuen Barbarei' transportiert dabei rassistische Untertöne, während die Kriminalisierung mit einer wechselseitigen Verknüpfung entwicklungspolitischer Zielsetzungen mit (sicherheitsbezogenen) Leistungserwartungen an den Staat korreliert.

Mit der These vom ‚Ende der Geschichte' verbindet sich ein Narrativ, das den Ost-West-Gegensatz für beendet und alternative Staats- und Gesellschaftsentwürfe wie die sogenannte Neue Weltwirtschaftsordnung (NWWO) als gescheitert ansieht. Damit bleibt nur noch ein liberal-kapitalistisches Modell mit spezifischer Form der Beziehungen zwischen Staat und Gesellschaft übrig. Vorangegangene Vorstellungen von ‚einer Welt' und das Bewusstsein, beispielsweise in Umweltfragen oder hinsichtlich der nuklearen Vernichtung ‚in einem Boot' zu sitzen, wurden damit obsolet. Angesichts mangelnder Alternativen blieb den Staaten außerhalb der westlichen Sicherheitsgemeinschaft nur die freiwillige Anpassung oder die Ausgrenzung aus der ‚Internationalen Gemeinschaft', die zu repräsentieren der Westen angab (K. van der Pijl 2002: 811; dazu auch Beiträge in B. Bliesemann de Guevara/F. Kühn 2009a). Die ‚Barbaren' müssen eingedämmt werden, was durch stabile Staaten, die zu Vorbildern stilisiert werden, auch wenn ihre Menschenrechtsbilanz verbesserungsfähig wäre, geschehen kann (J. Rufin 1993: 231-249)[124]. Die Politik der Menschenrechte folgt bruchlos der früheren Unterscheidung zwischen zivilisierten und unzivilisierten Völkern und schließt die Bereitschaft ein, gegen die Unzivilisierten, die jetzt Menschenrechtsverletzer sind, vorzugehen. Gleichzeitig wirkt ein Standard der Modernisierung als funktionaler Indikator des Grades an Zivilisiertheit (G. Gong 1984:

---

[124] Den interessanten Fall Ugandas als eines aus westlicher Sicht als mustergültig angesehenen Staats und den internen Dilemmata der dortigen Staatsklasse, die daraus entstehen, dass beide Dimensionen, die internationale wie die interne, bedient werden müssen, beschreibt Schlichte (2000b & 2005c; auch F. Kühn 2002). – Rufins Argument lautet, dass die Menschen im Norden Sicherheit bekommen, wenn sie dafür auf eine gerechte Handels- und Weltordnung verzichten. Diesen Handel gehen sie ihm zufolge gerne ein, da sie die Profiteure der Ungerechtigkeit sind.

91-93)[125]. So wird offenbar, dass es nicht die Prinzipien universaler Werte sind, die vom Westen vertreten werden, sondern westliche Werte, die universalisiert werden: Der Krieg gegen die Barbaren ist aus dieser Sicht immer ‚gerecht', weil die liberal-demokratische Sicherheitsgemeinschaft eine moralisch höherstehende Existenzstufe erreicht hat (K. van der Pijl 2002: 812-813).

Die abstrakte Anerkennung unterschiedlicher Kulturen als gleichwertig kann gleichzeitig die Annahme von Kulturkampf und Konflikten an den ‚Bruchlinien' der Kulturen bedeuten (S. Huntington 1998). Dabei gelten die irrationalen, vormodernen, ‚angeborenen' Charakteristika sozialer Interaktion als kulturdefinierend, „the anarchic and destructive power of traditional feelings and antagonisms is usually unleashed in times of change when overarching political and economic systems are either weakened or collapse" (M. Duffield 2001: 110). Diese Umdeutung kultureller Diversität von einer Quelle kreativer Veränderung zu einer Gefahr ist ein Anknüpfungspunkt von Entwicklungs- und Sicherheitspolitik: Indem die wirtschaftliche Wachstumserwartung nicht eingelöst wird, steht auch die politische Einhegung der problematischen Bevölkerungsschichten und damit die Sicherheit anderer Staaten auf dem Spiel (N. Cooper 2006: 323-325). Neben diesen ökonomischen Anklang tritt aber noch ein mehr oder weniger offener Rassismus, etwa wenn in Russland Tschetschenen nur als ‚tschetschenische Banditen' dargestellt wurden (A. Lieven 1998: 336-339; G. Feifer 2009: 276). Im liberalen Westen drückt sich diese Sicht beispielsweise in der Deutung aus, die Balkankriege hätten ihren Auslöser im Aufbrechen uralter Konflikte, die durch kommunistische Herrschaft gedeckelt worden und nun unverändert ans Tageslicht gelangt seien (R. Holbrooke 1998: 563).

In Hinblick auf Afrika habe die Berichterstattung über den Völkermord in Ruanda die Morde als unkontrollierte Taten eines wild gewordenen Mobs korrespondiert, statt dessen systematische Durchführung und Planung in den Mittelpunkt zu stellen. Indem die Gewalt als absolut jenseits einer Kontrollierbarkeit liegend und ohnehin von Ruandern an Ruandern verübt dargestellt wurde, habe diese Berichterstattung dazu beigetragen, dass die internationalen Organisationen untätig blieben (M. Duffield 2001: 111). In dieser Sicht erscheint Gewalt nicht als politisch zielgerichtet und die Vorstellung von Gewaltordnungen, also einer auch jenseits staatlicher Institutionen auffindbaren Regelhaftigkeit, absurd. Gewalt findet bar jeden instrumentellen Kalküls statt, sie ist unfokussiert und instinktiv, wird also in der Essenz naturalisiert und den sie Ausübenden als unver-

---

[125] Die Unterstützung des säkularen Irak gegen die als irrational betrachteten ‚Mullahs' des Iran können hier als Beispiel dienen, in jüngerer Zeit der Kuwaitkrieg, der die inverse Situation eines Irak, der in irrationaler Weise die staatliche Weltordnung gefährdete, zu beheben suchte, bis hin zum Kosovokrieg, in dem auf eine völkerrechtliche Mandatierung organisierter staatlicher Gewalt durch die Vereinten Nationen verzichtet wurde.

änderliches Charaktermerkmal zugeschrieben. Dies korreliert mit der Darstellung von Gewaltkampagnen als ‚ethnische' oder ‚religiöse' Konflikte, als hätten diese identitären Merkmale auslösenden Charakter (diese Kategorien dekonstruieren u.a. K. Gantzel 2002: 3-4; C. Schetter 2003: 97-112; D. Jung/K. Schlichte/J. Siegelberg 2003: 50, 69-72).

Die Sichtweise der Entwicklungspolitik unterscheidet sich davon in zwei wichtigen Aspekten. Einerseits gilt ihr kulturelle Differenz nicht notwendigerweise als Auslöser von Gewalt, sondern als produktives Potenzial. Andererseits betrachtet der ‚Developmentalismus' die Gewaltneigung von unterentwickelten Gesellschaften nicht als deren unveränderliches Wesensmerkmal, sondern als abhängig von wirtschaftlichen Parametern – und damit als durch Wachstum und Modernisierung veränderbar. Unterentwicklung beinhaltet neben wirtschaftlichen Problemlagen wie Armut, Umweltdegradation oder starkem Bevölkerungswachstum auch eine politische Dimension, die sich in schlechter Regierungsführung, Korruption und Ressourcenmissmanagement zeigt. Damit ist der Weg frei für die tautologische Erklärung, unterentwickelte Staaten seien aufgrund ihrer Unterentwicklung unterentwickelt. Was als abstrakte Erklärung zirkulär ist, findet sich aber in dem geschlossenen Argumentationskreis wieder, der schlechte Regierungsführung, radikale und gierige Eliten als Grund dafür anführt, dass weite Teile der Bevölkerung arm sind: Weil sie arm sind, sind sie auch politisch machtlos und deshalb unfähig, auf die politischen Eliten verändernd einzuwirken. Die Gesellschaft, die einer politischen Organisationsform unterliegt, die die Armut nicht bekämpfen kann oder will, ist somit notwendigerweise den entwickelten Staaten unterlegen und offen für Intervention (K. van der Pijl 2002: 803).

Diese ist in ihrer Art nicht festgelegt und kann von Entwicklungshilfe durch NGOs bis hin zum offenen militärischen Eingreifen reichen. Bezeichnend ist aber, dass die NGOs es geschafft haben, ihre Programme als Konfliktprävention darzustellen. Denn die als konfliktrelevant angesehenen Maßnahmen wie Landreform, verbesserte Ausbildungschancen, Mikrokredite für Kleinunternehmen oder arbeitsintensiven Landbau werden auch in nicht konfliktbedrohten Ländern eingesetzt. Es findet also gewissermaßen eine ‚Neuverpackung' alter Konzepte statt, die jetzt mit vermeintlich sicherheitsrelevanten Problemen zusammengeschnürt werden (M. Duffield 2001: 117). Zwar reklamiert der Entwicklungsdiskurs keinen kausalen Zusammenhang zwischen Armut und Konflikt – allerdings legen die vorherrschend angewendeten statistischen Untersuchungsmethoden, etwa die von der Weltbank angewendeten (P. Collier et al. 2003), eine wahrscheinliche Bedingtheit zwischen beiden Faktoren nahe. Gewalt hemmt Entwicklung, so viel gilt als sicher, auch wenn ein so eindeutiger Befund empirisch nicht haltbar ist: Es gibt Sektoren außerhalb der ‚Kriegsökonomie', die im Konfliktfall trotzdem funktionieren. Außerdem sind Postkonflikt-Situationen häufig von einem höheren Gewaltniveau geprägt als manche Phasen des ‚Krieges'. Die These, dass Gewalt Entwicklung entgegensteht, muss also sehr viel differenzierter betrachtet werden (D. Keen 2000; M. Duffield 2001: 122; C. Nordstrom 2005: 107-111).

Dem Konflikt kommt ein instrumenteller Nutzen zu, als ihm eine zerstörerische Wirkung auf alle Sozialbeziehungen zugeschrieben wird – auch dies geschieht ohne genaue empirische Kenntnis, inwiefern sich die Sozialbeziehungen durch die Gewalt verändern. Handlungsleitend ist allein die Annahme, dass die kulturellen und sozialen Zusammenhänge ge- oder zerstört wurden, so dass ‚social engineering' Fuß fassen und wirklichen Neuaufbau leisten kann. Für das Beispiel Mozambique und die dort inhärente Glorifizierung des ländlichen Lebens beschreibt Duffield die gedankliche Grundlage der Intervenen:

> „Rural development projects help to restore confidence and, among an essentially autochthonous and self-reproducing peasantry, encourage the reappearance of traditioinal forms of local mutuality. Since culture has been weakened, however, it is more important for development to create new and better forms of self-reliance based on more egalitarian social institutions and inclusive reciprocities among the non-insured" (M. Duffield 2007: 98; auch D. Chandler 2009: Kap. 3).

Das Lokale wird so zur Lösung struktureller, übergreifender Probleme stilisiert, die durch die überwölbende politische Organisation selbst hervorgerufen werden.

Dadurch werden die Institutionen, die im Statebuilding als einem instrumentellen Aufbau verlässlicher Institutionen und Herrschaftskapazitäten eine zentrale theoretische Rolle spielen, so weit entpolitisiert, dass die Amtsinhaber selbst zum Problem werden. Gewalt wird als durch kriminelle Machenschaften verursacht begriffen, deshalb kommen korrupte Regierungen in den Fokus von Maßnahmenkatalogen, in denen die Regime selbst zu ersetzen sind. Nur eine Regierung, die den prozeduralen Legitimitätsvorstellungen westlicher Staatlichkeit entspricht, kann darauf hoffen, mit der Sicherheitsgemeinschaft kooperieren zu dürfen. Entsprechend einer Locke'schen Vorgabe von Herrschaftsbeziehungen ist dabei die Garantie von Eigentumsrechten das Minimum, während Presse-, Meinungs- oder Versammlungsfreiheit einen nachrangigen Stellenwert haben (K. van der Pijl 2002: 814). Damit ist nicht gesagt, dass die Menschenrechtsbilanz wahrscheinlich der meisten Herrscher in der Dritten Welt nicht katastrophal wäre; allerdings fokussiert das liberale Narrativ die Verantwortung auf staatliche Strukturen und delegitimiert diese damit zumindest implizit mit dem Verweis auf ihre mangelnde Leistungsfähigkeit im Rechtsbereich.

Aus Sicht der internationalen Intervenen ist es deshalb wichtig, die arme Bevölkerung, die ja im Rahmen liberaler *Global Governance* und dem Paradigma menschlicher Sicherheit im Mittelpunkt steht, vom Staat zu trennen. Dann gibt es die ‚guten Armen', die Opfer sind und deshalb Hilfe brauchen, weil sie andernfalls dauerhaft von Benachteiligung, Krankheit, Diskriminierung betroffen und von politischer Teilhabe ausgeschlossen sind (BMZ 2007; L. Klemp/A. Kloke-Lesch 2007: 21). Ihnen stehen die korrupten oder unfähigen Regierungen gegenüber, die gleichbedeutend den Warlords diejenigen sind, die die Armen an deren Selbstentfaltung hindern beziehungsweise ihre lokalen Selbsterhaltungstrukturen stören (L. Klemp/A. Kloke-Lesch 2007: 23). Aus dieser Dichotomisierung der gesellschaftlichen Zusammenhänge, aus denen ja letztlich stabile Herrschaft hervorgehen soll, bleiben die im Staat ausgetragenen Interessengegensätze ebenso wie die Frage der Gewalt ausgeblendet. Im Rahmen der liberalen Governance ist Gewalt so weitreichend tabuisiert, dass sie als Ausdruck emanzipativer Bestrebungen nicht wahrgenommen werden kann. Da das hinsichtlich ökonomischer Reproduktion, rechtlicher Verfasstheit und politischer Repräsentation beste aller denkbaren Systeme bereits gefunden ist, kann Gewalt nur regressiv sein. In dem Maße, wie sozialen Gruppen Gewalt abgesprochen wird, gilt sie als treibende Kraft für Einzelne, die das wirtschaftliche Potenzial von Konfliktsituationen zu ihren Gunsten nutzen. Das kann bedeuten, dass die Profiteure trotz politischer Antagonismen kooperieren, um ihre Gewinne fortdauernd realisieren zu können (D. Keen 1998: 17-20). Der wirtschaftliche Erfolg wird so höher gewichtet als die Gewalt selbst.

Problematisch an der Kriminalisierung ist die scheinbar mögliche Aufteilung in wenige Kriminelle und viele ‚brave' Bürger. Die regionalen, häufig globalen Netzwerke, innerhalb derer die Profite erzielt werden können, werden dabei vernachlässigt. Die sozialen Figurationen, die sich um ‚kriminelle' Tätigkeiten herum entwickeln, fallen aus der Analyse heraus. Gleichwohl müssen die ‚Kriminellen' eingehegt werden, sie werden Gegenstand von Sicherheitspolitik mit dem Ziel, sie zu neutralisieren oder zu töten, um mit ‚regulärer' Entwicklung fortfahren zu können. Konflikte und Kriminalität gehören deshalb im Narrativ beinah untrennbar zusammen und haben instrumentelle Funktion. Ihre soziale Komponente und damit das Politische an der Gewalt geht dieser Sicht vollkommen ab (M. Duffield 2001: 131-132). Die Objekte des liberalen Statebuilding sind also Staaten, in denen Eliten und Bevölkerung entkoppelt sind. Indem die politischen Beziehungen als bar jedes rechtlichen Verhältnisses, ohne Verpflichtung zum Schutz der Person oder des Eigentums erscheinen, werden die nichtwestlichen Staaten zum Notfall, dessen humanitäre Konsequenzen im Doppelsinne des Wortes ‚unerträglich' sind. Betroffene Bevölkerungsschichten werden als Opfer eigener Eliten dargestellt, denen beizustehen ist, weil es die Humanität gebietet und weil sie die natürlichen Partner liberaler Kooperation sind. Davon abgegrenzt sind die korrupten, kriminellen, gewaltgeneigten Eliten, Warlords und mit globalen Netzwerken operierenden Händler illegaler Güter, die die Sicherheit nicht nur der Bevölkerung, sondern auch umliegender Staaten und letztlich den Bestand des internationalen Systems gefährden. Dort, wo nichtliberale Eliten an der Macht, mitunter sogar von der lokalen Bevölkerung gewählt sind, wird die Tatsache der Illiberalität zum Verdachtsmoment, da friedliche Illiberale nicht vorstellbar sind: Wären sie friedlich, wären sie ja Liberale (A. Etzioni 2007: 89-90). Indem die Objektgesellschaften in dieser Weise intern depolitisiert werden, können Eingriffe verschiedener Tiefe gerechtfertigt werden.

5.2.3   (Un-)Gleichheit in der liberalen Weltsicht

Eine der wesentlichen Annahmen des Theorems des demokratischen Friedens, das als liberale Überlegung auf Kant zurückgeht und für die Analyse der Sicherheitsgemeinschaft als Akteursgruppe von Bedeutung ist, besagt, dass sich Demokratien als Gleiche anerkennen (C. Götze 2006). Indem sie ihre Legitimität aus den Freiheiten der sie konstituierenden Einzelnen und deren Übereinkunft herleiten, besitzen sie das Recht auf Souveränität und Nichtintervention (M. Doyle 1996: 10). Diese Gegenseitigkeit ist insbesondere innerhalb der Sicherheitsgemeinschaft wirksam (vgl. dazu E. Adler/M. Barnett 1998): Die vielfältigen Verflechtungen, die zwischen demokratischen Staaten bestehen, erlauben ein rationales, im engeren Sinne nutzenmaximierendes Verhalten zur Grundlage internationaler Politik zu machen (B. Russett 1998: 374-375, 1996). Auf einer normativen Basis ist diese Rationalisierung von Politik jedoch gleichbedeutend mit der Wahrnehmung eines Unterschiedes zwischen rationalen, also modernen Staaten, und traditionalen Staaten, die das Niveau internationaler Zivilisation (noch) nicht erreicht haben. Diese Ungleichheit im internationalen System ist einer der wesentlichen Gründe, warum die Sicherheitsgemeinschaft ihre Umgebung als Problem der Sicherheit wahrnimmt. Dies leitet sich wiederum aus der Konstitution der Staaten außerhalb der Sicherheitsgemeinschaft ab. Dabei spielt das Verhältnis von Gleichheit und Ungleichheit eine wichtige Rolle, die hier kurz skizziert werden soll.

Entgegen der auf Anarchie Gleichartiger basierenden Überlegungen zur internationalen Politik kann man diese auch unter dem Gesichtspunkt von Machtressourcen betrachten. Dabei muss man nicht so weit gehen, globale Politik als durchgängige Weltinnenpolitik zwischen Gleichen, die von gleichen Problemen betroffen sind, zu verstehen (dazu Beiträge in H. Gießmann/K. Tudyka 2004). Alternativ kann man die Weltpolitik bereits als hierarchisch ,verherrschaftet' verstehen, wie dies die wissenschaftliche Diskussion um das Empire zeigt (M. Hardt/A. Negri 2002: 49-55). Dabei gibt es durchaus Bereiche, die von den integrierten Staaten der Sicherheitsgemeinschaft vernachlässigt werden (J. Rüland 2006: 232-235). Im Kalten Krieg zielte Entwicklungspolitik ökonomisch darauf ab, neue Märkte zu erschließen und periphere Gebiete in den weltwirtschaftlichen Zusammenhang einzugliedern. In der Phase der neoliberalen Radikalisierung wurde dieser Aspekt zur handlungsleitenden Motivation, weil die Sicherheit einen veränderten Stellenwert bekommen hatte. Mit dem Wegfall der ideologischen Konfrontation und dem folgenden liberalen Triumphalismus rückte dann der Dreiklang aus Demokratisierung, Wirtschaft und normativer Basis von Staaten in ihrer Gesamtheit in den Mittelpunkt: Dieser zusammenhängende Komplex ist für liberale Überlegungen

> „common core and interlocking assumption[s]: that economic development supports the evolution of democratic government with its pacific implications; liberal democratic governments in turn promote commerce and economic development, resulting in increased transnational communication; this promotes cognitive and ideological changes which in turn underpin market economy and democracy" (B. Jahn 2007a: 90; auch A. Moravcsik 1997: 534).

So weit herrscht Gleichheit zwischen den Einheiten. Ihre innere Konstitution leitet sich jedoch aus einem idealtypisierten Bild von Bürgern her, das seinerseits kein Problem mit Ungleichheit hat.

Wenn man Lockes Staatskonzeption anschaut, fällt zunächst die Freiheit des Individuums auf, die im Kern bedeutet, dass er nur sich selbst gehören kann. Die Menschen gehen als freie in Übereinkunft unter staatliche Herrschaft, deren „great and chief end therefore, (...) is the preservation of their property" (J. Locke 1993: 178). Da der Mensch sich selbst gehört, leitet sich aus dem Eigentumsschutz, dem der Staat verpflichtet ist, auch ein Menschenschutz ab. Den empirischen Gegenbeispielen begegnete Locke mit einer Konstruktion des Naturzustands bezogen auf die indigenen Völker Amerikas (B. Jahn 2000). Erst die Erfindung des Geldes machte es möglich, einen Mehrwert zu erwirtschaften, was zur Appropriation von Grund führte, der systematisch verbessert werden konnte, um Mehrwert zu erzielen. Dadurch stieg zwar die Produktion, was den Menschen als Kollektiv nutzte. Andererseits begann damit ein Kriegszustand, denn das Landeigentum blieb umstritten, so dass Staaten regelnd eingreifen mussten: „the establishment of states settled property rights between [communities]" (B. Jahn 2007a: 91).

Der Menschenschutz des Staates ist zwar als Idee vorhanden, in der politischen Organisation des Staates jedoch nachrangig, da Repräsentationsrechte im Staat vorrangig über Eigentum erworben werden. Deshalb kann über Frauen, Kinder, Behinderte und Besitzlose, kurz: über alle, die nicht selbst über Eigentum *verfügen* können, problemlos geherrscht werden. Diese Art der Ungleichheit ist für den Liberalismus und für alle späteren Ansätze liberaler Demokratien kein Problem. Die sozialen Auswirkungen dieser Philosophie im wirklichen Leben wurden durch Wohlfahrtspolitik auszugleichen versucht, grundsätzlich galt der Kern der Theorie weiterhin. Im internationalen Bereich ergibt sich daraus eine klare Hierarchie, an deren Spitze Staaten stehen, die bereits eine Entwicklungsstufe erreicht haben, auf der sie Eigentum schützen. Das heißt, dass sie diese Aufgabe intern ihren Bürgern gegenüber leisten, aber auch, dass sie deren Rechte vor äußeren Übergriffen schützen *können* (B. Jahn 2007a: 92). Hier liegt die Wurzel der Argumentation, die eine Aufteilung von Souveränität nach Leistungsfähigkeit vertritt (exemplarisch S. Krasner 2004). Für liberale Außenpolitik bedeutet das:

> „it identifies market democracies as the highest form of human social and political organization; it acknowledges that they are confronted with nonliberal societies propped up by authoritarian government and illiberal cultures; but it holds to the expectation that the latter will turn into liberal states once unhindered exercise of reason is possible". Im Umgang mit nichtliberalen Gemeinwesen heißt das, „at a minimum, such policies have to protect liberal achievements at home. At a maximum, liberal foreign policies aim to spread liberalism to as yet non-liberal peoples" (B. Jahn 2007a: 92).

5.2.4 Entwicklung als Modernisierung in der Weltgesellschaft

Zwischen den Polen defensiver Politik des Bestandsschutzes und einer expansiven Verbreitung der eigenen Werte vermittelt die Vernunft. Die Vernunft als zentrale Idee der Aufklärung ist untrennbar verknüpft mit der Annahme, die Anwendung der Vernunft führe zu Fortschritt. Auch wenn der Mensch Fehler mache, so könne er diese doch erkennen und aus ihnen lernen. Lockes Modell stellt für diesen Fortschritt – niemals unausweichlich, aber immer möglich – das perfekte Modell dar (K. Booth 2007: 124; auch R. Porter 2001: 50). Fortan wurde die Idee des Fortschritts, gewandelt in den Begriff der Entwicklung, zum Fetisch, fester ‚Bestandteil der Metaphysik des Westens und seiner Interpretation der Geschichte' (K. Booth 2007: 125; vgl. Kap. 4.1.2). In einer reflektierten Sicht wurde das universell Positive des Fortschritts gedämpft und anerkannt, dass Fortschritt inhuman und existenzgefährdend sein kann und selten linear abläuft. Gleichzeitig ist diese Form der Reflexion als Lernfortschritt, als Bestandteil von Versuch und Irrtum zu sehen und damit selbst Teil der Idee des Fortschritts (K. Booth 2007: 126-127). Modernisierungstheorien sind also eine konsequente Ausformung der liberalen Idee: Indem die modernen Staaten anderen, von Aberglauben und fehlendem systematischen Lernen geplagten Gemeinwesen als Beispiel und Vorbild dienen, können diese durch Nachahmung deren Entwicklung nachholen. Der westliche Lebensstil wurde somit zum Vorbild stilisiert, dessen Nachahmung nicht nur hinsichtlich der Reproduktionsweise, sondern auch in Werten Entwicklung bedingen würde. Dazu gehörten – natürlich – rationale und säkularisierte Staatlichkeit, die auf der Basis von Eigentumsrechten eine Konsumgesellschaft gleicher Individuen mit universellen sozialen und politischen Rechten nährt (B. Jahn 2007a: 95). Modernisierung verhelfe dem Staat zu neuer Stärke, was sich in internationaler Machtneuverteilung äußere; damit wird aber Modernisierung zum Sicherheitsproblem des internationalen Systems. Dies entsteht auch daraus, dass die Modernisierung interne Instabilität hervorruft, welche jedoch in Kauf genommen werden muss, denn schließlich stehe am Ende der Entwicklung moderne Staatlichkeit und wirtschaftliche Leistungsfähigkeit, die in allen Belangen westlicher Sicherheit dienlich sei (W. Rostow 1971: 166-167; B. Jahn 2007a: 96). Dass Modernisierung in zweierlei Hinsicht problematisch ist – als Gefährdung der Stabilität des Systems, indem entweder ein Staat stark wird und so die Machtrelation verändert, oder dass ein Staat ,zerfällt' und so die Systemdefinition durchgängiger Staatlichkeit in Frage stellt –, immunisiert Sicherheitspolitik der liberalen Logik entsprechend gegen Zweifel an ihrem Sinn.

Dass der Modernisierungsprozess durch politische Teilhabe gefährdet sei, dass also die unaufgeklärte Bevölkerung Zugriff auf staatliche Politik bekomme, gilt zeitgeistgemäß als besondere Gefahr, denn „the poor can not be trusted to make the right decisions. (…) the poor are prone to pick up leaders they do not deserve and global liberal governance does not want" (M. Duffield 2001: 127). Diese Überlegung trägt zu der oben bereits beschriebenen Delegitimierung lokaler Eliten bei. Gleichzeitig kann unter diesem Gesichtspunkt auch die Förderung der ,Zivilgesellschaft' verstanden werden, die Einflussnahme auf die Politik eben nur mittelbar, also über Organisationen und nicht über direkte Teilnahme am politischen Prozess, für ungefährlich hält. Die modernisierende Elite muss gegen Demagogen und Revolutionen von unten geschützt werden (B. Jahn 2007a: 96). Traditionale Herrschaftsformen wurden und werden als irrational dargestellt, modernisierende Gesellschaften gelten als instabil – deshalb sehen westliche Staaten diese als Gefährdung ihrer eigenen Sicherheit und konsequenterweise als Einsatzfeld sicherheitspolitischen Engagements.

Indem Ideen und wirtschaftliche Zusammenhänge in der Weltgesellschaft die ,nationalen' Gesellschaften transzendieren, können diese potenziellen Probleme leicht eskalieren. Zwar ist aus der liberalen Weltsicht die Entwicklung zu einer Marktwirtschaft unausweichlich, die politischen Auswirkungen insbesondere der Transformationsphase sind jedoch schwer vorherzusagen. Deshalb wurden wiederholt Beschränkungen im Machtzugang propagiert, um die Herrschaft

denjenigen vorzubehalten, denen vertraut werden konnte, den Wert eigentumsba-
sierter Staatlichkeit zu verstehen und zu verteidigen (B. Jahn 2007a: 97). Der
Widerspruch, der in dieser Überlegung enthalten ist, spielt noch immer eine
große Rolle, die potenziell die Demokratie ihres normativen Gewichts beraubt:
Wenn Modernisierung, wie zeitgenössisch der Fall, als Demokratisierung gefasst
wird, müssen die gewählten Vertreter anerkannt werden. Insofern sind Versuche
kontraproduktiv, auf die Wahlbevölkerung durch Drohungen oder Anreize Einfluss zu nehmen: Wenn der Eindruck entsteht, dass von außen Wahlen manipu-
liert werden, um einen gewünschten Kandidaten durchzusetzen, wie bei den
Präsidentschaftswahlen in Afghanistan 2004 (T. Ruttig 2008: 17; auch F. Kühn
2007a: 153-155) oder wenn gewählte Regierungen aufgrund ihres Programms
nicht anerkannt werden, wie im Fall der Hamas 2006 in Palästina, entwertet dies
den normativen Repräsentationsanspruch von Demokratie. Gleichzeitig illustriert
es einen sicherheitspolitisch induzierten Rollenkonflikt der westlichen Staaten,
die Demokratisierung eigentlich befürworten, die Phase der Transformation
hinsichtlich sicherheitspolitischer Risiken jedoch argwöhnisch beobachten (A.
Jünemann 2007: 306-307).

Indem die Modernisierung wirtschaftliche, aber auch politische und kulturelle Faktoren beinhaltet, die sich gegenseitig beeinflussen und befördern, lassen
sich mit liberalen Argumenten verschiedene Ansätze externer Modernisierung
begründen. Wirtschaftliche Deregulierung, die zu starken Eigentümerinteressen
und damit zu einem politisch autonomen Bürgertum führt, welches demokratische Teilhabe einfordern sollen, ist dabei eine der Möglichkeiten. Aber auch
Demokratisierungsansätze, die auf Regimewechsel, auf Reform der Gesellschaft
hinsichtlich rechtsstaatlicher Einbettung von Sozialbeziehungen und in der Folge
wirtschaftliches Wachstum und Ausbreitung eines liberalen Eigentümerethos
setzen, gehören zum Spektrum liberaler Politikansätze. Indem sie einen Nexus
aus Sicherheits- und Entwicklungszielen zusammenziehen, bleiben diese Ansätze flexibel und auf verschiedene Fälle anwendbar (A. Suhrke/J. Buckmaster
2006). Gemeinsam ist ihnen jedoch vorausgesetzte Staatlichkeit, das heißt klar
identifizierbare Herrschaftsbeziehungen in den Zielländern, also die „capacity to
supervise democratic decision making and put its results into practice" (C. Tilly
2007: 15).

Die Annahme, dass ein Ansatz für alle Objekte liberaler Weltpolitik anwendbar sein könne, sich die verschiedenen Instrumente zur Implementierung
beispielsweise von Demokratisierung in einem evolutionären Prozess herausbil-
deten, wie dies Börzel und Risse (2004) zeigen, ist dabei emblematisch für die
Überlegung, dass die normative Kraft der liberalen Weltpolitik sich selbst genü-
ge. Das bedeutet, dass die Ausprägung von Demokratisierungspolitik in erster
Linie der Struktur – im untersuchten Fall der EU – des betreffenden Akteurs

geschuldet ist und damit nicht notwendigerweise den Zielländern und ihrer konkreten Situation entsprechen muss; dies komme einer Politik des ‚One size fits all!' gleich (T. Börzel/T. Risse 2004: 28). Jünemann und Knodt (2007a) haben indes gezeigt, dass diese Annahme, wiederum mit Bezug auf die EU, stark nach anderen Kriterien, etwa besonderen Beziehungen zwischen Mitgliedsstaaten und ehemaligen Kolonien, aber auch sicherheitspolitischen Erwägungen und Abwägung hinsichtlich der administrativen und politischen Stärke und Stabilität des Zielstaates zu differenzieren sei. Insbesondere der internationale Kontext der Demokratisierungspolitik sei zu berücksichtigen, denn dieser unterscheide sich von Fall zu Fall und über die Zeit (A. Jünemann/M. Knodt 2007c: 367-368).

Die EU ist natürlich Teil der westlichen Sicherheitsgemeinschaft, deren liberale Weltpolitik einen bedingenden Zusammenhang von Demokratie, Wohlfahrt und stabiler Staatlichkeit, also einer Gewaltmonopolisierung im internen und internationalen Bereich als Grundlage hat. Innerhalb der Demokratisierungspolitik gibt es dennoch Unterschiede etwa zwischen europäischen und US-amerikanischen Ansätzen, die wirtschaftliche und politische Aspekte in den 1990er Jahren verschieden gewichtet haben. Indem wirtschaftliche und politische, (menschen-)rechtliche und administrative Kriterien zum Bestand liberaler Weltpolitik zählen, ist Demokratisierung ein Politikfeld neben anderen, um eine Entwicklung zu befördern, die sich gegenseitig bedingende Problemfelder umfasst (A. Jünemann 2005: 142-144). Wie die Gewichtung der Bestandteile sich verändert und wie sich diese Gewichtung auf die Priorisierung von Politikzielen auswirkt, unterliegt einem historischen Wandel (L. Brock 2001). Das entwicklungspolitische ‚Paket' verändert sich demgemäß: Während Modernisierung als distantes Ziel immer präsent ist, wandeln sich die Modelle, die diese Modernisierung verkörpern ebenso wie die Instrumente, diese zu verwirklichen. Das ‚Paket' wird beeinflusst von Sicherheitserwägungen und einer ideologisierten Konzeption von Entwicklung, die im Folgenden in ihren politischen Zusammenhängen näher beschrieben werden sollen.

5.3 Securitization und Developmentalization[126]

In diesem Abschnitt ist das Ziel, zu zeigen, wie interne Prozesse von Akteursgruppen – lokal und international – die Interaktion *zwischen* Gruppen beeinflusst. Indem die Sicherheitsgemeinschaft intern Probleme versicherheitlicht
oder zum Gegenstand von Developmentalisierung macht, grenzt sie die politische Interaktion gegen die lokalen Verhältnisse und Akteure ab. Ausgehend von
einem theoretischen Ansatz der Securitization, wie sie von Wæver (1995) in
Anlehnung an die Sprechakttheorie (J. Austin 2007) entworfen wurde, wird die
These verfolgt, dass Developmentalization vergleichbaren Mustern folgt. Beide
Phänomene entziehen demarkierte Probleme dem politischen Feld und machen
sie für institutionelle Logiken zugänglich. Deshalb sind nichtintendierte Dynamiken politischen Handelns nicht ‚schuldhaft' von lokaler Bevölkerung oder
internationalen Organisationen zu vertreten, sondern entstammen eher internen
Mechanismen bei der Planung. Die Mechanismen der Wissensproduktion und
Implementation dieses Wissens in der politischen Wirklichkeit führen zu wider-
sprüchlichen Ergebnissen (K. Schlichte/A. Veit 2007).

Securitization ist eine Möglichkeit, mit politischen Problemen umzugehen.
Dabei streben politische Eliten nach möglichst großem Handlungsspielraum. Im
Rahmen der Diskussion um den „erweiterten Sicherheitsbegriff" (B. Buzan/O.
Wæver/J. de Wilde 1998; L. Brock 2001: 185-187; insbesondere L. Brock 2004)
skizzierte Wæver (1995) den Ablauf einer ‚Versicherheitlichung'[127] auf der Basis der Sprechakttheorie (vgl. FN 93). Die Erweiterung des Sicherheitsbegriffs
über rein militärische Themenstellungen hinaus diente seit der Mitte der 1980er
Jahre, insbesondere jedoch in der Zeit nach dem Ende des Ost-West-Konflikts,
dem Ziel, „Ressourcen aus der Militärpolitik in zivile Handlungsfelder (Umwelt,
Menschenrechte, Entwicklung, Gleichberechtigung) umzuleiten (…)". Statt
dieses Ziel zu erreichen, entstand ein neues Sicherheitsklima,

> „das sich in einer präzendenzlosen Ausweitung von Bedrohungsvorstellungen und
> einer Globalisierung der Verteidigung niederschlägt. Die Versicherheitlichung zivi-

---

[126] Wesentliche Überlegungen dieses Kapitels entstammen dem Paper „Equal Opportunities: Exploring the turning point between Securitization and Developmentalization" (Kühn 2008b), das auf der
49. Jahreskonferenz der International Studies Association in San Francisco vorgestellt wurde. Ich
danke den Initiatoren des Panels, Tobias Debiel und Daniel Lambach ebenso wie den Panelisten und
Diskutanten, insbesondere Kevin P. Clement, Sabine Kurtenbach, Shahar Hameiri, Marie-Eve Desro-
siers, Jan Bachmann und Jana Hönke für hilfreiche Hinweise.
[127] Im Weiteren behalte ich den englischen Begriff Securitization bei und verzichte auf den Begriff
der ‚Versicherheitlichung'. Dies ist keiner Ablehnung deutscher Begriffe geschuldet, sondern entspringt dem Mangel eines äquivalenten deutschen Begriffs für ‚Developmentalization'. Da beide hier
als Begriffspaar mit engem inneren Zusammenhang Verwendung finden, werden auch die Begriffe in
Übereinstimmung gebraucht.

ler Angelegenheiten führt dazu, dass diese ihrerseits zum Gegenstand militärischer Kontigenzplanungen werden. Die Versicherheitlichung bewirkt damit das Gegenteil des Intendierten" (L. Brock 2004: 342)[128].

Ein wesentlicher Bestandteil moderner Staatlichkeit, namentlich die Ausdifferenzierung von politischer Verantwortlichkeit in Ministerien, wird so aufgeweicht. Staatliche Verantwortung wird auf übergreifende Organisationen projiziert, um eine Rückbindung von Handelnden und den Folgen ihrer Politik zu vermeiden. Die sicherheitspolitische Programmplanung findet also in den Gremien der Sicherheitsgemeinschaft statt und entzieht sich klarer Benennbarkeit, unter anderem durch vage Etikettierung (etwa ‚Staatengemeinschaft'; vgl. B. Bliesemann de Guevara/F. Kühn 2009b). Die Bundesregierung vermeidet beispielsweise, klar zu formulieren, welche konkreten Maßnahmen ergriffen werden können, was damit erreicht werden soll und welche Kosten entstehen. Dies illustriert, wie eine weltweit projizierte Hegemonie zustande kommt, die sich als innerlich hohl erweist, weil es den Herrschaftsbeziehungen innerhalb der westlichen Sicherheitsgemeinschaft selbst an Zusammenhang und Legitimität mangelt. Der Bezug zum ‚globalen' Ganzen kann als Rückzug von sozialer Interaktion und politischer Auseinandersetzung (D. Chandler 2009: Kap. 9; M. Hardt/A. Negri 2006: 369-370) gedeutet werden. Das ‚Politische', also der Abgleich von Interessen innerhalb der die Staaten bildenden Gemeinwesen, verliert an Bedeutung. Die Abkehr von ‚realistisch' inspirierter Politik führt deshalb dazu, dass Interessen nicht mehr analysiert, sondern nur noch postuliert werden können. ‚Interessen' bilden nurmehr einen Dreiklang mit ‚Werten' und ‚Zielen', was eine Differenzierung verhindert (BMVg 2006a: 3, 4, 12, 24, 25, 30, 43, 158).

Unabhängig davon, wie man diesen Prozess politisch bewertet, beinhaltet er eine Ausdehnung der Referenz von Sicherheit, die über die Verteidigung des Staates hinausgeht und zunehmend mehr Politikfelder umfasst. Grundlage dafür ist die unklare Konzeptualisierung von Sicherheit, die nie einen Konsens beinhalten kann, sondern immer eine fluide Auseinandersetzung um Gegenstände

---

[128] Beredtes Beispiel dieser Rückkehr in den militärischen Bereich ist der freihändige Umgang mit der „breiten", „erweiterten", „umfassenden" und in der Postulierung von Sicherheitspolitik bis zur Aussagelosigkeit oft verwendeten „vernetzten" Sicherheit im Weißbuch der Bundeswehr (BMVg 2006a: 2, 9, 25, 27). Dort heißt es unter der Rubrik „Vernetzte Sicherheit": „Sicherheit kann (…) weder rein national noch allein durch Streitkräfte gewährleistet werden. Erforderlich ist vielmehr ein umfassender Ansatz, der nur in vernetzten sicherheitspolitischen Strukturen sowie im Bewusstsein eines umfassenden gesamtstaatlichen und globalen Sicherheitsverständnisses zu entwickeln ist. Deutschland setzt seinen Einfluss in den maßgeblichen internationalen und supranationalen Organisationen – von den Vereinten Nationen, der Europäischen Union, der Nordatlantischen Allianz, der Organisation für Sicherheit und Zusammenarbeit in Europa, dem Internationalen Währungsfonds und der Weltbank bis hin zum G8-Rahmen – ein, um Kohärenz und Handlungsfähigkeit der Staatengemeinschaft zu verbessern" (BMVg 2006a: 25).

und Zielsetzungen von ‚Sicherheit' verkörpert[129]. Sicherheit ist interdependent und umfasst neben dem internationalen auch immer den innerstaatlichen und personalen Bereich, ist also innerhalb eines Konzepts der Weltgesellschaft anzusiedeln, obwohl der Staat darin eine maßgebliche Rolle spielt (B. Buzan 1991). Wenn ein Staat eine Einschränkung seiner Souveränität und politischen Handlungsfähigkeit wahrnimmt, die von außen induziert und wahrnehmbar verläuft, mobilisieren Eliten in diesem Staat Ressourcen, um dieser ‚Entwicklung' zu begegnen: *„In naming a certain development a security problem, the 'state' can claim a special right*, one that will, in the final instance, always be defined by the state and its elites" (Wæver 1995: 54[130], Hervorhebung im Original). Indem Sicherheit als Ergebnis eines Sprechakts[131] analysiert wird, vollzogen von Vertretern von Herrschaftsordnungen, kann die Securitization untersucht werden, die ein bestimmtes Problem aus dem Alltagszusammenhang auf die Ebene dringlicher Sicherheitspolitik hebt. Der Sprechakt ist dann erfolgreich, wenn es gelingt, ein gemeinsames Verständnis zwischen Sprecher und Hörer zu etablieren[132].

---

[129] Diese unklare Konzeptualisierung betrifft in gespiegelter Form auch den Securitization-Ansatz. Buzan, Wæver und de Wilde (1998) sowie Wæver (1995) unterscheiden nicht klar zwischen dem Sprech*akt* und dem *Prozess* der Versicherheitlichung, der von Akteuren, Hörern und politischen Kontexten geprägt ist, die außerhalb des Aktes liegen. Stritzel (2007: 363-365) hat diese Kritik herausgearbeitet, die berechtigt ist, wenn man Securitization als eigenständige Theorie begreift. Hier wird die Securitization jedoch nicht als einzelner erklärender Faktor beschrieben, sondern innerhalb eines aus Akteuren, Ideen und zeitgeschichtlichem Kontext bestehenden liberalen Paradigmas verortet.

[130] Für Überlegungen zur Developmentalization ist Wævers Verwendung des Wortes ‚development' just in diesem Zusammenhang interessant.

[131] Der Sprechakt ist demnach eine Handlung und unterscheidet sich von der bloßen Nennung eines Gegenstands oder Denotats. Als Handlung hat der Sprechakt unmittelbar soziale Relevanz: Die Aussage „Ich will" bei Hochzeiten, Eidesformeln oder eine Schiffstaufe sind eben nicht nur Aussagen, die für sich stehen, sondern gelten als Handlungen, wenn sie, aufgenommen von einem Hörer, für diesen Handlungsbedeutung haben. Diese geht über die bloße Mitteilung eines Sachverhalts hinaus und ist damit *illokutiv* (J. Austin 2007).

[132] In der einflussreichen Arbeit von Buzan, Wæver und de Wilde (1998) wird die politische Auswirkung eng an die Anerkennung eines Securitization-Versuchs durch das Publikum geknüpft: „Security *is* a quality actors inject into issues by securitizing them, which means to stage them on the political arena (…) and then to have them accepted by a sufficient audience to sanction extraordinary defensive moves" (204, Hervorhebung im Original). Der Securitization als performativem Akt ist diese Anerkennung jedoch nachgelagert. Im ursprünglichen Aufsatz von Wæver (1995) wird deshalb der Anerkennung des *securitization moves* selbst wenig Aufmerksamkeit beigemessen. Es wäre zu fragen, ob die Anerkennung wirklich rückgekoppelt werden muss, d.h. außergewöhnliche Maßnahmen nicht trotz öffentlicher Nichtanerkennung eines Gegenstandes als Sicherheitsproblem ergriffen werden können. Sie genießen dann weniger Legitimität, was aber eine gewählte Regierung beispielsweise nicht daran hindern kann, ggf. militärisch zu handeln. Ein Beispiel dafür wäre die Teilnahme einiger europäischer Regierungen am Irakkrieg 2003, deren Konsequenz etwa in Spanien der Machtverlust des PP war, was jedoch erst *nach* der militärischen Beteiligung passieren konnte. Securitization bewegt sich also in einem Spannungsfeld demokratischer Verfahren (mit Folgen für

Scheitert er, fehlen allen folgenden Maßnahmen Legitimität und politisches Gewicht. Dieser Zusammenhang rührt daher, dass das Gegenteil von Sicherheit nicht etwa Unsicherheit ist, wie Wæver beschreibt, sondern *nichts*: Es wird nicht einmal als Sicherheitsproblem wahrgenommen[133].

Während Securitization seit längerem bekannt und in der Sicherheitspolitikforschung immer wieder aufgegriffen wurde, ist die ähnlich funktionierende Developmentalisation bisher weitgehend unbeachtet geblieben. Indem das Publikum in der Sicherheitsgemeinschaft eine Vorstellung von Staatlichkeit hat, innerhalb der Gesellschaft, Wirtschaftssystem, politische Verfahren und fundamentale Freiheiten miteinander zusammenhängen, können entwicklungspolitische Zielsetzungen mit Hinweis auf die Abweichung vom ,Standard' schnell benannt werden. Diese Abweichung vom Standard zielt häufig auf die Eliten in den betreffenden Staaten ab, die als korrupt, unfähig oder nicht willens betrachtet werden, zugunsten ihrer Bevölkerung zu handeln. Die Developmentalisation wird also zum Sicherheitsproblem für die lokalen Eliten. Daraus ergibt sich ein Spektrum möglicher Reaktionsweisen: Regime, die weitgehend autonom von ,ihrer' Gesellschaft handeln können, versuchen, entwicklungspolitische Bemühungen abzuwehren oder zu verwässern, wenn diese Gegeneliten aufbauen, die ihren Herrschaftsanspruch unterminieren könnten. Wo Eliten nicht über genügend ,Sattelfestigkeit' verfügen, ist der Regimewechsel – mitunter sogar mit militärischen Mitteln angestrebt – wahrscheinlicher, indem oppositionelle Gruppen aufgebaut oder militärisch unterstützt werden.

Instabile ebenso wie autoritär geführte Staaten werden als Sicherheitsproblem gefasst, um so eine politische Mobilisierung zu ermöglichen.[134] Während im

---

die Securitization über Zeit) und Schmitt'schem Ausnahmezustand (mit Betonung momentbezogener Handlungsfähigkeit; C. Aradau 2004: 392-393).

[133] Allerdings kritisieren Ansätze, die sich mit Risiken und ihrer Wahrnehmung befassen, diesen linguistischen Ansatz. Indem ein Zusammenhang von Akteuren, Intentionen und Handlungspotenzial bestehe, seien Bedrohungen zu erkennen. Wenn die Zuordnung von Handelnden, intendierter Handlung und der Möglichkeit, diese auszuführen, unklar sei, handle es sich um Risiken (C. Daase 2002a). Der Faktor der Irrationalität ist für einen Sprechaktansatz schwer aufzulösen, denn aus der Sicht dieser Theorie könnten auch Plüschtiere Gegenstand von Securitization werden – solange die Hörer diesen Akt mitvollziehen. Erfolgsbedingungen für Sprechakte bleibt der Sprechaktansatz jedoch schuldig. Ein weiterer Kritikpunkt thematisiert den Einfluss beispielsweise von Wissenschaftlern oder sozialen Bewegungen, die ja im Forschen über Sicherheit oder im Werben für politische Ziele ebenfalls Sprechakte äußern: Auch wenn sie sich gegen die Securitization durch staatliche Organe wenden, kann es ja sein, dass sie einem Problem zu wahrgenommener Relevanz verhelfen und es damit nichtintendiert zu versicherheitlichen helfen.

[134] Die Tatsache, dass in Deutschland militärische Einsätze einem Parlamentsvorbehalt unterliegen, ist dabei mehr als nur die Beschränkung exekutiver Macht. Sie bedeutet, dass die Erfolgsschwelle für einen Securitization-Sprechakt höher liegt als in Systemen, in denen die Regierung einer besseren kommunikativen Ausgangslage auch direkte Taten folgen lassen kann, ohne direkt darauf angewie-

Fall der ehemaligen Ostblockstaaten die Forderung nach weniger Sicherheit die Möglichkeit politischer Reformen ermöglicht hat, indem Desecuritization dazu führte, dass das Regime nicht mehr alles Mögliche zum Sicherheitsproblem stilisieren konnte, argumentiert zeitgenössisch die Sicherheitsgemeinschaft umgekehrt: Die Staatlichkeit der internationalen Politik muss gewahrt werden, substaatliche Akteure ‚bedrohen'[135] diese Staatlichkeit, also muss mit staatlichen Mitteln – etwa Militär – nötigenfalls durch Staatsaufbau die Ordnung (wieder-)hergestellt werden. Wo Staatsaufbau betrieben werden muss, bekommt auch Entwicklung ein neues Gesicht:

> „While development is often conceived as a way to maintain a stable and secure world, and thus avoid conflict, reconstruction [Sicherheit und Entwicklung in einem Konzept verschmolzen; F.K.] discourse increasingly posits military action as a crucial way to achieve political and economic development" (B. Sovacool/S. Halfon 2007: 232).

Sich außerhalb staatlicher Ordnungen befindende gesellschaftliche Gruppen, also im staatlichen Verständnis ‚herrschaftslose' Akteursgruppen, bedrohen also *per se* die Sicherheit. In der ausgreifenden, nach Einschluss aller Bereiche strebenden Staatlichkeitsideologie kann es keine staatslosen Nischen geben. An dieser Stelle offenbart sich die Konstruktion des Naturzustands als Legitimationsfigur von Staatlichkeit sehr deutlich: Denn die kontraktualistische Interpretation von Staatlichkeit führt dazu, dass alles außervertragliche Leben zur Gefahr wird, weil es nicht rechtlich gebunden ist. In der Folge kann eine gewaltsame Einbindung in die Vertragsbindung legitimiert und als defensiv dargestellt werden. Übertragen auf die internationale Politik heißt das, dass Interventionen Staaten in die ver-

---

sen zu sein, dass der Sprechakt funktioniert. Insofern kann sie Fakten schaffen, die kommuniziert werden und so ihrerseits den ersten Sprechakt der Securitization beeinflussen.

[135] Hier ist der Einwand von Daase (2002a) relevant, demzufolge Bedrohungen von Risiken zu unterscheiden seien; während Wæver (1995) schreibt, dass im Falle der Staaten des Warschauer Pakts eine begriffliche Umdeutung von Bedrohungen zu ‚Herausforderungen' geholfen habe, gesellschaftliche Entwicklungen vom Überleben des kommunistischen Systems und seiner Eliten zu entkoppeln, hat sich in der Zwischenzeit die Bedeutung von Herausforderungen gewandelt. Indem die Risiken zu Herausforderungen umgedeutet werden, verschiebt sich die Bedeutung von Sicherheitspolitik für die Sicherheitsgemeinschaft hin zu einer interventionistischen Politik, weil sie sich Steuerungsfähigkeit anmaßt. Die nichtintendierten Folgen dieser Politik schaffen aber, vergleichbar riskanterem Fahrverhalten von Autofahrern mit sichereren Fahrzeugen, neue Probleme. Diese sind zum Teil selbst verursacht, zum Teil ergeben sie sich aus der wachsenden Komplexität von sicherheitspolitischer Verflechtung. Das heißt, dass die Sicherheitsgemeinschaft einen erhöhten Aufwand betreiben muss, um handlungsfähig zu sein und zu bleiben, während sie zunehmend mit neuen Problemlagen konfrontiert ist (zur Ungleichheit in der Risikokonzeption und der darin zum Ausdruck kommenden Machtkonstellation U. Beck 2008: 253-256).

tragliche Begründungskette – also Völkerrecht, aber auch interne Aufgabenerfüllung – eingliedern sollen.

Indem die liberale Staatlichkeit als einzige gesellschaftliche Organisationsform betrachtet wird, die lokale Probleme bündeln und beherrschen kann, kommt eine weitreichende Developmentalization ins Spiel. Sie propagiert gesellschaftliche und damit mittelbar staatliche Modernisierung, die die Herrschaftsstrukturen zur Risikoeindämmung herstellt. Indem Staaten, die (noch) nicht dasselbe Entwicklungsniveau wie die Staaten der Sicherheitsgemeinschaft erreicht haben, zum Problem versicherheitlicht werden, kann nach innen ein Zusammenhalt konstruiert werden, der nach außen eine transformative Einmischung zulässt. Securitization dient also dazu, das ‚Eigene' zu schützen und das ‚Andere' zu verändern. Selbst in vermeintlich ‚neutralen' Interventionen wie nach Naturkatastrophen wird durch die Dichotomie zwischen dem westlichen ‚Selbst' und dem aufzubauenden ‚Anderen' die Nothilfe politisiert: Während sich die Helfer für neutral halten, werden sie von der lokalen Bevölkerung als Teil einer Machtkonstellation wahrgenommen, die direkte Auswirkungen auf sie hat. Illustrierendes Beispiel sind in als unsicher geltenden Staaten die ‚Compounds', gesicherte Wohngebiete, in denen die möglichst effiziente Organisation der Hilfe abseits der lokalen Bevölkerung abläuft. Die selbstauferlegte Exklusion aus dem sozialen Zusammenhang ist dabei sowohl der von der internationalen bis hinunter zur konkreten lokalen Ebene reichenden Securitization geschuldet (L. Smirl 2008: 241-242). Auch die organisatorische Ferne zwischen „Western headquarters, national base camps, and local offices 'in the bush'"trägt dazu bei, dass Organisationen mit „problems stemming from the fact that their activities take place in different places simultaneously" (K. Schlichte/A. Veit 2007: 9) zu kämpfen haben.

Die hier bedeutsame Unterscheidung verläuft zwischen politisierter Intervention vor Ort und depolitisiertem Sicherheitsdiskurs innerhalb der Sicherheitsgemeinschaft. Probleme innerhalb der Gesellschaft müssen politisch innerhalb der verfassten Verfahren behandelt werden; indem außerhalb der Gesellschaft verortete Probleme als Sicherheitsprobleme gefasst werden, sind sie dieser politischen Arena enthoben und befinden sich „beyond the state's standard political procedures" (R. Emmers 2007: 111). Ein Informationsvorsprung begünstigt obendrein staatliche Definitionen externer Sicherheitsrisiken. Ohnehin sind die Mittel, diesen externen Risiken (oder, wenn man so will: Bedrohungen) zu begegnen, in der Hand des souveränen Staates und damit außerhalb der gewöhnlichen politische Sphäre. Securitization von inneren Problemen ist deshalb vergleichsweise schwieriger als Securitization externer Phänomene. Dies hängt auch damit zusammen, dass staatliche Eliten reklamieren können, Zugriff auf ‚geheime' Informationen zu haben. Auch die Wissenschaft, die sich an der Debatte um die Sicherheit beteiligt, bewegt sich nicht in einem normativen oder politischen Vakuum[136].

Dass die Chancen für ein Gelingen eines Securitization-Sprechakts für eine Regierung gut stehen, heißt nicht, dass er in jedem Fall gelingen muss. Ein Beispiel für das Scheitern eines Securitization-Sprechakts in der jüngeren Vergangenheit war der Versuch, das Regime Saddam Husseins mit Massenvernichtungswaffen zu verknüpfen. Während es in vielen Staaten nicht gelang, die politische Führung davon zu überzeugen, dass eine unmittelbare Gefahr bestand, bedurfte es sogar in den USA selbst, wo noch immer ein Klima der Angst nach den Anschlägen vom 11. September 2001 herrschte, eine rhetorische Verknüpfung der Massenvernichtungswaffen mit deren Weitergabe an Terroristen, um Unterstützung für den militärischen Umsturz im Irak zu organisieren. In etwas inkohärenter Weise diente dabei die Befreiung des unterdrückten irakischen Volkes als unterstützendes Argument. Entwicklung wurde also zusammengezogen mit der Sicherheit, um eine Intervention zu ermöglichen. Die hohe strategische Bedeutung, die schwachen Staaten zugemessen wird, ist ihrerseits Ergebnis von Securitization-Prozessen. Zerfallende Staaten wurden zwar schon vor dem 11. September 2001 als humanitäres Problem betrachtet und damit zum Gegenstand interventionistischer Politik. Aber erst die Anschläge in New York und Washington komplettierten das Bild und verschmolzen Sicherheit mit Unterentwicklung, so dass schwache Staaten als Nährboden für Terrorismus gelten. In der US-Sicherheitsstrategie wird, was die Gefahr betrifft, die von ihnen ausgeht, diesen Staaten der gleiche Stellenwert eingeräumt wie starken, aggressiven („conquering") Staaten (White House 2002: 1; S. Patrick 2007: 645).

Entgegen empirischen Befunden, die zeigen, dass die Verbindung zwischen schwacher Staatlichkeit und Terrorismus komplizierter ist[137] (S. Patrick 2007: 653), wurden schwache Staaten zum Objekt gestalterischer Politik. Staatliche Kapazitäten sollten geschaffen und/oder an westliche Maßstäbe von Staatlichkeit angepasst werden: Bürger und Grenzen sollten von gewählten Regierungen kont-

---

[136] Der Securitization-Ansatz wurde deshalb als missbrauchsanfällige Herrschaftstechnik kritisiert (C. Aradau 2004). Dies stellt allerdings eine Vermischung von Securitization als normativer Praxis und Securitization als analytisch-theoretischem Ansatz dar (R. Taureck 2006: 57-58).

[137] In schwachen Staaten ist interne Gewalt häufig und auch terroristische Akte opponierender Gruppen kommen vor; selten jedoch unterstützen sie aktiv internationalen Terrorismus. Auch fehlen ihnen die Mittel, Massenvernichtungswaffen zu produzieren, die proliferiert werden könnten, sondern sind eher Märkte für konventionelle, meist Kleinwaffen. Und auch organisierte Kriminalität ist kein Kennzeichen schwacher Staatlichkeit, weil sie ebenso in Staaten mit autoritären Regimen und auch in Demokratien anzutreffen ist. Es ist also ein erstaunlich wirksamer Akt der Securitization gewesen, der diese Risiken auf die internationale Ebene projiziert hat; indem die hinsichtlich Akteuren, Intentionen, Strategien und Zielen amorphen Risiken zu manifesten Bedrohungen umgedeutet wurden, fanden sich darin auch diffuse Ängste vor radikalen Islamisten. Diese wurden als irrational, eschatologisch, barbarisch und irredentistisch dargestellt.

rolliert, interner Frieden durch Wachstum und Wohlstand erreicht und eine Kultur unterstützt werden, die demokratische Werte versteht und täglich reproduziert. Staaten hingegen, in denen governance schwach ausgeprägt ist, in denen Warlords Teile des Territoriums kontrollieren und ‚bewirtschaften' und in denen Terroristen unkontrolliert leben, Anschläge planen und Trainingslager unterhalten können, wurden zur unhinterfragten Sicherheitsbedrohung (N. Cooper 2006: 324-325). Indem diese Staaten versicherheitlicht wurden, wurde beispielsweise das konkrete, gegen das Talibanregime gerichtete militärische Eingreifen erst möglich.

Auch wenn 9/11 eine durchgängige Securitization schwacher Staaten erst vollenden half, ist diese doch die Folge langfristiger Tendenzen. Die Erweiterung des Sicherheitsbegriffs und die daran gekoppelte Debatte um Human Security sind als Vorläufer ebenso zu benennen wie die Fortschrittsidee auf der Basis einer liberalen Staatsdoktrin mit Eigentümerbürgern und rechtsbasierten Sozialbeziehungen. Immer umfassendere Analysen von Sicherheit, die neben militärischen auch Umwelt-, wirtschaftliche, gesellschaftliche und politische Risiken einbeziehen, kamen hinzu. Wie die einzelnen Faktoren interagieren, die Dynamik ihres Zusammenspiels zu analysieren und ihr relatives Gewicht zu bestimmen war das Ziel dieser Untersuchungen (B. Buzan/O. Wæver/J. de Wilde 1998: 165). Damit führen sie gleichzeitig eine Wertung ein, die die Securitization oder De-Securitization einzelner Faktoren beeinflusst. Während dies eine Hierarchisierung von Sicherheitsproblemen erschwerte und damit eine klare Zuordnung von Mitteln, um diese Probleme zu bearbeiten, förderte es die Securitization sehr unterschiedlicher Phänomene: unkontrollierte Migration (verursacht durch innerstaatliche Gewalt, despotische Regime, Dürren oder aus wirtschaftlichen Gründen) und Menschenhandel, kriminelle Netzwerke, die auch Drogen und andere illegale Güter transportieren und damit den sozialen Frieden und den wirtschaftlichen Wohlstand ganzer Gesellschaften zerstören können; Migration ansteckender Krankheiten wie HIV/Aids (R. Emmers 2007: 117-121). Mit unterschiedlichem Erfolg unterliegen auch die Erderwärmung, knappe (Energie-)Ressourcen oder das Altern der europäischen Gesellschaften Securitization-Versuchen. Wie sich an dieser unvollständigen Liste zeigt, hängen die Probleme immer ‚irgendwie' miteinander zusammen, so dass es schwierig ist, zu beurteilen, wo die „politics beyond the established rules of the game" (B. Buzan/O. Wæver/J. de Wilde 1998: 23) beginnen. Anders formuliert: Während der Staat als Referenzrahmen in der internationalen Politik fortdauernd große Bedeutung hat, verliert staatliche Politikplanung, das Aushandeln außenpolitischer Zielsetzungen und Strategien in der Sicherheitsgemeinschaft seinen Bezugsrahmen, da die postulierten Risiken und Bedrohungen den einzelnen Staat immer transzendieren.

Da den Sicherheitsproblemen nicht mit klassischen militärischen Planungen beizukommen ist, wird Developmentalization zum logischen und notwendigen Unterstützungskonzept. Ein utilitaristischer Aspekt von Entwicklung kommt ins Spiel, wenn sie den Aufbau von Staatlichkeit unterstützen soll. Entwicklung verliert so die letzten Reste emanzipativer Ideen, die auch Bevölkerungsgruppen jenseits staatlicher Ordnungen berücksichtigten. Entwicklungshelfer blieben in ihren Konzepten der Politik weitgehend fern, um möglichst neutral zu erscheinen, auch wenn Entwicklungspolitik im Kalten Krieg als Schutz gegen kommunistische Bewegungen verstanden wurde: „15 years ago it was unusual for policy makers to talk of development and security policies in the same breath. Today the reverse is true" (N. Tschirgi 2006: 39). Über Ausmaß und Art der Zusammenarbeit zwischen Militär und Entwicklungsorganisationen, insbesondere in Staaten, in denen militärisch interveniert wurde, herrscht jedoch auch heute keine Einigkeit. Manche Organisationen lehnen diese Kooperation ab oder planen ihre Projekte abseits militärischer Einflussgebiete. Die Debatte dreht sich wesentlich um die These, dass es ohne Sicherheit keine Entwicklung und ohne Entwicklung keine Sicherheit gebe (M. Duffield 2006: 28; S. Klingebiel/K. Roehder 2005: 391; P. Collier et al. 2003).

Dieses Mantra hat Sicherheit ritualisiert und Entwicklung ‚mentalisiert' und sie so in ein Standardrezept für Sicherheitsprobleme verwandelt. Diese SecuRITUALization und DevelopMENTALization, die auf einem erfolgreichen Sprechakt basiert, nutzt das Mittel der Redundanz, um erfolgreich zu sein. Ein Beispiel hierfür ist Peter Strucks Diktum, Deutschlands Sicherheit werde auch am Hindukusch verteidigt (F. Kühn 2007b: 9, 2008b: 7). Häufig wiederholt, half der Satz den Einsatz der Bundeswehr in Afghanistan zu rechtfertigen. Es vergingen einige Monate, ehe die Aussage auch inhaltlich hinterfragt wurde. Die in der Zwischenzeit angestiegene Zahl von Anschlägen verhinderte jedoch, dass der Afghanistaneinsatz wieder entsicherheitlicht worden wäre. Vergleichbar sind die Argumente der Bush-Administration hinsichtlich des Irak, die jedoch nicht überzeugend waren. Deshalb funktionierte die Securitization nicht, so dass die Administration sie mit immer neuen Argumenten ergänzte, unter anderem der Pflicht, den unterdrückten Irakern, die unfähig seien, sich selbst zu befreien, beizuspringen. Wiederholung und Übertreibungen dienten dazu, eine Lesart zu etablieren, auf deren Basis Krieg führbar wurde (dazu H. Blix 2004; S. Hersh 2004; R. Clarke 2004; W. Pitt/S. Ritter 2002). In jedem einzelnen Fall spielt die rituelle Anführung von Bedrohungen eine Rolle für eine erfolgreiche Securitization. Der Terrorismus hat sich aber als Argument zur Securitization abgenutzt, so dass vermeintliche chemische und biologische Waffen im Falle des Irak angeführt werden mussten, um dessen Gefährdungspotenzial zu unterstreichen.

DevelopMENTALization, also die mentale Verankerung von Unterentwicklung als Problem, das das System gefährdet, wird deshalb zur unterstützenden Argumentation. Aus der Sicht kultureller Überlegenheit, von dem der Liberalismus ausgeht, als er ungleiche Stufen des Fortschritts kennt, erscheint Entwicklung als steuerbarer Eingriff in soziale Prozesse. Sie wird mit einer moralischen Pflicht zu helfen verbunden. In der Entwicklung hinterherhinkende Gesellschaften können auf ihrem Weg der Nachahmung westlicher Staatlichkeit und Gesellschaftsform, die teleologisch als Ziel von Entwicklung angesehen werden, beschleunigt werden. Entwicklung als Konzept ist gewuchert, denn neben wirtschaftliches Wachstum, bessere medizinische Versorgung und Bildung als Ziele traten nun noch Konfliktprävention und/oder -lösung. Um effizient zu ‚entwickeln', gilt es, die tieferen Gründe der Unterentwicklung anzugehen, also Gewalt, Banditentum, erzwungene Migration und dergl. Da aber eine Wahl getroffen werden muss, wem geholfen werden soll, politisiert sich die Entwicklungsanstrengung durch den günstigen Zugang zu Ressourcen für manche Gruppen, während er anderen verwehrt bleibt. Dadurch werden die Geber Teil des Konflikts, weil sie eng mit den Regierungen zusammenarbeiten. Den Konflikt sehen sie meist als regressiv und übersehen, dass dieser auch Ausdruck sozialer Transformation ist (M. Duffield 2002: 1053; J. Degnbol-Martinussen/P. Engberg-Pedersen 2003: 208-210; A. Suhrke/J. Buckmaster 2006: 342-351). Die Helfer verlieren zunehmend ihren neutralen Status, indem sie als Agenten der Invasoren gelten, die deren sozial disruptiven Ziele in die Tat umsetzen sollen. In der Folge werden sie zu Zielen im Widerstand. Die Intervenen, die sich für neutral halten, stehen diesen Übergriffen verständnislos gegenüber, was die Dämonisierung des Widerstands weitertreibt und Fragen nach der Legitimität sowohl der Modernisierung als auch des Widerstands ausblendet (P. Rogers 1998: 52-53).

Je mehr Widerstand sich regt, desto wichtiger erscheint es, Militär zu stationieren, um die Helfer zu schützen. Damit das militärische Engagement zu legitimieren ist, übernehmen Truppen in zivil-militärischer Kooperation (CI-MIC) Aufgaben, die vormals der Entwicklungshilfe vorbehalten waren. Seitens der Truppen dient dies vor allem dem Eigenschutz, um die lokale Bevölkerung wohlgesinnt zu stimmen und Informationen zu erhalten, die für die Sicherheit der Soldaten ausschlaggebend sein können (S. Klingebiel/K. Roehder 2005: 393). Militärische Einheiten verfolgen aber keine langfristigen oder nachhaltigen Entwicklungsziele; was sie tun, kann deshalb leicht zum Gegenstand von Manipulation durch lokale Einflussträger werden.

Das Argument, militärische Präsenz ermögliche entwicklungspolitische Maßnahmen überhaupt erst, ist umstritten. Für einzelne Ministerien sind gemeinsame Planungsstäbe deshalb interessant, weil sie auf die Planung anderer Ministerien zumindest mittelbar Einfluss nehmen können und weil die Versuche, Strategien einheitlich zu fassen, Ressourcentöpfen öffnet. Die besten Ergebnisse erzielen ‚Whole of Government'-Ansätze, also eng koordinierte Politik verschiedener vorwiegend staatlicher Agenturen, wenn diese auf Augenhöhe planen. In der Praxis entsteht aber dennoch eine Vielzahl agentureigener und -spezifischer Planungsentwürfe (S. Patrick/K. Brown 2007: 129-130). Jedenfalls setzt Konkurrenz um Mittel ein, so dass militärische Einsätze mitunter aus Mitteln der Entwicklungsarbeit, zivile Vorhaben, die mit Entwicklungsgeldern finanziert werden, von militärischen Einheiten ausgeführt werden oder indem CIMIC gegen zivile Implementierungsorganisationen um Projektaufträge antritt (S. Klingebiel/K. Roehder 2005: 397; G. Hayfa 2007: 44).

Als Glaubwürdigkeitsproblem stellt sich diese Konkurrenz heraus, wenn die Kosten, die für den militärischen Einsatz aufgewendet werden, in eine Relation zu den Hilfs- und Entwicklungsgeldern gesetzt werden. Letztere sind ja Gegenstand hoher Erwartungen, so dass großer militärischer Aufwand als Verschwendung erscheinen muss. Zusammengenommen mit hohen Gehältern, die Entwicklungsorganisationen ihren Mitarbeitern und ‚Consultants' zahlen, wird plausibel, warum die internationalen Agenturen als ‚Kuh, die ihre eigene Milch trinkt'[138] erscheinen mögen. Angesichts ausbleibender Wohlstandsgewinne delegitimiert diese Diskrepanz zwischen Zielen und Ergebnissen den Einsatz insgesamt.

Sicherheit und Entwicklung werden zu einem untrennbaren Komplex, oder ‚Nexus', zusammengezogen. Durch Securitization werden Risiken zum Gegenstand staatlicher Politik, ohne jedoch greifbare Instrumente zu deren Management bereitzustellen. Durch Developmentalization werden die Instrumente der Entwicklungshilfe gleichzeitig zu Stabilisierungs- und Statebuilding-Rezepten. Auf diese Weise konnten sich in den vergangenen Jahren sowohl militärische als auch Entwicklungssagenturen gegen Kritik immunisieren. Die indefinit projizierten Einsätze können mit einem zirkulären Argument gerechtfertigt werden, demzufolge geringe Entwicklungsfortschritte nicht erwarten lassen, dass der Widerstand nachlässt, weshalb militärische Einheiten nötig bleiben. Seitens der Entwicklungshilfe wird argumentiert, dass Entwicklung keine nennenswerten Fortschritte machen könne, solange die Sicherheitssituation dies nicht zulasse. Die Auswirkungen der einen Politik geraten so zur Rechtfertigung der anderen, während deren Auswirkungen ihrerseits zur Rechtfertigung für Erstere geraten. Dieser argumentative Zirkel vermeidet die klare Zuordnung von Verantwortung in den Geberländern der Sicherheitsgemeinschaft und schließt gleichzeitig die lokale Bevölkerung weitgehend von der Politikplanung aus.

Hinzu kommt eine Wahrnehmung der lokalen Bevölkerung als aggressiv und ablehnend. Indem diese Ablehnung als mangelndes Verständnis gedeutet

---

[138] Afghanisches Sprichwort über den Komplex aus Hilfsorganisationen und Militär, die in Afghanistan tätig sind (A. Suhrke 2006: 5).

wird, sind weitere Top-down-Ansätze zu vertreten, die die Ursache für die Ablehnung westlicher Intervention eher verstärken als mildern. Indem sich die Intervenen eine Art Vormundschaft zuschreiben, etablieren sie ein hartnäckiges Gefälle zwischen sich und der Bevölkerung, das keine politische Auseinandersetzung auf gleicher Augenhöhe erlaubt.

Richmond beschreibt dies als ‚Romantisierung des Lokalen': Einerseits würden Interventionen von Orientalismus beherrscht, dem die lokale Bevölkerung als exotisch und undurchschaubar gelte, was lokale Interaktion verbiete und den Import vorgefertigter Konzepte begünstige. Hinzu kommt, dass es den Gesellschaften an Selbstregierungskapazitäten fehle und sie letztlich hilflos seien. Damit werde ihnen aber die Agency abgesprochen, die der Liberalismus eigentlich allen Gemeinwesen zumisst. Die weitgehendste Form, in der lokalen Akteuren Agency zugeschrieben wird, sei die Eröffnung traditioneller Formen gesellschaftlichen Ausgleichs, die für internationale Konzepte erschlossen werden müssen. Demgegenüber stehe die Darstellung des Lokalen als abweichend und unzivil, was wiederum das Wertigkeitsgefälle manifestiere, das zwischen dem Lokalen und den Helfern besteht (O. Richmond 2009: 152-153). Indem wirtschaftliches Wachstum als begleitendes und gleichsam automatisches Ergebnis von sozialem und liberal-politischem Fortschritt betrachtet wird, gerät die Wohlstandsdimension aus dem Blick. Dabei wäre eine erkennbare Verbesserung der Lebensumstände das, was für die lokalen Bedürfnisse ausschlaggebend wäre, während der tägliche Kampf ums Überleben – insbesondere in (Nach-)Kriegssituationen, wo Gewalt häufig das einzige nennenswerte Angebot ist, das die Einzelnen am Markt anbieten können – wenig Raum für politisches Engagement lässt. Da Sicherheit und Entwicklung auf der Basis eines liberalen Paradigmas miteinander statisch in Beziehung stehen, statt sie als dynamischen Prozess zu begreifen, der allein über Marktbeziehungen nicht automatisch zu Pazifizierung führt, koppelt sich die Intervention von der betroffenen Bevölkerung ab. Unterschiede sind nur innerhalb eines liberalen Rahmens tolerierbar, und so setzt eine gesellschaftliche Umerziehung ein. Sie reicht unterschiedlich weit und wird nicht immer offen vertreten. Dennoch missachten diese Ansätze die eigenen liberalen Grundsätze der Gleichheit und verfügen über Gesellschaften, indem sie deren politischen Rechte missachten. Die Monopolisierung von Gewalt, wie sie dem Idealtypus rationaler Staatlichkeit zugeschrieben wird, wird so zum primären Ziel insbesondere militärischer Interventionen. Dies ist gewissermaßen das Minimalziel, denn Gewalt gilt kausal als Hindernis für alle anderen liberalen Ziele.

5.4 Gewaltmonopolisierung als Ausdruck der Staatlichkeitsdoktrin

Im Kontext fragiler Staatlichkeit besitzt die Frage nach der Gewaltkontrolle, im engeren Sinn ihre Monopolisierung, zentrale Bedeutung. Staaten gelten nur dann als ‚erwachsen' und vollwertiger Teil des internationalen Systems, wenn sie die Gewalt im Inneren kontrollieren. Nach außen müssen sie ausreichende Kapazitäten besitzen, um externe Eingriffe abzuwehren, also ihre Souveränität zu wahren, und gleichzeitig andere Staaten im System nicht durch Export von Unsicherheit zu bedrohen. Deshalb wird, wie im Brahimi-Report betont wird, in fragilen Staaten viel Wert auf Demobilisierung insbesondere nichtstaatlicher Kombattanten und Kontrolle von Waffen gelegt (UN 2000: 7-8; M. Brzoska 2003: 10-13; T. Debiel 2007: 348). Dies weist die Hierarchisierung aus, die den Staat über gesellschaftliche Akteure setzt. Die analytische Annahme, dass ein Staat existiere, sagt jedoch nur wenig darüber aus, wie dieser empirisch mit der Gesellschaft, in der er herrschen soll, verwoben ist.

Wenn man jedoch von einer gegenseitigen Konstitution von Staat und Gesellschaft ausgeht, wie dies politisch-soziologische Ansätze beschreiben, verliert der Staat seine Dominanz in der Regelsetzung der Sozialbeziehungen. Er wird stattdessen genauso von der Gesellschaft durchdrungen, wie er sie durchdringt. Die Konkurrenz um Vorherrschaft bezieht sich nicht allein auf die Schlüsselstellen der Macht, sondern spielt sich in allerhand Machtfeldern oder ‚Arenen' ab (J. Migdal 2001: 100). Zwischen Hauptstadt und ländlichem Bereich, aber auch auf nichträumlichen administrativen Ebenen drücken sich Konkurrenzverhältnisse aus, die für die Fähigkeit des Staates aussagekräftig sind, Entscheidungen zu fällen und bindend durchzusetzen. Dabei ist eine Unterscheidung zwischen Staat und Gesellschaft zwar analytisch hilfreich, aber angesichts sich überschneidender Einflusssphären oder Personalunion von Amt und gesellschaftlicher Stellung wenig aussagekräftig. Strukturelle und ideationale Modalitäten der Herrschaftskonstitution sind ebenso zu beachten wie abstrakte Verfahrensregeln. Sie sind miteinander verbunden und ubiquitär, der Staat ist also in die Gesellschaft eingebettet beziehungsweise existiert neben und relativ autonom zu anderen gesellschaftlichen und internationalen Akteuren (A. Kohli/V. Shue 1994: 294; J. Hobson 2000: 210; M. Desrosier 2007). Der Anspruch auf ein Gewaltmonopol ist also sowohl Ausdruck der Staatlichkeitsdoktrin wie einer tief verwurzelten Weltsicht der Modernität, die dem europäischen Staat entspringt und mit der europäischen Expansion als Idee global stilbildend wurde.

Die Durchsetzung staatlicher Gewaltmonopole ist indes in Staaten der Dritten Welt häufig konfliktiv, als sie gegen existierende Ordnungen durchgesetzt werden müssen. Gewalt kann als staatsbildend (C. Tilly 1985) angesehen oder als Ausdruck fehlender Legitimität einer staatlichen Ordnung interpretiert werden, was sich in der Sichtweise fragiler Staatlichkeit zeigt (U. Schneckener 2006b: 356-360). Keine der beiden Interpretationen ist jedoch für sich genommen ausreichend, denn Gewaltkonflikte in der Dritten Welt stellen die Staatlichkeit in der Regel nicht als solche in Frage, obwohl es staatlichen Ordnungen häufig an Legitimität mangelt. Es entfaltet sich immer eine Dialektik von Gewalt und Organisation, denn Gewalt kann nur durch Organisation auf Dauer gestellt werden. In durchorganisierten Apparaten ist deshalb die Ausübung von Gewalt am systematischsten, wie sich an Folter und Übergriffen durch Polizei und Militär zeigen kann, und wirkt sich entsprechend in Einschüchterung und Verfolgung politischer Opposition aus. Mit steigendem Organisationsgrad ergeben sich jedoch stärkere Handlungszwänge:

> „Nur wenn Militär und Polizei, die Gewaltapparate des Staates, ebenso der öffentlichen Regelung und Kontrolle unterliegen, wie dies für andere Teile des Staates, aber auch für seine Bürger gilt, und wenn diese öffentliche Kontrolle der Gewaltapparate im Berufsethos ihres Personals verankert ist, kann die Dialektik von Gewalt und Organisation eine Stillstellung erfahren. Die Veröffentlichung des Gewaltmonopols, wie sie in der europäischen Geschichte im bürgerlichen Staat erreicht wurde, erweist sich damit als wesentliche Voraussetzung aller weiteren Expansion staatlicher Herrschaft. Ohne diese Veröffentlichung verursacht der staatliche Gewaltgebrauch stetige Legitimationsprobleme" (K. Schlichte 2005a: 130-131).

Im Statebuilding stellen sich also Probleme der Modernisierung gesellschaftlicher Beziehungen in struktureller und ideeller Hinsicht. Der Modernisierungsprozess soll den Staat von der Ebene eines Gewaltkontrahenten auf eine ‚höhere‘, rechtssetzungsfähige Ebene heben und dort etablieren. Die Vorstellung einer kontraktualistischen Staatskonstitution ist dabei insofern irreführend, als sich Kriterien wie Selbstbeschränkung und Durchsetzung mit Machtmitteln, also im weitesten Sinn die Bereitschaft zum Gewaltgebrauch, ebenso stark auswirken wie ihre normative Anerkennung. Die ‚Gleichzeitigkeit des Ungleichzeitigen‘ geht dabei mitunter so weit, dass der Staat einerseits mit bereits existierenden, partiellen Gewaltmonopolen konkurrieren und diese abzulösen versuchen muss, um seine Stellung zu festigen. Andererseits ist das Machtfeld der Staatlichkeit in der Dritten Welt hochgradig internationalisiert, so dass die Durchsetzung eines legitimen Gewaltgebrauchs dadurch eingeschränkt ist, dass es externe Akteure sein können, die über die notwendigen Mittel der Gewalt verfügen und so nur stellvertretend für die staatliche Ordnung agieren.

5.4.1   Gewaltmonopolisierung durch nichtstaatliche Akteure

Wo der Staat die ihm zugeschriebenen Leistungen nicht erbringen kann, werden sie von anderen Akteuren übernommen, die sich nach anderen als formalen und rational-abstrakten Kriterien finden. Dies können religiöse Institutionen sein, die grundlegende Wohlfahrtsfunktionen auffangen oder rudimentäre schulische Bildungsmöglichkeiten bieten. Familiäre Bindungen ersetzen soziale Sicherungssysteme. Vergleichbares gilt im Bereich von Ordnungen der Gewalt. Lokale Herrscher sind mitunter fähig, über eine Mischung aus charismatischer Herrschaft, sozialen Leistungen wie Hilfe in Notlagen oder Übernahme judikativer Aufgaben ausreichend Legitimität zu erwerben, dass auch der Gewaltgebrauch Akzeptanz findet. Dass dies nicht ohne konfliktive Verdrängung von Konkurrenten abläuft, ist offensichtlich. Solche Herrscher, die auch Formen der Besteuerung entwickeln, etwa indem sie Zölle nehmen oder die lokale Bevölkerung zu Abgaben verpflichten, werden häufig pejorativ als ‚Warlords' bezeichnet. Dieser Ausdruck überbetont aber den Zwangsaspekt dieser Herrschaftsformation, denn die affektiven, religiösen, familiären, sprachlichen und kulturellen Bindungen haben eine eigene Wertigkeit, die zwar keinem rational-modernen Kriterium von Herrschaft normativ standhält, gleichwohl bindende soziale Bedeutung hat. Diese Formen von Herrschaft sind nicht kurzfristig angelegt, sondern verwandeln sich häufig in dynastisch geprägte Herrschaftsfigurationen. Dies liegt mitunter daran, dass dem Staat das Wissen abgeht, wie Sicherheit angesichts spezifischer Sozialbeziehungen in unterschiedlichen Regionen herzustellen sei. Andere Akteure verfügen über diese Wissen und kommen so den Ansprüchen der Bevölkerung eher entgegen, für die Sicherheit durchaus einen Stellenwert besitzt, der über den bloß instrumentellen Aspekt hinausgeht:

> „The state is in this as in other domains of public policy an idiot, an entity whose bureaucratic remoteness renders it at best unable to make good on its well-intentioned promises, at worst a clumsy, homogenizing force riding roughshod over the possibilities created by more locally responsive, 'bottom-up' security institutions" (I. Loader/N. Walker 2006: 175).

Freilich sind solche Arrangements prekär, insbesondere an ihren ‚Grenzen'. Grenzen sind dabei nicht als räumliche Kategorie zu verstehen, sondern als Phänomene des Übergangs, an denen die Autorität oder auch die physische Durchsetzungsmacht ausläuft oder sich mit anderen überlappt; diffuse Übergänge erschweren externen Beobachtern die Zuschreibung von Aufgaben zu bestimmten Institutionen (K. Mielke/C. Schetter 2007). Desgleichen sind kommunale Sicherheitsarrangements zu beobachten, die jedoch anfällig für Privatisierungstendenzen sind, beispielsweise, wenn Gewaltakteure aus ökonomischen Gründen mit physischer Gewalt die ‚Bewirtschaftung' sozialer Räume übernehmen. Die Konkurrenz kann von anderen, ähnlichen Einheiten kommen oder vom Staat selbst, der territoriale Kontrolle in ansonsten sozial abgegrenzten Räumen durchzusetzen versucht. Selbst wenn die von der ökonomischen Theorie inspirierte Annahme stimmen sollte, dass sich kleinteilige Organisationsformen durchsetzen, weil in ihnen am ehesten Abwägungen hinsichtlich der Aufgaben von Sicherheit stattfinden können, steht dem der ebenfalls ökonomische Einwand entgegen, dass wirtschaftlich schwachen Kommunalverbände schlicht geringere Gewaltmittel zur Verfügung stehen als wohlhabenden. Mit anderen Worten: Zwar mag ein Sozialverband die Gewalt untereinander einhegen können; diesen Zustand nach außen aufrechtzuerhalten ist jedoch eine größere Aufgabe. Deshalb sind stabile ‚fiefdoms'[139] in der Regel darauf angewiesen, aufgrund von Bodenschätzen oder geographischer Lage, etwa an wichtigen Handelswegen besonders extraktionsfähig zu sein.

In Fällen, wie sie hier unter dem Rubrum des Statebuilding interessieren, in denen langwierigen Kriegen eine prekäre Phase verringerter Gewaltintensität folgt[140], stellen sich folgende Probleme für die Überführung lokaler und regionaler Gewaltformationen in und unter staatlicher Gewaltmonopolisierung: Die Gewaltexpertise, die sich in verschiedenen, antagonistischen Gruppen findet, muss sich zur Politikexpertise wandeln können. Dieser Prozess führt zu internen Spannungen und mitunter zur offenen Auseinandersetzung. Dann kann sich die Gewalt intern entladen oder die Gewaltmonopolisierung scheitert als Ganzes (die Spannungen zwischen militantem und politischem Arm von terroristischen Gruppen illustrieren dies ebenso wie dezimierte, aber gleichzeitig radikalisierte Exkombattantengruppen; F. Kühn 2001, 2006). Die Führungsschichten brauchen eine politische Perspektive, ebenso wie die Kämpfer eine ideelle und wirtschaftliche Perspektive brauchen. Zudem beschleunigt die Nachkriegssituation die Ausdifferenzierung sozialer Beziehungen, die sowohl über die Zuordnung und Unterscheidung zwischen Gruppenzugehörigkeit und -ausschluss entscheidet. Diese Identitäten wirken lange in die Nachkriegsphase hinein und stehen einer Rationalisierung von moderner Herrschaft entgegen, weil sie selten mit dem Staat übereinstimmen, sondern quer zur staatlich gefassten Bevölkerung liegen.

---

[139] Gewöhnlich wird *fiefdom* mit ‚Lehen' übersetzt. Dies ist jedoch insofern irreführend, als es nicht notwendigerweise in einem hierarchischen Unterordnungsverhältnis steht. Denn die Organisationsform regionaler Herrschaft kann entweder in den Staat eingegliedert sein oder unverbunden oder in Konkurrenz zu staatlicher Herrschaft existieren. Es handelt sich also um eine politische Organisationsform, die Merkmale von Staatlichkeit trägt, ohne diese im internationalen System geltend machen zu können (F. Kühn 2007a: 162-163).

[140] Das Gewaltniveau in Phasen nach der nominellen Beendigung von Kriegen ist in der Regel aufgrund von Kriminalität, immer wieder aufflammendem gewaltsamem Konfliktaustrag, aber auch Begleichen ‚alter Rechnungen' hoch.

Insbesondere wenn durch das Ende massiver Gewalthandlungen eine politische Konstellation ‚eingefroren' und zur Grundlage der politischen Nachkriegsordnung gemacht wird, können revisionistische Tendenzen erhebliche Gewaltpersistenz aufweisen (K. Schlichte 2005a: 173-181). Im Krieg wandern Loyalitäten von staatlichen Stellen ab und hin zu lokalen, clan- oder ethnischen Gruppen, während der Staat häufig als Aggressor gegen diese Formationen vorgeht. Schon aus diesem Grund ist die self-reliance, die im Krieg als Notwendigkeit wirkt, für die Phase nach dem nominellen Ende des Krieges keine Strategie, die den Staatsaufbau begünstigt, sondern eine, die kriegsbedingte Loyalitäten fortsetzt. Unter dem Gesichtspunkt von menschlicher Sicherheit, *global governance*, R2P und eingeschränkter Souveränität tritt an die Stelle einer staatlichen Gewaltmonopolisierung häufig eine

> „Form von internationalisierter Herrschaft, in der dem Staat nur noch Restbereiche seiner einstigen Zuständigkeiten belassen werden, weil internationale Agenturen sich Aufgaben des Staates aneignen und sich mit staatlichen Agenturen zu einem in sich konfliktiven Herrschaftskomplex verbinden" (Schlichte 2005a: 176).

Internationale Akteure greifen, meist nach verhandelten Nachkriegsordnungen, die die Machtverhältnisse nach dem Ende der organisierten Kampfhandlungen widerspiegeln, in das Geschehen ein und verändern so die Konfliktkonstellation. Anders als sie selbst annehmen, sind sie kein ‚deus ex machina', der Kämpfende trennt und so die Rahmenbedingungen für eine Lösung des Konflikts schafft. Zwar können externe Interventionen Gewalt zumindest für eine Weile unterbinden, indem sie den Konfliktaustrag ‚deckeln' oder ‚einfrieren' (P. Rogers 2002: 10; M. Brzoska 2006). Indem sie aber einen weiteren, obendrein potenten Akteur auf das ‚Spielfeld' stellen, werden die Konfliktkonstellationen nicht einfacher aufzulösen. Die lokalen, mitunter sehr autonomen Akteure sollen sich nun in die neue Ordnung eingliedern, ihre Waffen abgeben, wie das häufig in Demobilisierungsprogrammen vorgesehen ist, und hoffen, dass die politische und häufig auch ökonomische Autonomie, die sie genießen und nun aufgeben müssen, gleichwertig ersetzt wird.

Für die Frage nach einer Eingliederung in eine neue, staatliche Ordnung ist bedeutsam, ob diese politisch so durchlässig ist, dass die Gewaltakteure sich erstens zu politischen Akteuren mausern können beziehungsweise ob sie zweitens im neuen System ihre politischen, identitären und kulturellen Werte repräsentiert sehen oder ob sie in einer diffusen Mehrheit ‚aufgehen'. Als Zukunftserwartung ist die Frage, ob die neuen politischen Arrangements durchlässig genug sind, um angestrebte Veränderungen zu ermöglichen oder ob die Machtkonstellation beim Ende der gewaltsamen Konfrontation auf Dauer gestellt wird. Denn solange der Staat nicht als die Vertretung der eigenen Interessen angesehen wird, ist ein ‚Beitritt' zum Staat weniger interessant als die Beibehaltung quasi-staatlicher Herrschaft. Ähnlich rangiert das Problem der Sicherheit: Während quasistaatliche Einheiten für ihre Sicherheit selbst sorgen, wenn kein Staat vorhanden ist, der eine flächendeckende, legitime Gewaltmonopolisierung erreichen kann, ist ein großer Schritt im Statebuilding der von autonomer, lokaler Sicherheitskontrolle zur Abgabe dieser Aufgabe an den Staat. Diesen Übergang kann man am besten beschreiben, wenn man auf ein theoretisches Konzept des Realliberalismus zurückgreift, John H. Herz' Sicherheitsdilemma (1950).

5.4.2 Das Sicherheitsdilemma auf den Ebenen von Staat und Gesellschaft

Obwohl der theoretische Ansatz des Sicherheitsdilemmas meist unter dem Gesichtspunkt der Staatenwelt interpretiert wurde (B. Job 1992a; R. Jervis 2001; A. Collins 2004; K. Booth/N. Wheeler 2008), erscheint es gerade im Zusammenhang mit begrenzter Staatlichkeit sinnvoll, die darin angesprochene Konstellation unter nichtstaatlichen Aspekten zu prüfen[141]. In der Tat ergibt sich aus Herz' berühmtem Essay „Idealistischer Internationalismus und das Sicherheitsdilemma" aus dem Jahr 1950 keine exklusive Beschränkung des Konzepts auf Staaten. Für ihn ist die soziale Konstellation zentral, nicht die Organisationsform der Akteure:

> „Das Dilemma entspringt einer grundlegenden Sozialkonstellation, derzufolge eine Vielzahl miteinander verflochtener Gruppen politisch letzte Einheiten darstellen, d.h. nebeneinander bestehen, ohne in ein noch höheres Ganzes integriert zu sein. Wo und wann auch immer eine solche ‚anarchische' Gesellschaft existiert hat (...), ergab sich für *Menschen, Gruppen, Führer* eine Lage, die sich als ‚Sicherheitsdilemma' bezeichnen lässt" (J. Herz 1974: 39, eigene Hervorhebung).

Herz führt das Problem des Sicherheitsdilemmas nicht auf anthropologische Konstanten zurück, sondern begreift es als sozial konstituiert. Indem der Eine den Anderen als bedrohlich wahrnimmt und davon ausgeht, dass dieser ihm wirklich gefährlich werden kann, rüstet er sich zur Verteidigung, die ihrerseits vom Anderen als offensives Handeln interpretiert werden und seinerseits mit Rüstung beantwortet werden kann. Dass dieser Mechanismus, der bis zum un-

---

[141] Eine konsequente spieltheoretische Anwendung des Konzepts auf substaatliche Konstellationen bietet Melander (1999). Streng rationalistisch verwirft er die Wirkung von Sprechakten bei der Konstitution eines Sicherheitsdilemmas, das im Einzelfall erst wirken kann, wenn der Gegenstand versicherheitlicht ist. Indem er sich auf rationalistische Argumente beschränkt, verschließt er sich affektiven Beweggründen und implizit auch der Angst als treibender Motivation, weil er sie als nichtrational aus der Analyse ausschließt (1999: 218).

gewollten Krieg führen kann, um einen Rückstand zu vermeiden, von Wahrnehmung und Interpretation abhängig ist, öffnet ihn auch für irrationale Deutungen.
Deshalb sind die ‚Menschen, Gruppen, Führer', die sich in einer Dilemmakons-
tellation befinden, zwar rational in ihrer Zielsetzung, zu überleben, nicht jedoch
in der Ausdeutung der Wirklichkeit, die sie umgibt.

Die Interpretation der Wirklichkeit wird hier bereits theorierelevant, jedoch
erst später in konstruktivistischen Ansätzen selbst thematisiert. Zwar lässt Herz'
expliziter Bezug auf die Welt des heraufziehenden Kalten Krieges und die Erfahrung des Zweiten Weltkrieges die staatliche Komponente prominenter erscheinen, als sie sein müsste. Dass nachfolgende Kritiker diesen etwas einseitigen
Fokus für das große Ganze dieses theoretischen Ansatzes gehalten haben, ist
indes erstaunlich. Wendt beispielsweise konstatiert, dass sich das Sicherheitsdilemma entfalte, weil jeder von der Annahme getrieben sei, er stünde vor der
Vernichtung, wenn er nicht gerüstet sei. Dies basiere aber auf der kollektiven
Annahme, sie, die Staaten, befänden sich in einer Welt des Hobbes'schen
Kriegszustands aller gegen alle. Der Diskurs über Sicherheit entspringt nach
Wendt einer Hobbes'schen Kultur, ist also gerade nicht Ergebnis objektiver
Gegebenheiten und deshalb auch veränderbar (A. Wendt 1999: 268-269). Dabei
spricht er dem Konzept des Sicherheitsdilemmas die Möglichkeit ab, dass *kein*
Sicherheitsdilemma wahrgenommen wird. Er interpretiert Herz' Verzicht, die
Möglichkeit der ‚unterlassenen Wahrnehmung' auszuarbeiten, als das Fehlen
einer solchen Möglichkeit, obwohl sie im Modell denkbar ist (1974: 55). Denn
die soziale Interaktion, durch die die Bedrohung – auf der Basis einer Hobbes'schen Kultur – erst wahrgenommen werden kann, indem ein Minimum etwa
über die Rüstungsbemühungen des Anderen bekannt sein muss, kann auch die
Wahrnehmung als aggressiv entschärfen. Dass diese Politik Aufwand bedeutet,
wie er sowohl innerhalb der Sicherheitsgemeinschaft als auch mit deren Politik
gegenüber externen Gemeinwesen betrieben werden muss, ist Herz dabei klar (J.
Herz 1974: 56; G. Sørensen 2007: 360).

Insbesondere für Nachkriegssituationen gilt, dass Gruppen, die sich in gewaltsamer Auseinandersetzung befunden haben, wenig Grund haben, *nicht* davon auszugehen, dass sie sich in einer Hobbes'schen Kultur befinden. In dieser
Situation kommt dem aufzubauenden Staat die Rolle zu, den Schutz ‚von oben'
(J. Herz 1974) bereitzustellen. Statebuilding ist in diesem Kontext zugleich eine
Systemveränderung, weil die Gruppen, die in einer Sicherheitsdilemmasituation
waren, durch den neuen Staat untergeordnet werden. Vorher stellten sie ein
‚internationales System in der Westentasche' (C. Kaufmann 2007: 44) dar. Während sie also quasi-staatliche Einheiten waren, werden sie nun substaatliche
Glieder. Für Ansätze zur Sicherheitssektorreform, die im Statebuilding eine
zentrale Komponente darstellen (M. Brzoska 2003; C. Friesendorf 2009), bedeu-

tet das, dass staatliche Sicherheitsagenturen schnell fähig sein müssen, diesen Schutz zu gewährleisten. Auch muss eine politische Kontrolle dieser Aufgaben möglich sein, so dass die quasi-staatlichen Einheiten ihren Anteil an der Formulierung interner Sicherheitsplanungen, also Security Sector Governance (M. Brzoska 2008: 135) haben. Dieser Übergang ist jedoch nicht ohne Risiko, denn einzelne Gruppen können sich des Staates bemächtigen und so in die Position gelangen, die Sicherheit der anderen zu gefährden. Solange der Staat auf einer Ebene der Konkurrenz mit den quasi-staatlichen Einheiten besteht und seine übergeordnete Funktion als Schutzpatron *und* Plattform für den Austrag von Konflikten nicht ausüben kann, besteht dieses Sicherheitsdilemma.

Mit Bezug auf Job (1992a, 1992b, 1992c) nennt Sørensen dieses Problem der besseren Abgrenzung halber ‚Unsicherheitsdilemma'. Es unterscheidet sich vom staatsbezogenen Sicherheitsdilemma, da die Bedrohung einer innerstaatlichen Quelle entstammt (die auch das herrschende Regime sein könnte), da dem Staat effektive Mittel fehlen, Ordnung herzustellen. Fehlende Legitimität von Eliten oder ein Mangel an Loyalität der Bevölkerung zum Staat verringert dessen Durchsetzungsfähigkeit. Loyalität gilt anderen Einheiten, etwa kommunalen Sicherheitsarrangements wie Clans, ethnischen oder religiösen Gruppierungen (G. Sørensen 2007: 365). Die paradoxe Situation, in der diese Konstellation virulent wird, besteht in schwachen Staaten mit weniger sicherheitsrelevanter Kapazität, die aber gleichzeitig von außen keiner Bedrohung unterliegen, da im internationalen System mit dem Ende des Ersten Weltkrieges die Norm unveränderter Grenzen dominiert habe. So betrachtet ist der Staat eine bloße Hülle, in der sich keine tragfähigen, den Staat finanzierenden Wirtschaftsstrukturen entwickeln können.

Umgekehrt ist der Staat kein wohlfahrtsfördernder Wirtschaftsakteur. Die Bevölkerung wirtschaftet überwiegend in Netzwerken reziproken Austausches auf der Basis familiärer oder kommunaler Loyalität. Die nachkolonialen Grenzen sorgen zudem fast zwangsläufig dafür, dass keine kohärente nationale Einheit vorhanden ist und aufgrund mangelnder Garantien für Bürgerrechte auch nachholend nicht entstehen konnte. Auch aufgrund dieser Zusammenhänge bildeten sich keine effektiven und responsiven Staatsinstitutionen aus. Indem Herrschaft abgesichert werden muss, dominieren klientelistische Strukturen, neopatrimoniale Beziehungen machen den Staat zur Einkommensquelle für diejenigen, die Zugang zu den kontrollierenden Stellen besitzen. Eine leistungsfähige Agentur, über die gesellschaftliche Interessen verhandelt und behandelt werden können, ist der Staat jedoch nicht (G. Sørensen 2007: 362-364; B. Job 1992c: 17-18).

Für Nachkriegsgesellschaften ist deshalb wichtig, die Rolle des Staates in der Phase des Übergangs hinsichtlich des Kräfteverhältnisses zwischen quasistaatlichen Einheiten und staatlichem ‚Überbau' nicht aus den Augen zu verlie-

ren. Die Frage, welche Rolle der Staat spielen soll, und die sich auf der Ebene
des politischen Systems in der Entscheidung zwischen zentralstaatlicher oder
föderaler Ordnung zeigt, ist maßgeblich für die Persistenz von Gewalt. Das interne Sicherheitsdilemma kann, wie Kaufmann gezeigt hat, zur gewaltsamen
Trennung von Bevölkerungsgruppen führen; nicht, weil diese Gruppen anderen
ethnischen oder religiösen Gruppen *per se* in tödlichem Hass gegenüberstehen.
Zunächst ‚verhärten' sich in einer Situation manifester Gewaltausübung die
Identitäten: „communal identity is not a matter of choice; it is enforced by armed
members of the enemy community who do not stop to ask their victims about
their moderate or cosmopolitan sympathies" (C. Kaufmann 2007: 45). Enklaven
anderer Identitäten werden als Ursache von Unsicherheit begriffen, was im
Rahmen eines internen Sicherheitsdilemmas zur Vertreibung oder Mord an diesen Gruppen führen kann. Diese Enklaven sind gleichzeitig leichte Ziele und
wirken als Gefahrenquelle: Weil sie schwach sind, können sie angegriffen werden, sie sind eine Gefahrenquelle, weil sie als ‚fünfte Kolonne' anderer Gruppen
wirken oder Angriffe zu ihrer Verteidigung hervorrufen können. Deshalb ist es,
so Kaufmann, sehr unwahrscheinlich, dass die ausgehandelten Bedingungen
einer Nachkriegsordnung, die entweder auf Herstellung des *status quo ante* oder
auf proportionale Machtteilung abzielen, die intendierten Ziele erreichen. Um die
durch das interne Sicherheitsdilemma verursachte Gewalt zu verhindern, ist
seiner Einschätzung nach eine Teilung nach Bevölkerungsgruppen nicht zu befürworten oder abzulehnen, wichtig sei die Frage: Kann man die Bevölkerung
hindern, sich selbst zu segmentieren? Verschärft wird dieses Problem noch dadurch, wenn es eine Vielzahl in sich fragmentierter Gruppen gibt, so dass es
keine klaren ethnischen oder religiösen Trennlinien gibt (wie zwischen Kurden,
Schiiten und Sunniten im Irak, Kaufmanns Beispiel), die sich in einer föderalen
Ordnung in ‚getrennter Einheit' zusammenfinden könnten.

Eine Nachkriegsordnung zu entwerfen steht also aufgrund des internen Sicherheitsdilemmas vor zweierlei Problemstellungen: Wie ist die Phase zu gestalten, in der der Staat versucht, von der Ebene, auf der er mit substaatlichen Einheiten direkt konkurriert, auf eine Ebene, in der er als unparteiischer Moderator
zwischen den Interessen dieser Gruppen vermitteln oder eigene durchsetzen
kann, ohne seine Legitimität zu gefährden? Kann eine Nachkriegsordnung einen
Staat implantieren, der das Sicherheitsdilemma zwischen den substaatlichen
Einheiten so abmildert, dass er der Dynamik von Vertreibung und Mord an ganzen Bevölkerungsgruppen entgegenwirken kann?

5.4.3 Gewalt als Wirtschaftsfaktor

Dieses Problem hängt unmittelbar mit der Frage der ökonomischen Reproduktion zusammen, in die sich ein Staat einmischen muss, wenn er die Gewalt monopolisieren will. *Einerseits* steht ein fragmentiertes Gewaltmonopol, das von verschiedenen, regional und sozial unterschiedlich weitreichenden Subarrangements übernommen wird, einer ausreichenden Appropriation von Mitteln durch den Staat entgegen. Die Frage, wie der Staat seine Ausgaben finanzieren soll, ist offen, denn interne Ressourcenakkumulation kann nicht einfach durch externe Mittel ersetzt werden, ohne dass dies Folgen für die Legitimität des Staates hat (vgl. Kap. 5.5). Zudem ist diese Finanzierung nicht stabil, weil externe Faktoren wie von Securitization beeinflusste Sicherheitserwägungen eine Rolle spielen – beispielsweise können Hilfsgelder gerade wegen (scheinbar) gelingender Friedensprozesse abebben. Davon abgesehen bindet die Verwaltung internationaler Hilfsgelder administrative Kapazitäten der Empfängerregierungen, was normativ problematisch ist, weil diese Kapazitäten Ausdruck von *aid dependency* oder gar deren Ergebnis sind; sie würden besser anderswo eingesetzt, wo sie nachhaltige Strukturen zu verankern hülfen (J. Boyce/M. O'Donnell 2007b: 273).

Andererseits dient Gewalt häufig der Reproduktion substaatlicher Einheiten selbst, die der Entzug des Gewaltmonopols auch die ‚Lebensgrundlage' kosten würde. Sie haben also ein ökonomisches Interesse, ihren Status als Gewaltakteur zu erhalten. Hinzu kommt, dass viele ökonomische Reproduktionsmuster für den Staat ohnehin nicht zugänglich sind: Indem grenzüberschreitender Handel von Gewaltakteuren organisiert wird und sie von diesem profitieren, sind die wirtschaftlichen von den militärischen Zusammenhängen kaum voneinander zu trennen. Die Kriterien, nach denen zwischen legalen und illegalen Gütern unterschieden wird, sind obendrein abhängig von lokal sehr unterschiedlichen Erwägungen. Die Übertragung eines liberalen Legalitätsmodells kann also zum Transformationshindernis von Konfliktökonomien werden, wenn die externen Interventen, deren Ziel ja die staatliche Gewaltmonopolisierung ist, ganze Wirtschaftszweige kriminalisieren. Formale Wirtschaftsstrukturen sind in vielen Bereichen des Welthandels oft schwächer ausgeprägt als Schattenökonomien, über die die Akteure entweder versuchen, sich in die formale Wirtschaft zu integrieren oder die stabile Parallelstrukturen darstellen. Diese Parallelstrukturen sind in der Regel entsprechend der liberalen Deregulierung internationaler Finanz- und Handelsströme kaum zu kontrollieren, denn „a more open trading system has facilitated the interpenetration of local, regional, and global markets" (M. Pugh/N. Cooper 2004: 198).

Dies verweist auf ein Dilemma, in dem sich externe Akteure wiederfinden, wenn sie sich in der zur Gewaltmonopolisierung als notwendig angesehenen

Security Sector Reform engagieren: Die Faustregel, derzufolge Reformen von einheimischen Akteuren angeführt werden sollen, verliert an Bedeutung, wenn ‚local ownership' bedeutet, dass Gewaltunternehmer kooperieren müssten (M. Brzoska 2003: 39). Wenn die Sicherheitsinstitutionen der Regierung Gegenstand der Security Sector Reform sind, die mit Ressourcen unterstützt wird, stellen sie ein verschärftes Sicherheitsdilemma für nichtstaatliche Akteure her, wenn sich einzelne Gruppen die Vormachtstellung im Staat sichern können. Die in die Security Sector Reform eingebettete Einübung rechtsstaatlicher Normen von Transparenz, Verantwortlichkeit und Professionalität soll dem entgegenwirken. Indem die Interventen Training und Strukturreformen anbieten, verbessern sie die Fähigkeiten von Gruppen und Individuen, ihre Gewaltexpertise an den Markt zu tragen. Zugleich konterkarieren sie die idealtypische Konzeption, indem die Ausübung von Gewalt, aber auch von Trainingsaufgaben, durch private Militärunternehmen übernommen wird. Sie können so der Geltung staatlichen Gewaltanspruchs keine Glaubwürdigkeit verleihen. Hohe Desertionsraten von Rekruten, die in ihre lokalen Milizen zurückkehren, sind im Rahmen von SSR die Regel und dafür ein Indiz. Wirtschaftliche Strukturen tragen ebenfalls maßgeblich bei: Die Frage, wie viel der Staat zu zahlen bereit und fähig ist, entscheidet für viele Soldaten und Polizisten, wem sie ihre Dienste anbieten.

Von dieser Frage allein hängt jedoch nicht ab, wie loyal Sicherheitsorganisationen dem Staat gegenüber sind, denn auch ideelle Gründe sind maßgeblich, wenn Sicherheitspersonal im Dienste des Staates das Leben riskieren soll[142]. Ob die Sicherheitskräfte vom Staat selbst finanziert werden können oder ob externe Geber diese Dienste bezahlen, wirkt sich zudem auf die Legitimität von Sicherheitsmaßnahmen aus. Dies knüpft an Tillys (1985) Konzeption des Staats als Ursache von Unsicherheit an: Indem der Staat Ursache von Gewalt ist oder diese androht und Tribut verlangt, um diese Gewaltanwendung zu unterlassen oder abzuwenden, qualifiziert er zunächst als Schutzgelderpresser. Wirtschaftlich wird dieser Prozess dann, wenn die Kosten für den Schutz unter den Gewinnen liegen – nur dann kann Kapitalakkumulation zu weiterem kapitalistischem Wachstum führen, statt den Kreislauf auszubluten. Tilly selbst hat darauf hingewiesen, dass dieser Mechanismus zur Ausprägung des internationalen Systems beigetragen haben mag, jedoch in Fällen von nachholender Staatsbildung nicht anwendbar ist. Die fragile Unterscheidung zwischen innen und außen ist dafür der Grund. Im europäischen Kontext führte externe Konkurrenz mit anderen

---

[142] Diese Frage ist im Übrigen nicht auf die Nachkriegssituation in Staaten der Dritten Welt begrenzt, sondern betrifft auch die demokratischen Streitkräfte, deren Rekrutierung nicht zuletzt aufgrund finanzieller Motive funktioniert. Dass es Auswirkungen auf die Kampfmoral hat, ob Soldaten von ‚ihrer Sache' überzeugt sind oder ob sie mangels wirtschaftlicher Alternativen Soldaten sind, liegt auf der Hand.

Mächten zur internen Staatsbildung, weil die Kriegsführung ja finanziert werden musste, wofür Besteuerung und Verwaltung notwendig waren. Dadurch wurde eine Innen-Außen-Distinktion erst möglich. Im Export von Staatlichkeit wurde die Staatlichkeit jedoch von außen garantiert, so dass die innerstaatliche Ausdifferenzierung von Einfluss- und Kontrollrechten nicht stattfand.

Dies verweist auf einen Mangel an westlichem Fokus auf die Verbesserung der Lebensbedingungen im Statebuilding. Zwar erscheint es schwierig, die vorhandenen kriegsökonomischen Strukturen zu überwinden, da deren soziale und internationale Verbindungen persistent sind. Nicht zu erklären ist jedoch, dass konkrete Akteure, namentlich Mitglieder von Milizen und Gewaltgruppen nicht mehr beachtet werden hinsichtlich ihrer ökonomischen Reproduktion. Richmond argumentiert, dass es innerhalb der liberalen Logik liege, politische und soziale Rechte höher einzuschätzen als „all other human capacities" (2009: 159, 162). Deshalb zielen Entwicklungsprogramme auf marktbasiertes Wachstum, dessen Wohlfahrtseffekte bestenfalls in zweiter Linie zu erwarten sind. Umfassende Wohlfahrtsprogramme finden in der Programmplanung keine Platz, der Nachkriegs-‚Marshallfund' ist nicht in Sicht, der lokalen Bevölkerungsschichten die materielle Sicherheit gäbe, sich ökonomisch zu betätigen, statt entweder auf self-reliance angewiesen zu sein oder als Teil organisierter Gewaltgruppen zu agieren. Dies sei Ausdruck liberaler Ideologie, die Wohlstandspolitik als Umverteilung und damit als unerwünscht ansieht. Die internationale Praxis widerspricht damit aber selbst internationaler Übereinkunft wie dem *International Covenant on Economic, Social, and Cultural Rights* (UNHCR 1976). Dort wird im Artikel 9 das Recht auf soziale Sicherheit konstatiert, nachdem vorher die Gleichrangigkeit ökonomischer und kultureller mit politischen Rechten bekräftigt wird. Zwar könnte man argumentieren, dass in Nachkriegssituationen schlicht die Ressourcen und Kapazitäten für die Bereitstellung wohlfahrtsstaatlicher Güter fehlen. Die Geber- und Interventenländer der Sicherheitsgemeinschaft hingegen wenden große finanzielle Mittel auf, wobei die Wohlfahrtsdimension am wenigsten Gewicht hat[143] (M. Brzoska 2008: 135-138). Diese Disbalance erweist sich als innerer Widerspruch der liberalen Politik.

Die quasistaatlichen Einheiten bergen allerdings das Potenzial zu friedlicher Kooperation, wenn die liberale Idee stimmt, dass Handel Interdependenz und Verflechtung fördere und damit zum Frieden beitrage. Die Pazifizierung als oberstes Ziel zu definieren, heißt gewissermaßen, den zweiten Schritt vor dem ersten gehen zu wollen, da den betroffenen Akteuren alternative Reproduktionsmöglichkeiten häufig fehlen. Es läge innerhalb der liberalen Logik, dass quasi-

---

[143] Dabei wird Gewalt mitunter kommodifiziert, wenn etwa Reintegrationsprogramme im Rahmen von Sicherheitssektorreform-Projekten als Belohnung für Gewaltakteure wirken und benachteiligen, wem Gewalt nicht als Mittel zur Verfügung steht (O. Richmond 2009: 164).

staatliche Einheiten durch wirtschaftliche Interaktion ihren politischen Austausch verstetigen und so längerfristig zu einer Sicherheitsgemeinschaft verschmelzen können. Wenn sich in Ermangelung einer übergeordneten staatlichen Instanz die substaatlichen Einheiten in einer Art ‚internationalem System der Westentasche' befinden, müssten auch die Kooperationsannahmen ernst genommen und befördert werden, um Staatlichkeit aufzubauen. Deutschs Entwurf einer verschmolzenen (‚amalgamated'[144]) Sicherheitsgemeinschaft ist nichts anderes als der Zusammenschluss in Staatlichkeit:

> „By AMALGAMATION we mean the formal merger if two or more previously independent units into a single larger unit, with some type of common government after amalgamation. (…) The United States today is an example of the amalgamated type" (Deutsch et al. 1957: 6, Hervorhebung im Original).

Die USA stellten demnach seit 1877 eine verschmolzene Sicherheitsgemeinschaft dar (K. Deutsch et al. 1957: 29). Schon deshalb ist überraschend, dass die Logik von Interaktion, die über die Wohlstandsdimension vermittelt ist, in Statebuilding-Konzepten übersehen wird. Noch erstaunlicher wird diese Tatsache allerdings, wenn man bedenkt, dass die Staaten der westlichen Sicherheitsgemeinschaft allesamt Wohlfahrtsstaaten sind. Sie versuchen, sozialen Unruhen beziehungsweise gewalttätigem Austrag sozialer Konflikte durch aufwändige Arrangements der Verteilung des gesamtwirtschaftlichen Wohlstands vorzubeugen. Der Schwerpunkt auf der politischen Legitimität statt der Wohlfahrtsdimension erweist sich so als hinderlich für die Pazifizierung in Nachkriegssituationen:

> „[N]icht die Herstellung von Verfahrenslegitimität allein, sondern die Leistungsfähigkeit des modernen Staates als Distributions- und Redistributionsinstanz sind Errungenschaften, die sich aus der europäischen Erfahrung als notwendige funktionale Korrelate der Gewaltmonopolisierung nach innen und nach außen ableiten lassen" (K. Schlichte 2005a: 180).

Es zeigt sich, dass im liberalen Paradigma die konstituierenden Bestandteile unterschiedlich gewichtet werden, die Wohlfahrtsdimension tritt hinter die politischen Rechte zurück, die ökonomischen Rechte gelten als bereits in freien Märkten verwirklicht. Die Effekte, die in westlichen Staaten dazu geführt haben, dass freien Märkten pazifizierende Wirkung zugeschrieben wird, werden jedoch ausgeblendet. Wenn man Entwicklung als *Reduktion existenzieller Risiken* fasst, wird plausibel, welche Wirkung wohlfahrtsorientierte Politik entfalten könnte.

---

[144] Diese auch formal integrierte Form der Sicherheitsgemeinschaft, die sogar unitarische Sicherheitsinstitutionen hat, unterscheidet sich von der pluralistischen Sicherheitsgemeinschaft, von der hier bisher mit Bezug auf den euroatlantischen Raum die Rede war.

Eine solche Politik würde allerdings voraussetzen, dass die Geber die Aufbaufinanzierung nicht über Nebenbudgets an diesen, als korrupt und kapazitätsbeschränkt, vulgo: unfähig angesehenen Regierungen vorbeischleust. Damit bleibt der soziale Niederschlag der Regierung gering beziehungsweise auf wenige Bereiche beschränkt. Redistribution unterbleibt gleichsam, und die Verfahrenslegitimität bildet die einzige Quelle staatlicher Herrschaftslegitimation. Die Fähigkeit des Staates, die Gesellschaft zu durchdringen, bleibt so bereits von der Anlage her begrenzt. Dies liegt nicht allein, aber sehr prominent an der Art der Finanzierung staatlicher Herrschaft, im Fall aufzubauender Staatlichkeit häufig durch politische Renten.

5.5 Rentierstaatlichkeit und Staatsfinanzierung

Indem die liberalen Ansätze an der ökonomischen Reproduktionsweise oder dem Problem politischer Repräsentanz ansetzen, stützen sie ihre Politik auf zwei Felder gesellschaftlicher Beziehungen. Es ist augenfällig, wie selten dabei eine Analyse zweier wichtiger Aspekte enthalten ist: Einerseits wird die Frage, welchen konkreten Wohlfahrtsgewinn die Bevölkerung verbuchen kann, also die Reduktion existenzieller Risiken, meist vernachlässigt (O. Richmond 2009: 167). Andererseits wird der Staat, der als Dreh- und Angelpunkt aller sicherheits- und entwicklungspolitischen Ansätze fungiert, selten hinsichtlich seiner Finanzierung untersucht. Insbesondere die Frage nach der Finanzierung der Verwaltungsleistung, die als zentral für Staatlichkeit gilt, und damit einhergehend die Frage nach der Finanzierung politischer Eliten, die diese Verwaltung steuern, ist auffällig abwesend. Dies gilt insbesondere für eine Selbstbefragung liberaler Politik, die mit dem Einsatz von Kapital politische Prozesse zu beeinflussen versucht und so ,social engineering' betreibt. Das dieser Politik Grenzen gesetzt sind, weil sie Ergebnisse und Prozesse vermischt, wurde oben beschrieben. Gleichzeitig hat aber die Finanzierung des politisch handelnden Personals selbst Folgen für den politischen Prozess.

Im Falle des Statebuilding fällt eine Interventengruppe eine Entscheidung, wem die Hilfe zukommen soll. In der Regel sind dies Eliten, die in ihrem politischen Habitus, aufgrund von Bildung und Erziehung mit westlichen Akteuren kommunizieren können. Der liberalen Vorauswahl politischer Systeme folgt in diesem Sinn eine Suche nach den richtigen Partnern. Die Regierung, die eigentlich als Moderatorin konkurrierender gesellschaftlicher Interessen agieren sollte, wird dieser Rolle oft nicht gerecht. Statt nämlich die gesellschaftlichen Interessen objektiv zu verhandeln, besteht die Regierung selbst aus einer plötzlich bevorzugten Interessengruppe. Sie kann über staatliche Ressourcen verfügen, Posten besetzen, hat Zugang zu Informationen und kann diese verbreiten. Sie erlangt dadurch politische Deutungshoheit nach außen, während eigene Interessen den Aushandlungsprozess gesellschaftlicher Anliegen überlagern. Die Postkonflikt-Situation produziert insofern, vergleichbar mit der Situation im Krieg selbst, Gewinner- und Verlierergruppen. Gleichzeitig erschwert eine mitunter anhaltend prekäre Sicherheitssituation den internationalen Gebern die Kontrolle über die Verwendung von Mitteln und ihrer korrekten Verrechnung. Politisch sind Nachkriegsadministrationen, die von einem internationalen „aid regime" (A. Suhrke 2006: 7) ins Amt gehoben wurden, ohnehin nur schwer zu sanktionieren. Indem internationale Geber und Organisationen auf Proporz achten, werden in Nachkriegsregimen häufig Quoten festgeschrieben, nach denen Ämter zu besetzen sind. Das führt zu paradoxen Ergebnissen, wenn Kandidaten nach ethnischen Kriterien statt nach Befähigung für das Amt ausgewählt werden (B. Bliesemann de Guevara 2008: 288-296). Ethnische Unterscheidungen werden dadurch eher verstärkt als Konflikte zu lösen, für deren Mobilisierung ethnische Kategorien politisiert wurden. Auf diese Weise depolitisiert die internationale Intervention die Nachkriegssituation, indem ethnische Gruppierungen zur politischen Gruppe stilisiert werden und das Politische selbst an Bedeutung verliert. Dieser Umstand fördert die Isolation der Regierung gegenüber der Gesellschaft zusätzlich (J. Eckert 2003).

Unter Rente versteht man Einkommen, das nicht aus Arbeitsleistung entspringt und keiner Investition bedarf. Innerhalb eines kapitalistischen Produktionszyklus' ist es erforderlich, einen Teil des Gewinns für zukünftige Produktion aufzuwenden. Nur in einem Zyklus von Investition und Reinvestition sind demnach zukünftige Profite möglich (MEW 23: 591, 605f.). Der Anteil am Profit, der der Konsumption zugeführt werden kann, muss folglich knapp gehalten werden, um akkumulieren und in den weiteren Produktionsprozess einspeisen zu können.[145] Im Gegensatz dazu steht ein Renteneinkommen, das keine Reinvestition erfordert, um zukünftig sichergestellt zu sein. Deshalb ist die Rente frei verfügbar, sie kann vom Empfänger in vollem Umfang frei verwendet werden. Dieser Zusammenhang ist aus einem entwicklungspolitischen Blickwinkel bedeutsam, unabhängig davon, ob die Rente gestreut oder auf eine Empfängergruppe fokussiert realisiert wird: In keinem Fall sind die Empfänger genötigt, in einen marktmäßigen Wettbewerb zu treten, sich an einem Investitions-Reinvestitions-Kreislauf zu beteiligen oder ein wirtschaftliches Risiko durch Diversifikation zu minimieren (H. Elsenhans 1981: 147-155). Anders ausgedrückt: Es bestehen keine Anreize, die Finanzmittel produktiv in den Markt ein-

---

[145] Den konsumierbaren oder auch kapitalisier- und damit akkumulierbaren Anteil am produzierten Mehrwert nennt Marx Revenue (MEW 23: 592).

zubringen. In der Folge wird das Renteneinkommen meist entweder verkonsumiert oder es fließt ab[146].

Während Elsenhans (1974) die Untersuchung einzelner Staaten auf das renteninduzierte Verhalten der Staatsklasse anregt, die sich als soziale Klasse mit Zugang zu wirtschaftlichen Ressourcen konstituiert, wird dieser Ansatz hier erweitert, um nichtstaatliche Rentiersgruppen zu erfassen. Diesbezüglich müssen die verschiedenen Arten der Rente kurz aufgeschlüsselt werden[147].

5.5.1 Die ökonomische Rente

Der klassische Fall der ökonomischen Rente ist die Erdölrente. An ihrem Beispiel wurde die Rentierstaatstheorie maßgeblich ausgearbeitet (H. Elsenhans 1981; H. Beblawi/G. Luciani 1987; C. Schmid 1991; A. Boeckh/P. Pawelka 1997; M. Beck 2002). Indem die Erlöse für ein Fass Erdöl um ein Mehrfaches die Grenzkosten übersteigen, die für die Förderung der entsprechenden Menge anfallen, stellt „jener Anteil am Verkaufspreis, der die Produktionskosten plus einen durchschnittlichen Gewinn überschreitet" (M. Beck 2009: 27) die Rente dar. Die ökonomische Rente ist also definiert als Einkommen, das über knappe und deshalb teure Wirtschaftsgüter, insbesondere Rohstoffe, erzielt wird. Das kann eine Vielzahl von Gütern betreffen und geht über Rohstoffe als Rentenquelle hinaus (C. Schmid 1997: 33). Vergleichsweise eindeutig fallen darunter neben Erdöl auch Diamanten und andere Edelsteine, Edelhölzer, seltene Tierprodukte (Elfenbein, Rhino-Horn etc.) oder Coltan. Auch Drogen oder andere illegale

---

[146] Damit ist nicht gesagt, dass es nicht in der ‚eigenen' Wirtschaft investiert werden kann.

[147] Auf die Darstellung von Migrationsrenten, also Transfers aus Arbeitslohn aus anderen Ländern an Familie und Freunde im Herkunftsland wird hier verzichtet. Für Nachkriegsgesellschaften sind diese Renten zwar von Bedeutung, da große Teile der Bevölkerung in ihrem Überleben von privaten Transfers abhängig sind. In Afghanistan beispielsweise machen private Transfers etwa von Flüchtlingen im ländlichen Bereich Schätzungen zufolge etwa 20% des verfügbaren Einkommens aus (K. Savage/P. Harvey 2007: 10). Umfang, Dichte und Frequenz dieser Gelder sind aufgrund des kleinteilig durchgeführten Transfers kaum zu quantifizieren. Erschwert werden selbst Schätzungen dadurch, dass das meiste davon über das sog. *Hawala*-System abgewickelt wird. Dabei wird bei einer Person in einem Land eine Summe eingezahlt, die in einem anderen Land von einer Vertrauensperson an den Empfänger ausgezahlt wird. Es wird also nur ein Telefonanruf für eine Transaktion benötigt, die Gebühren sind niedrig. Dieses System ist schnell und effizient, zudem ist es in Ländern, in denen kein funktionierender Bankensektor existiert, letztlich alternativlos (K. Savage/P. Harvey 2007: 8; C. Nordstrom 2005: 113). Insbesondere das Fehlen nachvollziehbarer Transferwege macht dieses System auch für die Finanzierung terroristischer Aktivitäten attraktiv (L. Napoleoni 2004: 205). Zur historischen Funktion des *hawala*-Systems in Afghanistan Fry (1974: 240-241), einen aktuellen Überblick gibt Maimbo (2003). Da sie nicht eine Empfängergruppe im Verhältnis zu einer anderen privilegieren, sind ihre Auswirkungen auf die politische Organisationsfähigkeit vergleichsweise gering.

Produkte können zur Quelle ökonomischer Renten werden, wobei nicht ihre Knappheit, sondern die Illegalität die rentenfähigen Gewinnsprünge verursacht (F. Kühn 2008a: 319). Ökonomische Renten, die ja durch die Einbindung in Weltmarktstrukturen erlöst werden, führen nur in Einzelfällen zur Herausbildung einer Staatsklasse, nämlich wenn der Staat den Außenhandel monopolisieren kann. Im Fall des Erdöls sind es staatliche Institutionen, die den Export organisieren und damit auch über privilegierte Zugriffsmöglichkeiten auf die Erlöse verfügen. In Fällen, wo sich nichtstaatliche Rentiersgruppen ökonomische Renten aneignen können, sind die Verhältnisse komplizierter: Sowohl der Aufbau quasi-staatlicher Einheiten, wie etwa durch die UNITA in Angola (Stuvøy 2002: 71-92), kann ähnliche institutionellen Formationen wie bei einer Staatsklasse ausprägen. Aber auch innerhalb eines Staates kann sich eine Land- oder Rohstoffbesitzergruppe ausprägen, die Renten verwirklichen kann.

5.5.2 Die politische Rente

Politische Renten entstehen primär durch staatliche Finanztransfers. Diese wurden mit sicherheitspolitischer Zielsetzung an Staaten der Dritten Welt gezahlt, um politisch gewünschte Regierungen zu stabilisieren und zu verhindern, dass sie dem jeweils anderen Lager – kapitalistisch oder sozialistisch – zuneigten. Innerhalb der Systemkonkurrenz und dem daraus resultierenden 'Rentenwettbewerb' verstanden es einige Staaten, darunter Ägypten und Afghanistan, beträchtliche Renten zu extrahieren. Aus Renten der Erdöl produzierenden arabischen Länder abgezweigte und an die arabischen Bruderstaaten weitergeleitete Gelder fallen darunter (M. Beck 2009: 27). Aktuell unterstützt die venezolanische Cháves-Regierung liberalisierungskritische Regierungen. Entwicklungshilfe in Form von Budgethilfen sind eindeutig als Renten zu identifizieren. Zwar werden sie mit einer politischen Zielsetzung gewährt, allerdings ist deren Umsetzung kaum durchzusetzen. So werden Demokratisierungs- und andere Reformziele ausgegeben, deren Erreichen auf sich warten lässt; insbesondere, wenn die Rente aus sicherheitspolitischen Gründen wie der Unterstützung staatlicher Stabilität fließt, sind paradoxerweise die Ansatzpunkte für politische 'Hebel' – positive wie negative Anreize – verschwindend klein: Das Menetekel einer Destabilisierung verhindert, mit Mittelkürzungen Fehlentwicklungen zu sanktionieren. Das heißt, dass externe Geber das Statebuilding-Projekt zwar finanzieren, aber auf die inneren Dynamiken in ihrem zeitlichen Ablauf kaum Einfluss nehmen können. Für das Statebuilding erscheint Rentenfinanzierung deshalb ungeeignet. In einer späteren Auseinandersetzung mit seinem Staatsklassenkonzept und dessen konfliktiven Kriterien schreibt dazu Elsenhans, „dass der gewaltsame Kampf um externe Renten häufig rentabler sein wird als die produktive Anstrengung zur Umorientierung rentenabhängigen auf marktabhängiges Verhalten" (2005: 159).

5.5.3 Die Rente als Problem der internationalen Politik

Charakterisierend für die Renten ist, dass die Rente seitens des Empfängers frei verfügbar ist, also etwa für den Konsum zur Verfügung steht, da keine Investitionen erforderlich sind, um den Ressourcenzufluss aufrechtzuerhalten. Allerdings wird in die Beziehungen zu den Gebern investiert. Diese Investitionen sind jedoch nicht produktiv, sie sichern zwar künftiges Einkommen, kommen aber der lokalen Wirtschaft nicht zugute. Kapital, das mitunter durchaus am Markt gebraucht würde, fließt tendenziell ab und steht deshalb dem Markt nicht zur Verfügung. Der in Dependenz- wie Modernisierungstheorien als für Unterentwicklung kennzeichnende Mangel an Investitionen wird auch durch diesen Abfluss mit hervorgerufen (R. Riddell 1987: 136; H. Elsenhans 1981: 66-69). Damit eignen sich Entwicklungsprogramme, die zum großen Teil über Finanztransfers als Renten abgewickelt werden, *per se* nicht, das angestrebte Wachstum zu erreichen. Aber auch unter dem Gesichtspunkt politischer Stabilisierung, sofern sie normative Ziele wie Demokratisierung oder aufzubauende Rechtsstaatlichkeit beinhaltet, sind rentenfinanzierte Reformadministrationen wenig erfolgversprechend: Politisch begünstigen diese Investitionen nämlich Korruption und Klientelbeziehungen, was einer Verschwendung der von außen kommenden Hilfsgelder gleichkommt (M. Beck 2002: 109). Auch wenn man sich den Standpunkt nicht zu eigen macht, Regierungen würden die Eigentumsrechte ihrer Bürger missachten, wenn sie Entwicklungshilfe finanzieren, wie dies etwa Nozick (2006) und Bauer (1981) vertreten, wird von ihrem Wirkungspotenzial her betrachtet die Rente zumindest für Geberregierungen zum Rechtfertigungsproblem. Gleichzeitig zeigt sich hier die normative Spannung, die dem Rentenbegriff innewohnt[148].

Eine Folge von Investitionen in gute Geberbeziehungen ist, dass staatliches Handeln weniger darauf zielt, öffentliche Güter bereitzustellen. Im Steuerstaat werden sowohl staatliche Strukturen als auch sein Handeln weitgehend durch die Zahlungen der Bürger finanziert. Zwar werden Steuern in der Regel nicht für spezielle Verwendungen erhoben, sie konstituieren aber dennoch eine Rechenschaftspflicht und damit eine Kontrollmöglichkeit für die besteuerten Bürger. Dieser Zusammenhang kommt am deutlichsten in der Forderung der Amerikani-

---

[148] Die Diskussion der Rente war von Beginn an normativ aufgeladen. Das Attribut *unverdient* schwingt nicht nur im Alltagssprachgebrauch, sondern auch in wissenschaftlichen Konzeptualisierungen mit; dazu ausführlich u.a. C. Schmid 1991: 6f. oder M. Beck 2002: 107 ff.

schen Unabhängigkeitsbewegung zum Ausdruck, die gefordert hatte: „No Taxation without Representation". Die Legitimität von Regierungsentscheidungen, die immer dort am weitesten reichen, wo es sich um Ausgaben handelt, hängt stark von den Mitwirkungsrechten derjenigen ab, die das Geld bereitstellen. Wenn also die internationale Gebergemeinschaft einen Rentierstaat finanziert, erwirbt sie damit paradoxerweise Partizipationsmöglichkeiten (die mitunter wie Partizipationsrechte genutzt werden), welche die Bevölkerung nicht hat. Staatliche Agenturen, die den Gebern verantwortlich sind, entwickeln zu diesen engere und bessere Beziehungen als zu den eigentlichen Adressaten staatlichen Handelns. Wenn staatliche Legitimität sowohl prozedurale als auch funktionale Anteile umfasst (K. Schlichte 2005a: 180), nimmt sie ab, wenn diese Bestandteile ungleich ausgeprägt oder nicht verkoppelt sind. Regierungsagenturen befinden sich also in einer strukturell hybriden Position: Als Scharniere zwischen einem Global-Governance-Regime einerseits und Bürgern andererseits, denen sie jedoch nicht hierarchisch übergeordnet Sicherheit garantieren können, prägen sie andere Charakteristika staatlichen Handelns aus als in Steuerstaaten. Diese Eigenschaften sind am besten mit dem Gegenstück der Rentiersstaattheorie zu erklären, der Rent-seeking-Theorie.

5.5.4 *Die Rente als Hindernis kapitalistischer Vergesellschaftung*

Der Hinweis auf die Rente als Hindernis kapitalistischer Vergesellschaftung erfolgt hier, weil staatliche wie nichtstaatliche Rentiers tendenziell die wirtschaftliche Entwicklung behindern. Statebuilding-Ansätze der Sicherheitsgemeinschaft basieren auf liberalen Ideen, aber die Effekte von Rentierstaatlichkeit stehen einer Ausprägung der rational-rechtlichen Moderne entgegen. Die Probleme des Statebuilding sind damit vorgezeichnet, bevor die erste Hilfsorganisation oder der erste Soldat einen Fuß auf den Boden des betreffenden Landes gesetzt hat. Dort setzen mit der Verfügbarkeit externer Gelder soziale Mechanismen ein, die nicht unbedingt mit dem Ziel der Gewinnmaximierung erklärt werden können. Insofern reicht das ökonomische Modell, das solche Motive zugrunde legt, nicht hin; wenn man aber die Verringerung existenzieller Risiken als Handlungsmotiv annimmt, lässt sich beispielsweise Rent-seeking erklären. Für Entwicklung als Verringerung existenzieller Risiken zugunsten breiter Bevölkerungsschichten sind diese Anstrengungen jedoch nicht dienlich, weil sie von einer Minderheit auf Kosten der Mehrheit betrieben wird. Ähnlich widrige Auswirkungen hat die sogenannte ‚Holländische Krankheit', die durch große Kapitalzuflüsse die Preise von Gütern, die alle benötigen, steigen lässt.

5.5.4.1 Rent-seeking

Wie bereits beschrieben wurde, fließt ein großer Anteil der Hilfs- und Aufbau-gelder auch neben dem eigentlichen Statebuilding-Projekt ins Land. Insbesonde-re die humanitär motivierte Hilfe und durch Spenden finanzierte Entwicklungs-projekte werden an der Regierung vorbei finanziert. Die Gründe dafür sind viel-fältig: Den offiziellen Stellen wird einerseits mangelnde Durchführungskompe-tenz, Korruption oder Misswirtschaft oder eine Kombination aus diesen Mängeln zugeschrieben, andererseits verfolgen Geber schlicht Eigeninteressen (F. Kühn 2005a: 36; B. Rubin 2006: 179; M. Duffield 2007: 52-53). Zwar ist der Staat Ziel des Statebuilding, die vorherrschende Denkweise strebt jedoch eigentlich einen schlanken Staat an (M. Pugh/N. Cooper 2004: 198-205). Dennoch reichen die Gelder, die der Regierung zur Verfügung stehen, aus, um Rent-seeking-Verhalten auszulösen. Die spätere Chefökonomin der Weltbank, Anne Krueger (1974), machte den Begriff bekannt, inhaltlich ging die Entdeckung, dass Ein-zelne oder Gruppen ohne vorangegangene Investition Einkommen erzielen kön-nen, auf Tullock (1967) zurück. Rent-seeking bezeichnet die ‚Nutzung von Res-sourcen, die deren eigentliches Wirtschaftsprodukt verringert, dabei jedoch einer Minderheit zugute kommt' (G. Tullock 1989: vii). Für die Minderheit bzw. ein Individuum ist ein solches Verhalten wirtschaftlich rational, sofern man Eigen-nutzmehrung als Handlungsmaxime unterstellt. Sozial analysierbar ist die Her-stellung klientelistischer Beziehungen, wie sie für das Rent-seeking oft konstitu-tiv ist, auch als Strategie, soziales Prestige oder Sicherheiten zu mehren. Indem Kontakte wichtiger werden, weil glaubwürdige Informanten selten sind, wird auch der Zugang zu relevanter Information zum kostbaren Gut und Kommunika-tion zur tendenziell selbstreferenziellen Tätigkeit:

> „Viskosität der Informationen, ein hoher Anteil der Beziehungsaspekte betreffenden Informationen im Vergleich zu Tatsachen betreffenden und ein geringer Grad der Präzision von Information sind die Kennzeichen der ‚Politisierung' von Kommuni-kation in von Renten bestimmten Kommunikationssystemen" (H. Elsenhans 1997: 81).

Analog zur Investition in eine profitträchtige Unternehmung dient Rent-seeking im eng gefassten ökonomischen Modell dazu, das persönliche Einkommen zu erhöhen (S. Chakraborty/E. Dabla-Norris 2006: 30). Dabei gilt es, den Anteil einer Minderheit an einer gegebenen Menge an Ressourcen auf Kosten der Mehrheit zu steigern. Zumindest im Prinzip können alle versuchen, ihren Anteil zu erhöhen. In der Praxis ist die Anzahl der am Rent-seeking Beteiligten be-grenzt, was ‚Mitbewerber' auszuschalten und die Beziehungen zu den Gebern zu monopolisieren attraktiv macht. Obwohl eine starke Abhängigkeit besteht, bleibt die Beziehung zu den Gebern trotzdem lose (M. Beck 2002: 119; F. Kühn 2007: 164-165), was Konditionierung erschwert. Im klassischen Fall der Ölrenten war es der Staat, der vom Verkauf des Schwarzen Goldes am meisten profitierte: Ölhandel „implies a relationsship with the rest of the world, it tends naturally to fall within the responsibility of the state" (G. Luciani 1990b: 69). Ergänzend dazu wird hier die Hypothese vertreten, dass die Legalität eines Gutes einen konstitutiven Einfluss auf die Monopolisierbarkeit unterschiedlicher Einkommensquellen auch durch Akteursgruppen, die nicht auf staatliche Macht zurückgreifen können, ausübt.

Wenn es dennoch zumeist der Staat ist, der primär von guten Außenbeziehungen und den damit verbundenen Zuflüssen profitiert, stellt sich die Frage, warum die Verbindung zwischen diesem Staat und den Gebern vergleichsweise lose ist. Um einer Antwort näherzukommen muss man verschiedene Ebenen des Rent-seeking betrachten: Da die Renten nicht als Produktivkapital genutzt werden, scheint der Wirtschaftskreislauf nicht zu wachsen, wenn die Rente zunächst von Regierungsstellen ‚verwaltet' wird. Das heißt aber nicht, dass Individuen nicht profitieren könnten, indem sie einen Teil der Rente für sich zu gewinnen anstreben. Häufig drängen Bürger, die durch ihre Ausbildung als Funktionselite verwendbar sind, in den öffentlichen Sektor, weil dieser Aufstiegschancen verspricht und vergleichsweise sichere Berufe bereitstellt. Dadurch wird die Vergabe solcher Stellen jedoch zur einflussreichen Schaltstelle, von der ausgehend sich ein ausgeprägtes Netz von Klientelstrukturen bilden kann. In den höheren Verwaltungsebenen wird die Absicherung der eigenen Position zum Arbeitsziel, indem die darunterliegenden Ebenen in Abhängigkeit gehalten werden. Die strategische Weitergabe von Informationen, die Verwaltungshandeln erschwert, aber Loyalitäten sichert, ist eine der Praktiken. Persönlicher Einfluss, häufig zusammen mit familiären Bindungen, festigt Loyalität zusätzlich. Renten sind für die Festigung von Klientelbeziehungen dabei ein entscheidender Faktor: Durch die Zahlung von Bestechungsgeldern erwerben Individuen Stellungen, die ihnen weitere Zuflüsse von unterhalb ihrer eigenen Hierarchieebene sichern. Um Chef einer Behörde zu werden, sind hohe Bestechungsgelder nicht unüblich, die sich aber für das Individuum zumeist ‚rentieren', weil dadurch Zahlungen für die Vergabe hierarchisch untergeordneter Stellen erpresst werden können. Auch diese Investition in Klientelnetzwerke zahlt sich aus, denn auch untergeordnete Staatsangestellte können ihre ‚Kosten' an die Bevölkerung weitergeben, wenn sie relativ beliebig ‚Gebühren erheben'.

Dieses Verhalten steht in Einklang mit einer ökonomischen Argumentation, die Korruption in abgestuft einflussreichen Positionen staatlicher Administration als Form der Besteuerung versteht (F. Flatters/B. Macleod 1995; S. Chakraborty/E. Dabla-Norris 2006: 46). Allerdings konstituiert diese Form der Besteuerung kein Abhängigkeitsverhältnis der Empfänger, wie es für die Herrschenden in steuerfinanzierten Staaten besteht. Auch impliziert sie keine Verstetigung und Wiederholbarkeit staatlichen Handelns.

Die gemachten Aussagen lassen sich in zweierlei Hinsicht differenzieren: *Erstens* muss der Zugang zu Renten zunächst durch zum Teil nennenswerte Aufwendungen erworben werden. Dass diese Investition nicht in einen produktiven Wirtschaftskreislauf einfließt, ist dabei aus Sicht des Aufwendenden kein Unterschied. Allerdings setzt Konkurrenz um einflussreiche Posten ein, weshalb wiederkehrende Investitionen in den *Erhalt* von Einflusspositionen notwendig werden. So müssen Konkurrenten überboten werden, wenn die ‚Preise' für Posten steigen. Auch Lizenzen, die Handel und Transport privilegieren, müssen kostenträchtig verlängert werden. Auch dies ist eine Möglichkeit, die Einkommensart ‚Rente' zu verstetigen. *Zweitens* verfestigen und reproduzieren sich in einem Rentensystem vertikale Strukturen, während für eine effektive Verwaltung notwendige horizontale Strukturen unterentwickelt bleiben. Gleiche administrative Ebenen vermeiden Kooperation und Kommunikation, um sich gegen (auch öffentliche) Kontrolle, Kritik und Klagen über Ineffizienz zu immunisieren und gegenseitige Einflussnahme verschiedener Ressorts zu unterbinden (F. Kühn 2008a: 312). Dieses Verhalten behindert die Produktion öffentlicher Güter und effizientes Verwaltungshandeln, die beide der Legitimität des Staates dienlich wären. Die Staatsbürokratie ist hingegen zunehmend in der Lage, finanzielle Zuflüsse zu monopolisieren und die Kontrolle durch organisierte gesellschaftliche Interessengruppen zu verhindern, beispielsweise indem sie diese korporatistisch einbindet. Dadurch werden aber Ressourcen weder wirtschaftlich produktiv noch für die Bevölkerung nutzbringend eingesetzt, also letztlich vergeudet (H. Elsenhans 1981: 24-26).

Ein weiterer Aspekt von Relevanz für Statebuilding-Ansätze ergibt sich direkt aus der definitorischen Engfassung des Rent-seeking-Begriffs: „use of resources in actually lowering total product although benefiting some minority" (G. Tullock 1989: vii). Wenn Staatlichkeit mit der Gesellschaft verwoben sein soll, der Staat also die Gesellschaft zu durchdringen versucht, wirken sich Renten gegenläufig aus, denn sie privilegieren manche gesellschaftlichen Segmente wirtschaftlich und politisch auf Kosten anderer. Weder im liberalen Sinn noch in Hinblick auf die Wohlstandsdimension ist Rentierstaatlichkeit deshalb nützlich. Die Reichweite des Staates wird dadurch beschränkt, dass die Rent-seeking-Mechanismen eine egalitäre Verwendung vorhandener Ressourcen verhindern:

> „In der ‚Rent-Seeking Society' bemüht sich der Politiker nicht primär darum, Kollektivgüter für das ganze Volk zu beschaffen – wie die Aufrechterhaltung von Eigentumsrechten, die Bekämpfung der Kriminalität, die Erhaltung des inneren und äußeren Friedens, die Bewahrung oder Wiederherstellung einer sauberen Umwelt –

sondern er bemüht sich darum, relativ kleinen, aber organisierten und punktuell informierten Gruppen von Sonderinteressenten auf Kosten großer, unorganisierter und ignoranter Gruppen spezifische Vorteile zuzuschanzen" (E. Weede 1997: 55).

Diese Merkmale verdeutlichen, warum sich eine Diskrepanz zwischen Zentrum und Peripherie, zwischen ökonomisch und politisch staatsnahen und marginalisierten Gruppen entwickelt: Im „komplexen, diskriminierenden Patronagesystem" (M. Beck 2002: 122) des Rentierstaates sind die Gruppen für die Staatsklasse politisch gefährlich, die informiert und/oder gut organisiert sind. Folglich sind diese Gruppen am ehesten fähig, hohe Anteile der Rente für sich zu reklamieren. In den Worten von Lipton: „The daily contacts of, and pressures on, central decision-takers in poor countries come overwhelmingly from small groups of articulate, organised or powerful people in regular contact with senior officials and politicians" (1977: 61). Integration in das Patronagesystem verhindert zumindest in den urbanen Bereichen organisierte Opposition und ist teilweise einem Hineindrängen dieser Schichten in den öffentlichen Sektor geschuldet. In den ökonomischen und politischen, aber auch geographischen Randlagen des Staates hingegen ist das Potenzial von Gruppen begrenzt, sich politisch zu organisieren und die herrschende Klasse in Bedrängnis zu bringen[149]. Insofern ist die Bevölkerung in den geographischen Peripherien beziehungsweise in marginalisierten Gesellschaftsschichten kaum in politische Prozesse eingebunden. Ihre Loyalität zum Staat ist deshalb geringer ausgeprägt als die der ins Rentensystem integrierten Schichten, vielleicht lehnen sie den Staat als solchen ab, eben weil er ‚die anderen' begünstigt. Versuchen nun Eliten, die auf dem Land als korrupt, der Sitten enthoben, in vielen Fällen als vom Ausland gesteuert angesehen werden, die staatliche Durchdringung der Gesellschaft zu forcieren und ihr Modernisierungsprojekt durchzusetzen, stoßen sie auf Widerstand. Das Spannungsfeld zwischen geographischer und politischer Zentrale und der wirtschaftlichen und politischen ländlichen Peripherie ist mit dem Werkzeug extern finanzierten Statebuildings nicht zu überbrücken.

5.5.4.2 ‚Dutch disease'

Neben den sozio-ökonomischen Effekten der Rente gibt es ein makroökonomisches Problem, das als ‚dutch disease' bekannt ist. ‚Holländische Krankheit' wurde sie genannt, weil in der zweiten Hälfte der 1970er Jahre in der zu den

---

[149] Beck illustriert dies so: „[Die] von den bäuerlichen Unterschichten ausgehende Bedrohung für die Herrschaftsposition der Staatsbürokratie [ist] schon aufgrund ihrer geographischen Entfernung vom Regierungssitz gering" (2002: 122).

Niederlanden gehörenden Nordsee Gasvorkommen entdeckt wurden, die ausge-
beutet und exportiert werden konnten. Durch den Verkauf flossen größere Summen ausländischen Kapitals in die Volkswirtschaft, die nicht wieder durch Au-
ßenhandelsdefizite ausgeglichen wurden. Indem dieses Kapital in einheimische
Währung umgetauscht wurde, stieg die Nachfrage nach Gulden und damit dessen
Außenwert an. Dadurch verteuerte Exporte in anderen Produktionssparten führten zu einem Rückgang der Produktion (L. Ndikumana/J. Nannyonjo 2007: 37-
38; J. Boyce/M. O'Donnell 2007b: 283). Die währungspolitische Erklärung
blendet aber die Folgen für die Bevölkerung und die soziale Figuration aus.
Denn im Prinzip kommen als Auslöser von *dutch disease* alle Zuflüsse in Frage,
also gestiegene Rohstoffpreise, aber auch ausländische Direktinvestitionen, Ent-
wicklungshilfezahlungen und Migrationstransfers. Wichtig für die Analyse der
Auswirkungen ist die Unterscheidung zwischen international handelbaren und
international nicht handelbaren Gütern, wozu Immobilien und Dienstleistungen
gehören.

International handelbare Güter verteuern sich über die Währungsaufwertung
und verlieren deshalb an Wettbewerbsfähigkeit auf dem Weltmarkt; nicht handelbare Güter verteuern sich ebenfalls, weil die gestiegene Zahlungsfähigkeit in
dem einen Sektor die Preise in die Höhe treibt, die auch Nachfrager aus anderen
Sektoren bezahlen müssen. In Ländern mit niedriger Industrieproduktion bleibt
dadurch der Anreiz zum Aufbau solcher Kapazitäten gering, weil Importe auch
langfristig billiger sind. Gleichzeitig hebt die Nachfrage beispielsweise nach
Häusern aus dem durch die Zuflüsse begünstigten Wirtschaftssektoren die Im-
mobilienpreise an; auch die Löhne für ,skilled labour' steigen an. Insgesamt hebt
dies Lebenshaltungs- ebenso wie Produktionskosten, die jedoch in ihrer Breite
von der gesamten Bevölkerung, also insbesondere auch von jenen, die vom
Boom in einem Sektor nicht profitieren, getragen werden müssen (K. Liebig/G.
Ressel/U. Rondorf 2008).

Deshalb ist *dutch disease* ein wachstumshemmender Effekt von Kapitalzu-
flüssen: Um den Abschwung der Industrieproduktion zu vermeiden, müssen
staatliche Stellen investieren, insbesondere dann, wenn sie die primären Empfänger der Zuflüsse sind. Um dies zu leisten, müssen staatliche Verteilungskapa-
zitäten ebenso ausgeprägt sein wie die Möglichkeit, gesellschaftlichen Forderungen nach Weitergabe der Mittel zu widerstehen[150]. Langfristig ist *dutch disease*
deshalb problematisch, weil die aufgrund hoher Investitionskosten verhinderte

---

[150] Innerhalb einer Statebuilding-Situation sind beide Bedingungen jedoch kaum, für Staaten in der
Dritten Welt generell schwierig zu erfüllen: Ressourcentransfer für Investitionen statt zur Konsumption „can be difficult in a developing country that is often in the midst of several crisis situations that
demand transfers of income for consumption" (J. Degnbol-Martinussen/P. Engberg-Pedersen 2003:
241).

Diversifikation wenig Alternativen bietet, sobald die Weltmarktpreise für das auslösende Gut sinken oder die sonstigen Zuflüsse ausbleiben. Die Erdöl exportierenden Länder sind davon in großer Zahl betroffen, weil durch fallende Ölpreise die Primärerlöse nicht nur wegfallen, sondern auch noch nicht substituiert werden können (J. Rapley 2007: 175, 183; A. Bota/H. Sussebach/S. Willeke 2009).

5.5.4.3 Nachhaltige Abhängigkeitsstrukturen

Ein weiterer struktureller Effekt von externen Hilfen in großem Ausmaß ist die Herausbildung von Abhängigkeitsstrukturen[151]. Diese verfestigten sich allerdings in unterschiedlichem Ausmaß, weil die als Entwicklungshilfe aus den Staaten der Sicherheitsgemeinschaft in den globalen Süden transferierten Summen schwankten. Deshalb sind die Ergebnisse einer Überblicksevaluation der ‚Entwicklungshilfe‘ auch uneinheitlich: *Einerseits* vertritt eine Hilfsindustrie vehement und mit großem informationellem Aufwand die These, dass es nicht genug Hilfe geben könne. Im Stil von Zeitungsberichterstattung, also durch Herausgreifen einzelner Erfolgsgeschichten oder besonders tragischer Fälle von Not ist es ihnen gelungen, die Dritte Welt als Ort fortdauernder Lebensbedrohung darzustellen. In diesem Zusammenhang wurde der Entwicklungsdiskurs zum Bestandteil der internationalen Politik, namentlich im Kontext von *Global Governance* und *good governance, R2P* und *Shared Souvereignty* (S. Krasner 2004). Die Lesart besonderer Dringlichkeit angesichts des Notstands, zusammen mit der Zielstellung, Notlagen ein für alle Mal durch Entwicklung verhindern zu können, wurde zum Grundtenor entwicklungspolitischen Engagements (M. Duffield 2007: Kap. 2, hier S. 48-49). *Andererseits* gibt es einen Chor entwicklungskritischer Autoren, für die Entwicklungshilfe moralisch nicht legitimierbar ist (P. Bauer 1981; R. Nozick 2006), die aber auch auf der Basis wirtschaftlicher Überlegungen Finanztransfers und andere Hilfen als kontraproduktiv beschreiben (für einen theoretischen Überblick R. Ridell 1987).

Neben diesen eher global begründeten Einwänden, die auf der Basis mitunter zweifelhafter Daten Wirkung oder Nichtwirkung von Hilfsprojekten konstatieren (J. Degnbol-Martinussen/P. Engberg-Pedersen 2003: 264), gibt es die eher

---

[151] Mit großem Ausmaß ist gemeint, dass die Zuflüsse einzelne, sektorale Programme zur Entwicklungshilfe deutlich übersteigen. Im Fall der hier interessierenden Staatsaufbauprojekte, die umfassende Zuflüsse im Sicherheitsbereich, etwa durch Security-Sector-Reform-Programme, im humanitären wie im Bildungsbereich ebenso wie in Strukturprogrammen zur Verbesserung der landwirtschaftlichen Produktion oder dem Aufbau konkurrenzfähiger Produktionszweige aufweisen, ist dieses Kriterium erfüllt.

empirisch beeinflussten Überlegungen, umfassende Projekte sozialer (Re-)Konstruktion zumindest skeptisch zu betrachten. Hohe Erwartungen an die Leistungsfähigkeit von Organisationen, welche die Projekte umsetzen sollen, wie an die Bereitschaft der betroffenen Bevölkerung, die Transformation aufzunehmen und zu stützen, sollten jedoch nicht Ursache der Zweifel sein; eher sind es grundlegende Strukturen, die es zu hinterfragen gilt. Das meint die nichtintendierten Effekte von Hilfsmaßnahmen: Sowie Hilfsorganisationen ins Land kommen, steigern sie die Nachfrage nach nichtsubstituierbaren Gütern und Dienstleistungen[152]. Auch wenn das wirtschaftliche Wachstum nicht zum Maßstab von Entwicklungsfortschritten dient, so ist doch kritisch zu bemerken, dass diese Art der Wirtschaft in ihrem Kern von der Anwesenheit ausländischer Helfer und/oder Militärs abhängt.

Der zentrale Widerspruch ist nicht aufzulösen: Solange die Intervention andauert, entwickeln sich Strukturen um die Intervention herum; die Intervention wird zum Bestandteil des gesellschaftlichen Zusammenhangs und damit des Staatsaufbaus. Die Intervention, die ja wie ein externer Akteur den intrinsischen Staatsaufbau unterstützen, finanzieren und anhand normativer Zielsetzungen anleiten soll, baut sich gewissermaßen selbst in den Staat mit ein. Dies wirft die nie zu beantwortende Frage auf, wann ein Rückzug oder die Abnahme von Unterstützung sinnvollerweise einsetzen kann, in welcher Geschwindigkeit er stattfinden und welcher Art die Vermischung zwischen internationaler und staatlicher Sphäre im Objektstaat der Intervention sein soll, die bestehen bleibt. Ein Vermittlungsproblem besteht in den Geberstaaten, wo Regierungen ihrer Bevölkerung erklären müssen, dass die Gefahr eines Rückfalls in Gewalt besteht, wenn die Intervention enden sollte.

Die Vorstellung von ,*ownership*' weist auf den kosmetischen Aufwand hin, mit dem einheimische Institutionen geschaffen werden, deren extern festgelegte Zielsetzung jedoch von Beginn an ist, liberale Politik zu betreiben. In einem Akt interventionistischer Hybris deutet die Sicherheitsgemeinschaft die neuen oder reformierten Institutionen als instrumentellen Ausdruck und Rahmen, dessen Anwendung zu den gewünschten Effekten führt. Solange dies nicht der Fall ist, und das ist dauerhaft so, gibt es keinen Grund und keine Möglichkeit, das Engagement zu verringern. Wo die Entwicklung als regressiv erscheint, ihrerseits Zyklen von Securitization und Developmentalization unterliegend, folgt eine

---

[152] Lehrer können als Übersetzer für internationale Organsationen mehr verdienen als an einer Schule; das Gleiche gilt für Polizisten, die als Fahrer arbeiten. Eigentümer können von der Vermietung ihrer Immobilien an *Expatriates* leben. Zwar ist nicht zu bestreiten, dass Milizionäre, die in der Übergangsphase nach Kriegen als Wächter arbeiten und dafür besser bezahlt werden, zwar immer noch in der ,Kriegsökonomie' ihr Auskommen finden, aber wenigstens nicht mehr direkt kämpfen. Unter dem Gesichtspunkt der Entwicklung sind jedoch all diese Tätigkeiten nicht produktiv oder nachhaltig, sie reduzieren keine Risiken.

Politik des „more of the same" (A. Suhrke 2006: 5, 32). Da die Intervention an
dem Maximalziel des Aufbaus liberal-demokratischer Staatlichkeit festhält, verurteilt sie sich selbst zum Scheitern. Verschiedene Organisationen legen hochgradig ausdifferenzierte Programme zum Aufbau von Finanzinstitutionen
(IWF/Weltbank), zum Aufbau rechtsstaatlicher Strukturen, einer starken Zivilgesellschaft, eines starken Gesundheitssystems, eines starken Bildungssystems und
dergleichen auf, während unter dem gemeinsamen ‚Rubrum' des Statebuilding
die eigentliche Zielsetzung zerfasert (M. Ottaway/A. Lieven 2002). Die pluralistische Sicherheitsgemeinschaft vertritt ebenso viele pluralistische Ziele wie sie
Institutionen und Organisationen umfasst. Da sie diese nicht alle erreichen kann,
bleibt ihr nichts als eine – im antiken Sinne tragische – Fortsetzung ihres eigenen
Tuns. Das bedeutet, dass die Empfängerländer sich in ihrer wirtschaftlichen, aber
auch in ihrer politischen und sozialen Figuration in einer großen Abhängigkeit
von den Gebern befinden; in der Ausweglosigkeit der Intervention sind allerdings die Staaten der Sicherheitsgemeinschaft, sofern sie es denn ernst meinen
mit ihren transformativen Zielen, ebenfalls in einer Abhängigkeitsfalle gefangen.

5.6 Staatsaufbau als Risikofaktor

Die liberale Sicht auf den Staat, basierend auf dem Theorem des Demokratischen
Friedens, geht davon aus, dass Staaten entweder demokratisch verfasst und also
Teil der Friedenszone oder illiberal verfasst und deshalb gewaltgeneigt sind.
Dass dies dem ‚Doppelbefund' des Demokratischen Friedens widerspricht, spielt
dabei keine Rolle: Wie Müller und Wolff (2006) gezeigt haben, ist schwer zu
erklären, warum Demokratien untereinander nicht, gegen Nichtdemokratien aber
sehr häufig Krieg geführt haben. Sie schlagen vor, dass es für politische Füh-
rungseliten möglich ist, Krieg gegen Nichtdemokratien normativ und prozedural
zu legitimieren; andererseits sei die ‚politische Kultur' in den Demokratien ambivalent zwischen eher militanter oder eher pazifistischer Ausrichtung, woraus
sich die tatsächliche Kriegsneigung konkreter Demokratien erklären lasse. Wenn
man die Sicherheitsgemeinschaft als Gewaltakteur in der internationalen Politik
ins Spiel bringt, darauf weist hingegen Daase (2006) hin, scheint, analog zu dem
von Tilly (1985) beschriebenen Prozess der Staatsbildung durch Kriegführung in
Europa, *ein* gemeinschaftsstiftender Faktor die Feindschaft der liberaler Demokratien gegenüber den Nichtdemokratien zu sein. Welche Interpretation – die
pazifistische oder die militante – außenpolitischer Herausforderungen sich
durchsetzt, hängt dann vom jeweiligen Fall ab. Schwache Staatlichkeit scheint
dabei eine für die Legitimationsfähigkeit günstigere Ausgangslage für die Securitization zu sein als autokratische Herrschaft – für Afghanistan und Irak wäre so

zu erklären, warum für Afghanistan die Sicherheitsgemeinschaft einheitlich die Intervention befürwortet und betrieben hat, während die Irakinvasion mit dem Ziel des Regimewechsels selbst in den Ländern der ‚Koalition der Willigen' gegen die Mehrheit der eigenen Bevölkerung durchgesetzt werden musste.

Wie Daase ausführt, lag der Einsatz der NATO ‚out of area' in der Logik der Sicherheitsgemeinschaft, deren militärischen Arm sie paradigmatisch verkörpert. Denn nur in einer Welt der Demokratien kann Sicherheit letztlich verwirklicht werden. Da nichtliberalen Regimen nicht vertraut werden kann, auch morgen noch friedlich zu sein, ist die Ausweitung der Friedenszone zwingende Strategie – mit friedlichen oder militärischen Mitteln. Die Kriegführung gegen Nichtdemokratien ist die Kehrseite der Medaille, intrinsischer Bestandteil des internen Friedens: „Democratic peace, one might say with only small exaggeration, proves itself in democratic war" (C. Daase 2006: 87). Indem die Sicherheitsgemeinschaft nach dem Frieden strebt, muss sie Krieg führen: „[P]eacebuilding represents the mutual inclusiveness of the idea of peace and the practice of war" (J. Heathershaw 2008: 621). Nach dem Wegfall des Containment des Kalten Krieges erfolgte ein Wechsel zu einer proaktiven Sicherheitspolitik, die nicht mehr wartet, bis Schaden entstanden ist, sondern vorher eingreift. Die ebenso intrinsische Kehrseite der Prävention, die ja auch ein ziviles Politikziel beispielsweise der EU oder der OSZE ist, ist das militärische Vorgehen gegen auftretende Bedrohungen. Nicht nur in der Nationalen Sicherheitsstrategie der USA mit ihrer Betonung der Präemption (White House 2002: 15), sondern auch in derjenigen der EU ist der Übergang zwischen zivilen und militärischen Maßnahmen verschwommen: „Active policies are needed to counter the new dynamic threats. We need to develop a strategic culture that fosters early, rapid, and when necessary, robust intervention" (EU 2003: 11).

Zusammen mit humanitären Überlegungen, die über den erweiterten Sicherheitsbegriff zu einem menschenzentrierten Sicherheitsbegriff der Human Security gelangten, wurden Eingriffe in souveräne Staatlichkeit legitimierbar. Auch dieser Schritt liegt in der Logik liberalen Denkens, denn nur Staaten, die fähig sind, den Bürger zu schützen, können als Gleiche anerkannt werden. Staaten, die zerfallen oder gescheitert sind, müssten jedoch anders behandelt werden, da ihnen ja die Grundcharakteristika von Staatlichkeit fehlen. Allerdings gelten auch die Räume als „transitional countries" (Jahn 2007b: 213), in denen Staatlichkeit schlicht nicht stattfindet (Kühn 2008a: 317). Diese Annahme beruht auf zwei Säulen (nicht nur) des liberalen Denkens über Sicherheit und internationale Entwicklung: Einerseits folgt sie der Staatlichkeitsdoktrin, derzufolge die Welt von Staaten bedeckt, also durchstaatlicht ist; andererseits bekräftigt sie einen teleologischen Verlauf, der Entwicklung mit Fortschritt gleichsetzt, der für die (noch) nicht demokratischen Gemeinwesen unweigerlich in dieselbe Richtung verlaufe wie vormals für die nunmehr entwickelten Staaten. Die Staaten sind in der Transitionsphase eine Gefahr für sich selbst (und insbesondere ihre Bevölkerung), aber auch für die liberale Friedenszone, denn sie sind wirtschaftlich unterentwickelt, weshalb ihnen kritische Governance-Strukturen fehlen. Der Armut entspringen unkontrollierte Migration, Drogenhandel und Waffenschmuggel, die Eliten sind korrupt und bereichern sich selbst. Irrationale Identitäten und Loyalitäten, die obendrein nicht mit den staatlichen Herrschaftsstrukturen übereinstimmen, weil sie unterschiedliche Ethnien umfassen, garantieren instabile Sozialbeziehungen. Diese Bedingungen mangelnder erfassbarer Strukturen bieten eine gute Grundlage für maligne Organisationen, die Terrorismus und Massenvernichtungswaffen proliferieren. „[I]t is this economic, political and cultural 'backwardness' – just as in modernization theories – which causes domestic and international instability and war" (B. Jahn 2007b: 214). Auf der Basis der Staatlichkeitsdoktrin bleibt der weltgesellschaftliche Zusammenhang sozialer Wechselbeziehungen aus dieser Sichtweise ausgeschlossen. Stattdessen wird der einzelne Staat, ungeachtet seiner tatsächlichen Vernetzung und sozialen Dynamik, zum Gefäß, in dem Unterentwicklung herrscht.

Das bedeutet in der Praxis eine Entmündigung und Depolitisierung der Gesellschaften der Dritten Welt. Weil sie unterentwickelt sind, fehlen ihnen sowohl die Ressourcen als auch das Verständnis, dieser Unterentwicklung zu entkommen. Deshalb muss die riskante Phase der Transition treuhänderisch begleitet werden, indem die Rahmenbedingungen späterer Pazifizierung vorgegeben werden. Damit erschafft die Intervention einen ‚virtuellen Frieden', der von außen eher zu sehen ist als von jenen, die von ihm betroffen sind (O. Richmond 2005: 185). Diese Praxis wird gespiegelt von der Projektion von Politik auf die globale Ebene und kann damit als unausweichlich, sachzwangbedingt und kollektiv legitimiert begriffen werden, aber:

> „The world has not become more 'global' but rather the breakdown in social connections framed through the political process of representation means that we have become increasingly 'deterritorialised'. The more socially atomised we are as individuals – the more we confront the world without mediation through social and political collectivities – the more we appear to live in a 'globalised world'" (D. Chandler 2009: 18).

Dem Risiko des Staatsaufbaus steht das Risiko politischer Verantwortung innerhalb der Staaten der Sicherheitsgemeinschaft gegenüber. Mit Verweis auf unausweichliche Prozesse globalen Maßstabs kann die Sicherheitsgemeinschaft ihre Sicherheitspolitik weitgehend ohne politische Folgen auch gegen die Mehrheitsmeinung der Bevölkerung praktizieren, die parlamentarisch nur von Splitterparteien ausgedrückt wird. Es sind also nicht allein die Gesellschaften außerhalb der Sicherheitsgemeinschaft, die als depolitisierte Empfänger von Statebuilding fungieren; auch innerhalb der politischen Souveräne, aus denen sich die Sicherheitsgemeinschaft zusammensetzt, findet der Interventionismus zu seiner faktischen Geltung, indem er unhinterfragt bleibt.

5.7 Staatsaufbau in staatsferner Gegend: Widersprüche liberaler Weltpolitik

Die Demokratie oder liberales Denken als grundlegende Norm in Frage zu stellen war nicht Gegenstand der vorangegangenen Kapitel. Es bestehen wenig Zweifel, dass von den gängigen Arten, Sozialbeziehungen zu organisieren, die Demokratie und im internationalen Maßstab die Zusammenarbeit von Demokratien nicht die schlechteste ist, um Churchill zu paraphrasieren. Gleichwohl gehört die Reflexion zu den Grundideen aufklärerischen Denkens, das Fortschritt erst ermöglicht. Deshalb darf nicht ausgeblendet werden, dass die Demokratie sich auf diejenigen, die unter demokratischer Regierung leben, nennenswert günstiger auswirkt als auf alle anderen. Dieses Argument wirkt in zwei Richtungen: Einerseits lässt sich damit aggressive Demokratisierungspolitik neokonservativer Prägung rechtfertigen (N. Sharansky 2004). Andererseits bedarf es gerade wegen dieses Arguments der Frage, welche Rolle liberale Politik selbst für das Verhältnis zwischen liberal-demokratisch verfasster Welt und dem ‚Rest' spielt. In diesem Sinne war der Entwurf eines Konzepts, mittels dessen sich zeitgenössische Sicherheits- und Entwicklungspolitik analysieren lässt, ein Stück kritischer Theorie, wie sie Cox (1986: 208-210) von problemlösender Theorie unterscheidet. Kritische Theorie weigert sich, erklärt Hobson, „[to] take existing institutions for granted but problematises them by examining their origins, their limitations and contradictions, in order to reveal the processes which can transcent them" (2000: 128). Dem Denken wohnt der Gedanke einer Verbesserungsfähigkeit der internationalen Politik inne, der sich an Kants Kritikbegriff anlehnt (K. Röttgers 1975: 33). Indem die wesentlichen Denkmodelle oder sozialen *Frames* (E. Goffman 1980: 32-39) dargestellt wurden, konnten sie mitunter dem ‚Komplex des Erstaunlichen' zugeführt werden: „Etwas geschieht oder wird hervorgebracht, das beim Beobachter Zweifel an seiner allgemeinen Auffassung von den Dingen weckt" (E. Goffman 1980: 38).

Um die wesentlichen Schnittstellen von Sicherheit und Entwicklung und ihre Widersprüche zu verdeutlichen, werden auf den verschiedenen Ebenen die Paradoxa des internationalen Statebuilding zusammenfassend skizziert. Dass dies als ‚Staatsaufbau in staatsfreier Gegend' betitelt ist, soll dabei auf die zentrale Rolle hinweisen, die das Konzept der Staatlichkeit spielt. Der scheinbar unwissenschaftliche Begriff der ‚Gegend' verdeutlicht dabei die Ambivalenz, die dem Staatsbegriff innewohnt: Einerseits verfügt er über eine territoriale Komponente, die sich in der Doktrin der durchstaatlichten Welt ausdrückt, aber auch in der Vorstellung zentraler Herrschaft, die geographisch ausgreift und einheitlich auf dem Staatsgebiet wirkt. Andererseits ist der Staat gänzlich gedanklich, indem ihm Aufgaben zugeschrieben, in seinem Namen kollektive Willenserklärungen abgegeben und Kriege geführt werden und indem – nicht zuletzt – eine soziale Selbstdisziplinierung stattfindet, die den Handlungsrahmen für den Einzelnen wie für kollektive Akteure abgibt. Foucault nennt dies die ‚Governmentality' (M. Foucault 1991). Und schließlich verweist die ‚Gegend' auf einen der internationalen Politik innewohnenden Orientalismus (E. Said 1979: 94-73, insb. 54), der die Welt außerhalb der Sicherheitsgemeinschaft als letztlich doch unregierbare und gefährliche, nun ja: Gegend wahrnimmt. Die geistige Globalität, die sich in entgrenzten Netzwerkgedanken – zwischen staatlichen Grenzen und ihrer Überschreitung, zwischen dem heimischen und dem ausländischen Kontext – äußert, kann auch auf eine Entkoppelung sozial und kollektiv vermittelter politischer Organisation hindeuten:

> „It is the lack of clear sites and articulations of power, the lack of clear security threats, the lack of strategic instrumental policy making and the lack of clear political programmes or movements of resistance which drives the conceptualisation of international relations in global terms" (D. Chandler 2009: 2).

Der globale Zusammenhang wurde, so Chandler, nie richtig thematisiert und hinterfragt. In der Konzeption des Interventionismus als Politik der Sicherheitsgemeinschaft, die politisch verortbar ist, bekommt sie wieder einen Platz. Die der liberalen Weltpolitik zugrundeliegenden gedanklichen Konstrukte, die den zeitgenössischen Interventionismus und die Statebuilding-Idee begründen, sind in den vorangegangenen Kapiteln in ihrer historischen Genese wie in ihren realpolitischen Auswirkungen hergeleitet worden. Abschließend sollen ihre inhärenten Widersprüche zusammenfassend dargestellt werden.

5.7.1 Alle Menschen sind gleich, manche jedoch nicht

Eine der zentralen Annahmen der liberalen Vertragstheorie ist, dass alle Menschen gleich sind. Herrschaft, und über diesen Umweg der Staat, kann nur gerechtfertigt werden, weil er das Recht auf Leben, Freiheit und Eigentum schützt. Das Eigentum ist allerdings neu an Lockes Theorie. Denn weder war der Eigentümer-Bürger im 17. Jahrhundert weitverbreitet noch war er anerkannt als gedankliche Grundlage der Herrschaftslegitimation. Sozial interessant wird das

Eigentumsproblem auch erst dann, wenn Geld, das akkumuliert und gegen anderes eingetauscht werden kann, als Substitut für Güter ins Spiel kommt. Die Bewirtschaftung des Eigentums schafft einen Mehrwert, der der gesamten Gesellschaft nutzt, weil er mehr Güter zu produzieren erlaubt als in Subsistenzwirtschaft ohne Geld möglich wäre. Während die Menschen ihrer Rechte nach gleich sind, sind sie gleichzeitig materiell ungleich, weil Eigentumsrechte bedeuten, dass Menschen unterschiedlich viel besitzen. Politisch haben aber nur die Eigentümer am Gemeinwesen Anteil, was Frauen, Kinder, Behinderte und Sklaven ausschließt. Aus unterschiedlichen Gründen können sie kein Eigentum besitzen oder darüber verfügen, weshalb treuhänderisch für sie mitentschieden werden muss. Daraus folgt politische Ungleichheit zwischen Eigentümern und Nichteigentümern.

Im internationalen Maßstab bedeutet dies, dass Staaten, die (noch) nicht auf einem Stand sind, auf dem sie das Eigentum schützen und auf der Basis von Geld kapitalistisch wirtschaften, nicht als gleich anerkannt werden. Denn wenn sie Eigentum nicht schützen und ihnen damit die Grundlage für die vertragsmäßige Etablierung politischer Rechte abgeht, können sie auch nicht souverän sein. Vormundschaftliches Verhalten ist dann nicht nur möglich, sondern geboten. Anders formuliert: Es liegt in der Logik der liberalen Expansion, ihren eigenen *modus operandi* weltweit zu verbreiten.

Im Locke'schen Liberalismus, der Ungleichheit kennt und fest ins theoretische Gefüge eingebaut hat, ergibt sich ein enormer Spielraum für die – teleologisch zwar vorgesehene, aber in ihrem zeitlichen Ablauf nicht näher bestimmte – Entwicklung gleicher Rechte in illiberalen Staaten. Kant ist sich des Problems bewusst, denn er untersagt Interventionen in anderen Staaten im 5. Präliminarartikel zum ‚Ewigen Frieden', weil die Etablierung von Rechten nur innerhalb auf Gleichheit basierender Gemeinwesen erfolgreich sein könne, andernfalls eine ‚Verletzung der Rechte' vorliege, auf der selbst keine Rechte aufbauen könnten (I. Kant 1970: 199). So kann der Entwicklungspfad nicht beschleunigt werden, wie dies die Vorstellung von unterstützender Politik suggeriert. In der politischen Praxis wohnt aber dem liberalen Herrschaftssystem ein Drang zur Ausbreitung inne; indem der eigene Entwicklungsstand geschützt werden muss, der mit kapitalistischen Wirtschaften, also auch der Bewirtschaftung von Ungleichheit einhergeht, wird expansive Politik notwendig (B. Jahn 2007a: 93). Auch wenn liberales Denken letztlich Pluralismus erlaubt und seiner sogar bedarf, kennt es diesen nicht, wenn es um das System selbst geht. Innenpolitisch heißt das, dass die liberale Staatsform nur denen offensteht, die sie verteidigen, außenpolitisch können liberale Staaten auf Dauer keine illiberalen Staaten im System dulden.

5.7.2   *Alle Staaten sollen sich ihre Regierungsform selbst geben, solange es Demokratie ist*

Daraus folgt ein weiterer Widerspruch, der offenbar wird, wenn man die Vorstellung des Statebuilding aufschlüsselt. Indem ein kapitalistisch wirtschaftender, auf Eigentum und den daraus resultierenden Rechten basierender Staat aufgebaut wird, ist diesem die politische Form gewissermaßen schon eingepflanzt. Denn die Frage, welche Regierungsform ein solcher Staat bekommen soll, steht nicht am Ende des Aufbauprozesses, sondern an dessen Anfang. Damit ist die Art dessen, was aufgebaut werden soll, also Rechtsreformen einschließlich Verfassungsgebung, die Art der Verwaltung, des Sicherheitssektors und der Kontrolle der Regierung im Kern des Wortes ‚präjudiziert'. Es ist also keine Frage der „State-Formation First" (A. Wimmer/C. Schetter 2002). Die Vorstellung eines unitarischen Staates, dessen Herrschaftsordnung hierarchisch strukturiert ist, beinhaltet bereits, dass das Personal des Staates über demokratische Verfahren ausgewählt wird. Auf der Basis der Staatlichkeitsdoktrin sind multiple Machtzentren, die autonom und quasi-staatlich agieren und über die Zeit erst eine amalgamierte Sicherheitsgemeinschaft bilden können, für Statebuilding-Modelle nicht denkbar. Die Staatsbildung etabliert so auf der Basis demokratischer Verfahren Konkurrenz, die mittels Ressourcen ausgetragen wird. Mit anderen Worten: Bestehende Loyalitäten werden zur Mehrheitengewinnung ausgenutzt, während die politische Auseinandersetzung um die ‚Sache' in den Hintergrund drängt. Dies führt zur Überbetonung ethnischer oder religiöser Kategorien.

In dem internationalisierten Raum, der der Staat im Prozess seines Aufbaus ist, werden Prozess und Ergebnis gleichgesetzt. Statt – wie es der liberale Kontraktualismus zugrunde legt – über die Staatsform zu entscheiden und auf dieser Basis einen für alle bindenden Vertrag einzugehen, stehen alle Entscheidungen hinsichtlich des Staates und seiner Form schon fest. Für den Souverän, das Volk, bleibt nur noch, die extern getroffene Entscheidung zu akzeptieren und durch Wahlen zu legitimieren. Diese Legitimation wird vorher auf der Basis internationalen Rechts in internationalen Gremien, also extern vorgeformt, um die Intervention und den Staatsaufbauprozess zu genehmigen. Dieser äußeren Legitimation muss notwendigerweise interne Legitimation folgen, sonst wäre der gesamte Entwicklungsweg unterbrochen – so ist zu erklären, warum die internationalen Agenturen große Investitionen für Wahlen und verfassungsgebende Versammlungen leisten, darin aber massiv lobbyieren, um die erwünschten Ergebnisse herbeizuführen (S. Chesterman 2002: 41). Die Selbstbestimmung wird dabei paradoxerweise untergraben, und die Gleichzeitigkeit des Ungleichzeitigen wirft Fragen auf, die innerhalb dieses politischen Konzepts nicht beantwortet werden können.

5.7.3 Demokratie bringt allen etwas, nur keinen Wohlstand

Die ‚Gleichzeitigkeit des Ungleichzeitigen' steht in direktem Zusammenhang zur Frage nach der Friedensdividende. Indem der Staatsaufbau in Nachkriegssituationen als Befriedungsprojekt betrieben wird, stellt sich die Frage, was der Frieden ‚bringt'. In der liberalen Theorie bringt der Frieden, der durch die Demokratie („Democracy can be considered [peace-building's] discoursive cousin, sharing peace-building's epistemological and ontological roots, and being hugely influential in its own right, informing international engagement with post-Soviet and post-colonial states"; Heathershaw 2008: 599) gewissermaßen verursacht wird, Wachstum und Wohlstand. Allerdings fehlen dem Staat die Mechanismen, diesen Wohlstand, der aus der kompetitiven Bewirtschaftung von Kapital resultiert, zu verteilen. Die Folge sind massive Ungleichheiten, die soziale Spannungen verschärfen können. Die Erfahrung der Sicherheitsgemeinschaft als Gemeinschaft der Wohlfahrtsstaaten setzt sich in internationalem Statebuilding nicht um, denn die Vorstellung, in den neuen Staat einen Umverteilungsmechanismus einzubauen, ist dem ‚aid regime' fremd. Eine solche Regelung würde ja die zugrundeliegenden Eigentumsrechte beschneiden, die Folge wäre ein illiberaler Charakter des Staates.

Der aufzubauende Staat verfolgt als ‚norm entrepreneur' die soziale Umstrukturierung der Gesellschaft und ahmt Institutionen nach, die in den Staaten der Sicherheitsgemeinschaft entstanden sind. Wo wirtschaftliches Handeln stattfindet, ist es durch die Vorherrschaft von dessen transformativer Kraft Teil des Staates selbst oder passiert vollständig am Staat vorbei. Damit ist aber eine Trennung von Staat und wirtschaftlicher Sphäre nicht möglich; die Vorstellung eines Minimalstaates, wie er im liberalen Kernland besteht, findet im aufzubauenden Staat keinen Halt und lässt sich nicht umsetzen (K. van der Pijl 2008: 33). Für die Bevölkerung bedeutet dies, dass sie vom Staat keine Wohlstandsfortschritte erwarten kann. Denn indem der aufzubauende Staat als gering intervenierender und nicht umverteilender Staat konzipiert ist, finden internationale Entwicklungsprogramme überwiegend zur Stärkung der ‚self-reliance' statt. Diese ist aber gerade in Abwesenheit von Staatlichkeit, verursacht durch Krieg und Gewalt, der Lebensmodus weiter Teile der Bevölkerung. Deshalb bedeutet Staatlichkeit für sie zunächst keine lebensweltliche Verbesserung. Die Bevölkerung bekommt zwar politische Rechte, die sie bei Wahlen anwenden kann. Die durch die Wahlen legitimierte Herrschaftskonstellation dient aber in erster Linie den mit dem Staat verknüpften ökonomischen Agenturen. Anders formuliert: Den Nutzen des Staates schöpfen die Besitzenden ab, weil nur sie über Kapital verfügen, das sie im Staat investieren können, während die arme Mehrheitsbevölkerung davon ausgeschlossen bleibt. Die Demokratisierungsdividende bleibt also, zynisch gefasst, darauf beschränkt, dass diejenigen, die vor der Demokratisierung geherrscht haben, immer noch herrschen, aber durch Wahlen legitimiert sind. Wohlstand als Ausdruck von Entwicklung, begriffen als Reduktion existenzieller Risiken, etwa durch Versicherungen, die wirtschaftliche und soziale Risiken für die Bevölkerung abmildern, wird so nicht generiert.

Die liberale Theorie hat den Widerspruch zwischen sozialdemokratischem und wirtschaftsliberalem Denken nicht auflösen können. Die wirtschaftliche Liberalisierung führt ohne politische Steuerung nicht dazu, dass die Wohlstandsgewinne breit gestreut sind. In der Situation aufzubauender Staatlichkeit kann der neue Staat von der Eigentümerklasse appropriiert werden, die eventuelle Gewinne unter sich aufteilen kann. Sozialen Frieden zu schaffen, wie er im kapitalistischen Kernland mit der Schaffung sozialer ‚Sicherheitssysteme' angestrebt und erreicht wurde, bleibt aus. Auch wo Staatlichkeit vorhanden ist und wo demokratisierende Reformen erfolgreich durchgeführt wurden, bleibt die Unzufriedenheit über den ausbleibenden Wohlstand bei der Bevölkerung eine langlebige Hypothek der Demokratie.

5.7.4 Gewalt kann nur der Staat eindämmen oder externes Militär

Um Gewalt einzudämmen, die sich ja immer gegen das Leben oder Eigentum von Bürgern richtet, ist der Staat die einzige denkbare Instanz. Die Gewaltmonopolisierung ist die Grundlage für einen rechtlich regulierten Markt und Wohlstandsproduktion. Da in Statebuilding-Situationen in der Regel nicht eine Gruppe gewissermaßen ‚übrig bleibt', die als Gewaltakteur fungiert, während die andere(n) verschwunden sind, ist der neue Staat gefordert, sich den Gewaltgebrauch exklusiv anzueignen. Dies geschieht aus einer Konstellation heraus, in der Gewalt zum gängigen Repertoire politischer und wirtschaftlicher Konkurrenz gehört. Der staatliche Gewalteinsatz könnte dann massiver ausfallen als der aller anderen Gruppen. Im Rahmen internationalisierten Herrschaftsaufbaus, der ja einen demokratischen Staat anstrebt, in dem die Gewalt bereits veröffentlicht, also öffentlicher Kontrolle unterworfen ist, ist der Weg massiver Gewalt verbaut. Obendrein müsste eine Gruppe massiv aufgerüstet werden, um diese Aufgabe funktional erfüllen zu können; andernfalls hätte sie sich ohnehin im vorangegangenen Krieg entscheidend durchsetzen können. Der Staat einigt also einen Teil der am Krieg beteiligten Gruppen, um gegen die verbleibenden und damit gegen den Staat kämpfenden Gruppen kämpfen zu können. Im Falle, dass offen antietatistische Gewaltakteure nicht vorhanden sind, bleibt ihm trotzdem das Problem, dass die Gewalt zwar ihren politischen Charakter verliert, gleichwohl als kriminelle Gewalt privatisiert nach wie vor präsent ist. Um Gewalt wirksam monopolisieren zu können, muss der Staat also sowohl die physischen Fähigkeiten zur Gewalteindämmung besitzen als auch über ein hinreichendes ideelles Eigengewicht verfügen.

Im Prozess der als Modernisierung verstandenen Etablierung von demokratischer Staatlichkeit besitzt er diese Fähigkeit und Eigenschaft jedoch nicht. Aufgrund humanitärer Überlegungen und zum Schutz der eigenen Errungenschaften liberaler Staatlichkeit interveniert die Sicherheitsgemeinschaft, um die Sicherheitsfunktion des Staates an dessen Statt zu übernehmen. Ob als Gast oder als den Souverän ersetzende Macht, die Intervention verschiebt die Gewichte im Land. So verliert die Interventionsmacht ihren Status als unparteiische Agentur. Sie kann die sozialen Prozesse, deren Ausdruck die Gewalt ist und die sie gleichzeitig beschleunigt und transformiert hat, nicht beenden oder eindämmen, ohne Teil der Konfliktkonstellation zu werden. Sie ‚erbt‘ gewissermaßen den Konflikt, der nunmehr ihr eigener ist. Einmal im Geschäft der Gewaltmonopolisierung zugunsten einer staatlichen Einheit, die es erst noch zu schaffen gilt, kann sie nicht nur gedanklich, sondern auch praktisch hinter den Staat nicht mehr zurück.

Für den Statebuilding-Prozess weist die Gewaltmonopolisierung zwei Dilemmata auf: *Erstens* ist nicht klar, wann die neue Staatlichkeit liberalen Kriterien genügt, um selbst das Gewaltmonopol zu übernehmen. Angesichts dessen, dass die politische Wirklichkeit am Idealtypus legitimer Gewaltverfügung gemessen wird, würde es auch den Staaten der Sicherheitsgemeinschaft schwerfallen, als gewaltmonopolisiert zu gelten: Denn Kriminalität besteht auch in Demokratien, und sogar weitverbreiteter Besitz von Waffen ist kein Kriterium zerfallender Staaten. Den neuen Staat mit den operativen Fähigkeiten zur Gewaltmonopolisierung auszustatten reicht obendrein nicht hin: Die Ausübung von Gewalt durch den Staat muss liberaler Praxis entsprechen. Andernfalls hätte die Sicherheitsgemeinschaft, statt ihre liberale Verfassung auszudehnen, nur einen effektiveren autokratischen oder diktatorischen Staat geschaffen, der seinerseits den Frieden im internationalen System bedroht. *Zweitens* ist die Frage, wann der Staat in der Lage ist, selbst das Gewaltmonopol zu übernehmen, in Anwesenheit von externem Militär letztlich nie zu beantworten. Indem die externen Gewaltakteure zum Teil des Konflikts werden, ist nicht abschließend zu klären, ob sie Ursache der Gewalt oder deren Verhinderer sind. Anders formuliert: Wenn die Gewalt unter der Bedingung militärischer Intervention anhält, schlicht, weil dem Staat aufgrund anderer, oben beschriebener Dilemmata der ideelle Rückhalt fehlt, bleibt unklar, ob die militärische Unterstützung dieses Staates Teil des Problems oder Teil der Lösung ist.

6 Afghanistan als sicherheitspolitischer Prüfstein

In der folgenden Fallstudie steht die Intervention in Afghanistan im Mittelpunkt, die aus den terroristischen Anschlägen des 11. September 2001 resultierte. Strukturell gleich aufgebaut wie das vorangegangene Kapitel zur Synthese von Sicherheits- und Entwicklungspolitik zeichnet es anhand eines exemplarischen Falles die Faktoren nach, die für die internationale Afghanistanpolitik relevant sind. Das entworfene Konzept empirisch informiert zu überprüfen heißt also nicht, dass der konzeptionelle Ansatz damit universalisiert werden soll: Es kann sein, dass die aufeinander bezogenen Faktoren in anderen Fällen unterschiedlich ausfallen. Eine handelnde Sicherheitsgemeinschaft mag abwesend sein oder von einzelnen Staaten, die als ehemalige Kolonialmächte besondere Beziehungen zu einem Staat pflegen, überlagert werden. Andere als die Kernstaaten der Sicherheitsgemeinschaft mögen unterschiedliche Aussichten auf erfolgreiche Securitization haben. Das gedankliche Umfeld einer terroristischen Bedrohung mag abwesend sein, so dass die Securitization schlicht fehlschlägt. Welche Abweichung es auch geben mag: Da die beschriebene Situation einer dominierenden Weltmacht USA, die auf ihrem eigenen Territorium einen verheerenden Anschlag erlebte, den sie als kriegerischen Akt verstanden wissen wollte, die herrschende Konstellation war, wurden die beschriebenen Faktoren für Afghanistan relevant. Insbesondere eine zunächst außenpolitisch nicht interessierte, sodann jedoch umso missionarischer agierende Administration unter George W. Bush war ein, wenn nicht *der* verstärkende Faktor. Gleichwohl, so lautet die These, folgte die neokonservative Politik der prinzipiellen Logik liberaler Denkweise. Auch die Intervention im Irak mit dem Ziel des Regimewechsels, also dem gewaltsamen Sturz des Hussein-Regimes, kann so analysiert werden: Aus der Vorstellung des liberalen Friedens ergibt sich potenziell der militärische Angriff als pervertierte und technokratisierte Konsequenz (B. Sovacool/S. Halfon 2007: 242).

Politik wird gemacht, sie passiert nicht einfach. Ausgehend von dieser Prämisse soll hier die Entfaltung der interventionistischen Politik in Afghanistan beleuchtet werden. Die Zusammensetzung und innere Dynamik der handelnden Staaten sowie ihre institutionelle Verflechtung spielt für diese Analyse ebenso eine Rolle wie die gesellschaftliche Formation, auf die sie trifft. Auf der Basis einer weltgesellschaftlichen Verflechtung zeigt sich, dass ein internationales ‚aid regime‘ (A. Suhrke 2006) auf eine internationalisierte Gesellschaft trifft, deren lokale Formation hochgradig fragmentiert ist. Die Fragmente sind in der

‚Gleichzeitigkeit des Ungleichzeitigen' in unterschiedlichem Maß adaptiv für die Versuche der Interventen, moderne Staatlichkeit aufzubauen. Die gesellschaftliche Modernisierung stößt in verschiedenen konfliktiven Prozessen auf Segmente der Bevölkerung, die sich ihr widersetzen. Denn die Institutionalisierung von Herrschaftsbeziehungen beruht auf einem hohen Maß an Abstraktion, das der gesellschaftlichen Formation nie ganz entsprechen kann. In Afghanistan ist die Diskrepanz deutlich erkennbar. Da der Staatsaufbau militärisch flankiert wird, die Gesellschaft in hohem Maße militarisiert ist und gleichzeitig staatliche Kanäle zum Konfliktaustrag nicht vorhanden sind, kommt es zu sich verstärkender Gewalt.

Der Intervention gelang es zunächst, den Krieg zu beenden, auch weil die Fähigkeiten der Interventen den kriegführenden Parteien unklar waren und die Bevölkerung eine Weiterführung des Krieges ablehnte. Die Intervention verfügte zunächst über viel Kredit in militärischer wie politischer Hinsicht. Diesen Kredit zu untermauern und in eine stabile Nachkriegsordnung zu überführen und einzubringen ist der Sicherheitsgemeinschaft im Fall Afghanistans nicht gelungen. So ändert sich ihre Rolle im Verlauf der Intervention: „All of those interconnecting UN, donor, military and NGO endeavours that mobilized to intervene, save lives and end conflict now increasingly appear as assemblages of occupation defining a new post-interventionary society" (M. Duffield 2007: 27). Diese verwobenen Sphären externer und interner Handlungslogiken werden im Folgenden dargestellt und analysiert (R. Shannon 2009: 17-18).

Afghanistan ist in hohem Maße verflochten in Sozialbeziehungen, die über das hinausgehen, was man als den Staat Afghanistans beschreiben könnte. Die Existenz des Staates ist Ergebnis äußerer Faktoren, nicht innerer Dynamik (J. Hanifi 2004). Zu keiner Zeit beruhte Staatlichkeit auf einer stabilen wechselseitigen Durchdringung von Staat und Gesellschaft. Stattdessen könne von einer segmentierten Gesellschaft gesprochen werden, die dem Aufbau einer politischen, wirtschaftlichen oder kulturellen (nationalen) Einheit immer hinderlich gewesen sei (O. Roy 1991: 6; R. Newell 1972: 34). Von einer segmentierten statt einer tribalen Gesellschaft zu sprechen ist akkurater, weil damit eben nicht nur Brüche zwischen Clans abgedeckt werden. Die Segmentgrenzen können nämlich tribal, ethnisch und/oder ‚genossenschaftlich' sein. Unter genossenschaftlich ist dabei ein Netzwerk von Kooperation entlang familiärer, dörflich-regionaler oder anderer gesellschaftlicher Kleinstrukturen zu verstehen, die von Patronagebeziehungen geprägt sind. Dennoch sind sie Ort von Rivalität hinsichtlich der Führung; dabei ist Ort keine räumliche Kategorie. Tribale Zusammenhänge sind in den paschtunischen Regionen wichtiger als anderswo. Gleichzeitig sind die paschtunischen Clans grenzübergreifend in Afghanistan wie in Pakistan beheimatet. Es ergibt sich deshalb keine einheitliche Herrschaftsstruktur aus der Clanzugehörigkeit. Genossenschaftliche Netzwerke hingegen existieren auch unterhalb der Clanstrukturen. Weil die tribalen Zusammenschlüsse der Paschtunen größer und organisationsfähiger waren (sofern nicht ein Führungswechsel die innere Komposition veränderte), konnten sie über viele Jahre eine Vorherrschaft über den Staat ausüben (O. Roy 1991: 6). Erst vor nicht allzu langer Zeit veränderte sich die Bedeutung des Wortes ,afghanisch', das vorher synonym mit ,paschtunisch' gebraucht wurde (M. Ewans 2002: 3; C. Schetter 2005a: 58).

Tribale und staatliche Strukturen sind nicht hierarchisch, sondern interagieren auf gleicher Augenhöhe, weil sie verschiedenen Organisationsmodi folgen: Der Staat folgt dem Muster territorialer Herrschaft, der Clan folgt der Idee von Zusammengehörigkeit auf der Basis von Verwandtschaft (B. Rubin 2002: 10). Dem entspricht eine Wahrnehmungsdifferenz lokaler Organisation als territorial oder als soziales Netzwerk (K. Mielke/C. Schetter 2007: 74-80). Ähnlich verhält es sich mit der Ethnizität, die keine feste Kategorie darstellt, sondern als ethnische Identität gemeinschaftsstiftende Funktion hat, weil sie eine Gruppe gegen eine andere abgrenzt. Identitäten sind dabei kumulativ, das heißt es gibt verschiedene Identitätsfragmente, die zusammengenommen die Identität eines Einzelnen ausmachen. Dabei ist die „Identitätsstruktur eines Individuums (…) nicht klar geordnet, gegliedert und hierarchisiert, sondern polymorph und polysystemisch" (C. Schetter 2003: 43). Die Identität ist also vom sozialen Kontext abhängig, in dem verschiedene Aspekte aufgerufen und betont werden. Identitäten sind fluid und wandeln sich, sind abhängig von Selbst- und Fremdzuschreibungen; eine Unterscheidung, die Schetter (2003: 46) hervorhebt, ist die zwischen Ethnizität als *Zustand* und ethnischer Identität, die ichbezogen und introspektiv einen Findungs*prozess* darstellt (auch J. Eckert 2003: 92-94).

Die ,Gleichzeitigkeit des Ungleichzeitigen' zeigt sich hier: Einerseits besteht eine Gesellschaft, die substaatliche Herrschaftsstrukturen geringer Stabilität aufweist, weil tribale Gemeinwesen ohne klare Regelungen der Führungsnachfolge viele interne (Blut-)Fehden aufweisen, die durch Polygamie noch verstärkt werden (A. Saikal 2004: 4-5). Andererseits steht diesen Strukturen ein von außen importierter Staat gegenüber, der als Folge eines entlang anderer Herrschaftslogiken geformten internationalen Systems als ,Nationalstaat' reüssieren muss. Zwischen beiden Sphären, der des Staates und jener der Gesellschaft, bestehen also Strukturkonflikte. Anders gefasst: Auf den Staat wirken sowohl die Dynamiken des internationalen Staatensystems als auch die gesellschaftlichen Dynamiken der Bevölkerung ein. In Afghanistan wirken diese konkurrierenden Strukturen bis heute fort (T. Barfield 2004). Das Verständnis, etwas müsse klar bestimmbar sein, macht es den externen Interventen schwer, zu erkennen, welche der Strukturen gerade wirksam ist. Eine dichotomische Weltsicht, derzufolge Etwas, aber nicht ein Anderes gleichzeitig sein kann, ist unter dem Gesichtspunkt volatiler Machtbalancen nichtinstitutionalisierter Sozialverbände nicht anwendbar. Die Herausbildung dieser Art von Sozialbeziehungen hat ihren Ursprung in der Genese des Staates Afghanistan, der seine Existenz einer Ideenmigration von Staatlichkeit verdankt, die der Doktrin einer durchstaatlichten Welt gefolgt ist.

Afghanistan kann als ‚später' Staat gelten, dessen erste Formierung als lose Konföderation von Khanaten[153] und Clans 1747 erfolgte. Die paschtunischen Durrani-Clans unter Ahmad Abdali, der sich zum Schah ausrief und damit bereits eine Monarchie nachahmte, legten den Grundstein für einen Staat im internationalen System. Dennoch:

> „the state and government were essentially tribal in nature. Tribal leaders were confirmed in their possession of land, the main offices of state were distributed among the different tribes, and the king had to consult a council of nine tribal chiefs" (A. Olesen 1995: 29).

Der König war also kein am oberen Ende einer hierarchischen Struktur befindlicher Herrscher, sondern ein *primus inter pares*, dessen persönliche Qualitäten ausschlaggebend waren. Dazu gehörten seine Fähigkeiten, Zwistigkeiten zwischen den Clans für sich auszunutzen (bis hin zur Geiselnahme von Familienmitgliedern anderer Clanführer), Dissens in rivalisierenden Clans zu schüren und der Mord an Dissidenten (A. Olesen 1995: 30). Der Staat konnte so nur begrenzt Autorität entwickeln. Herrschaft war immer indirekte Herrschaft, angewiesen auf die Kooperation der Clans, und erstreckte sich in schwacher Regelungsdichte kaum über die Städte hinaus. Dadurch blieb die egalitäre Struktur, die innerhalb der Clans herrscht, auch im Staat erhalten: Da im Ehrenkodex jeder Mann für sich selbst steht, die Clans zwar einen Führer haben, der jedoch ebenso auf Konsultation angewiesen ist wie der König gegenüber den Clans, verbreiten sich die Beziehungen im Staat eher horizontal denn hierarchisch. Die Clans stellten dem König Soldaten zur Verfügung, sammelten Landrenten und in kleinem Maß Steuern, von denen ein Anteil beim Clanführer blieb; dieser hatte also einen Anreiz, sie zu erheben, allerdings schwächte dieses Verfahren den Staat, denn der beim Clanführer verbleibende Anteil wuchs mit der Zeit. Ein stets klammer Staat war die Folge (A. Olesen 1995: 32), der seine ebenfalls Revenuen abwerfenden Eroberungen nicht halten konnte.

Zwar begründete diese Konföderation den Herrschaftsanspruch der Paschtunen (genauer: der Durrani), es fehlte dem Staat jedoch an administrativer Struktur oder kodifizierten Gesetzen. Auch über eine ideologisch-philosophische

---

[153] Abgeleitet vom Khan, der die Führerschaft des Clans auf ökonomische Aktivität, vor allem aber auf Anerkennung stützen muss; Khane halten die ‚Fäden des Clans zusammen' (A. Olesen 1995: 29).

Idee verfügte er nicht. Der Einfluss der Clanführer nahm zu, weil der überwölbende Staat sie als Ansprechpartner brauchte und sie in eine – wenn auch zunächst schwache – Herrschaftsposition versetzte. So verlor die Durrani-Monarchie die Ressourcen, ihre Vorherrschaft aufrechtzuerhalten und zerrieb sich in internen und tribalen Machtkonflikten, was zu einer langanhaltenden Kriegsphase zwischen 1801 und 1834 führte (A. Saikal 2004: 25).

Das Durrani-Afghanistan zerfiel in die Städte Kabul, Kandahar und Herat und viele kleinere Herrschaftseinheiten, deren westlichste, Herat, unter den Einfluss Persiens geriet, während sich im Osten die Sikhs Einfluss verschafften. Weil die europäischen Mächte sich ausdehnten und begannen, ihre kolonialimperiale Rivalität zu konsolidieren, wuchs der Druck auf diese Herrschaftsformationen, indem die Briten die Sikhs und das Zarenreich die Perser unterstützte. Auf diesem Weg erlangte Afghanistan internationalen Stellenwert und begann eine staatliche Institutionalisierung. Die Einflussnahme beschrieb Ende des Jahrhunderts Rudyard Kipling als ‚Great Game', als Abfolge von Aktion und Reaktion zwischen Briten und Zarenreich, was in kolonialer Art die interne Dynamik der Staatsbildung völlig ausblendete (T. Barfield 2004: 271-279). Für die Briten war Afghanistan ein Puffer gegen die Expansion des russischen Einflusses in ihr ‚Dominion' auf dem indischen Subkontinent. Für das Zarenreich galt dies genau deshalb als erstrebenswert, weil die Briten es nicht wollten. Keine der Mächte zielte jedoch darauf ab, Afghanistan zu kolonisieren, zunächst, weil dies wirtschaftlich uninteressant war, aber auch, weil dies ein direktes Aufeinandertreffen der großen Reiche bedeutet hätte. Für die Konsolidierung von Herrschaft in Afghanistan war die Ressourcenschwäche schon in den kriegerischen Jahren ausschlaggebend gewesen, da einzelne Führer gezwungen waren, sich finanzielle Mittel von außen zu besorgen. Die Rivalität der Imperien erschloss diese Mittel, erlaubte den Großmächten aber über die Finanzierung jeweils wechselnder Allianzen, die interne Politik zu manipulieren, um den ‚Sicherheitspuffer' zu festigen. Dabei sollte kein Herrscher zu stark werden, um die Einflussnahme zu vereinfachen.

> „Despite two major British military thrusts into Kabul, resulting in the famous Anglo-Afghan wars of 1838-1842 and 1878-1880, which both ended with British withdrawal, by late in the century the British had succeeded in fixing Afghanistan, by and large, within its present eastern and southern boundaries" (A. Saikal 2004: 28).

Es handelt sich also unter dem Strich um eine externe Staatsbildung, der keine korrespondierende Staatsformierung entsprach.

Abdur Rahman, der ‚eiserne Amir', regierte diesen Staat von 1880 bis 1901. Nachdem er innerfamiliäre Konkurrenten in einigen blutigen Kämpfen besiegt hatte, bestieg er den Thron und proklamierte seine Herrschaft als von Gott legitimiert – eine Begründung, die das Ratswesen, also die tribalen, weitgehend egalitären Konsultativverfahren umging und die bis dahin noch kein Herrscher angeführt hatte. So begründet war der Thron und seine Besetzung unanfechtbar, und Rahman unterstellte die religiösen Stiftungen[154] seiner Kontrolle und besteuerte Spenden, so dass der islamische Klerus, den er für subversiv hielt, finanziell auf den Staat angewiesen war (M. Ewans 2002: 73; A. Olesen 1995: 72). Er ließ eine Leinwand anfertigen, auf die er eine illustrierte Landkarte malen und eine Proklamation schreiben ließ, die dann übers Land getragen und verlesen wurde. Darin stellt er das Land als territoriale Einheit dar, die im Westen von der Regierung des Iran, im Osten von der Chinas, im Norden von der Russlands und Nordtajikistans und im Süden von der 'englischen Regierung in Hindustan' begrenzt sei. Durch diese Interpretation staatlicher Herrschaft als territorial gebunden und von der gleichberechtigten Herrschaft anderer Regierungen begrenzt, etablierte er damit den Anspruch auf territoriale Durchdringung der Gesellschaft. Diese zu der Zeit relativ neue Idee eines 'Afghanistan' als Staat propagierte er, indem er die christlichen Reiche nördlich und südlich darstellte und damit auch religiös begründen konnte, dass er den Pufferstaat gegen deren jeweilige Einflussnahme schützen musste (D. Edwards 1996: 85-87; C. Schetter 2005a: 54-59).

Über 40 Aufstände, darunter die wichtigsten durch die Ghilzai (1886), die Usbeken (1888) und die Hazara (1891-93), musste Abdur Rahman im Laufe seiner Herrschaft niederschlagen. Dafür stellte er eine Armee auf, die die Briten finanzierten. Auch die Regierungsstrukturen, die er aufbaute und über das ganze Land auszuweiten versuchte, um die Strukturen der Clans zu schwächen, waren extern finanziert. In seinem eigenen Umfeld sicherte er Loyalität durch finanzielle Zuwendungen oder Posten ab, setzte aber auch die Praxis der Geiselnahme junger Mitglieder angesehener Familien fort, die er in seinen administrativen Apparat integrierte. Auf dem Land ließ er Steuern eintreiben und ethnische Gruppen in fremde Siedlungsgebiete umsiedeln. Eine nationale *Loya Jirga* ('Große Ratsversammlung') legitimierte seine Entscheidungen und sollte staatlicher Vereinheitlichung dienen, genoss jedoch kaum Mitspracherechte. Vielmehr brachte sie den Vorteil, dass die darin eingebundenen Ältesten sich in der Hauptstadt weit weg von ihren Einflussgebieten befanden (M. Ewans 2002: 74-75; C. Noelle-Karimi 2002: 47; J. Hanifi 2004: 300). So ist Abdur Rahmans Herrschaft letztlich zwiespältig: Einerseits konsolidierte er den Staat, schuf einen Apparat und begrenzte dabei externen Einfluss trotz Fremdfinanzierung. Andererseits

---

[154] *'Awqaf'* (sing. *waqf*) sind wohltätige Nachlassstiftungen, über die vorwiegend religiöse und wohltätige Zwecke gefördert werden; zur Rolle und politischen Instrumentalisierung des Konzepts in Palästina Kühn (2006: 193-194).

verhandelte und akzeptierte er die Durand-Linie[155], die für die Briten die Reichweite ihres Einflusses demarkierte. Die Briten verstanden sie als dauerhafte Staatsgrenze und hofften, eine klare Grenze würde in den immer wieder auftretenden bewaffneten Konflikten und Aufständen in den paschtunischen Stammesgebieten einen Vorteil darstellen[156]. Allerdings erachteten weder Rahman noch nachfolgende Herrscher die Durand-Linie als dauerhafte Grenzziehung (A. Saikal 2006b: 131-132), sondern lediglich als Abgrenzung der Einflusssphären. Indem sie die Siedlungsgebiete der Paschtunen teilt und zum Teil mitten durch Dörfer führt (L. Dupree 1997: 424-429), illustriert sie anschaulich den Widerspruch territorialer und personaler Herrschaftslogik. Noch heute ist die Grenze völkerrechtlich nicht anerkannt.

Abdur Rahmans Politik der staatlichen Konsolidierung basierte auf einem Isolationismus, der wenig mit der Gesellschaft interagierte. Staatliche Herrschaft war letztlich wenig mehr als ein Recht des Stärkeren, dessen Prinzipien die Beseitigung von Rivalen und erzwungene Migration oppositioneller Gruppen waren. Einige der politischen Programme Abdur Rahmans, etwa das Verbot, sich im Lande zu bewegen, ohne dass die Regierung zustimmt, blieben lange in Kraft, im genannten Fall bis zur Verfassungsreform 1964. Auch der Herrschaftsmodus bestand bis zu Najibullahs Fall 1992: „(...) a Pashtun ruler using external resources to reign over an ethnically heterogenous society while manipulating that social segmentation to weaken society's resistance" (B. Rubin 2002: 19).

Abdur Rahmans Nachfolger, sein ältester Sohn Habibullah, übernahm also einen vergleichsweise konsolidierten Staat. Seine Regierungszeit wird – obwohl er die Politik Abdur Rahmans im Wesentlichen fortsetzte – als vergleichsweise friedlich beschrieben, was auf Konsens hinsichtlich der Legitimität seiner Herrschaft hindeutet. Der afghanische Isolationismus wandelte sich in dieser Phase in eine pan-muslimische Sicht, auf deren Schablone internationale Entwicklungen interpretiert wurden. Zwei politische Strömungen waren in dieser Zeit maßgeblich:

> „a nationalist, constitutional and anti-colonial movement, mainly centring around
> the newly founded bureaucracy and getting inspiration from Muslim modernizers of

---

[155] Die Durand-Linie ist nach dem Außenminister der indischen Kolonialregierung, Sir Mortimer Durand, benannt.

[156] Dupree schreibt dazu launig: „The Pushtun tribes, almost genetically expert at guerrilla warfare after centuries of resisting all comers and fighting among themselves when no comers were available, plagued attempts to extend *Pax Britannica* into their mountain homeland" (L. Dupree 1997: 425).

the nineteenth century as well as from the West, and the east Afghan *tariqat*[157]orders turning into a militant anti-colonial movement" (A. Olesen 1995: 108).

Indem beide Strömungen im Jihad ihren Berührungspunkt gefunden hatten, versuchte die herrschende Elite durch die Islamisierung einen einheitlichen Staat zu etablieren, an dessen Spitze der König als ‚Verteidiger des wahren Glaubens' stand.

Habibullahs Sohn und Nachfolger Amanullah stand den Reformern nahe. Seine geistige Heimat hatte er in der von den Jungtürken inspirierten Bewegung der Jungafghanen, die die Spaltungen der Gesellschaft durch einen modernen Staat zu überwinden strebten. Sie sahen im Fraktionalismus der Stämme eine islamwidrige Politik, die zu Gesetzlosigkeit und Anarchie führte (C. Schetter 2003: 237-239). Auf der Basis des Nationalismus setzte Amanullah schnell die Unabhängigkeit von Britisch-Indien durch und rief 1923 eine konstitutionelle Monarchie aus. Der laizistische Gehalt seiner Verfassung verrät eine Abkehr von islamischer Legitimation: Auf der Basis der Territorialität erhob Amanullah alle, „die auf afghanischem Boden lebten, zu Afghanen" (C. Schetter 2003: 240). Er zielte mit seinen Reformen auf die von Migdal (1988: 56) als wichtigste Bestandteile staatlicher Modernisierung identifizierten Faktoren: Reform des Landbesitzes, Besteuerung und Transportverhältnisse: „If caried through, these changes would have transformed the peasant-tribal rural society into an open, commercial society linked to both the state and the market" (B. Rubin 2002: 55). Allerdings brachte er die landbesitzenden Khane mit der Besteuerung landwirtschaftlicher Güter gegen sich auf, während der Versuch, Zölle zu erheben, gegen die Interessen der Stämme im Grenzland verstieß, die vom Schmuggel lebten. Auch stellte er Zahlungen an die Stämme ein, die eine wichtige Einnahmequelle und Grund von Loyalität waren. Zwar verringerte er so seine Abhängigkeit von externen Gebern, war aber in der Folge mit mehreren Aufständen konfrontiert. Amanullahs auch durch Reisen in westliche Länder erlangte Überzeugung, dass Afghanistan modernisiert werden müsse, führte zu Widerstand in ländlichen Bereichen, der vom islamischen Klerus unterstützt wurde. Diesem hatte die Armee wenig entgegenzusetzen, weil Amanullah sie in mehreren Reformschritten demotiviert und ihre Strukturen beschädigt hatte (B. Rubin 2002: 57). Ein kurzes Intermezzo[158] nichtpaschtunischer Herrschaft in Kabul führte zur Herrschaft des

---

[157] *Tariqat* heißt übersetzt etwa ‚Weg' oder ‚Pfad' und beschreibt ein aus dem Sufismus stammendes System von Riten, dessen zweite Stufe Tariqat auf dem Weg zu Erkenntnis und Wahrheit ist (A. Olesen 1995: 50).

[158] Der aus dem nördlichen Umland von Kabul stammende, dort als eine Art Robin Hood, anderwärts schlicht als Bandit geltende, tajikischstämmige Habibullah Kalakani (auch ‚Bacha-yi Saqqao', ‚Sohn des Wasserträgers' genannt) nutzte die Aufstände, um sich als neuer, religiös legitimierter König ausrufen zu lassen. Interessanterweise machte er aus islamischem Radikalismus die politische und

Musahiban-Clans, eines Nebenzweigs der Königsfamilie (C. Schetter 2003: 248). Der Zusammenbruch von Staatlichkeit und auch der Armee sowie der Machtzuwachs, der dadurch den Stämmen zuteil wurde, erlaubten die paschtunische Machtübernahme Nadir Schahs im Jahr 1929. Ohne ausreichende Finanzierung war auch er auf vor allem britische Gelder angewiesen, musste jedoch von Beginn an mit lokalen Machthabern Kompromisse eingehen. Steuern auf Land und Landwirtschaft blieben gering, während der Hauptteil der Finanzierung aus indirekten Steuern auf Handel und Export stammte. Die städtische Handelselite stellte deshalb die Basis für den Staat, der sich mit den ländlichen Khanen nicht auseinandersetzen musste. In ihrem jeweiligen Bereich genossen sie große Autonomie, während der Staat versuchte, sich gegen ihren Einfluss zu isolieren, die Khane also ‚einzukapseln' (B. Rubin 2002: 61-62). Der König galt den Paschtunen nicht als hierarchisch übergeordneter Herrscher, sondern als Verwalter. Im Gegenzug institutionalisierte Nadir Schah die Loya Jirga, die als Ratsversammlung mit den Ältesten aus allen Regionen, insbesondere aber Paschtunen besetzt war. Gleichzeitig band er vorwiegend nähere Verwandte in die Regierung ein, während der tatsächliche Einfluss der paschtunischen Stämme gering blieb (C. Schetter 2003: 254). Trotzdem ethnisierte er die Politik durch Umsiedlung von Paschtunen in den afghanischen Norden, um dem Zuzug von Flüchtlingen aus den zentralasiatischen Sowjetrepubliken zu begegnen. Auch die Armee war als Stammesarmee paschtunisch dominiert.

Nach Nadir Schahs Tod hoben seine nächsten Verwandten, die die Regierung kontrollierten, seinen noch minderjährigen Sohn Zahir Schah auf den Thron. Dieser regierte jedoch erst von 1963 an, da zunächst Haschim Khan (1933-1946) und Schah Mahmud (1946-1953) die Herrschaft übernahmen. Auf der Suche nach externen Geldern wandten sie sich an verschiedenen Staaten und fanden während der 1930er Jahre Unterstützung in Nazideutschland[159], Italien

---

gesellschaftliche Liberalisierung rückgängig, verbot Schulen und rief Mädchen aus dem Ausland zurück, die sich dort zum Studium aufhielten. Er besetzte die Regierung mit zum Teil analphabetischen Verwandten. Da er auf staatliche Strukturen kaum zurückgreifen konnte und so die Finanzierung seiner Herrschaft schwierig wurde, verstieg er sich auf Plünderungen und wurde schließlich nach einem Dreivierteljahr von Nadir Schah gestürzt, der eine paschtunische Stammesarmee aufgestellt hatte (M. Ewans 2002: 99-101; B. Rubin 2002: 57-58). Die Parallele der Habibullah II-Herrschaft mit der der Taliban ist die religiös begründete Staatsfeindlichkeit, die sich in antimoderner Politik mit Unterstützung des islamischen Klerus äußerte. Seine Herrschaft als Nichtpaschtune versuchte Habibullah ethnisch abzusichern, indem er die Hazara und Paschtunen gegeneinander auszuspielen versuchte. Schetter gilt er daher als ethnischer Unternehmer, dessen Beispiel der Ethnisierung von Politik von anderen aufgegriffen wurde (C. Schetter 2003: 249-250).

[159] Aus dieser Zeit stammt ein arischer Nationalismus, der neben den paschtunischen trat. Um die Zersplitterung zu überwinden, propagierten urbane Eliten eine überwölbende Identität, die sie – dem Zeitgeist folgend – in ihrer angeblichen arischen Herkunft fanden. Noch heute wird Freundschaft mit Deutschland mitunter mit dieser vermuteten ‚gemeinsamen' rassischen Abstammung begründet (eig.

und Japan (L. Dupree 1997: 478-479). Der weltwirtschaftliche Zusammenbruch in Folge des Zweiten WeltKrieges traf Afghanistan hart, so dass nach dem Ende des Zweiten Weltkrieges die Etablierung von Rentenstrukturen wichtig und im heraufziehenden Kalten Krieg auch möglich wurde, da die USA und die UdSSR gegeneinander ausgespielt werden konnten.

Gleichzeitig entstand im Fahrwasser der weltweiten Demokratisierungswelle nach dem Zweiten Weltkrieg eine Liberalisierungsbewegung in Afghanistan. In zögerlich demokratischen Wahlen wurden 1949 einige Reformer ins Parlament gewählt, die ihre Aufgaben als Kontrolleure der Regierung ernst nahmen und beispielsweise gegen Nepotismus in Ministerien durch Befragungen und Ermittlungen vorzugehen versuchten. Auch erließ dieses Parlament Gesetze zur Pressefreiheit. Konservative Eliten waren daraufhin Gegenstand scharfer Attacken in der Presse, aber auch von studentischen Initiativen, die ebenfalls in dieser Phase gegründet wurden. Die Reformbewegung konnte ihre Anliegen jedoch nicht durchsetzen, weil das konservative Establishment strukturell zu fest verankert war, aber auch, weil sie als urbane Elite wenig Rückhalt in der weitgehend illiteraten Gesellschaft hatte. Die Regierung ging vor den Wahlen 1952 gegen die Reformer vor, verhaftete viele und verbot ihre Zeitungen. Das liberale Experiment scheiterte daran, dass sich die Opposition gegen das etablierte Regime und nicht gegen externe Kolonisatoren richtete. So fehlte ein einendes Moment. Zudem kontrollierte das Regime die im Staat beschäftigten Mittelschichten, so dass viele im und außerhalb des Regimes in einer freieren Gesellschaft an Status verloren hätten. Schließlich schreckten persönliche Attacken auf den König und Regierungsmitglieder seitens der Reformer viele Sympathisanten ab und entfremdeten sie. Innerhalb des Regimes dominierte die Überzeugung, dass es den Reformern nicht allein darum ging, das Bestehende zu verändern, sondern die herrschenden Eliten überhaupt zu ersetzen (L. Dupree 1997: 494-497), weshalb die übliche Repression angewendet wurde.

Gleichwohl war die Regierung instabil geworden, so dass sich Daoud Khan, Cousin des Königs, die Herrschaft in einem unblutigen Coup aneignete. Er stand ab 1953 der Regierung vor, hatte dem König Zahir Schah zwar zugesagt, ihn enger einzubinden, beließ ihm jedoch im Wesentlichen zeremoniale Aufgaben. Unter den Beweggründen Daoud Khans für die Machtübernahme waren der langsame Modernisierungsprozess, in der internationalen Politik die schwache Haltung der Regierung gegenüber dem 1947 entstandenen Pakistan hinsichtlich der Paschtunistan-Frage sowie der Verlust von Neutralität bei zunehmender West-Kooperation zentral. Da das Britische Weltreich von der Ostflanke Afghanistans verschwunden war, nahmen die Eliten in Afghanistan ein Ungleichge-

Gespräche d. Autors, Kabul 2006). Die 1955 gegründete afghanische staatliche Fluglinie beispielsweise heißt ‚Ariana' (http://www.flyariana.com/history.php; Zugriff am 20.04.2009).

wicht wahr. Durch Kooperation mit dem Westen sollte die Unabhängigkeit gestärkt werden, gleichzeitig bestand aber die Gefahr, letztlich doch in die Rivalität
der großen Mächte hineingezogen zu werden. Daoud Khan suchte deshalb die
Kooperation mit der Sowjetunion zu vertiefen, um Äquidistanz zu wahren und
blockfrei zu bleiben. Beide Faktoren zusammen kippten jedoch die Kooperation
in Richtung engere Verbindungen zu den Sowjets, als Mitte der 1950er Jahre
über die Paschtunistan-Frage Gewalt ausbrach und Pakistan die Grenze für Han-
delsgüter schloss. Daraufhin wandte sich Daoud an die Sowjetunion, auch weil
die USA und der Iran eine Transitstrecke durch den Iran für ökonomisch nicht
verwirklichbar erklärten, um dringend benötigte Importe zu ermöglichen. Es
folgten Entwicklungshilfeabkommen zum Aufbau von Infrastruktur. Die Elektri-
fizierung wurde vorangetrieben und ambitionierte Bauprojekte verfolgt, darunter
unter anderem der noch immer bestehende Tunnel unter dem Salang-Pass[160] und
der Flughafen in Baghram (heute eine US-Basis), der Kabuler Flughafen wurde
erweitert (L. Dupree 1997: 507-512).

Diese Verflechtung galt den USA als problematisch. Sie unterstützten Pakistan, um die regionale Mächtebalance beizubehalten. Während Afghanistan
zwar die traditionelle Neutralität nicht aufgeben wollte, gelang es Daoud Khan,
beide Seiten mit Verweis auf die jeweils aus dem Lot geratene Balance zu finanzieller und militärischer Unterstützung zu animieren. Die Gelder flossen insbesondere in den Sicherheitsapparat, aber auch in klassische Entwicklungsdomänen
wie Schulen, Gesundheit, Transport und Kommunikation, Landwirtschaft, Industrie und Bergbau (B. Rubin 2002: 65-66). Dass diese Projekte optimistischer
geplant wurden als realistisch war, trug dazu bei, dass Kredite nicht bedient werden konnten: Die geförderten Projekte kreierten schlicht keine ausreichenden
finanzielle Rückflüsse, um die Zinsen zu bezahlen (M. Fry 1974: 193-199). Weitere Abhängigkeit von externen Geldern war die Folge, die unter jeweils veränderten sicherheitspolitischen Überlegungen, strukturell aber gleichen Vorzeichen
über die Jahre gewährt wurden. Intern bediente der Staatsapparat einflussreiche
Gruppen, vorwiegend paschtunische Interessen, durch die Patronagebeziehungen:

> „The beneficiaries of most of the irrigation projects were tribal Pashtuns. Eastern
> Pashtuns dominated the trucking industry, especially because much of the profit de-
> rived from smuggling across the nearby Pakistani border. Many of those recruited
> into the new middle class were also tribal Pashtuns; indeed, the Musahiban made a
> concerted though ultimately unsuccessful effort to Pashtunize the predominantly

---

[160] Der Salang-Pass (Kotal-e Salang, 3.878 m) ist die direkte Verbindung von Kabul über den Hindukusch in die nördlichen Ebenen. Der Tunnel erreicht eine Höhe von etwa 3.400 m und ermöglicht
auch im Winter nahezu kontinuierlichen Gütertransport (I. Prusher 2002).

Persian-speaking civil service. Most producers of traditional exports, however, were non-Pashtuns. The Musahiban rulers used the resources obtained from their international connections to create a patronage network calculated to strengthen Pashtun nationalism, which they hoped would in turn prove an ideological buttress for their rule" (B. Rubin 2002: 66).

In der Praxis bedeutete das, dass Entwicklungsprojekte zwar dem deklarierten Ziel einer Modernisierung dienen sollten, eigentlich aber aufgrund politischer, also machtstabilisierender Überlegungen verfolgt wurden.

Daoud Khans Modernisierungsbemühungen basierten auf Rentenstrukturen, für die er die Rivalität der Großmächte auszunutzen verstand, die Afghanistan jedoch seit den 1950er Jahren sowjetischen Einflüssen öffnete. Diese zeigten sich vor allem im militärischen Bereich, aber auch im Bildungssektor, in dem auch die USA sowie europäische, aber auch arabische Staaten eine Rolle spielten (A. Saikal 2004: 117-127). Insbesondere die technokratische Ausbildung der Sowjets führte aber zu einem sowjet-afghanischen Netzwerk, das der UdSSR viel weiter reichende Einflussnahme erlaubte, als von der Elite erkannt wurde. Zudem intensivierten sich die Handelsbeziehungen mit der UdSSR erheblich. Die Entwicklungspolitik, die im Einklang mit sowjetischer Wirtschaftspraxis, aber auch mit der zeitgenössischen Idee des Entwicklungsstaates stand, wurde in Fünf-Jahres-Plänen gefasst. Darin angestrebte Anteile an selbsterhobenen Finanzen wurden jedoch nie erreicht, so dass die ambitionierten Ziele nur mit noch mehr auswärtiger Finanzierung umgesetzt werden konnten.

Als Anfang der 1960er Jahre die Spannungen mit Pakistan über die Paschtunistan-Frage erneut zum wirtschaftlichen Problem wurden, wurde Daoud Khans Politik der Paschtunisierung zunehmend kritisch. In der Folge übernahm König Zahir Schah selbst die Regierung und ermöglichte Daoud Khan einen gesichtswahrenden Abgang. Daoud Khans Verdienste zu diesem Zeitpunkt erlaubten diese Lösung. Afghanistan hatte Modernisierungsfortschritte gemacht, die vor allem relativ zum vorher bestehenden Entwicklungsstand groß erscheinen. Insbesondere gab es jetzt eine verbesserte Transportinfrastruktur und Ansätze für einen Industrie- und Bankensektor (A. Saikal 2004: 131). Politisch vollendete die Rentierstaatsstruktur hingegen die ‚Einkapselung', die schon früher den Umgang mit Stämmen und Clans geprägt hatte. Gleichzeitig ergänzte sie diese Politik durch Zerschlagung von mikrosozialen Strukturen und einer Einbindung in den Herrschaftsapparat – Letzteres vorwiegend gegenüber Nicht-Paschtunen. Dass die Modernisierungserfolge im Wesentlichen auf die Hauptstadt beschränkt waren[161], verschärfte die Entfremdung zwischen Zentrum und Peripherie. Die Bildungseliten mit ihren liberalen Ideen galten der Landbevölkerung und insbesondere dem islamischen Klerus, der *Ulama*, als gottlos (M. Ewans 2002: 115). Illustrativ dafür ist die Aufhebung der Verschleierungspflicht für Frauen in den letzten Jahren von Daoud Khans Herrschaft, die zu großem Widerstand führte. Erst unter Zahir Schah erfolgte eine Liberalisierung im politischen Sinn. Er erließ eine neue Verfassung, propagierte ökonomische und politische Freiheiten und versuchte, die internationale Situation zu entspannen, indem er die Paschtunistan-Frage *de facto* vom Tapet nahm. In der Verfassung ließ er festschreiben, dass als sein Nachfolger nur direkte Nachfahren in Frage kommen würden, auch um Daoud Khans politische Auferstehung zu verhindern. Dieser Plan ging langfristig nicht auf, da Daoud Khan zwar im Hintergrund blieb, aber weiterhin wichtige Fäden in der Hand hielt. Auf der Basis dieser konstitutionellen Monarchie, die über eine Loya Jirga eingesetzt wurde, trennte Zahir Schah zumindest nominell das Königshaus und die Regierung, die offen für partizipative Politik war (J. Hanifi 2004: 318). Rubin interpretiert diese Verfassung als Versuch, zwischen der urbanen Bildungsschicht und den traditionellen Kräften zu vermitteln (2002: 73). Die Zivilgesellschaft, die sich in den Städten und insbesondere in Kabul zu entwickeln begann, sollte besser eingebunden und ihr Potenzial besser genutzt werden. Ökonomisch sollten Unternehmertum gefördert und die Wirtschaft mehr an den Entwicklungsanstrengungen beteiligt werden.

Politisch setzte eine Phase ein, in der Kontakte zu allen Seiten aufgebaut wurden, sowohl gegenüber den USA als auch regional mit Iran und Indien, um den unter Daoud Khan verstärkten Sowjetkontakten etwas entgegenzusetzen (A. Saikal 2004: 134). Insbesondere die ‚Entspannungspolitik' zwischen Afghanistan und Pakistan unter Vermittlung des Schahs von Persien begünstigte fortgesetztes Wachstum. Dabei stieg die Zahl der Schulen und Universitäten besuchenden Jugendlichen an. Letztlich gab der König der Regierung aber keine freie Hand, erlaubte keine Parteien, obwohl das ursprünglich vorgesehen war, so dass sich kein Kanal öffnete, über den die Bevölkerung sich politisch hätte in die staatliche Politik einbringen können (M. Saboory 2005: 10). Die Folge war, dass die Landbesitzer primär ihren partikularen Vorteil über den Staat zu mehren suchten und staatliche Eingriffe zurückdrängen wollten, statt in einem nationalen Netzwerk *afghanische* Politik zu betreiben. Den gebildeten urbanen Bevölkerungsschichten, die sich politische Teilhabe erhofft hatten, waren demgegenüber der Weg zu Einfluss ebenso wie soziale Aufstiegschancen versperrt.

---

[161] Die staatliche Elite versuchte allerdings, Söhne von Khanen in die Bildungsinstitutionen zu holen, vor allem um sie in den Staat hineinzusozialisieren, aber auch um den Einfluss der traditionellen Wertestrukturen zu schwächen.

Dies führte zu einem Putsch Daoud Khans, der 1973 erneut an die Macht gelangte und Zahir Schah ins Exil nach Italien zwang, wo dieser bis 2002 blieb. Daoud Khans Coup war aber kein dynastischer Verdrängungskampf, wie sie bis dato immer unterstützt von tribalen Milizen stattgefunden hatten, sondern er stützte sich auf ein Offizierscorps, das von Sowjets geschult war. Auf der internationalen Ebene kamen ihm exogene Faktoren zugute: Einerseits spülte die erste Ölkrise, in deren Folge der Ölpreis anstieg, durch Migrationsrenten und die Politik des Schahs von Persien, eine Regionalmacht zu werden, viel Geld in die Kassen. Dies passte in Daoud Khans erprobtes Politikmuster, Geber gegeneinander auszuspielen. Hinzu kam, dass auch die im Weltmaßstab geringen Mengen Erdgas, die Afghanistan exportierte, mehr abwarfen als vorher[162]. Dadurch fiel die Eigenfinanzierung des Staates auf etwa ein Drittel des Budgets, nur ein Zehntel davon stammte aus direkter Besteuerung. Neben den Renten stammte das meiste aus indirekter Besteuerung des Handels. In der Folge verlor der Staat den Kontakt zur Bevölkerung: „The state was less dependent than ever on administrative control or penetration of society. Its fiscal and administrative operations provided it with hardly any information or leverage over the population" (B. Rubin 2002: 75).

Weil der Staat hermetisch abgeschlossen blieb, stand den organisierten Segmenten der Gesellschaft kein Weg offen, ihn zu kontrollieren. Dadurch blieb nur die Möglichkeit, durch persönliche Beziehungen auf administratives Handeln Einfluss zu nehmen oder den Staat gewaltsam zu übernehmen. Auch in Afghanistan entstammten die ‚Revolutionäre' einer gebildeten Schicht und hatten häufig im Ausland Erfahrungen mit modernen Gesellschaftsformen gesammelt. Einerseits fasste die marxistische Gruppierung der *Peoples Democratic Party of Afghanistan* (PDPA) seit Mitte der 1960er Jahre Fuß und konnte mehr und mehr Offiziere für sich gewinnen. Mit Unterstützung der Sowjets mauserte sie sich in Relation zu ihrer Mitgliederzahl, die wenige tausend nicht überstieg, zur einflussreichen kommunistischen Organisation. Unter dem Schutz der Sowjets konnte sie vergleichsweise frei agieren, spaltete sich jedoch 1967 in die Splittergruppen *Parcham* und *Khalq*[163]. Andererseits entwickelte, ausgehend von der Scharia-Fakultät der Universität Kabul, eine islamistische Revolutionsbewegung gesellschaftliches Gewicht. Das Regime begegnete den von der ägyptischen

---

[162] Abweichend davon berichtet Ewans, dass die mit dem Hauptabnehmer Sowjetunion vereinbarten Gaspreise unter den Weltmarktpreisen blieben und Daoud Khans finanzielle Lage dadurch erheblich eingeschränkt wurde (2002: 132).

[163] *Khalq* war die Fraktion, die sich selbst als bessere Marxisten-Leninisten, bessere Paschtunen und besser gebildet ansahen; *Parcham* stand der herrschenden Klasse und insbesondere Daoud Khan näher, weshalb sie weniger Repressionen ausgesetzt war, ihre Zeitung veröffentlichen konnte und dergl. Die Mitglieder sprachen überwiegend Dari. Den Sowjets missfiel insbesondere der paschtunische Nationalismus der *Khalq* (A. Saikal 2004: 162-166).

Muslimbruderschaft beeinflussten Islamisten mit Repression. Zur Gruppe gehörten spätere Mujaheddin-Führer wie Burhanuddin Rabbani oder Abdurrasul Sayyaf (A. Saikal 2004: 165). Die ideologische Konfrontation beider Bewegungen und die beschränkten Möglichkeiten, sie in der politischen Arena auszutragen, führten zu Unruhen und Gewalt zwischen Mitgliedern der Gruppen, die sogar in Schulen Einzug hielt. Die zentralen Widersprüche waren jedoch

> „not just of a religious/ideological nature, but also between the successful members of the urban, educated middle class and those who were increasingly alienated because they could not now aspire to their ranks, as well as between that elite and the majority of the nation, still cocooned in a traditional, rural background" (M. Ewans 2002: 126).

Der Staat stand diesen Bewegungen feindlich gegenüber. Da er administrativ ineffektiv war, weil keine Trennung von Exekutive und Legislative bestand, konnte er in der wachsenden Wirtschaftskrise und insbesondere einer Hungersnot, die sich aufgrund ausbleibender Regenfälle zwischen 1969 und 1972 entwickelte, nicht wirksam reagieren. Er hatte also keine Unterstützung gegen die Radikalen zu erwarten.

Parcham unterstützte 1973 Daoud Khans Coup, der die Republik ausrief und selbst Präsident, Premierminister, Außen- und Verteidigungsminister wurde. Viele *Parchamis* gelangten an Schlüsselstellen und in Ämter in den Provinzen, wo sie die schleppende Modernisierungspolitik beschleunigen sollten. Auch wenn die Sowjetunion den Coup nicht initiiert hatte, war die Politik Daouds jedoch zunächst in ihrem Sinne, denn sie umfasste

> „centralisation of power, increased state regulation of the economy and a whole cluster of social reforms, including equal rights for men, women and national minorities, expansion of education, better welfare service measures and an anti-corruption drive" (A. Saikal 2004: 176).

Dafür hing sie von externen Rentenzahlungen ab – die Daoud Khan überwiegend von den Sowjets einforderte, zunehmend aber auch anderswo einzuwerben suchte. Er konnte so den Einfluss der PDPA zurückdrängen und entwarf 1977 eine neue Verfassung, in der seine national-revolutionäre Partei (*Hezb-e Enqelab-e Melli*) in einem Einparteiensystem als einzige legale politische Gruppierung erlaubt war. Dass dies die Kommunisten in die Illegalität getrieben hätte, führte zum Bruch. Daoud Khan verfolgte ihre Mitglieder und ließ viele umbringen, so dass ihnen nur die Wahl zwischen ‚Liquidierung und Revolution' blieb (A. Saikal 2004: 181). Die Sowjetunion, die vor der Wahl stand, ihre erheblichen Investitionen in Afghanistan abzuschreiben oder sich stärker einzumischen, entschied sich dafür – auch aufgrund persönlicher Animositäten zwischen Breschnew und Daoud Khan – die PDPA zu unterstützen. *Parcham* und *Khalq* vereinigten sich unter Verfolgungsdruck und Einfluss der Sowjets und mobilisierten gegen Daoud Khan, der die meisten Führungsfiguren verhaften oder umbringen ließ. Die Unruhen, die daraufhin ausbrachen, nutzten einige Offiziere, die der PDPA nahestanden, um einen blutigen Umsturz zu organisieren. Sie töteten Daoud Khan und einen Großteil seiner Clique – etwa 2000 Menschen soll die *Saur* (April-)Revolution das Leben gekostet haben. Inwieweit die Sowjets diesen Staatsstreich betrieben oder gar gesteuert haben, ist unklar. Einiges spricht jedoch dafür, dass sie von der politischen Dynamik nichts wussten, sie unterschätzten oder keine Handhabe zur Einflussnahme sahen (G. Feifer 2009: 21-24; A. Saikal 2004: 183; C. Schetter 2004: 94; M. Ewans 2002: 133-135; O. Roy 1991: 11).

Obwohl die PDPA eine kleine Gruppe war, die wesentlich aus Militärs bestand und im ganzen Land zur Hochzeit nur etwa 11.000 Mitglieder gehabt haben soll (M. Ewans 2002: 137), gelang es ihr nicht, die Einheit beizubehalten. *Khalq*, die in ihrer modernisierenden Zielsetzung radikalere beider Fraktionen, setzte sich durch Terror und Mord gegen die internen Rivalen der *Parcham* durch. Während die Partei unter Nur Mohammad Taraki zunächst erfolgreich versuchte, insbesondere islamische Gruppen nicht zu verprellen, brachte sie ab Herbst 1978 das gesamte traditionelle Establishment gegen sich auf: Die Veränderung der Flagge vom islamischen Grün in marxistisches Rot, vor allem aber eine Landreform, die Großgrundbesitz in kleinere Parzellen als Bewirtschaftereigentum umwandeln sollte, verursachten Widerstand. Wucherzinsen, die von kleinen Verleihern der armen Bevölkerung gegenüber üblich waren, wurden verboten. Der Brautpreis, der bis zu 1.000 US-$ betragen konnte, wurde auf maximal 6 US-$ festgelegt, was im Endeffekt jede Heirat ermöglichte, dadurch aber die soziale Stratifizierung auflöste. Schließlich erklärte *Khalq* eine Schulausbildung auf der Basis eines kommunistischen Curriculums zur Pflicht (N. Newell Peabody/R. Newell 1981: 76).

Da die Regierung ihre Reformen nicht nur rhetorisch propagierte und die Bevölkerung ansonsten in Ruhe ließ, sondern versuchte, ihre Ziele mit Unterstützung der marxistisch dominierten Polizei und Armee umzusetzen, brachte sie die traditionellen Strukturen verhafteten Khane und religiösen Führer gegen sich auf. Für diese wurde die *Khalq*-Herrschaft zum Überlebensproblem, da die neue Regierung rücksichtslos Einflusspersonen umbrachte (G. Feifer 2009: 25). Sie war der Ansicht, dass die Reformen der überwiegenden Mehrheit nutzten und nur von einer landbesitzenden, religiös-konservativen oder urban-kapitalistischen Minderheit behindert wurden. Dass der Widerstand jedoch breiter war, schob *Khalq* auf ausländische Kräfte, zunächst in Iran und Pakistan, später aus China und den USA. Obwohl die Anführer der *Khalq* selbst aus dem tribalen und ländlichen Afghanistan stammten, missinterpretierten sie – marxistischer Lehre folgend – ihre Gesellschaft als hierarchisch gegliederte *Klassen*gesellschaft. Sie übersahen dabei,

> „that it was often more important to know the family, clan, locality, language, tribe, sect, or ethnic community of a person they were dealing with than to know such class-related facts as the amount of land he owned or the trade in which he engaged" (N. Newell Peabody/R. Newell 1981: 78).

Der Widerstand, einerseits zunächst unorganisiert auf dem Land, mehr und mehr auch organisiert in Mujaheddin-Gruppen, die in pakistanischen und iranischen Flüchtlingslagern rekrutierten, und andererseits von *Parchamis,* die ein Comeback versuchten, wuchs und destabilisierte schließlich die Armee und damit das Regime. *Khalq* ersuchte schließlich die Sowjetunion um Beistand, die diesen nach anfänglichem Zögern gewährte. Zwar wusste der Kreml um die internationalen Implikationen des Eingreifens, obendrein wurde der Aufstand als innerafghanische Sache verstanden. Aber die Marginalisierung der *Parchamis* und ihre Verfolgung und Ermordung motivierte die UdSSR zu einer Doppelstrategie: Einerseits unterstützte sie die *Khalq* weiterhin, ihr letztliches militärisches Eingreifen diente aber dem Ziel, das *Khalq*-Regime zu stürzen und mit *Parchamis* zu ersetzen. Das militärische Eingreifen war insofern logische Konsequenz der sowjetischen Politik zugunsten der kommunistischen Bewegung in Afghanistan. Da sie auf ‚Einladung' der herrschenden PDPA eingriff, wurde dieses Eingreifen als Unterstützung betrachtet. Im Rest der Welt, insbesondere im Westen, bestand aber kein Zweifel, dass es sich in der Tat um eine Invasion handelte, da das kommunistische Regime jeglicher Legitimation und Legitimität entbehrte (A. Saikal 2004: 195). In jedem Fall diente das Eingreifen aus Sicht der Sowjets dazu, zu verhindern, dass die inzwischen erstarkten Mujaheddin die Macht übernahmen und ein islamistisches Regime aufbauten.

6.1 Weltgesellschaft und liberaler Staatsaufbau

Der folgende Krieg, in dem die Sowjetunion bald an ihre militärischen Grenzen gelangte, sich finanziell überhob, Millionen kriegsversehrter und -traumatisierter Soldaten in ihre Gesellschaft integrieren musste, von denen obendrein mehrere hunderttausend ein ernsthaftes Heroinproblem mit nach Hause brachten, ist ausführlich beschrieben worden (B. Rubin 2002: 109-280; W. Maley 2002; C. Schetter 2004: 102-135; G. Dorronsoro 2005; G. Peters 2009a: 44-46; G. Feifer 2009). Natürlich ist der Krieg – und zwar nicht allein der gegen die Sowjetunion, sondern vor allem der in dessen Folge eskalierende Krieg der Mujaheddin-Fraktionen gegeneinander – in seinen Auswirkungen zentral für das Staatsaufbauprojekt nach 2001. Ebenso ist die politische Vorgeschichte der Staatsformation zentral für die Schwierigkeiten nach dem Ende des Talibanregimes 2001. Aus diesem Grund sind einleitend die wesentlichen Eckpunkte des ‚state-society-Nexus' in Afghanistan beschrieben worden. Die räumliche und zeitliche ‚Gleichzeitigkeit des Ungleichzeitigen' ist dabei in allen Epochen augenfällig: Die Staatsbildung in Afghanistan vollzog sich innerhalb der Dialektik interner Herrschaft und exogenen Einflüssen auf die staatliche Konsolidierung. Die geopolitischen und zeitgeschichtlich spezifischen Interessen der Kolonialreiche, insbesondere zwischen zaristischem Russland und Britischem Weltreich, die später abgelöst wurden von der Sowjetunion und den USA, gaben den Rahmen vor, innerhalb dessen sich die Dynamik staatlicher Formierung abspielte. Veränderte Rahmenbedingungen, insbesondere Zu- oder Abnahme externer Rentenfinanzierung, transformierten auch die internen Prozesse. Indem die Herrscher darauf angewiesen waren, persönliche Loyalitäten zu sichern, besaß Politik in der Regel nicht die Qualität institutionalisierten Interessensausgleichs, sondern zielte auf Machterhalt. Intern entwickelte sich eine politische Vormachtstellung der Paschtunen, die die größte Minderheit in Afghanistan darstellen und eine machtfähig(er)e Stammesorganisation besitzen. Auch die außenpolitische Legitimität Afghanistans war aufgrund der Paschtunistan-Frage und der unklaren Anerkennung der Durand-Linie als Grenze zu Pakistan vom Status der Paschtunen im Staat abhängig.

Demgegenüber stehen andere Gruppen, die im Staat jeweils distinkte, insgesamt jedoch untergeordnete Rollen gespielt haben. Die wichtigsten sind die Tajiken, die vorwiegend im Norden und um Kabul sowie Herat siedeln. Sie sprechen Dari und gehören als Händler zu den reicheren Bevölkerungsgruppen. Gleichzeitig stellten sie einen Teil der urbanen Mittelklasse, aus der sich die Staatsadministration rekrutierte, obwohl sie selten höhere Ämter einnahmen (C. Schetter 2003: 327). Ebenfalls aus dem Norden stammen Usbeken und Turkmenen sowie Kirgisen, deren tribale Strukturen über die Jahre, unter anderem aufgrund von Migrationsbewegungen durch Verfolgung im zaristischen Russland und der Sowjetunion, abgeschwächt wurden. Davon abzugrenzen, insbesondere aufgrund ihrer Glaubensrichtung als Schiiten sind die Hazara, die primär aus dem zentralen Hochland stammen. Da viele von ihnen in die Städte migrierten und dort in ungeachteten Tätigkeiten als Träger und Tagelöhner arbeiteten, gelten sie als ‚Underdogs'. Vergleichbares gilt für die Nuristanis, die als Ungläubige galten, weil sie spät islamisiert wurden – ihr Siedlungsgebiet wurde deshalb auch Kafiristan[164] genannt. Die Siedlungsgebiete dieser Gruppen sind kaum sinnvoll eingrenzbar, aufgrund von Migration, Nomadismus oder zwangsweisen Umsiedlungen leben zudem immer Mitglieder dieser Gruppen in jeweils anderen Gebieten. Das gilt ohnehin für die Ismailiten (die auch eine Gruppe der Schiiten bilden), Baluchen und Brahui, Qizilbaschi und Aimaks (M. Evans 2002: 7-8; B. Rubin 2002: 30-31). Für die größeren Gruppen, die in relativer Unabhängigkeit lebten, ehe sie in paschtunischen Expansionen, insbesondere unter Abdur Rahman in den afghanischen ‚Staat' eingegliedert wurden, verkörpert deshalb der Staat selbst eine Rivalität mit den Paschtunen. Die Siedlungsgebiete sind kaum territorial zu beschreiben, denn sie wurden von verschiedenen Herrschern in wechselnden Verwaltungseinheiten erfasst. So hat Schetter sicher recht, dass „die räumlichen Verteilungsmuster in Afghanistan weitaus komplizierter und dynamischer [sind] als es kartographisch darstellbar ist" (C. Schetter 2003: 285). Zugleich bildet sich eine sozio-ökonomische Verflechtung in den Siedlungsparametern ab; in entfernten Gebirgsregionen sind wirtschaftlicher Austausch und damit die Verflechtung weitaus geringer also dort, wo dichte Handelswege verlaufen.

Der Krieg gegen die sowjetunterstützte Zentralregierung, aber auch der interne Krieg verlief zum Teil entlang dieser älteren Konfliktlinien. Die Kommunisten hatten versucht, die mit ethnischen Kategorien verflochtene soziale Schichtung mit ihrer Minoritätenpolitik zu entschärfen. Dabei waren sie selbst in urbane, Dari sprechende *Parcham*- und die paschtunisch und tribal geprägte *Khalq*-Fraktion zerrissen (O. Roy 1991: 27). Dies zeigte sich vorwiegend in der Besetzung wichtiger Regierungsposten, in denen eine ethnische Balance demonstriert werden sollte. Insbesondere mit dem sich abzeichnenden Abzug der sowjetischen Truppen Ende der 1980er Jahre versuchte Najibullah, eine Versöhnungspolitik der ethnischen Gruppen zu betreiben. Dies bedeutete, eine Annäherung an die paschtunischen Stämme zu betreiben und ihre Bedeutung zu stärken. Die abnehmende externe Finanzierung schwächte die Zentralregierung jedoch, so dass sie versuchte, lokale Milizen zu bewaffnen und sich dadurch zu Alliierten zu machen. Die Mujaheddin-Kommandeure, die *de facto* Führer ihrer lokalen *qawm*[165] geworden waren, wurden so zu Teilen der Regierung erklärt, die sich

---

[164] Kafiristan heißt übersetzt Ort/Land der Ungläubigen. Mit *kafir* wurden im Koran ursprünglich die Gegner Mohammeds, später generell Nichtmuslime bezeichnet. Die Funktion als abschätziger Begriff besitzt der Wortstamm auch im Sprachgebrauch der Europäer, die in Afrika die schwarzen Stämme als ‚Kaffer' bezeichneten.

[165] „*Qawm* is sometimes translated as *tribe*, but is in reality a more protean term, referring to any form of solidarity (...) Qawm identity might be based on kinship, residence, or occupation. (...) In common use *qawm* may denote various forms of identity: any level of tribal organization; an area of residence such as a village, valley, or town; a linguistically based ethnic group or 'nationality'; or an

ihrerseits als im Dienst des Islam und frei von externen Einflüssen darzustellen versuchte:

„This model of state-society relations, with its formal recognition of decentralization, was radically different from the strategy of centralized encapsulation that had been pursued by previous Afghan regimes. The new programme enabled even Afghans who opposed the government to live with it. But most of the country's territory and population remained beyond the reach of the state" (B. Rubin 2002: 148).

Dies ist der zweite Bruch, entlang dem sich Konflikte entwickeln: Während einerseits die Kontrolle über den Staat zu Konflikten und Gewalt führte, war die Frage umstritten, ob der Staat *überhaupt* legitime Gestaltungs- und Zwangsmacht beanspruchen dürfe.

Die Basis dafür war eine lang gepflegte Taktik des Abstandhaltens, die im Fall abgelegener Dörfer leichter zu verwirklichen war als näher an den Städten, in denen die Regierung Verwaltungsinstitutionen unterhielt. Neben die räumlichen traten sprachliche Barrieren, aber auch Korruption, „which became a means of limiting the effective influence of the administration on daily life. In some instances officials were quite simply paid not to intervene" (G. Dorronsoro 2005: 94). Die Legitimität administrativen Handelns hing davon ab, wie staatliche Agenturen mit lokalen Sitten vermischt wurden. Als der Staat eine aggressiv atheistische Ausrichtung annahm, nachdem die Kommunisten an die Regierung gekommen waren, wurde deshalb eine religiöse Mobilisierung möglich. Die Kampagne der Kommunisten gegen Analphabetismus trug zudem Züge modernistischer Indoktrination, die als Mangel an Respekt gegenüber lokalen Gebräuchen ankam. Insbesondere der Zwang, dass Alte wie Junge die Kurse besuchen mussten, die obendrein auch noch koedukativ durchgeführt wurden, verursachte wegen der Missachtung von Geschlechtertrennung und Senioritätsprinzip Widerstand. Die repressive Antwort verschärfte diesen mehr, als dass er ihn abmilderte, weil die *Ulama* und andere Einflusspersonen gezielt attackiert und viele getötet wurden oder ‚verschwanden' (O. Roy 1986: 93-96; G. Feifer 2009). Die Islamisten, die wie die kommunistische Bewegung in den 1960er Jahren an der Universität Kabul politisch sozialisiert worden waren, befanden sich ohnehin im Untergrund oder im Exil, von wo sie den Widerstand organisierten.

Ihre wachsende Prominenz ist konsistent mit der Entwicklung des Islamismus als weltgesellschaftliche Strömung, die ihre ideologischen Wurzeln in den Schriften Sayyid Qutbs hat, der auch die Muslimbruderschaft entscheidend beeinflusst hat (G. Dorronsoro 2005: 75-76, 157-158). Dabei war der islamistische

---

occupational group similar to a caste. Qawm identity can be somewhat fluid, depending on what level or form of identity is relevant to a particular setting" (B. Rubin 2002: 25, Hervorhebung im Original).

Fundamentalismus zunächst immer an eine staatliche Ordnung gebunden, denn auch die Muslimbrüder passten ihre Zweigstellen, die sie in vielen Ländern unterhielten, an die jeweiligen politischen Gegebenheiten an (R. Schulze 2003: 105). Der Widerstand gegen die sowjetischen 'Eindringlinge', die obendrein zu 'Ungläubigen' stilisiert wurden, war an den Staat Afghanistan gebunden. Die Globalisierung des Islamismus, der sich als Jihadismus äußert und sich „als Exekutive eines islamischen Willens" versteht, ist erst eine spätere Entwicklung. Gleichwohl geht sie mit einer Lokalisierung einher, die kleine Herrschaftseinheiten umfasst und die ihren Alleinvertretungsanspruch durch eine „Politik der Ungläubigkeitserklärung" aller anderen äußert (R. Schulze 2003: 106-107; G. Dorronsoro 2005: 158). Schulze identifiziert drei Faktoren, durch die der Jihad zum identitätsstiftenden Lebenstil wurde, der den Abzug der Sowjetarmee überstehen und sich als globale Bewegung verselbstständigen konnte: „erstens durch die Globalisierung islamischer Identität, zweitens durch die komplementäre Lokalisierung der Islamität und drittens durch die intersubjektive Verbreitung der Idee von einem existenziellen Jihad" (2003: 107). Dies begünstigte die Proliferation von Mujaheddin, die als Söldner des Jihad nach Afghanistan gekommen waren und in ihre Heimatgesellschaften zurückkehrten – legitimiert als Sieger gegen die Weltmacht UdSSR, aber politisch ohne Einfluss. Indem sie den Jihad globalisierten, kehrten sie als al Qaida nach Afghanistan zurück, weil das dort herrschende Regime, die Taliban, die zwischenzeitlich den Mujaheddin-Krieg in weiten Teilen Afghanistans beendet und mit einer *Pax Paschtunica*[166] ersetzt hatten, mit den Jihadis sympathisierte.

---

[166] Dieser Begriff bezeichnet eine repressive Herrschaft, die von der spezifischen Auslegung der Scharia geprägt ist, die als *Paschtunwali*, also im weitesten Sinn paschtunischer Ehrenkodex bekannt ist. Dieser unterscheidet zwischen Gegenden unter externer, beispielsweise Regierungs-Kontrolle und freien Stämmen. In der Selbstkonzeptualisierung dessen, was 'paschtunisch' ist, spielen Fehden eine wichtige Rolle, weil das Eigentum (*namus* – bestehend aus Frauen, Land und Besitz) verteidigt werden muss. Zusammen mit der Gewährung von Schutz (*nanawat* – wozu auch die Gewährung von Gastfreundschaft zählt) konstituiert *namus* die Ehre (*nang*) eines Vollmitglieds der Gemeinschaft. (B. Rubin 2002: 28-29; C. Schetter 2006). Aus der Autonomie eines Mannes ergibt sich seine hierarchische Stellung innerhalb der Stammesstruktur – wer beispielsweise um Schutz ersuchen muss, steht auf einer niedrigeren Stufe. Die Vorstellung einer hierarchischen Ordnung, die aufgrund politischer Verfahren hergestellt werden könnte, widerspricht dieser Vorstellung männlicher Autonomie – jede Anerkennung einer gewählten Autorität würde das *nang* des männlichen Paschtunen untergraben, weil er *turang*, die Verteidigung seiner Interessen, damit nicht leisten kann. Die egalitäre Struktur ist die Grundlage für ausgeprägtes Misstrauen der männlichen Stammesmitglieder untereinander. Die innere Balance zu wahren gebietet gleichsam, äußeren Versuchen zur Einflussnahme Widerstand entgegenzusetzen (C. Schetter 2006: 239; C. Schetter et al. 2007: 150). Die (Blut-)Fehde zur Wiederherstellung von Ehrverletzungen wirkt aber nicht notwendigerweise destabilisierend, sondern tritt als Ausgleichsmechanismus nur dann in Erscheinung, wenn die anderen Regeln versagt haben (R. Newell 1972: 15-16).

Innerhalb der Sicherheitsgemeinschaft wurde als Ursache für diese Ansiedlung die Existenz Afghanistans als ‚schwachem' Staat verstanden (C. Freeman 2007: 2); gleichwohl wirft der Fall der Talibanherrschaft die Frage nach einer Differenzierung der ‚Schwachheit' des Staates auf. Denn die Stärke der Taliban und auch die Quelle der Legitimität, die sie zunächst genossen, war ihre Fähigkeit, die Gewalt zu monopolisieren. Dass sie sich wenig um den Aufbau Afghanistans oder um Verwaltung kümmerten, was sich daran zeigt, dass sie die wenigen Verwaltungsstrukturen, die nach dem Mujaheddin-Krieg noch übrig waren, weitgehend zerschlugen, war jedoch gleichzeitig ihre Schwäche. Sie haben also nicht versucht, die Gesellschaft zu durchdringen und waren auch deshalb darauf angewiesen, ihre Finanzierung aus externen Quellen zu sichern. Diese kam aus Pakistan und von arabischen Ölrentiers, aber auch von Osama Bin Laden, der sich die Gastfreundschaft erkaufen konnte und damit die Taliban zu radikalisieren beitrug. Mit Geld, aber auch mit Kämpfern, die er den Taliban zur Verfügung stellte, welche ja gegen die Nordallianz kämpften, machte er sich diese Schwäche des Talibanregimes zunutze (A. Rashid 2001: 236-238, 299; P. Bergen 2001: 202-207). Es ist also sowohl die Stärke als auch die Schwäche des afghanischen Staats unter den Taliban gewesen, die Bin Laden und seine Trainingscamps möglich machte. Keinesfalls war es Unwissenheit oder Unfähigkeit, dies zu verhindern, sondern intendierte Politik, wenngleich Bin Ladens Anwesenheit die Bemühungen der Taliban um internationale Anerkennung erschwerten beziehungsweise letztlich zu ihrem Sturz führte (O. Roy 2001).

Anders stellte sich die Situation nach dem Fall des Regimes dar. Die Neo-Taliban adaptierten eine Version des internationalen Jihadismus, der zwar noch immer antietatistisch geprägt ist, in seiner Kooperation mit anderen Gruppen des jihadistischen Spektrums aber leichter Unterstützung findet: „not because of the existence of a serious constituency for pan-Islamism inside Afghanistan, but because it enabled stronger external support" (A. Giustozzi 2007a: 13-14). Auch hier scheint die Dialektik zwischen Innen und Außen auf. Dieses Wechselverhältnis hebt den Sinn einer Zuschreibung schwacher Staatlichkeit beinah auf: Während in der Problemdiagnose der internationalen Truppen und der afghanischen Regierung die Neo-Taliban als von Pakistan staatlich unterstützte Gruppierung dargestellt werden, die instrumentell und ohne eigene Ziele sowie ohne Unterstützung der Bevölkerung agiert, zeigt der Mangel an Kontrolle in den pakistanischen Grenzregionen, dass auch dort ‚kein Staat stattfindet'. Die Vorstellung territorialer Herrschaft ist also irreführend und schränkt den Nutzen einer Unterscheidung nach ‚schwach' und ‚stark' ein. Was Schetter Talibanistan nennt, also eine auf Netzwerkbasis organisierte Ordnung, die sich territorial nicht fassen lässt und sich gegen die Idee von Staatlichkeit richtet, liegt deshalb auch quer zu der Herrschaftslogik der Politik des Statebuilding:

„Talibanistan steht daher nicht für ein territoriales Gebilde, in dem eine orthodoxe islamistsche [sic!] Bewegung eine eigene Staatsform – etwa einen islamischen Gottesstaat – durchsetzt und die Gesellschaft durch und durch von einer islamisch-orthodoxen Ideologie geprägt ist. Talibanistan steht für das genaue Gegenteil, nämlich für die Wiederkehr lokaler Herrschaftsansprüche, die häufig in radikalisierter Form vorgebracht werden, staatliche Einflussnahme ablehnen und in globale Netzwerke eingebunden sind. So bezieht sich der Begriff ‚Taliban' nicht allein auf religiöse Eiferer, die aus der ganzen Welt in die Region reisen, um ‚den Westen' zu bekämpfen; weit mehr wird der Begriff für die Vielzahl an lokalen Kommandeuren, Selbstverteidigungsfronten, Stammesmilizen, Drogenringen, arbeitslosen Jugendlichen und einfachen Straßenräuber verwendet, die je nach Kontext mit- oder gegeneinander kämpfen" (C. Schetter 2007: 236; auch C. Schetter 2005a).

In der gegenwärtigen Intervention zeigt sich dies: Während der Staat als Apparat stark ist, also wenig mit der Gesellschaft zu tun hat und deshalb kaum responsiv ist für ihre Forderungen, schwächelt er als Dienstleister jenseits der räumlichen Ballung, die er in der Hauptstadt in dichter Interaktion mit internationalen Agenturen ausfüllt. Hinsichtlich des Staates unterscheidet sich der Talibanstaat vor 2001 mit strikter Kontrolle der Gesellschaft bei gleichzeitigem Verzicht auf Politik (‚politics without policy') von der Neo-Taliban-Bewegung seit 2002: Letztere kämpft gegen den Staat[167], indem sie nicht *um* die Vorherrschaft im Staat, sondern *gegen* dessen Vorherrschaft in ihrem gesellschaftlichen Segment Gewalt anwendet. Der Staat erscheint aus dieser Sicht als untrennbar mit den Interventen verschmolzen. Angriffe auf ‚Kollaborateure' machten denn auch den Anfang ihrer Gewaltkampagne aus. Auch aus diesem Grund – die Neo-Taliban boten 250 US-$ für jedes getötete Mitglied staatlicher Agenturen – war die Ausbreitung staatlicher Kapazitäten über die gesicherten größeren Städte hinaus kaum möglich (A. Giustozzi 2007a: 102-103). Auch die Angriffe auf Schulen, die als Außenposten von Regierungsumerziehung betrachtet werden, gehören in dieses Muster.

Wenn man die Jihad-Bewegung, die im Westen spätestens seit dem ersten Anschlag auf das World Trade Centre 1993 als wichtige Sicherheitsgefährdung betrachtet wurde, in ein Verhältnis zu den Taliban setzt (G. Dorronsoro 2005: 306), so zeigt sich ebenfalls eine frappierende ‚Gleichzeitigkeit des Ungleichzeitigen'. Während die denationalisierte und lose Assoziation der al Qaida versicherheitlicht wurde, unterblieb eine klare Risikoabwägung des Potenzials der Taliban. Waren sie noch 1996 in ihren Anfängen als Kraft angesehen worden, die den verheerenden Mujaheddin-Krieg beenden konnte (und zu diesem Zweck

---

[167] Zeit ihrer Herrschaft hatten die Taliban jede Referenz zum Staat getilgt und nur noch die Bezeichnung Afghanistans als Emirat geduldet. Sie betrieben also auch begrifflich die Abgrenzung von der Idee moderner Staatlichkeit (M. Saboori 2005: 17).

auch von pakistanischem Geheimdienst ISI sowie Händlern, die freie Handelswege brauchten, unterstützt worden; A. Rashid 2001: 68-73), wurden sie mit Bin Ladens Rückkehr ins Land zu einer Gefahr, die undifferenziert als terroristisch begriffen wurde. Die internen Dynamiken der Kriegssituation in Afghanistan und ihre Verquickung mit den Nachbarländern, die beispielsweise eine große Anzahl von Flüchtlingen aufnehmen mussten, blieben weitgehend unbeachtet. Die Isolation öffnete die Taliban dem Einfluss von al Qaida, so dass diese enger kooperierten als sie es möglicherweise getan hätten[168]. Schließlich eröffnete der sogenannte ‚Krieg gegen den Terror' ein propagandistisches Feld, auf dem die Neo-Taliban eine gewissermaßen ‚jihadistischere' – im Sinne einer Ideologie des *globalen* Jihad – Variante der ‚alten' Taliban hervorbrachten. Dies schließt den Zufluss von Kämpfern ein, die zwar ihrer Anzahl nach nicht bedeutsam sind, aber strategische Erfahrungen des Guerillakrieges im Irak mitbrachten. Tatsächlich spielt der Irakkrieg eine wichtige Rolle, was die ideologische Mobilisierung und den Austausch von Kampfexpertise betrifft. Die Strategie, auf politische, kulturelle, ökonomische, religiöse *und* militärische Mobilisierung zu setzen, untergrub schnell die Bemühungen der Interventen, die gesellschaftlichen Beziehungen zu verstaatlichen (zu den strategischen Anpassungsleistungen der Neo-Taliban A. Giustozzi 2007a: 98). So wurde der nationalistische Antrieb, in einem Jihad ein muslimisches Land gegen Eindringlinge zu verteidigen, wie dies noch im Krieg gegen die Sowjets als Grund galt, durch einen breiten Widerstand gegen die Interventen und ihr Modernisierungsprogramm ergänzt. Die Intervention gilt dabei vor allem als kultureller Imperialismus und wird in religiösen Termini als Kampagne von Christen gegen Muslime gefasst (C. Schetter 2006; H. Bustani 2008).

Ein zentrales Problem für den liberalen Staatsaufbau ist die weltgesellschaftliche Verflechtung, die nationale Grenzen transzendiert. Der soziale Bezug jenseits territorialer Herrschaft wirft Legitimitätsfragen auf, die ein Staatsaufbauprojekt beantworten muss. Dazu muss der Mehrwert (zentraler) Staatlichkeit gegenüber familiären, tribalen oder ethnischen Netzwerken deutlich werden und darf nicht allein als Transformation von Normenstrukturen erscheinen (A. Thier/J. Chopra 2002). Bemühungen, die ‚hearts and minds' zu gewinnen, sind schon deshalb gescheitert, weil sie die halbe Fragestellung außer Acht gelassen haben: Verhaftet der Staatlichkeitsdoktrin wurde die Rolle der im zu pakistani-

---

[168] Wright beschreibt, wie die Taliban in den ersten Jahren von Bin Ladens Aufenthalt in Afghanistan wiederholt versuchten, diesen davon zu überzeugen, keine Interviews zu geben und Propaganda für sich zu machen. Da al Qaida zu diesem Zeitpunkt jedoch wenig ‚Erfolge' vorzuweisen hatte, wurde diese Anweisung missachtet. Bin Laden brachte so die Taliban in ein Dilemma gegenseitiger Abhängigkeit, da sie ihm ihre Gastfreundschaft gewährt hatten und diese als nicht rücknehmbar ansahen (2007: 309, 328-330).

schem Territorium gehörenden Siedlungsgebiete im *tribal belt* nie beachtet. Die „Verteidigung des Lokalen (...) bei gleichzeitiger Verflechtung in globale Netzwerke" (C. Schetter 2007: 237) ist deshalb kein Widerspruch. Obwohl die Taliban weder die Bevölkerung durchgängig terrorisieren noch vollständig von ihr unterstützt werden – entlang dieser Dichotomie bewegt sich die Berichterstattung – sind sie mit ihr verwoben: Interessenkonvergenz lokaler Machtstrukturen und der Taliban, aber auch ideologischer Antagonismus sind mögliche Ausprägungen der komplizierten Beziehung. Die lokalen, im afghanischen Süden also primär paschtunischen Wertevorstellungen sind in ihrer Traditionalität nur eingeschränkt kompatibel mit den globalisierten Jihadis.

Für das Statebuilding besteht eine Hürde darin, dass politische Loyalität eher entlang ethnischer Kategorien als zum Staat besteht und diese Kategorien durch „ethnische Entrepreneure" politisiert werden, um damit auch innerhalb der eigenen Gruppe zu mobilisieren (J. Eckert 2003: 96). Quer dazu steht eine Tradition, in der afghanische Herrscher – angefangen mit Abdur Rahman – ihre Position religiös begründeten. Dadurch wird Herrschaft als von Gott gegeben über die egalitären Strukturen der *qawm* erhoben. Dieser religiöse Aspekt ist ein weiterer strukturell unterschätzter Faktor, denn Religion ist nicht einfach eine kulturelle Dimension, sondern prägt und strukturiert das Leben. Auch wenn der Bezug zum Islam in der Verfassung festgehalten wurde, steht die Praxis eines weitgehend laizistischen Staates, wie sie von den internationalen Agenturen zumindest implizit betrieben wird, vor Anknüpfungsproblemen mit der sozialen Lebenswelt. Religion ist dem Staat letztlich additiv beigegeben statt ihn zu konstituieren, weil die liberale Idee eines eigentums- und rechtebasierten Vertragsstaats keinen Platz für ‚das Religiöse' hat. So kollidieren Vorstellungen von Staatlichkeit – und daraus abgeleitet vom Staatsaufbau – mit lokalen Strukturen, Interessen, Vorstellungen und Werten, die auch in der Verfassung verankert sind (A. Poya 2003: 375-377). Der aufzubauende Staat kann, indem er inhärent diesen Werten widerspricht, keine Legitimität aus sich heraus beanspruchen. Sie bekäme er bestenfalls über Wohlfahrtsgewinne, die aber in der konkreten Strategie der Sicherheitsgemeinschaft unter Führung der USA keinen Platz fanden. Die vagen Bekenntnisse zur Akzeptanz islamischer Werte verkommen darüber hinaus zu Lippenbekenntnissen, wenn islamische Rechtsprechung unter Druck westlicher Akteure und Öffentlichkeit aufgehoben wird. Die Herrschaft wird dadurch leicht als von außen oktroyiert denunzierbar, wovon Gegner des Staatsaufbaus erfolgreich Gebrauch machen (F. Kühn 2008a: 317, 323-324).

6.2 Externe Eingriffe und Souveränität

Afghanistan ist ein Fall, an dem die westfälische Norm der Souveränität in vielerlei Hinsicht hinterfragt werden muss. Wie bereits angedeutet wurde, ist Afghanistan als Staat aus der sich global durchsetzenden Norm von Staatlichkeit einerseits und den konkreten Interessen der großen Reiche an seinen Grenzen andererseits entstanden. Dies zeigt sich insbesondere in der Form der politökonomischen Reproduktion des Staates, der immer wieder fähig war, aus unterschiedlichen Quellen externe Renten einzuwerben. Während in der Phase sowjetischen Einflusses etwa 5 Mrd. US-$ pro Jahr nach Afghanistan flossen, versorgten die USA und Alliierte die Mujaheddin in den 1980er Jahren[169] mit durchschnittlich 2,8 Mrd. US-$. Nach dem Abzug der Sowjets versorgten Saudi-Arabien und der Iran ihre jeweiligen Klienten, häufig aus religiösen Erwägungen weiterhin mit Waffen und Geld (C. Johnson/J. Leslie 2004: 3; G. Dorronsoro 2005: 208). Pakistan, einer fixen Idee verhaftet, nach der Afghanistan im Kriegsfall mit Indien ‚strategische Tiefe' und damit einen militärischen Vorteil bedeuten würde, suchte sich den primären Einfluss zu sichern. Die Paschtunistan-Frage, die Pakistan von der Tagesordnung halten wollte und die Ausbildung von irregulären Kämpfern für den Kleinkrieg in Kaschmir waren weitere Gründe, dass Pakistan involviert blieb (B. Wilke 2005; A. Saikal 2006b: 134; A. Rashid 2008). Nach Abzug des gemeinsamen Feindes, also der Sowjettruppen, wurde die Zersplitterung offenbar, die die verschiedenen Mujaheddin-Gruppen kennzeichnete. Sie begannen, sich gegenseitig zu bekämpfen und richteten beispielsweise im weitgehend unzerstörten Kabul die schlimmsten Schäden an, als sie die Stadt in verschiedenen Versuchen, die Kontrolle zu erlangen, zwischen 1992 und 1996 immer wieder massiv beschossen (G. Dorronsoro 2005: 239; G. Feifer 2009: 261-262).

Seit der Unabhängigkeitserklärung durch Amanullah im Jahr 1919 war Afghanistan immer souverän, auch wenn die sowjetische Intervention die Souveränität zumindest beschränkte. Nominell stellte das Genfer Abkommen 1988, in dem der Abzug der Sowjets vereinbart wurde, diese Souveränität wieder her. Während des Krieges gegen die Sowjetunion führte die Kanalisierung externer Unterstützung durch Pakistan an ausschließlich sieben sunnitisch-islamistische Gruppen (die sog. Peschawar-Sieben) dazu, dass diese im bewaffneten Kampf eine Schlüsselrolle einnahmen: „Die Feldkommandeure und alle anderen Widerstandsgruppen standen vor der Alternative, sich einer der sieben Parteien anzuschließen oder auf sich gestellt zu bleiben" (T. Ruttig 2008: 18-19; auch G. Peters 2009a: 33). Diese Einflussnahme und die Konkurrenz der Mujaheddin-

---

[169] Die Unterstützung floss jedoch kaum in der ersten Hälfte, dafür massiv in der zweiten Hälte der 1980er Jahre (G. Feifer 2009: 210).

Gruppen um den Staat verhinderte aber letztlich eine volle Wiederherstellung souveräner Staatlichkeit, weil externe Einflüsse über wechselnde Allianzen ausgetragen wurden. Zwar hatte es schon während des Sowjet-Krieges gewaltsame Auseinandersetzungen und Kämpfe *zwischen* einzelnen Mujaheddin-Fraktionen gegeben. Diese Konflikte wurden aber immer als Missverständnisse deklariert, korrupten Individuen oder ausländischen Verschwörungen zugeschrieben: „the Afghan leaders in Peshawar simply failed to produce a political explanation of divisions and segmentations and work towards rectifying them" (A. Saikal 2004: 212). Dieser Mangel an Fähigkeit zur Politik verstärkte die Differenzen, die zum Mujaheddin-Krieg führten. Die Mujaheddin-Gruppierungen waren also durch die kanalisierte Finanzierung groß und mächtig genug, um im Krieg zu polarisieren, aber gleichzeitig so fragmentiert, dass eine politische Lösung ihrer ambivalenten Konflikte erschwert wurde.

Trotzdem blieb Najibullah, gewählt in der letzten Wahl, die nach einer von den Sowjets verlangten Verfassungsreform stattfand, bis 1992 ohne die Unterstützung sowjetischer Militärs an der Macht. Der Staat war zu dem Zeitpunkt schon so weit in seiner Bedeutung abgesunken und konnte nicht mehr autonom von der Gesellschaft handeln, so dass Najibullah Milizen bewaffnete, um sie zu Alliierten zu machen, da er keine starke Armee aufbauen konnte. Politik kehrte dadurch in den Modus reziproker Patronagebeziehungen zurück, deren Basis aber durch den Krieg zu schwach war, während dem Regime das Geld ausging, diese Politik zu bezahlen. Was ‚noch zu holen war', floss in die Patronage, mit dem Ende der Finanzierung brach die Loyalität weg. Ein Übergangsabkommen, das unter UN-Führung ausgehandelt wurde, brachte eine Mujaheddin-Regierung an die Macht, die aber keinen Staat mehr hatte: „The state (…) had become little more than a set of apparatuses headed by mutually antagonistic leaders held together by Najibullah's redistribution of external aid" (B. Rubin 2002: 269). Die Übergangsregierung unter Rabbani blieb, weil der Übergang sehr gewalttätige Kämpfe sah, einfach im Amt. Der kollabierte Staat blieb, wie er war. Die Taliban bauten, als sie schließlich den Krieg weitgehend beenden konnten, den Staat nicht auf, sondern dünnten die wenigen Institutionen, die verblieben waren, noch aus. Sie entließen alle weiblichen und einen Teil der männlichen Angestellten. Sie waren zwar nicht gegen den Staat als solchen, trennten aber Staat nicht von islamischem Klerus, der ihren Kern darstellte: Alles Staatliche war Taliban (G. Dorronsoro 2005: 278). Ihr Führer Mullah Omar bezahlte alles aus einer Kiste, in der er bündelweise Geld aufbewahrte (A. Rashid 2001: 67). International wurden die Taliban ohnehin nicht als souveräne Regierung anerkannt – nur ihre Unterstützer Pakistan und Saudi-Arabien sowie die Vereinigten Arabischen Emirate unterhielten diplomatische Beziehungen zu ihnen (K. Gannon 2005: 71).

Die Position der Sicherheitsgemeinschaft gegen die Taliban, angeführt von den USA, lässt kein strategisch klares Ziel erkennen, sondern ist geprägt von Indifferenz und dynamisierter Versicherheitlichung. Zunächst hatten die USA die Erfolge der Taliban begrüßt, weil sie – wie viele andere – hofften, dass damit ein Ende des Mujaheddin-Krieges möglich würde. Auch ein Konsortium der Firma UNOCAL hatte versucht, mit den Taliban eine Einigung zu erzielen, um eine Gaspipeline aus Zentralasien ans Arabische Meer zu bauen[170]. Aus dieser Verbindung rührt das noch heute weit verbreitete Missverständnis, demzufolge die USA die Taliban selbst aufgebaut hätten (W. Maley 2002: 227-228; insb. S. Kolhatkar/J. Ingalls 2006: 225-229[171]). Tatsächlich änderte sich die Haltung des State Departments, als Reporterinnen über die Unterdrückung von Frauen durch die Taliban berichteten (vgl. Kap. 6.3). Mit den UN und ihren verschiedenen Unterorganisationen, die im Land waren und humanitäre Dienste leisteten, lagen die Taliban ohnehin überkreuz, weil sie sie als schlechten Einfluss auf die Bevölkerung und damit als unislamisch ansahen. 1998 verließen fast alle Hilfsorganisationen das Land[172]. Die UN hielten sich auch deshalb mit Hilfsleistungen zurück, weil die Taliban den vier Jahre unter UN-Schutz stehenden Najibullah gewaltsam entführt, gefoltert und schließlich aufgehängt hatten (K. Gannon 2005: 51-56). Der Ruf der Taliban war durch diese Tat seit dem Moment, in dem sie Kabul erobert hatten, international beschädigt (W. Maley 2002: 237).

Demgegenüber war die Bevölkerung in dieser Zeit, in der sie vom Regime keine redistributiven Leistungen zu erwarten hatte, mehr denn je auf internationale Hilfe angewiesen. Die Haltung der Taliban scheint keineswegs einheitlich gewesen zu sein: Mullah Omar erließ ein Dekret, das Angriffe auf externe Helfer unter strenge Strafe stellte (G. Dorronsoro 2005: 282-283). Insgesamt, so scheint es, wollten die Taliban so wenig wie möglich Interaktion mit der Außenwelt, wussten aber auch, dass sie auf Hilfen angewiesen waren beziehungsweise streb-

---

[170] Für dieses Konsortium, das 15-20 Mio. US-$ in das Projekt investiert hatte, arbeitete wohl der spätere US-Botschafter Zalmay Khalilzad als Consultant, der eine Machbarkeitsstudie anfertigte (S. Kolhatkar/J. Ingalls 2006: 226), nicht jedoch Karzai, wie mitunter behauptet wird (C. Johnson/J. Leslie 2004: 89).

[171] Kolhatkar und Ingalls widerlegen die These, dass die Pipeline auch Gegenstand des Krieges 2001 gewesen sei; das Interesse der USA an der Pipeline sei viel geringer als das der Zentralasiatischen Staaten, Afghanistans (wegen der Durchleitungsgebühren) und Pakistans (wegen der Energiesicherheit) (ibid.).

[172] Die Taliban hatten die Hilfsorganisationen aufgefordert, ihre Büros im Kabuler Polytechnikum anzusiedeln, um bessere Sicherheit gewährleisten zu können und ihre Aufgaben zu bündeln. Viele NGOs weigerten sich, woraufhin die Taliban ihre Büros einfach schlossen. Die NGOs wollten aber zurückkehren, was langwierige Verhandlungen bedeutete und einen Teil der Hilfsgelder kostete, mit denen das Polytechnikum instand gesetzt werden sollte. Als die NGOs schließlich Monate später zurückkehrten, hatten die Taliban das Polytechnikum mit Truppen belegt, so dass die NGOs wieder ihre alten Büros bezogen (C. Johnson/J. Leslie 2004: 68).

ten nach internationaler Anerkennung, für die zumindest ein Minimum an Regelkonformität erforderlich war. Die Gräueltaten der Taliban, insbesondere aber ihre Gastfreundschaft gegenüber Bin Laden resultierte in Sanktionen und einem Waffenembargo, das die Nordallianz nicht betraf. An der Situation in Afghanistan änderte sich deshalb nichts, da die Zuflüsse über die kaum kontrollierten Grenze Pakistans unvermindert weitergingen (A. Saikal 2006b: 135).

Dem 11. September 2001 folgte eine konzertierte diplomatisch-militärische Reaktion. Innerhalb der Sicherheitsgemeinschaft war zunächst unklar, wie die USA reagieren würden. Die NATO rief – als militärisch organisierte Kerngruppe der westlichen Sicherheitsgemeinschaft – am 12. September zum ersten Mal in ihrer Geschichte den Bündnisfall aus (NATO 2001). Zu diesem Zeitpunkt herrschte weltweite Solidarität, die den USA großen Spielraum gab. Innerhalb der NATO war die Furcht vor der Bedeutungslosigkeit der Allianz angesichts US-amerikanischer Entschlossenheit, bestenfalls in ‚Koalitionen der Willigen' zu agieren, nicht unberechtigt – denn der Beitrag, den die USA von NATO-Partnern verlangte, war im Wesentlichen symbolisch. Innerhalb der NATO führte die befürchtete Dichotomie ‚Out of Area or Out of Business' auch in Folge der Politik der Führungsmacht USA zum Beschluss, dass man die ursprüngliche geographische Beschränkung verlassen können müsse. Dies war die Voraussetzung für die Übernahme des Kommandos der International Security Assistance Force (ISAF) im August 2003, die auch von den UN begrüßt wurde (N. Fiorenza 2003: 26-28). Intern konnten die wichtigen NATO-Länder, die nicht bereit waren, sich militärisch am Irakkrieg zu beteiligen, dadurch signalisieren, dass sie den Kampf gegen den Terrorismus nicht aufgegeben hatten, sondern in Afghanistan ihren Teil dazu beitragen würden (A. Saikal 2006a: 529). Die Politik der USA selbst entsprang einem neokonservativen Vorbehalt gegen multilaterales Vorgehen und insbesondere der klaren Ablehnung von Aufbauplanungen für die Zeit nach den Kampfhandlungen[173]. Es ging primär um die Zerschlagung von al Qaida und erst in zweiter Linie um Regimewechsel und Staatsaufbau (E. Williams 2008: 60-70; C. Robichaud 2006)[174].

Dem militärischen Vorgehen gegenüber standen die Aufbaubemühungen, häufig irreführenderweise ‚Reconstruction' genannt, die innerhalb eines UN-Rahmens geplant und koordiniert wurden. Besonderes Gewicht lag darauf, die

---

[173] Am 24. September traf sich in den USA die Regierung mit einer Gruppe von Afghanistankennern; wesentliches Ergebnis war die Marschrichtung, dass die USA beim Entwurf einer Nachkriegsordnung dabei sein, die Federführung aber bei den Vereinten Nationen liegen sollte – für die USA hieß das ‚nation building lite'. Rashid kommentiert diesen Begriff sarkastisch: „The epiteth, related more to beer than to nation building, stuck" (2008: 75).

[174] Dass die neokonservative Regierung Statebuilding eigentlich ablehnte, sich dann aber dem Engagement mit liberaler Zielsetzung nicht entziehen konnte, verdeutlicht das normative Gewicht insbesondere der Staatlichkeitsdoktrin im liberalen Gedankengebäude.

Intervention als breiten Konsens der internationalen Gemeinschaft als inklusiver Gruppe westlicher und nichtwestlicher, insbesondere islamischer Staaten darzustellen (E. Gross 2009: 80). Mit Unterstützung der deutschen Regierung wurde auf dem Petersberg bei Bonn eine Nachkriegsordnung für Afghanistan vereinbart. Daran waren verschiedene Gruppen beteiligt, die ihre Differenzen nicht immer beilegen konnten – insbesondere die Frage, welche Rolle Rabbani spielen sollte, der auf UN-Ebene noch immer als Präsident Afghanistans fungierte, war umstritten[175]. Beteiligt waren die Gruppe des Königs, der in Rom im Exil lebte (deshalb wurde sie auch Rom-Gruppe genannt), eine Peschawar-Gruppe und eine Zypern-Gruppe genannte Exilantengruppe, einzelne, aber einflusslose Vertreter der Usbeken unter Mujaheddin-Führer Dostum, der Heratis unter Ismail Khan und der Hazara sowie die Nordallianz[176] (B. Rubin 2004a: 6). Dostum, Ismail Khan und andere gehörten nominell der Nordallianz an, in den international geführten Verhandlungen war diese aber von Tajiken der Panjiri-Gruppe dominiert. Die Nordallianz, von Ahmed Schah Massoud als Defensivbündnis gegen die vorrückenden Taliban im Jahr 1996 gegründet, war jedoch ihrerseits kein homogenes Bündnis. Wie ethnisiert der Konflikt war, zeigte sich an – obendrein persönlichen – Animositäten der Milizenführer, die die Nordallianz als vorwiegend tajikisch und mithin nicht repräsentativ ansahen. Aber auch die Tatsache, dass die einzigen Paschtunen die Monarchisten der Rom-Gruppe waren, stellte ein Problem für die Legitimität des später sogenannten Petersberg-Prozesses dar. Das Petersberger Abkommen kann nicht als Friedensvertrag begriffen werden, da die besiegten Taliban in Bonn nicht anwesend waren. Stattdessen sollte es einen Rahmen vorgeben, innerhalb dessen weitere Verhandlungen möglich waren, um zu vermeiden, dass die UN in einem Vertragswerk ‚eingeschlossen' wür-

---

[175] Da es keinen Mechanismus gab, über den man Rabbani hätte ‚entmachten' können, versuchten die Verhandler, ihn zu überzeugen, freiwillig zurückzutreten. Rashid (2008: 104) berichtet, dass dieser seine Bereitschaft dazu erst erklärte, nachdem das US-Militär ‚zufällig' eine Rakete in die Nähe seiner Residenz in Kabul gefeuert hätte.

[176] Die eigentlich *Jabhi-ye Muttahid-e Islami bara-ye Nejati Afghanistan* (Vereinigte Islamische Front zur Rettung Afghanistans) genannte Gruppe wurde von der pakistanischen Seite abschätzig Nordallianz genannt. Sie wurde von Massoud und Rabbani, die den Kern der Panjiri-Gruppe bildeten, zusammengeführt und umfasste die Gruppen von Dostum, Ismail Khan, Haji Abdul Qadeer, Mohammad Atta (nicht mit dem Attentäter vom 11. September 2001 zu verwechseln), Mohammad Fahim, Mohammad Mohaqqeq und andere ‚Warlords'. Massoud, der noch heute verehrt wird, wurde am 9. September 2001, zwei Tage vor den Anschlägen in den USA in seinem Hauptquartier von tunesischen Attentätern, die als Journalisten verkleidet waren, mit einer Sprengladung getötet (A. Saikal 2004: 229). Rashid beschreibt Massoud als einen führungsfähigen Mann, der den Faktionalismus überwunden hatte und wohl unausweichlich die Übergangsregierung angeführt hätte, wäre er nicht umgebracht worden (A. Rashid 2008: 22). Seine Vorstellung, dass dadurch viele Probleme vermieden worden wären, ist jedoch zu bezweifeln, da Massoud anders als Karzai als Mujaheddin-Führer eine der üblichen grauenvollen Menschenrechtsbilanzen besaß.

den (S. Chesterman 2002: 39). Lakhdar Brahimi, der als ‚Special Representative‘ des UN-Generalsekretärs die Gespräche leitete, wird von Rashid so zitiert:

> „The Taliban should have been at Bonn. This was our original sin. If we had had time and spoken to some of them and asked them to come, because they still represented something, maybe they would have come to Bonn. Even if none came, at least we would have tried" (2008: 104).

Zentrales Ergebnis des Petersberger Abkommens, das am 5. Dezember 2001 abgeschlossen wurde und den ‚Petersberg-Prozess‘ eher umriss als eine klare Nachkriegsordnung zu fixieren, war die Errichtung einer Interimsverwaltung, die als erster Schritt zur Errichtung eines „broad-based, gender-sensitive, multiethnic and fully representative government" diente. Die Souveränität und territoriale Integrität Afghanistans wird darin bekräftigt und der 22. Dezember 2001 als Datum festgelegt, an dem die Interimsregierung ihre Aufgaben übernehmen soll. Weiters wird das Recht des Volkes von Afghanistan beschworen, in freier Selbstbestimmung und im Einklang mit den Prinzipien des Islam, der Demokratie, Pluralismus und sozialer Gerechtigkeit die Form seines politischen Gemeinwesens festzulegen. Dies steht in seltsamem Widerspruch zu der Rolle, die den Mujaheddin zugesprochen wird[177]. Gleichzeitig ist das Abkommen ein Dokument der politischen Zwänge, etwa wenn Rabbani, der *de facto* spätestens seit dem Fall von Kabul keine Macht mehr ausübte, dem aber immer noch die Vertretung Afghanistans in den internationalen Organisationen zugeschrieben wurde, dafür gedankt wird, dass er seinen Posten räumt. Auch die Bestätigung, dass viele Gruppen das Abkommen gar nicht mitverhandelten, verbunden mit der Hoffnung, diese sollten im Prozess eingebunden werden, zeigt dies (Bonn Agreement 2001).

Die zentralen Zielsetzungen des Abkommens bis 2005 waren der Aufbau einer Regierung, die innerhalb des ersten halben Jahres eine Not-Loya-Jirga vorbereiten sollte. Diese sollte nach der Interimsregierung, deren Mandat zeitlich begrenzt wurde, eine Übergangsregierung einsetzen, der eine in freien Wahlen bestimmte ‚richtige‘ Regierung folgen sollte. Außerdem sollte eine Verfassungs-Loya-Jirga eine Verfassung erlassen, die von einer Expertenkommission vorzu-

---

[177] „*Expressing* their appreciation to the Afghan mujahidin who, over the years, have defended the independence, territorial integrity and national unity of the country and have played a major role in the struggle against terrorism and oppression, and whose sacrifice has now made them both heroes of jihad and champions of peace, stability and reconstruction of their beloved homeland, Afghanistan" (Bonn Agreement 2001). Wäre es nicht der überwiegenden Präsenz der Mujaheddin in Bonn und der Tatsache geschuldet, dass sie Verbündete des Westens waren bei der Bekämpfung der Taliban, müsste es wie Hohn erscheinen, sie als Verteidiger der Einheit des Landes, als maßgeblich gegen Terrorismus und als ‚champions of peace‘ zu bezeichnen.

bereiten wäre (N. Brown 2007: 68). Zwischenzeitlich wurde die alte Verfassung des Königs Zahir Schah von 1964 in Kraft gesetzt, allerdings ohne die Bestimmungen zur Monarchie. Die neue Verfassung setzte dann den Rahmen, innerhalb dessen die Wahlen zum Parlament[178] stattfanden und damit den Bonn-Prozess zum Ende brachten. Die Schlüsselministerien der Interimsregierung gingen an die Nordallianz, ebenso wie vierzehn weitere; die Rom-Gruppe bekam neun, die Peschawar-Gruppe vier, während die Zypern-Gruppe alle Posten ablehnte. Ethnisch waren die Ministerien so verteilt: Elf Minister waren Paschtunen, acht Tajiken, fünf Hazara und drei Usbeken (S. Simonsen 2004: 723-724; A. Rashid 2008: 105). Hamid Karzai, der schon vorher als Präsident feststand, weil er als einziger paschtunischer Stammesführer bereit gewesen war, gegen die Taliban aufzustehen (A. Rashid 2008: 86) und weil er als Paschtune der Einzige war, der die paschtunischen Clans potenziell einbinden konnte, wurde am 22. Dezember eingeschworen.

Die Art, wie der Fahrplan des Petersberg-Prozesses unter dem Druck der im Krieg geschaffenen Fakten zustande kam, barg viele der Probleme, die die Stabilisierung behindern sollten. Erstens kam der neu geschaffene Staat vollständig von außen, war zwar durch das Bonner Abkommen und die Sicherheitsratsresolution 1386 vom 20. Dezember 2001 beschlossen und legitimiert, hatte aber wenig Verbindung mit der Bevölkerung. Die Basislegitimität, die er mitbrachte, war die Hoffnung, dass dieser Staat die Gewalt und die Armut beenden könnte, und gleichzeitig seine Mandatierung auf völkerrechtlicher Basis durch die UN. Die Diskrepanz zwischen Innensicht und Außensicht wird hier deutlich: Für die internationale Gemeinschaft war die völkerrechtliche Legitimation von Bedeutung, während innerhalb Afghanistans die Erwartung von Output überwog. Das militärische Engagement der Unterstützungstruppe ISAF sollte völkerrechtlich abgesichert sein. Aber auch die kulturelle, insbesondere islamische Komponente sollte berücksichtigt werden, weshalb die ISAF nach dem ersten halben Jahr unter der Führung Großbritanniens unter türkisches Kommando (2. Kontingent) kam. Zunächst war die NATO als Organisation nicht involviert, auch wenn sie organisatorische Unterstützung leistete (N. Fiorenza 2003: 26). Spätestens mit der Führung des dritten ISAF-Kontingents durch Deutschland und die Niederlande wurde deutlich, dass es nur wenige Staaten gab, die diese Aufgabe operativ ausfüllen konnten – so wuchs der NATO die ISAF-Führung schon aus organisatorischen Gründen zu. Nachdem die NATO das Kommando von Kanada (4. Kontingent) übernommen hatte, endete das Rotationsprinzip in der Führung mit dem fünften Kontingent.

---

[178] Das Parlament setzt sich aus der *Wolesi-Jirga*, dem Unterhaus, und einem *Meshrano-Jirga* genannten Oberhaus zusammen.

Von Beginn an hatte die Intervention herausgestrichen, dass der Einsatz auf Einladung der Interims- und Übergangsregierung erfolge. In der Praxis war aber die Rolle der USA bestimmend und die der United Nations Assistance Mission to Afghanistan (UNAMA) nachrangig. Der politische Aufbauprozess und auch die Verteilung finanzieller Mittel waren hinter der Verfolgung von al Qaida und Taliban-Kämpfern nur zweitrangig.[179] Das Statebuilding war gewissermaßen *nur* ein Nebenprodukt des Krieges gegen den Terrorismus und diesem damit strategisch nachgeordnet (B. Rubin 2004b: 167)[180]. Die Koordination des Staatsaufbaus wurde im Säulenmodell der Sicherheitssektorreform gefasst, das nie formell abgestimmt oder vereinbart wurde. Darin übernahmen einzelne Staaten die Koordination für einen Reformbereich. Japan übernahm die Entwaffnung, Demobilisierung und Wiedereingliederung von Milizen (Disarmament, Demobilization, Reintegration – DDR), die USA die Ausbildung einer staatlichen Armee (Afghan National Army – ANA), die Bundesrepublik die Polizeireform (vgl. Kap. 6.4), Italien die Justizreform und Großbritannien die Bekämpfung des Drogenanbaus (vgl. Kap. 6.5). All diese Reformplanungen[181] zielten auf die Etablierung eines zentralen Staates. Wenige warnten davor, eine Zentralisierung zu avisieren, die historisch nie funktioniert habe (M. Ottaway/A. Lieven 2002; S. Radnitz 2004).

In der Tat ist das Vorgehen der Interventen zumindest zwiespältig. Wenn man die Erklärungen und Maßgaben betrachtet, besteht ein einhelliges Bekenntnis zum Zentralstaat. Die intervenierenden Staaten waren jedoch nicht bereit, dieses Ziel umfassend zu verfolgen: *Erstens* floss immer ein großer Anteil der

---

[179] Die Taliban waren den US-Streitkräften dabei weniger wichtig als ,Terroristen'; so ließen sie beispielsweise Pakistan, das mit den Taliban über den Geheimdienst Inter-Services Intelligence Directorate (ISI) verflochten war, in Kunduz eingeschlossene Taliban-Kämpfer über eine Luftbrücke evakuieren. Viele Taliban waren pakistanischer Herkunft, schreibt Rashid, die Pakistan nicht verlieren wollte beziehungsweise deren Identität geheim bleiben sollte (A. Rashid 2008: 90-93). Mehrere Flugzeuge evakuierten vermutlich ,einige hundert Kämpfer aus anderen Nationen' (D. Filkins/C. Gall 2001).

[180] Deutlicher noch als in anderen Fällen dienen Aufbaumaßnahmen aus Sicht des US-Militärs dazu, ,gutes Wetter' bei der lokalen Bevölkerung zu machen. Die Dominanz der USA im Aufbauprozess wurde deswegen vielfach kritisiert, weil vermutet wurde, dass der Staatsaufbau ohnehin nur instrumentell sei. Ein Vertreter einer internationalen Organisation beschrieb dies so: Die Amerikaner seien „bad at aid and even worse in development; they have no monitoring and no evaluation of their projects' durability" (Interview des Autors, Regierungs-Hilfsorganisation, Kabul, o. Datum [2006]).

[181] Neben die fünf Hauptsäulen traten andere Bereiche, beispielsweise Reformen im Gesundheitssektor und im Bereich ländlicher Erwerbsmöglichkeiten (,rural livelihoods'), die von der EU-Kommission übernommen wurden (F. Kühn 2007a: 151). Erst mit Abschluss des Petersberg-Prozesses und der neuverhandelten Zielplanung im ,Afghanistan Compact' übernahm die Kommission weitere Aufgaben, wie die Unterstützung des Mediensektors; die EU übernahm die Führung des Polizeiprojekts im Rahmen der ESVP (tel. Interview des Autors, Kommissions-Mitarbeiter, Kabul, 03. Mai 2009).

Hilfs- und Aufbaugelder an der Regierung vorbei in Projekte, die einzelne Staaten und/oder Nichtregierungsorganisationen betrieben. Dies führte zu einem Mangel an Kontrolle und Koordination und schwächte auf längere Sicht den Staat, weil die Redistributionsaufgabe als Quelle der Legitimation des staatlichen Apparates fehlte. Begründet wurde diese Umgehung staatlicher Strukturen damit, dass die Kapazitäten, das Geld korrekt zu verwalten und angemessen einzusetzen, gefehlt hätten. Dies ist sicher richtig, birgt aber das Paradox, dass dadurch der Staatsaufbau, der ja wegen schwacher Kapazitäten erst begründbar ist, zum Grund für die Verzögerung des Staatsaufbaus erklärt wurde. Wahrscheinlich trug die spätere Aufteilung in Kommandoregionen obendrein dazu bei, weil lokale Arrangements von Militär und örtlichen Notabeln zum Schutz der Truppen als wichtiger eingestuft wurden als der Aufbau der weit entfernten Zentralstaats. *Zweitens* trug die parallel verlaufende militärische Kampagne gegen Terroristen dazu bei, die anti-zentralstaatlichen Gruppen finanziell zu festigen und politisch zu stärken, indem die USA deren Milizen als Verbündete brauchten. Im Bestreben, eigene Verluste zu minimieren, wurden diese mit großen Summen ‚eingekauft', um al Qaida-Kämpfer zu fassen oder zu töten. Dies war weder einer völkerrechtlich angemessenen Kriegsführung zuträglich noch erwies es sich als erfolgreich. Stattdessen flohen sowohl Taliban als auch al Qaida-Mitglieder über die Grenze nach Pakistan, wo sie sich regruppieren konnten. Die Taliban in Pakistan blieben weitgehend unbehelligt, und auch die Unterstützung durch den pakistanischen Geheimdienst ISI bestand weiterhin (A. Rashid 2008: 219-239).

Die mit viel Anti-Terror-Geld ausgestatteten lokalen Herrscher und ihre Milizen waren in die afghanische Politik kaum zu integrieren. Die Strategie der Regierung war, die lokalen Herrscher zumindest in die staatliche Struktur einzubinden und so die aus der afghanischen Geschichte bekannten Patronage- und Klientelnetzwerke aufzubauen. Dies hinderte die nunmehr als Gouverneure legalisierten ‚Warlords' nicht daran, ihre Finanzierung über Zölle auf Handel mit Nachbarländern oder über Opiumhandel fortzusetzen beziehungsweise auszubauen (G. Dorronsoro 2005: 335). In Ermangelung nennenswerter Geldquellen trug dies dazu bei, dass der zentrale Apparat in seiner Reproduktion wie früher von externen Renten abhängig blieb. Eine sachadäquate und längerfristige Policy-Planung blieb schwierig – entschieden handeln konnte die Regierung nur, nachdem sie ausgiebig Lobbyarbeit bei den Gebern geleistet hatte, für spezifische Programme Mittel zur Verfügung zu stellen. Insbesondere bei der Planung der Nationalen Sicherheitsstrategie, in der die Zielstellungen für den gesamten Sicherheitssektor skizziert werden sollen, traten langfristige finanzielle Konsequenzen auf. Denn Umfang und Bezahlung, aber auch Ausstattung von Polizei und Militär verursachen auch in einigen Jahren noch Kosten (W. Byrd/S. Guimbert 2009: 34-35). Werden sie nicht gedeckt, kann der Militärapparat selbst zur

Gefahr für den Staat werden oder die Polizei vermehrt auf die ‚Bewirtschaftung' der Bevölkerung zurückgreifen.

Ein weiterer zwiespältiger Aspekt ist der ‚Fußabdruck', den die internationale Intervention in Afghanistan hinterlassen wollte. Angesichts der Gefahr, als Besatzungsmacht angesehen zu werden, sollte die Tiefe des Eingriffs in die Gesellschaft möglichst gering sein. Anders als in Ost-Timor oder in Bosnien wollten die Interventen, wohl der Ansicht anhängig, es in Afghanistan mit wilden Stämmen zu tun zu haben, die noch jeden Eindringling vertrieben hatten, selbst nur wenig Aufbauarbeit oder Verwaltung leisten (Bonn Agreement 2001; J. Hanifi 2004: 305-306). Ein sogenannter *light footprint*-Ansatz wurde vom UN-Sondergesandten Brahimi zum Mittel der Wahl erklärt. Gespiegelt werden sollte dieser Ansatz von *Afghan ownership*, die allen Projekten innewohnen sollte: Nichts sollte den Anschein einer von außen übergestülpten Planung erwecken, alles von afghanischen Akteuren getragen sein (C. Johnson/J. Leslie 2004: 199-200). Damit legten die Interventen paradoxerweise die Verantwortung für ihre eigenen Ziele, namentlich die Schaffung internationaler Sicherheit, in die Hände der afghanischen Regierung. Zumindest soweit die UNAMA die Führung innehatte, versuchte sie, diesem Ansatz treu zu bleiben. Später veränderte sich der Slogan zu ‚*Afghans in the driver's seat*', was durchaus bedeuten konnte, dass das Auto vollbesetzt ist und die (westlichen) Insassen ein gehöriges Wörtchen bei der Routenplanung mitsprechen können[182]. Die stärkere Beteiligung war zumindest teilweise Ergebnis der teilweise menschenrechtswidrigen Beteiligung von Regierungsmitgliedern an Schmuggel und Drogenhandel und damit zusammenhängender Gewalt. Die Hilfsorganisation ‚Ärzte ohne Grenzen' zog sich deshalb aus Afghanistan zurück (K. Clark 2004; I. Katz/A. Wright 2004).

Das hohe Maß an politischer Integration der UNAMA folgt dem *Strategic Framework* der UN aus der Talibanzeit, dessen Eckpunkte UNAMA ab 2002 umsetzte. UNAMA bündelte die Koordination, was viele Hilfsorganisationen als problematisch erachteten, weil mit dem Ruf nach Unterstützung der Regierung die Hilfsmaßnahmen politisiert würden:

> „the traditional protection provided by humanitarian emblems has been lost and it is difficult to see how a new social contract between humanitarian agencies and insurgents might be re-established" (A. Donini 2006: 30[183]).

---

[182] Einer der Interview-Partner bemerkte dazu sarkastisch, dass dieses Ziel längst erreicht sei, da ja der Großteil der afghanischen Bildungsschicht als Fahrer der internationalen Organisationen und Hilfsorganisationen arbeite (tel. Interview des Autors, Kommissions-Mitarbeiter, Kabul, 3. Mai 2009).

[183] Johnson und Leslie (2004: 198-207) beschreiben allerdings, wie die Integration vor allem an einem Mangel an Unterordnung der Hilfsorganisationen unter die UNAMA scheiterte. Sie ziehen eine verheerende Bilanz hinsichtlich der NGOs, die vor allem auf Präsenz geachtet hätten, ohne

Die Eingliederung von Hilfsmaßnahmen, die überwiegend mit öffentlichen Geldern finanziert wurden, erschwert es den ausführenden Hilfsorganisationen, Kritik an der Policy-Planung, Priorisierung und Implementierung zu äußern (R. Shannon 2009: 33) – mit der Folge, dass die Expertise von Helfern nicht rückgekoppelt wird[184]. Die Probleme, die die Unterordnung aller Hilfsmaßnahmen unter den Aufbau der Regierung birgt, wurden so in der Verschmelzung von Sicherheit und Entwicklung erst geschaffen.

Nachdem Brahimi als Leiter der UNAMA im März 2004 vom Franzosen Jean Arnault abgelöst wurde, wuchs jedoch der Einfluss der USA, vertreten durch Zalmay Khalilzad. Dieser hatte im Nationalen Sicherheitsrat der USA gearbeitet, vertrat dann als Sondergesandter die USA bei den Gesprächen auf dem Petersberg und wurde schließlich Botschafter in Kabul. Sein Einfluss auf die afghanische Regierung war groß, so dass mitunter der Eindruck entstand, *er* treffe die Entscheidungen. Effektiv hatte dadurch die US-Regierung die Führung der Intervention einschließlich des zivilen Teils übernommen. Sie hatte die anderen Staaten der Sicherheitsgemeinschaft in der politischen Koordination marginalisiert, die sich in der Folge auf ein Spiel der Schuldzuweisung zurückzog. Demzufolge hätten die USA die größten Fehler zu verantworten und die Europäer versuchten, das Schlimmste zu verhindern, indem sie sich wieder mit den UN abstimmen und diese aufwerten sollten[185].

Vergleichbares gilt für das Militär, wobei Angehörige der ISAF die Operation Enduring Freedom (OEF) als Ursache für Widerstand ausmachten, weil sie durch ihren Anti-Terrorismus-Auftrag die Bevölkerung entfremde. Deutschland hingegen vertrete keine eigenen Interessen, wenn es sich in Afghanistan militärisch engagiere[186]. Und auch die Konkurrenz der internationalen Hilfsorganisationen führe zu Ineffizienz und letztlich dazu, dass die Unterstützung der Bevölkerung für das Aufbauprojekt wegbreche[187]. Obwohl also die Zielsetzung innerhalb der Sicherheitsgemeinschaft unklar ist, schafft der Einsatz trotzdem den

---

vorher geplant zu haben, welche Hilfe sie sinnvoll leisten konnten. Die Sichtbarkeit vor allem in westlichen Medien führte zu einem Strom von Kamerateams, die Hilfskonvois filmten. Hilfsprojekte seien angestoßen worden, dann aber nicht weitergeführt worden. Auch hier scheinen die Beziehungen zum Publikum innerhalb der Sicherheitsgemeinschaft wichtiger gewesen zu sein als die geleistete Hilfe. Dies suggerierte einen Aufbau des Landes, der in Wirklichkeit nicht stattfand, weswegen viele der zurückkehrenden Flüchtlinge erheblich schlechtere Lebensbedingungen vorfanden als erwartet. Indem die Organisationen teilhaben wollten an den Aufbaugeldern, gaben sie viel davon bereits für ausländische Koordinatoren aus; in der Praxis habe sich daher keine afghanische *Ownership* durchsetzen können. Zu den Problemen der Rückkehrer Lumpp, Shimozawa und Stromberg (2004) und Pradetto (2008: 50-53).

[184] Interview des Autors, Nichtregierungs-Hilfsorganisation, Kabul, 24. Mai 2006.
[185] Interview des Autors, UNODC, Kabul, 24. Mai 2006.
[186] Interview das Autors, Kabul Multinational Brigade (KMNB), Camp Warehouse, 18. Mai 2006.
[187] Interview des Autors, Nichtregierungs-Hilfsorganisation, Kabul, 8. Mai 2006.

politischen Druck, den sie für innere Kohäsion benötigt (C. Freeman 2007: 2-4). Eine Folge war, dass die Ursachen des wachsenden Widerstands kaum thematisiert wurden, aber die Truppenzahlen erheblich anstiegen, was den Angreifern mehr Ziele bot. Die internationale Situation mit dem Irakkrieg, der den Widerstand in einen jihadistischen Kontext zu setzen erlaubte, vitalisierte die Militanz und verursachte einen Umschwung von vorwiegend ‚weichen' Zielen zu mehr Angriffen auf Truppen und militärische Infrastruktur (A. Suhrke 2008: 220-221). Mit dem ideologischen Rückhalt des Jihadismus schwenkten die Taliban von einer Taktik der Nadelstiche (2002-2006) zu einer auf Kontrolle, Geländegewinne und vor allem den ‚Gewinn' der öffentlichen Meinung einer muslimischen Öffentlichkeit gerichteten Strategie um (A. Giustozzi 2007a: 136-139). Die Kritik am Vorgehen der USA in OEF verstummte weitgehend, als die NATO den Süden übernahm und damit selbst zur kämpfenden Truppe wurde, die Zielsetzung und Vorgehensweise wurde innerhalb der Sicherheitsgemeinschaft nur noch reaktiv diskutiert[188]. Die Transformation von Stabilisierungstruppe zu Kampfeinheit war abgeschlossen.

Weil die USA als Kernnation der Sicherheitsgemeinschaft die politische Führung übernahm (aber nicht ausfüllte), blieb verdeckt, wie wenig klar die Zielstellung der Intervention war (J. Fallows 2004: 77-79). Außer der Schaffung überzentralisierter Staatlichkeit waren die Ziele vage. Gleichwohl warfen die Vereinbarungen, die später im Compact konsolidiert wurden, immer ein Spannungsfeld zwischen internationalen Normen – die im Wesentlichen westlich geprägt sind (B. Bliesemann de Guevara/F. Kühn 2009: 75) – und islamischen Referenzen auf. Das bedeutet, dass jede politische Gruppierung Belege finden kann, ihre Position zu rechtfertigen und andere zu verwerfen – insbesondere öffnet es der ‚Politik der Ungläubigkeitserklärung' eine institutionalisierte Tür. Die Integration eines Teils der Warlords in das politische Spektrum hat obendrein substanziell deren Entwaffnung verhindert. Insbesondere durch ihren beinah bedingungslos unterstützten Kandidaten Karzai beschnitten die USA das politische Spielfeld, weil das Personal ziemlich feststand. Eine wirkliche demokratische Wahl, also die *Auswahl* aus verschiedenen politischen Angeboten, wurde so verhindert. Ruttig beispielsweise bezweifelt, dass die „US-geführte internationale Gemeinschaft" überhaupt eine Alternative zugelassen habe (2008: 23). Umgekehrt kann man die Wahl Karzais 2004 als Strategie der Bevölkerung lesen, den

---

[188] Diese Diskussionen bezogen sich vor allem auf den Erhalt von Glaubwürdigkeit für die NATO. Dass deren Existenz auf dem Spiel stehe, vertraten die Staaten, die Truppen in den Provinzen mit den stärksten Kampfhandlungen hatten, sowie NATO-Vertreter selbst. Das Argument war selbstbekräftigend, dass die NATO Prestige verlöre, wenn sie gegen einen schwachen Gegner verlöre, der mit Pick-up-Wagen und Raketenwerfern kämpfe: „To avoid this, NATO invested ever more of its military resources and prestige in Afghanistan to protect itself" (A. Suhrke 2008: 229).

Kandidaten ins Amt zu bringen, der am meisten externe Unterstützung hinter sich hat, um so möglichst umfassende Hilfsgelder zu erschließen. Die Zustimmung zu Karzai lag also in der Erwartung von Hilfsgeldern begründet, nicht notwendigerweise in politischer Übereinstimmung. Sowohl die Verfassung, die dem Präsidenten weitgehende Kompetenzen einräumt, als auch die Praxis der Klientelpolitik, die sich in engen Patronagenetzwerken auswirkt, behindern die Entwicklung politischer Parteien. Karzai selbst verhinderte mit dem Hinweis auf schlechte Erfahrungen, die Afghanistan mit Parteien gemacht hätte, dass seine Unterstützer in einer Partei zusammengefunden hätten (W. Maley 2006: 48-49).

Die Parteienlandschaft, die sich in den Jahren nach dem Sturz der Taliban entwickelt hat, ist entlang der Trennlinie säkular-islamistisch fragmentiert. Die alten PDPA, neue Demokraten und Ethno-Nationalisten stehen den islamistischen Parteien gegenüber, die eine Trennung von Staat und Religion ablehnen. Im neuen Parteiengesetz, das 2003 erlassen wurde und das vorsah, dass sich alle Parteien beim Innenministerium registrieren müssen, steht eine Klausel, derzufolge Parteien, deren Ausrichtung den Prinzipien des Islam zuwiderlaufen, verboten werden können (Political Parties Law, Art. 6, Abs. 1). Deshalb sind die säkularen Parteien darauf bedacht, ihre Programmatik in islamische Termini zu verpacken. Viele haben keine Mitgliederlisten oder agieren aufgrund von Sicherheitserwägungen kaum über die Ballungsräume hinaus. Über diese beiden Spektren hinweg erstreckt sich die Unterscheidung, wer auf Seiten des kommunistischen Regimes stand und wer dagegen war. Eine dritte Bruchlinie ist schließlich die zwischen Föderalisten, insbesondere kleiner ethnischer Gruppen, denen paschtunische Ethno-Nationalisten und andere Zentralisten gegenüberstehen. Das lässt das politische Zentrum leer, eine moderate Mitte fehlt. Die moderaten Monarchisten und die neuen Demokraten, die eine solche Bewegung gegründet hatten, wurden vom Beschluss, den König aus der Politik herauszuhalten, ausgehebelt. Die vorhandenen Flügel sind alle streng personal organisiert und hierarchisiert, aber nicht in der Lage, eine ,Parteibasis' aus Mitgliedern und Sympathisanten an sich zu binden (T. Ruttig 2006: 44-45).

Da unter dem Wahlsystem ,single non-transferable vote'[189] (SNTV), das nur Kandidaten und keine Parteien kennt, eine programmatische Positionierung

---

[189] Das SNTV erlaubt nur Einzelpersonen zu kandidieren. Dabei ist innerhalb eines Wahlkreises eine seiner Größe entsprechende Anzahl von Sitzen reserviert, die an die Kandidaten mit den meisten Stimmen gehen. Das kann beispielsweise bedeuten, dass bei drei Sitzen der erste Kandidat 90% der Stimmen und einen Sitz gewinnt, der zweite und dritte mit 3% bzw. 2% erzielter Stimmen ebenfalls einen Sitz bekommen. Der vierte und alle weiteren fallen mit 1,9% und weniger der Stimmen durch. Das Missverhältnis wird noch deutlicher, wenn „a strong, moderate candidate emerged in a province with ten seats and won 90 per cent of the vote, he or she would still only win one seat. The remaining 90 per cent of seats would be allocated to candidates who *in total* secured only 10 per cent of the votes" (W. Maley 2006: 48, Hervorhebung im Original). Da Kandidaturen nicht an Parteilisten

nicht funktioniert, bleiben die Parteien als Apparat hinter den Personen (A. Wilder 2005: 9; A. Reynolds 2006: 108-109, 113). Sie bilden auch keine Fraktionen im Parlament, die eine klare Zielsetzung vertreten könnten, so dass die Bildung von Mehrheiten institutionell behindert wird. Zwar gab es nach dem Fall der Taliban Ansätze, solche Parteistrukturen zu etablieren. Diese endeten aber mit dem Beschluss für SNTV, für den die USA lobbyierten, weil sie ein starkes Präsidialsystem mit relativ schwachem Parlament favorisierten (ICG 2005: 12-13; F. Bezhan 2006: 237; F. Kühn 2007a: 155). Die Parteien sind, wie es in einem Rentierstaat nicht unüblich ist, politisch schwach, weil sie nicht gewählt werden können, autonom von der Bevölkerung, tendenziell autoritär und fragmentiert. Die externe Lobbyarbeit, die dem politischen System Afghanistans das Gepräge gegeben hat, hat sich also direkt auf das politische Gefüge im Land ausgewirkt. *Ipso facto* hat das Ziel einer Zentralisierung eine engere Verflechtung der Parteien und der Bevölkerung verhindert.

Es hält keiner Analyse stand, wenn der 2006 in London geschlossene ‚Afghanistan Compact' die erzielten Erfolge, insbesondere den abgeschlossenen Petersberg-Prozess, hervorhebt. Auch die auf der Basis relativer Stabilität formulierte Zielvorstellung, das Erreichte zu konsolidieren und mit überprüfbaren *benchmarks* zu versehen, überbewertet die Staatlichkeit Afghanistans. Insbesondere die Frage nach der Eigenfinanzierung des Staates, die sich innerhalb der fünfjährigen Laufzeit beinah verdoppeln soll, wirft Zweifel auf; der Anteil des Staates an wiederkehrenden Ausgaben soll sogar von 28% auf 58% steigen (Compact 2006: 12; F. Kühn 2007a: 165, insb. FN 60). In diesem Compact kommt zwar Afghanistans Eigenständigkeit zum Ausdruck, da die internationale Gemeinschaft einen Vertrag eingeht. Gleichwohl blieb die politische Praxis hinter dem Bekenntnis zur politischen Absprache auf gleicher Augenhöhe hinter den Bekenntnissen immer zurück (B. Rubin 2008: 40). Augenfällig illustriert dies die Tatsache, dass trotz steigender Truppenzahlen bisher kein Truppenstatut (Status of Force Agreement – SOFA) abgeschlossen wurde. Indem die rechtliche Situation ungeklärt ist, auf deren Grundlage die US- und NATO-Truppen im Land agieren, bleibt die Souveränität der Regierung zweifelhaft. Wann immer bei Einsätzen Zivilisten ums Leben kamen, rief deshalb Präsident Karzai dazu auf, sorgfältiger vorzugehen und Nichtkombattanten zu schonen; dennoch haben sich die Opferzahlen durch Angriffe der Alliierten zwischen 2006 und 2007 verdreifacht (HRW 2008: 14). Dieser Zustand transformiert die Sicht auf die

---

geknüpft sind, gruppieren sich Abgeordnete weniger nach politischen als nach ethnischen, religiösen oder regionalen Kriterien. Parteien spielen also für die politische Positionierung von Kandidaten keine Rolle. Auch deshalb ist das Parlament vergleichsweise schwach, da kaum organisierte Interessen, sondern eher Ad-hoc-Koalitionen in Einzelfragen das Geschehen prägen (T. Ruttig 2006: 41-43).

USA und NATO, die zunehmend als Besatzer und Gewaltrisiko erscheinen[190]. Die Zentralregierung verliert an Legitimität, weil sie die Sicherheit nicht garantieren kann, während die Interventen nicht für sich reklamieren können, das Leben der Zivilisten nicht zu gefährden (A. Donini 2007: 164-166).

6.3 Securitization und Developmentalization

In den 1990er Jahren entstand Raum für eine veränderte Wahrnehmung von Risiken und Bedrohungen[191]. Mit dem Wegfall der alles überlagernden Blockkonfrontation wurde Sicherheitspolitik neu definiert. In die strategische Überlegungen wurden Terrorismus, Migration und andere substaatliche Risiken aufgenommen (C. Daase 2002b und andere Beiträge in C. Daase/S. Feske/I. Peters 2002). Mit einer wachsenden Fokussierung auf das Individuum als Referenz für Sicherheit rückte Afghanistan fast unweigerlich ins Licht. Denn der Mujaheddin-Krieg war ein humanitäres Desaster, dessen Folgen in den Medien auftauchten, weniger jedoch seine Gründe. Mit dem 11. September 2001 wurde der Terrorismus dann endgültig zu einem Staaten zugeordneten Phänomen. Auch wenn al Qaida mit den Taliban kooperierte (A. Rashid 2001), war eine direkte Steuerung terroristischen Vorgehens als Mittel der Außenpolitik nicht nachzuweisen. So ist die Intervention auch als Versuch zu sehen, staatliche Akteure von der Unterstützung terroristischer Gruppen abzuschrecken. Auch dies geschieht innerhalb einer Staatlichkeitsdoktrin, die autonome substaatliche Akteure nicht kennt.

Dabei war Afghanistan zwar *de facto* in der Hand der Taliban, die jedoch keine Außenpolitik betrieben. So konnten beispielsweise die Verhandlungen über eine Auslieferung Bin Ladens nur über den Taliban-Botschafter in Pakistan verlaufen. Die Taliban, eher eine Bewegung als eine organisierte Partei, hatten die staatlichen Mittel nicht wie andere totalitäre Regime genutzt. Sie waren nicht in der Lage, ihre Einkünfte zu bündeln und so einzusetzen, dass ihre Politik durchschlagsfähig geworden wäre (W. Maley 2002: 235). Für die Securitization der Taliban waren jedoch zwei Faktoren ausschlaggebend: Sowohl die Gastgeberschaft gegenüber Bin Laden, der für Anschläge in Dar-es-Salaam und Nairobi, auf die ‚USS Cole' und die Khobar Towers verantwortlich gemacht wurde, als auch die Übergriffe auf die Bevölkerung, die sich die Taliban im Kampf gegen die Nordallianz zuschulden kommen ließen[192], machten sie zum Paria. Am

---

[190] Abweichend für den Norden Köhler (2008: 18-19).
[191] Dass Wævers Aufsatz zur Securitization 1995 erschien, illustriert die Historizität der Wissenschaft.
[192] Die Taliban blockierten beispielsweise das *Hazarajat*, um die starken Hazara-Milizen durch die folgende Hungersnot strategisch zu treffen und zerstörten systematisch Häuser und Felder in der

wichtigsten war jedoch die Einführung der Scharia, die so eng ausgelegt wurde, dass sogar Musik und Rasuren verboten wurden.

Für die Taliban war Recht kein sich entfaltendes, mit sozialer Dynamik verkoppeltes Phänomen, sondern lediglich die strikte Umsetzung starrer Regeln (M. Saboory 2005: 17). Frauen durften nicht mehr arbeiten und mussten sich in der Burqa verhüllen, wenn sie auf die Straße gingen. Nach dem ersten Jahr, in dem die USA die Taliban zumindest wohlwollend beobachtet hatten[193], wendete sich deshalb das Blatt: Im November 1997 waren es öffentliche Proteste gegen die Behandlung von Frauen und Mädchen (denen der Schulbesuch verboten worden war), die die Clinton-Regierung dazu veranlasste, die Taliban offen zu kritisieren. Diese hatten Emma Bonino, EU-Kommissarin für humanitäre Fragen, festgesetzt, als sie ein Mädchenhospital in Kabul aufgesucht hatte. Die Hindernisse, die die Taliban den wenigen verbliebenen UN-Organisationen aufbauten, führten zu harscher Kritik innerhalb der UN, deren Sanktionsregime die USA zunehmend unterstützten. Dieses Sanktionsregime blieb zwar weitgehend wirkungslos, weil der unterbundene Luftverkehr kaum fehlte. Die Finanzsanktionen, etwa eingefrorene Konten, waren nicht ausschlaggebend, weil die Taliban kaum auf internationale Transaktionen angewiesen waren (D. Cortright/G. Lopez 2000: 129-130). Ein Waffenembargo, das als eines der ,smartesten' Sanktionsregime galt, wurde hingegen nie implementiert. Das Sanktionsregime sollte die Taliban treffen, nicht jedoch die Bevölkerung, die sich in einer katastrophalen humanitären Lage befand. Es trat am 19. Januar 2001 in Kraft (UN Sanctions Secretariat 2001: 58).

Durch die Isolation wuchs hingegen der Einfluss von al Qaida auf die Taliban, die demonstrierten, dass ihnen die Meinung der Welt bestenfalls egal war: Sie sprengten im März 2001 die Buddhastatuen in Bamiyan. Alles in allem halfen die Sanktionen zu verhindern, dass die Taliban ihre Macht konsolidieren konnten und anerkannt wurden. Sie wurden isoliert, was die Grundlage dafür war, dass die militärische Kampagne gegen die Taliban 2001 möglich und mandatiert wurde (D. Cortright/G. Lopez 2002: 57-58). Die Sanktionen zeigen, dass der *securitization move* erfolgreich war, die Politik der Taliban also hinsichtlich der Sicherheit als relevant akzeptiert wurde. Verstärkend wirkte, dass unterschiedliche Referenzen für Sicherheit je für sich genommen schon eine Securitization ermöglicht hätten: Der Bezug zu individueller Sicherheit eines *human*

Shomali-Ebene nördlich Kabuls (W. Maley 2002: 230-231); Hazara- und Dostums Usbeken-Milizen begingen ihrerseits Grausamkeiten, etwa wenn sie gefangene Taliban-Kämpfer in Containern in die Wüste schafften und dem Hitzetod überließen (A. Rashid 2001: 123-124).

[193] Es ist unklar, wie viel die USA wirklich wussten, denn sie hatten keine eigenen Quellen mehr in Afghanistan (R. Baer 2002: 164-166). Der Einfluss Pakistans, ohnehin auf Seiten der Taliban, könnte eine Art Filtereffekt bei den Informationen gehabt haben (A. Rashid 2008).

security- und Menschenrechtsparadigmas bestand durch die Behandlung der Zivilbevölkerung und insbesondere der Frauen, aber auch der Verbrechen an anderen Milizionären. Der Bezug zur internationalen Sicherheit bestand durch die Verbindungen zum Terrorismus. In der gleichen Weise wirkte die Abwesenheit von Staatlichkeit, so dass die klassischen Instrumente internationaler Politik, wie ‚coercive diplomacy' nicht zur Verfügung standen. Dass die Taliban diplomatisch nicht anerkannt waren, erschwerte obendrein die Kontaktaufnahme und die Informationsgewinnung.

Allerdings war die humanitäre Situation so schlimm, dass eine komplette Isolation der Taliban jeglichen Zugang zur leidenden Bevölkerung unterbunden hätte. Die zwiespältige Politik – Abzug und Rückkehr der UN-Organisationen wurde bereits erwähnt – erlaubte den Taliban, ihre Haltung beizubehalten. Daran änderten auch die Sanktionen so gut wie nichts[194]. Sie dienten – wie in anderen Fällen auch – als Vorlauf zum Einsatz militärischer Gewalt, was mit der Mobilisierung politischer Einigkeit zusammenhängt: Sanktionen gelten als Mittel, die ausgeschöpft werden müssen, ehe ein militärisches Eingreifen legitimierbar ist. Sie sind das Präludium zu militärischen Einsätzen und legitimieren diese in den Sanktioniererstaaten innenpolitisch. Obendrein dienen sie dazu, eine Abweichung von Normen zu kennzeichnen und helfen so, diese Normen zu stabilisieren und ihnen internationale Gültigkeit zu verschaffen (M. Beck/J. Gerschewski 2009). Die Taliban wurden bereits 1998 zum militärischen Ziel, als die Clinton-Regierung als Vergeltung für die Botschaftsattentate in Afrika Cruise Missiles auf vermutete al Qaida-Camps feuerte[195]. Nach erfolglosen Versuchen, Bin Laden zu finden, skizzierte die Clinton-Administration die Anti-Taliban- und Anti-al Qaida-Politik für die Nachfolgeregierung schriftlich (S. Kolhatkar/J. Ingalls 2006: 43-44). Die Bush-Administration sah Afghanistan nicht als Priorität an und unterzog diese Planung einer ‚policy review'. Mit den Anschlägen des 11. September war das Zögern beendet: Erstens war die Gefährdung, die von al Qaida ausging, im Diskurs evident, zweitens galt es, staatlichen Unterstützern ein Zeichen der Abschreckung zu senden (J. Dempsey 2002: 16-17):

---

[194] Die sicherheitspolitische wie humanitäre Frage, wie damit umzugehen ist, wenn ein Regime letztlich kein Interesse für die Lebensbedingungen der eigenen Bevölkerung zeigt, ist kaum zu beantworten. Dies zeigen hartnäckige Diktaturen, insbesondere wenn sie totalitär geprägt sind, wie beispielsweise Nordkorea oder Burma.

[195] Obwohl die generelle Sicherheitssituation für internationale Hilfsagenturen in Afghanistan unter den Taliban besser war als vorher unter den Mujaheddin, wurden alle UN-Mitarbeiter nach dem Raketenbeschuss aus Afghanistan evakuiert. Ein italienischer UN-Mitarbeiter war beschossen worden und gestorben, als er trotz Ausgangssperre der UN in Kabul unterwegs war. Obwohl unkontrollierte Racheaktionen gegenüber internationalen Organisationen ausblieben, reichte dieser Anlass, die Sicherheitssituation als prekär darzustellen. In der Folge achteten die UN erstmals in ihrer Geschichte darauf, dass bestimmte Nationalitäten (britische oder US-Staatsbürger) nicht in einen Einsatz geschickt wurden (C. Johnson/J. Leslie 2004: 94).

„An immediate need after 9/11 was to recover imperial prestige swiftly and decisively. In fact, one might say that an attack on Afghanistan was almost *required*. (...) Without swift punishment, inaction by the U.S. would have damaged its credibility by sending a message that one can get away with attacking it" (S. Kolhatkar/J. Ingalls 2006: 229, Hervorhebung im Original).

Das Prestige, das es zu retten galt, war jedoch schon durch die militärische ‚Zurückhaltung' in Frage gestellt, da die USA nur mit Luftschlägen, nicht aber unter Einsatz eigener Soldaten gegen al Qaida vorzugehen begannen (A. Rashid 2008). Zwar schien der schnelle Kollaps der Talibanherrschaft zu signalisieren, dass mit dieser Taktik jedes Regime besiegt und beseitigt werden könnte. Die internationale Unterstützung, die die USA erfuhren und damit einhergehend die Tatsache, das sogar die Unterstützer der Taliban, Pakistan und Saudi-Arabien sich öffentlich distanzierten[196], tat ein Übriges. In den Staaten der Sicherheitsgemeinschaft wirkten die Medien, unkritisch dem Mainstream der Empörung folgend, an der *Securitization* der Taliban mit:

„The media were especially helpful in their initial and continuing demonisation of the Taliban by constant reminders of that group's repressive treatment of women, a running story which conveniently and respectfully remained silent about the repression of women in autocratic regimes of Coalition allies, Saudi Arabia and Kuwait. Consistency has never been a virtue of wartime propaganda" (J. Wall 2002: 56).

Abweichende Meinungen wurden diffamiert, so dass es der US-Regierung möglich wurde, den Irak in den Focus zu ziehen. Die ersten beiden Jahre in Afghanistan wurden sicherheitspolitisch weitgehend als Selbstläufer begriffen (J. Fallows 2004: 79-81; S. Kolhatkar/J. Ingalls 2006: 231): Die Taliban waren besiegt, Bin Laden zwar nicht gefasst, aber das al Qaida-Netzwerk zerschlagen und der Aufbau verantwortlicher Staatlichkeit nur eine Frage der Zeit. Der Staatsaufbau selbst war in verschiedenen Aspekten Gegenstand von Securitization-Moves: Einerseits wurde schon bald deutlich, dass es gewaltsamen Widerstand gegen das Militär gab, das ja zu Beginn in (gute) ISAF- und (schlechte) OEF-Truppen aufgeteilt war. Widerstand fand als teilweise spontane, häufig von lokalen und nicht vernetzten Gruppen und erst ab 2003 überhaupt koordiniert statt, wurde aber bald unterschiedslos den ‚Taliban' zugeschrieben (A. Giustozzi 2007a: 2). Die immer koordinierteren Taktiken der Neo-Taliban, wie sie dann genannt wurden, trugen ein Übriges dazu bei, die Securitization zu verfestigen.

---

[196] Die Rhetorik, derzufolge Staaten entweder ‚mit uns oder den Terroristen' seien, zwang sicherlich einige zu Anpassung. Demgegenüber stand eine breite Sympathie mit den USA, die wie ein Freibrief für die Bush-Administration wirkte.

Dazu gehörte auch eine Securitization von Opium, das seitens der USA schon bald als wichtigste Quelle der Finanzierung des Aufstands dargestellt wurde. Die Weltbank sprach vom ‚Teufelskreis', der den gesamten Aufbau von Sicherheit und Staatlichkeit gefährde (J. Goodhand 2008: 411). Während das mit der Beobachtung der Drogenwirtschaft beauftragte UNODC im offiziellen Opiumbericht erst 2007 einen Zusammenhang herstellte (vgl. FN 225), vertraten die USA schon früh die Auffassung, dass die Opiumproduktion ein Sicherheitsproblem sei. Allerdings fokussierten sie ihre Politik darauf, Vernichtungsmaßnahmen, die sogenannte *eradication* durchzusetzen. Kritiker bemängelten, dass dies grundlegendem Rechtsverständnis widerspreche: Wenn Kompensation erfolge, sei die Vernichtung des Mohns kein Problem, während ein *eradication* ohne Entschädigung als Eigentumsdelikt angesehen werde und folglich Widerstand hervorrufe[197]. Die Gewalt, die dabei ausgeübt wird, schafft obendrein eine klare Trennlinie zwischen Opiumwirtschaft und Staat und wirkt damit tendenziell marginalisierend (J. Köhler/C. Zürcher 2005: 14-16; J. Goodhand 2008: 412). Dies deutet auf ein Verbindungsglied zwischen Securitization und Developmentalization hin, denn der Mangel an alternativen Erwerbsmöglichkeiten wird der Unterentwicklung zugeschrieben. Damit wird der Zwischenschritt, dass Widerstand als Reaktion auf Eigentumsübertritte und nicht aufgrund materieller Not erfolgt, einfach übersprungen: In der Folge gilt wiederum die Unterentwicklung als Sicherheitsproblem.

Vergleichbares spielt sich ab, wenn die Vertreter des Staates als korrupt bezeichnet werden. Damit kann eine fortdauernde Vormundschaft begründet werden: die lokalen Eliten würden sofort mit den falschen Kräften zusammenarbeiten, weil sie durch Geld beeinflussbar seien (M. Duffield 2001: 131-132). Die Kriminalisierung politischer Eliten trägt also zur Developmentalisierung bei, weil *Capacity Building-* und Reformprogramme ja auf eine Transformation der Art von Regierung hinwirken sollen. Dieser Prozess geht so weit, dass Präsident Karzai, mit viel Aufwand in die reguläre Präsidentschaft gebracht, zunehmend als in kriminelle Machenschaften verstrickt dargestellt wurde. Zwar hat er sich davon nicht beeindrucken lassen, im Jahr 2009 nicht mehr zu kandidieren, aber die Unterstützung, die er einst seitens der westlichen Sicherheitsgemeinschaft genoss, scheint dahin zu sein (Maaß 2008). Die Anschuldigungen, dass Karzais Bruder, der Gouverneur in Kandahar ist, ein großer Verdiener an den Drogen im Süden des Landes sei, vermengen dann alle versicherheitlichten Felder miteinander: Die korrupte Regierung ist mit der Drogenwirtschaft verknüpft und deshalb selbst ein Sicherheitsproblem; aus diesem Grund ist es notwendig, weiter Einfluss auszuüben und so ein Abrutschen Afghanistans in Chaos zu verhindern.

---

[197] Interview des Autors, Hilfsorganisation, Kabul, 8. Mai 2006; auch V. Felbab-Brown 2006 und 2005.

Dies zeigt sich mit der Aufstockung des Militärs erst recht, denn die nach der gefälschten Präsidentschaftswahl beinah nicht mehr existente Legitimität führt zunächst nicht zu Konsequenzen. Die Abhängigkeitsfalle, in der der Westen von der Karzairegierung sitzt, und die kaum vorhandenen Sanktionsmöglichkeiten sind daran abzulesen.

Hier soll nicht behauptet werden, dass Korruption und Drogenhandel nicht alltäglich sind oder keinen Einfluss auf die Sicherheitssituation haben. Es geht allein darum, dass diese Aspekte einer Securitization unterliegen, die in der Regel funktioniert, weil einzelne Aspekte wie steigende Gewalt als kausale Effekte zusammengezogen werden. Die Komplexität der wirtschaftlichen Reproduktion von ‚Strongmen' und Warlords, den Drogenhandel organisierende Familien und Taliban wird dabei meist ausgeblendet (C. Schetter et al. 2007: 140-148). In der Folge erscheinen die Probleme als Auswuchs von Unterentwicklung. Alle Entwicklungsbemühungen, die vorwiegend einer humanitären Motivation folgen, werden dadurch aber in die politisierte Sphäre gezogen, so dass letztlich kein Projekt mehr außerhalb des Staatsaufbauprojekts verbleiben kann. Wo sich Organisationen explizit absetzen, werden sie mitunter als Kollaborateure mit den Aufständischen verunglimpft. Die Securitization von Entwicklung und die Developmentalization von Sicherheit politisiert[198] die Entwicklung und depolitisiert die Sicherheit: Entwicklung darf nur noch zugunsten des internationalen Projekts ‚eingesetzt' werden[199], während Sicherheit als Ziel scheinbar so klar vorgegeben ist, dass Abweichungen nicht denkbar sind[200]. Sicherheit ist nicht debattierbar und somit depolitisiert.

---

[198] Die Entwicklung wird an das politische Projekt angeknüpft, dadurch aber nicht politisch verhandelbar. Man könnte also auch von einer politischen Instrumentalisierung von Entwicklung sprechen.

[199] Das internationale Staatsaufbauprojekt verliert dabei aber paradoxerweise sein Subjekt, da der Staat in seiner konkreten Form aufgrund von Korruption und dergl. kriminalisiert ist und nur noch als abstrakte Vorstellung von (westlicher) Staatlichkeit übrig bleibt.

[200] So gab es tiefgehende strategische Differenzen, die sich am Beispiel eines Waffenstillstandsabkommens in Musa Qala zeigten. Im Jahr 2007 vereinbarten britische Truppen mit lokalen Ältesten und der politischen Vertretung der Regierung in der Provinz, dass Musa Qala vom britischen Militär geräumt werde und die lokale Gemeinschaft dafür sorge, dass keine Taliban- oder al Qaida-Kämpfer von dort aus agierten. Die USA sahen das als Kleinbeigeben gegenüber Aufständischen an: „American diplomats said drily last week that they did not see the deal as 'a model in any way'. British officers last week described American and UK relations as 'at an all-time low'. The truth is that the Musa Qala agreement went right to the heart of doctrinal differences among Nato allies. The Americans favour a 'kinetic approach' that is, in the words of one British senior soldier, 'a lot less carrot, a lot more stick and considerably more projectiles'" (J. Burke 2007). Die USA beendeten das Abkommen, indem sie einen Taliban-Führer bombardierten, den die Ältesten zum Verlassen gezwungen, ihm aber freien Abzug gewährt hatten. Die im Paschtunwali geforderte Rache gefährdete die lokale Gemeinschaft und dürfte andere Gemeinschaften nicht animiert haben, mit den ausländischen Militärs Absprachen zu treffen. Es gibt Anzeichen, dass die Strategie unter Barack Obama solche lokalen

6.4 Gewaltmonopolisierung als Ausdruck der Staatlichkeitsdoktrin

Die Aufbauprogramme in den Säulen der Security Sector Reform (SSR) sollten vom afghanischen Staat durchgeführt und von den jeweiligen Führungsnationen unterstützt werden. Alle verantwortlichen Staaten sind – die einen mehr, die anderen weniger deutlich – mit ihren Projekten gescheitert. Japan stieß von Beginn an auf Probleme, in einer hochgradig militarisierten und bewaffneten Gesellschaft Zivilisten und Milizionäre zu unterscheiden, da ein Großteil der Männer *sowohl* Bauern *als auch* Mitglieder in Milizen sind. Ein anderes Problem stellte die ausbleibende Kompensation für abgegebene Waffen dar; diese wurden obendrein mitunter an andere Milizen weiterverkauft. Hinzu kam, dass die Nordallianzmilizen nach wie vor in Kooperation mit den USA im Krieg gegen al Qaida und Taliban waren. Die generelle Zielsetzung, die ‚patriarchalen' Kommandostrukturen zu brechen und die einzelnen Milizionäre zu befähigen, ökonomisch unabhängig zu werden (ANBP 2008), widersprach der Kohäsion innerhalb der Milizen, die durch Patronagenetzwerke und Ansehen der Kommandeure begründet ist (M. Sedra 2008: 28). Es ist also nicht auszuschließen, dass die Rekrutierung – die als *Ad-hoc*-Mechanismus funktioniert – wieder stattfindet, wenn es demobilisierten Milizionären an wirtschaftlichen Alternativen mangelt. Die Frage wird weiterhin sein, welche Auswirkungen auf die Erwerbsmöglichkeiten der Wegfall von Hilfs- und Beschäftigungsprogrammen der Interventen haben wird.

In jedem Fall blieb das Sicherheitsdilemma der einzelnen Gruppierungen untereinander dadurch bestehen, dass die Entwaffnung nicht oder nur disparat erfolgte. Dass die Nordallianz-Gruppen sich den Staat anzueignen versuchten, war dabei der Unsicherheit bezüglich der Verweildauer der Intervention geschuldet. Für den Fall eines Abzugs versuchten sie sich eine militärisch vorteilhafte Situation zu verschaffen, um gegebenenfalls den zurückkehrenden Taliban etwas entgegensetzen zu können. Dass damit staatliche Stellen weitgehend tajikisch dominiert waren, stellte demgegenüber eine Bedrohung paschtunischer Vorstellungen von Afghanistan als paschtunischem Staat dar (A. Thier/J. Chopra 2002: 900; Thier 2004: 49-50). Auch Berichte über Massaker durch Nordallianz-Milizen an der paschtunischen Bevölkerung in Enklaven in Nordafghanistan, begangen unter dem Schutz des Krieges gegen die Taliban, verschärften diese Wahrnehmung (S. Kolhatkar/J. Ingalls 2006: 95, 104-109; HRW 2002). So wie in der Zeit der direkten Kriegshandlungen die menschenverachtenden Praktiken der Nordallianz-Kriegsherren weitergingen, so stand deren Dominanz in staatlichen Institutionen in den folgenden Jahren zunehmender Neutralität des Staates

---

Arrangements eher favorisiert und wieder aufgreift, dann aber mit dem entstandenen Glaubwürdigkeitsproblem fertigwerden muss.

entgegen. Diese Sichtweise wurde im Bonn-Prozess von Kritikern geteilt, die die Mujaheddin entmythologisieren und verhindern wollten, dass Menschenrechtverletzer in den institutionalisierten Gremien Einfluss hätten (M. Bhatia 2007: 95-96). Der Staat kann also nicht die übergeordnete Instanz sein, die das Sicherheitsdilemma für die Milizen und Bevölkerungsgruppen löst[201].

Die Ausbildung der Armee war die Priorität der USA. Sie übernahmen diese Säule mit der Vorgabe, eine staatliche Stabilisierungstruppe aufzubauen, die das Peace-keeping übernehmen würde. Gleichzeitig bedienten sie sich der Milizen im Kampf gegen vermutete Terroristen, wodurch die Vereinheitlichung des Militärs in der Afghan National Army (ANA) konterkariert wurde (A. Manuel/P. Singer 2002). Der Aufbau der Armee verlief langsam: Im Jahr 2006 verfügte die ANA über 35.000 Soldaten[202]. Die Zielsetzung war, bis 2009 über 70.000 Soldaten zu verfügen, was mit 68.000 im November 2008 als erfüllt gelten kann. Zwar kehrten viele der Rekruten nach Ausbildungsende zu ihren Milizen zurück – eine der zentralen Aufgaben war also, die Desertionsraten zu minimieren. Die Aktionskompetenz der ANA stieg jedoch im Laufe der Zeit, auch weil sie in zunehmender Eigenverantwortung an der Seite des internationalen Militärs, insbesondere der US-Armee kämpfte und so die kritischen Fähigkeiten erwerben konnte (S. Jones 2008: 74-75). Auch die Operational Mentor and Liaison Teams (OMLT) der NATO begleiten die ANA, die deshalb als in hohem Maße internationalisiert gelten muss. Gleichwohl ist die Interaktion stark von persönlichem Einsatz und Beziehungen der Eingesetzten geprägt (J. Uchtmann/A. Prüfert 2009: 93).

Nach wie vor besteht zudem das Problem, dass die ANA von externen Geldern abhängig ist, weil der Staat nicht über ausreichende Rückflüsse verfügt, sie eigenständig zu finanzieren. Entsprechend schwanken die Zukunftsplanungen in ihrer Höhe, wurden aber unter dem Eindruck des zunehmenden militärischen Widerstands mit einer Obergrenze bei 134.000 bis 2012 festgelegt (A. Davis 2008: 24, 27). Eine Großarmee wäre erforderlich, wenn die ANA die Sicherheit im Land alleine gewährleisten sollte, während die Finanzierungsfrage eine kleinere Truppe insinuiert. *In toto* hat sich die ANA, nicht zuletzt wegen des großen Engagements der USA zu ihrem Aufbau, zu der Institution in Afghanistan ent-

---

[201] In der Zusammenschau mit der rational-nutzenmaximierenden Sichtweise der Rentierstheorien ist hier der Aspekt festzuhalten, dass es nicht ‚greed' sein muss, die Akteure dazu veranlasst, sich die Statebuilding-Rente anzueignen. Auch die Wahrnehmung eines Risikos, die einem Mangel an Erwartungssicherheit hinsichtlich des Verhaltens anderer Gruppen entspringt, kann ursächlich dafür sein, dass sich Gruppen den ‚Staat' aneignen wollen. Rentenzahlungen können dabei durchaus instrumentell sein, um sich eine günstige Ausgangsposition zu verschaffen, sollte es wieder zu gewaltsamen Auseinandersetzungen substaatlicher Einheiten kommen. Das Streben nach Rente ist also auch sozialkonstruktivistisch zu erklären.

[202] Interview des Autors, Botschaftsmitarbeiter, Kabul, 30. Mai 2006.

wickelt, die das höchste Ansehen genießt. Ihre Zusammensetzung entspricht einem ethnischen Zensus, der zwar zuungunsten der Qualität der Rekruten wirkt, aber die militärische Integration letztlich erleichtert (O. Roy 2003: 11; A. Davis 2008: 25).

Vergleichbares lässt sich über die Polizei nicht sagen. Die Afghan National Policy (ANP), deren Ausbildung die Bundesrepublik übernahm, gilt als korrupt und das Innenministerium als von Drogenbaronen durchsetzt. Das von der Bundesrepublik durch bilaterale Hilfe betriebene Polizeiprojekt verfolgte einen anderen Ansatz als die USA beim Aufbau der ANA: Um die Kosten gering zu halten, sollten vorhandene Polizeistrukturen reformiert werden. Dazu strebte das Deutsche Polizeiprojektbüro (GPPO) in Kabul an, die oberen Ränge der Polizei auszubilden, die dann ihr erworbenes Wissen an die unteren Ränge weitergeben sollten. Die Ausbildung dauerte so lange, dass bis 2006 nur knapp über 3.000 Polizisten die Ausbildung abgeschlossen hatten – bis 2009 sollte die Stärke der ANP 82.000 Polizisten betragen. Anders als bei der ANA verschwanden diese in ihre Herkunftsregionen, ohne dass ihre Praxisprobleme in Mentorship-Programmen überwacht und behoben beziehungsweise für die Ausbildung rückgekoppelt worden wären[203]. Inzwischen wird im ‚Focused District Development'-Programm in enger Kooperation versucht, den Übergang von Ausbildung in wirkliche Polizeitätigkeit zu begleiten und auch wiederkehrende Lehrgangseinheiten in den Dienst einzubauen (C. Chivers 2009). Infrastruktur und Ausrüstung sind in den Dienstregionen häufig mangelhaft, auch Löhne werden oft verspätet gezahlt. Deshalb sind Korruption oder Teilhabe am Drogenhandel oft existenziell notwendig (F. Kühn 2005b: 201). Die Größe des Polizeiprojekts, das mit umgerechnet 80 Mio. US-$ ausgestattet war und eine selten erreichte Personalstärke von 43 Personen hatte, macht bereits das begrenzte Engagement der Bundesrepublik deutlich (eig. Erhebung; C. Hodes/M. Sedra 2007: 63).

Bereits 2003 stiegen die USA in die Ausbildung einfacher Dienstgrade ein, die sie in verschiedenen regionalen Trainingszentren von der privaten Militärfirma DynCorp in drei verschiedenen Ausbildungseinheiten durchführen ließen: Fünf Wochen Training für leseunkundige Polizisten, neun Wochen für solche, die lesen konnten, und einen 15-Tage-Übergangskurs für ehemalige Polizisten, die in die neue Struktur eingegliedert werden sollten. Dadurch konnten die Ränge massiv aufgestockt werden, es blieben aber Meinungsverschiedenheiten über die Art der Polizeiausbildung. Sie bezogen sich insbesondere darauf, ob die Polizei eher paramilitärisch (USA) oder als zivile Serviceagentur (Deutschland) konzipiert werden sollte[204] (A. Wilder 2007: 43-48). Die Polizeireform begleite-

---

[203] Interviews des Autors, Polizeiprojekt, Kabul, 28. und 29. Mai 2006.
[204] Hodes und Sedra führen die unterschiedlichen Auffassungen fälschlicherweise auf das *zentralisierte* deutsche Polizeisystem zurück, während die USA ein dezentrales System hätten (2007: 67-68).

ten dauerhafte Beschwerden über fehlende Koordination, die Deutschen beschrieben den US-Ansatz als intrusiv, der ihre langfristig angelegte Ausbildung untergrabe, die in längerer Frist auch ein Ethos gegen Korruption verankere; auch die Reformversuche im Innenministerium verlören an Bedeutung, weil die USA alles unter viel größeren Summen begrüben[205]. Die USA bemängelten insbesondere die fehlenden operativen Fähigkeiten der Polizei. Nach wie vor gilt die Polizei als ausgesprochen korrupt, was mittelbar auf die Regierung zurückfällt, da die Polizei der erste Kontakt der Bevölkerung mit der Exekutive ist (R. Oppel 2009). Einheiten der Taliban, deren operatives Vorgehen gegenüber der Bevölkerung vor allem in einem „primitive 'justice on the spot' system, according to their interpretation of Sharia law" besteht, füllten das Vakuum:

> „(…) People did not necessarily prefer Sharia law, but they were comparing it with the absence of any other kind of law. Crime dropped dramatically in areas where the Taliban provided such services" (A. Rashid 2008: 362-363; auch A. Giustozzi 2007a: 111).

Allerdings zeigen auch die nationalen Polizeieinheiten Fortschritte, die sich erst langfristig entfalten können. So setzt sich der Versuch, die ‚kopflastige' Polizei nach einem Verdienstsystem zu besetzen, langsam durch. In diesem Reformschritt wurde die Anzahl der Posten auf den verschiedenen Hierarchieebenen festgelegt, worauf sich dann Polizisten bewerben konnten und von einer unabhängigen Kommission überprüft wurden. Wer keinen Posten erhielt, konnte sich auf darunterliegender Ebene bewerben oder mit einer Kompensation oder Pension aus dem Dienst ausscheiden (T. Murray 2007: 114[206]). Konzeptionelle Schwächen der Polizeireform zeigen sich hingegen insbesondere in der Zuordnung zum Combined Security Transition Command Afghanistan (CSTC-A). Dieses militärische Gremium hat bisher kaum Verständnis für die unterschiedliche Funktionslogik der Polizei im Vergleich zu militärischen Einheiten gezeigt. Beispielsweise wurde die ursprüngliche Planung, Polizei als zivile Einheit nach Siedlungsregionen zu organisieren, zugunsten einer Übereinstimmung mit den fünf militärischen Kommandoregionen der ISAF verworfen. Das Fehlen internationaler Unterstützung liefert die Polizei hingegen Angriffen verschiedener Re-

---

Allerdings fand die Bundesrepublik nicht genügend Ausbilder wegen mangelnder Bereitschaft der Bundesländer, Polizisten für die Ausbildung freizustellen.

[205] Interview des Autors, Polizeiprojekt, Kabul, 28. Mai 2006.

[206] Allerdings wurde die Liste mit den auf Basis von Ausbildung und Verdiensten ausgewählten Polizeioffizieren dem Präsidentenbüro zur Bestätigung vorgelegt, wo erhebliche Änderungen vorgenommen wurden. Indem 14 (von 86) schlechtere Kandidaten bessere ersetzten, stachen wiederum persönliche Beziehungen die rationalen Auswahlkriterien aus (T. Murray 2007: 123; C. Hodes/M. Sedra 2007: 69; A. Wilder 2007: 39-42).

bellengruppen aus (C. Friesendorf 2009). So kommt es, dass Polizisten signifikant häufiger attackiert werden und deutlich höhere Opferzahlen aufweisen als das Militär[207]. Indem sie für ihren eigenen Schutz verantwortlich sind, prägen sie *de facto* militärische Fähigkeiten eher aus als zivile[208]. Diese Disbalance unterminiert die Legitimität zusätzlich, weil die Serviceaufgaben der Polizei verloren gehen (T. Murray 2007: 118). Letztlich sei für die Geber vor allem wichtig, dass sie zeigen können, wie viele Polizisten ausgebildet und Trainingskurse abgehalten wurden, um ihren Aufwand zu rechtfertigen: „The quality and impact is less measurable and seems of less concern to the police reformers" (T. Murray 2007: 121).

Da das deutsche Polizeiprojekt keine Ausbilder in ausreichender Zahl bereitstellen konnte, wurde im Compact von 2006 vereinbart, dass die EU eine EUPOL Afghanistan genannte Mission aufstellen und das Projekt übernehmen sollte. Dies war einerseits der Übertragung der Gesamtverantwortung an die afghanische Regierung geschuldet, weshalb das *lead nation*-Konzept endete. Andererseits lenkte dies davon ab, dass die Polizeireform deutlich unter ihren Möglichkeiten geblieben war (abweichend F. Kühn 2005b). Für die politische Koordination fungierte die Bundesrepublik auch unter den Vereinbarungen des Compact noch als ‚key partner', die EU war aber letztlich verantwortlich. Bis zu 400 Mitglieder der EUPOL-Mission, die ein Teil der ESVP ist, können eingesetzt werden. Trotzdem sind bis März 2009 nur 225 davon im Einsatz (EUPOL 2009). Anders als vorher werden nun auch Polizisten eingerechnet, die in den PRTs stationiert sind, die eigentliche Zahl der mit der Reform betrauten EUPOL-Mitglieder dürfte also niedriger anzusetzen sein[209]. Letztlich bleibt zu fragen, ob die Übertragung auf die EU nicht eine Diffusion der Verantwortung bedeutet,

---

[207] Im afghanischen Kalenderjahr, das nach dem Sonnenjahr gezählt wird (also 21. März bis 20. März), wurden für 2002-2003 39 getötete oder verwundete Polizisten gegenüber 9 getöteten oder verwundeten Soldaten gezählt, in 2003-2004 75 (92), in 2004-2005 183 (138). Im Halbjahr zwischen März und Oktober 2005 starben 266 Polizisten oder wurden verwundet, verglichen mit 226 Soldaten (T. Murray 2007: 118). Zwischen Januar 2007 und April 2009 starben ‚an die 1700 Polizisten und 600 afghanische Soldaten', denen 586 westliche Soldaten gegenüberstanden (C. Chivers 2009).

[208] Umgekehrt setzen die USA in den Regionen, wo sie unter OEF-Mandat im ‚Krieg gegen den Terror' kämpfen, Milizen oft für polizeiliche Aufgaben, etwa die Kontrolle von Verkehrswegen ein. Durch Bestechungsgelder, die sie erpressen, können sie dadurch doppelt verdienen. Sie agieren dabei straflos, weil die USA dieses Verhalten nicht kontrollieren (wollen oder können) und keine andere Kraft da ist, die diese Taten verfolgen könnte (F. Kühn 2005b: 201).

[209] Dies liegt primär daran, dass die Polizisten nicht verpflichtet werden können, in das Land zu gehen, und sich nur wenige Freiwillige finden. Die Praktiker bemängelten schon 2006, dass Anreize fehlten, sich zu melden: Die Ausbilder treibe deshalb in der Regel eine gewisse Abenteuerlust an oder sie flöhen vor Problemen. Immerhin gebe es ein kleines Zubrot. Die Umsetzung der politischen Vereinbarungen stoße aber immer an Grenzen, weil Mittel fehlten: „dem politischen A muss das praktische B folgen" – das gilt in gleicher Weise für EUPOL (Interview des Autors, Polizeiprojekt, Kabul, 29. Mai 2006).

weil die einzelnen Staaten von der Untererfüllung gemachter Zusagen ablenken wollen (E. Gross 2009: 81).

6.5 Rentierstaatlichkeit und Staatsfinanzierung[210]

Rentierstaatlichkeit in Afghanistan hat weit zurückreichende Ursprünge. Seit Beginn der Staatsbildung waren Eliten auf externe Finanzen und Waffen angewiesen, um sich gegen die Bevölkerung zu behaupten, indem sie ‚die soziale Segmentierung manipulierten' (B. Rubin 2002: 19, 2006: 178). Die Sonderrolle Afghanistans als Pufferstaat erlaubte, hohe externe Zuflüsse zu akquirieren: Nachdem das britische Empire als Geber (gegen das Zarenreich) weggefallen war, traten die USA – innerhalb sich verschärfender Systemkonkurrenz mit der Sowjetunion – an ihre Stelle. Sie etablierten regional „close political, economic and military ties with Pakistan, Iran and Turkey, which eventually led to these states being incorporated into western-sponsored regional alliances" (A. Saikal 2004: 118). Afghanistan hielt sich aus dieser Allianzbildung heraus, weil die politische Führung nicht von der Dauerhaftigkeit des amerikanischen Engagements überzeugt war und die Beziehungen zum direkten Nachbarn Sowjetunion zunächst nicht belasten wollte. An Neutralität festzuhalten schien auch wegen der Spannungen zwischen Pakistan und Indien geboten, die für die Anerkennung der Durand-Linie nicht ohne Einfluss waren (B. Wilke 2005: 190; A. Saikal 2006b: 131). Politische Neutralität erschwerte aber die Rentenwerbung, nachdem die USA ihrer Politik treu blieben, Hilfen nur für Staaten zu ermöglichen, die eine klare antikommunistische Haltung vertraten. So trugen sie indirekt zu wachsender Einflussnahme der Sowjets in Afghanistan bei, da sich Daoud Khan an diese wandte: „While fearing US encirclement and the probability of Washington's establishing military bases in Iran and Pakistan, the Khrushchev leadership welcomed Afghanistan's request" (A. Saikal 2004: 123).

Moskaus Einfluss auf die afghanische Politik nahm fortan zu[211], weil das Militär von den Sowjets ausgestattet und ausgebildet wurde. Durch Anleihen und Kredite verstärkte sich die Verbindung, von der Afghanistan als Rentierstaat abhängig blieb. Insgesamt erhielt Afghanistan von der Sowjetunion in den Jahren 1955-1978 etwa 1,27 Mrd. US-$ an Wirtschafts- und 1,25 Mrd. US-$ an Militärhilfe. Seitens der USA kamen immerhin 533 Mio. US-$ an Wirtschaftshilfe (B. Rubin 2002: 20), die damit ein Minimum an Einfluss wahren wollten (A. Saikal 2004: 127). Das Rentierseinkommen Afghanistans lag im Zeitraum zwischen

---

[210] Teile dieses Abschnitts basieren auf Kühn (2009a).
[211] Newell schreibt bereits 1972, dass Afghanistan die interne Gefahr von Stammesaufständen gegen die externe Gefahr einer russischen Intervention getauscht habe (R. Newell 1972: 73).

1958 und 1988 nie nennenswert unter einem Drittel des Staatshaushalts und erreichte mit 62% im Jahr 1982 einen Spitzenwert[212]. Die Rente stieg auch in absoluten Zahlen an: Das Gesamtbudget verdreißigfachte sich in diesem Zeitraum auf etwa 90 Mrd. Afghanis (siehe Tabelle ‚Sources of Financing', B. Rubin 2002: 296/297).

Trotz seiner fiskalischen Schwäche konnte Daoud, wie bereits beschrieben wurde, erstmals einen Staat etablieren, der zur Normsetzung fähig war (A. Saikal 2004: 126)[213]. Die Bevölkerungssegmente drifteten in dieser Phase auseinander. Während die Mehrheit über wenig Bildung verfügte, etablierte sich in dieser Zeit eine bildungsbürgerliche Schicht, die aber politisch marginalisiert blieb. Die verschärfte gesellschaftliche Fragmentierung zeigte sich, als diese Schicht mit Daoud Khan 1973 nach der Macht strebte (B. Rubin 2002: 74). Die Bildungselite, im Ausland ausgebildet und darin geübt, externe Finanzquellen zu erschließen, verließ sich bei ihrem revolutionären Vorgehen eher auf fremde Hilfe als auf die Mobilisierung breiter Massen. In Einklang mit den wirtschaftlichen Gegebenheiten Afghanistans, „a rentier state produced rentier revolutionaries" (B. Rubin 2002: 81).

Schon in der demokratischen Phase während der 1960er Jahre war der öffentliche Sektor hauptsächlicher Arbeitgeber für die gebildete Schicht, doch ein Rückgang der Rentenzuflüsse verschloss diese Möglichkeit sukzessive. Die demokratischen Verfahren verkamen gleichzeitig zur bloßen Fassade. Sowohl funktional als auch hinsichtlich der Verfahrenslegitimität verlor der Staat deshalb an Zustimmung. Nach Daoud Khans Staatsstreich sollten umfassende Programme zumindest die Output-Legitimität erhöhen helfen, wobei 2/3 der Finanzierung aus dem Ausland kommen sollte[214]. Erneut wurde also eine Diversifizierung der Quellen notwendig, und neue Geber aus den ölreichen Golfstaaten erlaubten ihm, die bisher seine Macht stabilisierenden Kommunisten zu distanzieren. Das ihm folgende PDPA-Regime, das kaum heimische Unterstützung genoss, konnte sich das Rentensystem zunutze machen und erlangte durch die Zuflüsse aus der Sowjetunion zunächst einen komparativen Vorteil gegenüber den islamistischen Gegeneliten. Diese konnten mit ihrer Ideologie des Islam als einziger Quelle legitimer und moralischer Herrschaft schon bald selbst externe Ren-

---

[212] Dorronsoro zufolge „[f]rom the 1960s more than 40% of state revenue was derived directly from foreign aid" (2005: 63).

[213] Diese Sicht ist nicht unumstritten – Schetter beispielsweise sieht die Etablierung autonomer Staatlichkeit bereits durch Abdur Rahman und dessen Durchsetzung territorialer Grenzen verwirklicht: „Unter ihm stieg der Staat erstmals zu einer eigenständigen Kraft im Land auf" (C. Schetter 2003: 222).

[214] Sein staatlicher Entwicklungsplan für 1976-1983 sah ein Volumen von 3,85 Mrd. US-$ vor, davon waren 2,53 Mrd. US-$ als externe Mittel vorgesehen; die Sowjetunion war jedoch nur 570 Mio. US-$ beizusteuern bereit (A. Saikal 2004: 177).

ten mobilisieren, die die Islamisierung verstärkten. Und auch die Taliban waren, da die Wirtschaft nach dem sowjetischen Abzug komplett zusammenbrach, neben den ‚Steuern‘, die sie auf den Opiumhandel erhoben, auf Finanztransfers aus Saudi-Arabien und Pakistan angewiesen (A. Rashid 2001: 215). Nach dem Staatskollaps und dem Ende der Talibanherrschaft konnten die politischen Akteure an diese langjährigen Rentenstrukturen anknüpfen.

Der Petersberg-Prozess setzte den neuen Rahmen für Rentenflüsse. Führung und Verantwortung für den Aufbauprozess sollten bei den Afghanen liegen, der Prozess finde sonst keine Unterstützung: „to be sustainable, institutions of good governance must be Afghan; a transitional administration run by Afghans will be ‚far more credible acceptable and legitimate‘ than one run by the UN" (C. Johnson/J. Leslie 2004: 199). Afghanen, die im Ausland gelebt hatten, wurden jedoch als Fremde angesehen, so dass die Regierung immer als extern erschien, weil wenig ausgebildetes Personal zur Verfügung stand. Der *light footprint*-Ansatz, zu dem gehörte, die Anzahl teuren ausländischen Personals gering zu halten, wurde kaum umgesetzt.

Der afghanische Staat war ein Machtfeld, innerhalb dessen Rent-seeking durch die Bildungseliten geradezu herausgefordert wurde. Die Dualität von Counter-Terrorismus und militärischer Stabilisierung erlaubte jederzeit, auf das ‚Sicherheitsproblem‘ zu verweisen und so weitere Zuflüsse zu sichern. Der Anteil am Budget, der aus afghanischen Quellen stammt, betrug im fiskalischen Jahr 2004/05 4,5% und soll bis 2010/11 auf 8% ansteigen (Compact 2006: 12). In den letzten vier Jahren lag die Rate bei etwa 7% (IMF 2009: 19). Die Abhängigkeit von externen Geldern wird also noch viele Jahre prägend für Afghanistan sein. Da lokales Personal in der Post-Taliban-Situation knapp war, konnte sich schnell eine Staatsklasse herausbilden, die vorwiegend aus Parteigängern der Nordallianz bestand, die ja Hauptpartner der Interventen war.[215] Die Zielsetzung eines ‚broad based government‘ verschärfte bestehende Konflikte durch eine zusätzliche Ethnisierung (kritisch u.a. C. Schetter 2003: 583; J. Eckert 2003: 97; S. Simonsen 2004 und S. Kolhatkar/J. Ingalls 2006: 126). Fast überall etablierten sich Kandidaten, die tribale und religiöse Netzwerke für sich mobilisieren konnten (zur internen Konkurrenz dieser Netzwerke siehe auch A. Wilder 2005: 16-18) und dennoch schrittweise Interessenkoalitionen bilden (B. Khalatbari/C. Ruck 2007: 79). Die politische Schwäche des Parlaments innerhalb des präsidentiellen Regierungssystems kann dies nicht überwinden. Die Situation ausgeprägter vertikaler Strukturen begünstigt jedoch die Klientelbeziehungen, über die die

---

[215] Viele der Mitarbeiter der Regierungsagenturen wurden über den Afghanistan Reconstruction Trust Fund bezahlt. Dieser verwaltete bis einschließlich März 2009 über 2,5 Mrd. US-$; davon gingen im Schnitt zwischen der Hälfte und zwei Dritteln an die afghanische Regierung, um Gehälter auszuzahlen, aber auch um Investitionen vorzunehmen (World Bank 2009: 2).

Regierung ihre Herrschaft absichert. Dazu gehört die Kooptation einflussreicher Personen. Eine echte Trennung von Exekutive, die viel ‚Mitwirkung' von Einflussträgern erlaubt, und Legislative, die für sich genommen institutionell schwach ist, besteht also nicht. Vor den Präsidentschaftswahlen 2009 konnte der amtierende Präsident Karzai einige Gegenkandidaten davon überzeugen, nicht anzutreten. Dies liegt in der Logik der Kooptation, die eine starke Position durch reziproke Strukturen absichern muss. Die später fällige Gegenleistung schränkt dann den politischen Spielraum wiederum entlang ethnischer Kriterien ein.

Die kleinteilige strukturelle, ideologische und prozedurale Fragmentierung hebt den Präsidenten in eine exponierte Situation, in der ihm die Aufgabe zuwächst, afghanische Interessen und die der Geber zu versöhnen. Gleichzeitig ist er der primäre Ansprechpartner, wenn die Erwartungen nicht erfüllt werden. Die Geber verstärken die tendenziell antidemokratische Wirkung einer solchen Amtsüberfrachtung auch, indem sie gegebenenfalls öffentlichen Druck weitergeben (F. Bezhan 2006: 236)[216]. Insbesondere das militärische Vorgehen, das bevorzugt auf Luftschläge zurückgreift, wo immer Aufständische vermutet werden, hat regelmäßig zu Disputen geführt. Karzais zum Teil heftige Kritik an dieser Taktik hat allerdings keine Veränderung bewirkt, so dass sein Eingreifen eher seine Schwäche gegenüber den USA illustriert als seine Glaubwürdigkeit zu stärken. Polit-ökonomisch befindet sich die afghanische Regierung in einer Ausnahmesituation, denn interne Kriege führen normalerweise zu einem Anstieg der Steuerrate oder die Regierung ‚verliert', weil sie ihre Verteidigung nicht finanzieren kann (G. Tullock 2005: 102-105).

Die externen Ressourcen erlauben den staatlichen Eliten, weitgehend autonom zu agieren, solange dies den Interessen der Geber nicht zu offensichtlich

---

[216] Illustrativ hierfür war der Fall des Konvertiten Abdur Rahman, der 2006 in Einklang mit der Scharia für seinen Glaubenswechsel zum Tode verurteilt werden sollte. Dem Druck der Geber nachgebend wurde Rahman nach Italien gebracht, wo er politisches Asyl erhielt. Dies zeigt, dass die Menschenrechtsorientierung der Geber die Souveränität Afghanistans und seiner Justiz längst aufwog. Zugleich verweist es auf die nicht aufzulösenden Widersprüche, die im Rechtssystem bestehen, das gleichzeitig internationalen Menschenrechtsstandards und der Scharia genügen soll (A. Thier 2006; M. Kamali 2005: 36-38). Ein weiteres Beispiel war 2009 ein Ehegesetz für die schiitische Minderheit, das die Bewegungsfreiheit der Frauen eingeschränkt hätte und Vergewaltigung in der Ehe *de facto* legalisiert hätte. Das Gesetz war von islamischen Geistlichen ausgearbeitet worden, deren Unterstützung Präsident Karzai benötigte. Einerseits gilt die Berücksichtigung religiöser Minderheiten in der Verfassung, auf deren Basis das Gesetz erst zustandekommen konnte, als Fortschritt (S. Simonsen 2004: 720; M. Saboori 2005: 20), andererseits stellte es natürlich eine erhebliche Ungleichbehandlung schiitischer Frauen dar. Bevor das Gesetz ausgefertigt werden konnte, veranlasste ein Sturm der Entrüstung in westlichen Medien den Präsidenten, es einzubehalten und die kritischsten Stellen zu überarbeiten (C. Gall/S. Rahimi 2009). Ob eine zukünftige Fassung der Kritik Rechnung trägt, ist allerdings zweifelhaft, da die konservativen schiitischen Geistlichen, die die Urheber des Gesetzesvorschlags sind, voraussichtlich in der neuen Regierung sein werden (B. Khalatbari 2009).

widerspricht. Gegenüber den Gebern repräsentiert der Präsident zwar den Staat, die staatlichen Stellen im Land können jedoch kaum Einfluss ausüben, ohne verschiedene Gruppen an der Rente zu beteiligen, deren Zustimmung sie dadurch sichern. Für gewöhnlich sind die Gruppen, die am besten organisiert sind und ihre Anhänger mobilisieren können, am erfolgreichsten bei der Akquise von Rentenanteilen. Gewollt oder ungewollt folgen aber auch andere, die gegen den Staat gewaltsam opponieren, einer Rent-seeking-Logik: Zumindest, wenn sie nicht für die Beseitigung jeglicher Staatlichkeit kämpfen[217], entwickeln sie eine Beziehung zum Staat, sobald ihnen die Möglichkeit offensteht, an Rentenflüssen zu partizipieren. Diesen Mechanismus nutzen die staatlichen Akteure, indem sie Interessengruppen durch Posten und Finanzen zu depolitisieren versuchen. In der Folge wird erstens die Mittelschicht in den öffentlichen Sektor eingebunden, während Notabeln mittels Lizenzen (etwa für Polizeiaufgaben oder Import bestimmter Güter) am System beteiligt werden. Auch die Vergabe von Entwicklungsprojekten kann diesem Ziel dienen (ICG 2006: 9). Weniger gut organisierte, kleinere Gruppen oder nicht am institutionellen Aufbau beteiligte Individuen schaffen es mit zunehmender Entfernung von den Machtzentren immer weniger, aus Rentenflüssen Einkommen zu beziehen. Aus diesem Grund wächst den Taliban oder Warlords Autorität zu, wenn sie staatliche Aufgaben, wie etwa Rechtsprechung oder soziale Unterstützung übernehmen können – nicht, weil die Zustimmung zu ihrer repressiven Praxis groß ist, sondern weil der Staat nicht greifbar ist[218]. Gleichzeitig sind sie dadurch indirekt vom Staat abhängig (O. Roy 2003: 10).

Die Zusagen der Geber erlauben langfristig Rentenzuflüsse zu sichern. Die Staatsklasse kann auf die Zielsetzung verweisen, die ja von den internationalen Gebern selbst vorgegeben wurde. Ein Beispiel dafür sind die Präsidentschaftswahlen, die von Gebern unterstützt werden müssen, weil dem Staat die Mittel fehlen. Die Regierung kann die Glaubwürdigkeit der Geber in Zweifel ziehen, die sich bei so öffentlichkeitswirksamen Themen wie den Wahlen nicht zurück-

---

[217] Viele lokale Machthaber können ihre Opposition in Einfluss umsetzen – beispielsweise, indem sie kooptiert werden. Ismail Khan beispielsweise wurde als Gouverneur von Herat abgesetzt und kurz darauf Minister für Energie und Wasser (F. Kühn 2005b: 198-199). Staatliche Herrschaft selbst lehnen nur die ideologisch 'harten' Taliban ab, die Aufgaben, die sonst der Staat wahrnimmt, letztlich dem Markt überließen (O. Roy 2004: 98). Auch im gegenwärtigen 'Talibanistan' lehnen lokale Herrscher staatlichen Einfluss, etwa in Form politischer Institutionen und Modernisierung ab. Dennoch definieren sich die Taliban in ihrer Dogmatik und Zielsetzung mehr und mehr in Bezug auf den Staat und seine Strukturen (C. Schetter 2007: 250).

[218] Schetter et al. (2007) argumentieren, dass das 'Label' Warlord erst mit der westlichen Intervention nach Afghanistan kam, vorher seien die Personen in dieser Funktion eher 'Commander' genannt worden. Sie werden so als in Opposition zum Staat und wirtschaftlich vor allem an Gewalt interessiert dargestellt, was die Verschränkung von Staat und 'Warlords' unterschlage und die Trinität von wirtschaftlichen, sozialen und sicherheitsbezogenen Strukturen als getrennte Sphären betrachte.

ziehen können. In solchen Fällen muss die Regierung nur eingeschränkt in eine Bittstellerrolle schlüpfen, damit die Akteure des ‚aid regimes' die Kosten übernehmen. Auch auf die Sicherheitssituation wird immer wieder verwiesen: Es ist beinah zum Volkssport geworden, auszumalen, wie bei abnehmender Unterstützung die staatlichen Institutionen kollabieren und Terroristen die westliche Welt heimsuchen würden[219]. Dieser auch staatlicherseits verfolgte Argumentationsgang beschränkt die politische Handlungsfähigkeit der Geber. Zugleich erlaubt die Vielzahl verschiedener Geber staatlichen Agenturen, diese zumindest ansatzweise auszuspielen. Kontrollmöglichkeiten der Geber kann er einschränken, indem er auf den politisch vereinbarten, aber durch die prekäre Sicherheitslage in Frage stehenden Aufbau von Staatlichkeit verweist[220].

Die Untersuchung von Renten kann jedoch auch auf andere Bereiche der Gesellschaft angewendet werden. Insbesondere die Drogenökonomie eignet sich für eine rentierstheoretische Analyse. Denn die enormen Gewinnsteigerungen, die das Opium beim Grenzübertritt, aber auch durch die chemische Aufbereitung des Rohproduktes erlangen, qualifizieren als Rente. Sie entsteht indes nicht voraussetzungslos: Aus theoretischer Sicht entsteht die internationale Rente „aus dem Charakter des wirtschaftlichen Kontakts der Entwicklungsgesellschaften mit den Industriestaaten" (C. Schmid 1991: 18). Dieser Charakter besteht aus den Vorteilen, die Entwicklungsgesellschaften hinsichtlich Rohstoffreichtum und Produktionsvorteilen „wie geringeres Lohnniveau, weniger strenge Umweltvorschriften usw." (C. Schmid 1991: 18; auch H. Elsenhans 1981: 58) besitzen. Nun ist in Afghanistan das Lohnniveau sicher nicht ohne Bedeutung, wichtiger ist jedoch die Abwesenheit von entwickelter Staatlichkeit als Produktionsvorteil: „Following the fall of the Taliban, lingering insecurity and weak central government control, along with widespread corruption, contributed to further development of illicit activities" (UNODC 2006: 26). Denn dort, wo staatliche Agenturen den Anbau illegaler Güter behindern, steigen deren Produktionskosten. Internationale Renten werden also nicht nur für Primärgüter, sondern auch für weiterverarbeitete Waren erlöst und sind exportabhängig:

> „Unabhängig davon, wer sich diese internationale Differentialrente anzueignen vermag, strömt in das billiger produzierende Land ein in einem anderen Land produ-

---

[219] Die Wahrnehmung, dass diese Argumentation häufig angeführt würde, wurde in fast allen Interviews mit Vertretern internationaler Organisationen zum Ausdruck gebracht (Experteninterviews, April-Juni 2006, Kabul u.a.).
[220] Die geringe Anzahl von Evaluationen hinsichtlich des Engagements in Afghanistan wäre ein Hinweis darauf, dass ein wirkliches Interesse an effektiver Geberkontrolle nicht besteht.

zierter Mehrwert ein. M.a.W. eine internationale Differenzialrente realisiert sich ausschließlich im Export" (C. Schmid 1991: 18)[221].

Eine Analyse des Opiummarktes in Afghanistan liefert Indizien für das Ausmaß der Renten. Allerdings ist die Datenlage vage, und die vorhandenen Daten verlässlich auszuwerten ist aufgrund variabler Bezugsgrößen nicht einfach, aber lohnend. So schwankt der Morphingehalt des angebauten Mohns je nach Region und Zustand als ‚trockenes' oder ‚feuchtes' Opium, chemisch aufbereitetes Zwischenprodukt oder fertiges Heroin – mit großen Auswirkungen auf die Preise. Diese variieren auch zeitlich durch Marktmanipulationen, die durch das Anlegen von Lagern oder künstliche Nachfrageschwankungen durch größere Zwischenhändler entstehen. Zu den Mechanismen, die wiederum Verkaufspreise stabil halten, wenn Angebotsschwankungen vorliegen, gehören

> „(i) inventory adjustments to maintain supply in the face of production shocks; (ii) partial absorption of changes in upstream prices by adjusting profit margins at key intermediate stages; and (iii) adjustments in purity rather than in retail (and downstream wholesale) prices in the consuming countries" (UNODC 2006: 137).

Solche Markteingriffe sind nicht selten, da sich insbesondere Opiumpaste gut aufbewahren lässt. Der Markt ist also in zeitlicher Hinsicht flexibel. Obendrein reagieren Produzenten auf Marktentwicklungen: So stieg im Jahr 2007 die Zahl der Familien, die an der Opiumproduktion beteiligt sind, im Vergleich zum Vorjahr um 14% an. Das entspricht etwa 3,3 Millionen Menschen, für die eine Beteiligung am Opiummarkt lukrativ erschien. Dadurch sind die Preise zurückgegangen (9% Verlust für frisches, 2% für trockenes Opium). Da die Produktion aber insgesamt um 34% anstieg, stieg trotz gefallener Preise der Gesamterlös um 32% – auf 1 Mrd. US-$ (UNODC 2007: 10-13).

Diese Zahlen deuten die Komplexität der Drogenökonomie an, wobei die starken regionalen Unterschiede noch nicht in Rechnung gestellt wurden – so nahm die mengenmäßige Produktion im relativ stabilen Norden Afghanistans ebenso wie die Anzahl der produzierenden Provinzen ab. Gleichzeitig hatten die südlichen Provinzen, in denen die Zugriffsmöglichkeiten der Regierung und der internationalen Truppen gering sind, einen gravierenden Anstieg zu verzeichnen. Dabei stieg der Ertrag pro Hektar an. Auch die Verfolgung des Anbaus hat Einfluss auf die Preise, welche dort steigen, wo *eradication* durchgesetzt wird. Insgesamt stellte die geschätzte Jahresernte 2007 von 8.200 t (2006: 6.100 t) einen

---

[221] Die Differenzialrente entsteht durch die Möglichkeiten, die ein Produzent hat, sein Produkt gegenüber einem anderen Produzenten billiger herzustellen. Die hier interessante Aussage, dass die Rente nur im Export realisiert werden kann, bleibt davon aber unberührt (für eine Diskussion von Differenzialrenten und Verbraucherrenten H. Elsenhans 1981: 61-62).

absoluten Rekord dar (UNODC 2007: iv). Im Jahr 2008 ging die Produktion zwar um 6% auf 7.700 t zurück, gleichwohl legt die Konzentration des Anbaus in wenigen Provinzen im Süden, die von Aufständischen kontrolliert werden, und des Handels in wenigen Händen eine Konsolidierung des Geschäftszweigs nahe. Der Exportwert des Opiums betrug mit 3,4 Mrd. US-$ etwa ein Drittel des Bruttoinlandsprodukts von Afghanistan. Das BIP stieg von 2007 auf 2008 um etwa ein Viertel an, während der Opiumexportwert von 4 Mrd. US-$ um 15% zurückging. Dieser absolute und anteilige Rückgang ist allerdings kein sicherer Trend, denn die 7.700 t sind der dritthöchste Wert seit dem Fall der Taliban. Mit 93% der Weltproduktion hält Afghanistan nach wie vor ein Opiummonopol (UNODC 2008: 5-13; J. Goodhand 2008: 405).

Der Produktionsrückgang war zumindest teilweise schlechten Witterungsbedingungen geschuldet, so dass ein Teil des Mohns vertrocknete. Dies betraf auch andere Nahrungsmittel, deren Preise anstiegen. In der Folge stieg auch die Inflationsrate erheblich an. Es ist allerdings nicht abzusehen, ob die gestiegenen Preise dazu führen, dass 2009 mehr Bauern auf Nahrungslandwirtschaft umstellten. Insbesondere die Tatsache, dass die Opiumpreise trotz auch im Jahr 2009 rückläufiger Produktion verfallen, deutet darauf hin, dass die Lager in Folge der Überproduktion der letzten Jahre gut gefüllt sind. In den nächsten Jahren könnte der Anbau also sinken, um dann wieder zu steigen, wenn es sich wieder lohnt. Ähnlich wie in den ruhigeren Provinzen in Nordafghanistan, wo es gelang, alternative Anbaumöglichkeiten zu etablieren und den Opiumanbau damit weitgehend zu beenden, gilt es, dieses Zeitfenster zu nutzen, um Alternativen einzuführen (UNODC 2009: 9-15). Auch die Legalisierung für medizinische Zwecke wäre eine Strategie, die jedoch bisher tabuisiert, jedenfalls zu wenig diskutiert wird (V. Felbab-Brown 2005: 69-70).

Zu unterscheiden sind die Preise, wie sie die Opiumbauern erlösen, von denen der Händler. Die Produzenten unterliegen normalen Marktmechanismen, die Angebot und Nachfrage im Preis zusammenbringen (C. Riphenburg 2006: 515). Von Rente kann also nicht gesprochen werden. Die Verbindung zwischen den Farmpreisen und der Rente stellt sicherlich die Nachfrage in den Konsumentenländern dar. Operativ wird sie hergestellt durch Transport und Aufbereitung, weshalb die Bauern nicht als Rentiers gelten können. Für diejenigen Händler, die den Export organisieren, ergibt sich ein sprunghafter Preisanstieg pro Aufbereitungseinheit und insbesondere regional verteilt, also abhängig von der Entfernung zu internationalen Grenzen (UNODC 2006: 128). Die Gewinne durch Transport innerhalb Afghanistans, Aufbereitung und Transport in benachbarte Länder erlauben bereits eine größere Kapitalsättigung als sie für die direkten Hersteller konstatiert wurde:

„While secure processing and transport of opium and heroin require investments in arms, laboratories, and vehicles, these capital expenditures are likely to be small relative to the revenue from trading, leaving processors and traffickers with substantial resources to invest in other productive or financial assets, domestic or foreign" (UNODC 2006: 31).

Hier wird der Rentencharakter des Einkommens deutlich, das als Kapital für andere Verwendungen, etwa Investitionen in andere Wirtschaftszweige oder Konsum zur Verfügung steht – die Wahl der Verwendung steht den Empfängern jedoch frei. Im Jahr 2008 war die Rente aus der Differenz zwischen Exportwert und Produzentenpreis zu errechnen: Die Bauern erlösten etwa 730 Mio. US-$, der Exportwert betrug 3,4 Mrd. US-$, so dass sich eine Opiumrente (aus Opium, Morphium und Heroin) von 2,67 Mrd. US-$ ergibt (UNODC 2008: 5).

Der Anteil für Erwerb, Transport und Aufbereitung des Opiums am Grenzpreis (also des beim Grenzübertritt realisierten Preises) betrug dabei in den Jahren bis 2007 nur zwischen 1/3 und 1/5 bei abnehmender Tendenz (UNODC 2006: 133). Dies mag an einer Zunahme der Rohproduktion liegen. Aber auch, dass die Transporteure von den appropriierten Zuflüssen mehr oder weniger an die Produzenten weitergeben müssen, führt zu anteiligen Schwankungen. Für Heroin zeigt sich nämlich, dass die Erlösspanne stark schwankt. So blieb der Anteil der Händler am Grenzpreis des Heroins niedriger in den Jahren, als die Taliban den Mohnanbau unterbanden. Offenbar, folgert deswegen die UNODC-Analyse, blieben die Preise in den Konsumentenländern vergleichsweise stabil – was zu abnehmendem Rentenanteil der Exporteure führte (UNODC 2006: 134). Marktmanipulationen sind gegenüber den Herstellern also leichter durchzusetzen als gegenüber den fernen Abnehmern.

Der Anteil der Produzenten am Verkaufswert in den Konsumentenländern beträgt nur ein Bruchteil (die Menge Opiums, die für 1 kg Heroin benötigt wird, kostet etwa 640 US-$, während dieses etwa in Großbritannien 110.000 US-$ erlöst – etwa ein halbes Prozent). Der größte Teil der Preissteigerung wird durch den Transport, insbesondere durch die industrialisierten Länder, die den Handel effektiver verfolgen können, verursacht (UNODC 2006: 131-132). Gleichwohl ist die Gewinnspanne der vergleichsweise kleinen Exporteursgruppe in Afghanistan hoch, sie lag in den letzten Jahren im Extremfall bei 90% des Exportpreises, in jedem Fall aber über 50% (UNODC 2006: 136). Nun ist kaum zu quantifizieren, welche investiven Aufwendungen in die Chemikalien zur Aufbereitung, in die Sicherung der Transporte oder durch den Verlust (etwa Konfiskation und Vernichtung) der Güter beim Transport erfolgen – selbst wenn diese als nennenswert (etwa 50%) angenommen werden, bleiben immer noch ausreichend Profite, die als Rente gelten können[222].

Für die Einordnung der Erlöse der Opiumexporteure als Rente ist im Fall Afghanistans, für den die Existenz einer Drogenrentiersgruppe politisch bedeutsam ist, die Spanne zwischen den Farmpreisen und den Exportpreisen ausschlaggebend. Die beim Grenzübertritt, dem eigentlichen ‚Export' realisierten Profitsteigerungen abzüglich der für die Aufbereitung und Transport notwendigen Kosten bilden die Rente. Die Opiumexportwirtschaft kann also als Rentiersgruppe gelten, die mit großen Summen Einfluss auf die Politik, aber auch auf das Gewaltgeschehen nehmen kann. Teile ihres Erlöses gehen an Taliban und Milizen, damit diese den Transport schützen. Die Taliban erlösen durch die Transportsicherung nach Schätzungen etwa 400 Mio. US-$ im Jahr (G. Peters 2009b). Gleichzeitig ‚bezahlen' die Rentiers offizielle Sicherheitsagenturen und Vertreter der Regierung. Die Verbindungen zur Regierung werfen aber die Frage auf, wie sich eine ökonomisch einflussreiche Rentiersgruppe zu einer Staatsklasse verhält, die mit äußerer Unterstützung ihre politische Macht und eine Form von Staatlichkeit zu konsolidieren versucht.

Wenn die Drogenökonomie eine Rentiersgruppe hervorbringt, dann folgt daraus zweierlei: Erstens ist die Position der Staatsklasse, finanziert durch internationale Transfers, neu zu bewerten, da ihre Position im Staat nicht mehr konkurrenzlos ist. Zweitens muss untersucht werden, inwieweit das Bestreben der Empfängergruppen, zukünftige Rentenflüsse zu sichern, das neben der Staatsklasse auch den Drogenrentiers unterstellt werden kann, zu Konflikten führt. Sie können in einem Konkurrenzverhältnis stehen, aber auch punktuell kooperieren, wo Interessenkonvergenz herrscht. Konkurrenz besteht insbesondere dort, wo die Ausweitung des staatlichen Einflusses, v.a. des staatlichen Gewaltmonopols, auf Einflusssphären der Drogenökonomie trifft. Das zeigen die Daten des UNODC: Dort, wo der Aufstand gegen den Monopolisierungsanspruch des Zentralstaats nur gering ausgeprägt ist und wo staatliche Strukturen Fuß fassen, insbesondere im Norden und im Zentrum Afghanistan, geht auch der Anbau von Drogen zurück. Dies geschieht trotz relativ größerer Armut in diesen Provinzen. Wo das

---

[222] Für das Jahr 2001, in dem die Taliban den Drogenanbau unterbanden, betrug die Gewinnspanne der Zwischenhändler nach Schätzungen des UNODC nur 7,52% des Exporterlöses (UNODC 2006: 135). Unabhängig von der Höhe des absoluten Profits, der in dieser Zeit etwa durch Auflösung vorher angelegter Lager erlöst werden konnte, illustriert diese Zahl, dass die Aufwendungen eher niedriger sind als die für den extremsten Fall angenommenen 50% der Exportpreise. Wären sie erheblich höher, wäre anzunehmen, dass der Export von Opium und Heroin aufgrund mangelnder Rentabilität geendet hätte.

Armutsniveau niedrig ist, wird hingegen mehr Opium produziert[223]. Das Beispiel der südlichen Provinz Helmand zeigt sogar, dass 2007 trotz relativen Wohlstands ein erheblicher Anstieg der Produktion möglich war (UNODC 2007: iv). Helmand ist ein Beispiel für die von Wick und Bulte (2006) vertretene These, dass regional oder gesellschaftlich geballte Renten konfliktträchtiger sind als auf breite Schichten und Gegenden verteilte. Auf natürliche Ressourcen bezogen verknüpft dieses Argument die ökonomische Rent-seeking-Theorie mit Überlegungen zum Ressourcenfluch.

Dass der Widerstand gegen internationales und afghanisches Militär in diesen Regionen ebenfalls hoch ist, deutet zunächst auf einen kausalen Zusammenhang hin. Jedoch ist unklar, ob Unsicherheit und fehlende Durchsetzung staatlichen Einflusses den Anbau dort begünstigt (und deshalb der Aufstand in diesen Regionen als Nebenprodukt gelten muss), oder ob Taliban und andere aufständische Gruppen gezielt den Drogenanbau forcieren, um ihre militärische Kampagne zu finanzieren. Dass sie sich den Schutz vor Vernichtungsmaßnahmen von den Bauern entgelten lassen, ist kein Geheimnis; dass sie dort, wo sie weite Teile der Provinzen kontrollieren, auch Einfluss auf Handelswege ausüben können, ist gleichfalls einleuchtend (UNODC 2007: v). Ob sie eine entscheidende Rolle in der Realisierung der Opiumrente spielen, ist hingegen zweifelhaft: Insbesondere die Transportwege des Opiums und seiner Derivate deuten auf einen weitaus geringeren Einfluss der aufständischen Gruppen auf die Drogenökonomie hin (P. Chouvy 2003: 29; J. Kursawe 2007: 119)[224]. Dass die USA großen Wert auf die Bekämpfung des Anbaus legen, treibt hingegen viele Bauern geradezu in die Arme der Taliban, die Schutz versprechen:

> „The United States refused to recognize that the problem was not drugs per se but drug money, which undermined state institutions, encouraged corruption, and helped fund the Taliban (…) Only by targetting the mayor traffickers could drug money be

---

[223] Dies ist ein Indiz dafür, dass in Einklang mit dem „greed and grievance"-Theorem (P. Collier/A. Hoeffler 2001) nicht die ökonomische Verzweiflung ausschlaggebend für die Entscheidung ist, Opium anzubauen.

[224] Verbindungen zwischen Drogengeld und al Qaida sind zwar nicht auszuschließen, aber nicht erkennbar. Felbab-Brown argumentiert, dass ihre Möglichkeiten zu territorialer Kontrolle, Verflechtung mit der Transportwirtschaft oder ‚Besteuerungsfähigkeit' schlicht hinter denen anderer lokaler Akteure zurückbleibt (2005: 60). Peters argumentiert, dass ein direkter Profit aus dem Drogenhandel nicht nachweisbar sei, dass aber Terroristen und Drogenhandel einander bedingten. Wie diese vermutete Verbindung aussieht, kann sie nicht substanziieren, so dass der Eindruck entsteht, diese These folge einer Securitization-Strategie zur Selbstvermarktung (G. Peters 2009a: 166, 177-181; vgl. FN 226).

stopped from reaching the extremists" (A. Rashid 2008: 326; auch V. Felbab-Brown 2006: 142-144)[225].

Die sozialen und politischen Bedingungen beeinflussen die geographische Verteilung des Anbaus – für die Drogenrentiers, die als kleine Gruppe derjenigen identifiziert wurde, die die Ausfuhr der Opiumprodukte organisieren, spielt die Opiumproduktion selbst aber eine untergeordnete Rolle. Die Dynamik der Staatsbildung führt dazu, dass sich beide Rentiersgruppen einander annähern und zumindest teilweise zur Förderung ihrer Interessen verschmelzen (J. Goodhand 2008: 413-416). Die Drogenrentiers haben ein Interesse an einem Staat, der ein Mindestmaß an Kontrolle ausübt, also beispielsweise Transportwege schützen kann. Ein solcher Staat erlaubt den Drogentransport günstiger zu organisieren als dies beispielsweise unter den Taliban möglich war[226]. Der Staat soll die wirtschaftlichen Bedingungen für den Handel verbessern helfen – wenn es ihm wie derzeit gelingt, internationale Renten nicht nur zur eigenen Reproduktion einzuwerben, sondern auch Infrastruktur auszubauen[227], so ist dies durchaus wünschenswert. Gleichzeitig können Drogenrentiers leichter Einfluss auf einen Staat nehmen, dessen Vertreter keinem strengen Handlungsethos unterliegen: Das

---

[225] Dass die Taliban am Drogenhandel viel verdienen, scheint eine neuere Entwicklung zu sein: Denn noch im Jahr 2006 seien die Taliban kaum im Drogengeschäft gewesen, welches traditionell in der Hand einiger weniger – zwischen 20 und 30 – Familien gelegen habe. Diese den Drogenhandel kontrollierenden Familien hätten den Taliban aufgrund des Anbauverbots von 2001 misstrauisch gegenübergestanden und seien einer Kooperation eher abgeneigt gewesen. Wenn sich nun statistisch ein Zusammenhang zwischen regionaler Stärke des Widerstands und dem Anbau von Drogen ergibt, weist das zumindest auf den Versuch seitens der Taliban und vergleichbarer Gruppen hin, sich an diesem Wirtschaftszweig zu beteiligen. Unter diesem Gesichtspunkt wäre zunehmende Gewalt zwischen den ‚alteingesessenen' Exporteuren und den Taliban zu erwarten und zu fragen, ob dies nicht Kooperation zwischen staatlichen Stellen und Drogenwirtschaft begünstigen würde, da sie einen gemeinsamen Feind und Konkurrenten zu bekämpfen hätten. Immerhin sei die Drogenökonomie bereits in den vergangenen Jahren sehr einflussreich im Staatsapparat Afghanistans gewesen, da ihre Kapitalstärke staatliche Maßnahmen durchaus verhandelbar gemacht habe. Im Mittelpunkt scheint der wirtschaftliche Aspekt zu stehen, während eine ideologische Affiliation nachrangig ist (Experteninterview, UNODC Kabul, 24. Mai 2006 sowie J. Kursawe 2007: 119; J. Goodhand 2008: 411; G. Peters 2009b). Zunehmender Einfluss der USA auf das UNODC, das bis 2006 in den offiziellen Publikationen keine direkte Beteiligung der Taliban am Opiumanbau erwähnte, könnte obendrein eine Rolle spielen, dass der Opiumanbau in Verbindung mit den Taliban gebracht und so ‚versicherheitlicht' wird.
[226] Die Taliban verboten zwar die Ausfuhr des Opiums nicht, gefährdeten aber die Stellung Afghanistans als Opiummonopolist der kapitalistischen Peripherie, indem sie dessen Anbau unterbanden bzw. den Transport teilweise üppig besteuerten (A. Rashid 2001: 206).
[227] Von der Finanzierungsseite her betrachtet müsste man davon sprechen, Infrastruktur ‚ausbauen zu lassen'.

Ausmaß an Korruption[228] im afghanischen Staatsapparat ist nämlich nicht nur absolut hoch, sondern vor allem relativ zum Talibanregime, dessen normativer Rigor Korruption praktisch ausschloss.

Seitens des Staates ist die Existenz einer versicherheitlichten Drogenwirtschaft ein schlagkräftiges, gar unwiderlegbares Argument zur Absicherung zukünftiger Rentenströme. Der Verweis auf die mit der Drogenwirtschaft zusammenhängende Sicherheitslage erlaubt es der afghanischen Staatsklasse, die ‚Verantwortung' des Westens als sein eigenes Interesse darzustellen[229]. Der Opiumexport reicht als Sicherheitsproblem hin, um den Gebern ein weitergehendes Engagement nahezulegen – obwohl die Opiumproduktion seit Beginn der Intervention beinah jedes Jahr neue Rekorde erzielt hat. Im Inneren wird die Drogenwirtschaft aber gleichfalls zum ‚Geber', etwa wenn die lokale Polizei oder Parlamentsmitglieder aus dem Drogensektor finanziert werden. Da der Staat seine Bediensteten nicht angemessen entlohnen kann, erschließen sich insbesondere Teile des Sicherheitssektors Gelder, die für ausbleibende Verfolgung von Drogentransporten, Informationen oder das Fernhalten von Konkurrenten gezahlt werden. Diese Verschmelzung öffentlicher und privater Interessen erschwert die Konsolidierung von Staatlichkeit zusätzlich – ist aber nicht per se konfliktiv. Der Staat Afghanistan könnte in einem gemeinsamen „extraction regime" stabil sein, was jedoch den Zielen der Intervention zuwiderläuft (J. Goodhand 2008: 419).

Der Drogenwirtschaft hingegen nutzt ein permeables Staatsgebilde auch wegen des leichteren Zugangs zu Informationen über Opiumbekämpfung, Zusammenarbeit mit Behörden der Nachbarländer oder Einsätze der internationalen Truppen. Zudem können die Profiteure der Drogenrente über Familienmitglieder im Parlament oder selbst an einflussreichen Stellen in Ministerien im Staatsapparat selbst mitwirken. Auf dieser individuellen Ebene verschmelzen die Rentseeking-Interessen: Einerseits wollen sie die Drogenrente nicht gefährden, indem sie Informationen nutzen und Policy mitgestalten, andererseits an der politischen

---

[228] Im Index der wahrgenommenen Korruption lag Afghanistan 2005 auf Platz 117 (Transparency International Corruption Perceptions Index 2005; unter http://www.transparency.org/news_room/in_focus/2005/cpi_2005#cpi; Zugriff am 3. Sept. 2007).
Die wahrgenommene Korruption ist seither angestiegen, so dass Afghanistan nurmehr auf dem 179. von 180 Plätzen liegt (http://www.transparency.org/policy_research/surveys_indices/cpi/2009/cpi_2009_table; Zugriff am 22. Dezember 2009).
[229] Eine moralisch-humanitäre Argumentationslinie vertritt nicht nur die afghanische Regierung. Almut Wieland-Karimi beispielsweise schreibt: „Wir haben eine moralische Verpflichtung gegenüber diesem Land, das in den achtziger Jahren gegen den Kommunismus kämpfte. Schon einmal haben wir Afghanistan seinem Schicksal überlassen – als Anfang der neunziger Jahre die sowjetischen Truppen abzogen. Eine Folge unserer Versäumnisse war der Angriff auf das World Trade Center am 11. September 2001" (A. Wieland-Karimi 2007). Das sicherheitspolitische Argument wird gleichfalls gern bemüht, es entspricht im Kern dem vom damaligen Verteidigungsminister Struck geprägten Argument „Deutschland wird auch am Hindukusch verteidigt".

Rente des aufzubauenden Staates partizipieren. In der Praxis schaffen es also die wirtschaftlichen Eliten – formiert als Staatsklasse oder als Opiumrentiers – die Einkommen, die in Afghanistan erzielt werden, so aufzuteilen, dass der Großteil der Bevölkerung davon nicht profitiert. Diese Monopolisierung, die abweichend von den Annahmen der Rent-seeking-Theorie nicht nur durch eine Staatsklasse organisiert wird, aber durch die Verschmelzung verschiedener Rentenempfängergruppen effektiver organisiert werden kann, verhindert einen großen Teil der auch mit ausländischer Hilfe angestrebten Entwicklung.

Giustozzi argumentiert allerdings, dass die Kapitalakkumulation der Drogenwirtschaft ebenso wie der Schmugglersyndikate und anderer schattenwirtschaftlichen Segmente mit den ‚Räuberbaronen‘ in den USA zwischen 1870 und 1929 vergleichbar sein könnten. Vergleichbar sei die illegale Weise, mit denen diese späteren Magnaten zu Geld kamen. Ihren Reichtum hätten sie in die legitime Wirtschaft investiert und damit dem Wohlstand insgesamt genutzt (A. Giustozzi 2007b). Der Mujaheddin-Krieg habe die Kommandeure gezwungen, die wegfallenden Renten aus dem Ausland zu ersetzen, weshalb diejenigen erfolgreich waren, die neben Milizen auch noch wirtschaftliche Beziehungen unterhielten. Goodhand (2004b) beschreibt diese Beziehungen als eng mit der Kriegswirtschaft verknüpft und instrumentell für die Kriegsführung, aber nicht auf kriegrelevanten Handel beschränkt. Neben traditionell einflussreiche Händlerfamilien traten in dieser Zeit neue wirtschaftliche Machtträger. Diese blieben in der Post-Taliban-Konstellation erhalten und mussten sich mit den militärischen Fraktionen arrangieren. Gleichzeitig blieben Warlord-Fiefdoms erhalten, etwa das selbstausgerufene ‚Emirat‘ von Ismail Khan in Herat. Viele niederrangige Kommandeure drängten außerdem in den öffentlichen Sektor (A. Giustozzi 2007b: 78; O. Roy 2003), so dass bereits auf dieser Ebene eine Verschränkung von Kriegsökonomie und Rentiers erfolgte.

Wirtschaftlich drängten viele ‚Strongmen‘ in neue Geschäftsbereiche (mit unterschiedlichem Erfolg), aber auch in die Politik:

„Even if some strongman wanted whole-heartedly to turn into a businessman, as some middle-rank ones have, it would actually be difficult for him to succeed without maintaining his political and military leverage, which is where his real competitive edge over businessmen comes from" (A. Giustozzi 2007b: 79).

Der potenzielle Rückgriff auf Gewalt verschafft ihnen also Zugang zu geschäftlichen Sektoren und zur Politik. Weder Staat noch Wirtschaft sind also ohne die Verschränkung mit einer militärischen Komponente vorstellbar, politische und ökonomische Interessen miteinander verflochten. Dazu gehört die illegale Verteilung öffentlichen Landes an Gefolgsleute, die häufig erfolgte, sobald die Strongmen in der politischen Position eines Gouverneurs waren. Sie bereicherten sich also nicht selbst, sondern sicherten ihre Herrschaft gegenüber ihren Unterstützern ab. Über Strohmänner können sie Geschäfte selbst betreiben, während sich ‚genuine' Geschäftsleute zumindest gut mit ihnen stellen müssen, um erfolgreich sein zu können. Kleinere und mittlere Geschäftsleute, die wohl unabhängig sein könnten, unterliegen trotzdem einer mittelbaren Kontrolle, weil die Strongmen in den Provinzen ihrerseits die Polizei kontrollieren.

Hinsichtlich des Opiumgeschäfts sind die Strongmen eher an Protektion und Transport beteiligt als an direktem Kauf und Handel. Der Zwischenhandel, der den Export organisiert, kooperiert mit den Strongmen, weil diese Sicherheit bereitstellen können. Die wenigen Familien, die den Handel beherrschen, stabilisieren den Handel: Auch wenn eines der Familienoberhäupter stirbt oder verhaftet wird, bleibt der Handel in den eigenen Reihen (G. Peters 2009b). Besonders die in den peripheren Regionen ansässigen Händler können ihre Kontakte zu den benachbarten Exportländern nutzen. Einige können Opiumprodukte unkontrolliert in die ehemaligen Sowjetrepubliken transportieren (A. Giustozzi 2007b: 82). Die dadurch erzielten Profite investieren sie in die von ihnen kontrollierten Regionen, was dort begrenztes Wachstum schafft. Eine Entwicklungsdefinition, die zentral auf Wachstum abstellt, müsste deshalb eigentlich die Warlordwirtschaft begrüßen: Die auf Vertrauen und sozialen Zusammenhalt basierenden Netzwerke könnten sogar als eher ‚pro-poor' gelten, denn „the poor are considered by the formal sector to be too risky" (J. Goodhand 2004b: 69).

In der Gesamtschau scheinen die Investitionen aus den Renten der Drogenexporteure und der staatlichen Rentiers in der ‚regulären' Wirtschaft ein Bindeglied zwischen beiden Rentiersgruppen geschaffen zu haben. Während dies der wirtschaftlichen Entwicklung nutzen mag, trägt es andererseits dazu bei, die Patronagefunktion der Strongmen zu festigen und durch ihre Teilnahme den politischen Prozess zu delegitimieren. Allerdings ist eine völlige Exklusion der in den Kriegsjahren zu Geld gekommenen Einflussträger weder möglich noch wirtschaftlich sinnvoll; ihre Netzwerke weisen größere Stabilität auf als die jüngeren Unternehmen, gerade weil sie auf gewaltbasierte Verbindungen zurückgreifen können. Auch wenn einzelne Individuen, die an der Spitze der familiären Netzwerke stehen, wegfallen würden, wären diese dennoch stabil genug, um Bestand zu haben. Es bleibt abzuwarten, ist aber nicht auszuschließen, dass mit wachsender Kapitalakkumulation und mehr investierten Geldern bei diesen Netzwerken auch ein Interesse an staatlichen Rechtsgarantien wächst. Die Schattenwirtschaft könnte so graduell in eine reguläre Wirtschaft hineinwachsen (A. Giustozzi 2007b: 84-85).

So bleibt als wichtige Frage, welche Rolle die nichtstaatlichen Rentiers im Prozess der Staatsformierung spielen. Sie haben zunehmend kooperiert und beispielsweise großen Einfluss im Innenministerium ausgeübt. Demgegenüber steht eine zunehmend legitime Gewaltmonopolisierung seitens des Staates, insbesondere durch die ANA. Zunehmende Kooperation wäre deshalb denkbar, wenn die Interessen der Opiumwirtschaft durch den sich ausweitenden Aufstand gefährdet wären. Seitens der großen Händler sind der Aufstand und eine unsichere Situation nicht notwendigerweise wünschenswert. Entgegen mancher Annahmen zur Kriegsökonomie ist ein Staat, der käuflich ist, für die Exporteure nicht besser oder schlechter als unklare Machtverhältnisse. Sie sind also nicht notwendigerweise *gegen* den Staat, aber eben auch nicht *für* ihn. Kooperation und Konkurrenz halten sich die Waage, wenn sich die Rentiersgruppen gegenseitig durchdringen und beide Seiten voneinander profitieren. Tendenziell unterstützt die Opiumökonomie Staatlichkeit in einer Form, die sie nicht gefährdet, aber Infrastruktur und Legitimierungsmöglichkeiten zur Verfügung stellen kann. So können sich die Exporteure um ein Amt bewerben oder es kaufen und ihrem Handeln einen quasi-offiziellen Anstrich geben. Dadurch verliert der Staat in den Augen der Bevölkerung zwar an Legitimität, was dem Bestreben der Opiumwirtschaft, den Staat nicht erstarken zu lassen, jedoch indirekt entgegenkommt.

Die funktionale und organisatorische Verflechtung der Rentiersgruppen bringt also zumindest eine teilweise Interessenkonvergenz hervor[230]. Die Hypothesen hinsichtlich der Staatsklasse wären durchaus für nichtstaatliche Gruppen anwendbar, die Theorie also über „einen besonderen Staatsklassentypus, der wohl in einer Vielzahl von Peripheriegesellschaften auftritt [... und] die internationale Rente monopolistisch, d.h. ohne Konkurrenz seitens gesellschaftlicher Gruppen aneignet" (C. Schmid 1991: 25) hinaus analytisch weiterführend. Mit der Ausprägung von Staatlichkeit und dem Konkurrenzverhalten von Rentiersgruppen hängt aber noch eine Unterscheidung zusammen, die in der Rentendiskussion weitgehend ausgeblendet wurde: Die Unterscheidung legaler und illegaler Rentenquellen. Die Konkurrenz von quasistaatlichen Akteuren, die sich aus illegalen Rentenquellen finanzieren, und sich formierenden Staaten und ihren Trägern führt zur Frage nach der Rechtssetzungskompetenz der Letzteren, also

---

[230] Die Rententheorie wäre deshalb in einigen Annahmen zu modifizieren: Mit Blick auf die Möglichkeiten von Rentiersgruppen, sich Renten anzueignen, bekam das Staatsklassenkonzept nicht zu Unrecht großes Gewicht vor allem in der rententheoretischen Beschäftigung mit dem Vorderen Orient (C. Schmid 1991: 23). Der Allokationsmechanismus begünstigt die Staatsbürokratie, wenn deren politische Verantwortlichkeit gegenüber der Bevölkerung schwach und der Anteil der Rente an der Staatsfinanzierung relativ zur Besteuerung hoch ist (M. Beck 2002: 121). Diese Annahme geht jedoch von staatlichen Institutionen aus, deren Existenz jedoch nicht automatisch vorausgesetzt werden darf. Dort, wo einzelne Sektoren (dies betrifft neben der Opiumwirtschaft in Afghanistan beispielsweise auch den Sicherheitssektor) nicht der Kontrolle des Staates unterliegen, können sich Rentiersgruppen mit vergleichbarer Allokationsfähigkeit etablieren. Die Aneignung von verschiedenen Rentensorten bleibt also segmentell – aus Sicht der Rententheorie wäre zu fragen, wie sich diese Segmente zu einem Staat zusammensetzen, das Konzept ‚Staat' also definitorisch ausreicht, um diese Segmente als ein Staat zu fassen oder ob es sich nicht eher um semistaatliche Entitäten handelt.

im weitesten Sinne nach der Legalität der Legislative. Wenn im Fall einer internationalen Intervention die Gruppen, die den Staat tragen, durch massive Unterstützung internationaler Geber in ihre Machtposition gelangt sind, folgt die Festsetzung legaler Normen beinah zwangsläufig den Normen der internationalen Geber. Diese setzen – im Falle Afghanistans gegen langjährige Praxis und die existenzielle Abhängigkeit breiter Gesellschaftsschichten vom Opiumanbau (C. Schetter 2005b: 68, 2007: 248) – eine Unterscheidung von legal und illegal durch, die der Formierung des neu aufzubauenden Staates nicht notwendigerweise dienlich ist. Unter dem Gesichtspunkt des externen Staatsaufbaus in staatsfreier Gegend wird also deutlich, dass politische Maßnahmen immer auch ein Bündel an – oft unerwünschten – Nebeneffekten zeigen, die rentierstheoretische Ansätze erklären können. Die Politik des Statebuilding ist in der Praxis mit nichtlinearen Entwicklungen konfrontiert, die den Staatsaufbau in andere Richtungen lenken können, als die Interventen dies vorsehen. Diese hängen in nicht geringem Maß mit der Finanzierung staatlicher Institutionen und Eliten zusammen. Diese – auch nichtstaatlichen – Eliten einer rentierstheoretischen Analyse zu unterziehen, empfiehlt sich gerade weil sie in Konflikt mit dem Staat und untereinander stehen können.

6.6   Staatsaufbau als Risikofaktor

Der Staatsaufbau in Afghanistan ist von Beginn an als langfristiges Unterfangen beschrieben worden. Augenfällig ist dabei das Fehlen einer Erklärung für diese Dauer. Zwar waren die Schwierigkeiten leicht zu benennen, denn *capacity building*, wirtschaftliche Integration, Institutionalisierung staatlicher Apparate und andere Projekte innerhalb des liberalen Statebuildings waren aus anderen Kontexten bekannt. Gleichwohl blieb unklar, was eigentlich zu erwarten sei in der Phase des Übergangs, ehe die Merkmale moderner Staatlichkeit etabliert wären und funktionierten: Damit Gewalt unterbleiben sollte, wurde im Rahmen des Petersberg-Prozesses die ISAF stationiert, aber auf Kabul begrenzt. Die schrittweise Ausweitung des militärischen Einsatzes täuschte lediglich darüber hinweg, dass das politische Konzept Mängel aufwies, indem es gleichzeitig zu ambitioniert und wenig zielgerichtet war. Zu ambitioniert war das Ziel der Errichtung zentraler Staatlichkeit mit den Merkmalen liberaler Demokratien. Zu wenig zielgerichtet war es, den Endpunkt der Zielsetzung zwar vorzugeben, den Weg dahin aber offenzulassen. Dies zeigt sich an mangelnder Finanzierung ebenso wie an fehlendem politischen Willen, innerhalb der Sicherheitsgemeinschaft die Probleme anzugehen, die durch die gleichzeitige Kriegführung in OEF und vermeintliche Stabilisierung durch ISAF entstanden (A. Saikal 2006a: 530-532). Anders formuliert waren die Interventen ausgesprochen ehrgeizig in dem, was die Afghanen leisten sollten und schoben die Verantwortung für das eigene politische Handeln einander, aber eben auch den Afghanen zu.

Mit der Entscheidung, einen zentralen Staat zu erschaffen, war von Beginn an festgelegt, dass die sozialen Formationen, die außerhalb der staatlichen Ordnung liegen, von der Intervention getrennt wurden (S. Radnitz 2004: 534). Die Konstruktion dieser klaren Dichotomie ist seither kennzeichnend für die Politik der Intervention. Wer nicht für den Staat ist, wird als Gegner behandelt. Dadurch wird, wie gezeigt wurde, das sicherheitspolitische Vorgehen mit den entwicklungspolitischen Zielen verschmolzen. Als anderes Gegensatzpaar dominiert die Vorstellung, dass in Afghanistan entweder ein Staat im westlichen Sinne existiere oder Chaos und Gewalt herrsche, die auch die Bürger der Sicherheitsgemeinschaft beträfen. Damit scheiden Zwischenlösungen konzeptionell aus und die Sicherheitsgemeinschaft hat ihre Sicherheit mit der des afghanischen Staates verknüpft, ohne zu reflektieren, welche Auswirkungen auf das Gewaltniveau in Afghanistan die Folge sind. Schließlich wird durch diese implizite Securitization afghanischer Staatlichkeit eine Diskussion darüber vermieden, wie elementar die Sicherheitsrisiken sind, die von Afghanistan – mit oder ohne Staat – eigentlich ausgehen. Durch die Securitization wird Staatsaufbau zum Risikofaktor, der der sozialen Konstitution von Sicherheit, also der Auseinandersetzung über den Gegenstand von Sicherheit, tendenziell entzogen ist[231].

Die Gründe, warum das Risiko nicht abnimmt, können dann verschiedene sein und wechseln. Für Afghanistan ist der Terrorismus einer der zentralen Aspekte, aber auch die Opiumwirtschaft wird in ihren Auswirkungen als Risiko verstanden. Der Widerstand gegen den Staat, dessen Vertreter als korrupt und deshalb mittlerweile eher als Problem denn als Lösung gesehen werden, gilt einer Ordnungsvorstellung, die bestehenden sozialen Herrschaftsformationen entgegensteht. Durch die Schaffung von rechtsstaatlichen Verfahren, sozialen Dienstleistungen und der Bereitstellung internationaler Legitimation wird der Staat extern begünstigt. Allerdings ist das Recht, welches der Staat vertreten soll, normativ umstritten, die Aufgabe der Risikoreduktion seitens des Staates und der Geber unterentwickelt und die internationale Legitimation vor Ort letztlich bedeutungslos. Der Staat wird so primär zum Gewaltapparat, der seine Macht aus militärischer Hilfe zieht und sich politisch abkapseln kann. Die intervenierende Sicherheitsgemeinschaft verhandelt die Probleme zwar, bleibt aber sowohl finanziell als auch politisch hinter ihren Möglichkeiten zurück und versteht sie letztlich als interdependent verwoben und deshalb unlösbar. Dabei wird die

---

[231] Dieser Mechanismus wird dadurch verstärkt, dass die Verknüpfung von Sicherheit mit Entwicklung als humanitärer Pflicht hypostasiert wird und so ein Moralismus entsteht, gegen dessen ethische Selbstgewissheit nur schwer zu argumentieren ist.

Interdependenz des wirtschaftlichen, politischen und militärischen Sektors zwar konstatiert, aber *begriffen* wird sie nicht: Dass Einflussnahme in einem Bereich Folgen in einem anderen hat, also im Ergebnis unintendierte Effekte des State-building auftreten, findet in der liberalen Weltsicht keinen Platz.

„Only the demilitarization of politics makes engagement with nonmilita-rized political forces meaningful. (…) An invasion force can choose its interlocu-tors until insurgents blast their way into politics", schreibt anschaulich Rubin (2008: 37). Dieser Hinweis kann in seiner Bedeutung für Statebuilding nicht unterschätzt werden, weil er die Funktion der Gewalt als Ressource unterstreicht. Indem das liberale Statebuilding-Projekt eine strikte Trennung politischer, mili-tärischer und ökonomischer Ziele anstrebt, greift sie in den sozialen Zusammen-hang ein, in dem diese Funktionen untrennbar verwoben sind, um sie zu ent-flechten. Damit steht die Entmachtung der sozial aktivsten und einflussreichsten Akteure und Akteursgruppen an, ohne zunächst die Mittel zur alternativen öko-nomischen Reproduktion oder Institutionen zur Kanalisierung von Machtbezie-hungen bereitstellen zu können. „Such elites may lose from open warfare, but they also stand to lose from consolidated peace, if it means undermining personal power" (B. Rubin 2008: 37-38). Dabei ist die Situation innerstaatlich nicht aus-balanciert, da manche Gruppen an dem neuen Staat beteiligt sind und so Zugriff auf überlegene Machtmittel haben, während andere vom ‚offiziellen' politischen Machtfeld ausgeschlossen sind. Die ‚Amtsinhaber' tun hingegen alles, um sie draußen zu halten und als illegitim und illegal erscheinen zu lassen. So bleibt die Gewalt als Ressource, über die am Staat Beteiligte als auch von ihm Ausge-schlossene hinreichend verfügen, als Hintertür zur Politik.

Der Staatsaufbau ist also ein Risiko für einflussreiche lokale Machtträger, die jedoch ihrerseits zur Risikowahrnehmung der Interventen beitragen. Denn das Eingeständnis, dass man mit dem Gegner politisch interagieren muss und ihm nicht nur militärisch begegnen kann, trägt einen hohen politischen Preis. Entsprechend kontrovers ist die Diskussion über den Umgang mit ‚moderaten' und ‚radikalen' Taliban. Die Sicherheitsziele der USA als führender Interventi-onspartei wichen von jenen der afghanischen Bevölkerung und der Milizen ab, mit denen sie kooperierten. Rubin führt die Probleme mit dem Aufbau und die Fokussierung auf den Aufbau militärischer Kapazitäten darauf zurück, dass es just das sei, was Interventen können: Militärische Kapazitäten sind leichter zu etablieren als Polizei, Rechtsinstitutionen und andere Institutionen, für die um-fassendes Wissen über den Modus lokaler Sozialbeziehungen erforderlich ist (B. Rubin 2008: 21). Dem ist zuzustimmen, als die Überbetonung militärischer As-pekte im Staatsaufbau die Risikokonstellation eher verschärft als sie abzuschwä-chen. Darüber hinaus scheint aber der Staat als solcher im liberalen Paradigma kein Risiko darzustellen, während er in der Hobbes'schen Situation Afghanistans

als Leviathan ohne Vertragsbasis erscheinen muss. Deshalb wirken die euphe-
mistisch ‚Kollateralschäden' genannten zivilen Opfer in Afghanistan so verhee-
rend auf die Legitimität des Statebuilding-Konzeptes, weil sie nicht als rechtmä-
ßig im Sinne des Staates angesehen werden können, sondern letztlich dem Si-
cherheitsbedürfnis der Sicherheitsgemeinschaft geschuldet sind, das gegenüber
den Sicherheitsinteressen der Bevölkerung höher bewertet wird.

6.7 Staatsaufbau in staatsferner Gegend

Dieses Kapitel zielte darauf ab, die unterschiedlichen und häufig widerstreitenden Sicherheitsinteressen und resultierenden Handlungslogiken nachzuzeichnen.
Wie vorher gezeigt worden ist, darf die liberale Konzeption des Staates und der
ihn prägenden sozialen Zusammenhänge nicht als voraussetzungslos gelten. Eine
liberale und demokratische Ordnung kann sich gesellschaftlich formieren, nicht
intentional aufgebaut werden (A. Suhrke 2006). Die Widersprüche zu ignorieren,
die dem Aufbaukonzept innewohnen, steht deshalb mit einer Selbstüberschät-
zung der westlichen Sicherheitsgemeinschaft im Zusammenhang. Die Wahrnehmung der Sicherheitsgemeinschaft divergiert von der Wahrnehmung lokaler
Akteure[232]. Dies betrifft die Sichtweise auf den Staat, aber auch die temporale
Dimension des Staatsaufbaus, denn für die Bevölkerung in Afghanistan stellt die
Intervention zwar eine wichtige Zäsur, aber keine ‚Stunde null' dar. Stattdessen
wird sie in eine Abfolge von Interventionen eingeordnet, die alle als gescheitert
gelten. Auch deshalb sieht die Zukunftserwartung den Abzug der Interventen
vor. Diese Perspektive präjudiziert jedoch politisches Verhalten, denn keine
Gruppe möchte dann schlecht aufgestellt sein. Ob das Statebuilding gelingt,
beurteilen also sowohl Interventen wie lokale Akteure wenig optimistisch: Lokale Akteure haben von Beginn an vermutet, dass das Durchhaltevermögen irgendwann erschöpft ist, während die Interventen von Beginn an keinen nach-
vollziehbaren Zeitraum nennen konnten, in dem die tiefgreifende Modernisierung ihr Ziel erreicht haben würde.

Wie auch in anderen Ländern, in denen interveniert wurde, hat es das Statebuilding-Projekt in Afghanistan bisher nicht geschafft, die Intervention überflüs-
sig zu machen. Da die Zielsetzung so abstrakt ist, kommt nie der Zeitpunkt, an

---

[232] Wie weit diese Wahrnehmung auseinanderklafft, illustrieren Mielke und Schetter in ihrem Aufsatz
„Where ist he village" (2007). Sie argumentieren, dass die Vorstellung vom ‚Dorf', das für Entwicklungsakteure den Referenzpunkt für ländliche Programme darstellt, bereits *modern* ist. Die Existenz
eines Dorfes wird vorausgesetzt, die soziale Organisation entspricht dieser Vorstellung jedoch nicht.
Gleichwohl werden die Kategorien der Moderne auf diese Weise naturalisiert. Das ‚Lokale' wird
durch die externen Programme formalisiert und territorialisiert, was schon einen erzwungenen Mo-
dernisierungsschub bedeutet.

dem das Projekt abgeschlossen sein würde. Auch deshalb können sich Hilfsagen-
turen und Militär auf lange Einsatzzeiten einstellen[233]. Die Konzeption des
Staatsaufbaus vom Ziel her hat Demokratisierung, wirtschaftlichen Fortschritt,
Herrschaft des Rechts und all die anderen Ziele der Schaffung internationaler
Sicherheit untergeordnet und damit gewissermaßen instrumentalisiert (S. Tadj-
bakhsh/M. Schoiswohl 2008: 264).

Wenn man die Geschichte von Staatsformierungsprozessen in Betracht
zieht, leuchtet auch ein, warum nie zum Ende kommt, was vom Ziel her gedacht
wird: Staatsbildung ist gewaltbeladen[234], wie die Prozesse der Staatsformierung
in anderen Teilen der Welt zeigen, bei denen die Gewalteinhegung erst am Ende
eines langen Prozesses stand. Das heißt, dass die Unterstützung eines Staatsaufbauprojekts in staatsfreier Gegend, also die Verdrängung multipler sozialer Ordnungen durch staatliche Ordnung keinen überschaubaren Zeithorizont hat und
die Dynamiken der Intervention ein Eigengewicht erhalten, das den Prozess
behindert. In Afghanistan veranschaulicht dies die vermeintliche Vereinheitlichung des Einsatzes unter NATO-Kommando bei gleichzeitiger Fragmentierung
der eigentlichen Einsätze, am deutlichsten illustriert durch Provincial Reconstruction Teams (PRTs) mit unterschiedlichen Zielsetzungen (J. Hett 2005; T.
Piiparinen 2007: 151). Die Logiken von Hilfsorganisationen[235] und Militär als
Träger sozialer Rekonstruktion und Gewaltmonopolisierung sind kaum mit dem
Staat zu synchronisieren, weil sie Parallelstrukturen etabliert haben. Vergleichbares gilt für lokale politische Institutionen: Traditionelle Einflussträger wie Älte-
te und religiöse Autoritäten agieren nunmehr neben gewählten Räten und Gou-
verneuren. In Herat wurde Ismail Khan als Gouverneur zwar abgesetzt, erfüllt
aber nach wie vor die Aufgaben als lokaler ‚Strongman'. Die Legitimität der
gleichzeitigen Provinzregierung ist demgegenüber niedrig, weil ihr vorgeworfen
wird, alle Posten mit ‚Fremden' besetzt zu haben und öffentliche Aufgaben zu
vernachlässigen (A. Giustozzi 2007b: 84).

---

[233] Dafür spricht der Aufwand, mit dem die Militärlager auf- und ausgebaut werden. Auch wenn es
dafür keine offiziellen Angaben gibt, ist beispielsweise davon auszugehen, dass der Aufbau des
Lagers ‚Camp Marmal' in Mazaar-e Sharif mindestens 130 Mio. € gekostet hat (BMVg 2006b). Im
persönlichen Gespräch wurden die Kosten für das Lager jedoch bei etwa 400 Mio. € veranschlagt
(Interview d. Autors, Luftwaffenoffizier, Mazaar-e Sharif, 2. Juni 2006).

[234] Damit steht das Staatsaufbauprojekt vor dem logischen Problem, dass bereits in FN 26 angesprochen wurde.

[235] Die Entscheidung, die Regierung zu unterstützen, untergräbt bereits *innerhalb* der Handlungslogik
von Hilfsorganisationen die grundlegende Norm der Neutralität, weil humanitäre Hilfe – etwa gegenüber Verletzten – unterlassen wird, wenn sie Regierungsgegnern zugute käme (R. Shannon 2009:
28). Implizit bedeutet das, dass der humanitäre Einsatz zwischen ‚guten' und ‚schlechten' Opfern
unterscheidet. Diesen Aspekt beschreibt Duffield als ‚biopolitics' (M. Duffield 2007: 30; vgl. Kap.
4.3).

Entscheidungen, die das Leben in Afghanistan betreffen, werden in Hauptstädten weit jenseits Afghanistans getroffen. Dieser räumlichen Dislokation entspricht eine geistige, die den politischen Kontext nicht berücksichtigt (K. Schlichte/A. Veit 2007). Die Kommunikationsbeziehungen innerhalb der Sicherheitsgemeinschaft sind dichter und konstanter, so dass die Diskurse sich wesentlich mit politischen Themen innerhalb und erst in zweiter Linie mit solchen von außerhalb beschäftigen. Die Diskussion um die Aufgabenteilung innerhalb der NATO mag dies illustrieren. Wie bereits angesprochen wurde, führt die Dichotomisierung von Problemen, also die Darstellung eines Gegenstands als Eines *oder* ein Anderes zu einer nur beschränkten Abbildung der Wirklichkeit. Die sozialen Zusammenhänge in Afghanistan sind hingegen fast durchgängig ambivalent: ‚Warlords' sind gleichzeitig Wohltäter und Folterer, Politiker dienen dem Staat und ihrer Gruppe, Händler sind gleichzeitig Schmuggler, internationale Organisationen sind Helfer und Ausbeuter, militärische Einheiten sollen stabilisieren und bombardieren Dörfer. Diese Ambivalenzen werden anschließend am Beispiel Afghanistans nochmals als Paradoxien des Statebuilding verdeutlicht.

6.7.1 Alle Menschen sind gleich, manche jedoch nicht

Die Frage nach der Gleichheit im liberalen Statebuilding ist eindeutig zu beantworten. Wie beschrieben wurde, gelten personale Rechte auch jenseits der sozialen Gesellschaftsformation. Aus diesem Grund wird es möglich, dass Staaten sich für Menschen verantwortlich erklären, die nicht ihre Bürger sind und nicht auf ihrem Territorium leben, um politische Herrschaft, in der Rechte erst verwirklicht werden können, zu schaffen[236]. Unauflösbar bleibt darin, dass dem politischen System, das diese Rechte garantieren soll, wenn es von außen implementiert wird, die Legitimität und innere Balance rechtlicher, sozialer Verfahrens- und Ausgleichsmechanismen abgehen, die ein aus sich selbst heraus entstandenes, meist von den Bürgern erkämpftes Herrschaftssystem besitzt. In Afghanistan zeigt sich dieses Dilemma daran, dass die Staatsbürger zwar die Übergangsregierung und andere politische Körperschaften wählen sollten, dass deren Position im Staat aber bereits feststand. Der bereits in Bonn – von einer keinesfalls intern legitimierten Versammlung (M. Hanifi 2004) – entschiedene Weg einer umfassenden Zentralisierung gab die Richtung einer starken Präsidentschaft vor. Die Idee einer starken Präsidentschaft wurde besonders gewichtet, da sie dem politischen System der USA entspricht, die auf den Aufbau den größten Einfluss ausübten.

---

[236] Ungeklärt blieb dabei, ob die Rechte dem Einzelnen gleichsam genetisch innewohnen oder ob es eines sozialen Raums bedarf, in dem die Rechte konstituiert sind.

Insbesondere in der Phase des Übergangs bis zu den Präsidentschaftswahlen war die gleichsam bedingungslose Unterstützung Karzais prägend für die Politik. Die aus dem Anti-Taliban-Krieg siegreich hervorgegangenen und durch die mitunter extreme Finanzierung im sogenannten ‚Anti-Terror-Krieg' aufgewerteten Milizen der Nordallianz konnten sich in dieser Konstellation ausreichend Einfluss sichern, ohne ihre eigene Machtbasis schmälern zu müssen. Das präjudizierte staatliche Politik zu ihren Gunsten, wenn sie versuchten, sich gegen paschtunische Herrschaft oder die Taliban rechtzeitig aufzustellen. Da sie ihre Mujaheddin-Vergangenheit in einen Retterstatus hineinmythologisierten, konnten sie sich gegen Kritik an ihrer Politik und menschenrechtsverachtenden Vergangenheit immunisieren: Sie wurden sakrosankt.

Dies etablierte eine klare Unterscheidung der Gleichheit: Die im Staat organisierten Eliten können ihre privilegierte Position ausnutzen und sich über internationale Unterstützung finanzieren. Afghanistan wendet mehr für Regierungsmitarbeiter auf als für öffentliche Güter (C. Riphenburg 2006: 516). Damit sichern sie sich – weil sie selbst Klientelbeziehungen pflegen oder Hilfsgelder besorgen können – politische Unterstützung. Die Weitergabe von öffentlichem Land an Mitglieder der eigenen Gruppe, die Giustozzi (2007b) beschreibt, schafft überhaupt erst Eigentum, das der Staat schützen soll. Allerdings ist dann die Ungleichheit bereits verbrieft. Dafür stellt das international beschlossene und betriebene ‚aid regime' die Schablone zur internen Rechtfertigung dar. Die sozial prekäre Distanz zwischen Arm und Reich liegt in der Logik des liberalen Paradigmas, da die wirtschaftlich mächtigsten Akteure gleichzeitig die politisch einflussreichsten sind und die Rahmenbedingungen für ihre Geschäfte beeinflussen konnten. Die Monopole, die sie besitzen und ausbauen konnten, stehen einem freien Wettbewerb im Wege. Wenn, wie im Fall Afghanistan, die Marktzugänge durch Gewaltpotenziale geschaffen werden, ist mehr Markt kontraproduktiv: Die westliche Entwicklungsideologie schafft das Gegenteil vom Intendierten.

Politisch bedeutet dies *de facto* einen Ausschluss von politischer Meinungsbildung, was durch das Wahlsystem begünstigt wird, das Parteien marginalisiert beziehungsweise parteiliche Meinungsbildung in den Hintergrund drängt. Durch persönliche Beziehungen kommen beispielsweise Machtträger ins Parlament, wo sie eine Aufarbeitung ihres politischen und militärischen Handelns verhindern können. Parlamentsmitglieder wie Malalai Joya, die immer wieder gegen die Beteiligung von Kriegsverbrechern in den Machtzirkeln gewettert hat, bleiben so auch systemisch-strukturell die Ausnahme (A. Reynolds 2006: 114). Unter dem Gesichtspunkt der ethnischen Polarisierung ist die Strategie Präsident Karzais, nach und nach die Machtunbalance der Nordallianz zu verändern, letztlich die einzige Möglichkeit, die er hat, sich aus ihrem Klammergriff zu befreien, ohne Gewalt zu provozieren (O. Roy 2003: 11). Es versteht sich, dass dies nicht ohne

Gegenleistung, etwa Posten oder privilegiertem Zugang zu Ressourcen, möglich ist. Dieses tendenziell korrupte Verfahren missfällt verständlicherweise den Gebern, die dem jedoch nichts entgegensetzen können. Antikorruptionspolitik zu forcieren ist das Einzige, was den Interventen an Einflussnahme möglich ist. All dies trägt möglicherweise den Keim zu liberaler Staatlichkeit in sich. Sowohl ein politisches Bewusstsein, auf dessen Basis die Bevölkerung ihre Rechte einklagt, als auch die Auflösung wirtschaftlicher Monopole oder Reinvestition von Renten in die reguläre Wirtschaft sind damit nicht automatisch ausgeschlossen. Allerdings behindern die geschaffenen Strukturen den Staatsaufbau und verzögern ihn so. Die liberale Intervention dauert deswegen länger als im Rahmen politischer (und wirtschaftlicher) Zyklen planbar ist und wird so anfällig für zwischenzeitlich entstehende Dynamiken, die ihrerseits kontraproduktive Folgen oder nichtintendierte Effekte aufweisen können. Liberale Staatlichkeit über den Umweg illiberaler Institutionen aufzubauen wäre ein solcher nichtintendierter Statebuilding-Weg. Die Wirtschaftskrise, deren finanzielle Folgen staatliche Budgets in den nächsten Jahren strapazieren werden, wäre ein denkbarer Auslöser, dass Wähler den Regierungen in der Sicherheitsgemeinschaft die Ausgaben für (militärische) Stabilisierungseinsätze nicht mehr gestatten.

6.7.2 *Alle Staaten sollen sich ihre Regierungsform selbst geben, solange es Demokratie ist*

Die Politik der Intervention zielte von Beginn an darauf ab, eine Demokratie zu errichten. Gleichzeitig bestand unter der Oberfläche der Einigkeit immer die Bereitschaft, aus taktischen Gründen diesem Ziel zuwiderzuhandeln. Dazu gehören Lieferverträge, die die militärischen Einheiten mit einheimischen Händlern zu völlig überhöhten Preisen abschlossen und diese damit wirtschaftlich wie politisch aufwerteten. Gleichzeitig wurde die Demobilisierung verschleppt, die von fast allen Seiten als einer der kritischsten Punkte des Statebuilding überhaupt gesehen wird, weil Bewaffnung immer einen Rückgriff auf Gewalt ermöglicht.

Die Milizen, die am ‚Anti-Terror-Krieg' teilnehmen, laufen nicht Gefahr, an internationaler Legitimität zu verlieren, und auch ihre Finanzierungsquellen sprudeln ihres Doppelspiels zum Trotze, bei dem sie die militärische Ziele häufig untergraben oder die überlegene Hilfe westlichen Militärs für eigene Zwecke instrumentalisieren (A. Rashid 2008: 135-137). Weil Anti-Terrorismus so priorisiert wurde und weil Stabilitätserfordernisse nicht erlaubt hätten, gegen die Warlord-Milizen vorzugehen, wurde versucht, sie in den Staat zu integrieren, um sie dort demokratisch zu sozialisieren. Die Kritik, die deswegen an Präsident Karzai geübt wurde, wurde bereits erwähnt, dabei liegt dessen Ansatz und die wachsende Akkomodierung der ‚Warlords' im Staat in der Logik dieses Ansatzes: Wenn davon ausgegangen wird, dass der Staat die Akteure sozialisiert, muss auch bedacht werden, dass die Akteure den Staat sozialisieren. Die Möglichkeiten externer Einflussnahme schwinden aber im Verlauf der Intervention, so dass die Geber weitgehend tatenlos zusehen müssen, wie sich die politischen Rahmenbedingungen verschlechtern. Die Präsidentschaftswahlen im Jahr 2009 sind ein Beispiel dafür, dass die Geber zwar die Wahlen finanzieren, aber nicht verhindern können, dass in weiten Teilen des Landes Wahlbetrug dominiert, Kandidaturen abgesprochen werden und der Staat so tendenziell der Politik entzogen wird.

Die Autokratisierung des Regimes, die sich aus einer Mischung von Regierungsstabilisierung und Zentralisierung einerseits und ihrer Verflechtung mit militärischen Kräften und dem politischen Islamismus andererseits ergibt, folgt dabei einem legitimatorischen Muster, das der impliziten Säkularisierung des Modernisierungsprojekts entgegensteht. Dass der Staat liberal-demokratisch sein muss, erlaubt gleichsam keine andere Politik als die sukzessive Aneignung des Staates durch radikale Kräfte, die ihre Programmatik dann über staatliche Verfahren verfolgen. So können islamistische Gruppen in Afghanistan den Staat in einer Weise ‚islamisieren', die die Demokratie selbst untergräbt. Indem die politischen Institutionen von Extremisten beherrscht werden können, können sie mit den Mitteln der Demokratie den Pluralismus untergraben. Deshalb müsste sowohl aus Überlegungen zur Stabilisierung als auch aus Gründen der langfristigen Etablierung demokratischer Staatlichkeit der Schutz des Pluralismus vorrangig behandelt werden, zumal er ein Instrument gegen die Ethnisierung von Politik sein kann. Regionale, im besten Sinne föderale Arrangements könnten so zunächst bestehen bleiben, ohne in Konflikt mit der zentralen Staatlichkeit zu stehen (J. Eckert 2003; C. Schetter 2005a). Da in Afghanistan kein Separatismus oder Irredentismus als politische Ideologie populär ist, würde dies den Staat nicht in seinem Bestand gefährden.

Indem der Staat religiös legitimiert und säkular sein soll, bleiben die Herrschaftsmechanismen strukturell hybrid, was demokratische Verfahren tendenziell innerlich aushöhlt. Auch dieser Prozess ist in Afghanistan nicht ohne historische Präzedenz, für die Wertschätzung von Demokratie als Staatsform aber katastrophal, weil Teile der Bevölkerung unter Demokratie nur einen anderen Mechanismus für die gleiche Politik, nicht jedoch für wirkliche Einflussnahme und politischer Kontrolle verstehen. Dazu gehört auch, dass das Wohlstandsversprechen der Demokratie bis dato nicht eingelöst wurde, sich stattdessen die soziale Ungleichheit erheblich verschärft hat. Von Risikoreduktion, wie sie entwicklungsstrategisch wichtig wäre, kann also keine Rede sein.

6.7.3 Demokratie bringt allen etwas, nur keinen Wohlstand

Die ungleiche Verteilung des Wohlstands und die politisierten Verteilungsmuster der Renten zeigen, dass die Wahldemokratie nicht ausreichend Legitimität produziert. Solange der Staat nicht genügend mit der Gesellschaft verwoben ist, um von dieser kontrolliert und beeinflusst werden zu können und solange er nicht weitgehend unbedroht mit dem Rückhalt der Mehrheit auch gegen einzelne Gruppen vorgehen kann, fehlen ihm indes die Mittel, auf eine gleichmäßige Verteilung hinzuarbeiten. So entstehen in der ‚Gleichzeitigkeit des Ungleichzeitigen' korporatistisch genutzte Wirtschaftskreisläufe, die für den Rest der Bevölkerung nicht zugänglich sind. Aus dieser Sicht von Privilegierten und Ausgeschlossenen ergibt sich, dass die Interventen aus Stabilisierungsgründen auf eine Gruppe setzen, um die andere ‚in Schach' zu halten. Die nominelle Teilhabe am politischen Prozess reicht nicht aus, um die Sozialbeziehungen zu pazifizieren. Die Interventen betrachten Gewalt aber als regressiv; da die Pazifizierung in den Staaten der Sicherheitsgemeinschaft so weit fortgeschritten ist, wird sie als Voraussetzung politisch ausgehandelter (Klassen-)Interessen begriffen statt als deren Ergebnis. Der Umgang mit Gewalt in Afghanistan zeigt dies deutlich, wenn militante Zusammenstöße pauschal den ‚Taliban' zugeschrieben werden, als deren einziges Charakteristikum ihre extreme islamistische Haltung gilt, die obendrein kaum von al Qaidas globaler Ideologie unterschieden wird. Die Securitization des antimodernen Islamismus mit seiner Gewaltneigung ist ein Selbstläufer. Dabei gab es seit 2003 viel Gewalt ohne klare Motivlage, über die ‚alte Rechnungen' beglichen wurden (A. Suhrke 2008: 217-218). Die dahinterstehenden Auseinandersetzungen, die ihre Ursache in sozialen Verwerfungen, Autoritäts- und Funktionsverlusten von Clans und anderen sozialen Kollektivformationen hat, bleiben dieser Sicht verborgen (J. Perlez/P. Shah 2009).

Die sozialen Bruchlinien zu bearbeiten liegt allerdings außer der Reichweite des liberalen Statebuilding-Projekts, denn die Freiheit des Marktes gilt als Voraussetzung für die Schaffung breiten Wohlstands. Der Zeitpunkt, wann dies erreicht wird, bleibt offen, die Zielsetzung teleologisch. Die Verleugnung der gewaltträchtigen Verteilungskämpfe, von denen die Staatsbildungsprozesse in Europa geprägt waren, geht von sozialen Sicherheitssystemen als Ergebnisse von Marktregulierung aus statt den Zugang zu Netzwerken des Risikomanagements als erzwungenes Produkt sozialer Konfrontation zu begreifen. Indem in Afghanistan der Staat also demokratischen Mechanismen unterworfen, aber nicht ermächtigt ist, Wohlstandspolitik zu betreiben, fehlt ihm eine zentrale Komponente, um seine Existenz zu rechtfertigen. Schlimmer noch: Soziale Probleme werden nicht politisch behandelt, sondern in Form von Hilfsprojekten der Gebergemeinschaft übergeben, so dass sie unter religiöse oder ethnische Widersprüche subsumiert werden. Verschärft wird dies durch zweigleisiges wirtschaftliches Handeln, das entweder stark zentralisiert mit dem Staat verwoben ist oder am afghanischen Staat vollständig vorbeigeht, weil es von internationalen Agenturen betrieben wird. Das heißt wiederum, dass der Staat allein für die urbanen Eliten als Quelle von Wohlstand gilt, während der Rest der Bevölkerung wenig vom Staat zu erwarten hat. Weil dies der historischen Erfahrung eines Staates entspricht, der die Bevölkerung in den Provinzen mit Raubzügen zur Steuerbeschaffung oder Zwangsrekrutierung überzog und ansonsten nicht in Erscheinung trat, bleibt die Basis für die Kooperation der Bevölkerung gering. Der Staat trägt also nicht zur Risikoreduktion bei, etwa indem er öffentliche Versicherungen oder Wohlstandsabsicherung bereitstellen kann, sondern verstärkt das Risiko für alle, die nicht direkt an ihm beteiligt sind.

6.7.4 Gewalt kann nur der Staat eindämmen oder externes Militär

Die Gewaltmonopolisierung wurde als wichtigstes Problem im Post-Taliban-Afghanistan beschrieben. Da der Staat und seine Institutionen als nicht ausreichend fähig erkannt wurden, diese selbst zu betreiben, stellte ihm die Sicherheitsgemeinschaft – zunächst auf Kabul begrenzt – eine internationale Schutztruppe zu Seite. Deren Ausmaß und die Begrenzung auf Kabul zeigen, dass dieses Engagement im Wesentlichen symbolisch war. Hinsichtlich Kommandostruktur, strategischer Ausrichtung und öffentlicher Sichtbarkeit in der Sicherheitsgemeinschaft davon unabhängig war die Operation Enduring Freedom, aus der die USA ihre Verbündeten weitgehend heraushielten. Auch wenn die USA, als der Widerstand wuchs, die Verbündeten zu mehr Beteiligung anhielten, so kann doch kein Zweifel daran bestehen, dass dieser Einsatz von den USA dominiert war, während ISAF dahinter materiell wie politisch zurückblieb. Der Staatsaufbau wurde nämlich von Beginn an der Jagd nach vermeintlichen Terroristen untergeordnet.

Für den afghanischen Staat war die Gewaltmonopolisierung auf zweierlei Ebenen schwierig: *Zum einen* bestand der Staat ja selbst aus Milizionären, die zögerten, dem Staat ihre Sicherheit anzuvertrauen. So betrieben insbesondere die Mitglieder der Nordallianz eine Doppelstrategie, über die sie sich im Staat etablieren und seine Vorteile zu ihren Gunsten nutzen, gleichzeitig aber ihre substaatlichen Machtressourcen erhalten wollten. Dadurch blieben die Konkurrenz und mitunter die Zusammenstöße einzelner Gruppierungen häufig jenseits des Staates. Dies geschah nicht selten unter Manipulation der internationalen Truppen, die mit Bombardements dazu beitrugen, interne Fehden auszutragen. *Zum anderen* war die internationale Militärpräsenz abgekoppelt von der Bevölkerung in

Afghanistan. So gab (und gibt) es kein Abkommen zwischen der Regierung und dem Militär, in dem dessen Rechte geklärt wären oder eine strategische Zielrichtung formuliert wäre. Der ISAF ebenso wie dem mittlerweile darin aufgegangenen ‚Anti-Terror-Kampf' fehlt es deshalb an Legitimität. Zwar handelt sie auf der Basis von UN-Mandaten, die den Interventen als hinreichend erscheinen. Für die Bevölkerung ist jedoch egal, wie die Truppen mandatiert sind, sondern ob sie kontrolliert und in ihrem Handeln begrenzt sind. Selbst wenn es ihnen also gelänge, den Gewaltgebrauch zu monopolisieren, so fehlt dieser Monopolisierung jedoch die Komponente, dass es sich ja – korrekt formuliert – um die Monopolisierung des *legitimen* Gewaltgebrauchs handelt, die da angestrebt wird. Die für den modernen Staat kennzeichnende ‚Veröffentlichung der Gewalt' im Anschluss an ihre Monopolisierung fehlt.

Das letzte, unauflösbare Dilemma der Intervention besteht also darin, dass der afghanischen Regierung ein Teil der Legitimität und Souveränität abgeht, auch wenn sie durch Wahlen an die Macht gekommen sein mag. Um die Gewaltmonopolisierung abzuschließen, müsste sie eine klar erkennbare Trennung privater und öffentlicher (und damit kontrollierbarer) Gewaltsamkeit durchsetzen und obendrein neben den Milizen auch die internationalen Truppen ihrer Gewaltmittel enteignen. Dieser Durchsetzung des Gewaltmonopols steht entgegen, dass sie von den internationalen Truppen abhängt und die inländischen Milizen mitunter von Interventen finanziert werden. Das gehört zum Wesensmerkmal des afghanischen Staates und stellt seine Hybridisierung auf Dauer.

Damit ist der Staat als Scharnier zwischen internationaler Sphäre und der Gesellschaft Gegenstand von Konflikten statt diese als durchlässige Membran, die mit den anderen ‚Ebenen' verwoben ist, managen und kanalisieren zu können. Der Staat muss durch Ressourcenverteilung eine Machtbalance der gesellschaftlichen Segmente herstellen, ohne selbst zum Zentrum der Macht werden zu können. Dies könnte er dann, wenn er über überlegene Machtressourcen verfügen könnte. Diese stehen ihm aber weder in finanzieller Hinsicht zur (freien) Verfügung, noch kann er das Machtgefälle durch Entwaffnung der Gesellschaft entscheidend zu seinen Gunsten verändern. Es bleibt ihm also nur die Kooptation. Die internationale Intervention hat versäumt, hier entscheidend einzuwirken und die Sicherheitssektorreform zu forcieren. So hat sie den Startvorsprung des afghanischen Staates verspielt.

7 Schluss

Verehrtes Publikum, jetzt kein Verdruß:
Wir wissen wohl, das ist kein rechter Schluß.
Vorschwebte uns: die goldene Legende.
Unter der Hand nahm sie ein bitteres Ende.
Wir stehen selbst enttäuscht und sehn betroffen
Den Vorhang zu und alle Fragen offen.

(Bertold Brecht: Der gute Mensch von Sezuan, Epilog)

Über ein Jahr nach dem Ende der Regierung George W. Bushs ist noch nicht absehbar, welches weltpolitische Ausmaß das Erbe seiner Politik haben wird. Es sind allerdings Tendenzen erkennbar, deren wichtigste die Delegitimierung von Demokratie und staatlicher Herrschaft sein dürfte. Der Regierungswechsel zum ersten schwarzen Präsidenten der USA hat weltweit viel Hoffnung ausgelöst. Innerhalb der Sicherheitsgemeinschaft bezog sich diese auf mehr Mitsprache bei der Gestaltung von globaler Sicherheitspolitik. Außerhalb deutete die Möglichkeit, dass ein Afroamerikaner Präsident werden könne, zumindest an, welche Möglichkeiten Demokratien aufweisen – im Gegensatz zu den aus unterschiedlichen Erwägungen vom Westen unterstützten Diktaturen insbesondere des Nahen Ostens. Diesem normativen Pull-Effekte steht allerdings eine verhehrende Bilanz gegenüber: Von der Beschränkung demokratischer Partizipationsrechte bis hin zur Aussetzung von Bürger- und Menschenrechten wurde die Demokratie fast überall beschädigt. Im Kampf gegen den Terrorismus wurden solche die Freiheit selbst gefährdenden Praktiken begründbar, spielen aber den Zielen des Terrorismus in die Hände, ohne ihn wirksam zu bekämpfen. Nicht nur in den Kriegsgebieten Afghanistan und Irak wurde beispielsweise Folter zum häufigen Phänomen im Umgang mit verdächtigen Personen.

Hier wurde die These vertreten, dass die strukturellen Probleme des Statebuilding in der liberalen Logik der Sicherheitsgemeinschaft liegen. Zwar hat die neokonservative Hybris deren Gewaltsamkeit akzentuiert und ihre Widersprüche stärker zu Tage treten lassen. Sie widersprach aber nicht globalen Modi zur Herrschaftsdurchsetzung. In ihrer Binnenwahrnehmung befindet sich die Sicherheitsgemeinschaft als Zone des Friedens nach wie vor im Konflikt mit der chaotischen, anarchischen ‚zone of turmoil'.

Noch immer sitzen auf dem US-Stützpunkt in Baghram, nördlich von Kabul, 600 teilweise als illegale Feindkämpfer deklarierte Menschen ein, die damit außerhalb völkerrechtlicher Bestimmungen stehen. Sie haben kaum Möglichkeiten, gegen diese Internierung vorzugehen. Präsident Obama hat signalisiert, dass er zwar das medienträchtige Lager auf dem kubanischen Stützpunkt an der Guantánamo Bay schließen, Baghram und die dortige Politik des *detainment* aber beibehalten will (T. Golden 2009; C. Savage 2009). Gleichzeitig führt die NATO einen Krieg, der sie in ihrem Inneren belastet, weil es ihr an einem strategischen Ziel fehlt. Die Diskussionen über die Lastenverteilung der Bündnismitglieder verdeckt die grundsätzliche Frage, welche sicherheitspolitische Leistung die NATO erbringen kann. Wenn nach Karl Deutsch die Sicherheitsgemeinschaft auch ohne militärische Organisation Bestand hat, wie in dieser Arbeit argumentiert wird, ist eine Organisation wie die NATO nicht erforderlich, um im Inneren der Sicherheitsgemeinschaft die Gewalt aus der Politik herauszuhalten. Zumal nicht klar ist, wie ‚gewinnen' aussieht, weil die strategische Ausrichtung bestenfalls vage ist, wird die NATO auch dann nicht aufhören zu existieren, wenn sie irgendwann aus Afghanistan abzieht, ohne einen liberalen Staat aufgebaut zu haben. Welche Art von Staatlichkeit in welchem Zeitraum sich in Afghanistan formiert, muss allerdings offenbleiben. Die konkrete Ausprägung der hybriden Staatsform, zu der sich moderne und vormoderne Bestandteile von Herrschaft zusammenfügen können, kann nicht prognostiziert werden.

Sind deshalb *alle Fragen offen* wie in Brechts Stück, als die Götter die Welt verlassen und für gut erklären, weil sie die Probleme nicht sehen wollen? Nicht ganz: Die zentrale Frage nach dem Zusammenhang von Sicherheit und Entwicklung wurde auf der Basis einer geistesgeschichtlichen Herleitung beider Konzepte behandelt. Sicherheit, so wurde argumentiert, kann nicht definiert werden, sondern ist sozial determiniert. Die Bedeutung von und der Umgang mit Sicherheit ist historisch bedingt und hängt vom konkreten sozialen Umfeld ab, in dem sie verhandelt wird. Zentral ist die Festlegung, was geschützt werden soll, also die Referenz von Sicherheit. Der Diskurs über die Gegenstände von Sicherheit wird in der Politik, in Medien, Wissenschaft, in den spezialisierten Eliten wie militärischen Planungsstäben geführt. Die Auseinandersetzung um Sicherheit muss aus wissenschaftlicher Sicht immer mitanalysiert werden, weil die Festlegung sicherheitsrelevanter Themen Objektivität für sich beansprucht und so Voraussetzungen, Deutungen und Konstruktionen verschleiert. Abweichend von theoretischen Ansätzen, die ihre Sicht der Welt universalisieren und damit die Historizität und Kontingenz der Sicherheit ausblenden, wurde Karl Deutschs Konzept der Sicherheitsgemeinschaft aufgegriffen. Es erlaubt, die internationale Politik im sozialen Zusammenhang miteinander verflochtener Staaten zu analysieren, indem es die staatszentrierte Sicht überwindet und die wirtschaftlichen, militärischen, kommunikativen und kulturellen Verbindungen in den Blick nimmt. Es gibt einen Rahmen vor, wie die Zusammenhänge zwischen Staat und Gesellschaft in die internationale Politik hineinwirken. Diese sind ausschlaggebend für die Überwindung von Gewalt als Potenzial der Politik. Trotzdem ist dieses Konzept in der Wissenschaft zu wenig genutzt worden, um das Verhältnis zwischen der Sicherheitsgemeinschaft und anderen Staaten/Gesellschaften zu untersuchen.

Aus konzeptioneller Sicht wurde angesichts der Probleme, die ein ‚erweiterter' Sicherheitsbegriff mit sich bringt, argumentiert, dass ein negativer Begriff von Sicherheit anzuwenden sei. Um sie zu verwirklichen, wird ein Staat beinah unvermeidbar, wenngleich er nicht die *conditio sine qua non* ist, um Sicherheit zu organisieren. Er stellt allerdings das Machtfeld dar, das den wohl größten Einfluss auf die Sicherheit hat – als Gewährleister oder Quelle von Unsicherheit, aber auch als Plattform der Verhandlung von Fragen nach der Sicherheit. Er ist eine institutionalisierte Organisationsform, die konkrete Vertreter hat und politische Praktiken aufweist, über die innerhalb eines Machtfelds soziale Interaktion stattfindet. Insofern ist er eine hohe Abstraktion von der gesellschaftlichen Wirklichkeit. Seine Herrschaftsausübung hängt von der Verflechtung mit der Gesellschaft, die ihn konstituiert, und ihren Widersprüchen und Verwerfungen ab. Gleichzeitig ist er in die internationale Politik eingewoben, also Teil der Interaktion mit anderen Staaten und staatenübergreifenden Institutionen.

An diese Überlegungen knüpfte das Kapitel zur Entwicklung an. Dieser liegen Vorstellungen zugrunde, die ihren Ursprung in den europäischen Sozialbeziehungen haben. Dazu gehört als Basis eine Konzeption des Individuums, das Ausgangspunkt politischer Organisation ist. Aber auch in wirtschaftlichen Zusammenhängen stellt es die Referenz dar: In der Tradition der Aufklärung ist das Individuum auf sich selbst zurückgeworfen und ihm damit die Verantwortung für sein eigenes Wohlergehen übertragen. Deshalb ist Herrschaft mit dem Aufkommen eines Entwicklungsgedankens nicht mehr allein eine Frage der Gewaltorganisation, sondern muss sich auch über Fragen nach Wohlstand und seiner Verteilung, dem Umgang mit Risiken und der Bereitstellung von Dienstleistungen definieren. Die Produktion von Wissen dient darin einerseits der Bereitstellung von Ressourcen zur Verbesserung von Lebensbedingungen, andererseits erfüllt sie auch eine Legitimationsfunktion für die soziale Formation. Die Verwaltung von knappen Ressourcen wird zum wichtigen Gegenstand von Herrschaft, die danach trachtet, Wachstum zu schaffen und/oder zu fördern. Wachstum wird so für die gesellschaftliche Organisation zum Prüfstein für Fortschritt. Die europäische Staatsbildung, die eine wichtige Voraussetzung für industrielles Wachstum darstellt, wurde in der Folge zur Schablone. Der Fortschritt hinsicht-

lich der Produktion, aber auch der modernisierenden Umwälzung der Lebensbedingungen, wurde zum Maßstab für Entwicklung.

Im internationalen Maßstab wird Entwicklung damit zum Distinktions-
merkmal. Zwischen europäischer Staatlichkeit und kolonisierten Regionen besteht demnach ein Unterschied, demzufolge die Europäer einen Weg beschritten
haben, der den traditionalen Gesellschaften erst noch bevorsteht. Der Ablauf von
Entwicklungsschritten (oder ‚Stufen‘, wie sie Rostow nennt) wird zur grundlegenden Idee von Entwicklung, der alle Theorien prinzipiell verhaftet sind. Entwicklungspolitik dient innerhalb dieses Paradigmas dazu, den Ablauf dieser
Schritte zu beschleunigen. Dass dies nicht unpolitisch ist, zeigt die Ausformung
von Entwicklungshilfe während des Kalten Krieges, die sicherheitspolitisch
motiviert war, um liberale Wirtschaftssysteme zu stützen und so die Ausbreitung
des Kommunismus' zu begrenzen. Obwohl mit der Erhaltung beziehungsweise
Ausbreitung der eigenen wirtschaftlichen und gesellschaftlichen Formation
schon ein identitärer Aspekt von Sicherheit betroffen war, wurde Sicherheitspolitik noch immer getrennt von Entwicklungsbemühungen betrachtet. Zu einer
zunehmenden Verschmelzung kam es erst nach Ende des Ost-West-Konflikts,
als das liberale Modell hegemonial wurde und Risiken zunehmend wie Bedrohungen behandelt wurden. Damit wurde auch das Individuum als Bezugspunkt
von Sicherheit relevant, weil die Vorstellung einer durchstaatlichten Welt keine
ideologische Unterscheidung der Staatsformen mehr zuließ: Staaten waren entweder liberal oder defizitär.

Das Individuum wird direkt mit dem Staat verknüpft, weshalb das Funktionieren des Staates für den Einzelnen zum Messpunkt für Erfolg wird. Wo er
erfolglos bleibt, wird ihm eine wirtschaftlich davon profitierende ‚Industrie‘ von
Helfern an die Seite gestellt, deren humanitärer Auftrag paradoxerweise vom
Individuum wegführt und stattdessen mehr und mehr in Einklang mit der modernisierenden Transformation sozialer Organisation stehen soll. Das steht in Einklang mit der Finanzierung ihres Einsatzes über vorwiegend staatliche Mittel.
Das globale Hilfsregime hat in seiner legitimatorischen Selbstsicht das Wohl des
Individuums im Blick, im praktischen Einsatz dient es jedoch zunehmend der
Etablierung von Herrschaft. An sie wird zwar der Anspruch formuliert, dienst-
leistend für das Individuum zu funktionieren, wo sie diesen aber nicht erfüllt,
bleibt außer der indefiniten Fortsetzung des ‚Beistands‘ wenig konzeptioneller
Spielraum. Entwicklungspolitik beinhaltet also wesentlich zwei, durchaus kom-
patible, Aspekte: Sie hat Governance zu fördern und damit eine politisierte Hilfe
zu leisten, und sie folgt einer wirtschaftlichen Ausrichtung neoliberaler Reformen, die von der Kreditvergabe an staatliche Agenturen bis zur Programmplanung auf der Basis von *self-reliance* eine Denkrichtung vertritt und andere Modelle verwirft.

Um einer Analyse entwicklungspolitischen Handelns näherzukommen, wurde daher die Kategorie des Risikos eingeführt, über dessen Reduktion Entwicklung auch in Hinblick auf das Konzept der Sicherheit beurteilt werden kann. Das Risiko kann darin als Bindeglied dienen, da es für die Konstitution von Sicherheit (und daraus folgend für Sicherheitspolitik) ebenso wie für die am Einzelnen orientierten Konzepte von Entwicklung relevant ist. Für die Zusammenschau beider Konzepte wurde ein Modell entwickelt, das sich verschiedener theoretischer Ansätze bedient. Auf der Basis der Sicherheitsgemeinschaft wurde hergeleitet, wie die internen Dynamiken der Sicherheitsgemeinschaft, die immer auf der Basis einer Unterscheidung zwischen Binnen- und Außenverhältnis arbeitet, die Wahrnehmung von Sicherheit beeinflussen. Ein großer Teil der Politik gegenüber Staaten und Gesellschaften außerhalb der Kerngruppe der Sicherheitsgemeinschaft ist demnach damit zu erklären, wie der Diskurs der Staaten der Sicherheitsgemeinschaft untereinander verläuft. Souveränität spielt jedenfalls in diesem Diskurs eine untergeordnete Rolle: Im Rahmen der liberalen Weltsicht, so wurde argumentiert, können Eingriffe in die Souveränität einzelner Staaten gerechtfertigt werden, wenn diese als ,noch nicht' liberal gelten. Es liegt nachgerade in dieser Logik, Staaten zu transformieren, damit diese dem Vorbild entsprechen, das als Maßstab für höchsten Fortschritt gilt. Aus der Sicht der Sicherheitsgemeinschaft ist das Erreichen dieses Stands die Voraussetzung für die Eingliederung in die Sicherheitsgemeinschaft und damit der einzige Weg, die Gewalt aus dem Umgang mit dem bestreffenden Gemeinwesen zu bannen.

Die Mechanismen, die dazu dienen, liberale Politik zu rechtfertigen, wurden im hier angewandten Konzept als Securitization und Developmentalization beschrieben. Beide schreiben Problemen – unter anderem, indem sie sie miteinander verknüpfen und so kausale Zusammenhänge konstruieren – Handlungsdruck zu, den zu bearbeiten Aufgabe eines Konglomerats meist internationaler Akteure ist. Dies trägt zur internen Kohäsion der Sicherheitsgemeinschaft bei. Dadurch lenken politische Akteure aber von eigener Verantwortung ab und konstruieren eine Globalität von Zusammenhängen, die ihrerseits Teil der Securitization sein kann. Vor allem jedoch verschiebt sie die Handlungsebene, indem sie das Problem aus dem Rahmen nationalstaatlicher Kontrollverfahren und Politikformulierung hebt. So ist zu erklären, wieso die europäischen Gesellschaften militärischen Einsätzen zwar eigentlich abgeneigt sind, aber seit einigen Jahren zunehmend an ,Stabilisierungseinsätzen' teilnehmen: Zu Beginn der Intervention ist die Herstellung des Friedens als Begründung hinreichend, in ihrem Verlauf muss dann aber externalisiert werden, was an Gewalt notwendig wird, um die Befriedung zu erreichen.

Deshalb wird Gewalt immer den anderen zugeschrieben, die als regressiv gelten müssen. Sie einzubinden wird im Statebuilding-Diskurs zum zentralen

Ziel. Sie müssen dem Modus ‚Staatlichkeit' unterworfen werden. Dieser Modus, so wurde im Weiteren ausgeführt, ist besonders gekennzeichnet durch seine polit-ökonomische Verflechtung staatlicher Eliten, wirtschaftlicher Akteure und der Bevölkerung, die gerade dort, wo sie ‚unterentwickelt', also vor allem arm ist, aus dem Kreislauf von Einflussnahme und politischer Macht ausgeschlossen bleibt. Dabei wurden insbesondere Renten als Faktor identifiziert, der die Politik von der Bevölkerung hermetisiert, die in sie eigentlich eingewoben sein muss, um pazifizierende Wirkung entfalten zu können. Für eine Intervention, die an der Seite eines aufzubauenden Staates mit militärischer Macht handelt, wird dadurch Politik selbst zum Problem: *Einerseits* will sie den Staat unterstützen, der aber anderen Logiken des Austausches unterliegt, weil ihm keine Gewaltmonopolisierung oder steuerliche Eigenfinanzierung zur Verfügung stehen und der deshalb offen für manipulative Taktiken lokaler Akteure ist. *Andererseits* ist der offene Ausgang politischer Interaktion problematisch, weil ihr Ergebnis in der Staatsform, die liberal sein muss, eigentlich bereits feststeht und deshalb die Auseinandersetzung darüber als Gefährdung des Ziels erscheint. Im Zusammenhang von Entwicklung und Sicherheit wurde beschrieben, dass die Sicherheit Probleme der politischen Befragung entzieht, sie dadurch also depolitisiert, während ein gegenläufiger Prozess die Entwicklung dadurch politisiert, dass sie wirtschaftlich als Wachstum, politisch als staatliche Konsolidierung, kulturell als Individualisierung, religiös als Säkularisierung ‚gemainstreamt' wird.

Diese Zusammenhänge wurden dann in vier Widersprüche des liberalen Staatsaufbaus gefasst. Der *erste* Widerspruch betrifft die Position des Menschen im Staat, dessen politische Rechte im liberalen Modell aus seinem Eigentum herrühren. Wo diese Bindung fehlt, werden Rechte postuliert statt sie zu konstituieren, weshalb es dem Staat an Legitimität fehlt. Da diese aber fehlt, werden externe Eingriffe erst möglich, durch die die Selbstbestimmung der Einzelnen untergraben wird, weil sie unter einer Art liberaler Vormundschaft stehen. Die Selbstbestimmung hinsichtlich der politischen Organisationsform von Sozialverbänden betrifft auch der *zweite* Widerspruch: Da das liberale Staatsmodell als am weitesten ‚entwickelt' und deshalb als Maßstab der Staatsformation gilt, werden Eingriffe in deviante und ‚unterentwickelte' Gemeinwesen legitimierbar. Die Transformation geht so weit, dass andere als auf Konkurrenz freier Individuen aufbauende Partizipationsformen nicht als demokratisch anerkannt werden. Die Möglichkeit von Gemeinwesen, ihre Staatsform selbst zu wählen, die das liberale Weltbild eigentlich vorsieht, schrumpft im Fall des Statebuilding auf die Möglichkeit, die vorgegebene Form der Demokratie durch Wahlen prozedural zu legitimieren.

Einen *dritten* Widerspruch birgt die normative Setzung von Demokratie, die als Voraussetzung für Wachstum und Wohlstand gilt. Der Widerspruch liegt darin, dass in aufzubauenden Staaten die Regelungsfähigkeit gering ist und in der Folge die Verteilung von Wachstumseffekten kaum gerecht erfolgen kann. Zudem sind Staaten in der Phase der Liberalisierung anfällig dafür, von partikularen Interessen durchdrungen zu werden, indem sich einzelne Gruppen den Staat als Quelle von Wohlstand aneignen. Es sind also zunächst Eliten, denen der Staat nutzt, die erst in langer Sicht genügend Eigentümerinteresse entwickeln, dass sie den Staat ‚veröffentlichen'. Hinsichtlich der Gewalt bedeutet dies, dass Gegeneliten die sozialen Härten – die sich in zunehmendem Wohlstandsgefälle äußern können – politisch instrumentalisieren können und so mit Gewalt Widerstand gegen diesen Staat leisten, der ihnen erkennbar nichts nutzt, aber ihre soziale Neuorientierung fordert. Ein *vierter* Widerspruch ist die Tatsache, dass externes Militär, das zur Eindämmung dieser Gewalt eingesetzt wird, nicht über die Basislegitimität des Staates verfügt, der wenigstens ideell als Gewaltmonopolist gelten kann. Gewaltausübung steht also immer unter dem Verdacht, den Ausübenden zu dienen und nicht dem Staat, zu dessen Gunsten sie sie auszuüben vorgeben. Die Frage, ob der militärische Einsatz der Bevölkerung eines Staates dient, in dem er stattfindet, oder den Staaten der Sicherheitsgemeinschaft, von denen er ausgeht, wird nie eindeutig zu beantworten sein. Ebensowenig ist die Pazifizierung einer Gesellschaft zu erreichen, solange die Gewalt, die dazu erforderlich ist, nicht von einem Staat ausgeht, der von der Gesellschaft durchdrungen und kontrolliert wird, es sei denn, es ist eine ‚autokratische Pazifizierung', die hinsichtlich des Einsatzes ihrer Mittel, also der auszuübenden Gewalt, nicht beschränkt ist. Da sich die Demokratien, die in der Sicherheitsgemeinschaft gemeinsam zum Statebuilding kooperieren, in ihrer Gewaltneigung unterscheiden, fehlt es ihnen an einheitlicher Strategiefähigkeit. Auch die Grenzen der Gewalt, die sie einzusetzen bereit sind, sind eng gesteckt, so dass sie einem gewaltaffinen Gegner tendenziell unterlegen sind.

Im ‚Kleinen Krieg' verliert der staatliche Akteur, wenn er nicht gewinnt, während der nichtstaatliche Akteur gewinnt, wenn er nicht verliert, so ließe sich mit Daase (1999: 96) Henry Kissinger paraphrasieren. Der darin angesprochene Zeitfaktor ist das für die internationale Intervention zentrale Problem: Wenn sich eine Gewaltwelle wie in Afghanistan entwickelt, bekommt sie eine Relevanz, die alle anderen Überlegungen dominiert. Die Sicherheit wird zum wichtigsten Thema, wobei über ihre ‚Herstellung' Dissens herrscht, der durch die Strukturen der Sicherheitsgemeinschaft vorgeprägt ist: So dreht sich eine Auseinandersetzung zwischen der Kernnation der Sicherheitsgemeinschaft, den USA, und ihren Verbündeten um die Frage, welche Gewaltmittel wie einzusetzen sind. Die USA sind dabei eher dem Einsatz von Gewalt zugeneigt, während viele Europäer, aber auch Kanadier diesen stärker begrenzen wollen. Beide Seiten verlieren darüber den Blick für die Dynamik des Staatsbildungsprozesses, indem sie die prozedurale gegenüber der sozialen Seite, also den Fragen, wie der Staat ‚in die Köpfe kommt' und Wohlstand produziert, überbewerten.

Diese Arbeit ist auf der Basis eines kritischen, keines problemlösenden Wissenschaftsverständnisses entstanden. Deshalb können hier keine Empfehlungen abgegeben werden, an welchen Stellschrauben zu drehen oder inwiefern die Koordination einzelner Länderstrategien zu verbessern wäre. Mit Blick auf Afghanistan muss diese Arbeit dennoch auch als Plädoyer für eine weitgehende Desecuritization verstanden werden. Um das Statebuilding in das Feld der Politik zu ziehen, sollte die Gefährdung, die von schwacher Staatlichkeit, aber auch von Taliban oder al Qaida ausgeht, in einem offenen Diskurs behandelt werden, um *securitization moves* staatlicher Akteure zu überprüfen. Desgleichen sollten die Einsatzoptionen militärischer Akteure hinsichtlich ihrer Leistungsfähigkeit diskutiert werden, um zu vermeiden, dass pauschal Sicherheitsproduktion und Entwicklungshilfe als militärische Aufgaben begriffen und so die militärischen Akteure konzeptionell überfordert werden. Da seitens der Interventen die Sicherheit alles überlagert, wird der Staatsaufbau vor allem als Aufbau militärischer Fähigkeiten verstanden. Dass die dafür erforderlichen Apparate aber auf lange Sicht nur extern finanzierbar sind, schwächt den Staat, weil er ihn – wie viele Jahre vorher geschehen – für Einflussnahme derjenigen öffnet, die zu zahlen bereit sind. Für Afghanistan ist das momentan der Westen; ob dieses Engagement langfristig – also über einen Zeitraum von 10 oder 20 Jahren – anhält, ist jedoch zu bezweifeln. Diese Form des Staatsaufbaus trägt also eine eingebaute Hypothek nachlassender Renten in sich.

Deshalb muss eine Strategie primär auf eine Minderung des Rentenanteils an der staatlichen Finanzierung abzielen. Diese auf den ersten Blick entwicklungspolitischer Praxis zuwiderlaufende Zielsetzung hätte mehrere Vorteile. Die Ziele müssten sich an dem orientieren, was langfristig aus eigenen, also afghanischen Mitteln finanzierbar ist. Der Umstand, dass eine Übergangsphase extern unterstützt werden kann, ist dabei nicht ausgeschlossen, aber ein klarer Zeitrahmen, an dessen Ende die Rentenzuflüsse enden, würde die Zukunftserwartung der lokalen Akteure von Rent-seeking weg- und zu mehr Zielorientierung hinbringen. Größeres Augenmerk auf die Rentiers in Afghanistan müsste auch die Drogenrenten einbeziehen, die vor allem durch die Vernetzung mit westlichen Abnehmern bei gleichzeitiger Illegalität entstehen. Inwiefern die Nachfrage nach Opiumprodukten gesenkt werden oder in legale Wirtschaftsstrukturen überführt werden kann, müsste also geprüft werden. Effekt einer solchen Desecuritization wäre eine wachsende Legitimität des Staates, die derzeit durch das einseitige Vorgehen gegen die direkten Produzenten erheblich geschwächt wird, während alle anderen Akteure entlang der Handelskette unbehelligt bleiben und verdienen können.

Schließlich müsste der Staat selbst einer etwas anderen ‚Desecuritization'
unterzogen werden, so dass nicht mehr allein Staatlichkeit als Garant von Sicherheit gilt. Das würde die Überlegungen hinsichtlich des Statebuilding insgesamt für lokale Gegebenheiten, historische Erfahrungen mit Staatlichkeit und
bestehende Herrschaftsmechanismen öffnen. Ob die Strategie der USA unter
Präsident Obama in diese Richtung deutet, bleibt abzuwarten. Selbst wenn sie
lokale Sicherheitsarrangements in Afghanistan zu akzeptieren beginnt, bleibt ihr
doch die Schizophrenie erhalten, die in der Unterscheidung zwischen dem ‚ge-
waltlosen' und dem Gewalt ausübenden militärischen Einsatz besteht. In der
Situation des ‚guten Menschen von Sezuan', der seine gute Seite nur dadurch
schützen kann, dass seine Interessen durch eine abgespaltene Persönlichkeit
vertreten werden, wird der internationale Interventionismus bleiben. Welchen
Einfluss die sich abzeichnende ‚Entlassung' der NATO aus der Verantwortung
für Afghanistan und ihre Rückkehr in die Rolle als politisches Konsultations-
und Koordinationsorgan hat, ist dabei offen. Vielleicht führt eine ‚Re-
Nationalisierung' zu einer tiefer gehenden öffentlichen Auseinandersetzung mit
der Frage, welche Mittel für Sicherheits- und Entwicklungspolitik eingesetzt
werden sollen. Denn wer Krieg führt, muss auch Verantwortung übernehmen.
Die Ethik der Verschmelzung von Sicherheit und Entwicklung muss deshalb
selbst Teil einer Auseinandersetzung um Einsätze wie den in Afghanistan werden.

8 Literatur

Addo, Herb (1996): Developmentalism. A eurocentic hoax, delusion, and chicanery. In: Chew/Denemark (1996): 126-146

Adler, Emanuel/Barnett, Michael (Eds.) (1998): Security Communities. Cambridge et al.: Cambridge University Press

AKUF (2002): Arbeitsgemeinschaft Kriegsursachenforschung: Das Kriegsgeschehen 2001. Daten und Tendenzen der Kriege und bewaffneten Konflikte, hrsg. v. Wolfgang Schreiber. Opladen: Leske und Budrich

AKUF (2007): Arbeitsgemeinschaft Kriegsursachenforschung: Das Kriegsgeschehen 2006. Daten und Tendenzen der Kriege und bewaffneten Konflikte, hrsg. von Wolfgang Schreiber. Wiesbaden: VS Verlag für Sozialwissenschaften

AKUF (2009): Arbeitsgemeinschaft Kriegsursachenforschung: Kriegsdefinition. Online: http://www.sozialwiss.uni-hamburg.de/publish/Ipw/Akuf/kriege_aktuell.htm#Def (09. Juni 2009)

Alexandra, Andrew (2006): On the Distinction between Pacifism and Pacificism. In: Bleisch/Strub (2006): 107-124

Alter, Peter (1985): Nationalismus. Frankfurt am Main: Suhrkamp

Alvares, Claude (1993): Wissenschaft. In: Sachs (1993): 451-474

Amin, Samir (1975): Die ungleiche Entwicklung. Essay über die Gesellschaftsformationen des peripheren Kapitalismus. Hamburg: Hoffmann und Campe

Amin, Samir/Arrighi, Giovanni/Frank, André Gunder/Wallerstein, Immanuel (1982): Dynamics of Global Crisis. London/Basingstoke: Macmillan

ANBP (2008): Afghanistan's New Beginnings Programme: Introduction to ANBP. Online: http://www.undpanbp.org/introduction-to-anbp/#ddr (05. Mai 2009)

Anderson, Benedict (1998): Die Erfindung der Nation. Zur Karriere eines folgenreichen Konzepts. Berlin: Ullstein

Anderson, Mary B. (1999): Do No Harm. How Aid can support Peace – or War. Boulder/London: Lynne Rienner

Anghie, Antony (2005): Imperialism, Sovereignty and the Making of International Law. Cambridge et al.: Cambridge University Press

Appignanesi, Lisa (Ed.) (1989): Postmodernism. London: Free Association Books

Aradau, Claudia (2004): Security and the democratic scene: desecuritization and emancipation. In: Journal of International Relations and Development 7. 4. 388-413

Arjomand, Saïd Amir (Ed.) (2007): Constitutional Politics in the Middle East. Oxford/Portland: Hart

Arms Control Association (2008): Nuclear Weapons: Who has What at a Glance. Online: http://www.armscontrol.org/factsheets/Nuclearweaponswhohaswhat (20. November 2008)

Austin, John L. (2007): Zur Theorie der Sprechakte. Stuttgart: Reclam

Axelrod, Robert (1984): The Evolution of Cooperation. New York: Basic

Ayubi, Nazih (1990): Arab Bureaucracies. Expanding Size, Changing Roles. In: Luciani (1990): 129-149

Badie, Bertrand (2000): The Imported State. The Westernization of the Political Order. Stanford: Stanford University Press

Badie, Bertrand (2002): Souveränität und Verantwortung. Politische Prinzipien zwischen Fiktion und Wirklichkeit. Hamburg: Hamburger Edition

Baer, Robert (2002): See no Evil. The True Story of a Ground Soldier in the CIA's War on Terrorism. New York: Crown

Baldwin, David A. (Ed.) (1993): Neorealism and Neoliberalism. The Contemporary Debate. New York: Columbia University Press

Barfield, Thomas J. (2004): Problems in Establishing Legitimacy in Afghanistan. In: Iranian Studies 37. 2. 263-293

Baruzzi, Arno (1987): Hegel. In: Maier et al. (1987): 159-180

Bauer, P.T. (1981): Equality, the Third World and Economic Delusion. London: Weidenfeld and Nicolson

Bayart, Jean-François (2005): The Illusion of Cultural Identity. London: Hurst & Company

Beblawi, Hazem (1987): The Rentier State in the Arab World. In: Beblawi/Luciani (1987): 49-62

Beblawi, Hazem/Luciani, Giacomo (Eds.) (1987): The Rentier State. London/New York/Sydney: Croom Helm

Beck, Martin (1997): Die erdölpolitische Kooperation der OPEC-Staaten: Eine Erfolgsgeschichte? In: Boeckh/Pawelka (1997): 232-256

Beck, Martin (2002): Friedensprozess im Nahen Osten. Rationalität, Kooperation und politische Rente im Vorderen Orient. Wiesbaden: Westdeutscher Verlag

Beck, Martin (2009): Rente und Rentierstaat im Nahen Osten. In: Beck et al. (2009): 25-49

Beck, Martin/Gerschewski, Johannes (2009): On the Fringes of the International Community. In: Sicherheit und Frieden (S+F) 27. 2. 84-90

Beck, Martin/Harders, Cilja/Jünemann, Annette/Stetter, Stefan (Hrsg.) (2009): Der Nahe Osten im Umbruch. Zwischen Transformation und Autoritarismus. Wiesbaden: VS Verlag für Sozialwissenschaften

Beck, Ulrich (1986): Risikogesellschaft. Auf dem Weg in eine andere Moderne. Frankfurt am Main: Suhrkamp

Beck, Ulrich (1998[4]): Was ist Globalisierung. Frankfurt am Main: Suhrkamp

Beck, Ulrich (2008): Weltrisikogesellschaft. Auf der Suche nach der verlorenen Sicherheit. Frankfurt am Main: Suhrkamp

Belasco, Amy (2008): The Cost of Iraq, Afghanistan and Other Global War On Terror Operations Since 9/11. Congressional Research Service. Report for Congress, Oct. 15, 2008. Online: http://www.fas.org/sgp/crs/natsec/RL33110.pdf (04. Mai 2009)

Bellamy, Alex J. (2004): Security Communities and their Neighbours. Regional Fortresses or Global Integrators? Houndmills/New York: Palgrave MacMillan

Bellamy, Alex J. (2008): The Responsibility to Protect and the problem of military intervention. In: International Affairs 84. 4. 615-639

Bellamy, Alex J./Williams, Paul (2004): Introduction: Thinking Anew about Peace Operations. In: International Peacekeeping 11. 1. 1-15

Bellers, Jürgen (1993): Nationale und internationale Normierungen auf dem Gebiet grenzüberschreitender Wirtschaftsbeziehungen. In: Wolf (1993): 127-145

Benedek, Wolfgang (2008): Human security and human rights. In: Goucha/Crowley (2008): 7-17

Bergen, Peter L. (2001): Heiliger Krieg Inc. Osama Bin Ladens Terrornetz. Berlin: Siedler

Bermbach, Udo (1986): Liberalismus. In: Fetscher/Münkler (1986): 323-368

Bezhan, Faridullah (2006): Afghanistan's parliamentary election: towards the path of democracy. In: Conflict, Security & Development 6. 2. 231-239

Bhatia, Michael (2007): The Future of the Mujahideen: Legitimacy, Legacy and Demobilization in Post-Bonn Afghanistan. In: International Peacekeeping 14. 1. 90-107

Bhatia, Michael/Sedra, Mark (2008): Afghanistan, Arms and Conflict. Armed groups, disarmament and security in a post-war society. Abingdon/New York: Routledge

Bickerton, Christopher J./Cunliffe, Philip/Gourevitch, Alexander (Eds.) (2007): Politics without Souvereignty. A critique of contemporary international relations. Abingdon/New York: University College London Press

Blackledge, Paul/Kirkpatrick, Graeme (Eds.) (2002): Historical Materialism and Social Evolution. Houndmills/New York: Palgrave MacMillan

Bleisch, Barbara/Strub, Jean-Daniel (Hrsg.) (2006): Pazifismus. Ideengeschichte, Theorie und Praxis. Bern/Stuttgart/Wien: Haupt

Bliesemann de Guevara, Berit (2007): Gebrauchshinweise beachten! Die Berichte der International Crisis Group. GIGA Focus 4. Hamburg: GIGA

Bliesemann de Guevara, Berit (2009): Staatlichkeit in Zeiten des Statebuilding. Intervention und Herrschaft in Bosnien und Herzegowina. Frankfurt am Main et al.: Peter Lang

Bliesemann de Guevara, Berit/Kühn, Florian P. (Hrsg.) (2009a): The International Community – Rhetoric or Reality? In: Sicherheit + Frieden (S+F) 27. 2.

Bliesemann de Guevara, Berit/Kühn, Florian P. (2009b): The ‚International Community‘ – Rhetoric or reality? Tracing a seemingly well-known apparition. In: Sicherheit und Frieden (S+F) 27. 2. 73-79

Blix, Hans (2004): Disarming Iraq. The Search for Weapons of Mass Destruction. London: Bloomsbury

BMVg (2006a): Bundesministerium der Verteidigung: Weißbuch 2006 zur Sicherheit Deutschlands und zur Zukunft der Bundeswehr. Online: http://www.bmvg.de/portal/a/bmvg/sicherheitspolitik/grundlagen/weissbuch2006 (30. März 2009)

BMVg (2006b): Ein Stück Heimat am Himmel von Afghanistan. Online: http://www.luftwaffe.de/portal/a/luftwaffe/kcxml/04_Sj9SPykssy0xPLMnMz0vM0 Y_QjzKLNzKId_cJAclB2QH6kZiiXs5IokEpqfre-r4e-bmp-gH6BbmhEeWOjooAV

m-y1A!!/dela/base64xml/L2dJQSEvUUt3QS80SVVFLzZfMjBfSDlJ?yw_content
URL=/01DB060000000001/W26VDJDC425INFODE/content.jsp (28. Mai 2009)

BMZ – Federal Ministry for Economic Cooperation and Development (Ed.) (2007):
Transforming Fragile States. Examples of Practical Experience. Baden-Baden: Nomos Verlag

Boeckh, Andreas/Pawelka, Peter (Hrsg.) (1997): Staat, Markt und Rente in der Internationalen Politik. Opladen: Westdeutscher Verlag

Bonacker, Thorsten/Weller, Christoph (Hrsg.) (2006): Konflikte in der Weltgesellschaft.
Akteure – Strukturen – Dynamiken. Frankfurt am Main/New York: Campus

Bonn Agreement (2001): Agreement on Provisional Arrangements in Afghanistan pend-
ing the Re-establishment of Permanent Government Institutions. 5. Dez. 2001,
Bonn. Online: http://www.un.org/News/dh/latest/afghan/afghan-agree.htm   (30.
April 2009)

Booth, Ken (Ed.) (2005a): Critical Security Studies and World Politics. Boulder/London:
Lynne Rienner

Booth, Ken (2005b): Critical Explorations. In: Booth (2005a): 1-18

Booth, Ken (2005c): Beyond Critical Security Studies. In: Booth (2005a): 259-278

Booth, Ken (2007): Theory of World Security. Cambridge: Cambridge University Press

Booth, Ken/Wheeler, Nicholas J. (2008): The Security Dilemma. Fear, Cooperation and
Trust in World Politics. Houndmills/New York: Palgrave MacMillan

Börzel, Tanja A./Risse, Thomas (2004): One size fits all! EU Policies for the Promotion
of Human Rights, Democracy and the Rule of Law. Paper prepared for the Work-
shop on Democracy Promotion, Oct. 4-5, 2004, Center for Development, Democracy, and the Rule of Law, Stanford University. Online:
http://iis-db.stanford.edu/pubs/20747/Risse-Borzel-stanford_final.pdf
(29. März 2009)

Bota, Alice/Sussebach, Henning/Willeke, Stefan (2009): Dossier: Die Vertreibung. In:
Die Zeit 16. 8. April 2009. 13-15

Bourdieu, Pierre (1998): Praktische Vernunft. Zur Theorie des Handelns. Frankfurt am
Main: Suhrkamp Verlag

Bouthoul, Gaston (1975): Definitions of Terrorism. In: Carlton/Schaerf (1975): 50-59

Boyce, James K./O'Donnell, Madalene (Eds.) (2007a): Peace and the Public Purse. Economic Policies for Postwar Statebuilding. Boulder/London: Lynne Rienner

Boyce, James K./O'Donnell, Madalene (2007b): Policy Implications: The Economics of
Postwar Statebuilding. In: Boyce/O'Donnell (2007): 271-299

Broadie, Alexander (2007): The Scottish Enlightenment. The Historical Age of the Historical Nation. Edinburgh: Birlinn

Brock, Lothar (2001): Sicherheitsdiskurse ohne Friedenssehnsucht – Zivilisatorische
Aspekte der Globalisierung. In: Stanley (2001): 183-200

Brock, Lothar (2004): Der erweiterte Sicherheitsbegriff: Keine Zauberformel für die
Begründung ziviler Konfliktbearbeitung. In: Die Friedenswarte 79. 3-4. 323-343

Brock, Lothar (2006): Triangulating War: the Use of Force by Democracies as a Variant
of Democratic Peace. In: Geis et al. (2006): 90-119

Brock, Lothar (2007): Universalismus, politische Heterogenität und ungleiche Entwicklung: Internationale Kontexte der Gewaltanwendung von Demokratien gegenüber Nichtdemokratien. In: Geis et al. (2007): 45-68

Brock, Lothar/Geis, Anna/Müller, Harald (2006): Introduction: the Theoretical Challenge of Democratic Wars. In: Geis et al. (2006): 3-12

Brown, Michael E./Lynn-Jones, Sean M./Miller, Steven E. (Eds.) (1996): Debating the Democratic Peace. An International Security Reader. Cambridge/London: MIT Press

Brown, Nathan J. (2007): Bargaining and Imposing Constitutions. Private and Public Interests in Iranian, Afghani and Iraqi Constitutional Experiments. In: Arjomand (2007): 63-76

Bruckmeier, Karl (1994): Strategien globaler Umweltpolitik. ,Umwelt und Entwicklung' in den Nord-Süd-Beziehungen. Münster: Westfälisches Dampfboot

Brzoska, Michael (Ed.) (2001): Smart Sanctions. The Next Steps. Baden-Baden: Nomos

Brzoska, Michael (2003): Development Donors and the Concept of Security Sector Reform. Occasional Paper 4. Genf: Geneva Centre for the Democratic Control of Armed Forces (DCAF)

Brzoska, Michael (2006): Conflict Supression instead of Conflict Resolution? In: Die Friedenswarte 81. 2. 25-31

Brzoska, Michael (2008): Extending ODA or Creating a New Reporting Instrument for Security-related Expenditures for Development? In: Development Policy Review 26. 2. 131-150

Buckley, Mary/Fawn, Rick (Eds.) (2003a): Global Responses to Terrorism. 9/11, Afghanistan and beyond. London/New York: Routledge

Buckley, Mary/Fawn, Rick (2003b): The war on terror: International implications. In: Buckley/Fawn (2003): 310-318

Bull, Hedley (1977): The Anarchical Society. A Study of Order in World Politics. London/Basingstoke: MacMillan

Bull, Hedley/Watson, Adam (Eds.) (1984): The Expansion of International Society. Oxford: Clarendon

Burchell, Graham/Gordon, Colin/Miller, Peter (Eds.) (1991): The Foucault Effect. Studies in Governmentality. Chicago: University of Chicago Press

Burke, Jason (2007): Taliban town seizure throws Afghan policy into disarray. In: The Guardian, 4. April 2007. Online: http://www.guardian.co.uk/world/2007/feb/04/ afghanistan.jasonburke (26. Mai 2009)

Bustani, Hisham (2008): The Delusion of the "Clash of Civilizations" and the "War on Islam". In: MRzine, 29. Mai 2008. Online: http://www.monthlyreview.org/mrzine/bustani290508.html (28. April 2009)

Buzan, Barry (1991): People, states and fear. An agenda for international security studies in the post-Cold War era. Harlow et al.: Pearson Education

Buzan, Barry (1995): Security, the State, the "New World Order," and beyond. In: Lipschutz (1995): 187-211

Buzan, Barry/Jones, Charles/Little, Richard (1993): The Logic of Anarchy. Neorealism to Structural Realism. New York: Columbia University Press

Buzan, Barry/Little, Richard (1999): Beyond Westphalia? Capitalism after the 'Fall'. In: Review of International Studies 25. 5. 89-104

Buzan, Barry/Little, Richard (2001): Why International Relations has Failed as an Intellectual Project and What to do About it. In: Millennium 30. 1. 19-39

Buzan, Barry/Wæver, Ole (2003): Regions and Powers. The Structure of International Security. Cambridge: Cambridge University Press

Buzan, Barry/Wæver, Ole/de Wilde, Jaap (1998): Security. A new Framework for Analysis. Boulder/London: Lynne Rienner

Byrd, William A./Guimbert, Stéphane (2009): Public Finance, Security, and Development. A Framework and an Application to Afghanistan. World Bank Policy Research Working Paper 4806. Online:
http://www-wds.worldbank.org/external/default/WDSContentServer/WDSP/IB/
2009/01/05/000158349_20090105095933/Rendered/PDF/WPS4806.pdf
(06. Mai 2009)

Call, Charles T./Wyeth, Vanessa (Eds.) (2008): Building States to Build Peace. Boulder/London: Lynne Rienner

Callinicos, Alex (2004): Making History. Agency, Structure, and Change in Social Theory. Leiden/Boston: Brill

Cameron, Angus/Nesvetailova, Anastasia/Palan, Ronen (Eds.) (2008): International Political Economy, Vol. II. Los Angeles/London/New Delhi/Singapore: SAGE Publications

CARE (2006): Nahavandi, Marjan: CARE's Kabul Office – after the riot. Online:
http://www.careinternational.org.uk/6783/care-afghanistan-blog/cares-kabul-office-after-the-riot.html (04. Mai 2009)

Carlton, David/Schaerf, Carlo (Eds.) (1975): International Terrorism and World Security. London: Croom Helm

Chakraborty, Shankha/Dabla-Norris, Era (2006): Rent Seeking. In: IMF Staff Papers 53. 1. 28-49

Chandler, David (2006): Empire in Denial. The Politics of State-building. London/Ann Arbor: Polity

Chandler, David (2009): Hollow Hegemony. Rethinking Global Politics, Power and Resistance. London/New York: Pluto

Chase-Dunn, Christopher (1979): The Effects of International Economic Dependence on Development and Inequality. In: Meyer/Hannan (1979): 131-151

Chase-Dunn, Christopher/Rubinson, Richard (1979): Cycles, Trends, and New Departures in World-System Development. In: Meyer/Hannan (1979): 276-296

Checkel, Jeffrey T. (1998): The Constructivist Turn in International Relations Theory. In: World Politics 50. 2. 324-348

Chesterman, Simon (2002): Walking Softly in Afghanistan: the Future of UN State-Building. In: Survival 44. 3. 37-46

Chew, Sing C./Denemark, Robert A. (Eds.) (1996): The Underdevelopment of Development. Essays in honor of Andre Gunder Frank. Thousand Oaks: Sage

Chivers, C. J. (2009): Erratic Afghan Forces Pose Challenge to U.S. Goals. In: New York Times, 7. Juni 2009. Online:
http://www.nytimes.com/2009/06/08/world/asia/08afghan.html (8. Juni 2009)

Chouvy, Pierre-Arnaud (2003): Opiate smuggling routes from Afghanistan to Europe and Asia. In: Jane's Intelligence Review 15. 3. 28-31

Chryssochoou, Dimitris N. (2001): Theorizing European Integration. London/Thousand Oaks/New Delhi: Sage

Chwaszcza, Christine (2008): Anthropologie und Moralphilosophie im ersten Teil des *Leviathan*. In: Kersting (2008): 69-88

Clark, Gregory (2007): A Farewell to Alms. A Brief Economic History of the World. Princeton/Oxford: Princeton University Press

Clark, Kate (2004): Of Aid and Arms. In: Middle East International 731. 6. August 2004. 24-25

Clarke, Richard A. (2004): Against all Enemies. Der Insiderbericht über Amerikas Krieg gegen den Terror. Hamburg: Hoffman und Campe

Clastres, Pierre (1976): Staatsfeinde. Studien zur politischen Anthropologie. Frankfurt am Main: Suhrkamp

Cleaver, Harry (1993): Sozialismus. In: Sachs (1993): 345-372

Cohen, Roger (2008): Hasta la Vista, Baby. In: New York Times, 9. Oktober 2009. Online: http://www.nytimes.com/2008/10/09/opinion/09Cohen.html?ref=opinion (9. Oktober 2008)

Collier, Paul/Hoeffler, Anke (2001): Greed and Grievance in Civil War. Online: http://www-wds.worldbank.org/external/default/WDSContentServer/WDSP/IB/2004/03/10/000265513_20040310152555/Rendered/PDF/28126.pdf (22. Mai 2009)

Collier, Paul/Elliot, V.L./Hegre, Håvard/Hoeffler, Anke/Reynal-Querol, Marta/Sambanis, Nicholas (2003): Breaking the Conflict Trap. Civil War and Development Policy. Washington: World Bank/Oxford University Press

Collins, Alan (2004): State-induced Security Dilemma: Maintaining the Tragedy. In: Cooperation and Conflict 39. 1. 27-44

Collins, Alan (Ed.) (2007): Contemporary Security Studies. Oxford et al.: Oxford University Press

Colman, David/Nixson, Frederick (1994[3]): Economics of Change in less developed countries. New York et al.: Harvester Wheatsheaf

Compact (2006): Building on Success. The Afghanistan Compact. London Conference on Afghanistan. Online: http://unama.unmissions.org/Portals/UNAMA/Documents/AfghanistanCompact-English.pdf (12. Mai 2009)

Cooper, Neil (2006): Chimeric governance and the extension of resource regulation. In: Conflict, Security & Development 6. 3. 315-335

Corbridge, Stuart (Ed.) (1995): Development Studies: A Reader. London/New York/Sydney/Auckland: Edward Arnold/Hodder Headline Group

Cortright, David/Lopez, George A. (with Conroy, Richard W./Dashti-Gibson, Jaleh/Wagler, Julia) (2000): The Sanctions Decade. Assessing UN Strategies in the 1990s. Boulder/London: Lynne Rienner

Cortright, David/Lopez, George A. (with Gerber, Linda) (2002): Sanctions and the Search for Security. Challenges to UN Action. Boulder/London: Lynne Rienner

CoW (1979): Singer, J. David (Ed.): The Correlates of War: I. Research Origins and Rationale. New York/London: The Free Press/Collier Macmillan

Cowen, M. P./Shenton, R. W. (1996): Doctrines of Development. London/New York: Routledge

Cox, Robert W. (1986): Social Forces, States and World Orders: Beyond International Relations Theory. In: Keohane (1986): 204-254

Cox, Robert W. (1987): Production, Power and World Order. Social Forces in the Making of History. New York: Columbia University Press

Croll, Peter J./Franke, Volker (2007): Globale menschliche Sicherheit: Schnittstellen zwischen Entwicklungs- und Sicherheitspolitik. In: eins Entwicklungspolitik 15-16. 33-37

Czempiel, Ernst-Otto (1998²): Friedensstrategien. Eine systematische Darstellung außenpolitischer Theorien von Machiavelli bis Madariaga. Wiesbaden: Westdeutscher Verlag

Daase, Christopher (1999): Kleine Kriege – große Wirkung. Wie unkonventionelle Kriegsführung die internationale Politik verändert. Baden-Baden: Nomos

Daase, Christopher (2002a): Internationale Risikopolitik. Ein Forschungsprogramm für den sicherheitspolitischen Paradigmenwechsel. In: Daase et al. (2002): 9-35

Daase, Christopher (2002b): Terrorismus: Der Wandel von einer reaktiven zu einer proaktiven Sicherheitspolitik der USA nach dem 11. September 2001. In: Daase et al. (2002): 113-142

Daase, Christopher (2003): Die Englische Schule. In: Schieder/Spindler (2003): 227-252

Daase, Christopher (2006): Democratic Peace – Democratic War: Three Reasons Why Democracies are War-prone. In: Geis et al. (2006): 74-89

Daase, Christopher/Feske, Susanne/Peters, Ingo (Hrsg.) (2002): Internationale Risikopolitik. Der Umgang mit neuen Gefahren in den internationalen Beziehungen. Baden-Baden: Nomos

Daase, Christopher/Kessler, Oliver (2007): Knowns and Unknowns in the ‚War on Terror‘: Uncertainty and the Political Construction of Danger. In: Security Dialogue 38. 4. 411-434

Davis, Anthony (2008): Home-grown army. In: Jane's Defense Weekly 45. 51. 24-29

Debiel, Tobias (2007): Was tun mit fragilen Staaten? Ansatzpunkte für die Entwicklungspolitik. In: Weiss/Schmierer (2007): 340-360

Degnbol-Martinussen, John/Engberg-Pedersen, Poul (2003): Aid. Understanding International Development Cooperation. London/New York/Copenhagen: Zed Books/ Mellemfolkeligt Samvirke (Danish Association for International Cooperation)

De Haan, Arjan (2009): How the Aid Industry works. An Introduction to International Development. Sterling: Kumarian

Dembinski, Matthias/Hasenclever, Andreas/Wagner, Wolfgang (2007): Vom Demokratischen Frieden zum Politikverflechtungsfrieden? In: Geis et al. (2007): 123-145

Dempsey, Gary T. (2002): Old Folly in a New Disguise: Nation Building to Combat Terrorism. In: Policy Analysis 429. March 21. 1-21

Desrosier, Marie-Eve (2007): The State-in-Society, Encroachments, Webs and Networks. Implications for Failed and Fragile States. Paper presented at the 48th Annual International Studies Association Convention, Chicago, March 1st.

Deutsch, Karl W./Burrell, Sidney A./Kann, Robert A./Lee Jr., Maurice/Lichteman, Martin/Lindgren, Raymond E./Loewenheim, Francis L./Van Wagenen, Richard W.

(1957): Political Community in the North Atlantic Area. International Organization in the Light of Historical Experience. New York: Greenwood

Deutsch, Karl W. (1968): The Analysis of International Relations. Englewood Cliffs: Prentice-Hall

Deutsches Institut für Menschenrechte, Deile, Volkmar/Huttner, Franz-Josef/Kurtenbach, Sabine/Tessmer, Carsten; in Verbindung mit amnesty international, Ludwig-Boltzmann-Institut für Menschenrechte (Wien) und Institut für Entwicklung und Frieden (Duisburg) (2007): Jahrbuch Menschenrechte 2008. Themenschwerpunkt: Sklaverei heute. Frankfurt am Main/Leipzig: Suhrkamp

De Wilde, Jaap H. (2004): Fears into Fences. The isolationist pitfall of European federalism. In: Guzzini/Jung (2004): 180-192

Donini, Antonio (2006): Humanitarian Agenda 2015. Afghanistan Country study. Medford: Feinstein International Centre Briefing Paper

Donini, Antonio (2007): Local Perceptions of Assistance to Afghanistan. In: International Peacekeeping 14. 1. 158-172

Donini, Antonio/Niland, Norah/Wermester, Karin (Eds.) (2004): Nation-Building Unraveled? Aid, Peace and Justice in Afghanistan. Bloomfield: Kumarian

Dorronsoro, Gilles (2005): Revolution Unending. Afghanistan: 1979 to the Present. London: Hurst & Company

Doyle, Michael W. (1996): Kant, Liberal Legacies, and Foreign Affairs. In: Brown et al. (1996): 3-57

Duffield, Mark (2001): Global Governance and the New Wars. The Merging of Development and Security. London/New York: Zed Books

Duffield, Mark (2002): Social reconstruction and the Radicalization of Development: Aid as a Relation of Global Liberal Governance. In: Development and Change 33. 5. 1049-1071

Duffield, Mark (2006): Human Security: linking development and security in an age of terror. In: Klingebiel (2006): 11-38

Duffield, Mark (2007): Development, Security and Unending War. Governing the World of Peoples. Cambridge/Malden: Polity

Dunne, Tim/Kurki, Milja/Smith, Steve (Eds.) (2007): International Relations Theories. Discipline and Diversity. Oxford/New York: Oxford University Press

Dupré, Louis (1993): Passage to Modernity. An Essay in the Hermeneutics of Nature and Culture. New Haven/London: Yale University Press

Dupree, Louis (1997): Afghanistan. Karachi: Oxford Pakistan Paperbacks

Eckern, Ulrich/Herwartz-Emden, Leonie/Schultze, Rainer-Olaf (Hrsg.) (2004): Friedens- und Konfliktforschung in Deutschland. Eine Bestandsaufnahme. Wiesbaden: VS Verlag für Sozialwissenschaften

Eckert, Julia (2003): Politisierung der Ethnizität in Afghanistan. In: WeltTrends 11. 38. 88-98

Edwards, David B. (1996): Heroes of the Age. Moral Fault Lines of the Afghan Frontier. Berkeley/Los Angeles/London: University of California Press

Ehrhart, Hans-Georg/Johannsen, Margret (Hrsg.) (2005): Herausforderung Mittelost. Übernimmt sich der Westen? Baden-Baden: Nomos

Ehrhart, Hans-Georg/Pentland, Charles C. (Eds.) (2009): The Afghanistan Challenge. Hard Realities and Strategic Choices. Montreal et al.: McGill-Queen's University Press

Elias, Norbert (1983): Über den Rückzug der Soziologen auf die Gegenwart. In: Kölner Zeitschrift für Soziologie und Sozialpsychologie 35. 1. 29-40

Elsenhans, Hartmut (1974): Die Überwindung von Unterentwicklung. In: Nohlen/Nuscheler (1974): 162-189

Elsenhans, Hartmut (1981): Abhängiger Kapitalismus oder bürokratische Entwicklungsgesellschaft. Versuch über den Staat in der Dritten Welt. Frankfurt am Main: Campus

Elsenhans, Hartmut (1997): Politökonomie der Rente als Herausforderung des Kapitalismus in seiner Genese und in seiner möglichen Transformation. In: Boeckh/Pawelka (1997): 64-93

Elsenhans, Hartmut (2005): Staatsklasse und Entwicklung revisited. In: Engel et al. (2005): 155-167

Emmers, Ralf (2007): Securitization. In: Collins (2007): 109-125

Engel, Ulf/Jakobeit, Cord/Mehler, Andreas/Schubert, Gunter (Hrsg.) (2005): Navigieren in der Weltgesellschaft. Münster: Lit

Escobar, Arturo (1995): Encountering Development. The Making and Unmaking of the Third World. Princeton/Chichester: Princeton University Press

Esteva, Gustavo (1993): Entwicklung. In: Sachs (1993): 89-121

Etzioni, Amitai (1965): Political Unification. A Comparative Study of Leaders and Forces. New York/San Francisco/Toronto/London: Holt, Rinehart and Winston

Etzioni, Amitai (2007): Security First. For a muscular, moral foreign Policy. New Haven/London: Yale University Press

EU (2003): A Secure Europe in a Better World. European Security Strategy. Brussels. Online: http://ue.eu.int/uedocs/cmsUpload/78367.pdf (07. April 2009)

Euchner, Walter (1987): Locke. In: Maier et al. (1987): 9-26

EUPOL (2009): EU Police Mission in Afghanistan: Factsheet 03/09. Brussels. Online: http://www.eupol-afg.eu/pdf/factsheet0309.pdf (05. Mai 2009)

Evans, Peter B./Rueschemeyer, Dietrich/Skocpol, Theda (Eds.) (1985): Bringing the State back in. Cambridge et al.: Cambridge University Press

Evans, Peter (2002): Collective Capabilities, Culture, and Amartya Sen's Development as Freedom. In: Studies in Comparative International Development 37. 2. 54-60

Ewans, Martin (2002[2]): Afghanistan: A New History. London/New York: RoutledgeCurzon

EW3: The English Works of Thomas Hobbes of Malmesbury (1839); ed. William Molesworth, Vol. III. 2nd Reprint 1966. Aalen: Scientia

Fallows, James (2004): Bush's Lost Year. In: The Atlantic Monthly 294. 3. 68-84

FAZ (2006): Frankfurter Allgemeine Zeitung online: Unruhen und Tote in Kabul, 29. Mai 2006. Online: http://fazarchiv.faz.net/webcgi?START=A20&DOKM= 38188_FAZN_0&WID=09353-0290349-71200_2 (04. Mai 2009)

Feifer, Gregory (2009): The Great Gamble. The Soviet War in Afghanistan. New York: Harper Collins

Felbab-Brown, Vanda (2005): Afghanistan: When Counternarcotics undermines Counter-terrorism. In: The Washington Quarterly 28. 4. 55-72

Felbab-Brown, Vanda (2006): Kicking the opium habit? Afghanistan's drug economy and politics since the 1980s. In: Conflict, Security & Development 6. 2. 127-149

Fetscher, Iring/Münkler, Herfried (Hrsg.) (1986): Pipers Handbuch der politischen Ideen. Band 4: Neuzeit: Von der Französischen Revolution bis zum europäischen Nationalismus. München/Zürich: Piper

FGW (Forschungsgruppe Weltgesellschaft – Albert, Mathias/Brock, Lothar/Schmidt, Hilmar/Weller, Christoph/Wolf, Klaus Dieter) (1996): Weltgesellschaft: Identifizierung eines „Phantoms". In: Politische Vierteljahresschrift (PVS) 37. 1. 5-26

Fierke, K.M. (2007): Constructivism. in: Dunne et al. (2007): 166-183

Filkins, Dexter/Gall, Charlotta (2001): A Nation Challenged: The Siege. Pakistanis again said to evacuate Allies of Taliban. In: New York Times, 24. November 2001. Online: http://www.nytimes.com/2001/11/24/world/nation-challenged-siege-pakistanis-again-said-to-evacuate-allies-taliban.html (16. Juni 2009)

Finnemore, Martha (1996a): National Interests in International Society. Ithaca/London: Cornell University Press

Finnemore, Martha (1996b): Constructing Norms of Humanitarian Intervention. In: Katzenstein (1996): 153-185

Fiorenza, Nicholas (2003): NATO expands its reach: Alliance drops geographic curbs on intervention. In: Armed Forces Journal 140. 12. 26-28

Flatters, Frank/MacLeod, W. Bentley (1995): Administrative corruption and taxation. In: International Tax and Public Finance 2. 3. 397-417

Fleurbaey, Marc (2002): Development, Capabilities, and Freedom. In: Studies in Comparative International Development 37. 2. 71-77

Foucault, Michel (1991): Governmentality. In: Burchell et al. (1991): 87-104

FR (2006): Frankfurter Rundschau: US-Soldaten schossen möglicherweise auf afghanische Zivilisten. 31. Mai 2006. Online: http://www.frankfurter-rundschau.de/_inc/_multifunktion /?em_cnt=895403&em_loc=29 (31. Mai 2006)

Frank, André Gunder (1969): Latin America: Underdevelopment or Revolution. Essays on the Development of Underdevelopment and the Immediate Enemy. New York/London: Monthly Review Press

Frank, André Gunder (1995): The Development of Underdevelopment [1966]. In: Corbridge (1995): 27-37

Fredman, Sandra (2007): The Positive Right to Security. In: Goold/Lazarus (2007): 307-324

Freeman, Christopher (2007): Introduction: Security, Governance and Statebuilding in Afghanistan. In: International Peacekeeping 14. 1. 1-7

Friesendorf, Cornelius (2007): US Foreign Policy and the War on Drugs. Displacing the cocaine and heroin industry. London/New York: Routledge

Friesendorf, Cornelius (2009): Gefährliche Gemengelage. Polizei, Militär und Probleme der Sicherheitssektorreform in Afghanistan. HSFK-Standpunkte 4. Frankfurt am Main: Hessische Stiftung Friedens- und Konfliktforschung (HSFK)

Fröhlich, Christiane/Rother, Tanja (Hrsg.) (2006): Zum Verhältnis von Religion und Politik im Nahostkonflikt. Heidelberg: Forschungsstätte der evangelischen Studiengemeinschaft (FESt)

Fry, Maxwell J. (1974): The Afghan Economy. Money, Finance, and the Critical Constraints to Economic Development. Leiden: Brill

Fukuyama, Francis (1989): The End of History? In: The National Interest 16. 3-18

Fukuyama, Francis (1992): Das Ende der Geschichte. Wo stehen wir? München: Kindler

Fukuyama, Francis (2004): Staaten bauen. Berlin: Propyläen

Gaddis, John Lewis (1992): The United States and the End of the Cold War. Implications, Reconsiderations, Provocations. New York/Oxford: Oxford University Press

Gaddis, John Lewis (2007): Der Kalte Krieg. Eine neue Geschichte. München: Siedler

Gall, Carlotta/Rahimi, Sangar (2009): Karzai vows to Review Family Law. In: New York Times, 4. April 2009. Online: http://www.nytimes.com/2009/04/05/world/asia/05afghan.html (22. Mai 2009)

Galtung, Johan (1969): Violence, Peace and Peace Research. In: Journal of Peace Research 6. 3. 167-191

Galtung, Johan (1970): Friedensforschung. In: Krippendorff (1970): 519 - 536

Galtung, Johan (1983): Self-Reliance. Beiträge zu einer alternativen Entwicklungsstrategie; hrsg. v. Mir A. Ferdowsi. München: Minerva Publikation Saur

Gannon, Kathy (2005): I is for Infidel. From Holy War to Holy Terror: 18 Years inside Afghanistan. New York: PublicAffairs

Gantzel, Klaus Jürgen (2002): Neue Kriege? Neue Kämpfer? Arbeitspapier 2. Hamburg: Universität Hamburg, Forschungsstelle Kriege, Rüstung und Entwicklung (FKRE)

Gantzel, Klaus Jürgen/Schwinghammer, Torsten (1995): Die Kriege nach dem Zweiten Weltkrieg 1945 bis 1992. Daten und Tendenzen. Münster: Lit

Gardner, Daniel (2008): The Science of Fear. Why We Fear the Things We Shouldn't–and Put Ourselves in Greater Danger. New York: Dutton

Gathii, James Thou (2000): Neoliberalism, Colonialism and International Governance: Decentering the International Law of Governmental Legitimacy. In: Michigan Law Review 98. 6. 1996-2055

Geis, Anna/Brock, Lothar/Müller, Harald (Eds.) (2006): Democratic Wars. Looking at the Dark Side of Democratic Peace. Houndmills/New York: Palgrave MacMillan

Geis, Anna/Müller, Harald/Wagner, Wolfgang (Hrsg.) (2007): Schattenseiten des Demokratischen Friedens. Zur Kritik einer Theorie liberaler Außen- und Sicherheitspolitik. Frankfurt am Main/New York: Campus

Gellner, Ernest (1995): Nationalismus und Moderne. Hamburg: Rotbuch

Giesen, Klaus-Gerd (Hrsg.) (2004): Ideologien in der Weltpolitik. Wiesbaden: VS Verlag für Sozialwissenschaften

Gießmann, Hans J. (2004): Europäische Sicherheitspolitik am Scheideweg. In: Sicherheit und Frieden (S+F) 22. 2. 67-73

Gießmann, Hans J./Tudyka, Kurt P. (Hrsg.) (2004): Dem Frieden dienen. Baden-Baden: Nomos

Gilpin, Robert (1981): War and Change in World Politics. Cambridge et al.: Cambridge University Press

Giustozzi, Antonio (2007a): Koran, Kalashnikov and Laptop. The Neo-Taliban Insurgency in Afghanistan. London: Hurst & Company

Giustozzi, Antonio (2007b): War and Peace Economies of Afghanistan's Strongmen. In: International Peacekeeping 14. 1. 75-89

Götze, Catherine (2006): Sameness and Distinction: Understanding Democratic Peace in a Bourdieusian Perspective. In: Geis et al. (2006): 170-191

Goffman, Erving (1980): Rahmen-Analyse. Ein Versuch über die Organisation von Alltagserfahrungen. Frankfurt am Main: Suhrkamp

Golden, Tim (2009): Bagram Detention Center (Afghanistan). In: New York Times online. Online: http://topics.nytimes.com/top/reference/timestopics/subjects/b/bagram _air_base_afghanistan/index.html (21. Mai 2009)

Gong, Gerrit W. (1984): The Standard of 'Civilization' in International Society. Oxford: Clarendon

Goodhand, Jonathan (2004a): From War Economy to Peace Economy? Reconstruction and State Building in Afghanistan. In: Journal of International Affairs 58. 1. 155-174

Goodhand, Jonathan (2004b): Afghanistan in Central Asia. In: Pugh/Cooper (2004): 45-89

Goodhand, Jonathan (2006): Aiding Peace? The Role of NGOs in Armed Conflict. Boulder/London: Lynne Rienner

Goodhand, Jonathan (2008): Corrupting or Consolidating the Peace? The Drugs Economy and Post-Conflict Peacebuilding in Afghanistan. In: International Peacekeeping 15. 3. 405-423

Goodin, Robert E. (Ed.) (2009): The Oxford Handbook of Political Science. Cambridge Cambridge University Press

Goold, Benjamin J./Lazarus, Liora (Eds.) (2007): Security and Human Rights. Oxford/Portland: Hart Publishing

Götze, Catherine (2006): Sameness and Distinction: Understanding Democratic Peace in a Bourdieusian Perspective. In: Geis et al. (2006): 170-191

Goucha, Moufida/Crowley, John (Eds.) (2008): Rethinking Human Security. Oxford/Malden: Wiley-Blackwell

Gray, John (2009): Politik der Apokalypse. Wie Religion die Welt in die Krise stürzt. Stuttgart: Klett-Cotta

Gross, Eva (2009): Reconstructing Afghanistan: Is the 'West' eclipsing the 'International Community'? In: Sicherheit und Frieden (S+F) 27. 2. 79-83

Groten, Hubert (1977): Friedensforschung – Anspruch und Praxis. Studien zur Realisationsmöglichkeit des positiven Friedensbegriffs. Baden-Baden: Nomos

Guzzini, Stefano/Jung, Dietrich (Eds.) (2004): Contemporary Security Analysis and Copenhagen Peace Research. London/New York: Routledge

Habermas, Jürgen (1995[6]): Zur Rekonstruktion des Historischen Materialismus. Frankfurt am Main: Suhrkamp

Hanifi, M. Jamil (2004): Editing the Past: Colonial Production of Hegemony Through the "Loya Jerga" in Afghanistan. In: Iranian Studies 37. 2. 295-322

Hardt, Michael/Negri, Antonio (2002): Empire. Die neue Weltordnung. Frankfurt am Main/New York: Campus

Hardt, Michael/Negri, Antonio (2004): Multitude. Krieg und Demokratie im Empire. Frankfurt am Main/New York: Campus

Hasenclever, Andreas (2002): The Democratic Peace meets International Relations. In: Zeitschrift für Internationale Beziehungen 9. 1. 75-112

Hasenclever, Andreas/Wagner, Wolfgang (2004): From the Analysis of a Separate Democratic Peace to the Liberal Study of International Conflict. In: International Politics 41. 4. 465-471

Hauff, Volker (Hrsg.) (1987): Unsere gemeinsame Zukunft. Der Brundtland-Bericht der Weltkommission für Umwelt und Entwicklung. Greven: Eggenkamp

Häußler, Ulf (2007): Ensuring and Enforcing Human Security. The Practice of International Peace Missions. Nijmegen: Wolf Legal

Hayfa, Gisela (2007): Promoting Effective Governance: The Challenge Facing Technical Cooperation in Afghanistan. In: BMZ (2007): 35-46

HDI (2008): Human Development Indices. Online: http://hdr.undp.org/en/statistics/indices/ (29. Dezember 2008)

Heathershaw, John (2008): Unpacking the Liberal Peace: The Dividing and Merging of Peacebuilding Discourses. In: Millennium 36. 3. 597-621

Heathershaw, John/Lambach, Daniel (Eds.) (2008a): Post-Conflict Spaces and Approaches to Statebuilding. Journal of Intervention and Statebuilding 2. 3.

Heathershaw, John/Lambach, Daniel (2008b): Introduction: Post-Conflict Spaces and Approaches to Statebuilding. In: Journal of Intervention and Statebuilding 2. 3. 269-289

Hegel, Georg Wilhelm Friedrich (1955/1821): Grundlinien der Philosophie des Rechts. Hamburg: Felix Meiner

Hersh, Seymour M. (2004): Die Befehlskette. Vom 11. September bis Abu Ghraib. Reinbek bei Hamburg: Rowohlt

Herz, Dietmar (2008²): Bürgerkrieg und politische Ordnung in *Leviathan* und *Behemoth*. In: Kersting (2008): 213-231

Herz, John H. (1950): Idealist Internationalism and the Security Dilemma. In: World Politics 2. 2. 157-180

Herz, John H. (1974): Staatenwelt und Weltpolitik. Aufsätze zur internationalen Politik im Nuklearzeitalter. Hamburg: Hoffmann und Campe

Hett, Julia (2005): Provincial Reconstructions Teams in Afghanistan. Das amerikanische, britische und deutsche Modell. ZIF-Analyse 04. Berlin: Zentrum für Internationale Friedenseinsätze

Hobbes, Thomas (1970): Leviathan. Erster und zweiter Teil. Stuttgart: Philipp Reclam Jun.

Hobson, John M. (2000): The State and International Relations. Cambridge et al.: Cambridge University Press

Hobson, John M. (2007): Is critical theory always for the white West and for Western imperialism? Beyond Westphilian towards a post-racist critical IR. In: Rengger/Thirkell-White (2007): 91-116

Hodes, Cyrus/Sedra, Mark (2007): The Search for Security in Post-Taliban Afghanistan. Adelphi Paper 391. Abingdon: Routledge

Holbrooke, Richard (1998): Meine Mission. Vom Krieg zum Frieden in Bosnien. München/Zürich: Piper

Holmes, Robert L. (2006): Pacifism, Just War and Humanitarian Intervention. In: Bleisch/Strub (2006): 145-161

Hoogvelt, Ankie (1997): Globalisation and the Postcolonial World. The New Political Economy of Development. Houndmills/London: MacMillan

Howe, Kenneth Ross (2003): Closing methodological divides. Toward democratic educational research. Dordrecht/London: Kluywer

HRW (2002): Human Rights Watch: Paying for the Taliban's Crimes. Abuses against Ethnic Pashtuns in Northern Afghanistan. Report 14. 2. Online: http://www.hrw.org/legacy/reports/2002/afghan2/afghan0402.pdf (25.05.2009)

HRW (2007): Human Rights Watch: The Human Cost. The Consequences of Insurgent Attacks in Afghanistan. Online: http://www.hrw.org/sites/default/files/reports /Afghanistan 0407webwcover.pdf (04. Mai 2009)

HRW (2008): Human Rights Watch: 'Troops in Contact'. Airstrikes and Civilian Deaths in Afghanistan. Online: http://www.hrw.org/sites/default/files/reports/afghanistan 0908webwcover_0.pdf (16. Juni 2009)

Hüning, Dieter (2000): 'Inter arma silent leges': Naturrecht, Staat und Völkerrecht bei Thomas Hobbes. In: Voigt (2000): 129-163

Huntington, Samual P. (1998[6]): Kampf der Kulturen – The clash of civilizations. Die Neugestaltung der Weltpolitik im 21. Jahrhundert. München: Siedler Taschenbücher

ICG (2005): International Crisis Group: Rebuilding the Afghan State. The European Union's Role. Asia Report Nr. 107. Kabul/Brüssel

ICG (2006): International Crisis Group: Pakistan's Tribal Areas. Appeasing the Militants. Asia Report Nr. 125. Islamabad/Brussels

Ikenberry, G. John (1986): The Irony of State Strength: Comparative Responses to the Oil Shocks in the 1970s. In: International Organization 40. 1. 105-137

IMF (2009): International Monetary Fund: Afghanistan Country Report 09/135. Online: http://imf.org/external/pubs/ft/scr/2009/cr09135.pdf (25. Mai 2009)

Isachenko, Daria (2008): The Production of Recognized Space: Statebuilding Practices of Northern Cyprus and Transdnistria. In: Journal of Intervention and Statebuilding 2. 3. 353-368

Isachenko, Daria (2009): 'Symptoms' of Democracy in Transdniestria. In: Sicherheit und Frieden (S+F) 27. 2. 96-101

Jahn, Beate (2000): The Cultural Construction of International Relations. The Invention of the State of Nature. Houndmills/New York: Palgrave

Jahn, Beate (Ed.) (2006): Classical Theory in International Relations. Cambridge/New York: Cambridge University Press

Jahn, Beate (2007a): The Tragedy of Liberal Diplomacy: Democratization, Intervention, Statebuilding (Part I). In: Journal of Intervention and Statebuilding 1. 1. 87-106

Jahn, Beate (2007b): The Tragedy of Liberal Diplomacy: Democratization, Intervention, Statebuilding (Part II). In: Journal of Intervention and Statebuilding 1. 2. 211-229

Jenkins, Brian M. (1975): International Terrorism: A New Mode of Conflict. In: Carlton/Schaerf (1975): 13-49

Jervis, Robert (1986): From Balance to Concert: A Study of International Security Cooperation. In: Oye (1986): 58-79

Jervis, Robert (2001): Was the Cold War a Security Dilemma? In: Journal of Cold War
Studies 3. 1. 36-60

Job, Brian (Ed.) (1992a): The Insecurity Dilemma. National Security of Third World
States. Boulder/London: Lynne Rienner

Job, Brian (1992b): Introduction. In: Job (1992a): 1-7

Job, Brian (1992c): The Insecurity Dilemma: National, Regime, and State Securities in
the Third World. In: Job (1992a): 11-35

Johnson, Chris/Leslie, Jolyon (2004): Afghanistan. The Mirage of Peace. London/New
York: Zed Books

Jones, Seth G. (2008): Counterinsurgency in Afghanistan. RAND Counterinsurgency
Study 4. Santa Monica et al.: RAND Corporation

Jünemann, Annette (1993): Italiens Nahostpolitik von 1980 bis 1990. Handlungsspiel-
räume einer national eigenständigen Interessenpolitik unter besonderer Berücksichtigung der Achille-Lauro-Affäre. Baden-Baden: Nomos

Jünemann, Annette (2005): Demokratie – Entwicklung – Sicherheit: Paradigmen einer
europäischen Demokratisierungspolitik. In: Thiemeyer/Ullrich (2005): 127-151

Jünemann, Annette (2007): Realpolitisches Nutzenkalkül oder konstruktivistischer Rollenkonflikt? Erklärungsansätze für die Inkohärenz europäischer Demokratieförderung im südlichen Mittelmeerraum. In: Jünemann/Knodt (2007a): 295-315

Jünemann, Annette/Knodt, Michèle (Hrsg.) (2007a): Externe Demokratieförderung durch
die Europäische Union – European External Democracy Promotion. Baden-Baden:
Nomos

Jünemann, Annette/Knodt, Michèle (2007b): Introduction: Conceptualizing the EU's
Promotion of Democracy. In: Jünemann/Knodt (2007a): 9-29

Jünemann, Annette/Knodt, Michèle (2007c): Explaining EU-Instruments and Strategies of
EU Democracy Promotion. Concluding Remarks. In: Jünemann/Knodt (2007a):
353-369

Jung, Dietrich (1995): Tradition – Moderne – Krieg. Grundlegung einer Methode zur
Erforschung kriegsähnlicher Prozesse im Kontext globaler Vergesellschaftung.
Münster/Hamburg: Lit

Jung, Dietrich (1998): Weltgesellschaft als theoretisches Konzept der Internationalen
Beziehungen. In: Zeitschrift für Internationale Beziehungen 5. 2. 241-271

Jung, Dietrich (2000): Gewaltkonflikte und Moderne. Historisch-soziologische Methode
und die Problemstellungen der Internationalen Beziehungen. In: Siegel-
berg/Schlichte (2000): 140-166

Jung, Dietrich (2001): The Political Sociology of World Society. In: European Journal of
International Relations 7. 4. 443-474

Jung, Dietrich/Schlichte, Klaus/Siegelberg, Jens (2003): Kriege in der Weltgesellschaft.
Strukturgeschichtliche Erklärung kriegerischer Gewalt (1945-2002). Wiesbaden:
Westdeutscher Verlag

Kaelble, Hartmut/Schriewer, Jürgen (Hrsg.) (1999): Diskurse und Entwicklungspfade.
Der Gesellschaftsvergleich in den Geschichts- und Sozialwissenschaften. Frankfurt
am Main/New York: Campus

Kaelble, Hartmut (1999): Der historische Zivilisationsvergleich. In: Kaelble/Schriewer (1999): 29-52

Kagan, Robert (2003): Macht und Ohnmacht. Amerika und Europa in der neuen Weltordnung. Berlin: Siedler

Kaldor, Mary (2000): Neue und alte Kriege. Organisierte Gewalt im Zeitalter der Globalisierung. Frankfurt am Main: Suhrkamp

Kamali, Mohammad Hashim (2005): Islam and its Sharia in the Afghan Constitution 2004 with Special Reference to Personal Law. In: Yassari (2005): 23-43

Kant, Immanuel (1956): Werke. Zweiter Band: Kritik der reinen Vernunft; herausgegeben v. Wilhelm Weischedel. Wiesbaden: Insel-Verlag

Kant, Immanuel (1970): Schriften zur Anthropologie, Geschichtsphilosophie, Politik und Pädagogik. Darmstadt: Wissenschaftliche Buchgesellschaft

Kaplan, Robert D. (2002): Warrior Politics: Why Leadership demands a Pagan Ethos. New York/Toronto: Random House

Katz, Ingrid T./Wright, Alexi A. (2004): Collateral Damage – Médecins sans Frontières Leaves Afghanistan and Iraq. In: New England Journal of Medicine 351. 25. 2571-2573

Katzenstein, Peter J. (Ed.) (1996a): The Culture of National Security. Norms and Identity in World Politics. New York: Columbia University Press

Katzenstein, Peter J. (1996b): Introduction: Alternative Perspectives on National Security. In: Katzenstein (1996a): 1-32

Katzenstein, Peter J. (2000): Frieden und Entwicklung durch "Soft Power". In: Menzel (2000): 347-362

Kaufmann, Chaim (2007): A Security Dilemma: Ethnic Partitioning in Iraq. In: Harvard International Review 28. 2. 44-49

Keen, David (1998): The Economic Functions of Violence in Civil Wars. Adelphi Papers 320. Oxford et al.: Oxford University Press

Keen, David (2000): War and Peace: What's the Difference? In: International Peacekeeping 7. 4. 1-22

Keen, David (2006): Endless War? Hidden Functions of the 'War on Terror'. London/Ann Arbor: Pluto

Kennan, George F. (1957): Russia, the Atom and the West. New York: Harper & Brothers

Kennedy, Paul (1989): Aufstieg und Fall der großen Mächte. Ökonomischer Wandel und militärischer Konflikt von 1500 bis 2000. Frankfurt am Main: S. Fischer

Keohane, Robert O. (1984/2005): After Hegemony. Cooperation and Discord in the World Political Economy. Princeton/Oxford: Princeton University Press

Keohane, Robert O. (Ed.) (1986): Neorealism and its Critics. New York: Columbia University Press

Kersting, Wolfgang (Hrsg.) (2008²): Thomas Hobbes: Leviathan oder Stoff, Form und Gewalt eines kirchlichen und bürgerlichen Staates. Berlin: Akademie Verlag

Khalatbari, Babak (2009): Geschickter Koalitionspoker Karzais. Der afghanische Präsident verbessert seine Wahlchancen durch Bündnisse mit Warlords. In: Neue Zürcher Zeitung. 22. Mai 2009

Khalatbari, Babak/Ruck, Christian (2007): Fünf Jahre nach den Taliban: Aktuelle Entwicklungen am Hindukusch. In: KAS/Auslandsinformationen 23. 1. 73-91

Klemp, Ludgera/Kloke-Lesch, Adolf (2007): Taking on Responsibility in Situations of Fragile Statehood and Poor Government Performance. In: BMZ (2007): 20-31

Klingebiel, Stephan (Ed.) (2006): New interfaces between security and development. Changing concepts and approaches. Bonn: Deutsches Institut für Entwicklungspolitik

Klingebiel Stephan/Roehder, Katja (2005): Entwicklungs- und Sicherheitspolitik: Neue Schnittstellen in Krisen- und Post-Konflikt-Situationen. In: Messner/Scholz (2005): 391-403

Knapp, Manfred/Krell, Gert (Hrsg.) (2004): Einführung in die Internationale Politik. München/Wien: R. Oldenbourg

Knorr, Klaus/Verba, Sidney (Eds.) (1961): The International System. Theoretical Essays. Princeton: Princeton University Press

Köhler, Jan (2008): Auf der Suche nach Sicherheit. Die internationale Intervention in Nordost-Afghanistan. Working Paper 17. Berlin: SFB Governance in Räumen begrenzter Staatlichkeit

Köhler, Jan/Zürcher, Christoph (2005): Conflict Processing and the Opium Poppy Economy in Afghanistan; Project for Alternative Livelihoods in Eastern Afghanistan (PAL). Internal Document 5. Abridged Version August. Jalalabad/Berlin

Kohli, Atul/Shue, Vivienne (1994): State power and social forces: on political contention and accommodation in the Third World. In: Migdal t al. (1994): 293-326

Kolhatkar, Sonali/Ingalls, James (2006): Bleeding Afghanistan. Washington, Warlords, and the Propaganda of Silence. New York et al.: Seven Stories Press

Kolodziej, Edward A. (2005): Security and International Relations. Cambridge et al.: Cambridge University Press

Kößler, Reinhart (1998): Entwicklung. Münster Westfälisches Dampfboot

Krasner, Stephen D. (1978): Defending the National Interest. Raw Materials Investments and U.S. Foreign Policy. Princeton: Princeton University Press

Krasner, Stephen D. (1999): Sovereignty. Organized Hypocrisy. Princeton: Princeton University Press

Krasner, Stephen D. (2004): Sharing Sovereignty: New Institutions for Collapsed and Failing States. In: International Security 29. 2. 85-120

Krell, Gert (1980): Die Entwicklung des Sicherheitsbegriffs. In: Beiträge zur Konfliktforschung 1980. 3. 33-57

Krell, Gert (2004): Theorien in den Internationalen Beziehungen. In: Knapp/Krell (2004): 57-90

Krippendorff, Ekkehart (Hrsg.) (1970): Friedensforschung. Köln/Berlin: Kiepenheuer & Witsch

Krippendorff, Ekkehart (1986): Internationale Politik. Geschichte und Theorie. Frankfurt am Main/New York: Campus

Krippendorff, Ekkehart (2000a): Die Erfindung der Außenpolitik. In: Siegelberg/Schlichte (2000): 61-73

Krippendorff, Ekkehart (2000b): Kritik der Außenpolitik. Frankfurt am Main: Suhrkamp

Krueger, Anne O. (1974): The Political Economy of the Rent-Seeking Society. In: American Economic Review 64. 3. 291-303

Kühn, Florian (2001): Gruppendynamik in terroristischen Gruppen und ihre politischen Folgen. Eine Fallstudie zur ETA. Hamburg: Fachbereich Sozialwissenschaften (Magisterarbeit)

Kühn, Florian P. (2002): Uganda. In: AKUF (2002): 247-251

Kühn, Florian P. (2005a): Außer Balance. Militärische und politische Strategien zur Terrorismusbekämpfung in Afghanistan. München: Schriftenreihe zur Internationalen Politik

Kühn, Florian P. (2005b): Afghanistans Ringen um Stabilität. In: Ehrhart/Johannsen (2005): 195-208

Kühn, Florian P. (2006): Politische Partizipation der Hamas – Eine Friedensstrategie für Palästina? In: Fröhlich/Rother (2006): 181-210

Kühn, Florian P. (2007a): Das Engagement der Europäischen Union zur Demokratisierung Afghanistans. In: Jünemann/Knodt (2007): 147-168

Kühn, Florian P. (2007b): Mehr Politik! In: WeltTrends 15. 56. 5-7

Kühn, Florian P. (2008a): Aid, Opium and the State of Rents in Afghanistan: Competition, Cooperation, or Cohabitation? In: Journal of Intervention and Statebuilding 2. 3. 309-327

Kühn, Florian P. (2008b): Equal Opportunities. Exploring the turning point between Securitization and Developmentalization. Paper presented at 49th International Studies Association Annual Convention, March 26-29, 2008. San Francisco

Kühn, Florian P. (2009a): Konkurrenz, Kooperation oder gegenseitige Akzeptanz? Zum Spannungsverhältnis zwischen Staatsklasse und Drogenrentiers in Afghanistan. In: Beck et al. (2009): 126-147

Kühn, Florian P. (2009b): Supporting the State, Depleting the State: Estranged State-Society-Relations in Afghanistan. In: Ehrhart/Pentland (2009): 57-75

Kunz, Volker/Druwe, Ulrich (Hrsg.) (1994): Rational Choice in der Politikwissenschaft. Grundlagen und Anwendungen. Opladen: Leske und Budrich

Kursawe, Janet (2007): Afghanischer Teufelskreis. In: E+Z 48. 3. 118-120

Lambach, Daniel/Kühn, Florian/Terlinden, Ulf (2003): Menschliche Sicherheit, Good Governance und Strukturelle Stabilität: Hilflose Konzepte in Zeiten des Staatsverfalls? Eine Überprüfung anhand von Nepal, Äthiopien, Afghanistan und Nordkorea. Bonn: Zentrum für Entwicklungsforschung (ZEF)

Lebow, Richard Ned (2003): The tragic vision of politics. Ethics, interests and orders. Cambridge: Cambridge University Press

Lebow, Richard Ned (2006): Fear, interest and honour: outlines of a theory of International Relations. In: International Affairs 82. 3. 431-448

Leggewie, Claus (1997): America first? Der Fall einer konservativen Revolution. Frankfurt am Main: Fischer Taschenbuch

Le Melle, Tilden J. (2009): Race in International Relations. In: International Studies Perspectives 10. 1. 77-83

Liebig, Klaus/Ressel, Gerhard/Rondorf, Ulrike (2008): Dutch Disease. Ökonomische Prozesse und Implikationen für die Entwicklungszusammenarbeit. Discussion Paper 21. Bonn: Deutsches Institut für Entwicklungspolitik (DIE)

Lieven, Anatol (1998): Chechnya. Tombstone of Russian Power. New Haven/London: Yale University Press

Lipschutz, Ronnie D. (Ed.) (1995a): On Security. New York: Columbia University Press
Lipschutz, Ronnie D. (1995b): On Security. In: Lipschutz (1995a): 1-23
Lipton, Michael (1977): Why Poor People Stay Poor. A Study of Urban Bias in World Development. London: Temple Smith
Loader, Ian/Walker, Neil (2006): Necessary virtues: the legitimate place of the state in the production of security. In: Wood/Dupont (2006): 165-195
Locke, John (1974): Über die Regierung (The Second Treatise of Government). Stuttgart: Reclam
Locke, John (1993): Two Treatises of Government; edited by Mark Goldie. London/Rutland: Everyman J. M. Dent/Charles E. Tuttle
Luciani, Giacomo (Ed.) (1990a): The Arab State. London: Routledge
Luciani, Giacomo (1990b): Allocation vs. Production State: A Theoretical Framework. In: Luciani (1990a): 65-84
Lumpp, Katharina/Shimozawa, Shoko/Stromberg, Paul (2004): Voluntary Repatriation to Afghanistan. Key Features. In: Refugee Survey Quarterly 23. 3. 149-173
Lutz, Dieter S. (2004): Friedensforschung – normativ, interdisziplinär, praxisorientiert. In: Eckern et al. (2004): 23-32
Lyotard, Jean-François (1989): Complexity and the Sublime. In: Appignanesi (1989): 19-26
Lyotard, Jean-François (1994): Das postmoderne Wissen. Ein Bericht. Wien: Passagen-Verlag
Maaß, Citha D. (2008): Wahlen in Afghanistan. Legitimationsdefizit und Eigendynamik wahltaktischer Maßnahmen. Bonn: Friedrich Ebert-Stiftung. Online: http://www.fes.org.af/mainpages/ 0811MaassFESLegitimationsdefizit.pdf (11. Juni 2009)
MacMillan, John/Linklater, Andrew (Eds.) (1995): Boundaries in Question. New Directions in International Relations. London/New York: Pinter
Maier, Hans/Rausch, Heinz/Denzer, Horst (Hrsg.) (1987): Klassiker des politischen Denkens. Zweiter Band: Von Locke bis Max Weber. München: C. H. Beck
Maimbo, Samuel Munzele (2003): The Money Exchange Dealers of Kabul. A Study of the *Hawala* System in Afghanistan. Online: http://www1.worldbank.org/finance/ html/amlcft/docs/(06.23.03)%20The%20Hawala%20System%20in%20Afghanistan %20(Maimbo).pdf (27. Mai 2009)
Makdisi, Samir (1990): Economic Interdependence and National Sovereignty. In: Luciani (1990): 319-348.
Maley, William (2002): The Afghanistan Wars. Houndmills/New York: Palgrave MacMillan
Maley, William (2006): Rescuing Afghanistan. London: Hurst & Company
Malthus, Thomas Robert (1986): An Essay on the Principle of Population: The sixths edition (1826) with variant readings from the second edition (1803) – part 1. Wrigley, E. A./Souden, David (Eds.): The Works of Thomas Robert Malthus, Volume Two. London: William Pickering
Manstetten, Reiner (2000): Das Menschenbild der Ökonomie. Der *homo oeconomicus* und die Anthropologie von Adam Smith. Freiburg/München: Karl Alber

Manuel, Anja/Singer, Peter W. (2002): A New Model Afghan Army. In: Foreign Affairs 81. 4. 44-59

McDonald, Matt (2002): Human Security and the Construction of Security. In: Global Society 16. 3. 277-295

McKinney, John C./Tiryakian, Edward A. (Eds.) (1970): Theoretical Sociology. Perspectives and Developments. New York: Appleton-Century-Crofts

McNamara, Robert S. (1989): Out of the Cold. New Thinking for American Foreign and Defense Policy in the 21st Century. New York et al.: Simon and Schuster

McMurrin, Sterling M. (Ed.) (1980): The Tanner Lectures on Human Values, Bd. 1. Salt Lake City: University of Utah Press

MDGR (2005): The Millenium Development Goals Report 2005. United Nations, New York. Online: http://unstats.un.org/unsd/mi/pdf/MDG%20Book.pdf (19.02.2009)

MDGR (2008): The Millenium Development Goals Report 2008. United Nations, New York. Online: http://www.un.org/millenniumgoals/pdf/The%20Millennium%20Development%20Goals%20Report%202008.pdf (19. Februar 2009)

Meadows, Dennis/Meadows, Donella/Zahn, Erich/Milling, Peter (1983[13]): Die Grenzen des Wachstums. Bericht des Club of Rome zur Lage der Menschheit. Stuttgart: Deutsche Verlags-Anstalt

Melander, Erik (1999): Anarchy Within. The Security Dilemma Between Ethnic Groups in Emerging Anarchy. Report No. 52. Uppsala: Department of Peace and Conflict Research

Menzel, Ulrich (Hrsg.) (2000): Vom ewigen Frieden und vom Wohlstand der Nationen. Frankfurt am Main: Suhrkamp

Messner, Dirk/Scholz, Imme (Hrsg.) (2005): Zukunftsfragen der Entwicklungspolitik. Baden-Baden: Nomos

MEW 3: Marx, Karl/Engels, Friedrich (1969): Werke, Band 3. Berlin: Dietz Verlag

MEW 13: Marx, Karl/Engels, Friedrich (1969): Werke, Band 13. Berlin: Dietz Verlag

MEW 23: Marx, Karl/Engels, Friedrich (1970): Werke, Band 23. Das Kapital (Bd. 1). Berlin: Dietz Verlag

Meyer, John W./Hannan, Michael T. (Eds.) (1979): National Development and the World System. Educational, Economic, and Political Change, 1950-1970. Chicago/London: University of Chicago Press

Mielke, Katja/Schetter, Conrad (2007): "Where is the Village?" Local Perceptions and Development Approaches in Kunduz Province. In: Asien 104. 71-87

Migdal, Joel S. (1988): Strong Societies and Weak States. State-Society Relations and State Capabilities in the Third World. Princeton: Princeton University Press

Migdal, Joel S. (1994): The state in society. An approach to struggles for domination. In: Migdal et al. (1994): 7-34

Migdal, Joel S. (2001): State in Society. Studying how States and Societies transform and constitute one another. Cambridge: Cambridge University Press

Migdal, Joel S./Kohli, Atul/Shue, Vivienne (Eds.) (1994): State power and social forces. Domination and transformation in the Third World. Cambridge/New York: Cambridge University Press

Milner, Helen (1993): The Assumption of Anarchy in International Relations Theory: A Critique. In: Baldwin (1993): 143-169

Moravcsik, Andrew (1997): Taking Preferences Seriously: A Liberal Theory of International Politics. In: International Organization 51. 4. 513-553

Moravcsik, Andrew (2003): Theory Synthesis in International Relations: Real Not Metaphysical. In: International Studies Review 5. 1. 131-136

Moravcsik, Andrew (2009): The new liberalism. In: Goodin (2009): 709-729

Morgenthau, Hans J. (1963): Macht und Frieden. Grundlegung einer Theorie der internationalen Politik. Gütersloh: C. Bertelsmann

Mueller, John (2005): Six rather Unusual Propositions about Terrorism. In: Terrorism and Political Violence 17. 4. 487-505

Mühleisen, Hans-Otto (2004): Politikwissenschaftliche Friedensforschung – ein Überblick. In: Eckern et al. (2004): 33-58

Müller, Harald (1993): Verrechtlichung, Innen- und Außenpolitik. In: Wolf (1993): 59-81

Müller, Harald (2003): Amerika schlägt zurück. Die Weltordnung nach dem 11. September. Frankfurt am Main: Fischer Taschenbuch

Müller, Harald/Schörnig, Niklas (2006): Rüstungsdynamik und Rüstungskontrolle. Eine exemplarische Einführung in die Internationalen Beziehungen. Baden-Baden: Nomos

Müller, Harald/Wolff, Jonas (2006): Democratic Peace: Many Data, Little Explanation? In: Geis et al. (2006): 41-73

Müller, Klaus (2002): Globalisierung. Frankfurt am Main: Campus

Münkler, Herfried (1987): Im Namen des Staates. Die Begründung der Staatsraison in der Frühen Neuzeit. Frankfurt am Main: S. Fischer

Münkler, Herfried (2002): Die neuen Kriege. Reinbek bei Hamburg: Rowohlt

Murray, Tonita (2007): Police-Building in Afghanistan: A Case Study of Civil Security Reform. In: International Peacekeeping 14. 1. 108-126

Myrdal, Gunnar (1976²): Das politische Element in der national-ökonomischen Doktrinbildung. Bonn-Bad Godesberg: Verlag Neue Gesellschaft

NATO (1991): North Atlantic Treaty Organization: The Alliance's New Strategic Concept; 7./8. Nov. 1991, Rome. Online: http://www.nato.int/docu/comm/49-95/c911107a.htm (27. Januar 2009)

NATO (2001): North Atlantic Treaty Organization: Statement by the North Atlantic Council; Press Release (2001) 124, 12. September 2001. Online: http://www.nato.int/docu/pr/ 2001/p01-124e.htm (30. April 2009)

Napoleoni, Loretta (2004): Die Ökonomie des Terrors. Auf der Spur der Dollars hinter dem Terrorismus. München: Verlag Antje Kunstmann

Ndikumana, Léonce/Nannyonjo, Justine (2007): From Failed State to Good Performer? The Case of Uganda. In: Boyce/O'Donnell (2007): 15-54.

Nederveen Pieterse, Jan (2001): Development Theory: Deconstructions/Reconstructions. London/Thousand Oaks/New Delhi: Sage

Nettl, J. P. (1968): The State as a Conceptual Variable. In: World Politics 20. 4. 559-592

Neuneck, Götz/Alwardt, Christian (2008): The Revolution in Military Affairs, its Driving Forces, Elements and Complexity. IFAR Working Paper 13. Hamburg: Institut für Friedensforschung und Sicherheitspolitik (IFSH)

Newell, Richard S. (1972): The Politics of Afghanistan. Ithaca/London: Cornell University Press

Newell Peabody, Nancy/Newell, Richard S. (1981): The Struggle for Afghanistan. Ithaca/London: Cornell University Press

Nisbet, Robert A. (1970): Developmentalism. A Critical Analysis. In: McKinney/Tiryakian (1970): 167-204

Noelle-Karimi, Christiane (2002): The *Loya Jirga* – An Effective Political Instrument? A Historical Overview. In: Noelle-Karimi et al. (2002): 37-50

Noelle-Karimi, Christiane/Schetter, Conrad/Schlagintweit, Reinhard (Eds.) (2002): Afghanistan – A Country without a State? Frankfurt am Main/London: IKO Verlag für Interkulturelle Kommunikation

Nohlen, Dieter/Nuscheler, Franz (Hrsg.) (1974): Handbuch der Dritten Welt. Band 1: Theorien und Indikatoren von Unterentwicklung und Entwicklung. Hamburg: Hoffmann und Campe

Nordstrom, Carolyn (2005): Leben mit dem Krieg. Menschen, Gewalt und Geschäfte jenseits der Front. Frankfurt am Main/New York: Campus

Nozick, Robert (2006): Anarchie, Staat, Utopia. München: Olzog

Nuscheler, Franz (2005): Entwicklungstheorie und Entwicklungspolitik; in: Engel et al. (2005): 126-140

Olesen, Asta (1995): Islam and Politics in Afghanistan. Richmond: Curzon

Oppel, Richard A. (2009): Corruption Undercuts U.S. Hope for Afghan Police. In: New York Times, 8. April. Online: http://www.nytimes.com/2009/04/09/world/asia/09ghazni.html (05.05.2009)

Ottaway, Marina/Lieven, Anatol (2002): Rebuilding Afghanistan: Fantasy versus Reality. Policy Brief 12. Washington D.C.: Carnegie Endowment for International Peace

Oye, Kenneth A. (Ed.) (1986): Cooperation under Anarchy. Princeton/Guildford: Princeton University Press

Panke, Diana/Risse, Thomas (2007). Liberalism. In: Dunne et al. (2007). 89-108

Parfitt, Trevor (2002): The End of Development? Modernity, Post-Modernity and Development. London/Ann Arbor: Pluto

Paris, Roland (2001): Human Security. Paradigm Shift or Hot Air? In: International Security 26. 2. 87-102

Paris, Roland (2004): At War's End. Building Peace After Civil Conflict. Cambridge et al: Cambridge University Press

Patrick, Stewart (2007): ‚Failed' States and Global Security: Empirical Questions and Policy Dilemmas. In: International Studies Review 9. 4. 644-662

Patrick, Stewart/Brown, Kaysie (2007): Greater than the Sum of Its Parts? Assessing 'Whole of Government' Approaches to Fragile States. New York: International Peace Academy

Perlez, Jane/Shah, Pir Zubair (2009): Taliban exploit Class Rifts in Pakistan. In: New York Times, 16. April. Online: http://www.nytimes.com/2009/04/17/world/asia/17pstan.html (03. Juni 2009)

Peters, Gretchen (2009a): Seeds of Terror. How Heroin is Bankrolling the Taliban and al Qaeda. New York: Thomas Dunne Books/St. Martin's Press

Peters, Gretchen (2009b): Take the War to the Drug Lords. In: New York Times, 19. Mai. Online: http://www.nytimes.com/2009/05/19/opinion/19peters.html (22. Mai 2009)

Piiparinen, Touko (2007): A Clash of Mindsets? An Insider's Account of Provincial Reconstruction Teams. In: International Peacekeeping 14. 1. 143-157

Pitt, William Rivers/Ritter, Scott (2002): Krieg gegen den Irak. Was die Bush-Regierung verschweigt. Köln: Kiepenheuer und Witsch

Plehwe, Dieter/Walpen, Bernhard (2004): Buena Vista Neoliberal? Eine klassentheoretische und organisationszentrierte Einführung in die transnationale Welt neoliberaler Ideologien. In: Giesen (2004): 49-88

Political Parties Law (2003): Online: http://www.ag-afghanistan.de/files/partylaw-engl.htm (13. Mai 2009)

Porter, Roy (1991): Kleine Geschichte der Aufklärung. Berlin: Verlag Klaus Wagenbach

Porter, Roy (2001²): The Enlightenment. Houndmills/New York: Palgrave

Pouncey, Peter R. (1980): The Necessities of War. A Study of Thucydides' Pessimism. New York: Columbia University Press

Powaski, Ronald E. (1998): The Cold War. The United States and the Soviet Union, 1917-1991. New York/Oxford: Oxford University Press

Poya, Abbas (2003): Perspektiven zivilgesellschaftlicher Strukturen in Afghanistan – ethische Neutralität, ethnische Parität und Frauenrechte in der Verfassung der Islamischen Republik Afghanistan. In: Orient 44. 3. 367-384

Pradetto, August (Hrsg.) (2004): Die zweite Runde der NATO-Osterweiterung. Zwischen postbipolarem Institutionalismus und offensivem Realismus. Frankfurt am Main et al.: Peter Lang Verlag

Pradetto, August unter Mitarbeit von Bollow, Ivonne (2008): Intervention, Regimewechsel, erzwungene Migration. Die Fälle Kosovo, Afghanistan und Irak. Frankfurt am Main et al.: Peter Lang Verlag

Prusher, Ilene R. (2002): Afghan Salang Pass: Enter at your own Risk. In: Christian Science Monitor, 3. Juli.   Online: http://www.csmonitor.com/2002/0703/p08s01-wosc.html (02. Juni 2009)

Pugh, Michael/Cooper, Neil with Goodhand, Jonathan (2004): War Economies in a Regional Context. Challenges of Transformation. Boulder/London: Lynne Rienner

Pupavac, Vanessa (2001): Therapeutic Governance: Psycho-social Intervention and Trauma Risk Management. In: Disasters 25. 4. 358-372

Radnitz, Scott (2004): Working with the Warlords: Designing an Ethnofederal System for Afghanistan. In: Regional and Federal Studies 14. 4. 513-537

Rajagopal, Balakrishnan (2003): International Law from below. Development, Social Movements, and Third World Resistance. Cambridge et al.: Cambridge University Press

Rapley, John (2007³): Understanding Development. Theory and Practice in the Third World. Boulder/London: Lynne Rienner

Rashid, Ahmed (2001): Taliban. Afghanistans Gotteskrieger und der Dschihad. München: Droemer

Rashid, Ahmed (2008): Descent into Chaos. How the war against Islamic extremism is being lost in Pakistan, Afghanistan and Central Asia. London et al.: Allen Lane

Reddy, Sanjay G./Pogge, Thomas W. (2005): How *not* to count the poor. Columbia University Working Paper. Online: http://www.socialanalysis.org/ (19. Februar 2009)

Reinhard, Wolfgang (1999a): Geschichte der Staatsgewalt. Eine vergleichende Verfassungsgeschichte Europas von den Anfängen bis zur Gegenwart. München: C. H. Beck

Reinhard, Wolfgang (Hg.) (1999b): Verstaatlichung der Welt. Europäische Staatsmodelle und außereuropäische Machtprozesse. München: R. Oldenbourg

Reinhard, Wolfgang (1999c): Geschichte der Staatsgewalt und europäische Expansion. In: Reinhard (1999b): 317-356.

Reinhard, Wolfgang (2004): Lebensformen Europas. Eine historische Kulturanthropologie. München: C. H. Beck

Rengger, Nicholas (2006): On Democratic War Theory. In: Geis et al. (2006): 123-141.

Rengger, Nicholas/Thirkell-White, Ben (Eds.) (2007): Critical International Relations Theory after 25 years. Cambridge et al.: Cambridge University Press

Reynolds, Andrew (2006): Electoral Systems Today – The Curious Case of Afghanistan. In: Journal of Democracy 17. 2. 104-117

Richmond, Oliver P. (2005): The Transformation of Peace. Houndmills/New York: Palgrave MacMillan

Richmond, Oliver P. (2009): The Romanticisation of the Local: Welfare, Culture and Peacebuilding. In: The International Spectator 44. 1. 149-169

Riddell, Roger C. (1987): Foreign Aid Reconsidered. Baltimore/London: Johns Hopkins University Press/James Currey

Riphenburg, Carol J. (2006): Afghanistan: out of the globalisation mainstream? In: Third World Quarterly 27. 3. 507-524

Rist, Gilbert (2002): The History of Development. From Western Origins to Global Faith. New Edition, revised and expanded. London/New York: Zed Books

Robichaud, Carl (2006): Remember Afghanistan? A Glass Half Full, on the Titanic. In: World Policy Journal 23. 1. 17-24

Rogers, Paul (1998): Responding to Western Intervention – Conventional and Unconventional Options. In: Defense Analysis 14. 1. 41-54

Rogers, Paul (2002[2]): Losing Control: Global Security in the Twenty-first Century. London/Stirling: Pluto

Rogers, Peter B./Jalal, Kazi F./Boyd, John A. (2008): An Introduction to Sustainable Development. London: Earthscan/Glen Educational Foundation

Ross, Jacob/Maxwell, Simon/Buchanan-Smith, Margaret (1994): Linking Relief and Development. Discussion Paper 344. o.O.: Institute of Development Studies

Rostow, Walt Whitman (1971[2]): The Stages of Economic Growth. A Non-Communist Manifesto. London/New York: Cambridge University Press

Rostow, Walt Whitman (1992): Theorists of Economic Growth from David Hume to Present. With a Perspective on the Next Century. Oxford/New York: Oxford University Press

Röttgers, Kurt (1975): Kritik und Praxis. Zur Geschichte des Kritikbegriffs von Kant bis Marx. Berlin/New York: Walter de Gruyter

Roy, Olivier (1986): Islam and resistance in Afghanistan. Cambridge et al.: Cambridge University Press

Roy, Olivier (1991): The Lessons of the Soviet/Afghan War. Adelphi Paper 259. Oxford: International Institute for Strategic Studies

Roy, Olivier (1995): Afghanistan: From Holy War to Civil War. Princeton: The Darwin Press

Roy, Olivier (2001): Kriegsziel erreicht? Bin Laden bewirkt den Untergang der Taliban. In: Internationale Politik 56. 12. 55-60

Roy, Olivier (2003): Afghanistan: Internal Politics and Socio-Economic Dynamics and Groupings. WriteNet Paper 14/2002, March 2003. Paris: CNRS

Roy, Olivier (2004): Globalised Islam. The Search for a New Ummah. London: Hurst & Company

Rubin, Barnett R. (2002²): The Fragmentation of Afghanistan. State Formation and Collapse in the International System. New Haven/London: Yale University Press

Rubin, Barnett R. (2004a): Crafting a Constitution for Afghanistan. In: Journal of Democracy 15. 3. 5-19

Rubin, Barnett (2004b): (Re)Building Afghanistan: The Folly of Stateless Democracy. In: Current History 103. 672. 165-170

Rubin, Barnett R. (2006): Peace Building and State-Building in Afghanistan: constructing sovereignty for whose security? In: Third World Quarterly 27. 1. 175-185

Rubin, Barnett R. (2008): The Politics of Security in Postconflict Statebuilding. In: Call/Wyeth (2008): 25-47

Rufin, Jean-Christophe (1993): Das Reich und die neuen Barbaren. Berlin: Volk und Welt

Rüland, Jürgen (2006): Conclusion and perspectives: U.S. Policy toward the Global South after September 11, 2001. In: Rüland et al. (2006): 231-253

Rüland, Jürgen/Hanf, Theodor/Manske, Eva (Eds.) (2006): U.S. Foreign Policy Toward the Third World. A Post-Cold War Assessment. Armonk/London: M. E. Sharpe

Rummel, Rudolph J. (2003): Demozid – der befohlene Tod. Massenmorde im 20. Jahrhundert. Hamburg/Münster/London: LIT

Russett, Bruce (1996): The Fact of Democratic Peace. In: Brown et al. (1996): 58-81

Russett, Bruce (1998): A neo-Kantian perspective: democracy, interdependence and international organizations in building security communities. In: Adler/Barnett (1998): 368-394

Russett, Bruce M./Oneal, John R. (2001): Triangulating Peace. Democracy, Interdependence, and International Organizations. New York/London: W. W. Norton & Company

Ruttig, Thomas (2006): Islamists, Leftists – and a Void in the Center. Afghanistan's Political Parties and where they come from (1902-2006). Kabul: Konrad-Adenauer-Stiftung

Ruttig, Thomas (2008): Afghanistan: Institutionen ohne Demokratie. Strukturelle Schwächen des Staatsaufbaus und Ansätze für eine politische Stabilisierung. Berlin: Stiftung Wissenschaft und Politik (SWP)

Saboori, Mohammad Hamid (2005): The Progress of Constitutionalism in Afghanistan. In: Yassari (2005): 5-22

Sachs, Wolfgang (Hrsg.) (1993): Wie im Westen so auf Erden. Ein polemisches Handbuch zur Entwicklungspolitik. Reinbek bei Hamburg: Rowohlt Taschenbuch

Sachs, Wolfgang (2002): Nach uns die Zukunft. Der globale Konflikt um Gerechtigkeit und Ökologie. Frankfurt am Main: Brandes & Apsel

Said, Edward W. (1979): Orientalism. New York: Vintage Books/Random House

Saikal, Amin (2004): Modern Afghanistan. A History of Struggle and Survival. London/New York: I. B. Tauris

Saikal, Amin (2006a): Afghanistan's Transition: ISAF's stabilisation role? In: Third World Quarterly 27. 3. 525-534

Saikal, Amin (2006b): Securing Afghanistan's Border. In: Survival 48. 1. 129-162

Saith, Ashwani (2006): From Universal Values to Millennium Development Goals: Lost in Translation. In: Development and Change 37. 6. 1167-1199

Saurin, Julian (1995): The end of International Relations? The state and international theory in the age of globalization. In: MacMillan/Linklater (1995): 244-261

Savage, Charlie (2009): Judge Rules Some Prisoners at Bagram have Right of Habeas Corpus. In: New York Times, 3. April. Online: http://www.nytimes.com/2009/04/03 /washington/ 03bagram.html (21. Mai 2009)

Savage, Kevin/Harvey, Paul (2007): Remittances during crises. Implications for humanitarian response. London: Overseas Development Institute (ODI)

Schetter, Conrad (2003): Ethnizität und ethnische Konflikte in Afghanistan. Berlin: Dietrich Reimer

Schetter, Conrad (2004): Kleine Geschichte Afghanistans. München: C. H. Beck

Schetter, Conrad (2005a): Ethnoscapes, National Territorialisation, and the Afghan War. In: Geopolitics 10. 1. 50-75

Schetter, Conrad (2005b): Das Dilemma der Drogenbekämpfung. In: E+Z 46. 2. 66-68

Schetter, Conrad (2006): Das Umerziehungslager des Westens. In: Süddeutsche Zeitung, 1. Juni. 2

Schetter, Conrad (2007): Talibanistan – Der Anti-Staat. In: Internationales Asienforum 38. 3-4. 233-257

Schetter, Conrad/Glassner, Rainer/Karokhail, Masood (2007): Beyond Warlordism. The Local Security Architecture in Afghanistan. In: Internationale Politik und Gesellschaft 2. 136-152

Schieder, Siegfried/Spindler, Manuela (Hrsg.) (2003): Theorien der Internationalen Beziehungen. Opladen: Leske + Budrich

Schimmelfennig, Frank (2003): The EU, NATO and the Integration of Europe. Rules and Rhetoric. Cambridge: Cambridge University Press

Schirm, Stefan A. (2007²): Internationale Politische Ökonomie. Eine Einführung. Baden-Baden: Nomos

Schlichte, Klaus (1996): Vergesellschaftung und Krieg in Afrika. Ein Beitrag zur Theorie des Krieges. Münster/Hamburg: Lit

Schlichte, Klaus (2000a): Staatsbildung und Staatszerfall in der „Dritten Welt". In: Siegelberg/Schlichte (2000): 260-280

Schlichte, Klaus (2000b): The President's Dilemmata. Problems of State Building in Uganda. Arbeitspapier 1. Hamburg: Forschungsstelle Kriege, Rüstung und Entwicklung (FKRE)

Schlichte, Klaus (2004): Staatlichkeit als Ideologie. Zur politischen Soziologie der Weltgesellschaft. In: Giesen (2004): 149-166

Schlichte, Klaus (2005a): Der Staat in der Weltgesellschaft. Politische Herrschaft in Asien, Afrika und Lateinamerika. Frankfurt am Main: Campus

Schlichte, Klaus (Ed.) (2005b): The Dynamics of States. The Formation and Crises of State Domination. Aldershot/Burlington: Ashgate

Schlichte, Klaus (2005c): Uganda – A State in Suspense. In: Schlichte (2005b): 161-182

Schlichte, Klaus/Migdal, Joel S. (2005): Rethinking the State. In: Schlichte (2005b): 1-40

Schlichte, Klaus/Veit, Alexander (2007): Coupled Arenas. Why state-building is so difficult. Working Papers Micropolitics Nr. 3. Berlin: Junior Research Group "Micropolitics of Armed Groups"

Schmid, Claudia (1991): Das Konzept des Rentier-Staates. Ein sozialwissenschaftliches Paradigma zur Analyse von Entwicklungsgesellschaften und seine Bedeutung für den Vorderen Orient. Münster/Hamburg: Lit

Schneckener, Ulrich (Hrsg.) (2006a): Fragile Staatlichkeit. ,States at Risk' zwischen Stabilität und Scheitern. Baden-Baden: Nomos

Schneckener, Ulrich (2006b): Charakteristika und Dynamiken fragiler Staatlichkeit – Zur Auswertung der Fallstudien. In: Schneckener (2006a): 347-366

Schneckener, Ulrich (2006c): Internationales Statebuilding. Dilemmata, Herausforderungen und Strategien für externe Akteure. In: Schneckener (2006a): 367-382

Schneider, Patricia (1999): „Frieden durch Recht". Ein historisch-systematischer Abriß. Hamburg: Institut für Friedensforschung und Sicherheitspolitik (IFSH)

Schneider, Patricia (2003): Internationale Gerichtsbarkeit als Instrument friedlicher Streitbeilegung. Von einer empirisch fundierten Theorie zu einem innovativen Konzept. Baden-Baden: Nomos

Schörnig, Niklas (2007): Visionen unblutiger Kriege: Hightech-Antworten zur Umgehung der Opfersensibilitätsfalls. In: Geis et al. (2007): 93-121

Schulze, Reinhard (2003): Politische Widerstandsideologien zwischen Utopie und Pragmatismus. In: Der Bürger im Staat 53. 2/3. 104-109

Schwarz, Klaus-Dieter (Hrsg.) (1978[3]): Sicherheitspolitik. Analysen zur politischen und militärischen Sicherheit. Bad Honnef-Erpel: Osang

Schwarz, Klaus-Dieter/Van Cleave, William R. (1978): Die Theorie der Abschreckung. In: Schwarz (1978): 131-149

Schwarze, Jürgen/Müller-Graff, Peter-Christian (Hrsg.) (1998): Europäische Rechtseinheit durch einheitliche Rechtsdurchsetzung. Baden-Baden: Nomos

Searle, John R. (2007): Sprechakte. Ein sprachphilosophischer Essay. Frankfurt am Main: Suhrkamp

Sedra, Mark (2008): The four pillars of demilitarization in Afghanistan. In: Bhatia/Sedra (2008): 119-157

Sen, Amartya (1980): Equality of What? In: McMurrin (1980): 195-220

Sen, Amartya (1982): Choice, Welfare and measurement. Oxford: Blackwell

Sen, Amartya (2000): Freedom, rationality, and social choice. The Arrow lectures and other essays. Oxford et al.: Oxford University Press

Sen, Amartya (2002): Response to Commentaries. In: Studies in Comparative International Development 37. 2. 78-86

Sen, Amartya (2005[3]): Ökonomie für den Menschen. Wege zu Gerechtigkeit und Solidarität in der Marktwirtschaft. München: Deutscher Taschenbuch Verlag

Sen, Amartya/Nussbaum, Martha C. (Eds.) (1993): The Quality of Life. Oxford et al.: Oxford University Press

Shannon, Róisín (2009): Playing with principles in an era of securitized aid: negotiating humanitarian space in post-9/11 Afghanistan. In: Progress in Development Studies 9. 1. 15-36

Sharansky, Natan (2004): The Case for Democracy. The Power of Freedom to Overcome Tyranny and Terror. New York: Public Affairs

Shaw, Martin (2006): 'Risikotransfer-Militarismus' und die Relegitimierung des Krieges in der Weltgesellschaft. in: Bonacker/Weller (2006): 151-173

Sheehan, Michael (2005): International Security. An analytical Survey. London: Lynne Rienner

Siegelberg, Jens (1994): Kapitalismus und Krieg. Eine Theorie des Krieges in der Weltgesellschaft. Hamburg/Münster: Lit

Siegelberg, Jens (2000): Staat und internationales System – ein strukturgeschichtlicher Überblick. In: Siegelberg/Schlichte (2000): 11-56

Siegelberg, Jens/Schlichte, Klaus (Hrsg.) (2000): Strukturwandel internationaler Beziehungen. Zum Verhältnis von Staat und internationalem System seit dem Westfälischen Frieden. Wiesbaden: Westdeutscher Verlag

Simonsen, Sven Gunnar (2004): Ethnicising Afghanistan?: inclusion and exclusion in post-Bonn institution building. In: Third World Quarterly 25. 4. 707-729

Singer, J. David (1961): The Level-of-Analysis Problem in International Relations. In: Knorr/Verba (1961): 77-92

Singer, J. David (1970/1971): Individual Values, National Interests, and Political Development in the International System. In: Studies in Comparative International Development 6. 9. 197-210

SIPRI (2008): Stockholm International Peace Research Institute: SIPRI Yearbook 2008. Armaments, Disarmament and International Security. Oxford et al.: Oxford University Press

Sloan, Elinor C. (2002): The Revolution in Military Affairs. Implications for Canada and NATO. Montreal/Kingston/London/Ithaca: McGill-Queen's University Press

Sluka, Jeffrey A. (Ed.) (2000): Death Squad. The Anthropology of State Terror. Philadelphia: University of Pennsylvania Press

Small, Melvin/Singer, J. David (1982): Resort to Arms. International and Civil Wars, 1816-1980. Beverly Hills/London/New Delhi: Sage

Smirl, Lisa (2008): Building the Other, Construction Ourselves: Spatial Dimensions of International Humanitarian Response. In: International Political Sociology 2. 3. 236-253

Smith, Adam (2001[9]): Der Wohlstand der Nationen. Eine Untersuchung seiner Natur und seiner Ursachen. München: Deutscher Taschenbuch Verlag

Sørensen, Georg (1996): Individual Security and National Security: The State remains the Principal Problem. In: Security Dialogue 27. 4. 371-386

Sørensen, Georg (2007): After the Security Dilemma: The Challenges of Insecurity in Weak States and the Dilemma of Liberal Values. In: Security Dialogue 38. 3. 357-378

Sovacool, Benjamin/Halfon, Saul (2007): Reconstructing Iraq: merging discourses of security and development. In: Review of International Studies 33. 2. 223-243

Spiegel online (2006): Schwerste Unruhen seit Taliban-Sturz. 29. Mai. Online: http://www.spiegel.de/politik/ausland/0,1518,418662,00.html (04. Mai 2009)

Stahl, Michael (2003): Gesellschaft und Staat bei den Griechen. Archaische Zeit. Paderborn/München/Wien/Zürich: Ferdinand Schöningh

Stanley, Ruth (Hrsg.) (2001): Gewalt und Konflikt in einer globalisierten Welt. Wiesbaden: Westdeutscher Verlag

Sternberger, Dolf (1984): Über die verschiedenen Begriffe des Friedens. Stuttgart: Franz Steiner

Stetter, Stephan (Ed.) (2007a): Territorial Conflicts in World Society. Modern systems theory, international relations and conflict studies. London/New York: Routledge

Stetter, Stephan (2007b): Introduction: Points of encounter. In: Stetter (2007a): 1-17

Stetter, Stephan (2007c): Regions of conflict in world society: The Place of the Middle East and sub-Saharan Africa. In: Stetter (2007a): 37-53

Stewart, Frances/Deneulin, Severine (2002): Amartya Sen's Contribution to Development Thinking. In: Studies in Comparative International Development 37. 2. 61-70

Stiglitz, Joseph E. (2002a): Globalization and its Discontents. London: Allen Lane

Stiglitz, Joseph (2002b): Die Schatten der Globalisierung. Bonn: Bundeszentrale für politische Bildung

Stiglitz, Joseph E./Bilmes, Linda J. (2008): Die wahren Kosten des Krieges. Wirtschaftliche und politische Folgen des Irak-Konflikts. München: Pantheon

Strange, Susan (1989): Toward a Theory of Transnational Empire. In: Väth (1989): 25-42

Strange, Susan (1998): Mad Money: When Markets Outgrow Governments. Ann Arbor: University of Michigan Press

Strauss, Leo (2001): Gesammelte Schriften. Band 3: Hobbes' politische Wissenschaft und zugehörige Schriften – Briefe. Stuttgart/Weimar: J. B. Metzler

Stritzel, Holger (2007): Toward a Theory of Securitization: Copenhagen and beyond. In: European Journal of International Relations 13. 3. 357-383

Stuvøy, Kirsti (2002): War Economy and the Social Order of Insurgencies. An Analysis of the Internal Structure of UNITA's War Economy. Arbeitspapier 3. Hamburg: Forschungsstelle Kriege, Rüstung und Entwicklung (FKRE). Online: http://www.sozialwiss.uni-hamburg.de/publish/Ipw/Akuf/publ/ap3-02.pdf (15. April 2009)

Süddeutsche (2006): Schwerste Unruhen seit dem Fall der Taliban. Süddeutsche Zeitung Online, 29. Mai. Online: http://www.sueddeutsche.de/politik/29/356856/text/ (04. Mai 2009)

Südkommission (1991): Die Herausforderung des Südens. Über die Eigenverantwortung der Dritten Welt für dauerhafte Entwicklung. Bonn-Bad Godesberg: Stiftung Entwicklung und Frieden.

Suhrke, Astri (1999): Human Security and the Interests of States. In: Security Dialogue 30. 3. 265-276

Suhrke, Astri (2006): The Limits of Statebuilding. The Role of International Assistance in Afghanistan. Bergen: Chr. Michelsen Institut. Online: http://www.cmi.no/pdf/?file=/publications/2006/isapapermarch2006.pdf (04. Oktober 2007)

Suhrke, Astri (2008): A Contradictory Mission? NATO from Stabilization to Combat in Afghanistan. In: International Peacekeeping 15. 2. 214-236

Suhrke, Astri/Buckmaster, Julia (2006): Aid, growth and peace: a comparative analysis. In: Conflict, Security & Development 6. 5. 337-363

Sumner, Andy/Tribe, Michael (2008): International Development Studies. Theories and Methods in Research and Practice. Los Angeles/London/New Delhi/Singapore: Sage

Tadjbakhsh, Shahrbanou/Schoiswohl, Michael (2008): Playing with Fire? The International Community's Democratization Experiment in Afghanistan. In: International Peacekeeping 15. 2. 252-267

Take, Ingo (2003): Weltgesellschaft und Globalisierung. In: Schieder/Spindler (2003): 253-277

Talentino, Andrea Kathryn (2004a): One Step Forward, One Step Back? The Development of Peacebuilding as Concept and Strategy. In: Journal of Conflict Studies 24. 2. 33-60

Talentino, Andrea Kathryn (2004b): The Two Faces of Nation-Building: Developing Function and Identity. In: Cambridge Review of International Affairs 17. 3. 557-575

Taureck, Rita (2006): Securitization theory and securitization studies. In: Journal of International Relations and Development 9. 1. 53-61

Taylor, Brian D./Botea, Roxana (2008): Tilly Tally: War-Making and State-Making in the Contemporary Third World. In: International Studies Review 10. 1. 27-56

Thackrah, John Richard (2004[2]): Dictionary of Terrorism. London/New York: Routledge

Thiemeyer, Guido/Ullrich, Hartmut (Hrsg.) (2005): Europäische Perspektiven der Demokratie. Historische Prämissen und aktuelle Wandlungsprozesse in der EU und ausgewählten Mitgliedsstaaten. Frankfurt am Main et al.: Peter Lang

Thier, J. Alexander (2004): The Politics of Peace-building. *Year One: From Bonn to Kabul.* In: Donini et al. (2004): 39-60

Thier, J. Alexander (2006): The Crescent and the Gavel. In: New York Times, 26. März. Online: http://www.nytimes.com/2006/03/26/opinion/26thier.html (25. Mai 2009)

Thier, J. Alexander/Chopra, Jarat (2002): The road ahead: political and institutional reconstruction in Afghanistan. In: Third World Quarterly 23. 5. 893-907

Tilly, Charles (1985): War making and State making as organized crime. In: Evans et al. (1985): 167-191

Tilly, Charles (1992): Coercion, Capital, and European States, AD 990-1992. Cambridge/Oxford: Blackwell

Tilly, Charles (2007): Democracy. Cambridge/New York et al.: Cambridge University Press

Truman, Harry S. (1949): Inaugural Address. Jan 20. Washington DC. Online: http://www.trumanlibrary.org/calendar/viewpapers.php?pid=1030 (15. Januar 2009)

Tschirgi, Neclâ (2006): Security and development policies: untangling the relationships: In: Klingebiel (2006): 39-67

Tullock, Gordon (1967): The Welfare Costs of Tariffs, Monopolies, and Theft. In: Western Economic Journal 5. 3. 224-232

Tullock, Gordon (1989): The Economics of Special Privilege and Rent Seeking. Boston/Dordrecht/London: Kluwer Academic

Tullock, Gordon (2005): Public Goods, Redistribution and Rent Seeking. Cheltenham/Northampton: Edward Elgar

Uchtmann, Jürgen/Prüfert, Andreas (2009): Aufbau, Ausbildung und Entwicklung der Afghan National Army – Voraussetzung für Stabilität in Afghanistan. In: Europäische Sicherheit 58. 3. 90-94

UN (1992): Boutros Boutros-Ghali: An Agenda for Peace. Preventive Diplomacy, peacemaking and peace-keeping. Report of the Secretary General. 17. June, New York. Online: http://www.un.org/Docs/SG/agpeace.html (27. Januar 2009)

UN (2000): United Nations General Assembly Security Council: Report of the Panel on United Nations Peace Operations [Brahimi-Report]. A/55/305 – S2000/809. 21. August. Online: http://www.un.org/peace/reports/peace_operations/ (15. April 2009)

UN Sanctions Secretariat (2001): The Experience of the United Nations in Administering Arms Embargoes and Travel Sanctions. In: Brzoska (2001): 45-62

UNDP (1994): United Nations Development Programme: Human Development Report 1994. Online: http://hdr.undp.org/en/reports/global/hdr1994/chapters/ (28. Januar 2009)

UNDP (1996): United Nations Development Programme: Human Development Report 1996. Online: http://hdr.undp.org/en/reports/global/hdr1996/chapters/ (17. Februar 2009)

UNHCR (1976): United Nations Office of the High Commissioner for Human Rights: International Covenant on Economic, Social and Cultural Rights. Online: http://www.unhchr.ch/html/ menu3/b/a_cescr.htm (06. April 2009)

UNMP (2005): United Nations Millennium Project: Investing in Development. A Practical Plan to Achieve the Millenium Development Goals. London/Sterling: Earthscan

UNODC (2006): United Nations Office of Drugs and Crime: Afghanistan's Drug Industry. Structure, Functioning, Dynamics, and Implications for Counter-Narcotics Policy. Edited by Doris Buddenberg and William A. Byrd. Vienna/Kabul: UNODC

UNODC (2007): United Nations Office of Drugs and Crime: Afghanistan Opium Survey 2007. Vienna/Kabul: UNODC

UNODC (2008): United Nations Office of Drugs and Crime: Afghanistan Opium Survey 2008. Vienna/Kabul: UNODC

UNODC (2009): United Nations Office of Drugs and Crime: Afghanistan Opium Winter Assessment 2009. Vienna/Kabul: UNODC

Vanberg, Viktor (Hrsg.) (2002): Friedrich A. von Hayek: Grundsätze einer liberalen Gesellschaftsordnung. Aufsätze zur Politischen Philosophie und Theorie. [Friedrich A. von Hayek: Gesammelte Schriften in deutscher Sprache. Herausg. v. Bosch, Alfred/Streit, Manfred E./Vanberg, Viktor/Veit, Reinhold. Abteilung A: Aufsätze, Band 5]. Tübingen: Mohr Siebeck

van der Pijl, Kees (2002): Imperiale Ethik und die Ästhetisierung der Weltpolitik. In: Das Argument 44. 5/6. 802-817

van der Pijl, Kees (2004): Nomaden, Reiche, Staaten: Ursprünge imperialer Ideologie innerhalb der westlichen Hegemonie. In: Giesen (2004): 21-48

van der Pijl, Kees (2008/1998): The Lockean Heartland and the International Political Economy. In: Cameron et al. (2008): 17-52

van Crefeld, Martin (1998): Die Zukunft des Krieges. München: Gerling Akademie Verlag

Väth, Werner (1989) (Ed.): Political Regulation in the "Great Crisis". Berlin: Edition Sigma

Vobruba, Georg (2000): Alternativen zur Vollbeschäftigung. Die Transformation von Arbeit und Einkommen. Frankfurt am Main: Suhrkamp

Voigt, Rüdiger (2000) (Hrsg.): Der Leviathan. Baden-Baden: Nomos

von Hayek, Friedrich A. (2002): Liberalismus. In: Vanberg (2002): 88-119

Voß, Josef (2007): ‚Die Sklaverei ist eine Einrichtung gegen die Anordnung Gottes und gegen die Ordnung der Natur' (Papst Leo XIII.) – Zeitgenössische Formen der Sklaverei im Zusammenhang von Flucht und Migration. In: Deutsches Institut für Menschenrechte et al. (2007): 56-62

Waldman, Matt (2008): Falling Short: Aid Effectiveness in Afghanistan. Kabul: Agency Coordination Body for Afghan Relief (ACBAR). Online: http://www.acbar.org /ACBAR%20Publications/ACBAR%20Aid%20Effectiveness%20(25%20Mar%200 8).pdf (04. Mai 2009)

Waldmann, Peter (1989): Ethnischer Radikalismus. Ursachen und Folgen gewaltsamer Minderheitenkonflikte am Beispiel des Baskenlandes, Nordirlands und Quebecs. Opladen: Westdeutscher Verlag

Waldmann, Peter (1998): Terrorismus. Provokation der Macht. München: Gerling Akademie Verlag

Wall, James M. (2002): Post-Taliban Afghanistan: A Short Route to Chaos. In: Media Development 1. 55-56. Online: http://www.waccglobal.org/en/20021-mass-media-and-the-democratisation-of-eastern-europe/708--Post-Taliban-Afghanistan-A-short-route-to-chaos.html (26. Mai 2009)

Wallerstein, Immanuel (1986): Das moderne Weltsystem. Kapitalistische Landwirtschaft und die Entstehung der europäischen Weltwirtschaft im 16. Jahrhundert. Frankfurt am Main: Syndikat

Wallerstein, Immanuel (2004): World-System Analysis. An Introduction. Durham/London: Duke University Press

Waltz, Kenneth N. (1979): Theory of International Politics. Reading et al.: Addison-Wesley

Waltz, Kenneth N. (2001): Man, the state, and war. A theoretical analysis. New York: Columbia University Press

Wæver, Ole (1995): Securitization and Descuritization. In: Lipschutz (1995): 46-86

Weber, Max (1994): Wissenschaft als Beruf, 1917/1919 - Politik als Beruf 1919. Max Weber Studienausgabe (MWS), I/17. Hrsg. v. Wolfgang J. Mommsen und Wolfgang Schluchter. Tübingen: J.C.B. Mohr

Weede, Erich (1997): Verteilungskoalitionen, Rent-Seeking und ordnungspolitischer Verfall. In: Boeckh/Pawelka (1997): 51-63

Weiss, Stefani/Schmierer, Joscha (Hrsg.) (2007): Prekäre Staatlichkeit und internationale Ordnung. Wiesbaden: VS Verlag für Sozialwissenschaften

Wendt, Alexander (1992): Anarchy is what States make of it. In: International Organization 46. 2. 391-425

Wendt, Alexander (1999): Social Theory of International Politics. Cambridge et al.: Cambridge University Press

Whimster, Sam (1987): The Secular Ethic and the Culture of Modernism. In: Whimster/Lash (1987): 259-290

Whimster, Sam/Lash, Scott (Eds.) (1987): Max Weber, Rationality and Modernity. London/Boston/Sydney: Allen & Unwin

White House (2002): The National Security Strategy of The United States of America. Washington: The White House. Online: http://www.state.gov/documents/organization/15538.pdf (01. April 2009)

Wick, Katharina/Bulte, Erwin H. (2006): Contesting Resources – rent seeking, conflict and the natural resource course. In: Public Choice 128. 3-4. 457-476

Wieland-Karimi, Almut (2007): Deutschlands Verantwortung für Afghanistan. In: Berliner Republik 4. Online: http://www.fesdc.org/documents/BR42007WIELAND-KARIMI.pdf (4. September 2007)

Wiener, Antje/Diez, Thomas (Eds.) (2004): European Integration Theory. Oxford: Oxford University Press

Wight, Martin (1978): Power Politics. New York: Holmes & Meier

Wight, Martin (1991): International Theory. The three Traditions. Leicester/London: Leicester University Press

Wilder, Andrew (2005): A House Divided? Analysing the 2005 Afghan Elections. Kabul: Afghanistan Research and Evaluation Unit (AREU)

Wilder, Andrew (2007): Cops or Robbers? The Struggle to Reform the Afghan National Police. Issues Paper Series. Kabul: Afghanistan Research and Evaluation Unit (AREU)

Wilke, Boris (2005): Afghanistan und der "Broader Middle East". In: Ehrhart/Johannsen (2005): 180-194

Wilkinson, Paul (2003): Implications of the attacks of 9/11 for the future of terrorism. In: Buckley/Fawn (2003): 25-36

Williams, Ellen (2008): Out of Area and Very Much in Business? NATO, the U.S., and the Post-9/11 International Security Environment. In: Comparative Strategy 27. 1. 65-78

Wimmer, Andreas/Schetter, Conrad (2002): State-formation first. Recommendations for Reconstruction and Peace-Making in Afghanistan. ZEF-Discussion Papers 45. Bonn: Zentrum für Entwicklungsforschung (ZEF)

Wittgenstein, Ludwig (1977): Philosophische Untersuchungen. Frankfurt am Main: Suhrkamp

Wolf, Klaus-Dieter (Hrsg.) (1993): Internationale Verrechtlichung. Pfaffenweiler: Centaurus

Wood, Jennifer/Dupont, Benoît (Eds.) (2006): Democracy, Society and the Governance of Security. Cambridge et al.: Cambridge University Press

Woodward, Susan (2001): Humanitarian War: A New Consensus? In: Disasters 25. 4. 331-344

World Bank (2009): Afghanistan Reconstruction Trust Fund (ARTF): Administrator's Report on Financial Status. 20. März. Online: http://siteresources.worldbank.org/INTAFGHANISTAN/Resources/Afghanistan-Reconstructional-Trust-Fund/ARTF_Financial_Status_Report_Mar20,09.pdf (25. Mai 2009)

Wright, Lawrence (2007[2]): Der Tod wird Euch finden. Al-Qaida und der Weg zum 11. September. München: Deutsche Verlags-Anstalt

„X" [Kennan, George F.](1947): The Sources of Soviet Conduct. In: Foreign Affairs 25. 4. 566-582

Yassari, Nadjma (Ed.) (2005): The Sharia in the Constitutions of Afghanistan, Iran and Egypt – Implications for Private Law. Tübingen: Mohr Siebeck

Zangl, Bernhard/Zürn, Michael (1994): Theorien des rationalen Handelns in den Internationalen Beziehungen. In: Kunz/Druwe (1994): 81-111

Zangl, Bernhard/Zürn, Michael (Hrsg.) (2004a): Verrechtlichung – Baustein für Global Governance. Bonn: Dietz

Zangl, Bernhard/Zürn, Michael (2004b): Verrechtlichung jenseits des Staates – Zwischen Hegemonie und Globalisierung. In: Zangl/Zürn (2004a): 239-262

Zaschke, Wolfgang/Tudyka, Kurt (1993): Internationale Verrechtlichung der Sozialpolitik. In: Wolf (1993): 169-205

Zürn, Michael (1998): Regieren jenseits des Nationalstaats. Globalisierung und Denationalisierung als Chance. Frankfurt am Main: Suhrkamp

Neu im Programm Politikwissenschaft

Wolfgang Merkel

Systemtransformation

Eine Einführung in die Theorie und
Empirie der Transformationsforschung
2., überarb. u. erw. Aufl. 2010. 561 S.
mit 26 Abb. u. 51 Tab. Br. EUR 24,90
ISBN 978-3-531-14559-4

Das Buch ist die erste systematische Einführung in die politikwissenschaftliche
Transformationsforschung und bietet
zweitens umfassende empirische Analysen der Demokratisierung nach 1945 und
der Systemwechsel in Südeuropa, Lateinamerika, Ostasien und Osteuropa. Für die
2. Auflage wurde das Buch umfassend
aktualisiert und erweitert.

Klaus von Beyme

Geschichte der politischen Theorien in Deutschland 1300-2000

2009. 609 S. Geb. EUR 49,90
ISBN 978-3-531-16806-7

Mit diesem Band wird erstmals eine
umfassende Geschichte und Analyse der
politischen Theorie in Deutschland vorgelegt, die den Zeitraum vom Mittelalter bis
zur Gegenwart behandelt.

Arthur Benz

Politik in Mehrebenensystemen

2009. 257 S. mit 19 Abb. (Governance
Bd. 5) Br. EUR 24,90
ISBN 978-3-531-14530-3

Ausgehend von der Tatsache, dass Politik
in zunehmendem Maße die Grenzen von
lokalen, regionalen oder nationalen
Gebietskörperschaften überschreitet und
zwischen Ebenen koordiniert werden
muss, behandelt das Buch Möglichkeiten
und Grenzen einer demokratischen Politik
in Mehrebenensystemen. Vorgestellt werden relevante Theorien und Begriffe der
Politikwissenschaft, aus denen ein differenzierter Analyseansatz abgeleitet wird.
Grundlegend ist dabei die Überlegung,
dass die komplexen Strukturen der Mehr-
ebenenpolitik die Akteure häufig vor
widersprüchliche Anforderungen zwischen
unterschiedlichen Regelsystemen stellen,
die Entscheidungen erschweren oder
Demokratiedefizite verursachen.
Die Akteure entwickeln aber Strategien,
um diese Schwierigkeiten zu bewältigen.
Erst die Berücksichtigung strategischer
Interaktionen lässt sich bewerten, ob die
Praxis des Regierens im Mehrebenensys-
tem Anforderungen an eine demokratische Politik genügt. Am Beispiel der Mehr-
ebenenpolitik im deutschen Bundesstaat
sowie in der Europäischen Union werden
diese theoretischen Überlegungen und
die Anwendung der Analysekategorien
für unterschiedliche Formen von Mehrebenensystemen illustriert.

Erhältlich im Buchhandel oder beim Verlag.
Änderungen vorbehalten. Stand: Januar 2010.

www.vs-verlag.de

VS VERLAG FÜR SOZIALWISSENSCHAFTEN

Abraham-Lincoln-Straße 46
65189 Wiesbaden
Tel. 0611.7878-722
Fax 0611.7878-400

Neu im Programm Politikwissenschaft

Holger Backhaus-Maul / Christiane Biedermann / Stefan Nährlich / Judith Polterauer (Hrsg.)

Corporate Citizenship in Deutschland

Gesellschaftliches Engagement von Unternehmen. Bilanz und Perspektiven
2., akt. u. erw. Aufl. 2010. 747 S. mit 39 Abb. u. 5 Tab. (Bürgergesellschaft und Demokratie 27) Br. EUR 59,90
ISBN 978-3-531-17136-4

Timm Beichelt

Deutschland und Europa

Die Europäisierung des politischen Systems
2009. 364 S. mit 11 Abb. u. 32 Tab. Br.
EUR 29,90
ISBN 978-3-531-15141-0

Stephan Braun / Alexander Geisler / Martin Gerster (Hrsg.)

Strategien der extremen Rechten

Hintergründe – Analysen – Antworten
2009. 667 S. mit 21 Abb. u. 3 Tab. Br.
EUR 39,90
ISBN 978-3-531-15911-9

Irene Gerlach

Bundesrepublik Deutschland

Entwicklung, Strukturen und Akteure eines politischen Systems
3., akt. u. überarb. Aufl. 2010. 400 S. Br.
EUR 19,95
ISBN 978-3-531-16265-2

Franz-Xaver Kaufmann

Sozialpolitik und Sozialstaat: Soziologische Analysen

3., erw. Aufl. 2009. 470 S. (Sozialpolitik und Sozialstaat) Br. EUR 49,90
ISBN 978-3-531-16477-9

Uwe Kranenpohl

Hinter dem Schleier des Beratungsgeheimnisses

Der Willensbildungs- und Entscheidungsprozess des Bundesverfassungsgerichts
2010. 556 S. mit 1 Abb. u. 31 Tab. Br.
EUR 49,95
ISBN 978-3-531-16871-5

Martin Sebaldt / Henrik Gast (Hrsg.)

Politische Führung in westlichen Regierungssystemen

Theorie und Praxis im internationalen Vergleich
2010. 382 S. mit 4 Abb. u. 8 Tab. Br.
EUR 49,90
ISBN 978-3-531-17068-8

Erhältlich im Buchhandel oder beim Verlag. Änderungen vorbehalten. Stand: Januar 2010.

www.vs-verlag.de

VS VERLAG FÜR SOZIALWISSENSCHAFTEN

Abraham-Lincoln-Straße 46
65189 Wiesbaden
Tel. 0611.7878-722
Fax 0611.7878-400

The manufacturer's authorised representative in the EU is Springer
Nature Customer Service Centre GmbH, Europaplatz 3, 69115 Heidelberg,
Germany. If you have any concerns regarding our products, please
contact ProductSafety@springernature.com

Printed and bound by CPI Group (UK) Ltd, Croydon, CR0 4YY
27/04/2026
02097640-0002